教育部人文社会科学研究青年基金项目
"多语环境下的桂西'高山汉话'研究"（项目编号：11YJC740073）

本书还得到了广西人文社会科学发展研究中心
"桂滇黔越结合地区语言资源特色研究团队"的资助

桂西高山汉话研究

吕嵩崧 ● 著

中国社会科学出版社

图书在版编目(CIP)数据

桂西高山汉话研究/吕嵩崧著.—北京:中国社会科学
出版社,2016.6
ISBN 978 - 7 - 5161 - 8203 - 1

Ⅰ.①桂… Ⅱ.①吕… Ⅲ.①西南官话—研究—
广西 Ⅳ.①H172.3

中国版本图书馆 CIP 数据核字(2016)第 109525 号

出 版 人　赵剑英
责任编辑　郭　鹏
责任校对　董晓月
责任印制　李寡寡

出　　　版　中国社会科学出版社
社　　　址　北京鼓楼西大街甲 158 号
邮　　　编　100720
网　　　址　http://www.csspw.cn
发 行 部　010 - 84083685
门 市 部　010 - 84029450
经　　　销　新华书店及其他书店

印　　　刷　北京君升印刷有限公司
装　　　订　廊坊市广阳区广增装订厂
版　　　次　2016 年 6 月第 1 版
印　　　次　2016 年 6 月第 1 次印刷

开　　　本　710×1000　1/16
印　　　张　38.25
字　　　数　651 千字
定　　　价　128.00 元

序　一

广西不仅是语言富矿，而且人杰地灵。

我与广西有缘。虽然家住上海，但周边道路都以广西城市命名：桂林路、钦州路、田林路、宜山路、平果路、苍梧路、南宁路、东兰路、桂平路、平南路、柳州路、浦北路等。每次到了广西，都像回家一样亲切。

我与广西人更有缘。众多学生中，广西人数最多：广西大学、广西师大、广西民大、百色学院、广西经干院，有一大批好学生。古人云，师者，传道授业解惑也。于我而言，教学相长似乎更为贴切，他们给我许多知识，许多思路，许多帮助。嵩崧君便是其中之一。

广西地灵，首先是有一条灵渠。秦始皇为了略取百粤，命史禄开筑湘水使通漓水，称为灵渠，于是秦军得以从中原大批进入岭南，驻兵梧州一带。汉武帝平南越，为避开土著势力，把岭南首府从番禺迁到苍梧广信。在大庾岭开通之前，从湘江过灵渠到漓江，一直是沟通长江水系与珠江水系的大动脉。即使在张九龄开通大庾岭以后，水路货运仍有其便利之处。所以，以广信为中心的地带，就成为中原地区汉人南来的人文荟萃之地。广信的陈元就是汉代的经学大师。三国时的士燮领交趾太守四十年，在岭南、越南极有影响。

在这种背景下，广信权威方言就形成了。它一直影响着华南汉语方言的形成，也成为许多民族语中汉语借词的借源。此外，现代人从非洲来到东亚，北部湾是集散地之一，所以广西有着众多的少数民族。特别是侗台系的民族，广西更是大本营。广西还有许多外来的移民，移居广西以后在新的语言环境下的长期语音演化，为语言演化与接触理论，提供了宝贵的材料。嵩崧君所研究的桂西高山汉话，就是散落在桂西山区的宝石。这么一块宝地，总让我流连忘返又数次去而复返。

所以，我很为嵩崧君庆幸，不仅庆幸他生在这么一块语言宝地，更庆幸他的语法研究之路能有吴福祥这样的名师指引相伴。他的大作《桂西高山汉话研究》将要付梓，邀我作序。我欣然接受，正好借此感谢嵩崧君多年来对我的帮助，也预祝他百尺竿头，更进一步。兴之所至，为之序。

潘悟云

二〇一五年十二月六日

序 二

　　桂西的崇山峻岭间，数百年来一直生活着一个特殊的汉族移民群体，当地的少数民族（侗台和苗瑶）称之为"高山汉"，意指"生活在高山上的汉族"。据相关的研究，"高山汉"自明末开始由川、湘、赣、鄂、黔等地迁徙而来，数百年来逐渐形成广西汉族中一个独特的族群。根据目前的调查，"高山汉"主要分布在广西百色市的乐业、凌云、田林、隆林、西林、那坡、田阳等县，此外，河池市的凤山、天峨、南丹、巴马、东兰、都安、大化、金城江也有少量分布。

　　"高山汉话"，顾名思义是指高山汉说的话。从目前所见到的材料看，高山汉话属西南官话。不过，由于高山汉数百年来隔绝于汉族主体，而又跟当地少数民族（侗台、苗瑶）密切接触，高山汉话在很多方面已明显异于其他西南官话。从这个意义上说，对高山汉话的历史和现状展开研究，无疑是汉语方言研究和语言接触研究的一个极佳课题。令人高兴的是，吕嵩崧教授近年来一直致力于桂西高山汉话的研究，发表了一系列引人瞩目的成果，现在大家看到的这本《桂西高山汉话研究》就是嵩崧这方面成果的一个结晶。

　　作为第一部系统研究桂西高山汉话的著作，《桂西高山汉话研究》对广西西部凌云、那坡、乐业、田林、田阳、凤山等地的高山汉话进行了比较全面、深入的描写和分析，使我们对高山汉话的语音、词汇和语法系统有了较为具体而详尽的了解。特别值得指出的是，跟一般的方言调查报告不同，本书注重从接触语言学角度对桂西高山汉话的语音、词汇和语法进行分析和解释，很多阐发和探讨富有新意。应该说，作者在这方面所做的思考和探索，为汉语和南方少数民族语言的接触研究特别是接触引发的汉语演变研究提供了一个重要的参考。

　　嵩崧敏而好学，又值盛年，如今在南部壮语研究和汉语方言研究等方面已有相当的积累和成绩，相信他能以此为起点，百尺竿头，更进一步。是为序。

吴福祥

2015 年于京城齐贤斋

凡　例

1. 下标　　正文用 5 号字,随文夹注为下标。例如:拾_{拾起来}。

2. 空围□　　表示写不出的字,一个空围只代表一个字。

3. 替代号(～)　　在不产生歧义的情况下,在注文中代替被注的字。例如:和他做生意～得很。

4. 音标　　记录方言用国际音标,声调用数字表示。

5. 方括号〔〕　　在叙述性文字中加在国际音标外面,如果有几组,中间没有汉字的只用一对方括号,各组之间用空格分隔,不加标点。例如:〔tʃ tʃh ʃ〕〔tsu³¹〕〔tʂu³¹〕

6. 圆圈(①②③……)　　用于单字表中写不出的字。

目　　录

第一章　绪论 ································· （1）

　第一节　本书所涉各县人文、地理及语言概况 ········· （1）

　　一　凌云县 ····························· （2）

　　二　乐业县 ····························· （6）

　　三　田林县 ····························· （9）

　　四　田阳县 ···························· （12）

　　五　那坡县 ···························· （13）

　　六　凤山县 ···························· （16）

　第二节　相关研究综述 ······················ （19）

　第三节　相关说明 ························· （24）

　　一　本书使用的材料 ····················· （24）

　　二　本书采用的术语 ····················· （24）

　　三　主要发音合作人情况 ·················· （24）

第二章　高山汉话语音研究 ··················· （26）

　第一节　加尤话语音系统 ····················· （26）

　　一　加尤话声韵调系统 ···················· （26）

　　二　加尤话声韵配合关系简表 ··············· （30）

　　三　加尤话声韵调配合关系表 ··············· （31）

　第二节　其他高山汉话方言语音系统 ············· （40）

　　一　坡荷话语音系统 ····················· （40）

　　二　玉凤话语音系统 ····················· （41）

　　三　袍里话语音系统 ····················· （42）

　　四　逻沙话语音系统 ····················· （43）

第三节　加尤话音系与中古音系的比较 ……………………………（44）

　　一　声母比较 ……………………………………………………（44）

　　二　韵母比较 ……………………………………………………（51）

　　三　声调比较 ……………………………………………………（60）

第四节　加尤话语音特点 ……………………………………………（62）

　　一　声母特点 ……………………………………………………（62）

　　二　韵母特点 ……………………………………………………（65）

　　三　声调特点 ……………………………………………………（67）

第五节　加尤话与恩施话音系比较 …………………………………（67）

　　一　声母比较 ……………………………………………………（67）

　　二　韵母比较 ……………………………………………………（75）

　　三　声调比较 ……………………………………………………（93）

第六节　语言接触对高山汉话语音的影响 …………………………（94）

　　一　语言接触对加尤话语音的影响 ……………………………（94）

　　二　语言接触对坡荷话语音的影响 ……………………………（100）

第三章　高山汉话词汇研究 ……………………………………………（119）

第一节　加尤话词汇特点 ……………………………………………（119）

　　一　音节差异 ……………………………………………………（119）

　　二　构词差异 ……………………………………………………（120）

　　三　意义差异 ……………………………………………………（122）

　　四　功能差异 ……………………………………………………（125）

　　五　来源差异 ……………………………………………………（126）

第二节　其他各点词汇与加尤话的比较 ……………………………（127）

　　一　坡荷话与加尤话词汇的比较 ………………………………（127）

　　二　平塘话与加尤话词汇的比较 ………………………………（139）

　　三　玉凤话与加尤话词汇的比较 ………………………………（153）

　　四　逻沙话与加尤话词汇的比较 ………………………………（154）

　　五　袍里话与加尤话词汇的比较 ………………………………（170）

第三节　语言接触对高山汉话词汇的影响 …………………………（176）

　　一　语言接触对加尤话词汇的影响 ……………………………（176）

　　二　语言接触对坡荷话词汇的影响 ……………………………（178）

第四节　加尤话分类词表 ……………………………………（185）

　一　天文、地理 ………………………………………………（186）

　二　时令、时间 ………………………………………………（197）

　三　农事、农具 ………………………………………………（203）

　四　庄稼、植物 ………………………………………………（210）

　五　虫鱼鸟兽 …………………………………………………（226）

　六　房屋、器具 ………………………………………………（235）

　七　人品、称谓 ………………………………………………（255）

　八　身体、五官 ………………………………………………（267）

　九　病痛医疗 …………………………………………………（275）

　十　衣服穿戴 …………………………………………………（283）

　十一　饮食起居 ………………………………………………（288）

　十二　红白大事 ………………………………………………（306）

　十三　迷信、诉讼 ……………………………………………（312）

　十四　商业、手艺 ……………………………………………（318）

　十五　文化、娱乐 ……………………………………………（326）

　十六　动作、心理 ……………………………………………（336）

　十七　方向、位置 ……………………………………………（351）

　十八　人称指代 ………………………………………………（354）

　十九　形容性状 ………………………………………………（357）

　二十　各类虚词 ………………………………………………（365）

　二十一　数词、量词 …………………………………………（369）

　二十二　后加成分 ……………………………………………（396）

　二十三　熟语 …………………………………………………（397）

　二十四　干支 …………………………………………………（400）

第四章　高山汉话语法研究 ……………………………………（401）

第一节　词法特点 ………………………………………………（401）

　一　名词 ………………………………………………………（401）

　二　动词 ………………………………………………………（410）

　三　形容词 ……………………………………………………（413）

　四　数量词 ……………………………………………………（414）

　　五　代词 ································· （423）

　　六　副词 ································· （424）

　　七　介词 ································· （427）

　　八　连词 ································· （427）

　　九　助词 ································· （427）

　　十　叹词 ································· （428）

　　十一　语言接触对高山汉话词法的影响 ·········· （429）

第二节　句法特点 ···························· （432）

　　一　处置式 ······························ （432）

　　二　比较句 ······························ （436）

　　三　双宾句 ······························ （439）

　　四　被动句 ······························ （439）

　　五　疑问句 ······························ （442）

　　六　状语位置 ···························· （446）

附录一　高山汉话多点字音对照表 ·············· （447）

附录二　语料 ······························· （574）

　　一　山歌 ································· （574）

　　二　民间故事 ···························· （585）

　　三　讲述 ································· （590）

参考文献 ································· （594）

后记 ···································· （599）

第一章 绪论

第一节 本书所涉各县人文、地理及语言概况①

"高山汉"是广西百色、河池部分地方对居住在广西、云南、贵州三省区交界地区广西一侧部分汉族的称呼，因居住于高寒山区而得名，本为他称，后渐为该族群所认可。据目前研究，该族群自明末开始从川、湘、赣、鄂、黔等地迁徙而来。② 他们逐渐形成了广西汉族中一个生活、文化风格独特的族群。"高山汉"主要分布在广西百色市的乐业、凌云、田林、隆林、西林、那坡、田阳等县，河池市的凤山、天峨、南丹、巴马、东兰、都安、大化、金城江也有少量分布。

"高山汉"使用的方言在百色一带的自称一般为"汉话"，也称"湖广话"，田阳一带还有称"贵州话"的，河池一带有称"汉话""湖广话"和"客话"的。我们称其为"高山汉话"，属西南官话。

本书所涉各县为广西壮族自治区百色市凌云县、乐业县、田林县、田

---

① 本节对所涉各县概况的介绍，均参考了各县县志和政府网站的资料。分别是，凌云县志编纂委员会编：《凌云县志》，广西人民出版社 2007 年第 1 版；凌云县政府网站（http://www.114huoche.com/zhengfu_ BaiSe/LingYunXian/）。田林县地方志编制委员会编：《田林县志》，广西人民出版社 1996 年第 1 版；田林县人民政府网（http://www.tianlin. gov. cn/）。乐业县志编纂委员会编：《乐业县志》，广西人民出版社 2002 年第 1 版；乐业县党政网（http://www.leye. gov. cn/）。广西壮族自治区田阳县志编纂委员会编：《田阳县志》，广西人民出版社 1999 年第 1 版；田阳县人民政府网（http://www. gxty. gov. cn/Category_ 1240/Index. aspx）。广西那坡县志编纂委员会编：《那坡县志》，广西人民出版社 2002 年第 1 版；那坡县人民政府网（http://www. napo. gov. cn/）。凤山县志编纂委员会编：《凤山县志》，广西人民出版社 2008 年第 1 版；凤山县人民政府网（http://www. gxfsx. gov. cn/index. html）。下文不再一一说明。本节所涉各县民族成分比例均为 1990 年人口普查时的比例，因目前所知相关比例均为 2004 年、2005 年之前未进行乡镇合并之前的数据，故相关乡镇仍按未进行乡镇合并时表述。

② 吴和培、罗志发、黄家信：《族群岛：浪平高山汉探秘》，广西民族出版社 1999 年第 1 版，第 1 页。

阳县、那坡县及河池市凤山县，均位于广西西部。对本书所涉各县人文、地理及民族语言概况，我们做如下简要介绍。

一　凌云县

（一）地理、行政区划概况

凌云县位于广西西北部，云贵高原东南边缘，距首府南宁 360 公里。东连凤山县、巴马县，西接田林县，南邻右江区，北与乐业县相连。地理位置为北纬 24°06′—25°37′，东经 106°23′—106°55′。全县石山面积占 40%，土山面积占 60%。

县境东西最大距离 53.7 公里，南北最大距离 58.8 公里。县境总面积为 2053 平方公里，其中陆地面积 2040.16 平方公里，占总面积的 99.37%；水域面积 12.84 平方公里，占总面积的 0.63%。

（二）历史沿革

秦始皇三十三年（公元前 214 年）秦统一岭南地区。设置桂林郡、南海郡、象郡，凌云属桂林郡。

秦末汉初，凌云为南越国统辖，隶属桂林郡。

汉元鼎六年（公元前 111 年），凌云属郁林郡管辖。元封五年（公元前 106 年），为交州统辖下的郁林郡管辖，属增食县。

三国时属吴国，凌云属广州郁林郡地，仍属增食县。

晋朝，凌云属广州郁林郡增食县。东晋大兴元年（318 年），郁林郡分为晋兴、宁浦两郡。凌云属广州晋兴郡增翊县地。

南北朝，宋、齐时，凌云属广州郡、晋兴郡。陈梁时，属南定州晋兴郡地。

隋朝，凌云属扬州郁林郡地。

唐贞观元年（627 年），今广东、广西为岭南道。开元二十一年（733 年），岭南道分东道（广东）和西道（广西）。岭南西道下辖桂管、邕管、容管经略使。并在边疆少数民族地区置羁縻州县峒，凌云属邕州管羁縻双城州，半属溪峒。

五代，凌云属邕州管辖，后为南汉属地。

宋皇祐五年（1053 年），置泗城州，管辖利州、侯唐州、归乐州、龙川州。泗城州隶属广南西路邕州都督府。

元，凌云县属广西行省田州路军民总管府所辖的泗城州，下辖利州、唐兴州。

明，泗城州直隶于承宣布政使司。洪武六年（1373年），州治迁至古磲峒（今泗城镇）。泗城州，下辖利州、程县、唐兴州。

清初为泗城直隶州。顺治十五年（1658年），升为泗城府（土府）。十八年改为泗城军民府，隶思恩府。雍正五年（1727年），改土归流复置泗城府，直隶广西省。泗城府治在今凌云县城。泗城府初无州县。雍正八年（1730年），泗城府划辖原系直隶州的西隆州及西林县。乾隆五年（1740年），泗城府置凌云县，故泗城府辖凌云、西林2个县及西隆州，辖及今百色市之西林、隆林、田林、凌云及乐业等县地。

民国元年（1912年），根据《广西地方官暂行章程》有关附郭之县省入府的规定，废凌云县省入泗城府。

次年，废泗城府复置凌云县，隶属田南道。

十六年，凌云县直隶广西省政府。

十九年，凌云县属百色民团区。

二十三年三月，凌云县改属百色行政督察区。其间，辖地包括今乐业县和天峨县、田林县、右江区部分地区。

二十四年，区划调整，凌云县辖地缩小。

二十九年四月，凌云县改隶第十行政督察区。

三十一年三月，凌云县改隶第五行政督察区。

1949年，广西置15个区，99个县，1个市（桂林市）。区辖县，凌云县隶属百色区。

1950年1月5日，凌云县解放，仍称凌云县。同年2月，广西省人民政府成立。

1952年8月，广西省人民政府决定将凌云县、乐业县合并为凌乐县，县治凌云县泗城（城厢）镇。同年，又划出利周归田林县管辖。

1953年1月后属桂西壮族自治区百色专区。

1956年3月后属桂西壮族自治州百色地区。

1958年3月后属广西壮族自治区百色专区。

1962年3月，经国务院批准，撤销凌乐县，恢复凌云县、乐业县。凌云县治泗城（城厢）镇，辖城厢、下甲、伶站、沙里、逻楼、加尤、玉洪7个公社。1984年，凌云县实行体制改革，调整乡镇区划为2镇8乡（即泗城镇、逻楼镇、下甲乡、朝里乡、沙里乡、加尤乡、东和乡、玉洪乡、力洪乡、伶站乡），下设 109 个村（街）委员会。其中：伶站、朝里、沙里、玉洪、力洪 5 个乡为瑶族乡。

2000 年 5 月，加尤乡改为加尤镇。

2002 年 5 月百色撤地改市，凌云县隶属百色市。

2004 年 7 月，凌云县实行乡镇撤并，撤销东和、力洪 2 个乡，其中东和乡部分村划归逻楼镇，部分划归泗城镇，力洪瑶族乡划入玉洪瑶族乡。至此，凌云县辖 3 镇 5 乡 110 个村（社区）委员会。①

（三）民族、语言概况

壮族很早就在凌云居住，也有一部分外来的民族与壮族通婚而融合成为今天的壮族。壮族自称"布楼""布依"等，汉族和瑶族称壮族为本地人。凌云壮族较早居住的有泗城镇胜利街、解放街、前进街，下甲乡的水陆、河洲一带，伶站乡的伶兴、袍亭、平兰等。其他乡镇多数是从外地迁入，且相当一部分由汉族同化而成，如泗城镇有从浙江、广东、福建、湖南、湖北、山西等省迁来的，下甲乡彩架村有从山东、广东等省迁来的，玉洪乡有从江西迁来的，小东兰是从河池市东兰县迁来的，还有从河池、隆安、思恩等地迁来的。民国本《凌云县志》记载："宋皇祐四年（1052年）狄青平侬智高于邕州，遗部属循江而上，随地屯戍，因而婚娶生育，成为土著，此系从军而来者。元明时代，风气渐开，省外之人贸迁有无，因而落籍安居，此系经商而来者。清雍正五年（1727年）改土归流后，历任文武官吏，附属员兵，及流寓之湖广客民适应环境需求，因而授编户册，此系随官或其他转徙而来者。"根据旧县志记载的这些外来汉族，由于迁入时间长且与壮族杂居、通婚，繁衍后代，绝大部分融入壮族。

居住在凌云县境内的瑶族有蓝靛瑶、背陇瑶、盘古瑶 3 个支系。

蓝靛瑶，自称"琴门""谦门"，壮称"布甸"（意为山林人），原称山子瑶，因种植南板蓝制作蓝靛作为主要的商品，故称"蓝靛瑶"，所操语言称为"琴门语"。蓝靛瑶大部分是从海南岛迁入凌云县土山的原始森林居住，繁衍生息。也有汉族同化称为蓝靛瑶的，如玉洪乡莲花村的杨姓是清朝时从湖北迁来，逻楼镇林塘村林河寨的李姓也是由汉族同化。

背陇瑶，自称"布努""努努""奴努"，壮称"布优"，操布努语，

---

① 因所涉各县县志统计的数据均为 2005 年乡镇调整之前，故该部分数据为调整之前各乡镇的数据。下同。

属苗瑶语族苗语支。因头帕喜用红绣、红须，民国中期称其为"红头瑶"；又因高山峻岭肩挑不便，女人用背篓背东西，男人常背着用竹篾密织而成的竹笼而被称为"背陇瑶"。新中国成立后称为"背笼瑶""背陇瑶"。这支瑶族，原从湖南省迁到桂林，经东兰县，最后迁到凌云县境内。他们常在石山区或部分土山地区的原始森林中刀耕火种，"赶山吃饭"，随地搭棚子，居所不定，故又名"赶山瑶"或"过山瑶"。新中国成立后，他们分到土地才全部定居。背陇瑶在凌云居住的时候早于汉族，有少数汉族同化成背陇瑶。

盘古瑶，自称"勉""甫勉""标勉"等，壮族称其"布棉"。因敬盘古王为祖先，故称盘古瑶。操勉语，属苗瑶语族瑶语支。清道光十一年（1831 年）湖南江华、锦田一带瑶族起义抗清，波及广东，清军进剿后，被迫迁徙流动。其中一部分迁至凌云县朝里乡的兰台、力洪乡的东兰、加尤镇下伞的深山密林中定居。因这支瑶族有"过山榜"为族谱，又称"过山瑶"。

分布在凌云县境各处的汉族，因迁徙时间先后、居住环境、风俗习惯、语言及与周边民族的关系的差异，形成了各种不同的自称和他称。大致有：一、一般的泛称"客""客人""土州人"。二、由于元以前壮族、瑶族多不上户籍，汉族则是户籍之民，因而又称"民人""民户""黎民""百姓"。三、由于迁入时间有先后，明及明以前的称为"老汉人"，清以后迁来的称为"新汉人"；迁入时间居后的称为"来人""新民"，先到的有的被称作"土人"。四、因祖籍或原居住地不同而称为四川人、湖南人、湖北人、河南人、福建人、江西人、贵州人、粤东人等。五、因居住环境不同而称为"平地人""高山汉"。六、先人为随军、仕宦而迁入的，称为"官人""军人"等。七、因语言的区别，说西南官话的叫官（话）人，说闽语的叫福建人、"福佬"，说湘语的叫湘人等。八、因历史事件、民族关系等各种原因，称"唐人""土拐""反壮"和"他乡人"等。

迁入凌云的汉人来源不一：一是历代王朝用兵桂西北而留在凌云居住的军士；二是因躲避战乱迁入；三是历代政府招募屯田、移民充边和官员贬谪流放而迁入；四是经商、逃荒谋生等原因迁入。

壮族、蓝靛瑶、盘古瑶分布于土山地区，少部分壮族也分布在石山区。壮族多数居住在较低洼、平缓地带或河边，蓝靛瑶和盘古瑶居住在山间近水的溪沟边。

蓝靛瑶分布于泗城镇览沙、金保、平林、腰马村，下甲乡和洲、双达、平怀村，伶站瑶族乡袍亭、那留、平兰村，朝里瑶族乡百朝、羊囊、兰台、平塘村，沙里瑶族乡那伏、浪伏、果卜、那仰村，逻楼镇林塘、磨村、滥村，玉洪瑶族乡玉保、下谋、九江、盘贤、莲灯、乐凤、那力、伟利、汪田村。

盘古瑶分布于朝里瑶族乡的兰台、加尤镇下伞村、玉洪瑶族乡东兰村。

汉族、背陇瑶主要分布于石山地区，也有相当一部分汉族和背陇瑶分布在土山区。

2011 年末人口 19.56 万，其中农村人口 17.53 万，人口自然增长率 9.8‰，少数民族占总人口的 55%。

凌云县内壮、瑶、汉等民族杂居。壮族多数人熟悉汉语，少数人会讲瑶话；瑶族普遍通壮语、汉话。新中国成立后，随着人民文化水平的提高，汉语普通话已向全社会普及。县城泗城镇主要通行汉语、壮语和粤语（白话）。外来干部、职工，在山区工作多年也普遍熟悉壮语、瑶语。

二　乐业县

（一）地理、行政区划概况

乐业县位于云贵高原东南麓、广西壮族自治区西北部，县境地处东经 106°10′—106°51′，北纬 24°30′—25°03′之间。地处黔桂两省三市（州）7 县结合部，东邻广西河池市天峨县、凤山县，南依凌云县，西南与田林县接壤，西北与贵州省册亨、望漠、罗甸 3 县隔红水河相望，平均海拔 1128 米，县城海拔 970 米。乐业属于南方典型的喀斯特岩溶群地区，是世界顶级旅游资源大石围天坑群景区所在县，已经发现的天坑有 28 个，被誉为"天坑之都"和"世界天坑博物馆"。乐业是连接西南经济与东南亚区域经济的重要门户，是重庆、贵阳通往国家一级口岸即龙邦口岸便捷的通道之一，全县总面积 2633 平方公里，其中土山面积占 70%，石山面积占 30%。全县有耕地面积 37.61 万亩，占总面积的 9.53%；林地 274.07 万亩，占总面积的 69.39%，森林覆盖率达 75.62%。境内有荒山荒地 97.14 万亩，占总面积 24.59%。辖同乐镇、甘田镇、花坪镇、新化镇、逻沙乡、逻西乡、幼平乡、雅长乡等 4 镇 4 乡，有 84 个村民委员会（社区），1084 个村民小组，人口 17.2 万人。

（二）历史沿革

乐业县境，秦代属象郡。

汉初，属南越国地。汉元鼎五年（公元前 112 年），汉武帝出兵南越，次年冬平定南越，重新置郡，县境属交州郁林郡、益州牂柯且兰县地。县境大部为夜郎国地。

三国时代，县境属吴国的广州郁林郡地（东部属蜀国的益州毋敛县地）。

晋朝属广州晋兴郡（东部属毋敛县地）。

南朝，宋、齐时期属广州晋兴郡（东部属宁州毋敛县地）；梁、陈时期属南定州晋兴郡（东部属龙州马平地）。

隋朝属扬州郁林郡地（东部属始安郡地）。

唐初属岭南道羁縻双城州地。开元二十一年（733 年）后属岭南西道邕管羁縻黔州道黔州地（东部属羁縻峨州，治所在今天峨县坡结乡，西南部属羁縻横山郡之如赖县），半为溪峒。

五代时，先属楚，后入黔州属后蜀。

宋初属广南西路的来安路，磩峒。皇祐五年（1053 年）后，属广南西路邕州都督府、右江道横山寨（东部属夔州路的峨州地）。

元朝属广西道田州路泗城土州（东部属庆远南丹溪峒等处军民安抚司、那州、地州、东兰州）。

明朝，属广西布政司泗城土州、庆远府程县。

清初属广西行省泗城土州。顺治十五年（1658 年），升州为土府。顺治十八年改为军民府，属思恩府。雍正五年（1727 年），改土归流，直隶右江道。乾隆五年（1740 年）置凌云县（辖县域的全部），属泗城府。同年凌云置天峨分县（县衙署置天峨县境平腊屯），县域东部为其所辖。乾隆九年，泗城府改隶左江道。乾隆四十六年天峨分县衙署迁至向阳圩，县域东部仍为其所辖。

民国元年（1912 年），撤销府治之凌云县，直属泗城府。民国二年，撤销泗城府，易为凌云县公署。民国十九年改称凌云县政府。由民国二年至民国二十三年属广西省田南道。当时，乐业为团区。民国元年至民国二十三年间，向阳圩为天峨弹压委员办公署、凌云北路民团总督队、第十四区团务分局及"特别区公所"驻地，县域东部为其辖区。民国二十四年1月，从凌云县分出乐业团区成立乐业县（把天峨团区的西马乡拨给乐业，把原乐业团区的浪平乡、百平乡拨给田西县）。是年属百色行政监督区，区治百色。民国三十一年3月属广西第五行政督察区，区治百色。

中华人民共和国成立后，初期仍置乐业县，1951年8月裁撤，将乐业并入凌云县，称为凌乐县。

1953年后属桂西壮族自治区百色专区。

1956年3月后属桂西壮族自治州百色地区工作委员会。

1958年3月后属广西壮族自治区百色地区专员公署。

1961年8月凌乐分县，复置乐业县至今。

2003年，花坪乡撤乡改花坪镇，新化乡撤乡改新化镇。

2005年，撤销武称、马庄两乡。

（三）民族、语言概况

居住有壮、汉、瑶、苗、布依、彝、仫佬、仡佬、京、水、侗等民族。其中壮族定居最早，汉族、瑶族和苗族次之。布依、彝族等民族数量极少，定居的时间也晚，有的是20世纪50年代后外地到乐业工作的干部职工。其中壮族占50%，汉族占48%，其他少数民族占2%。

新中国成立前，在乐业的壮族，壮语自称"布土"。汉族、瑶族称壮族为"本地人"。部分壮族是由汉族同化而来。

乐业汉族大多数因战乱灾疫等从江西、湖南、湖北、四川、贵州、广东等地迁徙而来，多为明、清时代，也有元代前和民国后的。壮、瑶族称汉族为"客人"或"客边"。上岗村的杨姓为明末迁入；百乐村的陈姓于清初迁入；龙门村的吴姓、朱姓、汤姓等于清道光年间迁入；九龙村的吴姓于清末迁入；逻沙圩张姓于民国初年从凌云逻楼乡迁入；幼平乡后山屯吴姓为吴三桂后裔，清末从四川迁入；新化圩及同乐镇陇洋屯龚姓于清初从四川迁入；新化圩蒋姓于清末从宾阳县迁入；武称乡龙坳屯张姓于清末从四川迁入；逻沙乡太阳曹屯刘姓于明万历年间从浙江迁入。乐业汉族多数为"高山汉"。

乐业的瑶族分"背陇瑶""蓝靛瑶"。

背陇瑶，其迁徙情况与凌云一致。另外，新化乡那尾村一带的背陇瑶（如罗姓、韦姓等）是1950年才从凌云县玉洪乡迁入的。亦有汉族（如杨姓）同化为背陇瑶的。

　　蓝靛瑶，迁徙情况与凌云一致。另外，新化乡那社村一带的蓝靛瑶（如盘姓、李姓等），是 1910 年前后从凌云逻楼乡烂村屯、玉洪乡九江屯、凤山县平乐乡六网洞等地迁入。

　　木引瑶，居住在花坪乡的花岩村、幼平乡的百中村相连地带。多数是清代从贵州省紫云县与罗甸县交界一带迁入。先迁至运赖村的羊场屯一带，后迁至花岩、百中一带。1989 年木引瑶分布：百中村大寨、凉山屯共有 30 多户；花岩村的过桃屯 60 多户，茅草寨屯 60 多户，拉岜 30 多户，然降屯 30 多户，岩科屯 10 多户，陇矮屯 30 多户。有李、吴、杨、王、张、韦、陈、黄、覃等姓。

　　此外，还有布依族王姓等数户于民国初期从贵州省罗甸县八茂一带迁入逻沙乡，其习俗、语言已与汉族一致。

　　新中国成立后，来乐业工作的外地干部、职工有壮、汉、回、彝、京、水、仫佬、仡佬等民族，有的已在乐业定居，有的调出县外。

　　乐业县域内多数操壮语，其次为汉语，再次为瑶语（木引瑶、蓝靛瑶、背陇瑶）。少数操苗语"白话"（粤语）、彝语、仫佬语等。

　　背陇瑶操苗瑶语族苗语支布努语，蓝靛瑶操苗瑶语族瑶语支勉语勉—金方言金门土语，木引瑶话属苗语支。

三 田林县

（一）地理、行政区划概况

　　田林县位于广西壮族自治区西北部。地处东经 105°27′—106°15′，北纬 23°58′—24°41′，总面积 5577 平方公里，居广西第一位。辖乐里镇、旧州镇、定安镇、六隆镇、潞城瑶族乡、利周瑶族乡、八渡瑶族乡、八桂瑶族乡、那比乡、平塘乡、浪平乡、高龙乡、百乐乡、者苗乡等 4 镇 10 乡 168 个行政村（社区），总人口 25.07 万人。

（二）历史沿革

　　秦时，东南部属象郡，西北部属夜郎，西南部属句町。

　　汉时，东南部属郁林郡广郁县，西南部属句町国，西北部属夜郎国。

　　三国时期，东南部属交州郁林郡，西南、西北部属益州兴古郡。

　　晋时，分属广州晋兴郡、宁州兴古郡句町县。

　　南北朝时，分属南宁州晋兴郡广郁县、宁州西平郡句町县。

　　隋时，分属郁林郡宣化县、南宁州总管府昆州统管。

　　唐时，东南部属岭南西道邕管田州如赖县，西北部属黔中道双城州、盘州。

　　五代十国时，属南汉，东南部属田州，西北部属大理。

　　宋时，属广南西路邕州右江道统管，分属泗城州（羁縻州）、利州、路程州、上林峒。

　　元时，属广西行中书省两江道，分属田州路的利州、泗城州及来安路的路城（今潞城）州、上林峒、安隆峒。

　　明时，属广西布政使司右江道，分属泗城州、上林长官司和安隆长官司。

　　清时，属广西省右江道泗城府，分属西林县、凌云县和西隆州。

　　民国时期，元年至二十三年（1912—1934 年），隶属广西省，分属西林、西隆、凌云 3 县。二十四年冬，从西林县划出潞城、八桂、供央 3 个乡及者苗乡央边村，西隆县划出旧州、南角 2 个乡，凌云县划出乐里、浪平、百平 3 个乡共 8 个乡置田西县（四等县），属广西第五（百色）行政区，县治在潞城圩。

　　新中国成立后，初期仍置田西县。1951 年 1 月，凌云县利周乡划入，属第二区。1951 年 8 月西林县裁撤，将定安、八渡、高阁、者苗 4 个乡划归田西县，置田林县，疆域稳定至今，属百色专区。1953 年 3 月起属桂西壮族自治区（后又称州）。1958 年 3 月，广西壮族自治区成立后属百色专员公署。1969 年属百色地区。2002 年开始属百色市。

　　（三）民族、语言概况

　　境内聚居着壮、汉、瑶、苗、彝、仫佬、侗、回、满、布依等民族。根据 1990 年人口普查，汉族占总人口 26.62%，壮族占 61.88%，瑶族占 11.07%，苗族占 0.19%，彝族占 0.13%，布依族占 0.11%。

　　根据《田林县志》的记载，田林县壮族村屯多分布在江河、溪涧阶地及低山丘陵地带，全县各乡镇均有壮族居住。按 2005 年乡镇合并之前的行政区划，壮族在旧州、洞弄、者苗、板桃等乡镇各占该乡人口 98% 以上；能良、定安、百乐、那比占 80% 以上；弄瓦、福达占 70% 以上；八桂、利周、八渡、潞城、乐里占 64% 以上。

　　汉族多聚居在县境东北部、西北部高寒岩溶峰丛圆锥山地，也有部分杂居在其他乡（镇）。其中以浪平乡最多，占该乡人口 98%；平山乡次之，占 89.8%；再次为高龙乡，占 72.4%，龙车乡 68%，平塘乡 60%。

瑶族多散居在海拔 800—1000 米林密草茂的高山峰峦间。主要分布在利周、潞城、八桂、弄瓦、福达、八渡等瑶族乡。其中以八桂乡最多，占该乡总人口 30.6%；利周乡占 29.18%，潞城乡占 25.2%，福达乡占 21%，八渡乡占 20%，弄瓦乡占 18%。

苗族居住在平塘乡同祥村及定安镇的八新村，人口较少，仅分别占该乡（镇）人口总数的 2.36%、0.5%。

彝族聚居在定安镇的常井村，占该镇总人口的 1.435%。

田林各族人民使用的语言有壮语、汉语、瑶语、苗语、布依语。

县内主要交际用语是壮语和西南官话。除浪平乡不通行壮语外，都通行壮语北部方言和西南官话。乐里镇、旧州镇亦有使用粤语（白话）的。

田林县壮语分属北部方言、南部方言，世居壮族使用北部方言桂边土语，自德保县迁来的壮族使用壮语南部方言德靖土语。

汉语有西南官话、粤语（白话）、客家话（当地称"埃话"）。

浪平、平山、平塘、高龙等地的汉语，源于湖南、湖北、四川、贵州、云南、广东各地区，因县内一般以壮语和西南官话作为族际交际语，故汉族（尤其是操"高山汉话"）与少数民族交际一般无障碍。田林县的"高山汉话"，当地还称为"湖广话"。而粤语仅流行于交通便利的乐里镇、旧州镇圩场，客家话（埃话）仅限于聚居地高龙乡几个村子范围内通话。操粤语和客家话的，必须学会壮语或西南官话才能在县内顺利交际。

新中国成立后推广普通话。在中小学校教学以及公务来往，常讲普通话。

田林瑶族使用勉语和布努语。勉语分盘古瑶话、蓝靛瑶话；布努语分背篓瑶话、木柉瑶话。

苗语仅偏苗话一种。

彝语只保存家庭用语。通用壮语。

布依语为定安镇常井村的彝族及毗邻贵州的旧州镇、百乐乡部分壮族使用。

各民族多是聚族而居，少数是多民族杂居。因此，除浪平乡交际语为单一的西南官话外，其他地区则为壮语和西南官话双语，或多语，各民族内部则用本民族语言作为交际语。

四　田阳县

（一）地理、行政区划概况

田阳县位于广西壮族自治区西部，地处右江中游。东临田东县，南接德保县，西与右江区接壤，北界河池市巴马瑶族自治县。东西最大距离117公里，南北最大距离117公里，总面积2393.82平方公里。全县辖田州镇、那坡镇、头塘镇、百育镇、那满镇、坡洪镇、五村镇、玉凤镇、洞靖乡、巴别乡等8镇2乡，设有152个行政村、4个社区，总人口35万人。

（二）历史沿革

田阳古属百越地。秦属象郡，汉至东晋属增食、增翊县。民国元年至二年（1912—1913年），成立奉议、恩阳两县。民国二十四年，奉议、恩阳合并为田阳县，县治在那坡镇。新中国成立后，1954年县治迁至今田州镇，属百色专区专员公署。现属百色市。

（三）民族、语言概况

田阳县最早居住的是壮族，发展到有汉、瑶等18个民族。1990年全国第四次人口普查，全县人口中，壮族占89.37%，汉族占10.26%，瑶族占0.32%，其他少数民族占0.05%。各民族各有语言，但都通行汉语。

汉族是历代由外地迁入，多在田州、那坡、那满等圩镇经商落户。居住在右江河谷一带的汉族，历来种植甘蔗，故称蔗园人。他们主要分布在那坡镇六合村、万平村、平朴村、那驮村、赖旺村，百峰乡百峰村、晚塘村，田州镇龙河村、那塘村、东旺村、兴城村，头塘镇头塘村、二塘村、百沙村，那满镇内江村、治塘村、大成村、自强村，百育镇百育村、七联村等。他们使用的汉语方言一般称"蔗园话"，属南部平话。

粤语（白话）只流行于那坡、田州镇街上部分居民，说粤语人数不多，萎缩严重。

部分说"高山汉话"的汉族居住在玉凤镇巴庙村、能带村。当地也称"高山汉话"为贵州话。

新中国成立前，从广东、广西各县迁入县内的过山瑶、蓝靛瑶，主要分布在五村乡大列村大列、坡也、大有、陇洪、布读、牙仰屯以及坤平乡百甲村录令屯、坡旺村那沙屯，地处边远山区，自然条件差，交通不便，大多数操布努语。

此外，从县外到田阳县工作的少数民族有：蒙古族、回族、苗族、彝族、布依族、满族、侗族、白族、高山族、仫佬族、羌族、仡佬族、黎族、土家族、毛南族等，多数是新中国成立后来的国家干部、职工、教员及其家属，主要聚居在县城机关、厂矿、学校和企事业单位。

田阳县使用的语言有壮语、粤语（白话）、平话（蔗园话）、瑶语、西南官话（当地称"桂柳话"）等。日常交际多用壮语。机关、厂矿、企事业单位职工和学校师生一般说西南官话。提倡说普通话。

县内壮语分属北部方言和南部方言。地处右江河谷的各乡、镇及玉凤、坤平乡属北部方言中的右江土语，与右江区、田东县壮语基本相同。南部方言，主要分布在巴别乡、洞靖乡和桥业乡的一部分村屯，与德保县、靖西县的壮语相通。操南部方言的人，长大后都能学会北部方言，一些操北部方言的人也能学会南部方言。

五　那坡县

（一）地理、行政区划概况

那坡县位于广西壮族自治区西南部。地跨东经105°31′—106°5′，北纬22°55′—23°32′。东及东北部与靖西市相连，南及西南部与越南社会主义共和国高平、河江两省接界，西及西北部与云南省富宁县接壤。东从坡荷乡照阳关起，西至百都乡白云山止，横宽直线距离38公里；南自平孟镇汤那山起，北至城厢镇卡腊山止，纵长直线距离67公里。国界线长206.5公里，是广西陆上疆界线最长的县份之一，全县国土面积2231.11平方公里。县城所在地城厢镇距百色市右江区254公里，距首府南宁405公里，距云南省昆明市700公里，平孟口岸距越南高平48公里，距越南首都河内200多公里。辖城厢镇、平孟镇、坡荷乡、龙合乡、德隆乡、百合乡、百南乡、百省乡、百都乡等2镇7乡。2011年总人口21万。

（二）历史沿革

那坡县历史悠久，新石器时期就有人类活动。古为百粤地，秦属象郡，宋置镇安峒，宋政和四年（1114年），镇安峒改为镇安州，元改为镇安路，明称小镇安。清乾隆三十一年（1766年）改流官，置通判称小镇安厅，光绪十二年（1886年）改称镇边县。民国时期沿用镇边县。新中国成立后，1953年10月27日改称睦边县，1965年1月20日，改称那坡县。

（三）民族、语言概况

壮族是那坡县的主体民族，旧谓"土人""土著"，建镇安峒后，外籍者陆续迁入杂居，渐同化为壮族。据 1990 年人口普查，壮族占全县人口 89.63%。以语言分类，有布壮、布央、布峒、布农、布锐、布依、布嗷、布省、布决、布拥、隆安、左州①等（《那坡县志》的分类非语言学意义的分类，因未能考证，先按县志所载记之）。

布壮（即黑衣壮，称"敏"），分布在县城及附近的城厢、坡荷、龙合、德隆、百都、百南、百合、平孟、百省等乡 461 个屯。

布央，分布在县城及附近的者庙、仑亭、者索、百马、那仁、岜坎、百大、蒙海、上下孟等村屯及百都街上。布央又分有央州，系指来自广东、湖南、湖北、福建等居住于县城的外籍汉人，长期与布央接触相处，互通婚姻，渐与布央同化，因落户镇安州城，故称央州。

布峒，分布在德隆、百合、百南、百省等乡。

布农，其中分农顺（即归顺，说靖西话）、农府（即镇安府，说德保话）。农顺分布在城厢、龙合、定业、坡荷、百南、平孟、下华、百省、百都、那隆等乡；农府分布在城厢、龙合、定业、坡荷、德隆、那隆等 67 个屯。

布依，分布在城厢、下华、百省、百都、那隆等乡 51 个屯。

布锐，主要分布在定业、那桑、政德、百都、者赖、者欣、坡酬、果庇、上下华、那勇一带 20 个屯。

布嗷，分布在城厢后龙山、坡荷、百都、那隆等 25 个屯。

布省，分布在龙合、平孟、百南等乡 14 个屯。

布决，分布在城厢、坡荷、德隆等乡 25 个屯。

布拥，仅那隆乡有 8 个屯。

隆安、左州①，主要分布在县城附近的那坡、者州及龙合、定业、百都、那隆等乡的部分村、屯。

汉族，部分据传为宋皇祐年间（1049—1053 年）随狄青南征留戍的士卒，适乡服土而在驻地安居；另一部分是外籍在此任职的官员及随从，

_____

① 《那坡县志》写作"炸州"，其实应是"左州"，该族群自崇左迁来，崇左曾称"左州"，因而得名。壮语 tsa^{45} tsəu^{54}。

去职后在此落籍；也有到此行商并安家落户的，多来自广东、湖南、湖北、福建等地，于清嘉庆以后陆续迁入。汉族多居州、县城内，由于长期与壮族接触、通婚，融入壮族，如黄、张、李、简、梁、邓、霍等姓。县内"高山汉"，多从山东、四川、贵州等省迁入，分布在后龙山一带的甲劳、果梨、岜生、弄谷、弄磨、弄盎、水潮、那旬、弄维、弄含、弄蓬、弄底等屯及那隆乡的坡芽、坡报、芭蕉坪，坡荷乡的小果腊、楼梯洞，定业乡的惠布、合母、桂合、共和，下华的规六上下华等大村屯。他们迁入最早的已延续了几十代，最晚也有五六代。

境内瑶族，分为蓝靛和大板瑶两支系。

蓝靛瑶，自称"秀门"或"金门"，因善种蓝靛，穿蓝黑衣服而得名。

大板瑶，自称"勉"，崇拜盘瓠图腾，奉传说中的盘王为祖先，大多沿宗盘姓。女子喜爱美饰，壮族称其为"花瑶"。

瑶族迁入那坡，有宋代说，明清说，无确证。据说，龙合一带石山地区，是瑶族最早居住地，清时把这些区域划为"六瑶"，即念益、果列、燕村、荣屯、共和、善和6个村屯。后陆续散至城厢镇的那宽、戈卖、那鸡，坡荷乡的国直，龙合乡的荣屯，百都乡的各当、内外岩卜、百岩、京平，那隆乡的坡金、坡平、坡报，下华乡的规芽、规陇、规惑、规火、规玲、各龙、规登、规旺，百省乡的弄布，德隆乡的规昌、达兵、那纳，平孟乡的坡法、弄力，百合乡的岩林、坡东、坡三、岩棉、坡迭、规学、弄卜，百南乡的那吉、谷敏等村屯。

苗族，散居在县境西南部的妖皇山和面良的深山里，因男女老少喜穿白麻布衣，也称"白苗"。苗族何时迁入县境无考。

彝族，县境内分白彝和红彝两个支系，旧称白倮倮和红倮倮，新中国成立后称彝族，分布在达腊、念毕、者祥、岩华、坡报、达汪、下久要等地的属白彝，也叫高裤脚彝、裙裤彝（彝语称"芒佐"）；住在下华乡坡五、坡康屯的属红彝，也叫红头彝或花腰彝（彝语称"芒集或乜集"）。一般为大分散小聚居，也有少数与当地壮族或汉族杂居。

彝族的来源有两种说法：一是汉时，彝族属孟获部落，由滇黔随军征战而散居于此。二是8—10世纪，在今云南巍山彝族自治县境，出现了由红彝统治的政权，建于南诏，并受唐封为南王。白彝不堪忍受红彝的奴役，于唐后陆续逃迁云南东部的广南、富宁及广西的西林、隆林、那坡境内。据传，逃迁县内的彝族，先在感驮岩穴居。宋皇祐年间（1049—1053年），建立镇安峒前，陆续迁至今达腊、念毕、者祥等地。

六　凤山县

（一）地理、行政区划概况

凤山县位于云贵高原南缘，广西壮族自治区西北部。县境最西点更沙乡干存村夏家坳西面山，地理坐标东经106°40′50″，北纬24°36′10″；最东点长洲乡那兵村坡王屯章坳，地理坐标东经107°16′57″，北纬24°32′15″；最南点江洲瑶族乡维新村高桑杀山西侧的无名山，地理坐标东经106°55′20″，北纬24°15′30″；最北点林峒乡同乐村板栗屯北面山，地理坐标东经107°1′34″，北纬24°49′34″。东西最大横距60.9公里，南北最大纵距63.9公里。

县城往东24.2公里接东兰县境，西36.7公里接凌云、乐业县境，南33.2公里接巴马瑶族自治县境，北30.7公里接天峨县境。县城距河池市政府所在地金城江198公里，距百色市右江区201公里，距自治区首府南宁市333公里。

全县土地总面积1737.93平方公里，辖凤城镇、袍里乡、砦牙乡、长洲乡、乔音乡、林峒乡、金牙瑶族乡、中亭乡、更沙乡、平乐瑶族乡、江洲瑶族乡1镇10乡97个村委会。

（二）历史沿革

公元前111年汉武帝平定南越国后，西汉王朝开始在广西腹地设置郡、县，今凤山县境属交州郁林郡定周县地域。

三国时，属吴国桂林郡地域；晋属广州桂林郡地域；南北朝时，属广州桂林郡地域；隋属扬州始安郡地域；北宋属广南西路邕州庆远府地域。

南宋时期，今县境平乐乡置有罗博州，是邕州下辖的48个羁縻州之一，境域包括今县境江洲、平乐、中亭、金牙、更沙乡及凌云县加尤乡、逻楼镇等地。其余仍为蛮地，属庆远府下辖的东兰州（羁縻州）地域。

元代归属与南宋相同。隶庆远南丹溪洞等处军民安抚司。

明洪武十二年（1379年），安习、忠、文3个土州并入东兰土州为东兰州后，东兰州将州地划分为12个哨级行政建制，统称内六哨、外六哨，其中外六哨中的本农、凤山、芝山、长里等四哨部分地域，为今县境袍里乡、凤城镇、乔音乡、林峒乡、长洲乡、砦牙乡一带地域行政设置之始。

今平乐、中亭、金牙、更沙四乡属泗城府（治今凌云县），今江洲乡属田州（治今田阳县）。

清朝初年，相沿明代建制归属不变。雍正八年（1730年），清朝对东兰土州实行改土归流，将州境一分为二：以内六哨地设为东兰州，以外六哨地另置土分州，原称东兰土分州，后改称凤山土分州，为凤山县级行政建置之始，仍归东兰州承审，属庆远府管辖，境域包括今袍里乡、凤城镇、乔音乡、林峒乡、长洲乡、砦牙乡，今巴马瑶族自治县甲篆乡、西山乡、巴马镇、凤凰乡，今大化瑶族自治县北景乡那色村和京屯村、乙圩乡巴追村和巴岩村，今天峨县老鹏乡、八腊瑶族乡、纳直乡纳直和当里2村和芭暮乡甲岩村等一带地域。今更沙、金牙、中亭、平乐四乡仍属泗城府，江洲乡属百色厅。

民国初年，仍袭清制。民国八年（1919年）5月，废土分州设县，隶属田南道。十六年，田南道废，原道属各县直隶广西省，由省派任行政督察委员，监督县政。十九年，广西独创民团制度，将全省设为12个民团区，凤山县隶百色民团区。二十三年3月，民团区改设为行政监督区，凤山隶百色行政监督区。二十四年，广西省府调整旧田南道属各县，割出老鹏乡归天峨县，割出盘阳、凤凰2乡归万冈县（今巴马瑶族自治县），另拨凌云县金牙、谋轩、平乐3乡及百色县相桥乡共4个乡来属，今县境由此定型，仍隶属百色行政监督区。二十九年4月，省政府将行政监督区改制为行政督察区，原百色行政监督区改称为"第十区行政督察专员兼保安司令公署"，凤山县隶第十区（百色）。三十一年3月，省政府将12个行政督察区合并为7个区，原第十区改为第五区，凤山县隶第五区（百色）。三十八年6月，省从第五区划出东兰、凤山、万冈、乐业四县，从第十区划出天峨1县共5个县另置为第十二行政督察区，其"第十二区行政督察专员兼保安司令公署"设于凤山县城国民中学（今凤山中学），与凤山县政府相距约三四百米远。

1949年11月29日，凤山解放，1950年1月1日，凤山县人民政府正式成立，县级行政区划隶属广西省百色专区。1952年12月，隶属广西省桂西壮族自治区百色专区。1956年3月，隶属广西省桂西僮族自治州百色地区。1957年12月，隶属广西省百色专区。1958年3月，隶属广西僮族自治区百色专区。1965年8月，改隶广西僮族自治区（1965年10月更名为广西壮族自治区）河池专区。1971年3月，隶广西壮族自治区河池地区。2002 年 6 月，隶属广西壮族自治区河池市（地级）。

（三）民族、语言概况

凤山是壮、汉、瑶族聚居县。1995 年，全县壮族占总人口 57.18%，汉族占 35.83%，瑶族占 6.96%；其他少数民族占 0.03%。

壮族。境内壮族一部分为当地的土著民族，另一部分是先于汉族从外地迁移而来。壮族广泛分布在县内各乡镇。其中，长洲乡是纯壮族乡；砦牙乡除板峒、板叶两村杂居有不足 10 户的瑶、汉族外，其他全是壮族；唯有更沙乡的壮族最少，据 1995 年人口统计，该乡仅有壮族 12 人；其余各乡镇均为壮、汉、瑶杂居或分寨集居。

汉族。据民国《凤山县志》载，境内汉族均从外地移居。汉族移居凤山较晚，始于明初，多数在晚清时期。主要从湖南、湖北、四川、贵州、福建、广东、江西等省陆续迁来的。如今分布在更沙、弄者、大洞、外里、央峒、长峒、力那、谋爱、寅亭等村的唐姓汉族，是从湖南省常德地区迁来的。分布在林峒乡久隆村的倪姓汉族是从四川迁来的。

瑶族。境内瑶族有布努瑶（俗称"过山瑶"）和蓝靛瑶两种。据传，凤山"过山瑶"祖源于湖南省长江、武陵、江华一带，由于长期遭受歧视和当地土司、地主、山霸的欺压、驱赶，约在宋代陆续南下，其中一小支迁徙入境居住。迁徙时有赵、王、李、罗、韦、杨、黄、卢、潘、班、梁、那、覃、谭、兰、骆、奉、黎、蒙、龙、汤等姓氏，全县 11 个乡镇均有分布。蓝靛瑶主要居住在明山，如平乐乡洪力村六往屯、谋爱村巴叶屯、兰包村猛娥屯、凤城镇巴旁村拉辉屯。蓝靛瑶因盛产蓝靛（一种染布的颜料）而得名，主要经济作物有八角、杉木、油茶、金银花、茶叶等，生活条件比过山瑶稍好。

据 1982 年地名调查统计，全县 2142 个自然屯中，纯壮族居住的有953 个，纯汉族居住的有 877 个，纯瑶族居住的有 149 个，壮、汉杂居的有 100 个，壮、瑶杂居的 17 个，汉、瑶杂居的 29 个，壮、汉、瑶杂居的 17 个。1990 年第四次人口普查统计，壮族人口中，长洲、砦牙乡最多，分别占全乡总人口 99.27%、98.98%；其次为乔音乡，占全乡总人口 98.57%；再次为中亭乡，占全乡总人口 82.45%。瑶族人口中，江洲、平乐、金牙瑶族乡瑶族人口分别占全乡总人口 30.56%、20.65%、15.86%，是县境内瑶族人口比例最高的乡。

壮语是县境内最普遍的语言。凤山壮语属北部方言桂北土语，与东兰、巴马、天峨等县毗邻地带的壮语有很强的一致性。

在县直机关及以汉语为主要交际工具的乡镇机关学校长大的壮族青少年和儿童，有一些只会说汉语，不会说或很少说壮语。县内绝大多数瑶族通晓壮语，长期在壮（汉）族地区生活的瑶族，其后代多壮（汉）化。例如，居住在砦牙乡板峒、板叶，林峒乡大同、板吉、龙相、文里、同乐等村的瑶族均不会说瑶话，只会说壮语、汉语。县内的汉族，多数也通晓壮语。壮语是县内各民族间主要的交际语言。

凤山县境内汉语为官话，其中"高山汉"使用的汉语方言当地称为"百姓话"，因为汉族常用而得名。

凤山瑶族分为山瑶和蓝靛瑶两种，其中，蓝靛瑶人口较少。凤山瑶讲布努语，布努语属汉藏语系苗瑶语族苗语支。蓝靛瑶讲金门话，金门话属汉藏语系苗瑶语族瑶语支。

居住在林峒乡的大同、龙相、板吉、文里、同乐及乔音乡的老里等村的山瑶由于长期与壮、汉人民杂居，其后代均不会讲瑶话，只会说壮话和汉话。生活在凤城镇的林兰，金牙乡猛干，平乐乡兰包、寅亭、谋爱，江洲乡巴标、凤平、陇善、维新及袍里乡谋屯、陇仁等村的山瑶均会讲瑶话，并通晓壮、汉话。

因本书对分布在其他县的高山汉话未做讨论，这些县的概况在此不做说明。

第二节　相关研究综述

目前，国内对西南官话的研究已较深入，在各种汉语方言中，西南官话的调查数量最为丰富，质量也是一流的。但相对而言，对广西官话的调查研究并不充分，所调查研究的方言比较集中。有关广西境内官话的研究多集中在广西北部的官话方言，如柳州方言、桂林方言等。专著如刘村汉《柳州方言词典》；论文如蓝利国《柳州方言的句法特点》[《广西大学学报》（哲学社会科学版）1999 年第 2 期]，马骏《柳州话的重叠》[《广西师范大学学报》（哲学社会科学版）2001 年第 3 期]，范先纲《柳州话的"没"和"没有"》[《广西师范大学学报》（哲学社会科学版）1987 年第 2 期]，黎江影《柳州方言语言地理过渡性浅议》（《广西师院学报》1991 年第 1 期），刘村汉《柳州方言词典的用字》，伍和忠《荔浦方言的语法

特点》（《广西师院学报》1988 年第 1 期）、《荔浦方言双音名词的 AAB
式重叠》（《玉林师范学院学报》2006 年第 1 期）、《荔浦方言的 "V 一下
子" 与 "V 一下子看"》（《广西社会科学》2002 年第 4 期）、《荔浦方言
与其他一些汉语方言 "着" 的特殊表 "体" 功能》（《玉林师范学院学
报》2013 年第 6 期）、《荔浦方言的 "NP_ 1NP_ 1 未 V_ 1，NP_ 2NP_ 2
未 V_ 2" 句式》[《广西大学学报》（哲学社会科学版）2003 年第 4 期]、
《荔浦方言的 "着"》[《广西师范大学学报》（哲学社会科学版）2004 年
第 2 期]，杨丕芳《南宁福建村官话词汇中的非官话成分》（《桂林师范高
等专科学校学报》2013 年第 2 期）等。广西地方志编纂委员会《广西通
志·汉语方言志》、谢建猷《广西汉语方言研究》则对柳州话、桂林话的
面貌作了描写，杨彧《桂柳官话音韵层次研究》（苏州大学硕士学位论
文，2009）、闭艳艳《鹿寨官话、平乐官话与柳州官话、桂林官话的亲疏
关系》（广西大学硕士学位论文，2006）涉及数个桂柳话的方言点，李星
歧《广西罗城县东门镇官话研究》（广西大学硕士学位论文，2014）、郑
石磊《广西宾阳新宾南街官话研究》（广西大学硕士学位论文，2012）、
陆淼焱《武鸣县城官话调查报告》（广西大学硕士学位论文，2012）则是
单点的研究。由此可见，广西官话研究，多集中在两个中心城市及周边少
量方言点，其他官话研究成果寥寥。而散布于桂西的 "高山汉话"，较早
的仅甘天龙《广西田林方言名词性重叠形式初探》（《广西教育学院学报》
1999 年第 3 期）对田林高龙乡高山汉话中的名词重叠形式进行了介绍。
这显然不利于我们对官话的全面认识。

　　广西的汉语方言调查与研究远远滞后于丰富的语言事实，这在桂西汉
语方言的调查和研究上亦有明显体现。散布于广西、云南、贵州三省
（区）交界地区广西一侧的官话方言 "高山汉话"，目前各种官话方言分
区材料，均未见阐述，这应当是调查研究成果未能向学界提供充分可靠的
语言材料所致。自 2006 年始，一批学者开展了对这一方言的调查研究，
当前成果中相对完整的有：吕嵩崧《凌云加尤高山汉话研究》（广西师范
大学硕士学位论文，2010）、梁艳芝《一个西南官话方言岛——浪平高山
汉话研究》（广西大学硕士学位论文，2006），这两篇文章分别对百色市
凌云县加尤镇、田林县浪平乡高山汉话语音、词汇、语法进行了描写。单
篇论文以吕嵩崧为多，计有《凌云加尤高山汉话音系》（《广西师范学院
学报》2011 年第 2 期）、《加尤高山汉话词汇与普通话词汇比较》（《广

民族师范学院》2011 年第 2 期)、《凌云加尤高山汉话的语缀》(《钦州学院学报》2011 年第 4 期)、《多语环境下加尤高山汉话字音所受的影响》(《贺州学院学报》2012 年第 3 期)、《加尤高山汉话名量词与普通话的差异》(《河池学院学报》2012 年第 6 期)、《凌云加尤高山汉话重叠式考察》[《广西民族大学学报》(哲学社会科学版)2011 年第 1 期]、《凌云加尤高山汉话韵母、声调与中古音的比较》(《河池学院学报》2010 年第 6 期)、《凌云加尤高山汉话声母系统与共同语、中古音声母系统对应关系》(《百色学院学报》2010 年第 1 期)、《加尤高山汉话与普通话语音比较》(《百色学院学报》2011 年第 1 期)、《语言接触对广西那坡县坡荷高山汉话韵母和声母的影响》(《文山学院学报》2015 年第 5 期)、《语言接触在坡荷高山汉话中的体现》(《百色学院学报》2016 年第 1 期),黄革、林荣生《乐业高山汉话形容词生动形式探究——兼与四川方言作比较》(《百色学院学报》2012 年第 4 期)、《田林平塘、凌云加尤"高山汉"方言词汇的差异》(《百色学院学报》2011 年第 1 期)、《乐业逻沙高山汉话副词研究》(《广西民族师范学院学报》2011 年第 6 期)、《乐业逻沙高山汉话动词训释》(《语文学刊》2012 年第 7 期),黄革《田林平塘汉语方言词汇》(《百色学院学报》2008 年第 4 期)、《乐业逻沙高山汉话名词形象色彩探析》(《语文学刊》2013 年第 4 期),莫帆《凤山高山汉话同音字汇》(《百色学院学报》2012 年第 5 期)。此外,就是各县县志中的一些简单材料。

官话在桂西的分布是普遍的。除了以官话作为母语的汉族族群之外,少数民族和其他汉族族群也往往以官话作为超民族、超族群的交际用语,这在中老年人群及推普工作尚未大规模开展的 20 世纪末之前更是普遍。桂西官话也受到了学界的一些关注,并对其内部进行了初步划分。李蓝(2009)在《西南官话的分区(稿)》[①]中对分布于桂西的部分官话方言点所做的二次分区分别为:乐业县、隆林各族自治县、凌云县属川黔片黔中小片,这 3 个县部分地方居住着从明末清初开始自川、湘、赣、鄂、黔等地迁来的汉族,其属川黔片当与此有关;毗邻云南的西林县属云南片滇南小片;百色市(右江区)、德保县、靖西县、那坡县、平果县、田东县、田林县、田阳县属桂柳片桂北小片,与该地区曾以桂柳话或接近桂柳

① 李蓝:《西南官话的分区(稿)》,《方言》2009 年第 1 期。

话的官话作为族际交际语有直接的关系。

根据来源，笔者认为桂西官话可以大致分为"母语型"和"转用型"两类。除了官话，桂西还分布着粤语、平话和客家话等汉语方言；分布着壮侗语族的壮语、布依语、仡佬语、布央语，苗瑶语族的瑶语（勉和金门）、布努语和苗语，藏缅语族的彝语，南亚语系的倈语。是典型的多种类型和多种不同谱系来源语言交错分布的地区。在多语环境下，这两类官话均呈现出一些有别于其他官话方言的特点。

高山汉话属西南官话。赵元任、丁声树等曾指出："入声归阳平，这是西南官话一个最重要的特点。"① 李荣也指出，"西南官话的特性是古入声今全读阳平"②。目前所见高山汉话入声基本归阳平，符合这一特点。除了入声归阳平这一较普遍的规律外，有的高山汉话方言点存在入声归阴平的现象。西南官话确有入声今归阴平的现象，李蓝归纳的古入声在西南官话中读音的十种类型中，古入声今归阴平的有如下类型：古入声今归阴平；清入和次浊入今归阴平，全浊入今归阴平；古入声分归阴平或阳平，没有明显的语音条件；清入今归阴平，浊入今归阳去；多数字今归阴平，少数字今归阳去。③ 高山汉话中入声归阴平的到底是全归阴平，还是分别归入不同调类，目前还缺乏调查分析。

这一汉族族群虽以官话为母语，但长期深入少数民族聚居区，其语言系统已在一定程度上受到了少数民族语言、汉语共同语及其他方言的影响。

目前对高山汉话调查较充分的仅个别方言点。如前文所列两篇硕士学位论文及一系列已公开发表的论文。这些论文虽有一定数量，但仍未能全面考察高山汉话，不能展现它的全貌；而该方言内部也缺乏互相比较，也使我们对其内部的一致性和差异的程度缺乏了解。

"转用型"官话主要是当地少数民族转用的西南官话，当地习惯将之称为"桂柳话"。西南官话曾是广西的族际交际语，目前百色少数民族还有以西南官话进行交际的习惯。但少数民族转用的西南官话，在各处呈现不同的特点。这其中最典型的应为西林官话和那坡官话（那坡也有高

---

① 赵元任、丁声树、杨时逢、吴宗济、董同龢：《湖北方言调查报告》，商务印书馆民国37年版，第1568页。

② 李荣：《官话方言的分区》，《方言》1985年第1期。

③ 钱曾怡主编：《汉语官话方言研究》，齐鲁书社2010年第1版，第244—246页。

山汉话，本书也将对分布于那坡县坡荷乡的高山汉话进行讨论；本书中，"那坡官话"专指那坡县少数民族转用的，在那坡县城通行的官话）。作为少数民族聚居区，西林原来使用的语言并非官话，其转用当在清代"改土归流"之后。据传当时流官因与当地居民无法交流而下令当地人改说官话。① 那坡县城开始转用官话当在 20 世纪 60 年代末②，至今转用尚未完成，音系似乎并不稳定，但县城青少年使用官话的比例已明显高于壮语，即使是中年人也已以官话为主要交际工具。在那坡县城，壮语消亡的趋势十分明显。两处官话均由转用（或双语阶段）而来，故均明显保留了少数民族语言成分。如西林官话、那坡官话均有一套边擦音声母；那坡官话保留了壮语进行体标记"在"等语法形式，并保留了一批壮语词汇。

当前，对桂西经转用而形成的官话的调查研究成果并不多见。目前所见有对那坡官话进行讨论的文章，吕嵩崧《那坡话声母与中古音的比较》（《百色学院学报》2009 年第 4 期）、《那坡话韵母与中古音比较》（《百色学院学报》2009 年第 5 期）做了初步的描写，陆淼焱《壮语影响在那坡官话中的体现》（《百色学院学报》2013 年第 1 期）从语言接触角度对那坡官话中的壮语成分进行了分析。而对于已完成转用的西林县八达镇和处于双语阶段中的各地官话，调查研究成果基本还是空白。

纵观相关成果，对桂西官话的研究体现出如下不足：

1. 无论"母语型"还是"转用型"，其分布范围、使用人口、方言点均未做详尽研究，对"高山汉话"未做准确界定。

2. 对桂西官话各方言点语音、词汇、语法系统的描写非常缺乏。主要体现在所调查的方言点有限，现有成果语料不够翔实，对语言事实的描写仍然缺乏，一些语料的可信度也不够高，未能真正揭示桂西官话的面貌；现有的研究成果基本局限十单点方言某个专题的探讨，系统调查与研究的成果匮乏，多点方言比较等少有涉及；不能真正为方言比较研究及语言接触理论研究提供可靠的参考。

3. 对桂西官话的来源未能进行科学的调查和研究。

4. 虽有从语言接触角度所做的讨论，但成果的数量不多，质量不高。

---

① 西林县退休老教师韦定仍惠告。

② 那坡县岑永红惠告。

这对处于多语环境下的桂西官话而言，是一个明显的缺陷。

因此，本书对"高山汉话"进行讨论，且注意了语言接触这一视角，是希望能对以上所述桂西官话研究的不足有一定的补充。

第三节　相关说明

一　本书使用的材料

本书所使用的材料中，凌云县加尤高山汉话（下称"加尤话"）为笔者调查所得，那坡县坡荷高山汉话（下称"坡荷话"）为笔者和黄革调查所得，乐业县同乐高山汉话（下称"同乐话"）、凌云县泗城高山汉话（下称"泗城话"）为笔者和郝鹏飞调查所得，田林县平塘高山汉话（下称"平塘话"）、乐业县逻沙高山汉话（下称"逻沙话"）词汇为黄革、林荣生提供，逻沙话字音为郝鹏飞、郑敬文协助调查所得，凤山县袍里高山汉话（下称"袍里话"）为莫帆提供，田阳县玉凤高山汉话（下称"玉凤话"）为黄彩庆提供，田林县浪平高山汉话（下称"浪平话"）自梁艳芝《一个西南官话方言岛——浪平高山汉话研究》[1]，其他语料随文说明。

因加尤话资料为笔者详细调查所得，本书以之为主干，结合其他高山汉话材料进行讨论。

二　本书采用的术语

本书采用学界通用的术语。语音符号采用国际音标，音标输入采用潘悟云先生的"云龙国际音标输入法"。其他各种符号的使用将在文中随文说明。

除专门说明，随文夹注采用下标。

三　主要发音合作人情况

加尤话：席礼茂，1949 年生，初中文化，农民，曾担任村干部，已退休；席礼先，1964 年生，初中文化，农民；杨妹柴，1964 年生，初中

---

① 梁艳芝：《一个西南官话方言岛——浪平高山汉话研究》，广西大学硕士学位论文，2006年。

文化，农民。

坡荷话：石于志，1965 年生，高中文化，农民；张明德，1958 年生，高中文化，农民。

玉凤话：骆相颜，男，1944 年出生，小学文化，农民；曾桂英，女，1979 年出生，初中文化，农民。

袍里话：裴厚业，1942 年生，中专文化，小学退休教师。

逻沙话：周臣康，1952 年生，小学文化，农民。

平塘话：张志红，1967 年生，初中文化，农民。

第二章　高山汉话语音研究

第一节　加尤话语音系统

一　加尤话声韵调系统

（一）声母

1. 声母共 23 个，包括零声母。

p	ph	m	f
t	th	l（n）	
ts	tsh		s
tʂ	tʂh	ɳ	ʂ　ʐ
tʃ	tʃh		ʃ
k	kh	ŋ	x
∅			

说明：［l、n］可自由变读，在此记为［l（n）］。

2. 声母例字：

p 波怖被脾泌缚

ph 坡盆捧谱赴贩辅

m 麻秘芒盲

f 富芬房呼狐

t 多豆爹贷呆蹲盾瞪啼泣

th 汤甜堤铳

l（n）劳隶脸脑宁安宁乐音乐

ts 最责赠趣楔追锥秩已

tsh 猜慈赐辞测岑侧雀宅彻产

s 锈邪射师狮士束秽瞿邹缩

tʂ 找镯章桌宙植侦赤翅技参_{参差}轧_{被车轧}

tʂh 茶叉柴吹痴垂船春澄成患嗅楂拄渗

ɳ 聂牛鸟蔫_{食物不新鲜}擘锐

ʂ 使神闪社枢柿珊续馨术_{白术}嘱寺

z̩ 惹诺孕日

tʃ 家巨髻舰捐敛吸汁骤撮砚

tʃh 巧奇局矫洽辙愁撤窜

ʃ 瞎协溪懈寻饷熊唇畜_{畜牲}涉疝

k 歌共廓皆械

kh 考溃昆葵刊

ŋ 昂欧碍恩

x 灰豪恢合_{十合一升}焚

Ø 吴蛙盐蜗晚歪圆尔戊完龈诵

（二）韵母

1．韵母 38 个。

ɿ	ʅ	i	u
a		ia	ua
ɛ		iɛ		yɛ
ə			
o		io	
ai			uai
əi			uəi
yi			
au		iau	
əu		iəu	
an			uan
ɛn		iɛn		yɛn
ən			uən
in			
yn			
aŋ		iaŋ	uaŋ

oŋ

yŋ

m̩

n̩

说明：韵母［m̩］、［n̩］是自成音节的声化韵。

2. 韵母例字：

ɿ 紫师秩馊

ʅ 制执侄直赤

i 写秸液虑律皮季立笔逼疫惜壁吃

u 谱母入不幕朴福服

a 巴达打他罢哑杉

ia 家佳狭瞎挟

ua 蛙厦_{偏厦}划袜挖抓

ɛ 骇摄涩哲核得泽泊帕簸姐厕

iɛ 野叶夜爷

yɛ 绝缺虐茄铣国

ə 则

o 多朵蜗做脱落桌惑获鸽割儿

io 爵削确溺

ai 材拜筛瘌蔗岩

uai 块乖衰蟀或

əi 贝杯废碑非

uəi 堆脆惠嘴吕褪

yi 徐橘域剧_{剧烈}菊骤撮役

au 保赵矛雹

iau 交彪嚼饺屑_{不屑}

əu 徒亩突笃录驴捉

iəu 纽溜又郁

an 耽闪丹潘

uan 赚珊端串

ɛn 乞减艰恋

iɛn 淹眼延烟

yɛn 掘轩全悬

ən 沉珍奔肯贞怯荐

uən 捆春绳横_{蛮横}

in 情阴拼_{拼命}邻蓖凌

yn 寻旬掀莝倾

aŋ 帮当_{当时}方邦盲

iaŋ 娘奖享讲

uaŋ 庄亡桩矿

oŋ 朋猛篷宏

yŋ 咏胸用熊

m□ _{语气词；表示同意，认可}

n□ _{语气词，表示疑问}

（三）声调

1. 声调共 4 个，不含轻声。

阴平：45　阳平：31　上声：54　去声：213

声调例字：

阴平　多波家私搜新

阳平　爬慈船合勺碟

上声　左妥姐鲁拟吵

去声　惰仕序那募戴

2. 连读变调。

加尤话连读变调规律如下：

（1）两个阴平字相连，后一个调值从 45 变为 54。如：

山边 ʂan⁴⁵pɛn⁴⁵⁻⁵⁴　　飞机 fəi⁴⁵tʃi⁴⁵⁻⁵⁴　　医生 i⁴⁵sən⁴⁵⁻⁵⁴

乌龟 u⁴⁵kuəi⁴⁵⁻⁵⁴　　风车 foŋ⁴⁵tʂhɛ⁴⁵⁻⁵⁴　　声音 ʂəŋ⁴⁵in⁴⁵⁻⁵⁴

心肝 sin⁴⁵kan⁴⁵⁻⁵⁴　　新鲜 sin⁴⁵ʃyɛn⁴⁵⁻⁵⁴

部分"ABB"式后两个音节为阴平的按此规律变读。如：

竹蔸蔸 tʂu³¹təu⁴⁵təu⁴⁵⁻⁵⁴　　　　竹颠颠 tʂu³¹tɛn⁴⁵tɛn⁴⁵⁻⁵⁴

打车车 ta⁵⁴tʂhɛ⁴⁵tʂhɛ⁴⁵⁻⁵⁴　　　　打哈哈 ta⁵⁴xa⁴⁵xa⁴⁵⁻⁵⁴

部分"BBA"式后两个音节为阴平的按此规律变读。如：

花花伞 xua⁴⁵xua⁴⁵⁻⁵⁴san⁵⁴

两个阴平字按"AABB"重叠的也按此规律变调。如：

嘻嘻哈哈 ʃi⁴⁵ ʃi⁴⁵⁻⁵⁴ xa⁴⁵ xa⁴⁵⁻⁵⁴　　　疯疯癫癫 foŋ⁴⁵ foŋ⁴⁵⁻⁵⁴ tɛn⁴⁵ tɛn⁴⁵⁻⁵⁴

（2）部分去声音节按"AA"式重叠构成的名词，后一音节由 213 变成 45。如：

豆豆 təu²¹³ təu²¹³⁻⁴⁵　　　　　　　棒棒 paŋ²¹³ paŋ²¹³⁻⁴⁵

罐罐 kuan²¹³ kuan²¹³⁻⁴⁵　　　　　架架 tʃia²¹³ tʃia²¹³⁻⁴⁵

（3）去声位于其他声调前，调值从 213 变为 21。如：

去声 + 阴平：道家 tau²¹³⁻²¹ tʃia⁴⁵　　　旱灾 xan²¹³⁻²¹ tsai⁴⁵

　　　　　　后生 xəu²¹³⁻²¹ sən⁴⁵　　　是非 ʂ̩²¹³⁻²¹ fəi⁴⁵

去声 + 阳平：坐船 tso²¹³⁻²¹ tʂhuan³¹　　带鱼 tai²¹³⁻²¹ yi³¹

　　　　　　吊楼 tiau²¹³⁻²¹ ləu³¹　　　卖牛 mai²¹³⁻²¹ ȵiəu³¹

去声 + 上声：正楷 tʂən²¹³⁻²¹ khai⁵⁴　　跳板 thiau²¹³⁻²¹ pan⁵⁴

　　　　　　政府 tʂən²¹³⁻²¹ fu⁵⁴　　　半碗 pan²¹³⁻²¹ uan⁵⁴

（4）轻声。

加尤话有一部分轻声音节。轻声音节读短促的˧33 调（为方便起见，以下轻声各例调值标为 33）。

1）名词后缀"子"一般读轻声。如：

秧子 iaŋ⁴⁵ tsʅ³³　谷子 ku³¹ tsʅ³³　果子 ko⁴⁵ tsʅ³³　稗子 pai²¹³ tsʅ³³

2）完成态标记"了"一般读轻声。如：

打霜了 ta⁵⁴ ʃuaŋ⁴⁵ la³³　　　　天晴了 thɛn⁴⁵ tshin³¹ la³³

□雨了 laŋ²¹³ yi⁵⁴ la³³　　　　　霜大了 ʃuaŋ⁴⁵ ta²¹³ la³³

3）结构助词"的"一般读轻声。如：

读书的 təu³¹ ʂu⁴⁵ li³³　　　　　看牛的 khan²¹³ ȵiəu³¹ li³³

打猪菜的 ta⁵⁴ tʂu⁴⁵ tshai²¹³ li³³

他的凉帽 tha⁴⁵ li³³ liaŋ³¹ mau²¹³　小姨的手表 siau⁵⁴ i³¹ li³³ ʂəu⁵⁴ piau⁵⁴

表婶的砂罐 piau⁵⁴ ʂən⁵⁴ li³³ ʂa⁴⁵ kuan²¹³

舅舅的薄刀 tʃiəu²¹³ tʃiəu²¹³ li³³ po³¹ tau⁴⁵

4）部分"ABB"式后一个音节读轻声。如：

号瓢瓢 xau²¹³ phiau³¹ phiau³³　　　打鼓鼓 ta⁵⁴ ku⁵⁴ ku³³

敲鼓鼓 khau⁴⁵ ku⁵⁴ ku³³　　　　　小娃娃 siau⁵⁴ ua³¹ ua³³

二　加尤话声韵配合关系简表

加尤话的声韵配合关系，如下表所示，表中按韵头把韵母分成开、齐、合、撮四类，声母按发音部位分成 7 组，声韵可以相配的用 "＋"
表示，空格表示声韵不相配合。

呼　　声母	开口呼	齐齿呼	合口呼	撮口呼
p　ph　m　f	＋	＋	＋	
t　th　l（n）	＋	＋	＋	
ts　tsh　　s	＋	＋	＋	＋
tʂ　tʂh　ɳ　ʂ　ʐ	＋	＋	＋	
tʃ　tʃh　　ʃ	＋	＋	＋	＋
k　kh　ŋ　x	＋			
∅	＋	＋	＋	＋

说明：[p　ph　m　f] 跟合口呼相拼仅限于 u。
　　　[tʂ　tʂh　ɳ　ʂ　ʐ] 能跟齐齿呼、撮口呼相拼的主要是 ɳ。

三　加尤话声韵调配合关系表

说明：表中同行表示声母相同，同列表示韵母和声调相同。无声韵调
配合关系以空白表示。有音无字或本字不明的，表中用圈码表示，并在表
下加注。代表字的选取原则是：尽量选单音字，如果只有多音字，该多音
字第一次出现用楷体表示，第二次出现用隶书表示，并在表下加注。

	ɿ	ʅ	i	u
	阴阳上去 平平声声	阴阳上去 平平声声	阴阳上去 平平声声	阴阳上去 平平声声
p ph m f			笔鄙蔽 批皮屁 迷米秘	不补布 铺蒲捕讣 木母暮 呼胡虎户
t th l（n）			爹啼底帝 梯堤体替 犁旅虑	秃 庐
ts tsh s	资　子自 滋慈兹次 斯　死四		脐挤祭 妻齐砌 西习写细	猝 束

续表

	ɿ	ʅ	i	u
	阴阳上去 平平声声	阴阳上去 平平声声	阴阳上去 平平声声	阴阳上去 平平声声
tʂ tʂh ɳ ʂ ʐ		知执纸制 痴池耻侍 施时屎世 日	泥蚁义	猪竹主驻 除拄 书叔暑庶 如乳儒
tʃ tʃh ʃ			鸡急己计 欺奇启企 溪　喜弃	续
k kh ŋ x				姑骨古故 箍哭苦库
ø			医乙矣意	乌吴五误

	a	ia	ua	ε
	阴阳上去 平平声声	阴阳上去 平平声声	阴阳上去 平平声声	阴阳上去 平平声声
p ph m f	巴八把霸 爬　怕 妈麻马骂 乏			鳖北 迫 灭
t th l（n）	答打大 他踏 拉拿哪那			叠 跌　腆 猎
ts tsh s	杂 插 萨洒			楔捷姐借 彻且 些涩泄
tʂ tʂh ɳ ʂ ʐ	渣闸诈 叉茶岔 沙杀傻		抓啄爪 刷要	遮哲者 车铡扯 业 奢蛇舍社 热惹
tʃ tʃh ʃ		家狭假架 恰 虾霞夏	厦	劫 撤 摄懾

续表

	a				ia				ua				ε			
	阴 平	阳 平	上 声	去 声	阴 平	阳 平	上 声	去 声	阴 平	阳 平	上 声	去 声	阴 平	阳 平	上 声	去 声
k kh ŋ x			哑						瓜刮寡挂 夸 花滑　话				格 客　咳 额 黑			
∅					鸦牙雅亚				蛙袜瓦画							

把：把守

爪：爪子

假：真假

夏：春夏

厦：厦门

咳：咳嗽

	iɛ				uɜ				yɛ				ə			
	阴 平	阳 平	上 声	去 声	阴 平	阳 平	上 声	去 声	阴 平	阳 平	上 声	去 声	阴 平	阳 平	上 声	去 声
p ph m f																
t th l（n）																
ts tsh s									绝 雪				则			
tʂ tʂh ɳ ʂ ʐ									虐							
tʃ tʃh ʃ					茄				厥 缺犬 血							
k kh ŋ x					国											

续表

	iɛ	uɜ	yɛ	ə
	阴阳上去 平平声声	阴阳上去 平平声声	阴阳上去 平平声声	阴阳上去 平平声声
ø	爷野夜		悦	①

①语气词，表示同意，认可。

	o	io	ai	uai
	阴阳上去 平平声声	阴阳上去 平平声声	阴阳上去 平平声声	阴阳上去 平平声声
p	波钵跛		摆拜	
ph	坡婆破		排派	
m	摸魔磨		埋买卖	
f				
t	多夺朵剁		呆戴	
th	拖驼妥		胎台态	
l (n)	啰罗裸糯		来乃耐	
ts	昨左座	爵	灾宰再	
tsh	搓凿锉	鹊	猜才彩菜	
s	蓑索锁	削	腮	
tʂ	酌		斋债	
tʂh	戳芍		钗柴	
ɳ				喘
ʂ	朔	溺	筛赛	衰摔帅
ʐ	诺			
tʃ		脚		
tʃh		确		
ʃ		学		
k	歌鸽果过		该改盖	乖拐怪
kh	科渴棵课		开凯概	块快
ŋ	蛾我饿		哀岩矮爱	
x	喝河火货		孩海亥	怀坏
ø	蜗儿尔二	约		歪外

磨：石磨

	əi	uəi	yi	au
	阴阳上去 平平声声	阴阳上去 平平声声	阴阳上去 平平声声	阴阳上去 平平声声
p	杯贝			包保报
ph	胚培沛			抛袍跑泡
m	梅每妹			猫毛牡冒
f	非肥匪废			

续表

	əi	uəi	yi	au
	阴阳上去 平平声声	阴阳上去 平平声声	阴阳上去 平平声声	阴阳上去 平平声声
t th l（n）		堆　对 推　腿退 雷吕内		刀　岛到 滔桃讨套 捞劳脑闹
ts tsh s		追　嘴罪 催　脆 虽随绥碎	聚 趋　取 须徐　序	遭　早皂 操曹草躁 骚　嫂溞
tʂ tʂh ɳ ʂ ʐ		赘 吹垂 谁水税	抽	召　找罩 超潮炒 烧韶少绍
tʃ tʃh ʃ			居橘举据 驱屈　去 虚　许	
k kh ŋ x	给	闺　诡桂 盔奎傀愧 恢回悔贿		高　稿告 敲　考犒 熬袄奥 薅豪好耗
ø		威危委卫	鱼语预	

少：多少

好：好坏

	iau	əu	iəu	an
	阴阳上去 平平声声	阴阳上去 平平声声	阴阳上去 平平声声	阴阳上去 平平声声
p ph m f	膘　表 标瓢票 苗藐庙	 剖 谋某茂 浮否		班　板半 攀盘　盼 瞒满漫 翻凡反泛
t th l（n）	刁　钓 挑条跳 燎了廖	兜独堵杜 徒土兔 奴努怒	丢 溜流柳	丹　胆旦 贪潭毯炭 南览滥
ts tsh s	焦　剿嚼 悄瞧 稍　小笑	租足祖 粗锄楚醋 苏速数素	酒就 秋囚 修宿秀	

续表

	iau	əu	iəu	an
	阴阳上去 平平声声	阴阳上去 平平声声	阴阳上去 平平声声	阴阳上去 平平声声
tʂ		周仇帚昼		
tʂh		抽绸丑臭		
ɳ		收手兽	牛纽	
ʂ	鸟尿			
ʐ		柔		
tʃ	交　绞轿		鸠九　救	
tʃh	乔巧窍	愁	丘求	
ʃ	嚣淆晓孝		休蓄朽	
k		勾狗够		
kh		抠　口寇		
ŋ		欧藕怄		
x		侯吼厚		喊
ø	妖摇舀耀	哦	忧尤有又	

了：了结

悄：静悄悄

数：动词

臭：香臭

	uan	εŋ	iεŋ	yεŋ
	阴阳上去 平平声声	阴阳上去 平平声声	阴阳上去 平平声声	阴阳上去 平平声声
p		鞭　贬变		
ph		篇便　片		
m		棉免面		
t	端　短段		颠　典店	
th	团		添甜	
l（n）	鸢暖乱		廉脸练	
ts	钻　钻		尖　剪渐	
tsh	篡		签钱浅	拴泉
s	酸　蒜		仙　线	宣旋癣
tʂ	专　转赚			
tʂh	川船铲串			
ɳ		研严碾验		
ʂ	删　闩			
ʐ	软			

续表

	uan	ɛn	iɛn	yɛn
	阴阳上去 平平声声	阴阳上去 平平声声	阴阳上去 平平声声	阴阳上去 平平声声
tʃ tʃh ʃ	窜	兼　检剑 谦钳遣嵌 疝衔险宪		绢　卷倦 圈拳　劝 轩玄
k kh ŋ x	官①管贯 宽　款 欢环缓唤			
Ø	弯完碗万		淹炎眼艳	渊圆远院

便：便宜

钻：动词

钻：名词，木工用具

转：转送

卷：卷起

圈：圆圈

①独自

	ən	uən	in	yn
	阴阳上去 平平声声	阴阳上去 平平声声	阴阳上去 平平声声	阴阳上去 平平声声
p ph m f	奔　本笨 烹盆 门　闷 芬坟粉粪		彬　丙饼 拼贫品聘 民敏命	
t th l（n）	墩　等屯 吞藤腾 仑冷嫩		丁　顶定 厅亭挺听 林檩吝	
ʦ ʦh s	尊 村岑　趁 森　损		津　井进 青秦侵浸 心　醒信	旬
tʂ tʂh ȵ ʂ ʐ	针诊镇 称澄　慎 深神审甚 人忍认	准 春　蠢 纯　顺 润	凝	

续表

	ən	uən	in	yn
	阴阳上去 平平声声	阴阳上去 平平声声	阴阳上去 平平声声	阴阳上去 平平声声
tʃ tʃh ʃ	 怯 唇		今 紧近 钦琴 庆 欣形 幸	均郡菌 倾群 熏寻 训
k kh ŋ x	跟 耿更 坑恳 恩 硬 亨痕很恨	滚棍 坤 捆困 昏魂 混		
Ø		温文稳问	音吟引应	晕匀允韵

称：称呼

更：更加

混：相混

应：应付

	aŋ	iaŋ	uaŋ	əŋ
	阴阳上去 平平声声	阴阳上去 平平声声	阴阳上去 平平声声	阴阳上去 平平声声
p ph m f	帮 榜傍 旁 胖 芒忙莽 方房纺放			
t th l（n）	当 党荡 汤堂躺烫 囊朗浪	① 良两谅		
ts tsh s	赃 葬 仓藏 桑 嗓丧	浆蒋酱 枪墙抢 箱 想象		
tʂ tʂh ɳ ʂ ʐ	张 掌帐 昌肠厂唱 商 赏尚 瓤 让	 娘	庄床 壮 疮 闯畅 霜 爽	
tʃ tʃh ʃ		疆 讲降 腔强强 香降享向		

续表

	aŋ	iaŋ	uaŋ	əŋ
	阴阳上去 平平声声	阴阳上去 平平声声	阴阳上去 平平声声	阴阳上去 平平声声
k kh ŋ x	冈 港杠 康扛 抗 航昂② 航 项		光 广逛 筐狂 旷 荒黄谎	③
ø		央羊仰样	汪王网望	

藏：隐藏

丧：丧失

降：下降

强：强大

强：勉强

降：投降

①提装液体的容器

②~到起：等待着，拒绝

③表示同意，认可

	oŋ	yŋ	m	n
	阴阳上去 平平声声	阴阳上去 平平声声	阴阳上去 平平声声	阴阳上去 平平声声
p ph m f	朋捧 萌猛孟 风逢讽凤			
t th l（n）	东 董冻 通同桶痛 笼陇弄			
ts tsh s	宗 总糭 聪丛 松 送			
tʂ tʂh ɳ ʂ ʐ	忠 肿仲 冲虫			
tʃ tʃh ʃ		穷 熊		

续表

	oŋ	yŋ	m	n
	阴阳上去 平平声声	阴阳上去 平平声声	阴阳上去 平平声声	阴阳上去 平平声声
k kh ŋ x	公　拱贡 空　孔控 翁 轰弘哄闳			
ø		绒	①	②

冲：冲锋

空：空虚

哄：哄骗

①语气词；表示同意，认可

②语气词，表示疑问

第二节　其他高山汉话方言语音系统

一　坡荷话语音系统

（一）声母（24个，包括零声母）

p 菠跛玻薄　　ph 坡帕耙谱　　m 魔马牧梦　　f 风覆伏复

t 多妥惰赌　　th 土徒梯推　　l（n）内雷离类　　　　　　　　ɬ 蓑邪沙射

ts 组澡晋赃　　tsh 侧词搓粗　　　　　　　　s 苏宋序喜

tʂ 朱助闸坠　　tʂh 蝉生权楚　　ȵ 蚁尼厘疑　　ʂ 守膳书蔬　　　　ʐ 柔染壬日

tʃ 巨掘焦架　　tʃh 腔瘸取雀　　　　　　　　ʃ 熊须虾霞

k 哥古跪鸽　　kh 堪渴阔昆　　ŋ 昂俄爱恩　　x 痕昏物鹤

ø 牙哑野尔

说明：［l、n］可自由变读，在此记为［l（n）］。

（二）韵母（38个）

ɿ 特紫子式　　ʅ 实池匙失　　i 笔栗一率　　u 速笃竹处到处

a 大渣眨札 .　　　　　　　ia 牙洽涯瞎　　ua 瓜抓卦挖

ɛ 涩劣揭结结束　　　　　iɛ 乙也页野　　　　　　　　yɛ 掘瘸悦粤

ə 蛾儿尔

o 多说琢错　　　　　　io 肉却岳雀

ai 斋戴埋柴　　　　　　　　　　　　uai 外乖拽衰

əi 杯废卑肥　　　　　　　　　　　　　uəi 粹缀碎屡

yi 屈橘域菊

au 罩扫抱告　　　　　iau 轿孝晓疗

əu 肘嗽手筹　　　　　iəu 旧丘绣就

an 产斩沾珊　　　　　　　　　　　uan 船撰玩串

ɛn 舰健谦点　　　　　iɛn 淹雁砚铅　　　　　　yɛn 券掀缘玄

ən 争笋珍蒸　　　　　　　　　　　uən 训忍昆横

in 倾寝茎冰

yn 熏军晕裙

aŋ 帮胖纺厂　　　　　iaŋ 姜江僵腔　　　　uaŋ 床双光矿

oŋ 盅窘聪猛

yŋ 熊迥拥咏

（三）声调（4 个，不含轻声）

阴平：35 撑冬疯忠躬多　　　阳平：31 挪俄摩眨吸雪

上声：52 侮忍豉我椭码　　　去声：213 霸怕婿射夜化

二　玉凤话语音系统

（一）声母

1. 声母表（17 个）

p 波怖被　　　ph 坡盆捧　　　m 麻秘芒　　　f 富芬房

t 多豆爹　　　th 汤甜堤　　　n（l）劳隶脸

ts 最责赠　　　tsh 猜赐茶　　　n̩ 聂牛鸟　　　s 锈束缩　　　z 惹诺孕

k 歌共廊　　　kh 考溃昆　　　ŋ 昂欧碍　　　x 灰豪恢

Ø（v）吴蛙盐

声母说明：

（1）［l、n］可自由变读，在此记为［l（n）］大多时候读 n。

（2）Ø（v）为自由变体，v 也可以读为零声母。

（二）韵母

1. 韵母表（36 个）

ʅ 紫师秩　　　i 虑皮季　　　u 谱母不

a 达打他　　　ia 家佳瞎　　　ua 蛙挖抓

e 骇涩哲　　　ie 野夜爷　　　　　　　ye 绝缺茄

ə 则

o 多朵做　　　io 削确溺

ai 材拜筛　　　　　　　uai 块乖衰

əi 贝杯非　　　　　　　uəi 堆脆嘴

yi 徐橘役

au 保赵矛　　　iau 交彪饺

əu 徒亩突　　　iəu 溜又郁

an 闪丹潘　　　　　　　uan 赚端串

en 乞减恋　　　ien 眼延烟　　　　　　yen 掘全悬

ən 沉奔肯　　　　　　　uən 捆绳横

in 情阴拼

yn 寻旬掀

aŋ 帮当方　　　iaŋ 娘奖讲　　uaŋ 庄亡矿

oŋ 公朋猛

yŋ 咏胸用

（三）声调（4个，不含轻声）

阴平：45 多波家私搜新　　　阳平：31 爬慈船合勺碟

上声：54 左妥姐鲁拟吵　　　去声：213 惰仕序那募戴

三　袍里话语音系统

（一）声母（20个）

p 巴薄宝伴　　ph 铺爬跑妙　　m 妈密母迈　　f 夫发胡范

t 低读打代　　th 梯图妥退　　　　　　　　l（n）拉力挪女

ts 租绩阻借　　tsh 粗齐采寸　　　　　　　s 苏悉洒谢

tʃ 肢柱架巨　　tʃh 茶窗轻缺　　　　　　　ʃ 晒夏顺细　　ʒ 扔热惹认

　　　　　　　　　　　　　ȵ 粘宜虐念

k 哥谷寡盖　　kh 科哭垮慨　　ŋ 哀鹅袄岸　　x 喝华黑红

ø 窝儿伟遇

说明：n、l 有混读现象，一律记为 l。

（二）韵母（34个）

ɿ 资词死至　　i 济齐洗衣　　u 猪厨蜀入

a 芭爬马大　　ia 家恰雅压　　ua 瓜括瓦化

ɛ 鳌麦写社　　iɛ 椰爷也夜　　　　　　　yɛ 绝雪决缺

o 玻婆朵糯　　io 略雀削约

ai 呆抬奶迈　　iai 谐懈崖　　uai 衰揣乖块

ei 杯陪美废　　　　　　　　uei 堆颓垒罪

yi 局曲取婿

au 包毛早燥　　iau 飘聊巧效

əu 兜走瘦楼　　iəu 丢流酒售

an 搬盘满饭　　　　　　　　uan 端团暖钻

　　　　　　　iɛn 编便勉电　　　　　　　yɛn 鹃拳选愿

ən 绷碰粉邓　　　　　　　　uən 蹲豚蠢顺

in 宾频挺命　　　　　　　　　　　　yn 军群允训

aŋ 帮庞莽放　　iaŋ 将墙想降　　uaŋ 庄床霜逛

oŋ 冬同猛奉　　ioŋ 胸穷窘用

说明：（1）iai 为个别老人的发音特点，在此单列为一韵。

（2）ei、uei 中的主元音 e 比单发时舌位略低。

（三）声调（4个，不包括轻声）

阴平：45 高猪开抽　　　阳平：31 陈神月合

上声：54 口好女普　　　去声：213 盖抗害冒

说明：阴平有的会读成44，去声有的会读成24。

四　逻沙话语音系统

（一）声母（22个，含零声母）

p 布八玻别　　ph 怕爬盘排　　m 明麻买迷　　f 飞发冯峰　　v 污卫鱼屋

t 到道夺东　　th 讨天甜土　　n 那努内闹　　l 老蓝连路

ts 左助债制　　tsh 车醋彩此　　　　　　　　s 扫俗书丝

　　　　　　　　　　　　　　　ȵ 女尼牛娘

tʃ 家济捐江　　tʃh 取其全春　　　　　　　ʃ 西戏效寻　　ʒ 人人让肉

k 高过共哥　　kh 开葵敲看　　ŋ 爱岸硬熬　　x 河和慧哄

Ø 也艺应玉用邮

（二）韵母（35个）

ɿ 师此湿尺　　ʅ 匙　　i 雨米戏比　　u 布入术哭俗

a 他马辣八　　ia 家牙虾夏　　ua 瓜花娃抓

e 写者刻白　　　　ie 爷聂结屑　　ue 国或　　　　　ye 瘌血茄穴

o 多儿说落桌　　　io 学岳鹊削

ai 开排鞋债

ei 贝每飞伟　　　　　　　　　　uei 屡吹对回

　　　　　　　　　　　　　　　　uai 外乖帅快

　　　　　　　　　　　　　　　　　　　　　　　　yi 居许玉女

au 宝扫找敲　　　　iau 笑桥庙挑

əu 豆走亩口　　　　iəu 流秋修牛

ã 南半谈单　　　　　　　　　　uã 团乱酸观

　　　　　　　　　　iẽ 脸尖念兼　　　　　　　　　yẽ 员院犬玄

ən 沉森本门　　　　　　　　　　uən 困文绳春

　　　　　　　　　　in 品民兴听　　　　　　　　　yn 军韵熏永

　　　　　　　　　　iŋ 铤宁定佞　　　　　　　　　yŋ 兄雄茸穷

aŋ 糖仓脏方　　　　iaŋ 娘箱养讲　uaŋ 装霜双况

oŋ 孟东共中

（三）声调（4 个）

阴平：35　东灯该风通开天春多家

阳平：31　门龙牛油铜皮糖红谷百哭六白

上声：52　懂古鬼九统苦讨买老五有

去声：24　冻怪半四痛卖洞地动罪近后

第三节　加尤话音系与中古音系的比较

　　本节把加尤话音系与中古音系进行比较，揭示中古音在加尤话中的分化情况。中古音指《广韵》所代表的语音系统，所收字的音韵地位以中国社会科学院语言研究所的《方言调查字表》（修订本）为准。本节用于语音计量比较的语料范围也是以《方言调查字表》为蓝本，共调查到3445 字（一字多音按每音一字计算）。

一　声母比较

（一）唇音

　　帮母　今读 [p]，如：波跛巴补布贝拜蔽杯彼保表贬禀八班鞭鳖般钵彬笔奔不帮崩北冰百泌；少数今读 [ph]，谱迫标彪扮绊卜；个别今读

[m]，秘。

滂母 今读 [ph]，如：坡怕普沛派批胚配泡飘剖品盼篇撇潘拼泼喷胖朴魄扑捕倍焙雹；少数今读 [p]，有：玻怖披譬丕扳泊_{梁山泊}胖_肿。

并母 今读 [p]，如：薄_{薄荷}部罢败敝被避抱瓣拔辨别_{离别}伴钹弼笨傍薄棒白病并脾；今读 [ph]，如：婆爬蒲排培皮袍瓢便_{便宜}盘贫盆旁朋凭彭辟仆。

明母 今读 [m]，如：魔麻暮埋迷梅弥眉毛苗某亩谋谬蛮绵灭瞒末民密门忙莫盲猛陌鸣皿命觅木；个别今读 [∅]：戊娩。

非母 今读 [f]，如：夫废否富法反粪方风福封；个别今读 [ph]：脯贩。

敷母 今读 [f]，如：敷肺泛芬芳丰覆_{反复}；个别今读 [ph]：捧赴讣。

奉母 今读 [f]，如：符肥凡乏坟佛房冯；个别今读 [p]，缚；个别今读 [ph]：辅；个别今读 [x]：焚。

微母 今读 [∅]，如：无微晚袜文物亡蔓_{瓜蔓子}；个别今读 [m]：芒。

（二）舌音

端母 今读 [t]，如：多都_{都是}堵妬呆低堆刀刁兜丢耽点端短墩党登得打丁滴东笃；个别今读 [th]，堤跌掸_{鸡毛掸子}；个别今读 [ŋ]：鸟。

透母 今读 [th]，如：拖他土胎梯推滔挑偷贪踏毯塔添贴吞褪汤厅踢通秃统；个别今读 [t]：贷。

定母 今读 [t]，如：大惰杜待弟队道掉豆沓_{一沓纸}淡叠诞达电段夺钝荡锭动独啼屯饨臀囤；今读 [th]，如：驼屠台题桃条头潭甜田团堂腾特亭同舵驮_{驮子}弹_{子弹}；个别今读 [l（n）]：宁_{安宁}；个别今读 [tʂh]：澄。

泥母 今读 [l（n）]，如：那奴乃内脑南暖嫩囊农挪酿宁_{宁可}；部分今读 [ŋ]，如：女尿纽聂念娘溺；个别今读 [ʐ]：铙挠诺。

来母 今读 [l（n）]，如：罗庐驴来例雷劳疗楼流廖拉蓝猎林辣列鸾论律郎落烙乐良略肋陵冷领笼鹿隆六廉亮能弄；个别今读 [tʃ]：敛睑。

知母 今读 [tʂ]，如：猪知罩昼展哲转珍张着_{着衣}桩桌征槕贞忠竹；个别今读 [tʂh]：拄；个别今读 [ts]，缀追摘；个别今读 [t]：爹。

彻母 今读 [tʂh]，如：痴超抽椿畅戳逞撑；个别今读 [tʂ]，侦；个别今读 [tʃh]：撤；个别今读 [ʃ]：畜_{畜生}；个别今读 [tsh]：彻趁拆。

澄母 今读 [tʂ]，如：杜痔赵宙赚蛰_{惊蛰}绽篆阵侄丈撞浊直郑掷仲逐轴重_{轻重}驰沉缠；今读 [tʂh]，如：茶除池槌潮绸传_{传达}肠澄虫着_{睡着}；个别今读［ts］：秩；个别今读［tsh］：择_{择菜}宅泽；个别今读［t］：瞪；个别今读［ʂ］：术_{白术}；个别今读［tʃh］：辙。

（三）齿音

精母　今读［ts］，如：左租做灾最紫嘴遭走簪纂攥尊卒_{兵卒}赃增总姐祭焦酒尖煎节津俊浆爵即精积；少数今读［tsh］，如：兹躁奏则纵雀奸浸荐；个别今读［l（n）］：隶。

清母　今读［tsh］，如：搓粗猜催雌草凑参擦村猝仓且趋妻崔悄秋签侵切亲七枪鹊清戚；个别今读［ts］：趣妾促；个别今读［tʃ］：撮；个别今读［tʃh］：窜。

从母　今读［tsh］，如：才慈曹蚕存藏_{隐藏}层丛齐瞧潜全秦墙情晴践饯造凿族；今读［ts］，如：藉_{借故}聚剂噍就渐捷集贱绝尽匠嚼籍藉_{狼藉}脐樵坐在罪自皂杂暂臧_{西藏}昨赠贼；个别今读［t］：蹲。

心母　今读［s］，如：些絮西玺消修锈心仙癣薛泄宣雪新讯悉逊恤箱削性星锡葰苏腮碎斯髓骚叟三萨酸孙桑索送速栖戍粹；个别今读［ts］：楔僧；个别今读［tsh］：赐伺怂；个别今读［ʂ］：珊赛。

邪母　今读［s］，如：邪徐袖习涎旋旬象席祀随松俗；少数今读［tsh］：嗣饲辞词祠囚；个别今读［ts］：巳；个别今读［ʂ］：续寺；个别今读［ʃ］：寻续；个别今读［Ø］：诵。

庄母　今读［tʂ］，如：渣债抓找皱斩扎榛庄捉斋；少数今读［ts］：绉蘸眨窄争筝睁阻滓簪责；个别今读［tʂh］：楂；个别今读［tsh］：侧；个别今读［s］：邹。

初母　今读［tsh］，如：初楚础插衬厕篡测策册；部分今读［tʂh］，如：叉钗炒铲察疮；个别今读［tʂ］：参_{参差}。

崇母　今读［tʂ］，如：闸栈撰状镯；部分今读［tʂh］：铡茌柴崇床；部分今读［tsh］：锄豺馋岑助；少数今读［s］：土仕事；个别今读［tʃ］：骤；个别今读［ʂ］：柿；个别今读［tʃh］：愁。

生母　今读［ʂ］，如：沙耍晒使衰捎杉杀闩蟀霜朔；部分今读［s］，如：蔬师稍瘦漱虱生洒搜森涩缩；个别今读［tʂh］：渗参_{人参}；个别今读［ʃ］：疝；个别今读［tsh］：拴产。

章母　今读［tʂ］，如：遮诸制赘支昭周瞻褶针执毡浙专拙真质准章酌蒸织征只终祝粥钟烛颤；个别今读［tʂh］：春；个别今读［ʂ］：嘱；个别今读［tʃ］：占_{占卜}占_{占领}汁；个别今读［ts］：锥；个别今读［s］：狮。

昌母　今读 [tʂh]，如：扯齿吹丑川蠢出昌称_{称呼}称_{相称}秤_{一杆秤}充触；少数今读 [tʂ]，如：处绰赤；个别今读 [th]：铳；个别今读 [ʂ]：枢。

船母　今读 [ʂ]，如：蛇示甚_{桑甚}神顺术绳赎；个别今读 [s]：射；个别今读 [ʃ]：唇；个别今读 [tʂh]：船乘；个别今读 [t]：盾。

书母　今读 [ʂ]，如：奢书世税烧收闪深说_{说话}身商升叔辰；个别今读 [tʂh]：成；个别今读 [tʂ]：翅沉春；个别今读 [ʃ]：摄晌饷；个别今读 [s]：束。

禅母　今读 [ʂ]，如：社殊誓睡绍受甚善肾尚勺盛_{兴盛}淑豉晨纯常盛_{盛满了}瑞；少数今读 [tʂh]，如：垂蝉承恃慎芍；少数今读 [tʂ]：殖植仇酬臣折_{弄折了}；个别今读 [ʃ]：涉。

日母　今读 [ʐ]，如：惹如饶桡柔染壬入热软人日润嚷若肉辱；少数今读 [Ø]，如：儿尔二仍绒。

（四）牙音

见母　今读 [k]，如：歌过瓜姑该乖挂闺高勾感鸽割官关刮跟滚冈光郭港国庚耕公癸括皆给_{供给}虹_{天上的虹}角粳；今读 [tʃ]，如：家居鸡交鸠减鉴甲劫今急简结眷厥巾均橘疆脚江京挟；少数今读 [kh]：会_{会计}愧昆扛矿箍估概刽巩；少数今读 [ʃ]，懈系_{系鞋带}校_{校对}较；个别今读 [tʃh]：矫觉_{知觉}；个别今读 [x]：合_{十合一升}；个别今读 [Ø]：蜗；个别今读 [l(n)]：脸。

溪母　今读 [kh]，如：可夸枯开咳_{咳嗽}盔块考抠堪磕宽阔恳坤康旷扩肯坑孔敲；部分今读 [tʃh]，如：驱启巧丘恰嵌怯钦劝缺腔卿魏谦歉；少数今读 [tʃ]：髻券羌却吃；个别今读 [ʃ]：墟溪弃；个别今读 [k]：廓酷；个别今读 [x]：恢；个别今读 [Ø]：龈；个别今读 [t]：泣。

群母　今读 [tʃ]，如：巨忌轿臼俭及杰倦近菌鲸渠穷；今读 [tʃh]，如：茄奇乔求钳琴虔拳勤群强琼掘倔_{倔强}局；少数今读 [kh]：逵葵狂柜；个别今读 [tʂ]：技妓；个别今读 [k]：跪共；个别今读 [s]：瞿。

疑母　今读 [Ø]，如：牙瓦吴鱼涯外危尧吟眼顽元月仰迎玉艺阮；部分今读 [ŋ]，如：蛾我艾捱_{推打}熬咬藕岩岸昂硬；部分今读 [ɳ]，如：倪牛孽虐凝逆锐宜验业；个别今读 [t]：呆；个别今读 [l(n)]：乐_{音乐}；个别今读 [tʃ]：砚。

（五）喉音

影母　今读 [Ø]，如：亚蛙乌淤医委妖忧鸭淹音揖宴碗挖冤因乙温央枉握鹰沃郁雍瞖椅蔫_{花萎}；部分今读 [ŋ]，如：哑恶_{可恶}哀袄欧庵晏_{晚也}恩肮扼翁；个别今读 [s]：秒；个别今读 [tʂ]：轧_{被车轧}；个别今读 [ŋ]：蔫_{食物不新鲜}。

晓母　今读 [x]，如：荷_{薄荷}火花海灰耗吼喝_{喝酒}憨喝_{喝彩}欢豁_{豁然}昏荒黑亨吓_{恐吓}轰；今读 [ʃ]，如：虾虚牺孝休险胁瞎轩掀血衅欣熏香兴_{兴旺}兴_{高兴}兄畜；少数今读 [kh]：刊况霍藿；个别今读 [ŋ]：碍；少数今读 [ø]：吁歪徽讳；少数今读 [f]，如：呼忽；个别今读 [tʃ]：吸蝎；个别今读 [tʂh]：嗅；个别今读 [ʂ]：馨。

匣母　今读 [x]，如：河祸铧孩回怀话惠豪侯含合醋桓活幻滑环痕魂航黄恒弘鞋咸项；部分今读 [ʃ]，如：霞夏谐系_{联系}滑衔协玄县穴降_{投降}杏；少数今读 [tʃ]，如：舰茎狭峡匣箱苋；少数今读 [f]，如：狐户；个别今读 [tʃh]：洽；个别今读 [tʂh]：患；个别今读 [k]：械解_{晓也}；个别今读 [kh]：溃瓠畦；个别今读 [ø]：完萤画。

云母　今读 [ø]，如：于卫矣尤炎圆越韵王域永荣；个别今读 [ʃ]：熊雄。

以母　今读 [ø]，如：爷余维摇由盐淫缘悦逸匀羊药跃蝇翼盈亦庸夷铅融容；个别今读 [ʐ]：孕；个别今读 [tʃ]：捐。

加尤话声母与中古声母计量比较简表

中古	加尤	比例（%）	中古	加尤	比例（%）
帮母	p	93.16	彻母	ʃ	6.67
	ph	5.98	澄母	tʂ	50
	m	0.85		tʂh	41.67
滂母	ph	87.69		tsh	2.78
	p	12.31		ʂ	1.39
并母	p	50.50		ts	1.39
	ph	49.50		t	1.39
明母	m	98.48		tʃh	1.39
	ø	1.52	精母	ts	87.96
非母	f	95.12		tsh	11.11
	ph	4.88		l（n）	0.93

续表

中古	加尤	比例（%）	中古	加尤	比例（%）
敷母	f	89.55	清母	tsh	93.15
	ph	10.34		ts	4.11
奉母	f	93.48		tʃ	1.37
	p	2.17		tʃh	1.37
	ph	2.17	从母	ts	53.25
	x	2.17		tsh	45.45
微母	∅	96.88		t	1.30
	m	3.13	心母	s	95.24
端母	t	95.70		tsh	2.04
	th	3.23		ʂ	1.36
	ɳ	1.08		ts	1.36
透母	th	98.67	庄母	tʂ	62.16
	t	1.33		ts	29.73
定母	t	52.24		tʂh	2.70
	th	46.27		tsh	2.70
	l（n）	0.75		s	2.70
	tʂh	0.75	初母	tʂh	59.26
泥母	l（n）	60.78		tsh	37.04
	ɳ	33.33		tʂ	3.70
	ʐ	5.88	崇母	tʂ	36
来母	l（n）	98.58		tʂh	20
	tʃ	1.42		tsh	20
知母	tʂ	90		s	12
	ts	6		ʂ	4
	tʂh	2		tʃ	4
	t	2		tʃh	4
彻母	tʂh	60	生母	ʂ	46.27
	tsh	20		s	46.27
	tʂ	6.67		tʂh	2.99
	tʃh	6.67		tsh	2.99

中古	加尤	比例（%）	中古	加尤	比例（%）
生母	∫	1.49	群母	t∫h	45.45
章母	tʂ	93.14		t∫	42.86
	t∫	2.94		kh	5.19
	tʂh	0.98		tʂ	2.60
	ʂ	0.98		k	2.60
	ts	0.98		s	1.30
	s	0.98	疑母	Ø	55.10
昌母	tʂh	75		ɳ	22.45
	tʂ	18.75		ŋ	19.39
	ʂ	3.13		t	1.02
	th	3.13		l（n）	1.02
船母	ʂ	71.43		t∫	1.02
	tʂh	9.52	影母	Ø	76.26
	s	9.52		ŋ	21.58
	∫	4.76		s	0.72
	t	4.76		tʂ	0.72
书母	ʂ	88.89		ɳ	0.72
	tʂ	4.17	晓母	x	42.34
	∫	4.17		∫	42.34
	tʂh	1.39		kh	3.60
	s	1.39		f	3.60
禅母	ʂ	73.53		Ø	3.60
	tʂh	16.18		t∫	1.80
	tʂ	8.82		tʂh	0.90
	∫	1.47		ŋ	0.90
日母	ʐ	78.85		ʂ	0.90
	Ø	21.15			

续表

中古	加尤	比例（%）	中古	加尤	比例（%）
见母	k	47.46	匣母	x	61.85
	tʃ	45.67		ʃ	21.97
	kh	3.58		f	5.78
	ʃ	1.79		tʃ	3.47
	tʃh	0.60		∅	2.89
	l（n）	0.30		kh	1.73
	x	0.30		k	1.16
	∅	0.30		tʃh	0.58
溪母	kh	68.24		tʂh	0.58
	tʃh	24.12	云母	∅	96.36
	tʃ	2.94		ʃ	3.64
	ʃ	1.76	以母	∅	98.06
	k	1.18		z̧	0.97
	x	0.59		tʃ	0.97
	t	0.59			

二　韵母比较

中古		加尤	比例（%）	例字
果	果开一	o	91.30	多拖驼锣搓歌可河贺阿_{阿胶}
		a	4.35	他
	果开三	yɛ	100	茄
	果合一	o	100	波坡魔朵妥糯骡锉坐袤过戈科卧火禾祸窝
假	假开二	a	54.67	巴霸怕麻马拿茶渣叉苲乍沙洒哑
		ia	40	家架驾牙衙伢雅下鸦桠亚
		ua	2.67	厦_{偏厦}厦_{厦门}
		o	1.33	蟆
		ɛ	1.33	帕

续表

中古		加尤	比例（%）	例字丶
假	假开三	ε	71.88	藉借故些卸谢遮者扯蛇奢舍社惹
		iε	12.5	野爷
		i	9.38	爹写泻
		a	3.13	骟
		ai	3.13	蔗
	假合二	ua	89.47	瓦耍瓜夸洼花蛙垮
		a	5.26	傻
		o	5.26	蜗
遇	遇合一	u	54.87	补谱普脯部暮姑箍古枯苦吴五误呼虎胡乎户乌庐
		əu	38.93	都堵土徒杜奴炉鲁
		o	6.19	恶可恶模模子模模范摹摹仿
	遇合三	u	46.34	夫俘父无务续猪除书拄厨枢输戍竖儒乳
		yi	39.63	女蛆絮取聚须拘俱驱具愚于雨芋榆喻
		əu	9.76	庐驴缕阻初楚锄助蔬
		i	2.43	旅虑滤屡
		uəi	1.22	吕
		o	0.61	所
蟹	蟹开一	ai	94.03	呆态乃来宰猜才在腮赛太赖蔡该开碍海哀盖艾害
		əi	2.99	贝沛
		a	1.49	大
		ε	1.49	咳咳嗽
	蟹开二	ai	82	拜排埋买奶斋豺债钗晒寨皆介尬揩械挨挨住街揸鞋
		ia	6	佳涯崖
		ε	6	谐懈骇
		a	4	罢洒
		i	2	秸
	蟹开三	i	68.75	蔽敝弊币毙例厉励祭际艺
		ʅ	31.25	制世势誓逝

续表

中古		加尤	比例（%）	例字
蟹	蟹开四	i	98.31	闭批迷低梯弟泥犁隶挤妻剂西栖婿鸡溪启倪缢
		in	1.69	薜
	蟹合一	uəi	56.67	堆推内雷催罪碎兑最盔恢桅贿绘
		əi	35	杯辈胚配培梅每
		uai	8.33	块煨会_{会计}刽外
	蟹合二	uai	68.75	乖怪块怀坏歪
		ua	31.25	挂卦画蛙话
	蟹合三	uəi	80	脆岁缀赘税卫锐秽
		əi	20	废肺
	蟹合四	uəi	100	闺桂奎畦惠慧
止	止开三	i	46.52	臂皮被避弥庇屁琵备眉地离尼玺寄企宜牺肌器伊嬉喜
		ʅ	24.78	寺知池纸施翅是敁脂示矢痴持痔技妓
		ɿ	20	紫雌斯赐资次自死兹滋似祀巳师滓士柿之齿诗狮
		əi	4.35	碑卑彼俾披婢悲丕霉美
		o	3.04	儿尔二贰而耳饵
		ɛ	0.87	籀厕
		ai	0.43	筛
	止合三	uəi	84.88	微垒嘴髓翠绥粹遂吹睡瑞锥水追槌规亏危毁馁龟葵柜位讳
		əi	9.30	非飞匪痱妃费肥翡
		uai	3.49	衰摔帅
		i	2.33	季遗
效	效开一	au	100	保袍毛刀滔脑劳遭操骚高熬蒿豪浩袄奥
	效开二	au	58.93	包泡鲍茅貌挠罩找抄炒捎搞敲咬坳_{山坳}
		iau	37.5	锚梢稍交绞较巧孝淆
		ua	3.57	抓爪_{爪子}
	效开三	au	30	猫超赵烧饶桡扰
		iau	70	标飘苗藐疗剿瞧消小骄乔轿摇耀
	效开四	iau	100	刁鸟挑尿聊撩萧浇窍尧晓幺_{幺二三}杳

中古		加尤	比例（%）	例字
流	流开一	əu	93.33	剖某亩茂贸兜透豆楼走叟钩抠口藕吼侯欧
		u	5	母拇戊牡_{牡牛}
		au	1.67	牡_{牡丹}
	流开三	iəu	55.08	丢纽流酒秋修囚袖鸠丘牛尤诱
		əu	35.59	浮谋邹愁搜瘦昼抽宙丑收酬柔揉嗅
		u	4.24	富副妇负复
		iau	2.54	彪谬廖
		au	0.85	矛
		yi	0.85	骤
		ʅ	0.85	馊
咸	咸开一	an	71.01	耽贪南篸参胆谈蓝惭暂三感含庵暗甘憨喊
		a	20.29	坍答踏纳拉杂塌蜡
		o	8.70	合_{十合一升}鸽喝_{喝酒}合盒磕
	咸开二	ia	34.21	夹恰狭甲鸭
		an	26.32	斩馋衫尴咸
		ɛŋ	21.05	减鹻鉴嵌衔舰
		a	13.16	杉眨插闸
		uan	2.63	赚
		ai	2.63	岩
	咸开三	ɛŋ	37.29	贬廉尖渐检脸钳俭验险欠严俨
		ɛ	22.03	聂猎接妾褶摄劫业胁
		iɛŋ	20.34	淹掩厌炎艳腌
		an	15.25	沾闪染
		iɛ	3.39	叶页
		nə	1.69	怯
	咸开四	ɛŋ	52.38	掂添念兼谦嫌
		ɛ	42.86	跌帖叠协
		ia	4.76	挟
	咸合三	an	75	泛凡帆范
		a	25	法乏

续表

中古		加尤	比例（%）	例字
深	深开三	in	38.03	禀品林浸侵心今钦吟
		ən	23.94	岑森沉针深壬
		i	18.31	立集习泣吸揖
		ʅ	8.45	蛰执汁湿
		an	5.63	簪参_{参差}参_{人参}渗
		yn	1.41	寻
		ɛ	1.41	涩
		u	1.41	入
		əi	1.41	给_{供给}
山	山开一	an	80	丹滩难_{难易}兰赞餐伞肝刊岸罕安
		a	10	獭达捺辣擦萨
		o	5.71	割葛渴喝_{喝彩}
		ai	1.43	瘌
		ɛŋ	1.43	溃
		uan	1.43	珊
	山开二	an	40.82	扮盼蛮绽盏山产栈晏
		ɛŋ	26.53	疝艰简闲限苋谏
		a	16.33	八抹_{抹布}扎察杀轧_{被车轧}
		iɛŋ	6.12	眼颜雁
		ia	4.08	瞎辖
		uan	4.08	铲删
		ɛ	2.04	铡
	山开三	ɛŋ	47.47	鞭篇绵碾连煎迁践仙展遣虔件鲝_{食物不新鲜}键
		ɤ	24.24	别鳖灭列泄哲彻撤淅舌热杰蓶歇
		an	14.14	缠毡膻善然
		iɛŋ	8.08	焉_{心不在焉}延
		yɛŋ	3.03	癣涎轩
		yɛ	1.01	薛
		yn	1.01	掀
		uan	1.01	娩

中古		加尤	比例（%）	例字
山	山开四	ɛn	68.33	边片眠颠天年怜千先肩牵研㗲
		ɛ	20	篾撇洁憋腆铁楔截切_{切开}捏
		iɛn	8.33	烟咽宴
		iau	3.33	屑_{木屑}屑_{不屑}
	山合一	uan	59.74	端团暖鸾纂窜酸官宽玩欢完缓
		an	20.78	般潘伴叛瞒攥
		o	14.29	钵泼末脱夺阔活
		a	1.30	抹
		in	1.30	拼
		yi	1.30	撮
		ua	1.30	括
	山合二	uan	66.67	篡撰闩顽幻关惯环弯
		ua	28.57	涮刷滑挖刮
		yɛn	4.76	拴
	山合三	yɛn	45.12	全宣眷拳倦圆沿铅捐劝元阮喧掘
		uan	19.51	晚篆砖川串软宛
		yɛ	10.98	绝雪悦厥月曰
		an	10.98	反贩饭蔓_{瓜蔓子}
		a	6.10	发伐筏罚
		ɛ	1.22	劣
		o	1.22	说_{说话}
		ua	1.22	袜
		ɛn	1.22	恋
		yi	1.22	拙
		uai	1.22	喘
	山合四	yɛ	54.55	穴血缺犬诀决
		yɛn	36.36	玄悬眩
		ɛn	9.09	县

续表

中古		加尤	比例（%）	例字
臻	臻开一	ən	90	吞跟恳痕恩
		in	10	龈
	臻开三	in	45.63	彬贫民邻津亲秦辛讯银勤欣隐
		ən	28.16	榛衬珍镇诊神娠辰肾人
		i	16.50	笔匹密栗七疾悉吉乙
		ʅ	5.83	侄实失日
		ɻ	0.97	秩
		ɛ	0.97	虱
		ɛn	0.97	乞
		yn	0.97	蟀
	臻合一	ən	55	奔门墩屯沌盾嫩论尊村蹲孙损逊
		uən	26.67	昆滚昏魂温稳
		u	6.67	不猝骨忽
		o	3.33	勃馞
		ɛ	3.33	没核
		əu	3.33	突卒兵卒
		uəi	1.67	褪
	臻合三	yn	29.11	旬均匀君群熏云韵晕
		ən	22.78	粉伦遵笋唇盾
		uən	21.52	焚文椿准顺润闰荤
		u	8.86	佛仿佛物术白术出术
		yi	7.59	戌恤橘屈掘
		in	3.80	俊迅尹
		ɭ	2.53	律率速率
		uai	2.53	率率领蟀
		əu	1.27	佛
宕	宕开一	aŋ	67.71	帮滂忙党汤囊郎赃仓桑冈杠康昂航
		o	29.17	博莫托诺落乐作错凿索各郝鹤恶善恶
		ɛ	2.08	泊梁山泊泊
		u	1.04	幕

中古		加尤	比例（%）	例字
宕	宕开三	iaŋ	48.18	娘良浆枪箱象晌饷疆强仰香羊样
		aŋ	26.28	张肠章昌商常裳瓤让
		uaŋ	8.76	畅庄疮床霜爽
		o	7.30	略掠着_{睡着}酌绰勺若弱
		io	7.30	爵雀削脚却约药跃
		yɛ	1.46	虐疟
		iau	0.73	嚼
	宕合一	uaŋ	70.59	光旷荒汪
		o	29.41	郭廓霍
	宕合三	uaŋ	51.72	亡逛筐枉旺
		aŋ	44.83	方仿芒
		o	3.45	缚
江	江开二	aŋ	25.53	邦胖棒扛港项巷
		o	21.28	剥驳桌琢戳朔角壳 壳子乐_{音乐}
		u	10.64	朴浊镯握
		io	10.64	觉_{知觉}确岳学
		iaŋ	10.64	江讲腔降_{投降}
		uaŋ	10.64	桩撞窗双
		au	2.13	雹
		əu	2.13	捉
		ua	2.13	啄
		ən	2.13	耩
		iau	2.13	饺
曾	曾开一	ən	57.89	崩登腾澄能楞增层僧肯恒
		ɛ	36.84	北墨得特肋则贼塞_{阻塞}克黑
		ə	2.63	则
		oŋ	2.63	朋

续表

中古		加尤	比例（%）	例字
曾	曾开三	ən	29.69	征橙瞪秤乘塍剩承
		in	23.44	冰凭陵凌仍扔凝兴_{兴旺}鹰
		ʅ	18.75	稙直织食式
		i	18.75	逼力即鲫息媳极忆
		ɛ	6.25	侧色
		uən	3.13	孕绳
	曾合一	o	25	惑
		uɛ	25	国
		uai	25	或
		oŋ	25	弘
	曾合三	yi	100	域
梗	梗开二	ɛ	38.89	百伯迫拍魄帛麦拆泽宅策格客额核扼
		ən	37.50	烹冷撑澄生橙争庚坑硬亨
		in	12.50	牲杏茎幸莺
		oŋ	5.56	猛孟棚萌
		aŋ	2.78	盲蚌
		a	1.39	打
		o	1.39	陌
	梗开三	in	51.85	兵平鸣皿命聘领精清性京境卿庆迎
		i	18.52	惜碧僻积籍昔屐逆益液
		ən	18.52	声城成政掷郑程呈侦省_{反省}
		ʅ	7.41	只赤射适
		yi	1.85	剧_{剧烈}剧_{戏剧}
		ɛ	0.93	射
		oŋ	0.93	盟
	梗开四	in	66.67	姘拼并铭丁厅锭宁_{宁可}灵青星经形宁_{安宁}
		i	30.43	壁劈觅滴踢笛历绩戚锡击吃
		io	1.45	溺
		ən	1.45	馨

续表

中古		加尤	比例（%）	例字
梗	梗合二	oŋ	37.50	轰掏宏
		uən	25.00	横横直横蛮横
		o	12.50	获
		ua	12.50	划
		uaŋ	12.50	矿
	梗合三	yŋ	46.15	兄荣永琼
		yn	23.08	倾顷营
		in	15.38	茎颖
		i	7.69	疫
		yi	7.60	役
	梗合四	in	100	萤
通	通合一	oŋ	51.85	篷蒙东通笼弄鬃聪送农公孔烘翁
		u	25.93	卜扑木秃谷哭屋
		əu	18.52	独鹿族速笃
		iau	3.70	沃
	通合三	oŋ	45.71	风梦捧逢隆浓嵩踪从颂忠虫仲铳绒弓恐共
		u	21.43	服目续竹轴粥叔嘱触赎属肉辱
		yŋ	14.29	诵茸穷熊雍胸凶
		əu	7.86	牧六陆绿肃宿足促俗缩
		iəu	7.14	粟畜畜牲畜蓄郁欲
		yi	3.57	菊麴曲局玉

三　声调比较

（一）古平声

1. 古清平字92.15%今读阴平［45］，如：多姑堆包肝拖歪签芬青；3.14%读阳平［31］，如：淤扛徒台辉雌奎徽吁妨妨害；2.62%读去声［213］，如：过俱坳禁禁不住煎犍犍牛应应用髻嵌襄；2.09%读上声［54］，如：兹萎气萎竿蝙肪脂肪棵绥巧侵馨。

2. 古次浊平声字90.39%今读阳平［31］，如：挪麻愚微劳谋帘吟栏门；5.68%今读阴平［45］，如：摩妈模模子摹摹仿巫诬呆猫研芒；3.06%今读去声［213］，如：儒廖壬任姓馒论楞；有2个今读上声［54］：吕搂。

3. 古全浊平声字 93.24% 今读阳平［31］，如：婆茶途厨财皮袍筹帆河；有 3.24% 今读阴平［45］，如：殊涛樵涎蹲偿鲸松乎酣；有 2.06% 今读去声［213］：跳屯饨臀腾盛盛满了号呼号；有 1.47% 今读上声［54］：脾驰跑潜茎。

（二）古上声

1. 古清上字 86.73% 今读上声［54］，如：左寡堵宰轨可讨浅纺恐；7.12% 今读去声［213］，如：隶祷漂宛境矿碍贿企罕；3.88% 今读阴平［45］，如：估估计彼俾殴掩涨琐髓悄静悄悄顷；2.27% 今读阳平［31］：堤娇掸舔龈逞怂。

2. 古次浊上声字 91.38% 今读上声［54］，如：我伍蚁渺藕染卵忍网领；5.17% 今读阳平［31］：卯燎火燎眉毛瞭俨阮吻；3. 45% 今读去声［213］：累累赘捻壤嚷。

3. 古全浊上声字 85.61% 今读去声［213］，如：惰社簿弟技妇辩肾丈撼；10.61% 今读上声［54］：釜腐辅俭践艇挺厦厦门缓很；有 3 个今读阴平［45］：婢妓鲍；有 2 个今读阳平［31］：叙骇。

（三）古去声

1. 古清去声字 84.11% 今读去声［213］，如：破怕固溉祭课兔菜气副；7.33% 今读阴平［45］，如：绢鬓殡跨勘逊轰思咽观；6.11% 今读上声［54］，如：佐腕仅柄映径泻腿块晦；2.44% 今读阳平［31］：帕恶可恶荐纵放纵荷薄荷吓吓一跳赴讳宿惜。

2. 古次浊去声字 83.92% 今读去声［213］，如：饿慕奈义吏茂雁韧妄弄；8.39% 今读阳平［31］，如：谜谊媚魏挠疗馏酿忘宁宁可；6.99% 今读上声［54］：午缕屡米饵绕绕线缆敛殓辆；有 1 个今读阴平［45］：溜。

3. 古全浊去声字 83.17% 今读去声［213］，如：座谢第鼻盗寿贱匠仲贺；10.89% 今读阳平［31］，如：薄薄荷续台殉郡澄服淮翰眩；2.97% 今读阴平［45］：豉寺翡召赠瞪；2.97% 今读上声［54］：捕载满载剂一剂药导刨诵。

（四）古入声

1. 古清入字 87.23% 今读阳平［31］，如：答节乙爵德踏渴漆确析；7.23% 今读阴平［45］，如：鳖憋挖劈沃吸萨缺戳秃；4.26% 今读去声［213］：忆亿抑怯泄撮错错杂郝剔酷；3 个字今读上声［54］：给供给饺笃。

2. 古次浊入声字 93.18% 今读阳平 [31]，如：纳粒辣日诺墨觅录狱弱；4.55% 今读去声 [213]：瘌勿幕玉；有 2 个字今读阴平 [45]：拉摸。

3. 古全浊入声字 90.08% 今读阳平 [31]，如：杂习揭勃凿浊直宅仆盒；9.09% 今读去声 [213]，如：蛰_{惊蛰}弼秩柞嚼雹剧_{剧烈}剧_{戏剧}掷寂惑；1 个字今读阴平 [45]：屐。

声调计量比较表

		阴平	比例（%）	阳平	比例（%）	上声	比例（%）	去声	比例（%）
古平声	清	528	92.15	18	3.14	12	2.09	15	2.62
	次浊	13	5.68	207	90.39	2	0.87	7	3.06
	全浊	11	3.24	317	93.24	5	1.47	7	2.06
古上声	清	12	3.88	7	2.27	268	86.73	22	7.12
	次浊	0	0	6	5.17	106	91.38	4	3.45
	全浊	3	2.27	2	1.52	14	10.61	113	85.61
古去声	清	30	7.33	10	2.44	25	6.11	344	84.11
	次浊	1	0.70	12	8.39	10	6.99	120	83.92
	全浊	6	2.97	22	10.89	6	2.97	168	83.17
古入声	清	17	7.23	205	87.23	3	1.28	10	4.26
	次浊	2	2.27	82	93.18	0	0	4	4.55
	全浊	1	0.83	109	90.08	0	0	11	9.09

第四节　加尤话语音特点

一　声母特点

（一）古全浊声母今读塞音、塞擦音平声送气，仄声不送气。例如：

平声送气：婆 [pho³¹] 头 [thəu³¹] 全 [tshyɛn³¹] 池 [tʂʰɻ³¹] 锄 [tshəu³¹] 拳 [tʃʰyɛn³¹] 葵 [khuəi³¹] 渐 [tsɛn²¹³]

仄声不送气：避 [pi²¹³] 待 [tai²¹³] 直 [tʂɻ³¹] 闸 [tʂa³¹] 近 [tʃin²¹³] 跪 [kuəi²¹³]

（二）古非敷奉母字今有少数常用字读重唇。例如：

脯 [phu³¹] 贩 [phan²¹³] 捧 [phoŋ⁵⁴] 赴 [phu³¹] 讣 [phu²¹³] 缚

〔po³¹〕辅〔phu⁵⁴〕

（三）知庄章大部合流，读〔tʂ tʂh ʂ〕。例如：

知组——知〔tʂʅ⁴⁵〕超〔tʂhau⁴⁵〕赵〔tʂau²¹³〕茶〔tʂha³¹〕

庄组——债〔tʂai²¹³〕柴〔tʂhai³¹〕晒〔ʂai²¹³〕状〔tʂuaŋ²¹³〕铲〔tʂhuan⁵⁴〕

章组——周〔tʂəu⁴⁵〕吹〔tʂhuəi⁴⁵〕顺〔ʂuən²¹³〕收〔ʂəu⁴⁵〕受〔ʂəu²¹³〕

（四）泥母一二等读〔l（n）〕。例如：

难₍难易₎〔lan³¹〕挪〔lo³¹〕乃〔lai⁵⁴〕脑〔lau⁵⁴〕农〔loŋ³¹〕奶〔lai⁵⁴〕恼〔lau⁵⁴〕耐〔lai²¹³〕怒〔ləu²¹³〕拿〔la³¹〕糯〔lo²¹³〕那〔la²¹³〕暖〔luan⁵⁴〕闹〔lau²¹³〕嫩〔lən²¹³〕南〔lan³¹〕囊〔laŋ³¹〕捺〔la³¹〕

三四等读〔ȵ〕，例如：

年〔ȵɛn³¹〕碾〔ȵɛn⁵⁴〕念〔ȵɛn²¹³〕聂〔ȵɛ³¹〕扭〔ȵiəu⁵⁴〕镊〔ȵɛ³¹〕你〔ȵi⁵⁴〕泥〔ȵi³¹〕女〔ȵyi⁵⁴〕纽〔ȵiəu⁵⁴〕溺〔ȵio³¹〕娘〔ȵiaŋ³¹〕

（五）精组多读〔ts tsh s〕。例如：

左〔tso⁵⁴〕醋〔tshəu²¹³〕才〔tshai³¹〕就〔tsiəu²¹³〕些〔sɛ⁴⁵〕习〔si³¹〕

（六）日母字多读〔ʐ〕。例如：

惹〔ʐɛ⁵⁴〕柔〔ʐəu³¹〕软〔ʐuan⁵⁴〕润〔ʐuən²¹³〕肉〔ʐu³¹〕辱〔ʐu³¹〕

逢止开三等读〔∅〕，例如：

儿〔o³¹〕尔〔o⁵⁴〕二〔o²¹³〕

（七）见、溪、群母字逢洪音读〔k kh〕。例如：

见母——歌〔ko⁴⁵〕改〔kai⁵⁴〕怪〔kuai²¹³〕

溪母——科〔kho⁴⁵〕快〔khuai²¹³〕靠〔khau²¹³〕

群母——柜〔kuəi²¹³〕

逢细音读〔tʃ tʃh〕。例如：

见母——举〔tʃyi⁵⁴〕继〔tʃi²¹³〕救〔tʃiəu²¹³〕

溪母——企〔tʃhi²¹³〕钦〔tʃhin⁴⁵〕乞〔tʃhɛn³¹〕

群母——岐〔tʃhi³¹〕轿〔tʃiau²¹³〕舅〔tʃiəu²¹³〕

（八）有三套塞擦音［ts tsh］［tʂ tʂh］［tʃ tʃh］，精组今多读［ts tsh］。例字分别见以上（三）、（五）、（七）点。

（九）疑母一二等多读［ŋ］。例如：

蛾［ŋo³¹］卧［ŋo²¹³］熬［ŋau³¹］咬［ŋau⁵⁴］藕［ŋəu⁵⁴］岩［ŋai³¹］岸［ŋan²¹³］昂［ŋaŋ³¹］额［ŋɛ³¹］。

逢三四等一般读［ȵ］。例如：

倪［ȵi³¹］孽［ȵɛ³¹］虐［ȵyɛ³¹］凝［ȵin³¹］锐［ȵuəi²¹³］宜［ȵi³¹］验［ȵɛn²¹³］业［ȵɛ³¹］

（十）影母一二等多读［ŋ］。例如：

按［ŋan²¹³］哀［ŋai⁴⁵］奥［ŋau²¹³］矮［ŋai⁵⁴］暗［ŋan²¹³］恶善恶［ŋo³¹］扼［ŋɛ³¹］恩［ŋən⁴⁵］哑［ŋa⁵⁴］晏晚也［ŋan²¹³］翁［ŋoŋ⁴⁵］殴［ŋəu⁴⁵］

三四等多读［∅］。例如：

音［in⁴⁵］委［uəi⁵⁴］堰［iɛn²¹³］烟［iɛn⁴⁵］淤［yi³¹］腌［iɛn⁴⁵］幼［iəu²¹³］妖［iau⁴⁵］杳［iau⁵⁴］

（十一）泥母一二等与来母相混，读［l（n）］。泥母例字见第（四）点。来母例如：

罗［lo³¹］吕［luəi⁵⁴］来［lai³¹］例［li²¹³］雷［luəi³¹］垒［luəi⁵⁴］劳［lau³¹］聊［liau³¹］楼［ləu³¹］流［liəu³¹］蓝［lan³¹］猎［lɛ³¹］辣［la³¹］烈［lɛ³¹］鸾［luan³¹］劣［lɛ³¹］论［lən²¹³］伦［lən³¹］郎［laŋ³¹］良［liaŋ³¹］能［lən³¹］陵［lin³¹］冷［lən⁵⁴］鹿［ləu³¹］六［ləu³¹］

（十二）晓、匣大部合流，一二等除遇摄合口一等外读［x］。例如：

晓母——荷薄荷［xo³¹］火［xo⁵⁴］花［xua⁴⁵］海［xai⁵⁴］灰［xuəi⁴⁵］耗［xau²¹³］憨［xan⁴⁵］罕［xan²¹³］欢［xuan⁴⁵］昏［xuən⁴⁵］郝［xo²¹³］荒［xuaŋ⁴⁵］黑［xɛ³¹］亨［xən⁴⁵］轰［xoŋ⁴⁵］烘［xoŋ⁴⁵］

匣母——后［xəu²¹³］幻［xuan²¹³］撼［xan²¹³］浩［xau²¹³］活［xo³¹］咸［xan³¹］河［xo³¹］亥［xai²¹³］禾［xo³¹］桦［xua³¹］毫［xau³¹］贺［xo²¹³］绘［xuəi²¹³］

三四等多读［ʃ］，例如：

晓母——虚［ʃyi⁴⁵］牺［ʃi⁴⁵］嚣［ʃiau⁴⁵］晓［ʃiau⁵⁴］休［ʃiəu⁴⁵］险［ʃɛn⁵⁴］轩［ʃyɛn⁴⁵］显［ʃɛn⁵⁴］喧［ʃyɛn⁴⁵］血［ʃyɛ³¹］欣［ʃin⁴⁵］

熏〔ʃyn⁴⁵〕香〔ʃiaŋ⁴⁵〕兴_{兴旺}〔ʃin⁴⁵〕兄〔ʃyŋ⁴⁵〕胸〔ʃyŋ⁴⁵〕

匣母——效〔ʃiau²¹³〕县〔ʃɛn²¹³〕玄〔ʃyɛn³¹〕辖〔ʃia³¹〕刑〔ʃin³¹〕协〔ʃɛ³¹〕

逢遇摄合口一等与非敷奉母混，读〔f〕。例如：

晓母——呼〔fu⁴⁵〕浒〔fu⁵⁴〕虎〔fu⁵⁴〕

匣母——胡〔fu³¹〕户〔fu²¹³〕壶〔fu³¹〕

（十三）疑母、影母一二等合流，读〔ŋ〕。例字分别见第（九）、（十）点。

微母，影母三四等，日母逢止摄开口三等合流，读〔Ø〕。例如：

微母——无〔u³¹〕微〔uəi³¹〕闻〔uən³¹〕忘〔uaŋ³¹〕

影母、日母例字分别见第（十）、（六）点。

二　韵母特点

（一）鼻音韵尾二分，古阳声韵今读〔-n　-ŋ〕。例如：

咏〔yŋ⁵⁴〕钧〔tʃyn⁴⁵〕喧〔ʃyɛn⁴⁵〕温〔uən⁴⁵〕黄〔xuaŋ³¹〕装〔tʂuaŋ⁴⁵〕环〔xuan³¹〕公〔koŋ⁴⁵〕净〔tsin²¹³〕腌〔iɛn⁴⁵〕良〔liaŋ³¹〕声〔ʂən⁴⁵〕电〔tɛn²¹³〕抗〔khaŋ²¹³〕漫〔man²¹³〕

（二）塞音韵尾消失。

（三）遇摄三等知系读〔u〕，与一等帮见系同。例如：

三等知系——猪〔tʂu⁴⁵〕煮〔tʂu⁵⁴〕书〔ʂu⁴⁵〕朱〔tʂu⁴⁵〕主〔tʂu⁵⁴〕竖〔ʂu²¹³〕

一等帮系——补〔pu⁵⁴〕谱〔phu⁴⁵〕普〔phu⁵⁴〕部〔pu²¹³〕暮〔mu²¹³〕

一等见系——古〔ku⁵⁴〕枯〔khu⁴⁵〕五〔u⁵⁴〕虎〔fu⁵⁴〕乎〔fu⁴⁵〕

（四）蟹摄、山摄舒声合口一等端系、见系仍读合口。例如：

蟹摄——堆〔tuəi⁴⁵〕内〔luəi²¹³〕罪〔tsuəi²¹³〕恢〔xuəi⁴⁵〕绘〔xuəi²¹³〕块〔khuai⁵⁴〕外〔uai²¹³〕

山摄——端〔tuan⁴⁵〕暖〔luan⁵⁴〕篡〔tʃhuan²¹³〕官〔kuan⁴⁵〕款〔khuan⁵⁴〕欢〔xuan⁴⁵〕

蟹摄合口三等知系、端系、见系，止摄合口三等知系、端系、见系、精组亦仍读合口。例如：

蟹摄——脆〔tshuəi²¹³〕岁〔suəi²¹³〕税〔ʂuəi²¹³〕卫〔uəi²¹³〕锐

［ȵuəi²¹³］

止摄——类［luəi²¹³］泪［luəi²¹³］嘴［tsuəi⁵⁴］虽［suəi⁴⁵］衰［ʂuai⁴⁵］炊［tʂhuai⁴⁵］规［kuəi⁴⁵］毁［xuəi⁵⁴］癸［kuəi²¹³］位［uəi²¹³］

咸山摄舒声洪音读［an］［uan］。例如：

咸摄——贪［than⁴⁵］南［lan³¹］惨［tshan⁵⁴］感［kan⁵⁴］含［xan³¹］暗［ŋan²¹³］斩［tʂan⁵⁴］衫［ʂan⁴⁵］

山摄——丹［tan⁴⁵］灿［tshan²¹³］杆［kan⁵⁴］安［ŋan⁴⁵］扮［phan²¹³］慢［man²¹³］铲［tʂhuan⁵⁴］珊［ʂuan⁴⁵］

细音读［ɛn］［iɛn］［yɛn］。例如：

咸摄——贬［pɛn⁵⁴］廉［lɛn³¹］尖［tsɛn⁴⁵］严［ȵɛn³¹］点［tɛn⁵⁴］念［ȵɛn²¹³］腌［iɛn⁴⁵］艳［iɛn²¹³］

山摄——鞭［pɛn⁴⁵］联［lɛn³¹］钱［tshɛn³¹］癣［syɛn⁵⁴］涎［syɛn⁴⁵］虔［tʃhɛn³¹］延［iɛn³¹］轩［ʃyɛn⁴⁵］天［thɛn⁴⁵］见［tʃɛn²¹³］咽［iɛn⁴⁵］

（五）山摄合口三四等帮系、端系、泥组读开口呼，知系读合口呼，精组、见系读撮口呼。例如：

帮系、端系、泥组——反［fan⁵⁴］烦［fan³¹］恋［lɛn²¹³］

知系——篆［tʂuan²¹³］砖［tʂuan⁴⁵］串［tʂhuan²¹³］

精组、见系——全［tshyɛn³¹］旋［syɛn³¹］眷［tʃyɛn²¹³］院［yɛn²¹³］喧［ʃyɛn⁴⁵］犬［tʃhyɛ⁵⁴］悬［ʃyɛn³¹］

（六）深臻曾梗摄舒声洪音读［ən］［uən］。例如：

深摄——针［tʂən⁴⁵］审［ʂən⁵⁴］壬［ʐən²¹³］

臻摄——吞［thən⁴⁵］跟［kən⁴⁵］恩［ŋən⁴⁵］趁［tshən²¹³］粉［fən⁵⁴］春［tʂhuən⁴⁵］润［ʐuən²¹³］

曾摄——凳［tən²¹³］层［tshən³¹］

梗摄——生［sən⁴⁵］庚［kən⁴⁵］

细音读［in］［yn］。例如：

深摄——品［phin⁵⁴］林［lin³¹］侵［tshin⁵⁴］今［tʃin⁴⁵］琴［tʃhin³¹］音［in⁴⁵］寻［ʃyn³¹］

臻摄——彬［pin⁴⁵］邻［lin³¹］辛［sin⁴⁵］紧［tʃin⁵⁴］旬［syn³¹］均［tʃyn⁴⁵］训［ʃyn²¹³］

曾摄——冰［pin⁴⁵］凌［lin³¹］

梗摄——丙［pin⁵⁴］岭［lin⁵⁴］清［tshin⁴⁵］庆［tʃhin²¹³］影［in⁵⁴］

（七）通三入精庄组读［yi］。例如：

肃［səu³¹］促［tsəu³¹］缩［səu³¹］

臻通摄入声合口三等见系读［yi］，例如：

橘［tʃyi³¹］屈［tʃhyi³¹］

菊［tʃyi³¹］玉［yi²¹³］局［tʃyi³¹］

三　声调特点

加尤话有 4 个声调：阴平、阳平、上声、去声。

（一）平分阴阳，古清平今读阴平，古次浊平、浊平今读阳平。

（二）古清上、次浊上今读上声。

（三）全浊上声与去声合流。

（四）去声仍读去声。

（五）入声归阳平。

第五节　加尤话与恩施话音系比较

我们所调查的加尤席姓自湖北恩施迁来。《湖北方言调查报告》① 记录的恩施话字音为 1112 字，在此将其与加尤话进行比较，可观察其一致性和差异性，从而探讨加尤话的发展演变。

一　声母比较

为便于比较及说明问题，我们先把二者的声母系统罗列如下：

加尤话：

p ph m f t th l (n)　ts tsh s tʂ tʂh ɳ ʂ z tʃ tʃh ʃ k kh ŋ x Ø

---

① 赵元任、丁声树、杨时逢、吴宗济、董同龢：《湖北方言调查报告》，商务印书馆民国 37 年版。

恩施话：①

p pʰ m f t tʰ n ts tsh s tʂ tʂh ʂ z̧ tɕ tɕh ɕ k kʰ ŋ x Ø

二者声母系统及规律一致性极强，所不同的大略有：

加尤话有［tʃ tʃh ʃ］而恩施话有［tɕ tɕh ɕ］。［tʃ tʃh ʃ］与［tɕ tɕh ɕ］音值接近，不同的是恩施话的［tɕ tɕh ɕ］来自精组和见组的细音，而加尤话的［tʃ tʃh ʃ］仅来自见组的细音。

加尤话有［ȵ］而恩施话无。加尤话泥母、疑母细音读［ȵ］，而恩施话读［n］。

值得一提的有：

加尤话［l］有自由变体［n］，以发［l］为主；而恩施话"n 值比较稳定，但有时也会读成 l，或 l 的近似值"②。说明在恩施话和加尤话中，［l］［n］均为同个音位的自由变体。

（一）加尤话声母与恩施话声母比较简表

表中所列为加尤话声母与恩施话声母比较的情况。由于所记录恩施话各声母中，少数仅记录一字，这种情况"条件"栏为空白。

广韵	条件	加尤话	条件	恩施话	广韵	条件	加尤话	条件	恩施话
帮	多数	p	多数	p	知	多数	tʂ	例外	l
	少数	pʰ	少数	pʰ		个别	tʂh	个别	ts
	个别	m	个别	m		个别	ts	个别	t
滂	多数	pʰ	多数	pʰ		个别	t		
	少数	p	少数	p		多数	tʂh	多数	tʂh
并	平声多数	pʰ	平声多数	pʰ	彻	少数	tsh	个别	tʂ
	平声个别	p	仄声多数	p		个别	tʂ	个别	tɕh
	仄声多数	p				个别	tʃh	个别	ɕ
	仄声少数	pʰ				个别	ʃ		

① 本书所列恩施话音系，引自赵元任、丁声树、杨时逢、吴宗济、董同龢《湖北方言调查报告》，商务印书馆民国 37 年版，第 413 页。下文所列韵母排列次序与《湖北方言调查报告》相比有所调整。

② 赵元任、丁声树、杨时逢、吴宗济、董同龢：《湖北方言调查报告》，商务印书馆民国 37 年版，第 414 页。

续表

广韵	条件	加尤话	条件	恩施话
明	多数	m	多数	m
	个别	∅	个别	v
非	多数	f	多数	x
	个别	ph	个别	f
敷	多数	f		x
	少数	ph		
奉	多数	f	多数	x
	个别	p	少数	f
	个别	ph	个别	p
微	多数	x		
	多数	∅	多数	ph
	个别	m	个别	v
端	多数	t	多数	t
	个别	th	个别	th
	个别	ŋ		
透	多数	th	部分	th
	个别	t	少数	ph
定	平声多数	th	平声	th
	平声少数	t	仄声	t
	仄声多数	t		
	仄声少数	th		
	个别	tʂh		
	个别	n		
泥	洪音多数	l	全部	n
	洪音个别	ʐ		
	细音多数	ŋ		
	细音少数	l		
	个别	tʃ		

广韵	条件	加尤话	条件	恩施话
澄	平声多数	tʂh	平声	tʂh
	平声个别	tʂ	仄声多数	tʂ
	仄声多数	tʂ	仄声个别	tsh
	仄声个别	tsh		
	仄声个别	tʃh		
	仄声个别	ts		
	仄声个别	tʂh		
	仄声个别	t		
	仄声个别	ʂ		
精	多数	ts	多数	ts
	少数	tsh	细音多数	tɕ
	个别	l	细音个别	t
清	多数	tsh	洪音多数	tsh
	个别	ts	洪音个别	ts
	个别	tʃ	细音多数	tɕh
	个别	tʃh	细音个别	tɕ
从	平声多数	tsh	平声洪音	tsh
	平声个别	ts	平声细音	tɕh
	平声个别	t	仄声洪音多数	ts
	仄声多数	ts	仄声洪音个别	tʂ
	仄声少数	tsh	仄声细音	tɕ
心	多数	s	洪音多数	s
	个别	ts	细音多数	ç
	个别	ʂ	细音个别	tsh
	个别	ts		
邪	多数	s	多数	ç
	少数	tsh	少数	tɕh
	个别	ʂ	少数	s

续表

广韵	条件	加尤话	条件	恩施话	广韵	条件	加尤话	条件	恩施话
邪	个别	ts			船	多数	ʂ	多数	ʂ
	个别	∫				个别	tʂh	个别	tʂh
	个别	ø				个别	∫		
庄	多数	tʂ	部分	tʂ		个别	s		
	少数	ts	部分	ts		个别	t		
	个别	tʂh	个别	tsh	书	多数	ʂ	多数	ʂ
	个别	tsh				个别	tʂ	个别	tʂ
	个别	s				个别	tʂh	个别	tʂh
初	多数	tʂh	多数	tʂh		个别	∫		
	少数	tsh	少数	tsh	禅	多数	ʂ	多数	ʂ
	个别	tʂ				少数	tʂ	少数	tʂ
崇	平声洪音	tʂh	平声洪音	tʂh		少数	tʂh	少数	tʂh
	平声洪音	tsh	平声洪音	tsh		个别	∫		
	平声细音	tsh	仄声洪音	tʂ	日	多数	ʐ	多数	ʐ
	平声细音个别	tʂ	仄声细音	ts		止、曾摄	ø	止摄	ø
	平声细音个别	tʂh	仄声细音	s	见	洪音多数	k	洪音多数	k
	平声细音个别	t∫h				细音部分	t∫	洪音个别	kh
	仄声洪音	tʂ				细音部分	t∫h	细音多数	tɕ
	仄声洪音个别	tʂh				少数	kh	细音个别	ç
	仄声细音	s				个别	x		
	仄声细音个别	tsh				个别	l		
	仄声细音个别	ʂ				个别	∫		
	仄声细音个别	t∫				个别	ø		
	仄声细音个别	tʂ			溪	洪音多数	kh	洪音多数	kh
生	部分	ʂ	部分	ʂ		部分	t∫h	洪音个别	k
	部分	s	部分	s		少数	t∫	细音	tɕh
	个别	tsh	个别	tʂh		个别	k		
	个别	∫	个别	ç		个别	x		
	个别	tʂh				个别	∫		
章	多数	tʂ	多数	tʂ		个别	t		
	个别	t∫	个别	tʂh		个别	ø		
	个别	s			群	平声多数	t∫h	平声细音	tɕh
	个别	ts				平声个别	t∫	仄声细音多数	tɕ
	个别	tʂh				平声个别	kh	仄声细音个别	tʂ
	个别	ʂ				平声个别	s	仄声细音个别	k
昌	多数	tʂh	多数	tʂh		仄声多数	t∫	仄声细音个别	kh
	少数	tʂ	个别	tɕh		仄声少数	t∫h		
	个别	ʂ				仄声个别	tʂ		
	个别	th				仄声个别	k		

续表

广韵	条件	加尤话	条件	恩施话	广韵	条件	加尤话	条件	恩施话
疑	仄声个别	kh			影	开口洪音多数	ŋ	多数	x
	洪音多数	ŋ	多数	Ø		开口洪音部分	Ø	少数	Ø
	洪音部分	Ø	洪音部分	ŋ		开口洪音个别	tʂ	少数	k
	洪音个别	t	洪音个别	v		开口细音多数	Ø	少数	kh
	洪音个别	l	洪音个别	ʐ		开口细音个别	ȵ	例外	l
	细音多数	ȵ	开口细音	n		合口多数	Ø		
	细音部分	Ø				合口个别	ŋ		
	细音个别	tʃ				合口个别	s		
晓	部分	x	洪音多数	x	云	多数	Ø	多数	Ø
	部分	ʃ	合口洪音部分	f		个别	ʃ	个别	ç
	少数	kh	个别	kh	以	多数	Ø	多数	Ø
	合口洪音部分	f	个别	Ø		个别	ʐ	个别	ʐ
	个别	Ø	细音多数	ç		个别	ȵ	个别	j
	个别	ŋ	细音个别	tɕ		个别	tʃ		
	个别	tʃ							
	个别	tʂh							
	个别	ʂ							
匣	多数	x	多数	x					
	部分	ʃ	部分	ç					
	少数	kh	少数	Ø					
	少数	tʃ	少数	k					
	少数	Ø	少数	tɕh					
	合口洪音部分	f	合口洪音部分	f					
	个别	k							
	个别	tʂh							
	个别	tʃh							

（二）加尤话声母与恩施话声母的一致性和差异性

1. 一致性

（1）古全浊声母今读塞音、塞擦音平声送气，仄声不送气。如：

	婆	头	全	锄	渐	待	近	直
加尤	pho³¹	thəu³¹	tshyɛn³¹	tshəu³¹	tsɛn²¹³	tai²¹³	tʃin²¹³	tʂʅ³¹
恩施	pho³¹	thəu³¹	tɕhyen³¹	tʂhu³¹	tɕien²¹³	tai²¹³	tɕin²¹³	tʂʅ³¹

（2）知庄章大部合流，读〔tʂ　tʂh　ʂ〕。如：

	知	赵	柴	铲	周	受
加尤	tʂʅ⁴⁵	tʂau²¹³	tʂhai³¹	tʂhuan⁵⁴	tʂəu⁴⁵	ʂəu²¹³
恩施	tʂʅ⁴⁵	tʂau²¹³	tʂhai³¹	tʂhan⁵⁴	tʂəu⁴⁵	ʂəu²¹³

（3）泥母一二等读〔l（n）〕。加尤、恩施〔n〕〔l〕均为同一音位，加尤记为〔l〕，恩施记为〔n〕。如：

	农	奶	乃	拿	那	闹	南	暖
加尤	loŋ³¹	lai⁵⁴	lai⁵⁴	la³¹	la²¹³	lau²¹³	lan³¹	luan⁵⁴
恩施	noŋ³¹	nai⁵⁴	nai⁵⁴	na³¹	na²¹³	nau²¹³	nan³¹	nuan⁵⁴

（4）精组一二等多读〔ts　tsh　s〕。如：

	左	菜	在	素
加尤	tso⁵⁴	tshai²¹³	tsai²¹³	səu²¹³
恩施	tso⁵⁴	tshai²¹³	tsai²¹³	su²¹³

（5）日母字多读〔ʐ〕（逢止开三除外），逢止开三读〔∅〕。如：

	惹	柔	软	闰	肉	辱	尔	二
加尤	ʐɛ⁵⁴	ʐəu³¹	ʐuan⁵⁴	ʐuən²¹³	ʐu³¹	ʐu³¹	o⁵⁴	o²¹³
恩施	ʐe⁵⁴	ʐəu³¹	ʐuan⁵⁴	ʐuən²¹³	ʐu³¹	ʐu³¹	ɚ⁵⁴	ɚ²¹³

（6）见、溪、群母字逢洪音读〔k　kh〕；逢细音加尤话读〔tʃ　tʃh〕，恩施话读〔tɕ　tɕh〕，规律一致。如：

	歌	怪	快	靠	舅	钦	乞	今	军
加尤	ko⁴⁵	kuai²¹³	khuai²¹³	khau²¹³	tʃiəu²¹³	tʃhin⁴⁵	tʃhɛn³¹	tʃin⁴⁵	tʃyn⁴⁵
恩施	ko⁴⁵	kuai²¹³	khuai²¹³	khau²¹³	tɕiəu²¹³	tɕhin⁴⁵	tɕhi³¹	tɕin⁴⁵	tɕyin⁴⁵

（7）有三套塞擦音，加尤为〔ts　tsh〕〔tʂ　tʂh〕〔tʃ　tʃh〕，恩施为
〔ts　tsh〕〔tʂ　tʂh〕〔tɕ　tɕh〕。

（8）疑母、影母一等大部合流，多读〔ŋ〕。如：

	哀	矮	奥	暗	恩
加尤	ŋai⁴⁵	ŋai⁵⁴	ŋau²¹³	ŋan²¹³	ŋən⁴⁵
恩施	ŋai⁴⁵	ŋai⁵⁴	ŋau²¹³	ŋan²¹³	ŋən⁴⁵

（9）影母除一等外多读〔Ø〕。如：

	窝	蛙	畏	印	忆	委	妖	幼	音
加尤	o⁴⁵	ua⁴⁵	uəi²¹³	in²¹³	i²¹³	uəi⁵⁴	iau⁴⁵	iəu²¹³	in⁴⁵
恩施	o⁴⁵	ua⁴⁵	uei²¹³	in²¹³	i³¹	uei⁵⁴	iau⁴⁵	iəu²¹³	in⁴⁵

（10）泥母一二等与来母合流，且不分〔n〕〔l〕；加尤话记为〔l〕，
恩施话记为〔n〕。如：

	南	蓝	辣	聊
加尤	lan³¹	lan³¹	la³¹	liau³¹
恩施	nan³¹	nan³¹	na³¹	niau³¹

（11）晓、匣大部合流。一二等除遇摄合口一等外读〔x〕；三四等加
尤话多读〔ʃ〕，恩施话多读〔ɕ〕，规律一致；逢遇摄合口一等与非敷奉
母混，读〔f〕。如：

	昏	黑	亥	虚	嚣	玄	呼	虎	户
加尤	xuən⁴⁵	xɛ³¹	xai²¹³	ʃyi⁴⁵	ʃiau⁴⁵	ʃyɛn³¹	fu⁴⁵	fu⁵⁴	fu²¹³
恩施	xuən⁴⁵	xe³¹	xai²¹³	çy⁴⁵	çiau⁴⁵	çyen³¹	fu⁴⁵	fu⁵⁴	fu²¹³

（12）云母、以母多读〔Ø〕。如：

	羽	尤	运	王	越	爷	预	缘	用
加尤	yi⁵⁴	iəu³¹	yn²¹³	uaŋ³¹	yɛ³¹	iɛ³¹	yi²¹³	yɛn³¹	yŋ²¹³
恩施	y⁵⁴	iəu³¹	yin²¹³	uaŋ³¹	ye³¹	ie³¹	y²¹³	yen³¹	ioŋ²¹³

2. 差异性

（1）精组三四等（止摄除外）加尤话多读〔ts tsh s〕，恩施多读〔tɕ tɕh ɕ〕。如：

	晋	千	齐	些	谢
加尤	tsin²¹³	tshɛn⁴⁵	tshi³¹	sɛ⁴⁵	sɛ²¹³
恩施	tɕin²¹³	tɕhien⁴⁵	tɕhi³¹	ɕie⁴⁵	ɕie²¹³

（2）泥母三四等加尤话读〔ɳ〕，恩施读〔n〕。如：

	年	女	纽	念	娘
加尤	ɳɛn³¹	ɳyi⁵⁴	ɳiəu⁵⁴	ɳɛn²¹³	ɳiaŋ³¹
恩施	nien³¹	ny⁵⁴	niəu⁵⁴	nien²¹³	niaŋ³¹

（3）疑母三四等一般读〔ɳ〕，恩施读〔n〕。如：

	疑	牛	孽	虐
加尤	ɳi³¹	ɳiəu³¹	ɳɛ³¹	ɳye³¹
恩施	ni³¹	niəu³¹	nie³¹	nio³¹

二　韵母比较

二者的韵母系统如下。

加尤话：

ɿ ʅ i u a ia ua ɛ iɛ yɛ ə o io ai uai əi uəi yi
au iau əu iəu an uan ɛn iɛn yɛn ne uən in yn aŋ
iaŋ uaŋ oŋ yŋ m̩ n̩

恩施话：

ɿ ʅ i u y a ia ua e ie ue ye ɚ o io iu ai uai
ei uei au iau əu iəu an uan ien yen ən uən in yin aŋ
iaŋ uaŋ oŋ ioŋ

抛开加尤话的 m̩ 与 n̩，恩施话与加尤话韵母系统的主要区别有：

遇摄合口一等、通摄合口一等促声与端系拼合，加尤话多读〔əu〕，恩施话多读〔u〕。

恩施话曾摄、梗摄、通摄（部分）合口三等促声读〔iu〕；遇摄合口三等舒声，臻摄、通摄（部分）合口三等促声读〔y〕。而恩施话读〔iu〕和〔y〕的字加尤话均读〔yi〕。

加尤话有〔ə〕，而恩施话无。我们认为，加尤话的〔ə〕是受共同语影响而增加的音位，因为在调查中，我们发现读这个音位只有"则"一字。

恩施话有〔ɚ〕而加尤话无。恩施话读〔ɚ〕的为止摄开口三等日母字，这类字加尤话读〔o〕。

值得一提的有：

加尤话有〔ɛ iɛ yɛ〕，恩施话则为〔ie ue ye〕，但恩施话的"e比标准e稍开一些"[1]。

加尤话有〔ɛn iɛn yɛn〕，恩施话则为〔ien yen〕，但恩施话"e很开，近于ɛ"[2]。

以上两点说明，虽然记录的符号不一致，但恩施话的 e 和加尤话的 ɛ

---

① 赵元任、丁声树、杨时逢、吴宗济、董同龢：《湖北方言调查报告》，商务印书馆民国37年版，第414页。

② 同上书，第415页。

其实是一致的。

而加尤话的［əi　uəi］和恩施话的［ei　uei］，加尤话的［yn］和恩施话的［yin］，加尤话的［yŋ］和恩施话的［ioŋ］，音值都应该相当接近。

（一）加尤话和恩施话韵母比较表

以《广韵》为参照系，将恩施话和加尤话韵母的比较列表如下：

等呼			开口一等			
摄	韵	加尤话	帮系	端系	精组	见系
		恩施话				
果	歌	加尤话		a o	o	o
		恩施话		a o		o
蟹	哈	加尤话		ai	ai	ai
		恩施话		ai		ai
	泰	加尤话	əi	a ai	ai	ai
		恩施话	ei	ai	ai	ai
效	豪	加尤话	au	au	au	au
		恩施话		au		au
流	侯	加尤话		əu		əu
		恩施话		əu		əu
咸	覃	加尤话		an	an	an
		恩施话		an		an
	合	加尤话		a	a	o
		恩施话		a	a	o
	谈	加尤话		a an	an	an
		恩施话		an		an
	盍	加尤话		a		a
		恩施话		a		
山	寒	加尤话		an	an uan	an
		恩施话		an	an	an
	曷	加尤话		a ai	a	o
		恩施话		a		o

续表

等呼			开口一等			
摄	韵	加尤话	帮系	端系	精组	见系
		恩施话				
臻	痕	加尤话		ən		ən
		恩施话		ne		ne
宕	唐	加尤话	aŋ	aŋ	aŋ	aŋ
		恩施话	aŋ	aŋ	aŋ	aŋ
	铎	加尤话	o ɤ o	o aŋ	o	o
		恩施话	o e	o aŋ	o	o
曾	登	加尤话	ən oŋ	ne	ne	ən
		恩施话	ən oŋ	ne	ne	ən
	德	加尤话	ɛ	ɛ	ə ɛ	ɛ
		恩施话	e	e	e	e

等呼			开口二等						
摄	韵	加尤话	帮系	端泥组	精组	庄组	知章组	日母	见系
		恩施话							
假	麻	加尤话	a o	a		a			a ia
		恩施话	a	a		a			ia
蟹	皆	加尤话	ai			ai			i ɛ ai
		恩施话	ai			ai			ai
	佳	加尤话	ai			ai			ai ia
		恩施话				ai			ai ia
	夬	加尤话	ai			ai			
		恩施话	ai			aɪ			
效	肴	加尤话	au iau	au		au ua iau			au iau
		恩施话	au						iau

续表

等呼			开口二等						
摄	韵	加尤话 恩施话	帮系	端泥组	精组	庄组	知章组	日母	见系
咸	咸	加尤话				a an			an
		恩施话							an
	洽	加尤话				a			ia
		恩施话							ia
	衔	加尤话				an			ai ɛn
		恩施话				an			an ien
	狎	加尤话							ia
		恩施话							ia
山	山	加尤话				an			ɛn
		恩施话				an			ien
	黠	加尤话	a			a			a
		恩施话	a			a			
	删	加尤话	an			uan			ɛn iɛn
		恩施话				uan			
	鎋	加尤话				ɛ			ia
		恩施话							ia
江	江	加尤话	aŋ			uaŋ	uaŋ		aŋ iaŋ
		恩施话	aŋ			uaŋ	uaŋ		uaŋ
	觉	加尤话	o u au			o u ɔu	o u ua		o u io iau
		恩施话	o			o	o		o io
梗	庚	加尤话	ən aŋ			ən in	ən		ən in
		恩施话	ən			ən	ən		in
	陌	加尤话	oɛ			ɛ	ɛ		ɛ
		恩施话	e				e		e
	耕	加尤话	oŋ			ən	ən		ən in
		恩施话	oŋ			ən			ən in
	麦	加尤话	ɛ			ɛ	ɛ		ɛ
		恩施话	e			e			e

等呼			开口三等							
摄	韵	加尤话 恩施话	帮系	端泥组	精组	知组	章组	庄组	日组	见系
果	戈	加尤话								
		恩施话								
假	麻	加尤话			ɛ	i	ɛ			iɛ
		恩施话			ie	ie	e			ie
蟹	祭	加尤话	i	i	i		ɿ			i
		恩施话	ei	i	i		ɿ			i
	废	加尤话								
		恩施话								
止	支	加尤话	ɜ i iɛ	i	ɿ	ɿ	ɿ	ai	o	i
		恩施话	ei		ɿ	ɿ	ɿ			i
	脂	加尤话	ɜi i ié	i	ɿ	ɿ	ɿɿ	ɿ		i
		恩施话	ei	i		ɿ		ɿ		i
	之	加尤话			i	ɿ	ɿ	ɿ	o	i
		恩施话			ɿ		ɿ		ɚ	i
	微	加尤话								i
		恩施话								i uei
效	宵	加尤话	au iau	iau	iau	au	au		au	iau
		恩施话	au iau	iau	iau		au		au	iau
流	尤	加尤话	au uə	iəu	iəu	əu	əu	ɿ əu	əu	iəu
		恩施话	əu		iəu	əu	əu	əu	əu	iəu
	幽	加尤话	iau	uəi						iəu
		恩施话		iəu						
咸	盐	加尤话			ɛn	ɛn	an	an		ɛn iɛn
		恩施话			ien		an			ien
	叶	加尤话			ɛ	ɛ	ɛ			iɛ
		恩施话			ie	ie	e			ie
	严	加尤话								ɛn iɛn
		恩施话								
	业	加尤话								ɛ ɜ
		恩施话								ie

摄	韵	加尤话 恩施话	开口三等							
			帮系	端泥组	精组	知组	章组	庄组	日组	见系
深	侵	加尤话		in	in yn	ən	ən	an ən	ən	in
		恩施话		in	in yin	ən	ən	ən	ən	in
	缉	加尤话		i	i	ɿ	ɿ ʅ	ɛ	u	i əi
		恩施话		i	i	ʅ		e	u	i
山	元	加尤话								ɛn yn iɛn yɛn
		恩施话								ien yen
	月	加尤话								ɛ
		恩施话								
	仙	加尤话	ɛn	ɛn	ɛn yɛn	an	an		an	ɛn iɛn
		恩施话	ien	ien	ien		an		an	
	薛	加尤话	ɛ	ɛ	ɛ yɛ	ɛ	ɛ		ɛ	ɛ
		恩施话	ie	ie	ye	e	e		e	ie
臻	真	加尤话	in	in	in	ən	ən	ən	ən	in
		恩施话	in	in	in	ən	ən	ən	ən	in
	质	加尤话	i	i	i	ɿ ʅ	ʅ	ɛ	ʅ	i
		恩施话	i	i	i	ʅ	ʅ	e	ʅ	i
	臻	加尤话								
		恩施话								
	栉	加尤话								
		恩施话								
	殷	加尤话								in
		恩施话								in
	迄	加尤话								ɛn
		恩施话								i
宕	阳	加尤话	iaŋ	iaŋ	aŋ	aŋ		uaŋ	aŋ	iaŋ
		恩施话	iaŋ	iaŋ	aŋ	aŋ		uaŋ		iaŋ
	药	加尤话	o	io iau	o	o			o	io yɛ
		恩施话	io	io		o			o	io

续表

摄	韵	加尤话/恩施话	帮系	端泥组	精组	知组	章组	庄组	日组	见系
曾	蒸	加尤话	in	in		ən	ən uən		in	in
		恩施话		in			uən		ən	in
	职	加尤话	i	i	i	ʅ	ʅ	ɛ		i
		恩施话	i	i	i	ʅ	ʅ	e		i
梗	庚	加尤话	in oŋ							in
		恩施话	in							in
	陌	加尤话	i							i yi
		恩施话	i							i
	清	加尤话	in		in	ən	ən			in
		恩施话	in		in	ən	ən			in
	昔	加尤话	i		i	ən	ʅ ɜ ən			i
		恩施话	i		i	ʅ	ʅ ən			i

摄	韵	加尤话/恩施话	帮系	端泥组	精组	知组	章组	庄组	日组	见系
蟹	齐	加尤话	i in	i	i					i
		恩施话		i	i					i
效	萧	加尤话		iau	iau					iau
		恩施话		iau	iau					iau
咸	添	加尤话			ɛn					ɛn
		恩施话								ien
	帖	加尤话			ɛ					ɛ ia
		恩施话			ie					ia ie
山	先	加尤话	ɛn	ɛn	ɛn					ɛn iɛn
		恩施话	ien	ien	ien					ien yen
	屑	加尤话	ɛ	ɛ	ɛ iau					ɛ
		恩施话	ie	ie	ie					i ie

续表

等呼			开口四等							
摄	韵	加尤话 恩施话	帮系	端泥组	精组	知组	章组	庄组	日组	见系
梗	青	加尤话	in	in	in					in ən
		恩施话	in	in	in					in
	锡	加尤话	i	i in io	i					i
		恩施话	i	i	i					i

等呼			合口一等			
摄	韵	加尤话 恩施话	帮系	端系	精组	见系
果	戈	加尤话	o	o	o	o
		恩施话	o	o		o
遇	模	加尤话	u o	u əu	əu	u
		恩施话		u əu		u
蟹	灰	加尤话	əi	uəi	uəi	uəi
		恩施话	ei			uei
	泰	加尤话		uəi	uəi	uai uəi
		恩施话		uei	uei	uai uei
山	桓	加尤话	an in	uan	uan	uan
		恩施话				uan yen
	末	加尤话	a o	o	yi	o ua
		恩施话	o	o		o
臻	魂	加尤话	nə	ən nə	ən	uən
		恩施话	ən	ən	ən	uən
	没	加尤话	uo ɜn	nə	u əu	ɛ u
		恩施话	u i	u	u	u
宕	唐	加尤话				uaŋ
		恩施话				uaŋ
	铎	加尤话				o
		恩施话				o

续表

等呼			合口一等			
摄	韵	加尤话 恩施话	帮系	端系	精组	见系
曾	登	加尤话				oŋ
		恩施话				oŋ
	德	加尤话				o uɛ uai
		恩施话				ue
通	东	加尤话	oŋ	oŋ	oŋ	oŋ
		恩施话		oŋ		oŋ
	屋	加尤话	u	u əu	əu	u
		恩施话	u	u	əu	u
	冬	加尤话		oŋ	oŋ	
		恩施话		oŋ	oŋ	
	沃	加尤话		əu		u iau
		恩施话		u		u o

等呼			合口二等				
摄	韵	加尤话 恩施话	帮系	端泥组	知组	庄组	见系
假	麻	加尤话					o ua
		恩施话					ua
蟹	皆	加尤话					uai
		恩施话					uai
	佳	加尤话					ua uai
		恩施话					ua uai
	夬	加尤话					ua uai
		恩施话					ua uai

等呼			合口二等				
摄	韵	加尤话	帮系	端泥组	知组	庄组	见系
		恩施话					
山	山	加尤话					uan
		恩施话					uan
	黠	加尤话					ua
		恩施话					ua
	删	加尤话				uan yɛn	uan
		恩施话				uan	uan
	鎋	加尤话				ua	ua
		恩施话				ua	ua
梗	庚	加尤话					uən
		恩施话					uən
	陌	加尤话					
		恩施话					
	耕	加尤话					oŋ
		恩施话					oŋ
	麦	加尤话					o ua
		恩施话					ue

等呼			合口三等							
摄	韵	加尤话	帮系	端泥组	精组	知组	章组	庄组	日组	见系
		恩施话								
果	戈	加尤话								
		恩施话								ye
遇	鱼	加尤话		əu uəi	yi	u əu	u	əu	u	yi
		恩施话		y	y	u	u	u	u	y
	虞	加尤话	u		yi	u	u	u	u	yi
		恩施话	u		y	y u			u	y
蟹	祭	加尤话			uəi	uəi	uəi			uəi
		恩施话			uei	uei	uei			uei
	废	加尤话	əi							uəi
		恩施话								uei

续表

等呼			合口三等							
摄	韵	加尤话 / 恩施话	帮系	端泥组	精组	知组	章组	庄组	日组	见系
止	支	加尤话			uəi		uəi			uəi
		恩施话			uei		uei			uei
	脂	加尤话			uəi	uəi	uəi	uai		i uəi
		恩施话				uei	uei			i uei
	微	加尤话	əi uei							uəi
		恩施话	uei							uei
咸	凡	加尤话	an							
		恩施话	uan							
	乏	加尤话	a							
		恩施话	ua							
山	元	加尤话	an							yɛn
		恩施话								yen
	月	加尤话	a ua							yɛ yɛn
		恩施话	ua							ue ye
	仙	加尤话			yɛn	uan	uan			yɛn
		恩施话			yen		uan			yen
	薛	加尤话	ɛ		yɛ		o yi			yɛ
		恩施话	e		ye		o ue			ye
臻	谆	加尤话		ən	ən yn	uən	nɛ uən			yn
		恩施话		ən	yin	uən	nɛ uən			yin
	术	加尤话		i	yi	u	u	uai		yi
		恩施话		i	i		u			y
	文	加尤话	ən uən							yn uən
		恩施话	ən uən							yin
	物	加尤话	u u əu							yi
		恩施话	u							y ue
宕	阳	加尤话	aŋ uaŋ							uaŋ
		恩施话	uaŋ							uaŋ
	药	加尤话	o							
		恩施话	o							

续表

等呼			合口三等							
摄	韵	加尤话	帮系	端泥组	精组	知组	章组	庄组	日组	见系
		恩施话								
曾	职	加尤话								yi
		恩施话								iu
梗	庚	加尤话								yŋ
		恩施话								yin ioŋ
	清	加尤话								in yn yŋ
		恩施话								yin
	昔	加尤话								i yi
		恩施话								iu
通	东	加尤话	oŋ	oŋ	oŋ	oŋ	oŋ	oŋ	oŋ	oŋ yŋ
		恩施话	oŋ	oŋ	oŋ	oŋ	oŋ	oŋ	oŋ	oŋ ioŋ
	屋	加尤话	u əu	uə əu	əu	u iəu	u	əu	u	yi iəu
		恩施话	u	u	iu	u iu	u	iu	u	y iu
	钟	加尤话	oŋ	oŋ	oŋ	oŋ	oŋ		yŋ	oŋ yŋ
		恩施话	oŋ	oŋ	oŋ		oŋ		oŋ	oŋ ioŋ
	烛	加尤话		əu	u uə iəu		u		u	yi iəu
		恩施话		u	u		u		u	y iu

等呼			合口四等							
摄	韵	加尤话	帮系	端泥组	精组	知组	章组	庄组	日组	见系
		恩施话								
蟹	齐	加尤话								uəi
		恩施话								i
山	先	加尤话								yεn
		恩施话								yen
	屑	加尤话								yε
		恩施话								ye
梗	青	加尤话								in
		恩施话								yin

（二）加尤话韵母与恩施话韵母一致性和差异性

1. 一致性

（1）鼻音韵尾二分，古阳声韵今读〔- n　- ŋ〕。如：

	敢	验	林	堂	祥	窗
加尤	kan^{54}	ŋɛn^{213}	lin^{31}	thaŋ^{31}	tshiaŋ^{31}	tʂhuaŋ^{45}
恩施	kan^{54}	nien^{213}	nin^{31}	thaŋ^{31}	tɕhiaŋ^{31}	tʂhuaŋ^{45}

（2）塞音韵尾消失。如：

	塔	合	各	莫	及	业
加尤	tha^{31}	xo^{31}	ko^{31}	mo^{31}	tʃi^{31}	ŋɛ^{31}
恩施	tha^{31}	xo^{31}	ko^{31}	mo^{31}	tɕi^{31}	nie^{31}

（3）果摄多读〔o〕。如：

	婆	那	多	罗	左	窝	可	鹅
加尤	pho^{31}	la^{213}	to^{45}	lo^{31}	tso^{54}	o^{45}	kho^{54}	ŋo^{31}
恩施	pho^{31}	la^{213}	to^{45}	no^{31}	tso^{54}	o^{45}	kho^{54}	o^{31}

（4）假摄开口二等以〔a〕为主，部分读〔ia〕。如：

	巴	马	拿	乍	沙	家	霞	牙	鸦
加尤	pa^{45}	ma^{54}	la^{31}	tʂa^{213}	ʂa^{45}	tʃia^{45}	ʃia^{31}	ia^{31}	ia^{45}
恩施	pa^{45}	ma^{54}	na^{31}	tʂa^{213}	ʂa^{45}	tɕia^{45}	ɕia^{31}	ia^{31}	ia^{45}

（5）假摄开口三等加尤多读〔ɛ〕〔iɛ〕，恩施多读〔e〕〔ie〕，因〔ɛ〕和〔e〕、〔iɛ〕和〔ie〕音值接近，具有一致性。如：

	邪	谢	惹	爷	野	夜
加尤	sɛ³¹	sɛ²¹³	ʐɛ⁵⁴	iɛ³¹	iɛ⁵⁴	iɛ²¹³
恩施	ɕie³¹	ɕie²¹³	ʐe⁵⁴	ie³¹	ie⁵⁴	ie²¹³

（6）假摄合口二等多读 [ua]。如：

	瓜	瓦	化	蛙
加尤	kua⁴⁵	ua⁵⁴	xua²¹³	ua⁴⁵
恩施	kua⁴⁵	ua⁵⁴	xua²¹³	ua⁴⁵

（7）遇摄合口一等多读 [u]。如：

	谱	步	孤	五	狐
加尤	phu⁵⁴	pu²¹³	ku⁴⁵	u⁵⁴	fu³¹
恩施	phu⁵⁴	pu²¹³	ku⁴⁵	vu⁵⁴	fu³¹

（8）遇摄合口三等帮系、知章组、日母多读 [u]。精组、见组加尤多读 [yi]，恩施多读 [y]；[yi] [y] 音值差异不大，可认为具有一致性。如：

	猪	书	如	务	女	鱼	聚	句	遇
加尤	tʂu⁴⁵	ʂu⁴⁵	ʐu³¹	u²¹³	ŋyi⁵⁴	yi³¹	tsyi²¹³	tʃyi²¹³	yi²¹³
恩施	tʂu⁴⁵	ʂu⁴⁵	ʐu³¹	vu²¹³	ny⁵⁴	y³¹	tɕy²¹³	tɕy²¹³	y²¹³

（9）蟹摄开口一二等多读 [ai]。如：

	待	来	买	爱	泰	蔡	斋	盖	害	矮
加尤	tai²¹³	lai³¹	mai⁵⁴	ŋai²¹³	thai²¹³	tshai²¹³	tʂai⁴⁵	kai²¹³	xai²¹³	ŋai⁵⁴
恩施	tai²¹³	nai³¹	mai⁵⁴	ŋai²¹³	thai²¹³	tshai²¹³	tʂai⁴⁵	kai²¹³	xai²¹³	ŋai⁵⁴

（10）蟹摄开口三四等多读 [i]，开口三等知章组读 [ʅ]。如：

	例	米	底	妻	西	计
加尤	li²¹³	mi⁵⁴	ti⁵⁴	tʃhi⁴⁵	si⁴⁵	tʃi²¹³
恩施	ni²¹³	mi⁵⁴	ti⁵⁴	tɕhi⁴⁵	ɕi⁴⁵	tɕi²¹³

（11）蟹摄合口一等加尤话帮系读［əi］，端系、见系读［uəi］，见系读［uəi］［uai］。恩施话帮组读［ei］，其他读［uei］［uai］。规律一致。［əi］和［ei］、［uəi］和［uei］音值接近，具有一致性。如：

	配	倍	梅	对	罪	块	外
加尤	phəi²¹³	phəi²¹³	məi³¹	tuəi²¹³	tsuəi²¹³	khuai⁵⁴	uai²¹³
恩施	phəi²¹³	pəi²¹³	məi³¹	tuəi²¹³	tsuəi²¹³	khuai⁵⁴	uai²¹³

（12）蟹摄合口二等读［uai］［ua］。如：

	怪	怀	歪	蛙	话
加尤	kuai²¹³	xuai³¹	uai⁴⁵	ua⁴⁵	xua²¹³
恩施	kuai²¹³	xuai³¹	uai⁴⁵	ua⁴⁵	xua²¹³

（13）蟹摄合口三四等加尤多读［uəi］，恩施多读［uei］。［uəi］［uei］音值相近，可认为具有一致性。如：

	脆	税	卫	锐	桂	惠
加尤	tshuəi²¹³	ʂuəi²¹³	uəi²¹³	ŋuəi²¹³	kuəi²¹³	xuəi²¹³
恩施	tshuəi²¹³	ʂuəi²¹³	uei²¹³	ʐuei²¹³	kuei²¹³	xuei²¹³

（14）止摄开口三等加尤话帮系多读［əi］［i］，端组、泥组读［i］，见系多读［i］，精组多读［ɿ］，庄组多读［ɿ］［ʅ］，知章组多读［ʅ］；恩施话帮组读「ei」，其余与加尤话一致。「əi」「ei」音值相近，可认为有一致性。

	碑	丕	宜	李	气	此	斯	字	知	迟	时
加尤	pəi⁴⁵	pəi⁴⁵	ȵi³¹	li⁵⁴	tʃhi²¹³	tshʅ⁵⁴	sʅ⁴⁵	tsʅ²¹³	tʂʅ⁴⁵	tʂhʅ³¹	ʂʅ³¹
恩施	pei⁴⁵	pei⁴⁵	i⁴⁵	ni⁵⁴	tɕhi²¹³	tshʅ⁵⁴	sʅ⁴⁵	tsʅ²¹³	tʂʅ⁴⁵	tʂhʅ³¹	ʂʅ³¹

（15）止摄合口三等加尤多读［uəi］，恩施多读［uei］；［uəi］［uei］音值接近，可认为具有一致性。

	随	垂	规	危	类	锥	飞	归
加尤	suei³¹	tʂhuei³¹	kuei⁴⁵	uei³¹	luei²¹³	tsuei⁴⁵	fəi⁴⁵	kuei⁴⁵
恩施	suei³¹	tʂhuei³¹	kuei⁴⁵	uei³¹	luei²¹³	tʂuei⁴⁵	xuei⁴⁵	kuei⁴⁵

（16）效摄一二等，三等知章组、日母多读［au］，二等见系部分字、三等多数、四等读［iau］。如：

	保	奥	包	貌	炒	巧	效	赵	饶
加尤	pau⁵⁴	ŋau²¹³	pau⁴⁵	mau²¹³	tʂhau⁵⁴	tʃhiau⁵⁴	ʃiau²¹³	tʂau²¹³	ʐau³¹
恩施	pau⁵⁴	ŋau²¹³	pau⁴⁵	mau²¹³	tʂhau⁵⁴	tɕhiau⁵⁴	ɕiau²¹³	tʂau²¹³	ʐau³¹

	昭	绍	苗	小	乔	妖	钓	聊	晓
加尤	tʂau⁴⁵	ʂau²¹³	miau³¹	siau⁵⁴	tʃhiau³¹	iau⁴⁵	tiau²¹³	liau³¹	ʃiau⁵⁴
恩施	tʂau⁴⁵	ʂau²¹³	miau³¹	ɕiau⁵⁴	tɕhiau³¹	iau⁴⁵	tiau²¹³	niau³¹	ɕiau⁵⁴

（17）流摄多读［əu］，端组、精组、见系读［iəu］。如：

	某	头	漏	走	侯	欧	纽	就	求	又
加尤	məu⁵⁴	thəu³¹	ləu²¹³	tsəu⁵⁴	xəu³¹	ŋəu⁴⁵	ȵiəu⁵⁴	tsiəu²¹³	tʃhiəu³¹	iəu²¹³
恩施	məu⁵⁴	thəu³¹	nəu²¹³	tsəu⁵⁴	xəu³¹	ŋəu⁴⁵	niəu⁵⁴	tɕiəu²¹³	tɕhiəu³¹	iəu²¹³

（18）咸山两摄加尤、恩施多合流。舒声一二等多读［an］；三四等加尤多读［ɛn］，恩施多读［ien］；入声端系多读［a］，见系多读［o］。如：

	贪	南	惨	敢	答	纳	鸽	合
加尤	than^{45}	lan^{31}	tshan^{54}	kan^{54}	ta^{31}	la^{31}	ko^{31}	xo^{31}
恩施	than^{45}	nan^{31}	tshan^{54}	kan^{54}	ta^{31}	na^{31}	ko^{31}	xo^{31}

（19）深摄开口三等。舒声：帮系、泥组、精组、见系多读 [in]，知章庄、日母读 [ən]。入声：泥组、精组见系多读 [i]，知章组多读 [ʅ]，日母读 [u]。如：

	品	林	侵	今	沉	深	壬	立
加尤	phin^{54}	lin^{31}	tshin^{54}	tʃin^{45}	tʂhən^{31}	ʂən^{45}	zʅən^{213}	li^{31}
恩施	phin^{54}	nin^{31}	tɕhin^{45}	tɕin^{45}	tʂhən^{31}	ʂən^{45}	zʅən^{31}	ni^{31}

	集	及	执	十	入
加尤	tsi^{31}	tʃi^{31}	tʂʅ^{31}	ʂʅ^{31}	zʅu^{31}
恩施	tɕi^{31}	tɕi^{31}	tʂʅ^{31}	ʂʅ^{31}	zʅu^{31}

（20）臻摄。舒声：多读 [ən]；开口三等帮系、泥组、精组、见系多读 [in]；合口一等见系、合口三等知系、微母多读 [uən]；合口三等见组、云母加尤多读 [yn]，恩施多读 [yin]，可认为有一致性。入声：帮系、泥组、精组、见系多读 [i]，知章组、日母多读 [ʅ]。如：

	吞	跟	恳	很	民	邻	津	银	坤
加尤	thən^{45}	kən^{45}	khən^{54}	xən^{54}	min^{31}	lin^{31}	tsin^{45}	in^{31}	khuən^{45}
恩施	thən^{45}	kən^{45}	khən^{54}	xən^{54}	min^{31}	nin^{31}	tɕin^{45}	in^{31}	khuən^{45}

	春	闻	军	运	必	栗	侄	日
加尤	tʂhuən^{45}	uən^{31}	tʃyn^{45}	yn^{213}	pi^{31}	li^{31}	tʂʅ^{31}	zʅʅ^{31}
恩施	tʂhuən^{45}	uən^{31}	tɕyin^{45}	yin^{213}	pi^{31}	ni^{31}	tʂʅ^{31}	zʅʅ^{31}

（21）宕摄。舒声：多读 [aŋ]；开口三等泥组、精组、见系多读 [iaŋ]，庄组读 [uaŋ]；合口一等多读 [uaŋ]。入声：多读 [o]，开口三等多读 [io]（知庄章、日母除外）。

	帮	仓	张	让	娘	仰	庄	光	黄
加尤	paŋ^{45}	tshaŋ^{45}	tʂaŋ^{45}	ʐaŋ^{213}	ȵiaŋ^{31}	iaŋ^{54}	tʂuaŋ^{45}	kuaŋ^{45}	xuaŋ^{31}
恩施	paŋ^{45}	tshaŋ^{45}	tʂaŋ^{45}	ʐaŋ^{213}	niaŋ^{31}	iaŋ^{54}	tʂuaŋ^{45}	kuaŋ^{45}	xuaŋ^{31}

	莫	洛	鹤	郭	霍	脚
加尤	mo^{31}	lo^{31}	xo^{31}	ko^{31}	kho^{31}	tʃio^{31}
恩施	mo^{31}	no^{31}	xo^{31}	ko^{31}	xo^{31}	tɕio^{31}

（22）江摄开口二等。舒声：帮系读［aŋ］，知庄组读［uaŋ］，见系多读［iaŋ］［aŋ］。入声：见系读［io］，其他读［o］。如：

	邦	项	桩	撞	江	讲	确	学	桌	角
加尤	paŋ^{45}	xaŋ^{213}	tʂuaŋ^{45}	tʂuaŋ^{213}	tʃiaŋ^{45}	tʃiaŋ^{54}	tʃhio^{31}	ʃio^{31}	tʂo^{31}	ko^{31}
恩施	paŋ^{45}	xaŋ^{213}	tʂuaŋ^{45}	tʂuaŋ^{54}	tɕiaŋ^{45}	tɕiaŋ^{54}	tɕhio^{31}	ɕio^{31}	tʂo^{31}	ko^{31}

（23）曾摄。舒声：开口一等多读［ən］，开口三等舒声除知章组外多读［in］。入声：开口一等加尤读［ɛ］，恩施读［e］，音值接近，有一致性；开口三等帮系、泥组、精组、见系读［i］，知章组读［ʅ］。如：

	崩	恒	陵	凝	北	特	逼	息	直	食
加尤	pən^{45}	xən^{31}	lin^{31}	ȵin^{31}	pɛ^{31}	thɛ^{31}	pi^{31}	si^{31}	tʂʅ^{31}	ʂʅ^{31}
恩施	pən^{45}	xən^{31}	nin^{31}	nin^{31}	pe^{31}	the^{31}	pi^{31}	ɕi^{31}	tʂʅ^{31}	ʂʅ^{31}

（24）梗摄。舒声：开口三四等知章组多读［ən］，其他多读［in］。合口三等加尤多读［yŋ］［yn］，恩施多读［ioŋ］［yin］，［yŋ］和［ioŋ］、［yn］和［yin］音值接近。入声：知章组读［ʅ］，其他多读［i］。如：

	贞	城	兵	英	永	兄	营	碧	席	只	石
加尤	tʂən^{45}	tʂhən^{31}	pin^{45}	in^{45}	yŋ^{54}	ʃyn^{45}	yn^{31}	pi^{31}	si^{31}	tʂʅ^{31}	ʂʅ^{45}
恩施	tʂən^{45}	tʂhən^{31}	pin^{45}	in^{45}	yin^{54}	ɕioŋ^{45}	yin^{31}	pi^{31}	ɕi^{31}	tʂʅ^{31}	ʂʅ^{45}

（25）通摄。舒声：多读 ［oŋ］；但见系细音加尤一般读 ［yŋ］，恩施一般读 ［ioŋ］。入声：一等多读 ［u］；但见系三等加尤多读 ［yi］，恩施读 ［y］，音值接近。如：

	东	拢	公	穷	用	扑	屋	烛	菊	玉
加尤	toŋ⁴⁵	loŋ⁵⁴	koŋ⁴⁵	tʃhyŋ³¹	yŋ²¹³	phu³¹	u³¹	tʂu³¹	tʃyi³¹	yi²¹³
恩施	toŋ⁴⁵	noŋ⁵⁴	koŋ⁴⁵	tɕhioŋ³¹	ioŋ²¹³	phu³¹	vu³¹	tʂu³¹	tɕy³¹	y²¹³

2. 差异性

（1）遇摄合口一等端系加尤多读 ［əu］，恩施多读 ［u］。如：

	赌	图	奴	努
加尤	təu⁵⁴	thəu³¹	ləu³¹	ləu⁵⁴
恩施	tu⁵⁴	thu³¹	nu³¹	nu⁵⁴

（2）通摄合口一等入声端系加尤多读 ［əu］，恩施多读 ［u］。如：

	鹿	督	读
加尤	ləu³¹	təu³¹	təu³¹
恩施	nu³¹	tu³¹	tu³¹

三　声调比较

加尤话和恩施话声调规律一致，调值区别也不大。

阴平调值加尤话为 45，恩施话"高平调（55），有时也略升"[1]。

阳平调值加尤话为 31，恩施话"低平调（11）"[2]。

上声调值加尤话为 54，恩施话"上声是降调，从'高'降到'中'。起点很稳，终点往往不到中的'中'（如 54）"[3]。

---

[1]　赵元任、丁声树、杨时逢、吴宗济、董同龢：《湖北方言调查报告》，商务印书馆民国 37 年版，第 415 页。

[2]　同上。

[3]　同上。

去声调值加尤话为 213，恩施话"去声是高升调（35），但起点略带降势（如 325）"①。

且都具有如下特点：

（一）平分阴阳，古清平今读阴平，古次浊平、浊平今读阳平。

（二）古清上、次浊上今读上声。

（三）全浊上声与去声合流。

（四）去声仍读去声。

（五）入声归阳平。

《湖北方言调查报告》记录的恩施话字音为 1112 字，与所调查到的加尤话字音数量差别太大，不便进行计量分析，但从以上比较，无论分合，还是音值，均具有很强的一致性。至于加尤话声母的 tʃ 组、恩施话声母中的 tɕ 组，应该是记音时处理不同所致。事实上在加尤话中它们并不起别义作用。加尤话、恩施话韵母中有一部分也仅仅是音值上略有差异。两者的声调，不仅分合规律、来源非常一致，调值也接近。

第六节 语言接触对高山汉话语音的影响

本节我们讨论语言接触对加尤话和坡荷话语音的影响。

一 语言接触对加尤话语音的影响②

加尤话为少数民族语言所包围，且受着强势的共同语的影响，处在多语环境之下，因此，其语音受到了一定影响。

在考察中，我们发现加尤话有少量与规律不符的例外，与其族源地恩施话③读音有异（为了体现调类的比较，本部分所列例字，恩施话、加尤话只标调类，不标调值；凌云官话则标调值）。

这其中有的是积非成是的现象。如：

---

① 赵元任、丁声树、杨时逢、吴宗济、董同龢：《湖北方言调查报告》，商务印书馆民国 37 年版，第 415 页。

② 本部分曾以《多语环境下加尤高山汉话字音所受的影响》为题发表于《贺州学院学报》2012 年第 3 期，本书有所修改。

③ 文章所涉及恩施话字音均引自赵元任、丁声树、杨时逢、吴宗济、董同龢《湖北方言调查报告》，商务印书馆民国 37 年版，第 412—433 页。

沃：恩施话读 [o²]；加尤话读 [iau¹]，我们认为因其形近"妖"而误读。砚：恩施话读 [ien⁴]；加尤话读 [tʃɛn⁴]，我们认为因该字声旁为"见"而致误读。诵：加尤话读 [yŋ³]，我们认为因形近"涌"而误读；婉：加尤话读 [uan³]，我们认为因形近"晚"而误读；患：加尤话读 [tʂhuan⁴]，我们认为因其声旁为"串"而误读。秽：加尤话读 [suəi⁴]，我们认为因其声旁为"岁"而误读。这些误读进而积非成是。

例外字也有可能源自我们尚未归纳的音变现象，这里不做讨论。这里要讨论的是受其他语言（方言）影响而导致的与规律不符的字音，这些例外总体数量不多。

在对这些字音的分析中，我们尽量将之与其族源地恩施话进行比较，或将之与当地少数民族（主要是壮族）学说的官话进行比较，找出其变化的原因。

我们把观察到的加尤话因受其他语言（方言）影响而导致的字音变化列举如下：

（一）共同语的影响

我们认为，加尤话字音所受的影响，以共同语为最。不仅从字数上，而且从声韵调等各个层面上，均显现出这一点。以下以这些字音在声韵调方面所受的影响分而述之。

1. 声母受影响的

心母字恩施话、加尤话多读 [s]。伺：恩施话读为 [sɿ⁴]，声母为擦音，符合规律。加尤话读为 [tshɿ⁴]，声母为送气塞擦音，与规律不符，但与共同语同。

禅母字加尤话、恩施话多读 [ʂ]。蝉：恩施话读 [ʂan²]，声母符合规律；加尤话读 [tʂhan³¹]，与规律不符，却与共同语一致。

影母开口洪音多读 [ŋ]。呕：加尤话有两读，老派读 [ŋəu³]，与规律相符；而新派读 [əu³]，为零声母，与共同语同。

我们认为，以上与规律不符的字音是受共同语影响所致。

2. 韵母受影响的

药韵，恩施话、加尤话多读 [o] 和 [io]。虐：恩施话读 [nio²]，韵母与规律相符；加尤话读 [ŋyɛ²]，韵母为撮口呼，与规律不符，但与共同语同。

德韵，恩施话多读 [e]，加尤话多读 [ɛ]。则：恩施话读 [tse²]，韵母与规律相符；加尤话读［tshə²］，与规律不符，其韵母读音应是受共同语影响所致。根据我们的考察，加尤话中［ə］韵仅此一字，应该是一个异质成分。

　　麦韵，恩施话读［e　ue］，加尤话多读［ɛ］。获：恩施话读［xue²］，韵母与规律相符；加尤话读［xo³］，与规律不符，却与共同语相近。

　　没韵，恩施话读［u］，如：勃［phu²］突［thu²］忽［fu²］。加尤话一般有两读：其一为［u］，如，不［pu²］猝_{仓猝}［tshu²］骨［ku²］忽［fu²］；其二为［ɛ］，如，没_{沉没；没有}［mɛ²］核［xɛ²］。例外的有，突［thəu²］勃［po²］。

　　加尤话"突"读为［thəu²］，我们认为是受共同语影响且经类推使然，共同语韵母为［u］的字中，端组、精组、庄组读［əu］，其余一般读［u］。"突"为没韵，按加尤话的规律应读［u］；"突"为定母，而加尤话端组没韵在共同语中一般读［u］，我们认为，加尤话的读音是因其与共同语的这一对应规律类推而得。

　　勃，恩施话读［phu²］，与上述规律相符；加尤话读［po²］，与规律不符，但声韵与共同语同，应是受共同语影响所致。

　　梗摄合口三等舒声，恩施话读［yin］；加尤话多读［yŋ］（溪母、以母除外），与共同语接近，应为受共同语影响所致。如：琼，恩施话读［tɕhyin²］，加尤话则读［tʃhyŋ²］。荣：恩施话读［yin²］，加尤话读［yŋ²］。永：恩施话读［yin³］，加尤话读［yŋ³］。

　　臻摄合口三等舒声与见系相拼，恩施话多读［yin］，加尤话多读［yn］。尹：恩施话读［yin³］，与规律相符；加尤话读［in³］，与规律不相符，但与共同语一致。

　　萤，梗摄合口四等。恩施话读［yin²］，与其中古合口细音演变规律相符；加尤话读［in²］，与规律不相符，与共同语接近。

　　批_{螺丝批}，加尤话有两读，老派读［phəi¹］，新派读［phi¹］，新派读音与共同语接近。

　　假摄开口三等麻韵字加尤话少数读［i］，如爹［ti¹］写［si³］泻［si⁴］。但"爹"还可读为［tɛ¹］，"泻"还可读为［sɛ⁴］。［tɛ¹］和［sɛ⁴］读音与共同语接近。［ti¹］［si⁴］应为白读，［tɛ¹］［sɛ⁴］则为受共同语影响而形成的文读。

　　加尤话止摄和帮母相拼多读［əi］，恩施话则读为［ei］，规律一致。

但加尤话"彼"除读［pəi¹］外，还可读为［pi¹］，与规律不符，但与共同语接近。［pəi¹］应为白读，［pi¹］则是受共同语影响形成的文读。

与规律不符的以上字音应是受共同语影响所致。

3. 声调受影响的

入声归阳平，是西南官话一个最重要的特点。① 恩施话与加尤话均体现出这一规律。但据观察，加尤话有少量字与此规律不符，但却与共同语一致。

如：入声字"逸""忆""亦"，恩施话均读［i²］，声调符合入声归阳平的规律；但这几个字加尤话均读［i⁴］，与此规律不符，却与共同语同。

秃，恩施话读［thu²］，声调符合入声归阳平的规律；加尤话读［thu¹］，调类与共同语同。

笃，恩施话读［tu²］，声调符合入声归阳平的规律；加尤话读［təu³］，调类与共同语同。

酷，恩施话读［ku²］，声调符合入声归阳平的规律；加尤话读［ku⁴］，调类与共同语同。

我们认为，这样的差异来自共同语的影响。

4. 声韵均受影响的

蟹摄开口一二等与匣母相拼，恩施话、加尤话一般均读［xai］。谐，恩施话读［xai²］，与规律相符。加尤话读［ʃɛ²］，与规律不符，但与共同语接近；［ʃ］与共同语［ç］对应，韵母一致，应该是受共同语影响所致。

咸摄开口一二等与匣母相拼，恩施话和加尤话均多读［xan］。衔，恩施话读［xan²］，与规律相符；加尤话读［ʃɛn²］，与规律不符，但与共同语接近；［ʃ］与共同语［ç］对应，而韵母一致，应该是受共同语影响所致。

咸，恩施话、加尤话均可读［xan²］，陷，恩施话、加尤话均可读［xan⁴］。但"咸""陷"在加尤话还有另外的读音：［ʃɛn²］［ʃɛn⁴］，与

① 相关论述与观点见赵元任、丁声树、杨时逢、吴宗济、董同龢《湖北方言调查报告》，商务印书馆民国37年版；李荣《官话方言的分区》，《方言》1985年第1期；黄雪贞《西南官话的分区（稿）》，《方言》1986年第4期；李蓝《西南官话的分区（稿）》，《方言》2009年第1期。

共同语接近，应该是受共同语影响所致。［xan⁴］应为白读，［ʃɛn⁴］为受共同语影响而形成的文读。

（二）受当地汉语方言的影响

加尤周边以少数民族语言为主。但凌云县历史悠久，秦时属桂林郡地，与汉文化接触交流历史久远。其县城古称泗城，历代为州、府、县建制重镇之地。作为文化重镇，凌云当地长期以官话作为族际交际语，对官话的使用是极其普遍的。这类官话大略与桂林话、柳州话、邕州官话接近。这种官话（为方便起见，以下将之简称为凌云官话①）对加尤话产生了一些影响。列举如下：

恩施话疑母洪音除模、姥韵及梗摄开口二等外一般读零声母，但加尤话多读［ŋ］。如：鹅、我，恩施话均读［o²］，加尤话均读［ŋo²］。恩施话疑母与止摄三等相拼多读零声母，加尤话则多读［ɳ］。如"宜""义""议""疑"，恩施话分别读［i²］［i⁴］［i⁴］［i²］，加尤话则分别读为［ɳi³¹］［ɳi²¹³］［ɳi²¹³］［ɳi³¹］。由于加尤话［ŋ］和［ɳ］出现的环境互补，可以认为它们为同一音位的条件变体。加尤话疑母字声母的这一特点，与凌云官话是一致的，我们认为，加尤话有别于恩施话的这一特点是受其影响所致。

漂亮：有两读，一为［phiau⁴liaŋ⁴］；一为［phiau¹liaŋ⁴］。在凌云官话中，"漂亮"的"漂"一般读阴平［phiau³⁵］，［phiaŋ⁴⁵］的调类与此同，应为受其影响所致。

屋韵字，加尤话多读［əu　iəu］。六，加尤话一般读［ləu³¹］，但在"六月六"中却读［lu²］，与凌云官话相同。

加尤话晓母与宕摄开口一等相拼多读［x］，《湖北方言调查报告》中晓母与宕摄开口一等相拼的仅列1字：霍，读［xo²］，与加尤话晓母与宕摄开口一等相拼的规律一致。但加尤话"霍"却读［kho²］。凌云官话"霍"读［kho²］，加尤话与凌云官话调类及调值相同。

江摄开口二等入声恩施话、加尤话均读［o］。握，恩施话读［o²］，与规律相符。加尤话读［u²］，与规律不符。凌云官话读［u²］，调类及调值与加尤话一致。

恩施话、加尤话均表现出古全浊声母今读塞音、塞擦音平声送气，仄

_____

① 凌云官话与凌云壮语材料为李鸿丹提供。

声不送气的特点。倍（并母），恩施话读［pei⁴］，符合此规律；加尤话读［phəi⁴］，与此规律不符。壮语"老借词的古全浊声母，南北方言一般都读作不送气的清音"①。"倍"在壮语中一般是汉语官话借词，所以声母应为［p］。但壮语中的部分官话借词保留老借词的声母特点，因而"倍"在凌云壮语中读为［phəi²¹³］。受此影响，凌云官话亦读为［phəi³²⁴］，调类与加尤话一致，调值相近。所以加尤话的这一读音应是受凌云官话影响所致。

恩施话日母字除止摄外均读［ʐ］，所见材料无例外；加尤话一般规律亦如此，但有个别字例外。绒、茸：恩施话均读［ʐoŋ²］，与规律相符；加尤话均读［yŋ²］，与规律不符。凌云官话"绒""茸"均读［ioŋ²］，韵母与加尤话的［yŋ］接近，调类及调值亦一致。

仍，恩施话读［ʐən²］，与规律相符；加尤话读［in²］，与规律不符，凌云官话读为［in²］，二者韵母、调类均一致。

匣母与蟹摄合口一二等相拼，恩施话、加尤话一般读［x］。画名词;动词，恩施话读［xua⁴］；加尤话读［ua⁴］，凌云官话亦读［ua³²⁴］，二者调类一致，调值相近。

（三）受当地壮语影响

加尤话的特别之处之一，是其虽受壮语包围，但所受影响并不多，有个别例子，列举如下：

庄母，恩施话、加尤话一般读［ts］或［tʂ］，恩施话"邹"读［tsəu¹］，与规律相符；加尤话却读为［səu¹］。如上文所述，凌云壮族多把汉语的送气塞擦音读成相同部位的不送气塞擦音或擦音，"邹"在凌云壮语中便读［səu］。因此，加尤话这一读音应该是受壮语影响所致。

虽然处于多语环境，但加尤话在字音上受其他语言（方言）的影响显然并不大，所导致的字音变化是不成系统的、零星的，因此加尤话并未表现出与其族源地恩施话及其他西南官话的明显区别，如加尤话塞擦音仍三分与恩施话一致，这与广西其他官话方言是迥异的。

我们认为，处于如此典型的多语环境之下，加尤话仍能如此完整的保留其族源地的语音面貌，个中原因，大致有：一是族群优越感和母语优越心理使然。在调查中，发音人认为本族群的文化层次较周边其他民族为

① 张均如、梁敏等：《壮语方言研究》，四川民族出版社1999年第1版，第251页。

高，不必掌握周边其他语言。二是桂西一带自近代始，汉语官话逐渐成为族际交际语；虽当地少数民族学说或转用的官话有一些异于汉语发展规律的地方，但以之与其他官话方言交际障碍不大，"高山汉"并无学说及转用当地民族语言的必要。三是因共同语的强势地位。共同语在文教、行政及传媒等方面具有全方位影响，这是其他语言及汉语方言所不可比拟的。事实上，桂西一带的族际交际语已在向汉语共同语转化。因此加尤话所受影响中，以共同语为最。可以预见的是，在共同语的影响日益广泛而深入的今天及将来，加尤话及其他"高山汉话"所受影响定会更加明显地显现出来。

我们所调查的各点，情况与加尤基本一致，虽然长期处于少数民族语言的包围但变化并不大，因此我们不做讨论。

二　语言接触对坡荷话语音的影响①

由于那坡坡荷话因接触产生的语音变异有着明显的典型性，我们专门作为一节进行讨论。以下讨论将涉及与坡荷话杂处的那坡官话和壮语德靖土语。那坡官话是那坡县少数民族转用的官话，壮语德靖土语是当地通行的壮语。

我们要分别讨论的是语言接触对坡荷话声母、韵母和声调的影响。

（一）语言接触在声母中的体现

1. ［ts］组 ［tʃ］组 ［tʂ］组有合并的趋势

根据目前所见的材料，高山汉话的塞擦音有三分和两分两类，三分的有凌云加尤，两分的有田阳玉凤、凤山袍里、田林浪平。从调查情况看，坡荷话的塞擦音原应是三分的。我们把调查到的情况罗列如下：

读［tʂ］的有：知母 13 个，猪著诛蜘株拄驻追展转_上转_去桩筑；章母 24 个，诸煮朱珠主注蛀铸锥毡战专砖拙章樟掌障瘴终众粥烛嘱；庄母 11 个，诈榨阻抓爪盏扎札庄装壮；澄母 10 个，柱住坠赚传_{传记}阵撞仲逐轴；初母 1 个，础；崇母 5 个：助闸栈铡状；昌母 1 个，触；书母 1 个，春；清母 3 个，窜嘴醉；从母 2 个，暂贼；邪母 1 个，旋；以母 1 个，拽。

———————————

①　本部分内容分别以《语言接触对广西那坡县坡荷高山汉话声母的影响》《语言接触对广西那坡县坡荷高山汉话韵母、声调的影响》为题在《百色学院学报》2015 年第 5 期和《文山学院学报》2015 年第 5 期发表，本书略有修改。

读 [tʂh] 的有：彻母 2 个，趁椿；澄母 14 个，茶搽储厨锤缠传椽陈尘长肠场虫；船母 1 个，船；昌母 14 个，吹炊川穿喘串春蠢出昌厂唱倡充；初母 16 个，叉权差岔初楚钗钞炒吵插铲察篡闯创；禅母 8 个，垂韶仇酬蟾蝉禅纯；崇母 9 个，茌锄雏柴巢谗撰床崇；生母 1 个，产；心母 1 个，粹；晓母 1 个，畜；其他，查。

读 [ʂ] 的有：彻母 1 个，畜；澄母 2 个，池沉；船母 7 个，神实唇顺术述赎；书母 29 个，书舒暑鼠黍恕输_输赢_输运_输税水少收手首守兽审婶湿说身申伸娠失室舜叔束；禅母 26 个，署薯殊竖树匙睡谁绍受寿授售涉甚善鳝膳禅辰晨臣熟淑蜀属；生母 18 个，梳疏数_动数_名衰帅杉山杀删闩拴霜孀爽双朔缩；清母 1 个，翠；心母 5 个，岁髓虽笋榫；邪母 3 个，随隧穗；晓母 1 个，蓄；匣母 1 个，携；其他，耍。

读 [tʃ] 的有：见母 133 个，假_上假_去贾架嫁稼价居车_{棋子}举据锯拘驹俱矩句佳鸡计继寄肌基己纪记几_平几_上机讥既季交郊胶教_平教_去绞狡搅较窖觉骄娇矫浇缴侥叫纠减碱夹裌监鉴甲胛检剑劫兼搛今禁_平禁_去襟锦急级给艰间简柬拣间奸谏涧锏犍建揭肩坚茧见_{阴平}结_{阳平}洁睫卷绢厥蕨决诀巾紧斤筋谨劲均钧橘军姜脚江豇讲降饺京荆惊境景警敬竟镜颈劲经径击激菊鞠；溪母 1 个，券；群母 27 个，渠巨拒距具惧忌轿舅旧枢俭及件杰键健腱圈_去倦仅近窘郡剧屐局；晓母 1 个，吸；匣母 2 个，舰迥；以母 1 个，捐；精母 4 个，焦蕉椒剿；清母 1 个，缉。

读 [tʃh] 的有：见母 4 个，奇疆僵觉；溪母 40 个，去区驱启契企器弃欺起杞岂气汽敲巧窍恰掐嵌欠怯遣牵圈劝犬缺乞屈却腔卿庆吃倾顷麴曲_{酒曲}曲_{曲折}；群母 32 个，瘸奇骑岐歧技鳍其棋期旗祈乔侨桥荞钳琴禽擒乾虔拳权颧勤芹群裙强擎穷；疑母 1 个，沂；影母 1 个，倚；晓母 1 个，欣；匣母 1 个，洽；精母 2 个，歼雀；清母 9 个，趋取娶趣锹悄枪抢鹊；从母 2 个，聚憔；邪母 2 个，徐囚；初母 1 个，搀；生母 1 个，衫。

读 [ʃ] 的有：见母 2 个，校醋；溪母 2 个，墟溪；晓母 40 个，虾吓虚嘘许戏孝嚣晓休朽嗅险胁瞎轩掀宪献歇蝎显喧楦血衅熏勋薰训香乡享响向嚇兄胸凶兕；匣母 32 个，霞遐下夏厦暇系係效校咸陷馅狭峡匣嫌协闲限苋辖贤弦现玄悬县眩穴行杏；心母 8 个，须需婿玺徙宣选雪；邪母 1 个，旋；云母 2 个，熊雄；生母 1 个，厦。

读 [ts] 的有：精母 93 个，左佐姐借租祖组做灾栽宰载再载挤济最紫资姿咨姊子遭糟早枣蚤澡躁灶走奏鬃酒簪尖接浸赞_谮煎剪箭溅笺荐节钻

篡攒钻津尽进晋尊卒遵俊赃葬作将_{将军}浆蒋奖桨酱将_{将领}爵曾增憎则即晶精
睛井积迹脊绩鬃总粽宗综踪纵纵足；庄母 12 个；知母 27 个；章母 62 个
（知系字读 ［tʂ］ 组的情况，我们将在下文列举，在此不赘）；心母 1 个，
僧；邪母 1 个：续；晓母 1 个，荃；书母 1 个，识；群母 5 个，妓菌极鲸
竞；清母 2 个，凑撮；见母 18 个，家加痂嘉驾稽鸠阄纠九久韭灸救究金
君镢；定母 1 个，澄；从母 37 个，坐座藉载剂罪自字皂造就杂渐捷集辑
践贱钱截尽疾藏脏凿昨柞匠嚼赠静靖净籍藉寂族；初母 2 个，挡栅；崇母
4 个，乍寨骤镯；澄母 25 个；彻母 2 个；禅母 3 个。

我们在下文还将讨论，这其中的"僧"是因以"曾"为声符而导致
的误读。

读 ［tsh］ 的有：庄母 1 个；知母 1 个；章母 6 个；心母 4 个：赐伺
鞘怂；邪母 6 个，词祠饲寻详祥；晓母 1 个，牺；溪母 6 个，丘谦歉钦泣
轻；书母 3 个；群母 3 个，求球仇；清母 60 个；见母 1 个，缰；从母 30
个，才材裁齐脐疵瓷糍慈磁曹槽蚕惭潜残钱前全泉秦存藏墙曾层情晴丛
从；船母 1 个；初母 7 个；崇母 3 个；澄母 14 个；知母 11 个；昌母 12
个；禅母 10 个。

读 ［s］ 的有：心母 23 个，苏酥素诉塑絮碎骚臊嫂扫嗽珊散_{散文}散_{分散}
伞撒萨屑楔塞鬆宋；邪母 4 个，序叙绪辞；晓母 6 个，嬉喜希稀兴馨；匣
母 1 个，幸；清母 2 个，蛆俏；知系的情况下文列举。

精组不论洪细都读 ［ts］，其他点的高山汉话也是如此，坡荷话亦如
是，我们不再讨论。

从以上材料，我们可看出这样的规律：［tʂ　tʂh　ʂ］，主要来自知系
字，少数非知系的多为合口，说明是因受合口影响所致。

［tʃ　tʃh　ʃ］ 主要来自见系细音，这与见系逢细音腭化的基本规律
是一致的。其他高山汉话也是如此，如加尤、袍里。见系之外读 ［tʃ
tʃh　ʃ］ 的，也基本是与细音相拼所得，如精母效开三的"焦""蕉"
"椒""剿"，清母深开三的"缉"，从母山合三的"绝"。

显然，坡荷话塞擦音三分，有 ［tʂ］［tʃ］［ts］ 三套。但是，在调查
中，我们却很容易找到舌尖后音、舌叶音两可，舌尖后音、舌尖前音两
可，或舌叶音、舌尖前音两可的字音，如：忠 ［tsoŋ³⁵］ ［tʂoŋ³⁵］ 两读，
中_{射中} ［tsoŋ²¹³］ ［tʂoŋ²¹³］ 两读，中_{当中} ［tsoŋ³⁵］ ［tʂoŋ³⁵］ 两读，竹
［tsu³¹］ ［tʂu³¹］ 两读，降_{投降} ［ʃiaŋ³¹］ ［siaŋ³¹］ 两读，经 ［tsin³⁵］

［tʃin³⁵］两读，驾［tʃia²¹³］［tsia²¹³］两读，夏_{春夏}［ʃia²¹³］［sia²¹³］两读，学［ʃio³¹］［sio³¹］两读，塞_{阻塞}［ʃɛ³¹］［sɛ³¹］两读，杏［ʃin²¹³］［sin²¹³］两读。类似的情况出现在日母，日母一般读［ʐ］，但"日"两读：［ʐʅ²¹³］［zʅ²¹³］，发音人并不认为两个读音有别义作用。甚至，部分字的读音，发音人并不认为［tʂ］［tʃ］［ts］有别义作用。

由以上所列说明，音韵地位一致的字，声母不一定一致，如同为深摄开口三等侵韵见母平声的，"今""禁_{禁不住}""襟"读［tʃin³⁵］，"锦"读［tʃin⁵²］，"禁_{禁止}"读［tʃin²¹³］；但"金"却读［tsin³⁵］。

显然，坡荷话三套塞擦音声母正处于合并的过程当中。与坡荷话相邻而居的那坡官话（吕嵩崧，2009）音系塞擦音仅一套。① 坡荷话三套塞擦音的合并，说明其音系正与那坡官话趋同。但如上所述，这三套塞擦音大部仍显示出与中古声类较为整齐的对应，说明与那坡官话趋同的过程还未完成。

2. 产生了［ɬ］声母

坡荷话一个突出的特点是存在［ɬ］声母。

这应该是受壮语（古百越语）深刻影响的汉语方言的共同特征。《广西通志·汉语方言志》在概述广西粤语特点时说，"大部分地区有边擦音ɬ，来自古心母字及生母少数字"②。对于这个语言现象，戴庆厦（1992）"西路粤语（包括广东西部和广西东南部）古心母字演化成边擦音ɬ（广州仍读 s），……这种特性不是古汉语语音的继承，而是古壮侗语影响的遗迹"③。韦树关（2002）"广西汉语方言将古心母读为ɬ，也是古越语语音特点的遗存。这可以从壮语方言的语音比较中得到确认"④。

桂西也是如此。严春艳（未刊）认为，在百色粤语中，读［ɬ］的字有 192 个，其中来自心母的有 125 个，有"苏西私扫秀三仐心辛箱息姓送"等，来自邪母的有 26 个，有"序绪词辞嗣寺松诵颂讼句巡"等，来

① 吕嵩崧：《那坡话声母与中古音的比较》，《百色学院学报》2009 年第 4 期。

② 广西壮族自治区地方志编纂委员会编：《广西通志·汉语方言志》，广西人民出版社 2000 年第 1 版，第 7 页。

③ 戴庆厦：《汉语与少数民族语言关系概论》，中央民族学院出版社 1992 年第 1 版，第 331 页。

④ 韦树关：《古帮、端、心母在广西汉语方言中的特殊音读》，《广西民族学院学报》2002 年第 1 期。

自生母的有 14 个,有"洒傻所数师稍搜馊漱霜朔缩"等,来自精母的有 5 个"紫资姊子梓",来自清母的有 5 个"雌此刺次悄",来自从母的有 5 个"疵自字慈瓷",来自书母的有 3 个"成膻释",来自崇母的有 2 个"事士"。除心母和生母外,[ɬ] 主要来自止摄开口三等。彭茹、黄彩庆(2014)认为田阳那坡镇粤语"有 ɬ 声母,其主要来源是古心母和邪母,部分从母、生母、禅母及崇母字"①。百色蔗园话"心母、邪母三等部分字,生母少数字演变较特殊,读为边擦音 ɬ"。(郑作广,1994)"边擦音母 ɬ 亦多存于桂南各地平话,也是桂南平话啊较显著的语音特征之一。考察它的产生和演化,很可能受壮语影响所致。"(郑作广,1994)② 武鸣官话也大略如此,陆淼焱(2012,2013)认为"边擦音声母 ɬ 主要来源于古心母、邪母、生母。只有极少几个字来自崇母、章母、禅母"③。

那坡官话中,[ɬ] 的来源比较复杂。来自精组的字最多,其中又以心母为最,有"心虽髓三伺思骚扫嫂嗽叟宵消想镶霄湘厢箱襄修"等 127 个;其次是来自邪母的"诵饲嗣寺巳祠随谢羡俗袖象"等 35 个。这与诸多南方汉语方言 [ɬ] 多来自心、邪二母的规律是相一致的。来自精母的有"资姿咨兹滋",来自清母的有"此刺次悄俏",来自从母的有"疵瓷慈磁自";其中,精母、从母读 ɬ 的字均来自止摄开口三等。来自知系的字也不少,知系字中来自生母的最多,有"筛生牲梳师洒傻朔所瘦捎霜稍"等 32 个;来自崇母的有"士仕事",来自章母的有"狮",来自崇母和章母的也是止摄开口三等;来自船母的有"舌";来自书母的有"释束";来自禅母的有"嗜侍涉",其中"嗜侍"也来自止摄开口三等;来自见母的有"懈";来自匣母的有"眩"。可看出除心母、生母外,[ɬ] 主要来自止摄开口三等。

陆淼焱(2013)认为,那坡官话还有大批知系字读 [ɬ],体现了壮语缺少舌尖后音的特点。④ 因为壮语无舌尖后音,知系字一般并入精组,因此有部分也与精组字一道,读为 [ɬ]。

据目前所见材料及我们的调查,其他各地高山汉话并无这一声母。因

　① 彭茹、黄彩庆:《田阳县那坡镇粤语音系》,《百色学院学报》2014 年第 5 期。

　② 郑作广:《百色蔗园话语音特点》,《右江民族师专学报》1994 年第 1—2 期。

　③ 陆淼焱:《武鸣县城官话调查报告》,广西大学硕士学位论文,2012 年;陆淼焱:《武鸣县城官话同音字汇》,《百色学院学报》2013 年第 5 期。

　④ 陆淼焱:《壮语影响在那坡官话中的体现》,《百色学院学报》2013 年第 1 期。

此，这是坡荷话与其他高山汉话相比较体现出的一个突出特点。

坡荷话读 [ɬ] 声母的达 161 个，分布如下：

精母 2 个，兹滋；心母 91 个，蓑梭唆莎锁琐些写泻卸腮鳃赛西犀洗细斯厮撕私死四肆司丝思消宵霄硝销小笑萧箫修羞秀绣宿宿舍锈三心仙鲜癣线薛泄先酸算蒜辛新薪信讯悉膝荀迅桑丧嗓索相相信箱厢湘镶想相相片削息熄媳省性姓惜昔星腥醒锡析肃宿松；邪母 25 个，邪斜谢似祀巳寺袖习袭羡旬循巡殉象像橡席夕松诵颂讼俗；崇母 5 个，士仕柿俟事；生母 20 个，纱洒傻所筛晒师狮使史驶捎稍色啬生牲笙甥省；船母 2 个，射麝；禅母 4 个，社恃侍勺；书母 9 个，赊赦舍尸屎诗始烧少；见母 1 个，懈；晓母 1 个，兴；以母 1 个，肆。

其中，以母的"肆"应是因字形与"肆"相近产生的误读，这在壮语区并不鲜见。

还有 [ɬ]／[s] 两读的，船母 1 个：射；匣母 2 个：蟹谐；书母 1 个：声；生母 2 个：瑟虱；心母 4 个：孙损送速。

由上述情况可知，坡荷话中，心母、邪母是 [ɬ] 的主要来源。其他各母，如知系，由于在壮语中一般并入精组，连带着部分知系字也读 [ɬ]。这与上文已经讨论的那坡官话的特点是一致的。

3. 德靖土语缺乏送气塞擦音产生的影响

（1）德靖土语缺乏送气塞擦音，汉语的送气塞擦音，在德靖土语中，多以相应部位擦音代替。这种语音现象在坡荷话中有所体现。

清母在坡荷话中一般读 [tsʰ]，少数细音读 [tʃʰ]。但"蛆"读 [si⁴⁵]，"翠"读 [ʂuəi²¹³]。澄母平声一般读 [tʂʰ] 或 [tsʰ]，但"沉"读 [sən³¹]，"池"读 [ʂɿ³¹]。彻母多读 [tsʰ]，但屋韵的"畜"读 [ʂu³¹]。这些字读擦音，应来自德靖土语，经那坡官话进入坡荷话。其中，清母一般不读舌尖后音，但坡荷话"翠"读 [ʂuəi²¹³]，应该是受合口呼影响所致。

（2）缺乏送气塞擦音的另一个表现，是操德靖土语的人往往把汉语的擦音读成相应的送气塞擦音。

在第二语言或外语学习的过程中，学习者常常会把一些语言规则当成普遍性的规则来使用，将目的语的语言结构系统简单化，从而创造出一些目的语中没有的结构变体。这种结构变体不带有母语的特征，但反映了学习者的目的语特征。学界一般把这种现象称为目的语规则泛化。德靖土语缺乏送气塞擦音，在学习汉语的过程中，往往努力发出送气塞擦音。

邪母字一般读擦音［ɬ］或［s］，如：邪［ɬɛ^{31}］隧［ʑuəi^{213}］祀［ɬɿ^{213}］绪［si^{213}］习［ɬi^{31}］橡［ɬiaŋ^{213}］。但"徐"读［tʃhi^{31}］。如上，德靖壮语缺乏送气塞擦音，一般送气塞擦音多读为相应部位的擦音。但也会出现不同的情况，由于目的语规则泛化，德靖土语区说汉语时经常把擦音读为同部位的送气塞擦音，因此"徐"常读为送气塞擦音，受此影响，坡荷话读为［tʃhi^{31}］。邪母字读塞擦音的还有"饲"读［tshɿ^{31}］，"寻"读［tshən^{31}］，"详""祥"均读［tshiaŋ^{31}］。

与此类同的是：

书母一般读擦音，如：纱［ɬa^{35}］驶［ɬɿ^{52}］梳［ʂu^{35}］杀［ʂa^{31}］霜［suaŋ^{35}］森［sən^{35}］。但"摄"读［tshɛ^{31}］，"设"读［tshə^{31}］。

生母一般读擦音，如：杉［ʂan^{35}］搜［səu^{35}］闩［ʑuan^{213}］疝［ʂan^{213}］爽［ʑuaŋ^{52}］。例外的有"衫"读［tʃhan^{35}］。

4. 壮语晓匣母与合口呼拼多读零声母产生的影响

壮语晓匣母与合口呼拼多读零声母①，这样的语音特点影响了坡荷话。

晓母匣母逢洪音多读 x，但以下字例外：会［uəi^{213}］绘［uəi^{213}］毁［uəi^{52}］徽［uəi^{35}］讳［uəi^{31}］，"惠"也有两读：［xuəi^{213}］［uəi^{213}］。

德靖土语官话借词晓匣母与合口拼多读零声母，如：化［ua^{33}］回［uei^{31}］怀［uai^{31}］画［ua^{33}］挥［uei^{45}］缓［uon^{45}］。

因此，坡荷话"会""绘""毁""徽""讳""惠"的读音显然是受壮语影响所致。

5. 官话借词微母与物韵相拼读［x］产生的影响

臻摄合口三等物韵，入声，微母，我们调查的两字"物""勿"均读［xu^{31}］。而高山汉话一般读［u^{31}］，逻沙、加尤、浪平均如此。

微母与物韵相拼，德靖土语官话借词有［xu^{31}］［ʔu^{31}］两读。这当中，［xu^{31}］为较早的层次。坡荷话"物""勿"读［xu^{31}］，应来自于此。

6. 德靖土语［l］/［r］作为自由变体的影响

壮语［r］音类，在不同的土语中对应的音值各异。在德靖土语中，

---

① 各种材料一般把这类音节处理为带 w 声母，如张均如等《壮语方言研究》，四川民族出版社 1999 年第 1 版，第 50—167 页。

对应 [p] [phj] [t] [th] [k] [kh] [kj] [khj] [h] [ts] [m] [n] [l] [ŋ] [w]。其中，读 [l] 数量最大。但在德靖土语中，[l] 和 [r] 是同一音位的变体，读 [l] 居多。①德靖土语的 [l] 和 [r]，原先应是分立的两个音位，张均如等（1999）记录的靖西壮语音系中 [l] 和 [r] 就是两个音位。袁家骅（1963）记录的靖西壮语 [r] 音类，仍存在 [r]，但他观察到"靖西声母 r-或 h-，偶尔出现 l-，似与方言借贷或方音混杂有关（靖西城里青年人嘴里多半已经没有这一独立音位了）"②。说明袁家骅调查时德靖土语的 [l] 和 [r] 正趋于归并。郑贻青（1996）记录的靖西壮语音系仅有 [l]，郑贻青记录的应是在德靖土语中最有代表性的靖西县城新靖镇的情况，与德靖土语的现状是一致的。张均如等（1999）记录的是乡下的读音，体现的是更早的层次，说明 [l] 和 [r] 原本并非同一音位，是合流所致。这与笔者的观察也是一致的。

[l] [r] 合流后，音值多为 [l]，读 [r] 亦可，读 [ʎ] 亦可。因此，汉语的 [ʐ]，进入德靖土语，一般被自动匹配为 [l]。这种语音特点在坡荷话中有体现。

如"锐"，坡荷话读 [luəi²¹³]。锐，汉语普通话读 [ʐuei⁵¹]，各处高山汉话，加尤 [ȵuei²¹³]，袍里 [ʒuəi²¹³]。坡荷话"锐"的读音，显然受到德靖土语的影响。

同样的情况还出现在以下几字：瑞 [luei²¹³] 蕊 [luei⁵²] 揉 [ləu³¹]。与"揉"中古音韵地位一致的"柔"却读 [ʐəu³¹]。"瑞"和"蕊"在共同语中声母都是 [ʐ]。"蕊"所在的日母，在坡荷话中原来应该读 [ʐ]，事实上，仍有部分日母字读 [ʐ]：饶 [ʐau³¹] 扰 [ʐau⁵²] 绕上 [ʐau⁵²] 绕去 [ʐau⁵²]。

7. 与 [ȵ] 相关的情况

坡荷话 [ȵ] 和 [n] 是条件变体，同一音位，逢细音一般读 [ȵ] 而非 [n]。这与高山汉话的一般规律是一致的。如加尤：倪 [ȵi³¹] 虐

① 郑贻青把该音位记为 l，与德靖土语的现状是一致的（见郑贻青《靖西壮语研究》，中国社会科学院民族学与人类学研究所 1996 年第 1 版，第 27—28 页）。但 l 和 r 原本并非同一音位，是合流所致，张均如等（《壮语方言研究》，四川民族出版社 1999 年第 1 版，第 152 页）记录的靖西壮语音系 l、r 分立，《壮语方言研究》记录的是新和乡（估计记载有误，靖西仅有新圩乡）壮语，说明保留层次较早的地方，l、r 还是分立的。

② 袁家骅：《壮语/r/的方音对应》，《袁家骅文选》，北京大学出版社 2010 年第 1 版，第 157—158 页。

［ŋɣɛ³¹］凝［ŋin³¹］宜［ŋi³¹］验［ŋɛn²¹³］；凤山：泥［ɳi³¹］钮
［ɳiəu⁴⁵］拈［ɳiɛn⁵⁴］娘［ɳiaŋ³¹］。但坡荷话"逆"两读：［ɳi³¹］和
［ni³¹］，其中［ɳi³¹］常见。我们认为读［ni³¹］是受那坡官话影响而致。

类似的情况有：坡荷话疑母逢细音多读［ɳ］，如：疑［ɳɛ³¹］拟
［ɳɛ⁵²］严［ɳɛn³¹］孽［ɳɛ³¹］。但"义""议"，均读［ŋi²¹³］，那坡官
话中，"义"读［ŋi²¹³］，"议"读［ŋi²¹³］或［ŋi³⁵］，显然，坡荷话的读
音由此而来。

8. 中古汉语借词浊塞音、塞擦音今读不送气产生的影响

我们把受德靖土语中古借词影响而产生的一些语音现象单独进行
讨论。

我们认为，德靖土语的汉语借词，可分为上古借词、中古借词、现代
借词。现代借词主要来自官话，我们认为这一层次的借词还存在借入时间
的先后，主体层主要是新中国成立后借入的，体现出与柳州官话比较接近
的特点；另有一个早于主体层的层次，由于借入较早，受到中古汉语借词
的影响，具有一些中古借词的特点；此外，还有一个晚于主体层的层次，
这一层次的借词，有的是以官话的语音形式借入共同语的词汇，有的是在
语音上受到共同语的影响，体现出异于主体层但与共同语一致或接近的一
些特征。

存在早期官话借词的证据有：德靖土语靖西话臻摄三等字与非知系字
相拼时两读：［ən］［in］。如：人［jən³¹］/［jin³¹］，信［ɬən³³］/
［ɬin³³］，新［ɬən⁴⁵］/［ɬin⁴⁵］，进［tsən³³］/［tsin³³］。当今广西官话，
臻摄三等字与非知系字相拼时一般读［in］而非［ən］，臻摄三等字与非
知系字相拼读［ən］是中古后期借词的特征，所以我们认为这是受古平
话影响的官话借词。

坡荷话部分字音也具有中古借词的特点。我们认为，这些字音应该是
通过壮语中的早期官话借词对那坡官话产生影响，那坡官话又对坡荷话产
生影响。

德靖土语中古借词，书母多读［ɬ］，如：赊［ɬi⁵⁴］舍舍得［ɬi³³］书
［ɬei⁵³］。但也有读［ts］的，如：试［tsi³²⁴］。坡荷话书母字"识"读
［tsi³¹］，声母与"试"同，具有中古借词的特点；而声调为阳平，体现了
官话入归阳平的普遍规律。

邪母有读［ts］的，如：象大象［tsaŋ³²⁴］。坡荷话邪母字"续"读

［tsu³¹］，声母与"象_大象"同，具有中古借词的特点；而声调为阳平，体现了官话入归阳平的普遍规律。

昌母，中古借词"在南部方言读 ts 或者与之对应的 s、ç"①。（蓝庆元，2005）如德靖土语：称［tseŋ³²⁴］秤［tseŋ³²⁴］。②坡荷话昌母一般读送气塞擦音［tʂh］和［tsh］，如：扯［tʂhɛ⁵²］齿［tshʅ⁵²］臭［tshəu²¹³］川［tʂhuan³⁵］斥［tshʅ³¹］尺［tshʅ³¹］。但"触"读［tʂu³¹］，触，通摄合口三等烛韵，昌母。中古借词昌母读 ts 在坡荷话"触"的读音上得到体现。

晓匣多读擦音［x］和［ʃ］，但"吸"读［tʃi³¹］。吸，中古深摄开口三等缉韵，晓母。德靖土语官话借词"吸"读［ki³¹］，折合到坡荷话，则变成［tʃi³¹］。

9. 德靖土语官话借词知系、精组声母读音在坡荷话中的体现

德靖土语官话借词知系一般读［ts tsh s］，心母邪母一般读［ɬ］，这一规律在坡荷话中也有体现。

我们在上文已经罗列了坡荷话［ɬ］的分布，确实主要出现在精组。再来看看［ts］［tsh］［s］的分布情况。

上文已经讨论，部分书母字读［ɬ］。但书母开口以读 s 为主，共 21个：世势施试陕闪深扇商伤赏晌升胜_平胜_去式饰圣适释。生母读［s］的少于读［ɬ］的，有 14个：梢搜馊瘦漱森参渗涩疝涮刷帅蟀。禅母读［s］的 20个：誓逝是氏视嗜时市十什拾单_姓肾慎上_上上_去尚盛_平盛_去石。船母读［s］6个，清母［s］2个，上文已做讨论。

坡荷话的这一语音现象，与那坡官话有着直接关系。我们已经讨论，那坡官话的形成除了受类似柳州话的官话的影响外，与德靖土语中的官话借词关系是极为密切的。德靖土语知系和精组的官话借词，对应关系基本是知系对应［ts tsh s］，精组对应［ɬ］。

除精组外，读［ts］的情况如下。

知母开口主要读［ts］，有 27个：缀知蜘智致置罩朝昼站沾哲蛰珍镇张长_长大涨帐胀着卓桌琢啄摘贞；章母开口（山岩通摄除外）多读［ts］，

---

① 蓝庆元：《壮汉同源词借词研究》，中央民族大学出版社 2005 年第 1 版，第 25 页。

② 壮语的记音，一般在元音音标后加长音符号表长音，无长音符号表短音。但本文为了与坡荷话记音符号一致，德靖土语的长音 aː 记为 a，短音 a 记为 ɐ。本文所涉壮语注音均按此处理。

有 62 个：遮者蔗制支枝肢栀纸只脂旨指至之芝止趾址志痣昭招照周舟州洲帚咒瞻占佔摺褶针斟枕执汁折浙真诊疹振震质酌蒸拯证症织职正₄征整正₄政只_只炙；庄母读［ts］的有（主要为非假效山宕四摄）12 个：渣斋债滓邹皱斩蘸眨窄争筝责；澄母 25 个：滞稚痔治赵兆召宙蛰侄秩丈仗杖着浊澄直值泽择宅郑掷重；彻母 1 个：侦；初母 2 个：拃栅；崇母 4 个：乍寨骤镯；禅母 3 个：折殖植。

读［tsʰ］的，以清母、从母为主。清母 60 个：搓锉且粗醋措错₄错猜彩采菜妻砌催崔脆雌此刺次操草糙操秋参惨签妾侵寝餐灿擦迁浅千切亲₄亲人亲₄亲家七漆村寸仓苍错₄错出蹭清请青蜻戚聪匆葱囱从促睬；从母 32 个：才材财裁在齐脐疵瓷糍慈磁曹槽蚕惭潜残钱前全泉秦存藏墙曾层情晴丛从。

其他各母：彻母 11 个，痴耻超抽丑彻撤戳拆逞宠；澄母 13 个，驰迟持朝潮绸稠筹惩橙呈程重；昌母 12 个，车扯嗤齿丑臭称₄称赞称₄称职秤赤斥尺；禅母 10 个，豉常尝裳偿承丞成城诚；初母 7 个，厕衬疮窗测策册；崇母 3 个，豺愁岑；章母 6 个，钟₄钟爱钟₄钟表盅种₄种子种₄种植肿；庄母 1 个，侧；知母 1 个，肘；书母 3 个，翅摄设；船母 1 个，乘；心母 4 个，赐伺鞘绽；邪母 6 个，词祠饲寻详祥；晓母 1 个，牺；溪母 6 个，丘谦歉钦泣轻；群母 3 个，求球仇₄姓；见母 1 个，缰。

读［s］的，虽有心母 23 个：苏酥素诉塑絮碎骚臊嫂扫嗽珊散伞散撒萨屑楔塞鬃宋；邪母 4 个：序叙绪辞。但书母有 21 个，生母 14 个，清母 1 个，船母 6 个，禅母 20 个，上文已列；另，晓母 6 个：嬉喜希稀兴馨；匣母 1 个：幸。

［ts tsʰ s］有大批知系字，体现了德靖土语官话借词［ts tsʰ s］与知系对应的特点；心母邪母读［ɬ］，也体现了德靖土语官话借词的特点。而上文已经讨论的，部分知系字读［ɬ］，与德靖土语也基本一致。

事实上，各地壮语中古汉语借词中知系、精组的读音，也大致呈现出这一规律。[①] 但我们认为，坡荷话的这一特征，主要还是来自德靖土语官话借词的影响。

与此相应的，是坡荷话日母的读音。坡荷话日母，除止摄开口三等

---

　　① 见蓝庆元《壮汉同源词借词研究》，中央民族大学出版社 2005 年第 1 版，第 17—34页。

外，多读 [ʐ]，如，饶 [ʐau³¹] 扰 [ʐau⁵²] 柔 [ʐəu³¹] 壬 [ʐən²¹³] 忍 [ʐuən⁵²]。但下列字读 [z]：惹 [zɛ³⁵] 瓤 [zaŋ³¹] 壤、攘、嚷 [zaŋ⁵²] 让 [zaŋ²¹³] 仍、扔 [zən³⁵]。另，孕 [zuən²¹³] [ʐuən²¹³] 两读。那坡官话，塞擦音仅 [ts tsʰ s] 一套，所以共同语读 [ʐ] 的，很容易读为 [z]。日母这些字读 [z] 当是受此影响而得。

10. 共同语零声母音节的影响

"鹅"读 [o³¹]，我们认为因受共同语为零声母音节影响而得。

"偶"读 [əu⁵²]，但与"偶"音韵地位一致的"藕"，高山汉话一般都读 [ŋəu⁵²]，逻沙、加尤、浪平均如是。说明坡荷话"偶"的读音是因受共同语为零声母音节影响而得。

11. 那坡官话、德靖土语官话借词见母无论洪细均读 [k] 的影响

那坡官话源自柳州话，德靖土语中的官话借词来自与柳州话类似的官话，因此它们与柳州话一致，分尖团，团音仍读 [k]。①

我们在上文已经讨论，坡荷话见母与细音拼多读 [tʃ]，也有的读 [ts]，但"饥"读 [ki³⁵]。饥，中古止摄开口三等微韵，见母，平声。那坡官话、德靖土语中官话借词"饥"均读 [ki³⁵]。

12. 德靖土语官话借词晓组逢细音读零声母产生的影响

坡荷话晓组细音部分读 [ʃ]，但"形""型""刑"均读 [in³¹]，这三字均为梗摄开口四等青韵，匣母，平声。在德靖土语官话借词中，晓组细音常常读零声母，"形""型""刑"三字，均读 [iəŋ³¹]。坡荷话"形""型""刑"的读音应是受此影响而形成。

13. 其他影响

少量总结不出规律的现象，我们在此讨论。

晓母拼洪音多读 [x]，但"霍""藿"读 [kho³¹]，这是因为德靖土语官话借词中这两字读 [kho³¹]。

心母字"僧"读 [tsən³⁵]，声母与规律不符，我们认为是壮语影响所致。德靖土语"僧"是官话借词，读 [tsən⁵]，当是因其声符"曾"产生的误读。作为汉语书面语词，在壮族地区，"曾₍曾经₎"并不常用，此字形常见的是"曾₍姓₎"，德靖土语当是把声符为"曾"的"僧"误读为 [tsən⁵]。受此影响，坡荷话也把"僧"读 [ts]。

---

① 见刘村汉《柳州方言词典》，江苏教育出版社 1995 年第 1 版，第 14 页。

晓匣多读擦音〔x〕和〔ʃ〕，但"吸"读〔tʃi³¹〕。德靖土语官话借词"吸"读〔ki³¹〕，我们认为是因其声符为"及"导致误读，折合到坡荷话，则变成〔tʃi³¹〕。

（二）语言接触在韵母中的体现

1. 撮口呼韵母大为减少

与其他高山汉话相比，坡荷话的撮口呼韵母数量大为减少。原因主要是德靖土语缺乏撮口呼，这一特点对坡荷话产生影响。

首先表现为齐齿呼韵母的大量增加。

遇摄合口三等，坡荷话多读〔y〕〔u〕。但坡荷话遇合三来母、精组却多读〔i〕。来母：吕〔li⁵²〕旅〔li⁵²〕虑〔li²¹³〕滤〔li²¹³〕；清母：蛆〔si³⁵〕；心母：絮〔si²¹³〕；邪母：徐〔tʃi³¹〕序〔si²¹³〕叙〔si²¹³〕绪〔si²¹³〕。由于壮语固有音系没有撮口呼，相应的韵母读为齐齿呼，这种语音特点被带入那坡官话。受那坡官话影响，坡荷话也出现这样的语音现象。实际上，坡荷话遇合三与泥母相拼仍有少量读〔y〕：女〔ȵy⁵²〕，这应该是原来读音的遗留。

通摄合口三等的"局"读为〔tʃi³¹〕，原因同上。

臻摄合口三等与见组相拼应读〔yn〕，目前坡荷话"群"〔tʃhyn³¹〕"军"〔tʃyn³⁵〕仍为此韵母。其他高山汉话亦然，如加尤"均""钧""君""军"均读〔tʃyn⁴⁵〕；凤山"军""君""均""郡"读〔tʃyn⁴⁵〕，"菌"读〔tʃyn²¹³〕，"群""裙"读〔tʃhyn³¹〕。但坡荷话以下字读〔in〕：菌〔tsin²¹³〕君〔tsin³⁵〕钧〔tʃin³⁵〕均〔tʃin³⁵〕，原因同上。

其次，部分本带 y 韵头的撮口呼变成了开口呼。

坡荷话中，山摄合口三四等与见系相拼多读撮口呼，如：元〔yɛn³¹〕拳〔tʃhyɛn³¹〕喧〔ʃyɛn³⁵〕悬〔ʃyɛn³¹〕越〔yɛ³¹〕。但以下字读开口呼：犬〔tʃhɛn⁵²〕眩〔ʃɛn³¹〕缺〔tʃhɛ³¹〕血、穴〔ʃɛ³¹〕厥、蕨、决、诀〔tʃɛ³¹〕。此外，"捐"两读：〔tʃyɛn³⁵〕〔tʃɛn³⁵〕。如上所述，德靖土语缺乏撮口呼，带〔y〕韵头的官话读音借入时一般会丢失韵头。受此影响，坡荷话也出现这一现象。

2. 复元音〔yi〕变单元音〔y〕

值得注意的是，我们所调查的高山汉话，遇合三读为撮口呼的一般读〔yi〕，加尤、袍里、同乐、浪平均如此。

坡荷话却读〔y〕：须、需、墟〔ʃy⁴⁵〕女〔ȵy⁵³〕巨、拒、距、具、惧〔tʃy²¹³〕鱼、渔〔y³¹〕语〔y⁵³〕，御〔y²¹³〕虚、嘘〔ʃy⁴⁵〕余、馀〔y³¹〕与〔y⁵³〕誉、预、豫〔y²¹³〕去、趣〔tʃhy²¹³〕区〔tʃhy⁴⁵〕许〔ʃy⁵³〕驱〔tʃy⁴⁵〕娱、迂〔y³¹〕愚、遇、寓〔y²¹³〕居、车_{棋子之一种}〔tʃy⁴⁵〕举〔tʃy⁵³〕据、锯、句、聚、渠〔tʃy²¹³〕拘、驹〔tʃy⁴⁵〕趋〔tʃhy⁴⁵〕取、娶〔tʃhy⁵³〕。这应是在与诸多语言的接触中，这些字音韵尾消弭之故。

事实上，遇合三仍有部分读〔yi〕：雨、宇、禹、羽〔yi⁵²〕芋、愉、喻、裕〔yi²¹³〕榆、逾〔yi³¹〕，这也是其原读〔yi〕的证据。

3. 德靖土语官话借词职韵读音的影响

职韵与知章组相拼多读〔ʅ〕，如：识〔tsʅ³¹〕式〔sʅ²¹³〕饰〔sʅ²¹³〕蚀〔sʅ³¹〕植〔tsʅ³¹〕殖〔tsʅ³¹〕，但"织""职""直""值"读〔tsi³¹〕。德靖土语官话借词职韵除庄组外均读〔i〕，如：职〔tsi²〕蚀〔si²〕息〔ɬi²〕逼〔pi²〕忆〔ji⁵〕值〔tsi²〕，这一特点进入了坡荷话。

4. 壮语缺少部分合口呼造成的影响

（1）缺少〔uaŋ〕韵母的影响

壮语没有〔uaŋ〕韵母，遇到汉语的〔uaŋ〕韵母，壮语一般以固有音系中的〔aŋ〕进行匹配。

江摄开口二等舒声与知系拼一般读〔uaŋ〕，如：桩〔tʂuaŋ³⁵〕撞〔tʂuaŋ²¹³〕双〔ʂuaŋ³⁵〕。但"窗"读〔tshaŋ³⁵〕。

宕摄合口三等和庄组相拼，一般读〔uaŋ〕，如：壮〔tʂuaŋ²¹³〕床〔tʂhuaŋ³¹〕霜〔ʂuaŋ³⁵〕爽〔ʂuaŋ⁵²〕，加尤话与此一致。但坡荷话"疮"读〔tshaŋ³⁵〕、"创_去"读〔tʂhaŋ²¹³〕。

"窗""疮""创_去"的读音，体现了壮语这一特点。

（2）山摄合口一等读〔uon〕

山摄合口一等，高山汉话有的点读〔uan〕，如加尤：团〔thuan³¹〕鸾〔luan³¹〕窜〔tʃhuan²¹³〕宽〔khuan⁴⁵〕玩〔uan³¹〕；袍里：端〔tuan⁴⁵〕鸾〔luan³¹〕暖〔luan⁵⁴〕窜〔tshuan²¹³〕酸〔suan⁴⁵〕；浪平：端〔tuan³³〕断〔tuan³⁵〕团〔thuan²¹〕鸾〔luan²¹〕钻_动〔tsuan³³〕窜〔tshuan³⁵〕专〔tʃuan³³〕川〔tʃhuan³³〕删〔ʃuan³³〕。有的点读〔uã〕，如同乐：搬〔puã³⁵〕盘〔phã²⁴〕暖〔luã⁵²〕；泗城：搬〔puã⁴⁵〕盘〔phã³¹〕暖〔ʒuã⁵²〕；浪平：半〔puã²¹³〕满〔muã⁵³〕乱〔luã²¹³〕官〔kuã⁴⁵〕。显然，高山汉话山合一一般以〔a〕或鼻化韵〔ã〕为主元音。

但坡荷话读〔uon〕，如：端〔tuon³⁵〕团〔thuon³¹〕暖〔luon⁵²〕管〔kuon⁵²〕贯〔kuon²¹³〕宽〔khuon³⁵〕。德靖土语官话借词，山摄合口一等一般读〔uon〕，因此那坡官话也随之读 uon，这一语音特点进入坡荷话。

5.〔ə〕的产生

我们认为，〔ə〕是因语言接触进入坡荷话的音位。坡荷话读〔ə〕的有：蛾〔ŋə³¹〕儿〔ə³¹〕尔〔ə⁵²〕别〔pə³¹〕设〔tshə³¹〕百〔pə³¹〕客〔khə³¹〕。

坡荷话中，止摄开口三等逢日母多读〔ɛ〕：二〔ɛ²¹³〕贰〔ɛ²¹³〕而〔ɛ³¹〕耳〔ɛ⁵²〕饵〔ɛ⁵²〕，但"儿"读〔ə³¹〕，"尔"读〔ə⁵²〕。"儿"和"尔"在坡荷话中少用，应该是从共同语进入的字。共同语"儿""尔"读〔əɹ〕，壮语没有卷舌韵母，而以固有音系中的〔ə〕匹配，并进入坡荷话。

坡荷话果摄多读〔o〕，如：拖〔tho³⁵〕箩〔lo³¹〕菠〔po³⁵〕婆〔pho³¹〕朵〔to⁵²〕过〔ko²¹³〕，与官话的一般规律是一致的。但"蛾"读〔ŋə³¹〕，应该是共同语影响的结果。共同语"蛾"读〔ɣ³⁵〕，但壮语没有〔ɣ〕，于是以自身音系中音值接近的〔ə〕进行匹配，这一读音被坡荷话借入。

薛韵一般也读〔ɛ〕，如：杰〔tʃɛ³¹〕鳖〔pɛ³⁵〕烈〔lɛ³¹〕彻〔tshɛ³¹〕劣〔lɛ³¹〕舌〔sɛ³¹〕，但是"设"读〔tshə³¹〕。共同语"设"读〔ʂɣ⁵¹〕，坡荷话韵母为〔ə〕，原因与"蛾"同。

陌韵（与见系拼除外）多读〔ɛ〕，如：柏〔pɛ³¹〕魄〔pɛ³¹〕拆〔tshɛ³¹〕格〔kɛ³¹〕泽〔tsɛ³¹〕，但"百"读〔pə³¹〕，"客"读〔khə³¹〕。与德靖土语官话借词读音一致，这一读音进入坡荷话。

无独有偶，在高山汉话中，加尤、玉凤的〔ə〕音位也是因接触而产生。而目前所见的报告中，袍里、浪平没有这一音位。这都证明了〔ə〕并非坡荷话固有音系中的音位。

6. 德靖土语中古汉语借词的影响

早期官话借词受到中古借词的影响，具有一些中古借词的语音特征。这些特征对坡荷话也产生了影响。

坡荷话侵韵多读〔in〕（与知系拼读〔ən〕），如：林〔lin³¹〕心〔ɬin³⁵〕禽〔tʃhin³¹〕音〔in³⁵〕今〔tʃin³⁵〕。但"侵"读〔tshən³⁵〕，

"寻"读［tshən³¹］，德靖土语中古汉语借词侵韵一般读［ən］，使得部分侵韵字（非知系）官话借词仍读［ən］，这一特点被带入坡荷话。

与此相关的一个特殊现象是：馨，坡荷话读［sən³⁵］。梗开四舒声主元音一般为［ə］，但"馨"官话及官话借词均读［in］，上文已经讨论，官话中读为［in］的部分侵韵字读［ən］，由此类推，那坡官话"馨"也读［sən³⁵］，受此影响，坡荷话也读［sən³⁵］。

7. 共同语的其他影响

"摘"有两读，文读［tsai³⁵］，白读［tshɛ³¹］。摘，中古梗摄开口二等麦韵，入声，知母。［tshɛ³¹］是层次较早的白读音。［tsai³⁵］，声母与共同语的［tʂ］对应，韵母［ai］与共同语一致，在共同语中"摘"为阴平，坡荷话相应读阴平35，文读显然来共同语。

药韵，知章组、泥母一般读［o］：着［tso³¹］酌［tso³¹］略［lo³¹］掠［lo³¹］，其他读［io］，如：雀［tʃhio³¹］鹊［tʃio³¹］却［tʃhio³¹］药［io³¹］脚［tʃio³¹］。那坡官话规律与此基本一致。坡荷话例外的有：爵［tsɛ³¹］镯［tsɛ³¹］嚼［tsiau²¹³］。我们认为，那坡官话从共同语引入"爵""镯"时，依自身音系读为［tsɛ³¹］，在接触中，这一读音进入坡荷话。"嚼"一词高山汉话不使用，所以这个字音来自共同语无疑。但声调为去声213，与共同语的调类不对应。我们估计，声调的来源与德靖土语有关，德靖土语"咀嚼"读［keːu²¹³］，我们观察到，说德靖土语的人说普通话时，"嚼"多读［tsiau²¹³］，这应是由类推所致。这一读音进而进入坡荷话。

通摄入声坡荷话多读［iu］或［u］，如：蓄［ʂɿ³¹］叔［ʂɿ³¹］粥［tʂɿ³¹］育［iu³¹］辱［iu³¹］欲［iu³¹］。但部分通摄入声不读［iu］或［u］：局［tʃi³¹］麴［tʃyi³¹］菊［tʃyi³¹］鞠［tʃyi³¹］郁［yi²¹³］玉［yi²¹³］，这些字音都是受共同语读［y］的影响而得的。"局"同时还受了壮语的影响而读［i］，我们在上文已做讨论。

8. 其他规律性不强的现象

"跛"读［pai³⁵］，这是受到壮语影响的结果。那坡壮语，"瘸"说［pai¹］，那坡壮语第一调对应中古汉语阴平，那坡官话第一调读45，折合到那坡官话，"跛"说［pai⁴⁵］。该读音由那坡官话进入坡荷话。

而"於淤"韵母前有［ʔ］，我们认为也是壮语影响的结果。壮语零声母音节前一般有个喉塞音，这种语音特点被带入了坡荷话。我们观察到的，坡荷话齐齿、撮口呼形成的零声母，前有［ʔ］和［j］两可，并无音位价值。［j］当是母语的特点，［ʔ］则来自壮语影响。

（三）语言接触在声调中的体现

语言接触对坡荷话声调的影响比较零星，讨论如下。

坡荷话的上声读 52，如，滓［tsɿ⁵²］尔［ə⁵²］美［məi⁵²］止［tsɿ⁵²］理［li⁵²］。但"惹"读［zɛ³⁵］。德靖土语官话借词上声读第 5 调 45，因此，官话借词"惹"读第 5 调，受此影响，坡荷话"惹"读［zɛ³⁵］。

楚，一般读［tʂu⁵³］，与一般规律是相符的。但楚₍楚国₎却读［tʂu²¹³］，这个曲折调显然来自共同语。

"藕"读［ŋəu³⁵］。"藕"为上声，当读 52，高山汉话确实一般都读［ŋəu⁵²］，逻沙、加尤、浪平均如是。坡荷话此读，应该来自壮语，德靖土语壮语官话借词，上声多读第 5 调 45，受此影响，坡荷话的"藕"读阴平 35。

以上是就语言接触对坡荷话声母、韵母产生影响所做的讨论，我们再对个别特殊的语音现象进行讨论。

蛤蚧，加尤、玉凤均读［ko³¹kai²¹³］，但坡荷话读［ka³³ke³¹］。我们认为，这是韵母和声调受德靖土语影响的结果。蛤蚧，德靖土语叫［ʔaːk⁷ʔe²］。［aːk］进入坡荷话后，依其音系塞音尾脱落，变为［a］，德靖土语第 7 调调值 44，坡荷话 33 与其接近。33 是坡荷话四声格局之外的调值，也说明其为异质成分。德靖土语第 2 调调值也是 31，与［ke³¹］的调值正好一致。所以，我们认为，坡荷话的［ka³³ke³¹］是保留了固有词的声母，而韵母、声调受壮语影响而得。

由以上讨论，我们认为坡荷话语音因接触所导致的影响主要来自壮语德靖土语，而德靖土语官话借词在其中起了很大的作用；这些影响，有的体现了德靖土语音系的特点，有的体现了德靖土语中古汉语借词的特点。少数坡荷话字音还受到了共同语的影响。

我们认为，这些语音现象，并不是从德靖土语或共同语直接进入坡荷话的，而是以那坡官话作为中介进入坡荷话的。

德靖土语现代借词基本来自官话，其与西南官话尤其是柳州话有较强的一致性；那坡官话是自 20 世纪六七十年代之交那坡县城学习柳州话而开始转用所形成（岑永红惠告），其与柳州话自然有较强的一致性，但确

实是有着明显壮语色彩的官话（陆森焱，2013）①。因此，与柳州相距甚
远的那坡人直接把德靖土语官话借词的读音带入那坡官话，是很自然的。

　　那坡壮语与坡荷话相伴而生，但高山汉话对壮语的影响并不大，那坡
县城以壮族为主的少数民族转用官话并进而使之成为那坡县城通行的方
言，并成为那坡县的族际交际语。他们对与之相邻的"正宗"的官话却
视而不见。在那坡县，那坡官话是"城里话"，处于强势的地位，真正
"血统正宗"的高山汉话地位并不高，因此坡荷话受着那坡官话的深刻影
响（田承学惠告）。以上讨论的语音问题，说明坡荷话与那坡官话已经具
有较强的一致性，我们认为，在壮语、共同语等对坡荷话的影响中，以那
坡官话作为中介的可能性更大。

　　这与其他高山汉话有明显的区别。我们观察到，其他高山汉话受周边
语言的影响并不大。如加尤话，虽然处于多语环境，但并未表现出与其族
源地湖北恩施话的明显区别，如塞擦音仍三分，与恩施话一致。而玉凤、
袍里、浪平等，从目前材料看，它们都较好地保持了原貌。

　　我们所观察到的字音变异，有的并不是单纯由某个方面影响而形成，
而是多种因素综合影响的结果。如上文讨论的"局""徐"等。

　　由以上讨论，我们清晰地看到，坡荷话有着向那坡官话靠拢的趋势。
我们也观察到，那坡官话同样也受到了坡荷话的影响，而共同语又对它们
同时施加着影响，多种因素结合，使二者趋同的趋势更为明显。今天，我
们看到它们之间仍然存在着明显的区别，但官话较强的一致性，使它们之
间的交际并无问题，也正因为如此，它们的完全融合看来还需要不短的
时间。

　　我们在别的点也观察到了语言接触对语音的影响。如：

　　袍里话的"路"有两读：［lu⁴］［ləu⁴］。［ləu⁴］是更早的层次，［lu⁴］
应该是受共同语或河池市的强势汉语方言柳州官话影响所致。当前，两个
读音中，［lu⁴］频率更高，如：小路［siau³lu⁴］、毛毛路［mau²mau²lu⁴］、
车路［tʃhɛ¹lu⁴］、走路［tsəu³lu⁴］。

　　额定，有两读：［ŋɛ²tin⁴］［ŋə²tin⁴］，后一个是共同语影响而得。

　　扫帚，袍里话叫"扫把"，文白读读音有异：文读［sau³pa³］，白读
［sau⁴pa³］。

---

　　①　陆森焱：《壮语影响在那坡官话中的体现》，《百色学院学报》2013 年第 1 期。

值得我们注意的是，近古的一些语音现象在袍里话有体现。汉语曾经存在 [iai] 韵，王力（2004）认为，现代汉语的 [ie] 主要来自佳韵合皆韵，ie < iai < ai [佳]，ie < iai < ɐi [皆]。[①] 凤山话读 [iai] 的字仅找到 3 个：谐懈 [ʃiai³¹] 崖 [iai³¹]，"谐"皆韵，"懈""崖"佳韵，正与之相符。《中原音韵》皆来读 [iai][②]，证明近古汉语确曾有 [iai] 韵。蔡瑛纯（2007）认为反映明代河南地区语音的《青郊杂著》和《交泰韵》中，皆韵都有读为 [iai] 的，与之同一时期的朝鲜时代音韵学者兼译官慎以行的辞书《译语类解》也存在 [iai]。而我们观察到凤山话正是存在这样的韵。[③] 凤山话佳皆二韵，除"谐""懈""崖"外，一般读 [ai]，体现的是较 [iai] 更早的层次，说明这三字早于其他字发生了演变。

---

① 王力：《汉语史稿》，中华书局 2004 年第 1 版，第 178 页。
② 唐作藩：《汉语语音史教程》，北京大学出版社 2011 年第 1 版，第 117 页。
③ 蔡瑛纯：《关于明代汉语共同语基础方言的几点意见》，耿振生主编《近代官话语音研究》，语文出版社 2007 第 1 版，第 143—160 页。

第三章　高山汉话词汇研究

第一节　加尤话词汇特点[①]

以下从音节差异、构词差异、意义差异、功能差异、来源差异等方面来具体讨论，所讨论的加尤话词汇的特点，是基于与共同语的比较而言的。共同语释义出自《现代汉语词典》（第5版）[②]［为方便起见，在有关释义后用括号注明其在《现代汉语词典》（第5版）中的页码］。

一　音节差异

（一）加尤话是单音词，共同语是双音词。如：

苕——红薯　　　潲——潲水　　　伢——父亲
舅——舅舅　　　女——女儿　　　朗——大方

（二）加尤话是双音词，共同语是单音词，这种情况较少。如：

霜水——霜　　　河罩——雾　　　脚杆——腿
差火——差

（三）加尤话是双音词，共同语是多音词或短语，数量不多。如：

种土——种玉米　　　脸架——脸盆架　　　电条——日光灯
扫星——扫帚星

（四）加尤话是多音词，共同语是双音词或短语。这当中有的有共同语素，有的没有。

---

　　① 本部分的主要内容曾以《加尤高山汉话词汇与普通话词汇比较》为题在《广西民族师范学院学报》2011年第2期发表，本书有所修改。

　　② 中国社会科学院语言研究所词典编辑室编：《现代汉语词典》（第5版），商务印书馆2008年版。

1. 有共同语素，这一类数量较多。如：

公公爹——公公　　　婆婆妈——婆婆　　　嘴巴皮——嘴唇

菠萝盖——膝盖　　　过路雨——阵雨　　　雷公响——打雷

雷公叫——打雷　　　雷公闪电——闪电　　　天狗吃太阳——日食

天狗吃月——月食　　　太阳天——晴天　　　城市里头——城里

城外头——城外　　　太阳正——正午　　　少午正——正午

四方桌——方桌　　　圆盘锯——圆锯　　　解手纸——手纸

妇人家——妇女　　　眼睛水——眼泪　　　暴牙齿——暴牙

耳朵窿——耳孔　　　喉咙管——喉管

这类词语中有一部分是"（限制语＋中心语）＋中心语"结构。如：

松木树——松树　　　杉木树——杉树　　　枫木树——枫树

葡萄果——葡萄　　　柑子果——柑子　　　龙眼果——龙眼

椰子果——椰子　　　画眉鸟——画眉　　　斑鸠鸟——斑鸠

鸽子鸟——鸽子　　　八哥雀——八哥　　　指甲壳——指甲

芥蓝菜——芥蓝

2. 没有共同语素，这类的数量比有共同语素的少。如：

岩老鼠——蝙蝠　　　虫蟮子——蚯蚓　　　雷公虫——蜈蚣

叫□［tʃyi⁴⁵］子——蛐蛐　　　当家人——丈夫　　　风化石——黄岩

扯火扇——闪电　　　火边人——厨师　　　背龙骨——脊椎

二 构词差异

（一）加尤话和共同语语素数量不同。主要有两种情况。

1. 方言是单纯词，共同语是合成词。如：

伢——父亲　　　　　医——治疗　　　　　眯磨——小气

2. 加尤话是合成词，共同语是单纯词。如：

腰杆——腰　　　　　痧气——痧　　　　　腰子——肾

盐巴——盐　　　　　酸醋——醋

（二）加尤话和共同语词根基本相同，但是加尤话带前缀或后缀。所带后缀主要是"子"，也有少量的"家""崽"等；所带前缀一般是"老"。如：

雪花子——雪花　　　菜园子——菜园　　　砖窑子——砖窑

葱叶子——葱叶　　　蒜米子——蒜米　　　干笋子——干笋

饭桌子——饭桌	锅铲子——锅铲	酒瓶——酒瓶子
酒坛子——酒坛	腮帮子——腮帮	眼珠子——眼珠
脚腕子——脚腕	心窝子——心窝	药罐子——药罐
竹叶子——竹叶	鼻梁子——鼻梁	驴子——驴
羊子——羊	鹅子——鹅	姑娘家——姑娘
老哥——哥哥	老弟——弟弟	老妹——妹妹
老蛇——蛇		

（三）共同语是儿化词，加尤话是子尾词或叠音词，数量较少。如：

针鼻子——针鼻儿　针尖尖——针尖儿　针眼眼——针眼儿

（四）共同语的构词方式是附加式，加尤话是复合词，数量较少。如：

舌条——舌头	讲根——脖子	肚皮——肚子
口盅——杯子		

（五）共同语和加尤话都是附加式，但词缀不同，仅个别词属此类。如：

哑子——哑巴

（六）共同语词的构词方式是附加式词，而加尤话是重叠式。如：

摊摊——摊子	棒棒——棒子	罐罐——罐子
架架——架子		

（七）共同语是单纯词，加尤话是重叠式。如：

豆豆——豆

（八）加尤话和共同语都是复合词，但词根的排列顺序不同，或词根不同。

1. 词根相同，但语素的排列次序相反，即所谓的逆序词。这类词数量极少，很可能是受当地其他汉语方言影响所致。如：

鱼干——干鱼

2. 结构相同，语素有同有异，以偏正式为主。这类词数量相当多。如：

早霞——朝霞	招风——迎风	天干——天旱
电油——电池	打田——耙田	火油灯——煤油灯
丢肥——施肥	挑担——扁担	癫狗——疯狗
薄刀——菜刀	胡须刨——剃须刀	车衣机——缝纫机

灯通——灯罩	嫩手——新手	同班——同辈
后脑爪——后脑勺	牙腻——牙垢	手膀——手臂
干茧——老茧	地牛——蜗牛	

3. 语素完全不同，结构也可能不同。这类词的数量也相当多。如：

茅司——厕所	播丝——蜘蛛	火间——厨房
油虫——蟑螂	胶枪——弹弓	寄爷——干爹
寄娘——干妈	峡脚——腋窝	推米——石磨
太阳花——向日葵	鸡屎果——番石榴	拖箱——抽屉
拖桶——抽屉	柜桶——抽屉	车师——司机
风信壳——头皮屑	嚼舌根——说闲话	龙骨——脊椎
热气——上火	讲嘴——吵架	

4. 语素有同有异，结构也有不同。这类词数量不多。如：

白眼仁——眼白　　往时——以往

（九）共同语的部分意思，加尤话用短语的形式表达，且多为四字格，或多为联合短语，亦有其他结构的短语。如：

无早八早——非常早（贬义）	火忙三天——很忙
三朋四友——各类朋友	四到八处——到处
残毛半病——经常有病在身	清汤寡水——油水不足
早登仙界——做过道场	早盼生芳——没做过道场
分斤折两——分开称（会少一点）	黄皮寡瘦——皮包骨头
慢扬三四——非常慢	天远地路——很远
拦中半腰——中间	

这其中有一部分为 ABAC 式。如：

抱手抱脚——不管事	明打明讲——有什么说什么
多手多脚——好动	小眉小眼——小气
笑眉笑眼——眉眼带笑	

三　意义差异

（一）加尤话词语比共同语词语义项多，应用范围广。如：

"蚊子"一词，加尤话除了有和共同语一样的义项外，还指"苍蝇"。如："饭蚊子"（苍蝇）、"绿蚊子"（绿头苍蝇）、"牛蚊子"（牛蝇）、"马蚊子"（常叮马的苍蝇）。

共同语中"豆腐"为"食品，豆浆煮开后加入石膏或盐卤使凝结成块，压去一部分水分而成"（332页），加尤话除了此义，还指"形似豆腐的东西"。如"魔芋豆腐（以魔芋为原料制成的形似豆腐的食品）"。

共同语"乖[1]"有两个义项：①（小孩儿）不闹；听话。②伶俐；机警。（498页）除此二义项外，加尤话还可表示"（小孩儿）懂礼貌""（小孩儿）身体好"等意义。

共同语的"秧"各义项均为名词，加尤话除了这些义项外，还可作动词。如："秧黄豆（种黄豆）"。

共同语中的"客人"有三个义项：①被邀请受招待的人；为了交际或事务的目的来探访的人（跟"主人"相对）。②旅客。③客商（775页）。除这些义项外，加尤话还指汉族人，因汉族为此地的后来者而有此称。

共同语的"上山"指"到山上去；到山区去"（1196页）。加尤话还可指"出殡"，因死者一般葬在山上而得此义。

共同语的"烧火"指"使柴、煤等燃烧（多指炊事）"（1199页）。加尤话还指"首次进新房生火"。

共同语中"烧香"有两个义项：①信仰佛教、道教或有迷信思想的人拜神佛时把香点着插在香炉中。②比喻给人送礼，请求关照（1199页）。加尤话还指订婚。

共同语中的"腡"仅指"手指纹"（900页）。加尤话不仅指"手指纹"，还指"脚趾纹"；前者叫"天腡"，后者叫"地腡"。

（二）加尤话词语比共同语词语义项少，应用范围窄。这类词数量较少。如：

共同语的"马路"有两个义项：①供马车行走的宽阔平坦的道路。②泛指公路（908页）。而加尤话仅指"马车走的路"。

（三）义项与词项的参差对应。主要是加尤话用不同的词表达共同语中一个词多个义项中的其中一个。如：

共同语中"流产"有两个义项：①通常指怀孕后，胎儿未满28周就产出。多由内分泌异常、剧烈运动等引起。产出的胎儿一般不能成活。②比喻事情在酝酿或进行中遭到挫折而不能实现（874页）。义项①加尤话用两个词表达："小产（泛指的'流产'）""做小月（接近产期的流产）"。

　　共同语的"嘴"有三个义项：①口的通称。②形状或作用像嘴的东西。③指说的话（1822 页）。义项①在加尤话里用两个词表达："嘴（非禽类的嘴）""嘴壳（禽类的嘴）"。

　　共同语的"大牙"有两个义项：①槽牙。②门牙（257 页）。义项①在加尤话里用两个词表达："大牙（成人的槽牙）""告牙（孩子还没换的大牙）"。

　　（四）词项和词项的参差对应。

　　1. 加尤话的多个词与共同语的一个词相对应。如：

　　加尤话用"明山（土山区农村）""洞子（石山区农村）"两个词对应共同语的"农村"。

　　加尤话中"衣袋"一般叫"荷包"，但上衣上方的衣袋还可叫"高荷包"。

　　加尤话中刚做好的豆腐叫"水豆腐"，而用"白豆腐"泛指豆腐。两个词对应共同语中"豆腐"一个词。

　　共同语"火炭"指"燃烧中的木炭和木柴"。对应这个词，加尤话有三个词："火母子（晚上用灰盖起来供次日继续生火用的火炭）""火子（正燃的柴上掉下来的火炭）"和"明火子（木炭燃烧时非常红、亮的部分）"。

　　共同语中的"白事"，加尤话一般也通称"白事"，但高寿者逝世，可称"白喜"。

　　共同语中的"估计"，在加尤话中除了通称"打估"外，还根据方式及对象的不同而使用"估眼（通过视觉估计）"和"估水（通过视觉估计水分多大）"两词。

　　2. 加尤话的一个词同时表达了共同语中两个词的意思。

　　共同语的"集市"和"街道；街市"在加尤话中均称"场坝"。

　　（五）加尤话词语与共同语词语词形相同，意义不同或不对应。

　　1. 加尤话的一个词对应共同语的几个词。如：

　　共同语的"手绢"和"毛巾"在加尤话中均称"手巾"。

　　2. 加尤话词和共同语词意义完全不同。如：

　　共同语中"桃李"指"比喻所教的学生"（1331 页），加尤话指油桃。

　　加尤话中"橙子"实为共同语中的"柚子"。

加尤话中的"柑子"实为共同语中的"橙子"。

加尤话中的"火化"指"房子被烧毁"，与共同语"用火焚化尸体"（620页）不同。

共同语中的"放水"义为"指体育比赛中串通作弊，一方故意输给另一方"（390页）。加尤话实为两个词：放水₁——准备收稻谷把田里水放掉。放水₂——在树干接近地面的地方把树皮环状切割，使树死亡。

3. 加尤话和共同语的词义相关。

拜新年：新婚夫妻第一年一道回娘家拜年。

脸长：脸皮厚。

脸大：有面子。

水饭：供无家可归的野鬼吃的饭。

（六）加尤话在共同语中没有对应的词，需短语方可解释。如：

毛路：很小，很少有人走的路。

拜寄：认干爹或干妈。

飙风：刮得很猛的风。

青岩：坚硬的石头。

板岩：表面平的石头。

脆岩：硬度较小的石头。

眯摸：动作非常慢。

四　功能差异

加尤话和共同语词概念意义基本对应，但附加意义、语法功能等有所不同。

（一）词义基本相同，适用对象、搭配关系不同。如：

"男""女""娘""崽"，在加尤话中不仅指人，还可与动物、植物搭配。如："芋头娘娘"（作种子用的芋头）、"芋头崽崽"（从芋头种子上长出的小芋头）、"女猫"（母猫）、"男猫"（公猫）、"猫娘娘"（母猫）。

"吃"，在加尤话中不仅指食用固态食物，饮用液态食物、吸食气体也可以用"吃"。如："吃酒（喝酒）""吃汤（喝汤）""吃烟（抽烟）"。

（二）概念意义基本相同，感情色彩不同。如：

共同语中"老油子""老油条"指"处世经验多而油滑的人"，一般带贬义。但加尤话指"内行人",也指"很专业",褒义。

五　来源差异

(一)古语词的沿用。加尤话沿用的古语词不多。如:

教书先生——教师　　　邮差——邮递员

窠——窝(狗窠、鸡窠——狗窝、鸡窝)　　　东家——老板

何——哪(何多何少——哪多哪少)　　　甑——炊具(甑子——蒸笼)

(二)方言的创新。依据事物外在特征等创造了一些与共同语不同的词。

1.依据事物形状特征造词。如:

拳包子——拳头　　　手道拐——胳膊肘　　　手拐拐——胳膊肘

眯子——小眼睛　　　麻雀蛋——状似麻雀蛋的米粉制作的炸制食品

鸡崽饼——一种较小的饼　　　牛耳朵——一种状似牛耳朵的饼

肉砣——大块的肉　　　片片肉——较小的肉片

块块肉——较大的肉块　　　台台土——平整且面积较大的土地

坡坡土——种玉米的梯田　　　蜂窝肚、千层肚——牛肚子

河罩——雾　　　露水谷——清晨收的谷子

羊角豆——长得像羊角的一种豆　　　鸡屎果——番石榴(有鸡屎般的气味)

黄脖子——脖子为黄色的一种蛇

2.依据事物质地用途造词。如:

粉饺——用糯米粉制成的饺子　　　车路——公路

火车路——铁路　　　岩窠土——掺有石子的田

电油——电池　　　栏竹——一般用于制作栏杆的竹子

此外,加尤话采用比喻、借代、委婉等方式造词。如:"大尾巴鸭子"指动作慢的人,"牙齿痛"常指喜欢乱哼,"卵大鼻子粗"指一个人自以为是。

方言总是反映一定的地方特色。加尤"高山汉"地处高寒山区,土地条件较差,他们因地制宜,充分利用自然条件开展生产,因此,对土地的理解超过许多族群,也因此创造出一系列与田地有关的词语。如"岩窠土(掺有石子的田)""台台土(平整且面积较大的田)""坡坡土(种玉米的梯田)""饱水田(水量够的田)""望天田(不能保证水量只能依

靠降雨的田）""生土（刚开垦出来的土地）""新田（刚开垦出来的田）"
"熟土（长期种植已经适合水稻生长的田）""烂田（长年积水，田基深
浅不一的田）""马□kan²¹³（泥土又硬又黄较贫瘠的土地）"等。

　　许多词汇反映了当地的风俗。如反映当地饮食的词："泡汤肉（大块
肉大块骨头一起煮成的菜）""窜汤肉（肉片里杂有炸过的小豆腐片煮成
的汤）""油炸粑（油炸的带馅儿的糯米粉团）""麻雀蛋（状似麻雀蛋的
用糯米粉制作的炸制食品）""花糯饭（染成多种颜色的糯米饭）""竹筒
饭""南瓜饭（将熟透的南瓜捣碎与大米煮成的粥）"等。反映婚俗的，
如："谈好事（通过媒人的相亲）""收茶钱（认亲时女方给对方亲戚递
茶或送鞋时对方亲戚送红包）""看八字（看结婚者双方的生辰八字）"
"过礼（不通过媒人认识，双方定下婚事后，双方亲戚见面）""赔礼
（男方不通过正常嫁娶方式把女方娶到家，待女方父母同意后到女方家赔
礼、认亲）""送亲伞（送新娘的时候撑的黑伞）""哭嫁（出嫁仪式的一
道程序，新娘痛哭）""八仙（迎亲过程的乐队）""送亲客（送新娘出嫁
的人，一般是新娘的叔婶、哥嫂）""圆亲娘（婚礼的主要工作人员，年
纪较大的女性，负责新娘拜堂及送入洞房等事务）""踩堂鞋（新人拜堂
时穿的由新娘亲手做的新布鞋）"等。

第二节　其他各点词汇与加尤话的比较

　　由于同属西南官话，虽然来源各异，但各处高山汉话差异并不大。本
节我们以加尤话为参照，对各点与加尤话有差异的词进行罗列，各点调查
到而加尤话没有的词也在这一节进行罗列。各点中因语言接触而产生的现
象我们随文讨论。因坡荷话词汇中的语言接触现象较为典型，我们将之与
加尤话的语言接触现象在下一节专门讨论。

一　坡荷话与加尤话词汇的比较

（一）坡荷话与加尤话的差异

　　以下所列词条，居首为共同语，加尤话在中，坡荷话在后。加尤话所
受影响，我们随文讨论（见楷体部分）；坡荷话所受影响，我们将在下文
做专门讨论。

　　太阳下山了　　太阳过坡了　　太阳落山

扫帚星　扫星　扫把星

惊天雷　惊天雷　震天雷

滚雷　滚雷　连雷

绵绵雨　绵雨　连连雨

坡荷话保留了高山汉话常用的 AAB 式。

细雨　细雨　拄竹竿雨

冻雨　冷雨　雪雨

下霜　打霜　下霜

下雪　落雪　落凌

虹　虹　虹/龙虹

加尤、坡荷的"虹"均读 [kaŋ²¹³]。

雾　河罩　罩子

玉米　苞米　苞谷

玉米糠　苞糠　苞谷糠

陈年谷子　陈谷子　老谷子

又黄又瘦较贫瘠的土　马□ [kan²¹³] 泥土　瘦土

砂土　砂土　砂田土

河岸　河岸　河坎

坚硬的石头　青岩　青石岩

碎石　碎石　碎岩

高山汉话"石"一般称"岩"，凌云碎石称"碎石"，应该是共同语影响所致。

河里的石头　砂岩　河石

生砖　毛砖　生砖/泥巴砖

赶集　赶场　赶街

很小，很少有人走的路　毛路　毛毛路

坡荷话保留了高山汉话常见的"AAB式"。

正月的最后一天　了尾年　完年

农历六月初六晒衣服　晒龙袍　晒新衣服

农历六月初六晒衣服，是两地共同的习俗。但晒衣服的原因，两地说法不一。加尤认为，农历六月初六晒的衣服不发霉；坡荷则认为那天晒衣服，可使人不生病。

农历七月十四　七月半　七月十四

天蒙蒙亮　天麻麻亮　擦粉粉亮

两地都保留了高山汉话的 ABB 式。

非常早（带贬义）　无早八早　七早八早

中午　中午　晌午／少午

加尤的说法应该是受共同语影响所致。

这段时间，一阵子　这段　一□□［kaŋ⁵⁴kaŋ⁵⁴］

加尤话应该受共同语影响所致。相应的，"过一阵子"，加尤说"过一阵子"，坡荷说"过一□□［kaŋ⁵⁴kaŋ⁵⁴］"。

稻谷出穗　出线子　出线

稻谷即将出穗　含包　含线

加工米　打米　舂米

看水田的水　看水　看田水

把多余的水排出水田　排水　放水

比较细的牛绳　牵牛索　牛索

犁柱　犁柱子　犁杠

连接牛枷档与铧口的木制物件，用以控制牛的行进方向，呈 U 形
牛打脚　犁把脚

磨眼儿　磨口　磨眼

眼儿很小的筛子（一般用于筛面）　面筛　细筛

搅拌碓中物品的器具　搞碓杆　碓叉

铁铲　铁铲　洋铲

加尤话与共同语同。

垃圾　垃圾　渣渣

加尤话与共同语同。

从除夕夜一直燃到元宵节的非常大的木头　年篼　年树／财神树

从除夕夜一直燃到元宵节的非常大的木头，两地说法有区别。加尤认为，到元宵节晚上把烧剩的一点儿放置在土地神龛前供奉，用以敬告土地要保护全家平安。坡荷则认为，这根木头烧不完第二年继续烧，预示第二年养的年猪长得大。

种玉米　种土　种苞谷

拔掉多余的玉米苗　扯苞秧　扯苞谷

摘掉玉米叶　扯苞叶　□［kua⁵⁵］苞谷叶

收玉米　打苞谷　收苞谷

稗子　稗子　毛稗

加尤话与共同语同。

红薯　苕　红苕

红薯叶　苕叶　红苕叶

红薯干　苕干　红苕干

红薯藤　苕藤　红苕藤

山药　青苕　山苕

形似鸡蛋的红薯（老品种，个儿小）　广苕　瓜苕

魔芋　魔芋　茅芋

葫芦　葫芦　□［ku³¹］芦

加尤话与共同语同。

指天椒　指天椒　朝天椒

汤匙菜（叶片椭圆形，叶柄肥厚，青绿色，形似汤匙）　调羹菜
瓢羹菜

马铃薯　马铃薯　洋芋

加尤话与共同语同。

杜鹃花　映山红　焰山红

粘草子　粘草子　粘子草

蘑菇的根部　菌蔸　菌杆杆

坡荷话结构为高山汉话常见的 ABB 式。

一种一般分三处生长的野生蘑菇　三团菌　三塘菌

家畜发情　翻圈　走草（狗发情）/潮（猪、牛发情）

公猫　男猫　公猫

旱鸭子　旱鸭　西洋鸭

老虎　老虎　老巴

加尤话与共同语同。

母猿猴　人熊婆　老变婆

老鼠　老鼠　耗子

加尤话与共同语同。

穿山甲　穿山甲　穿生甲

加尤话与共同语同。

喜鹊　喜鹊　猪屎雀

加尤话与共同语同。

蜘蛛　播丝　□［pau³³］丝

泥鳅　泥鳅　钢鳅

加尤话与共同语同。

蜥蜴　四脚蛇　高钉子

蛇　老蛇　长虫

青竹蛇　青竹蛇　青竹彪

牛蝇　牛蚊子　马蚊子

坡荷话的"马蚊子"是牛蝇、马蝇合称。

跳蚤　跳蚤　疙蚤

加尤话与共同语同。

蛐蛐　叫□［tʃyi⁴⁵］子　叫□□［tsi³³li³³］

一种可在水面爬行的虫　水爬虫　水□［mi²¹³］子

蜜蜂　糖蜂　蜜子

蜻蜓　沙蛘　点水猫

甲鱼　甲鱼　水鱼

青蛙　咳蟆　青蛙

坡荷话与共同语同。

瓦片凹的一面　瓦沟沟　阴瓦

加尤话保留了高山汉话常见的 ABB 式。

拆屋瓦　捡瓦　拆瓦

屋瓦流水的边缘　瓦檐口　屋檐脚

耳挖子　耳屎瓢　挖耳瓢

丈夫　当家人　老公/他爹

妻子　婆娘　老婆/他娘

妇女　女人/妇人家/妇道人家　婆娘

小胖子　肥崽　□［mɐŋ²¹³］崽

老年女性　老太婆/老吧吧（贬称）　老婆婆

感情不专一的人　花心萝卜　花心崽

光棍　光棍　光棍崽

加尤话与共同语同。

夫妻第一次同房　圆房　团圆

土匪　土匪　打棒

加尤话与共同语同。

小偷　三根手　强盗

扒手　扒手　剪绺

厨师　厨师　火猫

加尤话与共同语同。

风水先生　风水先生　地理先生

加尤话与共同语同。

曾祖父　太公　老太公

高祖父　祖太　祖公

高祖母　祖太婆　祖婆

公公　公公爹　亲公

加尤话保留了高山汉话常见的 AAB 式。

婆婆　婆婆妈　亲婆

加尤话保留了高山汉话常见的 AAB 式。

继父　后父老子　后爸

干女儿　干女/寄养女　寄女

头皮屑　脑壳皮子　脑壳糠

刘海　刘海　滤水毛

加尤话与共同语同。

颧骨　颧骨　脸包骨

加尤话与共同语同。

腋窝　峡脚　□［çia⁵⁵］孔

脊椎　背龙骨　背梁骨

牙垢　牙腻　牙屎

手拇指　手指拇　指拇

食指　二指拇　鸡指拇

手指肚　手指蛋蛋　指拇蛋蛋

拳头　拳头　锤头

加尤话与共同语同。

手掌 巴掌 手板

小腿肚 脚包兜 脚包肚

箕斗（手指肚上不圆的纹路） 箕斗 筲箕

号脉 拿脉/号脉/把脉 看脉

采药 找药 捡药

土方 土方 土药

扎针 扎针 插针

针灸 药钱灸 打干针

吊针 打大针 打吊针

拔火罐 扯火罐 拔火罐

气管炎 气管炎 扯气

加尤话与共同语同。

心口疼 心口痛 心子痛

恶心 心头劳烦 想吐

疝气 疝气 漏肠

加尤话与共同语同。

口臭 口臭 嘴巴臭

加尤话与共同语同。

小眼睛 眯子 眯眯眼

坡荷话保留了高山汉话常见的 AAB 式。

偏瘫 半边瘫 半边风

哑巴 哑子 哑巴

口吃的人 拉子 卷子

撅嘴巴 撅嘴巴 翘嘴巴

缺牙齿 缺牙耙 缺牙盘

长袍 长袍 长衫

棉袄 棉袄 棉衣

褂子 褂褂衣 背心褂

加尤话保留了 AAB 式。

食物卡住喉咙 颈□tʃiaŋ⁵⁴ 卡颈

衣襟呈弧形的衣服 弯襟衣 满清衣

中间分开的对称的上衣 对襟衣 唐装

衣服下摆　衣脚/下摆　衣脚边/下边

毛线帽　线帽　□［laŋ³³］帽

用银制成的一种小孩头饰　帽福　老者者

坡荷话，因其形似老年人而得名，该词保留了 ABB 式。

簪子　簪子　银针

加尤话与共同语同。

围兜　围兜　围腰兜

早餐　早饭　早点

吃夜宵　吃夜宵　吃宵夜

饭　饭　□［maŋ³³］

加尤话与共同语同。

米粉　米粉　米线

剩饭　剩饭　冷饭

炒剩饭　炒剩饭　炒旧饭/炒冷饭

米糊　米糊糊　米浆

加尤话保留了 ABB 式。

面条　面条　面根根

加尤话与共同语同，坡荷话则保留了高山汉话常见的 ABB 式。

烙饼　烙饼　烙粑粑

加尤话与共同语同，坡荷话则保留了高山汉话常见的 ABB 式。

馄饨　馄饨　云吞

加尤话与共同语同。

猪脖子肉　槽头肉　颈根肉

猪肘子　猪膀子　猪膀膀

坡荷话保留了高山汉话常见的 ABB 式。

猪舌头　猪舌头　猪舌条

加尤话与共同语同。

牛睾丸　牛蛋　牛蛋蛋

坡荷话保留了高山汉话的 ABB 式。

猪、牛等的肚子　百叶　千层肚

与肠粘连的家畜脂肪　花油　网油

鸡胰腺（传说孩子吃后会导致学习不好）　鸡懵懂　懵心

鸡大腿　鸡把腿　鸡棒腿

鸡爪　鸡爪子　鸡脚爪

带壳水煮的鸡蛋　毛勺蛋　煮□〔khun³¹〕蛋

豆腐渣　老渣　老豆腐渣

腐乳　霉豆腐　豆腐乳

黄花菜　黄花菜　金金花

加尤话与共同语同。

茶籽油　菜油　菜籽油

酿酒最后剩余的有酒味但酒精度不高的水　酒尾水　酒尾子

酿酒　烤酒　熬酒

旱烟　旱烟　烟杆

新婚夫妻第一年回娘家拜年　拜新年　拜年

烧火时飞起的黑色火灰　火烟墨　火烟灰

媒人　媒人　介绍人/红叶大人

加尤话与共同语同。

适合结婚的好日子　好事期　好日子

选择结婚的日子　看期　看日子

送新娘时撑的黑伞　送亲伞　雨露伞

妻子死后再娶　讨填房　讨后房

做后妻　做填房　做后房

坐月子　坐月子　坐月

棺木　寿枋/枋子/漆木头　寿木/棺材

做法事时，孝子手捧灵牌跟在后面　守灵位牌　守灵

头七　头七　七天

加尤话与共同语同。

应该为死者戴孝的人　孝家　孝子

下葬　上山/下葬　入土

哭丧棒　哭丧棒　扫阴竿

加尤话与共同语同。

死者亲戚做的颜色多样的形状各异的彩旗状的插在坟上或周围的纸质物品（一般由死者儿女或孙女制作）　旗伞　亲纸

用于供天地君亲师之外的其他神的神龛　下坛　香火脚

算卦　打卦子　打卦

庙会　庙会　吃庙会

看风水　看风水　看地理

看坟地　看阴册屋基　看阴册

放蛊　放蛊　放飞剑

加尤话与共同语同。

挑剩的物品　笋底货　残货

过家家　摆家家　办家家

踢毽子　踢毽子　打毽子

光膀子　打光膀膀　打光□□［tuŋ²¹³tuŋ²¹］

缝被子　行铺盖桶子　缝铺盖

端饭　端饭　□［tiaŋ⁴⁵］饭

端碗　端碗　□［tiaŋ⁴⁵］碗

打喷嚏　打□□［fən²¹³tsiəu⁴⁵］　打喷嚏

睡觉　打觉　睡瞌睡

做梦　做梦　打梦

加尤话与共同语同。

收工　放活路　放工

摔着了　跌着了　滚倒

用视觉估计　估眼　眼估

用弹指敲人脑袋　弹指拇子　敲壳□［tsuai²¹³］

"敲"读［khau⁴⁵］。

弯腰　弯腰　拱腰

加尤话与共同语同。

吵架　讲嘴　骂架

嘴巴犟　嘴巴犟　嘴巴□［le²¹³］

指桑骂槐　指桑骂槐　扯鸡骂狗

加尤话与共同语同。

能吃苦　打得粗　耐得劳

软和　软和　□［pa⁴⁵］和

直肠子　直肠子　一根肠子杵登喉

（二）有少量词，加尤话和坡合话名同实异。如：

老油条，加尤话指内行人，很专业；坡荷话指一直没有什么变化的人。

夜猫子，加尤话指熬夜的人；坡荷话指小偷小摸。

熬油，加尤话指炼油；坡荷话仅指提取八角油。

造孽，加尤话意义与共同语一致，坡荷话指"可怜"。

有的意义宽窄不同，如：

加尤话中，女子理发称"做头发"，男子理发称"剃头"；坡荷话则统称"剪发"。

（三）有一批词，我们在坡荷话中调查到了，但在加尤话中没有调查到。如：

稍大的小雨　大毛雨

毛毛雨　小毛雨

融化成水的霜　水霜

结在树上的很坚硬的冰　桐油凌

鹅毛雪　棉花雪

玉米须　苞谷须

玉米棒　苞谷棒

山泉水　山涧

白沙泥　白沙泥

黄泥　黄沙泥

鹅卵石　河卵石

火砖　火砖

炭窑　火炭窑

集市散去　集散/散街

即将出穗，茎由扁变成浑圆　□⌊khun³¹⌋杆

把草料发酵成肥料　发粪

桶绳　桶索　桶细细

挂在扁担上，便于挑水的钩子　扁担钩

穿牛鼻子的绳子　穿鼻索

犁　犁架

套耙的圆木　耙滚子

推磨的横木　磨搭钩

木制的捶打谷物用于脱粒的工具，叉形　饭叉

用于淘米的小的箩筐　箩箩

味苦的荞麦　苦荞/花荞

味甜的荞麦　甜荞

玉米粒加工后形成的颗粒　米颗颗

下午收的谷子　干谷

一种黏性比较大的红薯　□［nia^{35}］苕（百色一带，粘贴可叫
"［nia^1］"，具有黏性叫"［nia^{1}nia^1］的"，由于其为第一调，坡荷话第一
调读 35 度）

一种野生的略大于米粒，很辣的辣椒　米椒

树干腐烂后长出的一种蘑菇　天花菌

旱獭　□［mi^{31}］子

乌鸦　老鸹

猫头鹰　猫公雀

蝌蚪　磨搭崽

卧室　房间

"间"读［kan^{33}］。

瓦片凸的一面　阳瓦

滑头的人　老猫

未婚女子　黄花女

专占别人便宜的人　俭鬼

再嫁女　过婚嫂

同母不同父　隔山同海

太阳穴　耳门子

毛疙瘩　毛揪揪

脸颊　脸包

大的眼角　大眼角

小的眼角　小眼角

额头突　奔锄脑壳

鼻尖　鼻果果

上门牙　上牙耙

下门牙　下牙耙

耳垂　耳朵垛垛

两指之间的分叉　指拇叉

手茧　老姜茧

青春痘　米米

麻子　麻子

长雀斑　上印/茶子斑

当地医生（草医）捡的药　草药

直接用点燃的灯草点患者的穴位　打明灯

将灯草点在医生的拇指，医生再把拇指压住患者穴位　打阴灯

腮腺炎　猴耳包/猪头肥

外来的讲汉语的人　客人

本地说壮语的人　土人

上衣下部的衣袋　大荷包

一种稻草或竹编的雨具，状似斗篷　□［tuŋ⁵⁵］篷

遮阳的伞　阳伞

瘦肉切成小块做成的汤　打串汤/串丝汤

水烟筒　烟筒

孩子出生后第三天宴请亲戚、朋友　过三早

墓　井

掘墓穴　挖井

道公盖章　印漆/开路

道公取公鸡血淋在棺木上，绕棺材一周　撵煞

老人无意中进入有正好坐月子的家中，家人在其手腕上系红线　挂红

一种红色的蒿菜　社蒿

算卦还分　打顺卦/打阳卦/打阴卦

看宅地　看阳册

嫁女　打发女

挑拨　习唆

二　平塘话与加尤话词汇的比较

（一）平塘话与加尤话词汇的差异

以下词条，共同语居首，加尤话在中，平塘话在后。相应讨论和说明

随文进行（见楷体部分）。

太阳下山　太阳过坡　太阳落坡

太阳下山后突然放亮　太阳反照　天脚黄/天脚红

月亮很暗　月亮生毛　月亮不明

星星　星子　星子/星宿

启明星　启明星　紫微星

加尤话与共同语同。

扫帚星　扫星　扫帚星

平塘话与共同语同。

织女星　天女星　织女星

平塘话与共同语同。

迎风　招风　顶风

龙卷风　龙卷风　漩涡风

加尤话与共同语同。

虹　虹　龙虹

两地"虹"都读 [kaŋ²¹³]。

惊天雷　惊天雷　打闷雷

绵绵雨　绵雨　连天雨

雨停了　雨停了　雨□ [laŋ²¹³] 了

加尤话与共同语同。

下得很稀的雨　洒雨颗　打雨颗

大雨滴　大雨颗　大颗雨

下雪　落雪　下凌

雪花　雪花子　鹅毛雪

米雪　雪米子　雪米子/小米子

雾　河罩　罩子

雷雨天气　雷公天　雷雨天

平塘话与共同语同。

在旱地育的秧苗　旱秧　干秧

洒农药　打药　洒药/喷药

掺有石子的田　岩窠土　砂田

又硬又黄的贫瘠的土地　马□ [kan²¹] 泥土　黄泥巴疙瘩

种玉米的梯田　坡坡土　平子地

加尤话保留了高山汉话常见的 AAB 式。

山顶　山顶　坡顶

加尤话与共同语同。

山腰　半山腰　半坡

加尤话与共同语同。

山脚　山脚下　坡脚

加尤话与共同语同。

山坳　山坳　垭口

加尤话与共同语同。

肥沃的土地　肥土　肥地

贫瘠的土地　瘦土　瘦地

土山　土山　土坡

河岸　河岸　河坎

加尤话与共同语同。

发大水　发大水　涨大水

坚硬的石头　青岩　青石

高山汉话中，"石"一般称"岩"，平塘将坚硬的石头称为"青石"，应该是共同语影响的结果。

表面平的石头　板岩　平岩板

碎石　碎石　岩渣子

加尤话的"碎石"应该来自共同语。

岩石做成的砖　砂砖　石砖

平塘话"石砖"的"石"也应是来自共同语。

潲水　猪潲　喂猪水/猪菜水

土山地区农村　明山　茅山

很小且很少人走的路　毛路　毛毛路

平塘话保留了 AAB 式。

正月最后一天　了尾年　了年/满年

端午节　端午/大端午　端阳/大端阳

农历五月十五　小端午　小端阳

十一月　十一月　冬月

农历六月初六那天晒衣服　晒龙袍　晒衣裳

腊月二十三　灶王日　打春/打阳春

上午　早上　打早/早晨/早起

加尤话的"早上"，平塘话的"早晨"与共同语同。

下午　下午　下半天

加尤话的"下午"与共同语同。

天擦黑　打麻擦　麻眼/擦黑/打麻擦

凌晨零点　交节　半夜正/天气交节

育秧　下秧子　撒秧

即将出穗　含包　扛扦担

锄地　挖土　挖地

施肥　追肥　撒肥料

放牛　看牛　望牛

看水田的水　看水　望水

把多余的水排出农田　排水　放水

开沟　开沟　挖沟

用吊桶打水　打水　吊水

给牛穿鼻子　穿鼻子　穿抱耳

比较细的牛绳　牵牛索　牛索

磨眼儿　磨口　磨笼口

磨把手　磨拐　磨把手

平塘话与共同语同。

悬挂使用的大筛子　吊筛　□［lau³¹］筛

筛沙的网　网筛　铁筛网

一种农具（用于鞭打菜其或稻、麦秸秆等，脱粒菜籽或残存的谷粒、麦粒。使用时将其高高举起，用力打下，周而复始）　连盖　连架棒

搅拌碓中物品的器具　搞碓杆　碓杆

锄头　挖锄　锄兜

割谷子用的镰刀　发镰　锯镰

用来晒东西的比簸箕大的竹制器具　摇箱　大簸箕

竹制的半圆形锅盖　簸盖　窝箕

垃圾　垃圾　渣渣

笆筐　筜　筜筜

平塘话保留了 AA 式。

鸡罩　鸡罩　看罩

把东西扛上肩　起肩　上肩

竹制的扫把　竹扫把　竹刷把

玉米粒加工后形成的颗粒　苞米　大颗米/碎米

开荒　开荒　砍地/砍堰地

加尤话的"开荒"应该来自共同语。

在还没插秧的稻田里撒肥料　撒底肥　打底肥

挖地　挖土　挖地

种玉米　种土　种苞谷

犁田犁地　犁土　犁地

拔掉多余的玉米苗　扯苞秧　扯谷秧

摘掉玉米叶　摘苞叶　剥苞谷壳

收玉米　打苞谷　讨苞谷

去壳的玉米　光□□ $[\text{toŋ}^{31}\text{toŋ}^{31}]$　白米棒子

加尤话保留了 ABB 式。

稻谷　稻谷　谷子

较粗的米糠　粗糠　粗米糠

早稻　早稻　早造

晚稻　晚稻　晚造

玉米　苞米　苞谷

玉米糠　苞糠　苞谷糠

玉米穗　苞谷毛毛　红帽须

加尤话保留了 ABCC 式。

稗子　稗子　毛稗子

加尤话与共同语同。

向日葵　太阳花　葵花

平塘话与共同语同。

红薯　苕　红苕

花心红薯　花心苕　花红苕

红薯干　苕干　红苕干

红薯藤　苕藤　红苕藤

马铃薯　土豆　洋芋果

山药　青苕　山药

平塘话与共同语同。

四季豆　四季豆　苗豆

长得像羊角的一种豆（一年生，藤类）　羊角豆　羊豆

泥巴豆（有泥土味儿）　泥巴豆　架豆

南瓜　南瓜　荒瓜／老瓜

加尤话与共同语同。

葱　葱　火葱

加尤话与共同语同。

韭菜　韭菜　韭苋

加尤话与共同语同。

雷公根　雷公根　马蹄菜

加尤话与共同语同。

树叶　树叶　木叶

加尤话与共同语同。

树枝　树枝　树丫巴

加尤话与共同语同。

柿子　柿子　柿花／柿花果

加尤话与共同语同。

柚子　橙子　臭橙

冬瓜　冬瓜　毛冬瓜

加尤话与共同语同。

西瓜　西瓜　水瓜

加尤话与共同语同。

甘蔗　甘蔗　甘蔗／甘汁杆

果蔗　果蔗　梅蔗

水仙花　水仙花　石蒜

加尤话与共同语同。

爬山虎　爬山虎　搜山虎

加尤话与共同语同。

观音掌　观音掌　祝英台/观音台

铁丝草　铁线草　铁线烂

公马　公马　儿马

加尤话与共同语同。

母马　母马　骒马

加尤话与共同语同。

公牛　牯牛　骚牯/牯子

牛反刍　反草　回嚼

牲畜发情　翻圈　翻圈/跑

猫发情　走草　嚎春

公猪　芽猪　脚猪

小猪　猪崽　猪儿/猪崽

蜘蛛　播丝　结蛛

老鼠　老鼠子　耗子/老耗/偷枪子

穿山甲　穿山甲　穿生甲

加尤话与共同语同。

蛇　老蛇　长虫

蜻蜓　沙蜓　□□［tsaŋ³³mei¹³］蜓/点水虫/扦担虫

鸽子　鸽子鸟□［pu³³］鸽

八哥　八哥雀　八八儿

蟋蟀　叫□［tʃyi⁴⁵］子　土叫狗

蝌蚪　咳蟆崽　打鼓锤

壁虎　壁虎　蝎狗儿/壁虎

"壁虎"一词与共同语同。

下地基　下脚　下基脚

铺水泥地板　倒板　打水泥地板

重新翻盖屋瓦　翻瓦　捡瓦

用木料搭墙　装墙头□［tɕi³¹］桐

房前的平地　街阳坝　院坝

正房　正房子　□［tau³¹］屋/大房子

厢房　偏房子　偏偏

栏杆　栏杆　□［sa³³］栏

阳台　阳台　走廊

加尤话与共同语同。

小梁　小梁　二梁

房子被烧毁　火化了　火烧房子

柱础　墩　柱脚石

屋瓦流水的边缘　瓦檐口　屋檐口

窗　窗　窗门

门栓　门栓　门鞘

厨房　火间　火房/火炕

厕所　茅司　茅屎坑

棉絮　棉絮　棉碎

席子　席子　垫席

尿壶　尿壶　尿罐

筷筒　筷箩箩　筷笼

加尤话保留了高山汉话的 ABB 式。

小孩子　毛伢子　小娃娃

小胖子　肥崽　小肥子/小□［mɛŋ¹³］子

很瘦但结实的人　筋骨人　老干

男孩儿（一般用于介绍刚出生的婴儿的性别）　看牛的　望牛的

女孩儿（一般用于介绍刚出生的婴儿的性别）　打猪菜的　讨猪菜的

与奶奶同辈的女子　阿婆　祖祖

与爷爷同辈的男子　阿公　祖公

老奶奶（贬称）　老□□［pa⁵⁴pa⁵⁴］　老妈妈

男青年　后生崽　小伙子

自己人　自己人　自家人

加尤话与共同语同。

客家人　麻介人　客人

动作慢的人　大尾巴鸭子　皮匠

内行人　老油子　老油头

内行　老鸟　老猫

感情不专一的男人　花心萝卜　老狐狸

嗜酒的人　酒鬼　酒坛子

私生活不检点的女人　烂婊子/野鸡婆　游花母猪

非常吝啬的人　铁公鸡　铁公鸡/逆毛猪

游手好闲、生活不检的人　烂崽　二流子/花子

长工　长工　长年工

加尤话与共同语同。

狐朋狗友　猪朋狗友　烂朋烂友

厨师　厨师　厨官/伙夫

曾祖父　太公　祖公

曾祖母　太婆　祖母

高祖父　祖太公　起祖公

高祖母　祖太婆　起祖母

外祖父的父母　太□［ka⁴⁵］　　□［ka⁴⁵］祖公/□［ka⁴⁵］祖婆

外祖父的祖父母　祖太□［ka⁴⁵］　　□［ka⁴⁵］祖祖/□［ka⁴⁵］祖太

岳父　亲爷　爹

岳母　亲娘　娘

伯伯　伯伯　大爹

抱养的孩子　抱养崽　抱养儿

干爸　寄爷　保爷

干妈　寄娘　保娘

干女儿　干女　干姑娘

随母亲改嫁的女儿　随娘女　随娘儿

脑门　脑门　脑门心

眼睫毛　眼眨毛　眼毛

额头不规则　纵脑门　脑门心鼓

头皮屑　风信壳　风屑皮

舌头　舌条　舌兜

腋窝　夹肢窝　夹孔窝

胳膊肘　手倒拐　手动拐/手倒拐/手拐拐

膝盖　菠萝盖　开膝帽/疙膝帽

指甲　指甲壳　指甲

脚踝骨　螺丝骨　螺丝拐

下巴　牙包骨　牙巴骨

鼻子　鼻子　鼻子梁

鼻尖　鼻尖　鼻子颗颗

牙疼　嘴巴痛　牙齿痛

牙垢　牙腻　牙齿屎

耳尖　耳尖尖　耳朵尖

喉咙　喉咙　喉管

络腮胡子　连胡　满脸胡

锁骨　锁骨　小□[tiɛn³¹]骨

肩胛骨　肩胛骨　□[iŋ²¹³]膀骨

手腕　手腕　手颈颈

虎口　手倒口　手钳口

手指关节　手指节节　手节倒

食指　二指拇　关门指头/二指拇

拳头　拳包子　毛腔子

腿　脚杆　腿肚包/脚梁杆

脚腕　脚腕子　脚颈颈

脚板　脚板　脚板底/脚掌掌

脚趾甲　脚趾壳　指甲壳

脚后跟　脚后跟　脚凸凸

心窝　心窝子　胸口窝

肚脐眼　肚脐眼　脐带眼

头顶上有两个旋　双旋磨/两个旋　双脑顶

指纹　指纹　腥

吃饭　吃饭　干饭

吃夜宵　吃夜宵　吃宵夜

南瓜饭　南瓜饭　瓜稀饭

剩饭　现饭　冷饭/剩饭

炒剩饭　炒现饭　炒冷饭/热冷饭

汤圆　粑汤/水圆　汤圆粑

五花肉　五花肉　下烧肉

猪脖子肉　槽头肉　项圈肉

猪肘子　猪膀子　腿子肉/圆蹄

猪蹄　猪脚叉　猪蹄叉

猪的输卵管　花肠　性肠

牛肚装草的地方　草肚　毛肚

鸡大腿　鸡大棒　大把腿/鸡把腿

鸡爪　鸡爪子　鸡爪爪

叉烧　叉烧　干巴肉

刚做好的豆腐　水豆腐　榨豆腐

腐竹　腐竹　豆腐干

旱烟筒　旱烟筒　烟杆

烟杆　烟杆　烟巴斗

煮茶　煮茶　熬茶

高度酒　高度酒　瓶子酒

木炭燃烧非常红、亮的部分　明火子　火子

病重新发作　翻病　病翻

经常有病在身　残毛半病　一毛半病

经常生病的人　背药罐子　病壳壳/药罐罐

发汗　发汗　发通汗

姜糖水　姜糖水　姜茶

扎针　扎针　打针

刮痧　刮痧　抹痧

拉肚子　拉稀　拉肚

打饱嗝　打勾勾　打饱嗝

平塘话与共同语同。

伤寒　伤寒　寒气

结疤　结疤　起疤子

疤痕　疤痕　疤子/疤印

痱子　痱子　热痱子

雀斑　雀儿斑　上印

狐臭　狐狸臊　夹孔臭

口臭　口臭　嘴巴臭

鼻塞　鼻塞　鼻子阻

小眼睛　眯子　眯眼

偏瘫　瘫子　半边瘫

驼背　驼背　拱背

口吃的人　拉子　□［tɕian⁵⁵］巴□［laŋ³³］

撅嘴巴　撅嘴巴　翘嘴

小孩儿换牙齿　脱告　换牙

磨牙　磨牙　□［kɛ¹³］牙

左撇子　左拐子　左□［pia⁵⁵］子

通过媒人的相亲　谈好事　问好事

适合结婚的好日子　好事期　好日期

送新娘时撑的伞　送亲伞　新人伞

新娘　新姑娘　新媳妇

负责新人拜堂及送入洞房等事务的人　圆亲娘　娶亲娘

妻子死后再娶　讨填房　讨继房

后妻　填房　接脚

怀孕　害喜　带人

孕妇　双身婆　双身人

流产　小产　小闪

生孩子　生崽　生娃娃

第一胎　头胎　头男长子

孩子出生后择日宴请亲戚朋友　三朝酒　打三朝朝

孩子满一岁　满岁　踩尾巴

白事　白事　白喜

自杀　走短路　寻短路

跳水自尽　跳水　跳河

尸骨　尸骨　骨尸

穿衣服　穿衣服　穿衣裳

光膀子　打光膀膀　打光膀子

裁衣服　裁衣服　扯衣裳

锁边　锁边　绞边

做鞋面　做鞋面　做鞋帮

洗第一次　洗头水　洗第一水

拔毛　扯毛　修毛

剔骨头　剔骨头　刮骨头

挑食　挑吃　选嘴

（进食）卡住了　卡着了　噎倒

吃撑了　吃胀了　胀倒

非常饥饿的人　饿牢鬼　饿牢子

起床　起来　□［pa³³］起来

梳头发　梳头发　梳脑壳

掏耳朵　挖耳屎　拔耳屎

握拳头　捏拳头　捏毛锭子

打瞌睡　打哈嗨　□［tsuan³³］瞌睡

午觉　少午觉　少午瞌睡

仰着睡　翻起睡　仰起睡

侧着睡　墙起睡　侧起睡

说梦话　讲梦话　谈梦话

拜访　拜访　探望

因喜事请人吃饭　请酒　办酒

回礼　回人情　还礼

谢谢了　多谢了　负罪了

招待不周　招待不周　招呼不周

忙着你　忙倒你　拖累你了

无所谓　不论　不关事

看不过去　看不过眼　望不顺眼

唆使　唆使　怂

骗　哄　摆/哄

仅为娱乐　搞好耍　癫耍/搞玩耍

串门　拜寨　摆寨

摔着了　跌着了　搭着了

眨眼睛　眨眼睛　挤眼

看家　看家　望家

不讲道理的哭　赖哭　横哭

迁就　迁就　惯势

嘴甜　嘴巴甜　蜂糖嘴

嘴巴犟　嘴巴犟　嘴巴辣臊

打架　打架　干架

指桑骂槐　指桑骂槐　指鸡骂狗

啰嗦　啰嗦　□□［ŋa³³tsa³³］

加尤话与共同语同。

唠家常　谈家常　谈家常/摆家常

舒服　好在　安然/好在

不舒服　不好在　不安然/不好在

能吃苦　打得粗　下得拿

牢靠　牢实　稳靠

硬碰硬　硬打硬　硬顶硬

黑漆漆　黑漆麻　黑球球

心凉　心冷　冷心

非常臭　乒乓烂臭　臭屁拉风

瘦　瘦　精

犟　牛　□□［kɛ¹³kɛ¹³］

精灵得很　鬼得很　精老火

嘴尖牙利　嘴尖牙利　尖齿利牙

呆板　呆板　古板

大方　大方　舍得

爽快　爽快　直爽

动作慢　手脚摸　□［lia⁵⁵］皮

动作非常慢　眯摸　摸大姐

一点点　点点子　小点点

刚好　刚好　恰好

还没有　没曾　不曾

不要　莫　□［piau¹³］（不要的合音）

一会儿　一下　一□［kaŋ⁵⁵］

刚刚　刚刚　才将

碰巧　碰巧　遇巧/碰巧

另外　另外　各另

马上　立马　□□〔ti¹³tsu¹³〕

三　玉凤话与加尤话词汇的比较

（一）加尤话和玉凤话有区别的词

每个词条，居首的为共同语，排中的为加尤话，居后的为玉凤话。

稻草　稻草　稻谷草

加尤话与共同语同。

木屑　木糠/木渣　木渣渣

筷筒　筷箩箩　筷子箩箩

瓶盖　瓶盖盖　瓶子盖

钳子　钳子　卡钳

加尤话与共同语同。

绳子　绳子　索子

加尤话与共同语同。

日光灯　灯管/电条　灯条/光管

电池　电油　电池

玉凤话与共同语同。

印章　大印　印

（二）在玉凤话中我们还调查到了一些在加尤话中没调查到的词。如：

日出　太阳出来

太阳很烈很毒　大太阳□□〔ŋau⁴⁵ŋau⁴⁵〕

保险柜　保险箱

火柴　洋火

海碗　海碗

煤灰　煤灰

米尺　米尺

皮尺　皮尺

口罩　口罩

水龙头　水龙头

花瓶　花瓶

自动伞　自动伞

伞　伞

手电筒　电筒[1]

时针　时针

分针　分针

秒针　秒针

网袋　网袋

玉凤话中这些语词多与共同语一致，应是受共同语影响所致。

四　逻沙话与加尤话词汇的比较

（一）加尤话与逻沙话的差异

每个词条，居首的为共同语，居中的为加尤话，居后的为逻沙话。部分讨论和说明我们随文进行（楷体部分）：

坚硬的石头　青岩　青岩头

逻沙话"青岩头"还可细分，根据颜色不同叫绿豆石、白青岩、黑青岩。

潲水　潲水/猪潲　生猪潲/熟猪潲

逻沙话是根据生熟对潲水进行区分。

扁担　挑担　杆担

柱子　柱头/柱子　柱头

逻沙话还可细分：中柱头、二柱头、三柱头。

垫柱子的石料　墩　石墩

门板　门扇　门板

门轴后的突起　门包　门栓包

门杠　门杠　拦门杠

窗　窗　窗门口

走廊　走廊　巷巷

厨房　火间　火房/火坑边

磨房　磨房　碓房/碓磨房

鸡窝　鸡窝/鸡窠　鸡窠窠

鸡槽　鸡槽　鸡料槽

高低柜　高梯柜　高低柜

床头柜　床头柜　转角柜

书柜　书柜　抽屉柜

抽屉　拖箱　抽屉

懒人椅　懒人椅　靠背椅

摇篮　摇篮　摇□［khuo⁴⁵］篮

圆凳　圆凳　团凳

草墩　草墩　墩

床架　床架　□［ia⁴⁵］床

床板　铺板　床铺板

棉絮　棉絮　棉碎

草席　草席　墩草席

竹席　篾席　篾席子

撑衣杆　撑衣杆　□［laŋ²⁴］衣杆

尿桶　尿桶　粪桶

烧火煮饭的地方（略微下凹，上面放置火铺）　火坑　火灶

上置炊具下烧火烹煮食物用的三条腿的架子　三脚猫　三脚

黄豆杆　豆槁槁　黄豆槁槁

稻草　稻草　稻谷秆

木屑　木糠　锯木面

很小的锅　小锅/锅崽崽/小锅芯/锅芯　小锅子

一般用于煮猪食的大铁锅　灶锅　大灶锅

腌酸咸菜用的坛子　匍水坛　制匍水坛坛

筷筒　筷箩箩　筷箩

装米的器具　米筒　精筒

熬药用的砂罐　摸罐　□［mau⁴⁵］罐

瓶塞　瓶塞子　□□［tɕəu²¹³tɕəu⁴⁵］

切猪菜用的刀　猪菜刀　砂刀

饭盒　饭盒　食盒

水缸　水缸/水黄缸　黄缸

刨子　推刨　推钵

十字螺丝批　十字起/十字螺丝批　梅花起

加尤话的称呼应该来自共同语，逻沙话的称呼显然是因其形似梅花而起。

绳子　绳子　索子

遢沙话保留了古语词。

灰桶（泥水工的用具）　灰桶　浆桶

剃须刀　胡须刨　刮胡马

指甲剪　指甲剪　指甲刀

手绢　手巾　手巾帕

擦手用的毛巾　抹手布　抹手帕

灯芯　灯芯草·灯草

有四个耳的提袋　四耳朵口袋　布口袋

纳鞋底用的针　鞋底针　大针

耳挖子　耳屎瓢　挖耳瓢

丈夫　当家人　男人/老公。

妇女　妇人家/妇道人家/婆婆客/女人　妇道人家/女人家（贬义）

很瘦但结实的人　筋骨人　钢钢豆

小孩儿　娃崽家　娃娃家

男孩儿（一般用来介绍刚出生的孩子性别）　看牛的/读书的　看牛的/读书的/当官的

女孩儿（一般用来介绍刚出生的孩子性别）　绣花的　插花的

老年男性　老者者　老头（带贬义）/老头子/老公公

男青年　后生家　后生哥

外乡人　外乡佬　外乡人

加尤话中的"佬"，应该来自粤语。

动作慢的人　大尾巴鸭子　大尾巴羊子

嗜酒的人　酒鬼/水鬼　酒鬼/老酒瘾

嗜赌的人　赌崽　赌鬼

单身汉　单身汉　老单身（年纪大的）

小媳妇　小媳妇　新媳妇

私生活不检点的女人　野鸡婆　烂鸡婆

小老婆　小的　小老婆

相应的，遢沙话把做别人的小老婆称作"当小"。

骗子　拐子　骗子

土匪　土匪　山霸王

小偷 三根手 强盗/三只手

扒手 扒手 强盗崽

酒肉朋友 酒肉朋友 狗肉朋友

狐朋狗友 狐朋狗友 烂朋烂友

中草药医生 草医师 土医师

司机 司机 师傅

以阉猪为职业的人 劁猪佬 猪老板

炸石头时负责点火的人 炮工 炮手

厨师 厨师 伙夫

风水先生 风水先生 地理先生

高祖父 太公/祖太 太公/祖祖

父亲 老爹/伢 老爹/伢/爹/爷/叔/爸

继父 后父老子 后爹

亲家 亲家 亲

亲家公 亲家公 亲公

亲家母 亲家母 亲婆

没有血缘关系的亲戚 隔山亲戚 生亲戚

随母亲改嫁的儿子 随娘崽 随娘儿

头皮屑 脑壳皮子 汗皮

辫子 辫子 辫搭子

梳辫子 打揪揪 梳辫子

颧骨 颧骨 脸包骨

腮帮 腮帮子 牙腮

眼眶 眼圈 眼框框

腋窝 峡脚 峡孔

脊椎 背龙骨 脊梁骨

鼻孔 鼻子眼 鼻窿眼

下巴 牙包骨 下牙巴骨

鼻涕 鼻脓 鼻涕

老人牙掉了 牙齿不便 缺耙耙

耳孔 耳朵窿 耳朵眼

肩胛骨 肩胛骨 肩膀骨

虎口　　手倒口　　手拳口

手拇指　　手拇指　　手指拇

两只手之间的缝　　手旮旮　　手指拇旮旮

大拇指　　大拇指/大指拇　　大指拇

食指　　二指拇　　指拇

食指肚　　手指蛋蛋　　指拇蛋蛋

拳头　　拳头　　锤头

手心　　手心/手掌心　　手板心

瘸子　　拐子　　跛子

小腿肚　　腿棒子　　脚包肚

脚板　　脚板　　脚板/脚板掌掌

脚跟　　脚后跟　　脚凸凸

鸡眼　　鸡眼　　脚鸡眼睛

头顶上的旋　　旋　　头旋

来月经　　来红　　来月经

出天花、出麻疹　　出麻　　出□［fu⁴⁵］子

出水痘　　出水痘　　出痘子

擦破皮　　擦破皮　　刮破皮/搓破皮

结疤　　结疤　　疙疤

疤痕　　疤印　　疙疤印

不平整的疤痕　　疤瘤　　肉疙瘩

疥疮　　疥疮　　癞渣

痱子　　痱子　　热痱子

雀斑　　雀斑　　麻雀斑/花脸泡

狐臭　　狐臭　　狐狸骚

鼻塞　　鼻塞　　鼻子□［tsu³¹］

偏瘫　　半边瘫　　半边风

驼背　　驼背　　驼背子

口吃的人　　拉子　　卷子

缺牙齿　　缺牙耙　　缺耙耙

左撇子　　左拐子　　反爪爪

娶妻　　讨老婆　　讨媳妇

改嫁　嫁二门　嫁二家

妻子死后再娶　讨填房　讨二妻

作后妻　做填房　做二妻

怀孕　害喜　带了

孕妇　大肚婆/双身婆　双身人

满一岁　满岁　满周岁

灵床　灵床　殡床/倒床

哭丧棒　哭丧棒　□〔tuo³¹〕丧棒

死者亲戚做的颜色多样的形状各异的彩旗状的插在坟上或周围的纸质物品（一般由死者儿女或孙女制作）　旗伞　花伞/旗龙花伞

香炉　香炉钵　香炉碗

解签的书　签书　八命书

算卦子　打卦子　打卦子/算八命

看风水　看风水　看地

光膀子　打光膀膀　打光□□〔toŋ⁵³toŋ⁵³〕

正燃的柴上掉下来的炭　火子　火炭石

煮饭时把多余的米汤舀出来　滗米水/滗米汤　滗米汤水

宰杀家畜后拔毛　扯毛　修毛

逻沙话中，不同的家畜，拔毛的称呼不同，如"修猪""修狗"。

吃饭时喉咙被卡着了　卡着了　卡到了

充饥　押镜　押槽

如，逻沙话可说"押一点槽"。

梳头发　梳头发　梳脑壳

掏耳朵　挖耳朵　刨耳朵

刨子　推包　推钵

打瞌睡　打瞌睡　□〔tsuai³¹〕瞌睡

侧着睡　墙起睡　环起睡/抢起眼

趴着睡　趴起睡　扑起睡

说梦话　讲梦话　谈梦话

睡时精神紧张以致无法控制自己　捱迷了　梦梦冲冲

看望　看人　看望

拜访　拜访　访问

回礼　回人情　陪人情

唆使　唆使　唆弄

下迷药　下药　放药/放烂药

得了便宜还卖乖　卖乖/做乖样子　买乖/玩乖面子/做乖面子

摆架子　摆架子　耍架子

串门　拜寨　摆寨（贬义）/打寨（女性串门）

耍赖　打赖　打赖死

摆脑袋　摆脑壳　甩脑壳

强撑眼皮　撑眼睛　撑眼皮

用视觉估计　估眼　眼估

看家　看屋　看家

后悔　拍大腿　失悔

按量，按时 ·扣到起　按到起

如逻沙话可说"按到起饭，也不要多"。

用弹指敲人脑袋　弹指拇子/弹嘣　弹嘣子

吸鼻子　嘲鼻涕/嘲鼻子　耸鼻子

讲空话　讲空话　扯谎

堆起来　堆起来　码起来

要紧　要紧　紧要

能吃苦　打得粗　打得粗/下得□〔ai^{53}〕/下得苦

热闹　热闹　闹热

硬碰硬　硬打硬　硬顶硬

心凉　心冷　冷心

馊主意　馊主意　打冷主意

有火烟味　臭火烟　臭火烟臊

皮包骨头　黄皮寡瘦　寡骨寡脸

好动　多手多脚　躁

如逻沙话可说"这个小孩躁得很"。

直肠子　直肠子/一根肠子　心直肠/一根肠子杵□〔təŋ^{45}〕喉

小气　小气　小种

大方　大方　大慨

遇到鬼了　撞鬼　见鬼

非常慢　慢扬三四　慢扬四三/慢洋洋

了得　了得　了不得

（二）我们还观察到，少量词形一样的，加尤话和逻沙话意义有差异。如：

落巴，两地的意思不同。加尤话指落到最后。逻沙话指长得小的动物、人。长得小的人称"落巴崽"，长得小的鸡叫"落巴鸡"，长得小的猪叫"落巴猪"，长得小的狗叫"落巴狗"。

够瘾，加尤话指"过瘾"，逻沙话指"过度"。

银匠，加尤话也称"银匠"；铜匠，加尤话也称"铜匠"。但逻沙话所称"银匠"包括银匠和铜匠。

外祖父的父母，加尤话称"太□［ka⁴⁵］"，逻沙话则把外祖父的母亲称为"太婆"。

加尤话把眼睛昏花称为"萝卜花"，逻沙话中"萝卜花"则指白内障。

办丧事，加尤话称"白事"；高寿者过世，加尤话称"白喜"。逻沙话把过世称"白喜事"。

棺木，加尤话称"寿枋""枋子"，上了漆的棺木称"漆木头"；逻沙话也可称"寿枋""枋子"，未上漆的棺木还称"白枋子"，上了漆的棺木称"漆枋子"。

（三）我们还从逻沙话中调查到了部分在加尤话中没有调查到的词（对词语的解释和说明以楷书形式随文进行）。

流星坠落　星子屙屎

小的流星　流月星

大的流星　火星

火烧云　红云

从观察者的角度看，彩虹左端的尽头　虹头/龙头

从观察者的角度看，彩虹右端的尽头　虹尾

霜（强调颜色比较白，而化开的霜比较迷蒙）　明霜

已融化的霜　水霜

冰雹　白雨

有露水　有露水/上露水

大雾　罩子大

长年积水很深的田　烂□〔kau^13〕

用于喂猪的玉米面　猪面/苞谷面

以玉米面加水煮熟的供人食用的饭食，比一般的玉米稀饭干　面面饭

凝结的霜　白头霜

如桐油凝结后一样坚硬的冰　桐油凌

在地上形似豆芽的冰　马牙凌

在树上、瓦檐结成的条状的冰　凌钩子

下大雪　下铺雪

下较小的雪，且雪很快融化　下雪花花

灌溉得到保证的水田　保水田

一年四季水无法排干的水田　烂泥田

打成较碎颗粒的玉米粒　苞谷米

收回后脱粒的玉米　苞谷子子

两块梯田之间的平地　坨土/坨田

白泥杂黄泥的田中土　白膳泥

坚硬的黄泥地　黄膳泥

风化石多而泥少的地　油砂地

石头较多的地　乱石土

山谷　夹沟沟

大而深的水塘　绿阴塘

鹅卵石　岩卵石/岩果果/岩包包

未烧制的泥砖坯　水砖

已烧制的砖　熟砖/火砖

窑的总称　窑子

烧砖瓦的窑　瓦窑子

烧制石灰的窑　石灰窑

烧炭的窑　炭窑子

木材竖起烧的炭窑　立窑

被看作好日子的集日　福场

新年第一次集日　新年场/开年场

玉米开花　挂红搭帽

稻谷花落了　谢花

稻谷茎由扁到圆　轮脚/□［khun³¹］秆

一般指植物秆由扁变圆　□［khun³¹］

将草与牛马粪等混在一起发酵所得的肥料　土粪/农家肥/农家粪

说大话　□［lia³¹］白

桶绳　水桶索/桶细细

扁担两端　扁担爪

扁担两端没有突起　两头失□［lia³¹］

穿牛鼻用的针　牛鼻针

套耙柱子的圆木　耙滚子

犁口小的铧犁　窄犁/□［tɕɛ³¹］犁

犁口大的铧犁　板犁

大的板犁　大板犁

小的板犁　小板犁

架在牛脖子上的物件　牛枷档

由下往上系住牛枷档的绳子　拌颈带

挂在牛枷档一端用于系住牵牛的绳索的圆形物件　拍索钩

铧口后面的板，用于连接犁柱子　犁脚板

水泥制成的水缸　水泥缸

用于磨玉米的较大的磨　大磨

用于磨黄豆的较小的磨　小磨

大的石磨上方用于挂磨杆的钩　磨大钩

大的石磨用于推拉使石磨转动的把柄　磨扁担

支撑磨扁担的木制器具　磨八挂

套磨扁担的圆木　磨柱心

眼儿宽度中等、用于筛除碎米的筛子　碎米筛

用坚硬的石料制成的碓　青岩碓窝

用不太坚硬的石料制成的碓　沙岩碓窝

用于砍柴不带钩的刀　齐头刀

十架钩　阴子锄

装菜的箩　菜箩箩

用于滤米的筲箕　筲筲

切猪菜　砍猪菜

铁铲　洋铲/锄铲

高粱帚　高米扫

稻草制成的扫帚　米草扫

红颜色的高粱　红高粱

颜色偏白的高粱　白高粱

一种穗像锤子的高粱　锤锤高粱

味苦的荞麦　苦荞

味甜的荞麦　甜荞

玉米地除草　蒿草

田的入水口地带的田坎　老坎

田的排水口地带的田坎　子坎

相应的，整理田坎、整理入水口地带的田坎、整理排水口地带的田坎，分别称"铲田坎""铲老坎""铲子坎"。

中午到下午收的谷子　干谷

黑豆　黑豆

冬瓜　冬瓜

本地瑶族种植的白色、体形大、圆的黄瓜　瑶人黄瓜

葫芦　搁裆瓜

剥散的蒜　蒜子瓣儿

肉姜（相比火姜颜色较浅）　水姜

比较辣的姜（颜色比水姜黄，筋丝比水姜多，个儿比水姜略小）

火姜

花椒　花椒

芫荽　打屁香菜菜

薄荷　狗肉香菜

一种叶子细、形如扣子的菜　扣子菜

一种味道苦的菜　苦菜

蕨菜　蕨苔菜

一种类似芹菜的菜　香芹菜

一种野生的栗树　狮栗树

一般用来烧炭的树　青冈树

青冈树还分为：麻栗青冈、白栗青冈、土青冈。

逻沙话调查到的树种还有：刺梨树、白花木树、树浆子树、核桃树、板栗树、枇杷树、奶浆树、化□［kəu⁵³］树、罗□［pu⁴⁵］木。

一种竹节带刺的竹子　刺竹

因产于广西田林县西部偏南、土地肥沃潮润的八渡山区而得名，曾在清朝被列入十大贡品之一的一种笋　八渡笋

一种藤类植物结出的红色果实，可食　木地瓜

竹节　竹子节节

内红的李　鸡血梨

加尤话"梨子"仅指梨，但逻沙话的"梨"是李和梨的合称。

一种形似牛心的李子　牛心李

个儿较大、与桐果相当的李　桐果李

栽秧时节成熟的李子　栽秧李

个儿小，与算盘珠子相当的李　算盘李

酸梅　酸梅李

一种青皮的梨　青皮梨

从灌阳引种的梨　灌阳梨

酥梨　酥梨

一种糖分较高较甜的梨　糖梨

野生的梨　野梨子

柿饼　柿饼柑

脐橙　橙柑

柠檬　狗屎柑

野生猕猴桃　马奶奶/牛奶奶

这里的"奶奶"读［lai⁴⁵lai⁴⁵］。

野生樱桃　□［ŋan⁴⁵］桃子

玉米秆　苞秆

皮红的甘蔗　红蔗秆

皮白的甘蔗　白蔗秆

皮黑的甘蔗　黑蔗秆

梨花　梨子花

桃花　桃子花

一种有臭气类似牡丹的花　臭牡丹

茎干长刺，常用于围园子　阎王刺

五加皮　白刺颠

一种黄色带刺的树莓，可食用　黄泡刺

一种紫色带刺的树莓，可食用　乌泡刺

黄泡刺、乌泡刺的总称　酸泡刺

火棘　红子子刺

狗尾巴草　狗尾草

籽可以用来做糍粑的一种植物　鹅掌草

形似狗尾草，但植株比狗尾草高，叶似韭菜但比较硬　马尾草

形似剪刀可以食用的一种草　剪刀草

三步跳（一种草药）　三步跳

灵芝　灵芝菌

一种野生食用菌，根部横切面会分泌出乳白色浆汁　奶浆菌

一种野生食用菌，切面不出汁　三塘菌

意谓用很多柴、水煮才熟的菌子　八担柴菌/八担柴/九挑水

一种表面平滑、煮时出油的菌子　滑油菌

黄色丝状的蘑菇　黄丝菌

在岩石上或岩石缝上的青苔　岩蓑衣

牛发情　跑脚

阉割了的狗　骟狗

未生育的母猪　草猪

老虎、豹子（合称）　豹子

一种长得像鼠的会飞的动物　飞虎

在山上生活，善爬树，吃玉米、果子的老鼠　叼老鼠

在山上生活的老鼠　白桐老鼠

家鼠　家畜老鼠

一种屎黄色、屁股有点黄的蚂蚁　黄丝蚂蚁

一种咬人使人很痛的蚂蚁　翅屁股蚂蚁

螳螂　孙猴子

一种在地上做窝的蜂　地雷蜂

一种腰部颜色黑白相间的蜂　花脚蜂

一种在树梢上做窝的蜂，比花脚蜂剧毒　神蜂

一种蜇牛连牛都受不了的蜂　牛吃力

一种白色带花点儿的鸟　鸦雀

无鳞、白色的甲鱼　白甲鱼

头扁、常趴在水中石上的鱼　趴岩鱼

山蛙　石蚌

房前屋檐下的平地　小街阳

菜园的围栏　园间

正房西边的房子　厦子

卧室　房间

三根木柱、没有檩条和大柱的房子　三柱房

圆木制成的梯子　木梯

木板制成的梯子　板梯

有弯角的楼梯　转角梯

屋顶凹面朝天的瓦　阳瓦

屋顶凸面朝天的瓦　阴瓦

瓦凸的一面　阴瓦背

木头房子的天花板　正楼板

在房子里用竹子搭起的架子，上面一般放粮食，位于火塘上　楼搭
□〔kau⁵³〕

木门底端插入门槛的凹洞，起固定和轴的作用　门脚

床沿　床门口（因为大床一般三面围起）

四周有围栏的矮床　工人床

蚊帐前端可打开供人进入的部分　蚊帐门

晒衣服的架子　□〔laŋ²¹³〕衣架

以松木为原料的引火用的细小的木柴　油柴

引火用的原料不是松木的细小的木柴　丫丫柴

把较长的柴砍成几截　□〔liau³¹〕柴

口盅　茶盅

舀粪的瓢　粪瓢瓜

葫芦做成的瓢　搁裆/瓢瓜

小的茶壶　小茶壶

用来磨、舂辣椒的牛角尖　辣椒角角

洗碗用的丝瓜瓤　丝瓜瓤/丝瓜扫

角尺　角尺

画线的小竹片　签

长的钉子　大洋钉

短的钉子　小洋钉

很细、短的钉子　米钉

钉瓦角板的钉子　瓦角钉

绣花　插花

缝衣针　小针

绣花针　花针

形似芭蕉叶的一种扇子　芭蕉扇

油纸制的扇子　油纸扇

做事犹豫不决　倒尖□［pu^{45}］头

走路很慢　鸭尾摆蛋

小气　小种/大种

男性私营业主　老板爷

脑门　脑门心

小腿骨　连二杆

尾骨　尾节骨

红眼病　烂眼□［çian^{31}］

传染　过

腮腺炎　长鱼鳃

狂犬病　狗发疯

送订婚礼金　搁梳子

送彩礼要八字　装大箱

男方定下结婚时间，告知对方　送期

娘家　后家

对论嫁的妇女的称呼　割婚嫂

男方追求离过婚的女子　谈割婚嫂

小孩儿出生第三天（这一天一般娘家人来看望）　三早晨

长子　头男长子

办丧事时亲戚拿东西祭祀死者　上祭

普通人对死者进行祭拜　堂祭

死者亲属持的写有死者出生年月日、贴有红纸的竹竿　引魂竿

道公向亡人指示通往阴间的门　开路

放到棺材里的被子　阴被

下葬后道公拿猪头祭神坛　回坛

女巫　神婆

鞋面的边　鞋口沿

带补丁的衣服　补巴衣

带补丁的裤子　补巴裤

带补丁的鞋　补巴鞋

收藏　捡

挤兑、不顺利、纠缠、啰嗦等　□□［ŋa⁴⁵kha⁴⁵］

如：我今天捱他～了。○我今天被他挤对了。

和他做生意～得很。○和他做生意不顺利极了。

莫～了，走吧。○不要纠缠了，走吧。

他讲话～得很。○他说话很啰嗦。

把物体从中间弄断；解决　扯

如：这个棍子～不动。○这根棍子折不断。

这件事难～清。○这件事难解决。

这件事太难～。○这件事太难解决。

把物体的底部抬高　□［təu⁴⁵］

如：他爬不上去，你帮～下。○他爬不上去了，你帮着抬一下。

用力推　□［oŋ⁵³］

如：把岩头～开起。○把石头推开。

他把我～倒了。○他把我推倒了。

跺脚　□［tən³¹］脚

如：～一下脚，脚太冷了。○跺一下脚，脚太冷了。

跨　□［tɕhua⁴⁵］

如：～过去，莫碰到东西。○跨过去，不要碰到东西。

隐瞒　包瞒

袖手旁观　□［lia⁵³］边

如：你莫～～了，过来一起做。○你不要袖手旁观了，过来一块儿做。

巴结，讨好　捧屁股/捧卵包

把物体短时浸到液体里　□［toŋ³¹］

如：藤子干了，把它放到水里～一下。藤干了，把它放到水里浸一下。

～一下手。泡一下手。

怂恿　□［toŋ⁵³］

如：是你～他们吵嘴的。是你怂恿他们吵架的。

～狗吃屎。怂恿狗吃屎。

结束　煞果

如：还有一下就～。还有一会儿就结束了。

无论如何把这点工～起。无论如何把这点儿活做完。

牢骚话　杵人话

闹矛盾，起纠纷　角逆

如：吵架就吵架，～就～，我也没得话了。吵架就吵架，纠纷就纠纷，我也没话说了。

这两个人～到底了，不讲和平了。这两个人矛盾很深，不会和平了。

趁乱偷袭别人　捅锤子/打偷鸡锤

蹲，暗中观察到　□［məu⁴⁵］

如：小心点，莫让我～到你。小心点儿，不要让我逮到你。

毛躁　毛躁［tɕiau²¹³］

笨　□［suai³¹］

如：～瓜傻瓜

此外，逻沙话中，彩虹还根据大小分出"大虹""小虹"，小的彩虹也称"小虹虹"。

铧犁，根据大小也分成"大铧犁""小铧犁"。

个别加尤话和逻沙话词形一样的词，二者意义有差异：粪草，加尤话指草料经发酵形成的肥料；逻沙话则指可以做肥料、垫猪圈的一种植物。

五　袍里话与加尤话词汇的比较

（一）袍里话与加尤话词汇差异

每个词条，居前为共同语，居中的为加尤话，居后的为袍里话。部分讨论和说明我们随文进行（楷体部分）。

日食　天狗吃太阳　天狗吃日

月食　天狗吃月　天狗吃月亮

龙卷风　龙卷风　龙卷风/旋风/旋转风

加尤话与袍里话"龙卷风"与共同语同。

下得很稀的雨　洒雨滴　打雨颗

毛毛雨　毛毛雨/蒙蒙雨　毛雨

打雷　雷公响/雷公叫/打雷　打雷/响雷

彩虹　虹　虹/打虹

虹，两地均读〔kaŋ⁴〕。

淋雨　捱雨淋　淋雨

下霜　打霜　下霜

雾　罩子/河罩　雾

袍里话与共同语同。

晴天　太阳天　太阳天/晴天

"晴天"一说与共同语同。

雨天　雨天　落雨天

加尤话与共同语同。

三伏天　三伏天　伏天

土山　土山　明山

山顶　山顶　坳坳上

加尤话与共同语同。

清水　干净水　清亮水

温水　温水　温水/温濑水

快要开的水，袍里称"濑水"。

农村　农村　寨上/农村

加尤话与共同语同；袍里话中的"农村"与共同语同。

什么时候　哪时　什么时候

袍里话与共同语同。

先前　前头　先前

牛笼嘴　牛笼嘴/牛笼头　牛嘴笼

加尤话与共同语同。

玉米　苞谷　苞谷/玉米

袍里话的"玉米"与共同语同。

韭菜　韭菜/扁菜　韭菜

加尤话和袍里话的"韭菜"与共同语同。根据叶子大小，袍里话还对韭菜进行了分类：大韭菜、小韭菜；此外，野生的韭菜称为"野韭菜"。

山药　青苔　野淮山/马鞍苔（因开出的花形似马鞍）

指天椒　指天椒　朝天辣

加尤话与共同语同。

辣椒粉　辣椒面　辣子面面

油菜　油菜　菜花

加尤话与共同语同。

空心菜　空心菜　蕹菜

加尤话与共同语同；袍里话用的是当地粤语词，与粤语一样，"蕹"读 $[\mathrm{o\eta}^4]$。

树干　树干　树身子

加尤话与共同语同。

树丫枝　树枝　树丫丫/树杈杈

加尤话与共同语同，袍里话保留了高山汉话常见的 ABB 式。

树根　树根　树根根

加尤话与共同语同，袍里话保留了高山汉话常见的 ABB 式。

树叶　树叶　树叶叶

加尤话与共同语同，袍里话保留了高山汉话常见的 ABB 式。

杉树　杉木树　杉木

袍里话与共同语同。

桑树　桑树　桑木

加尤话与共同语同。

此外，袍里话对玉米的类型进行了细分：白苞谷、糯苞谷、黏苞谷、黄苞谷、田苞谷、山苞谷。

（二）我们在袍里话中还调查到了一些在加尤话中没有调查到的词。

背阴　背阴/阴凉快（阴凉地儿）

日晕　太阳在家

月晕　月亮在家

流星　星子屎

不知道　晓不出

吃完饭　吃归□［iɛ³¹］

雷阵雨　雷阵雨

冰凌　凌钩子

鹅毛雪　落棉花坨坨

闷热　闷热

放水进田　堰沟

梯田　榜田

收谷子　搭谷子

山间的沟　山沟沟

山崖　高岩坎

住宅前的水沟　阳沟

住宅后的水沟　后阳沟

传说水牛住的深潭，水牛一翻身，就有水患，淹没村庄　水牛洞

天然水库，小型、简易的水库　坨

有水的小塘　小窝坨

有水的大塘　大坨

小窝坨边儿　塘边

出水口　出水眼

通过人工用土堆起的土堆　坎坎

水坝　水坝

河底　河底底/河底底脚

山脚　底底脚/山底底脚

泉水　泉水

小溪　堰沟

小水沟　沟沟

黄石头和红石头合称　泡泡岩

土坯　毛坯子

青砖　火砖/青砖

空心砖　空心砖

朝下的瓦　阳瓦

朝上的瓦　阴瓦

亮瓦　亮瓦

烧瓦、砖的窑　瓦窑

灰尘　灰灰

粉笔粉末　粉笔灰灰

灰尘　泥巴灰灰

灰尘弥漫、飞扬　蓬

如：～起来。(灰尘)飞扬起来。

湿泥　湿泥巴

干泥　干泥巴

白泥（陶土）　白泥巴

黄泥　黄泥巴

塘泥　肥泥巴

烧制碗、罐、坛的窑　碗窑

生石灰浸水后　熟石灰

建窑　装窑

老屋　老房子

农历六月（一年中最热的时候）　六月天

农历腊月（一年中最冷的时候）　腊月天

撵鬼的神职人员　魔公

以尝新米为主题的节日　尝新

尝新节是壮族传统节日，说明凤山一带"高山汉"受到壮族文化的影响。

一刀切下去切成的一大块肉　刀头

集日　赶场天/赶中亭场

非集日　闲天/闲三天赶一天

种稻的一季　一造

谷子发芽　爆嘴

播种　撒秧

谷穗将成熟　吊钩

打谷子　搭谷子

上宽下窄、四方、木头制的打谷用的容器　搭斗

锄地、整地　喷土

培土　□〔moŋ^{54}〕土

农家肥　农家肥

复合肥　复合肥

碳铵　碳铵

尿素　尿素

磷肥　磷肥

氮肥　氮肥

钾肥　钾肥

地下冒出来的饮用水口　水浸

存水用以灌田的水塘　堰塘

架起水枧　架枧

连着铧口的横木　爬古锤

竹编的似大坛子用于装谷子的器具　囤子

镰刀　镰刀

阳春　阳春

粮食　粮食

五谷　五谷

小麦　小麦

麦子　麦子

不饱满的谷子　半花米

米粒的衣　蒙蒙皮

红薯的藤与茎块连接处　苕鼻子

红薯粉制成的粉条　苕粉

吃红薯、芋头后的口感　面面

葛薯　葛苕

木薯　木苕

韭菜花　韭菜花花

形似灯笼的辣椒　灯笼辣

体形很小的一种辣椒　小米辣

形似牛角的一种辣椒　牛角辣

生辣椒　生辣子

菠菜　扯根菜

紫苏　狗肉香

油菜苔　菜苔苔

树干受伤后长成的突起　树疙瘩

树脱皮了　树皮皮脱了

树汁　树浆浆

桑葚　桑木泡

第三节　语言接触对高山汉话词汇的影响

本节我们分两部分讨论语言接触对加尤话和坡荷话词汇的影响。

一　语言接触对加尤话词汇的影响

我们考察发现，加尤话受周边少数民族语言的影响并不明显，所受影响主要来自共同语。体现在：

（一）共同语对加尤话词汇的影响

1. 首先体现为加尤话中存在一批固有词和共同语词共现的同义词

加尤话吸收了大量的共同语语词，除了原先词形便与共同语一致的语词之外，应该还有一部分已经由共同语词取代了加尤话的固有词。同时，还有一大批是共同语语词与加尤话语词共现，构成同义词的。在这些共现的语词中，一般地说，固有词使用频率高于来自共同语的语词。如（下举例词，每一组词中以"/"隔开，共同语语词居前，加尤话固有词居后）：

旱獭/泥土仔，水獭/獭猫，狗窝/狗窠，鸡窝/鸡窠，碗柜/碗家，烟囱/烟通，锅铲/锅铲子、菜铲子，筷子/筷条，砧板/刀板，筛子/筛箕，望远镜/拉山镜，灯罩/灯通，拐杖/把棍，铁路/火车路，公路/车路，司机/车师，厨师/火边人，石匠/岩匠，奶妈/乳娘，鼻屎/鼻子颗颗，大拇指/大指拇，拳头/拳包子，屁股/屁股墩，肛门/屁股眼、屁眼，血管/血筋，敷药/放药、上药，扎针/打干针，头痛/脑壳痛，头晕/脑壳晕，水痘/亮泡泡，结疤/结痂子，帽檐/帽爪爪，面疙瘩/蚂拐跳塘、面面疙，猪蹄/猪脚叉、猪蹄子，肉末/剁茸、碎肉，腊肠/风肠，瘦肉/精嘎、瘦嘎，腊肉/腊嘎，豆腐渣/老渣，颜色/色道，五香粉/五香料，打瞌睡/睡瞌睡，怀孕/上身、有喜、害喜，孕妇/大肚婆、双身婆、四眼人，流产/落小的、带不起、小产，胞衣/后人，榨油/打油，硬币/锑毫子，讲故事/讲古、摆古、摆龙门阵、摆故事、摆日衍文，钻空子/吃空子，出洋相/出黄相，带头/承头，估计/打估，盼望/欠，墙上/壁上，哪里/哪块，多少/好多、几多、几何，牢靠/牢实、经用、坚固、耐用、结实，热闹/闹热，舒服/好在，不舒服/难受、不好在、不好过，整个/□□□［haŋ³¹paŋ³¹laŋ³¹］，趁早/赶先，随时/早晚、什么时候、分分钟，故意/刁意，成天/论天，上半夜/头半夜，下半夜/后半夜，成夜/论夜，粪坑/茅司，蚕屎/蚕粪，杀头/割讲根，逃跑了/打脱了，麻烦你了/劳烦你了，生意好、生意红火/生意哄闹，生意清淡/生意冷淡，工钱/活路钱、捞外快、捞外水，司机/车师。

2. 有一批与共同语同而与其他高山汉话不同的词

河岸，加尤话称"河岸"，坡荷、平塘均说"河坎"。加尤话的说法来自共同语。

碎石，加尤话称"碎石"。高山汉话中"石"一般称"岩"，相应的意思，坡荷话称"碎岩"，平塘话称"岩渣子"。

垃圾，加尤话称"垃圾"，坡荷话、平塘话称"渣渣"。

稗子，加尤话称"稗子"；坡荷话称"毛稗"，平塘话称"毛稗子"，二者相近。

穿山甲，加尤话称"穿山甲"，坡荷话、平塘话称"穿生甲"。

厨师，加尤话称"厨师"；坡荷话称"火猫"，平塘话称"厨官"或"伙夫"，逻沙话称"伙夫"。

颧骨，加尤话称"颧骨"，平塘话、逻沙话称"脸包骨"。

拳头，加尤话称"拳头"，坡荷话、逻沙话称"锤头"。

口臭，加尤话称"口臭"，坡荷话、平塘话称"嘴巴臭"。

哭丧棒，加尤话称"哭丧棒"；坡荷话称"扫阴竿"，逻沙话称"□［luo³¹］丧棒"。

指桑骂槐，加尤话称"指桑骂槐"；坡荷话称"扯鸡骂狗"，平塘话称"指鸡骂狗"。

山顶，加尤话称"山顶"；平塘话称"坡顶"，袍里话称"坳坳上"。

树枝，加尤话称"树枝"；平塘话称"树丫巴"，袍里话称"树丫丫""树权权"。

棉絮，加尤话称"棉絮"；平塘话、逻沙话称"棉碎"。

脚后跟，加尤话称"脚后跟"，平塘话、逻沙话称"脚凸凸"。

痱子，加尤话称"痱子"，平塘话、逻沙话称"热痱子"。

梳头发，加尤话称"梳头发"，平塘话、逻沙话称"梳脑壳"。

稻草，加尤话称"稻草"；玉凤话称"稻谷草"，逻沙话称"稻谷秆"。

木屑，加尤话称"木糠"或"木渣"；玉凤话称"木渣渣"，逻沙话称"锯木面"。

绳子，加尤话称"绳子"，玉凤话、逻沙话称"索子"。

以上所列加尤话与共同语同而与其他高山汉话不同的词，应该是来自共同语。

此外，蛇，加尤话称"老蛇"，坡荷话、平塘话称"长虫"。我们认为，加尤话此词，是借入了共同语的"蛇"，与加尤话的词缀"老"组合而得。

加尤话中其他与共同语一致的词，也有可能来自共同语。

（二）其他语言（方言）对加尤话的影响

加尤话词汇受其他语言（方言）影响不多，我们观察到少数几例：

石山区农村，加尤话称"峒子"［toŋ²¹³tsɿ⁰］。"峒"来自壮语。

次货，加尤话称"漏宗"，该词应来自粤语。粤语把"不地道；水平不高；次货"称为"流宗"，流，粤语读［lɐu³¹］，与"漏"音近，故误为"漏"。被加尤话借入。

虽与瑶族毗邻，但在加尤话中我们没有观察到所受的影响。

二　语言接触对坡荷话词汇的影响[①]

坡荷话是一种受汉语共同语、云南官话、那坡官话[②]和壮语德靖土语深刻影响的汉语方言。

（一）共同语的影响

1. 坡荷话有一批共同语与固有词共现的同义词

共同语语词进入坡荷话后，与坡荷话固有词一起组成了一批同义词，

[①]　本部分曾以《语言接触对坡荷话词汇的影响》为题在《百色学院学报》2016 年第 1 期发表，本书略有修改。

[②]　有关"那坡官话"具有诸多壮语特点的讨论，可参见吕嵩崧《那坡话声母与中古音的比较》，《百色学院学报》2009 年第 4 期；陆森焱《壮语影响在那坡官话中的体现》，《百色学院学报》2013 年第 1 期。

如（每组词斜线前为借自共同语的词，斜线后为固有词）：

黑云/青云，打雷/雷公响，下雨/落雨，过路雨/分龙雨，公路/车路，后天/外天，大后天/大外天，上半夜/头半夜，下半夜/后半夜，阉猪/割猪，蛇/长虫，马蜂窝/黄蜂窝，煎药/煮药，头晕/脑壳晕，头痛/脑壳痛，生疮/生包，肉/□［ka^{52}］，要账/讨账，围裙/围腰，腊肠/风肠，下饭/送饭，下酒/送酒，醋/酸醋，五香粉/五香料，新女婿/新姑爷，脚镣/脚铐，交公粮/交皇粮，公章/官印，弯腰/拱腰。

共同语语词进入坡荷话，应有以下两个途径：一是以那坡官话为中介借入；二是直接从共同语借入。那坡官话本以柳州官话为目的语，但由于与柳州距离甚远，其语词大多来自共同语，所以和共同语一致性很高。由于那坡官话是那坡县的族际交际语，使用远比共同语普遍，因此，坡荷话中的共同语语素，大多是以那坡官话作为中介借入的，其借入的路线为：共同语→那坡官话→坡荷话。随着共同语的推广与普及，其对坡荷话的影响日益深刻，有部分语词直接从共同语进入坡荷话。我们所讨论的坡荷话中的共同语语词，都应该是通过这两个途径进入的。共同语语词进入坡荷话后，读音与坡荷话音系一致。

2. 部分语词与那坡官话和共同语趋同

石头，高山汉话普遍称"岩"或"岩头"，加尤、浪平、逻沙、袍里、平塘、玉凤均如此。坡荷话也称"岩"，如碎石称"碎岩"。但河里的石头却叫"河石"，坚硬的石头叫"青石岩"。"河石"和"青石岩"中的"石"显然来自共同语。

公猫，高山汉话一般称"男猫"，加尤、玉凤、逻沙均如此，但坡荷话叫"公猫"，与共同语、那坡官话一致。

坡荷话中丈夫可称"老公"，妻子可称"老婆"。汉语中，民间常以"老公""老婆"作为夫妻之间的互称。"老公"由泛指所有老年人发展为特指自己的丈夫是在宋元时期。宋《京本通俗小说·错斩崔宁》就有"你在京中娶了一个小老婆，我在家中也嫁了个小老公"。元杨显之《酷寒亭》第三折："我老公不在家，我和你永远做夫妻，可不受用。"《水浒传》第五回："那大王叫一声：'做什么便打老公？'鲁智深喝道：'教你认得老婆！'"明冯梦龙《喻世明言》第一卷："约莫半酣，婆子又把酒夫劝两个丫鬟，说道：'这是牛郎织女的喜酒，劝你多吃几杯，后日嫁个恩爱的老公，寸步不离。'"

我们认为，坡荷话以"老公""老婆"指丈夫、妻子，并非直接从古语继承，而是近年由共同语传入。理由有：第一，高山汉话普遍不说"老公""老婆"。如，加尤把丈夫叫"当家人"，把妻子叫"婆娘"；浪平把"丈夫"叫"男人""我家那个""他爹"，把"妻子"叫"他妈""爱人"。第二，"老公""老婆"是改革开放后受当时的强势方言粤语影响而兴起的，为大众所接受，已成为共同语的常用说法。[①]

所以，坡荷话以"老公""老婆"称丈夫、妻子，是共同语影响的结果。

有生理缺陷的人，高山汉话一般称为"×子"。如加尤"聋子""哑子（哑巴）""拉子（口吃的人）""瞎子""麻子"，浪平"瘫子""摆子（瘸子）""拱背子（驼背的人）""聋子""哑子（哑巴）""拉子（结巴的人）""瞎子""跛子""麻子"，玉凤"跛子""麻子""瞎子""聋子""卷子（口吃的人）"，逻沙"驼背子（驼背的人）""聋子""哑子（哑巴）""卷子（口吃的人）""麻子"。坡荷话一般规律也是如此，如"跛子""聋子""瞎子""麻子""卷子（口吃的人）"；但哑巴却称"哑巴"，与规律不符，显然，该词来自共同语。

打喷嚏，高山汉话有固有词，如加尤、逻沙称"打□□〔fən²¹³ tsiəu⁴⁵〕"，坡荷话却称"打喷嚏"，与共同语一致。

青蛙，加尤话称"咳蟆"，蝌蚪称"咳蟆崽"；我们虽未调查到逻沙话中青蛙的称呼，但蝌蚪称"蛤蟆崽崽"。坡荷话则称"青蛙"，应该来自共同语。

3. 一些语词结构向共同语靠拢

高山汉话对水果的称呼，原来是"专名+通名"的结构，如"龙眼果""荔枝果""椰子果"等，我们在坡荷话中也能看到这样的结构，如"柿子果"，说明这是高山汉话的一个共性。但坡荷话有一批水果名称并非"专名+通名"，而与共同语一致，如石榴、葡萄、菠萝等，这应是共同语影响的结果。我们在高山汉话的其他点也观察到这一变化。

---

① 陈辉霞：《从"老公""老婆"的称谓看词义的演变》，《阅读与写作》2007年第4期；杨阳：《"老公、老婆"称谓探微》，《现代语文》2008年第9期；仲方方：《古今夫妻称谓探微》，《科技信息》2011年第16期。

（二）云南官话的影响

那坡县毗邻云南省文山州富宁县，两地人民来往甚密，因此那坡官话受到云南官话的影响，并进而影响了坡荷话。

截面为圆形的米粉，百色各处汉语多称"圆粉"，但坡荷话把这类米粉称为"米线"。"米线"之称一般分布在云南、贵州，受云南官话影响，那坡官话也称之为"米线"。经由那坡官话这一中介，坡荷话也借入该词。与云南、贵州毗邻的百色隆林、西林两县也把这种食品称为"米线"，也是受贵州、云南官话影响的结果。

马铃薯，加尤、浪平叫"马铃薯"，玉凤叫"马铃苕"，显然都来自共同语。但坡荷话叫"洋芋"。云南官话称马铃薯为"洋芋"，坡荷话的"洋芋"显然来自云南官话。

赶集，高山汉话一般称"赶场"，加尤、浪平、逻沙、袍里、平塘、玉凤都是如此。但坡荷话称"赶街"。云南及贵州毗邻云南的威宁等地官话"赶集"称"赶街"（黄瑾惠告），坡荷话的"赶街"显然来自云南官话。

（三）壮语的影响

坡荷话中有一批受壮语德靖土语影响的词。

1. 壮语固有词

蛐蛐儿，坡荷话称"叫□□〔tsi³³li³³〕"。我们认为这是一个壮汉合璧词，"叫"为汉语无疑，"□□〔tsi³³li³³〕"则来自德靖土语。德靖土语"蛐蛐儿"叫〔tsit⁹lit⁹〕[1]，我们认为，因自身音系没有塞音尾，坡荷话从德靖土语借入该词时塞音尾脱落，变为〔tsi³³li³³〕。

小胖子，坡荷话叫"□〔mɐŋ²¹³〕崽"。〔mɐŋ²¹³〕来自壮语，德靖土语中，人"壮、结实"叫〔maŋ⁴〕[2]，德靖土语短音 a 音值为 ɐ，第 4 调调值为 213，坡荷话〔mɐŋ²¹³〕与德靖土语〔maŋ⁴〕读音一致。显然，该词由德靖土语借入。

2. 壮语中的汉语借词

壮语中部分汉语借词被坡荷话借入。

（1）中古汉语借词

壮语中有大量的中古汉语借词，部分中古汉语借词被坡荷话借入。

---

① 本部分除高山汉话以外的语料只标调类，不标调值。

② 本部分壮语语料所涉及长短音按惯例以长音符号区分长短。

菜竿像调羹的一种青菜，坡荷话称"瓢羹菜"。"瓢羹"即调羹，德靖土语中古汉语借词。这个中古汉语借词被坡荷话借入。

小偷，坡荷话称"强盗"。汉语中"强盗"义项有二：第一，以暴力夺人财物。第二，以暴力抢夺财物的人。亦泛指行为像强盗那样的人。[1] 德靖土语有中古汉语借词 $[kiŋ^2 ta:u^5]$ "强盗"，从语义看，借入的应是义项二，借入后意义发生变化，指"小偷"。受德靖土语影响，坡荷话"强盗"也指"小偷"。

毛线，坡荷话叫"□$[laŋ^{33}]$"，毛线帽叫"□$[laŋ^{33}]$ 帽"。官话"毛线"应无此读。毛线，德靖土语叫 $[la:ŋ^2]$，我们虽无法确知来源，但这个词来自汉语方言无疑。这个词也从壮语进入了坡荷话。

（2）官话借词

扒手，各地高山汉话的说法不尽相同，加尤、玉凤叫"扒手"，逻沙叫"强盗崽"。坡荷话却叫"剪绺"。"剪绺"最早见于元代，原指偷窃钱物。元岳伯川《铁拐李》第一折："这老子倒乖，哄的我低头自取，你却叫有剪绺的。"《醒世姻缘传》第九三回："原来这人是剃头的待诏，又兼剪绺为生，专在渡船上，乘着人众拥挤之间，在人那腰间袖内遍行摸索。"萧军《羊》："一个剪绺贼，晚间被送入我的房中来。"[2] "剪绺"显然是由动作演变为专指施行该行为动作的人。德靖土语也以汉语官话借词"剪绺"$[tsin^5 liəu^5]$ 指"扒手""小偷"。

德靖土语 $[tsin^5 liəu^5]$ 的语音有些特别。剪，中古山摄开口三等仙韵，精母，上声。"剪"读 $[tsin^5]$，声和调与官话借词规律一致；但韵母与官话借词规律不同，而与中古汉语借词规律一致。仙韵，官话借词一般读 $[e:n]$，中古汉语借词读 $[in]$。我们认为，官话借词进入德靖土语时间有早有晚，早期的可能早在 19 世纪晚期就已借入，晚期的应该在 20 世纪中叶新中国成立之后。早期的借词应该是零星借入而非大批进入，所以很容易受中古层的影响，所以，"剪"的韵母保留了中古借词的特征。

---

① 罗竹风主编，汉语大词典编纂处编纂：《汉语大词典·第 4 册》，汉语大词典出版社 1996 年版，第 144 页。

② 俞理明：《从"剪绺"到"小绺""小李"和"二流子"——明清以来一组有关小偷和不务正业者的同源俗语词》（《中国俗文化研究》第五辑，2008 年 12 月）有相关讨论。

专占别人便宜的人，坡荷话称"悭鬼"［tʃɛn³⁵kuəi⁵²］。[①] 该词来自德靖土语官话借词，德靖土语把吝啬称为［ke：n⁹kuei⁹］"悭鬼"，"悭"很可能是因声符"坚"产生误读。坚，山摄开口四等先韵，见母，平声。德靖土语官话借词见母读［k］，先韵［e：n］，清平读第 5 调，声韵调均符合官话借词读音规律。我们估计［ke：n⁹kuei⁹］"悭鬼"最初的形式是"悭吝鬼"，因壮语有双音化趋势，所以中间的音节脱落，成为双音节词"悭鬼"。证据还有：靖西壮语中，［ken⁵］可指"吝啬"，［ken⁵］应该就是官话借词［ke：n⁵］"悭"主元音［e：］变成短元音［e］而形成的。

（3）粤语借词

馄饨，坡荷话叫"云吞"，我们认为其来自粤语。云吞是广东、广西一带小吃的一种，源于北方的"馄饨"。之所以叫云吞，与粤语中"馄饨"的发音有关，"云吞"粤语读［vɐn²thɐn¹］，近似"馄饨"的官话读音，因此在广东、广西粤语中"馄饨"讹为"云吞"。云吞这一食品进入那坡，很可能与粤人到这一带做生意有关。德靖土语借入该词时，"云"用的是中古借词的读音［wɐn²］，"吞"则是官话借词读音［thɐn⁵］。该词进入那坡官话时，以官话音读为［in³¹thɐn³⁵］，并为坡荷话所吸收。

3. 壮语语义、词形的影响

大的芭蕉、小的香蕉，坡荷话分别叫"牛蕉""鸡蕉"；体形大的姜、体形小的姜，坡荷话分别叫"牛姜""鸡姜"。壮语常以［wa：i²］"水牛"喻物体大，以［kai⁵］"鸡"喻物体小。如北部壮语常把很大的芭蕉叫做"牛蕉"，把小的芭蕉叫做"鸡蕉"；靖西壮语把大的黄姜叫作［kha：n⁵min⁴wa：i²］"水牛黄姜"，把小的黄姜叫做［kha：n⁵min⁴kai⁵］"鸡黄姜"。坡荷话以"牛"表大，以"鸡"表小，显然来自壮语。

吴福祥（2013）认为："多义复制是指复制语的使用者对模式语中某个多义模式的复制，从而导致复制语中出现与模式语相同的多义模式。"[②] 壮语中，［kai⁵］有两个义项：家禽，（物体）体形小。坡荷话与"家禽"义对应的语素"鸡"也带上表"小"这一义项，即坡荷话表"小"这一意义是复制壮语对应词［kai⁵］多义模式的结果。

---

① 有关［tʃɛn⁴⁵］本字为何，笔者在汉语语法学学术实名群向各位方家请教，综合各方意见，笔者认为是"悭"。

② 吴福祥：《语义复制的两种模式》，《民族语文》2013 年第 4 期。

坡荷话的"捡",除常用义"捡拾"外,还可以指"采摘""藏"。

采药,高山汉话一般称"找药",加尤、逻沙、玉凤均如此。坡荷话则称"捡药"。

德靖土语表"捡拾"的词为 $[kjap^7]$,是中古汉语借词"执"。 $[kjap^7]$ 还指"采摘",如 $[kjap^7]$(执) $[phjak^7]$(菜) $[məu^1]$(猪)"打猪草"。采药,德靖土语叫 $[kjap^7 ja^1]$。$[ja^1]$ 作名词时指"药,药品",$[kjap^7 ja^1]$ 即"捡药"。

藏,坡荷话可说"捡"。

德靖土语 $[kjap^7]$,也可指"藏"。如:

mɔːi¹tseːn²te¹kjap⁷tən²ma²ja². (那张)钞票他藏起来了。

　　张　　钱　他　捡　起　来　了。

由上所述,坡荷话的"捡"也具有"采摘""藏"两个义项,应该是复制德靖土语对应词 $[kjap^7]$ 多义模式的结果。

鸡的脾脏,坡荷话称"懵心",应来自对壮语的语音复制(覃凤余,私下交流)。广西粤语和官话把鸡的胰腺称为鸡忘记、鸡懵懂,认为小孩儿不能吃,吃了读书会忘记、懵懂。"胰腺"与"忘记、懵懂"并无语义派生关系,源头在壮语,由同音复制而得。吴福祥(2014)认为:"同音复制是指复制语的使用者对模式语中某个同音模式的复制,从而导致复制语中出现与模式语相同的同音模式。"① 壮语的 $[lum^2]$ 本身是个同音词,有"胰腺"与"忘记"两个含义。粤语、官话鸡胰腺对应壮语 $[lum^2]$ 时,也获得了与 $[lum^2]$ 同音的"忘记"义。坡荷话"懵心"之"懵"当源于此,"心"则因其与心脏形似而得名。

无独有偶,加尤、逻沙把鸡的胰脏叫作"鸡懵懂",应该来自对广西官话的借用。

适合结婚的好日子,加尤、浪平称"好事期",坡荷话称"好日子"。"好日子"这一专指来自德靖土语,德靖土语把适合结婚的日子称作 $[wan^2]$(日子) $[nai^1]$(好)"好日子",这一形式被复制到坡荷话。

选择结婚的日子,坡荷话称"看日子" $[khan^{213} zʅ^{31} tsʅ^{52}]$。上文我们已讨论坡荷话"适合结婚的日子"称为"好日子"的原因。相应的,德

---

① 吴福祥:《语言接触与语义复制——关于接触引发的语义演变》,《苏州大学学报》2014年第1期。

靖土语把选择结婚的日子叫作［ko：i¹］（看）［wan²］（日子），坡荷话把选择结婚的日子叫"看日子"，应源于此。

坡荷话把本地壮族称为"土人"。该词来自壮语，相对于外来的事物，德靖土语把本地的东西称为［tho³］，如"说本地壮话"称［kaŋ³］（讲）［tho³］（土），"当地壮族人"称［kən²］（人）［tho³］（土）。说德靖土语的壮族人习惯自称［je²tho³］，［je²］是对人的通称，［tho³］是中古汉语借词"土"，［je²tho³］即"土人"。我们认为，坡荷话就是依据这个词义形成"土人"一词。

无独有偶，土方子，高山汉话一般称"土方"，加尤、逻沙都是如此。但坡荷话称"土药"。同一词义，德靖土语叫［ja¹］（药）［tho³］（土）"土药"，坡荷话的"土药"显然由此复制而得。

坡荷话把外来讲汉语的人叫做"客人"。德靖土语中，外来的汉人一直被叫做［kən²］（人）［ke：k⁹］（客），即"客人"。［ke：k⁹］是中古汉语借词"客"，在德靖土语中衍生出"外来"义，因此［kən²ke：k⁹］"客人"含有"外来的汉人"之义。［kən²ke：k⁹］本为那坡壮族对"高山汉"的称呼，坡荷话引入后依汉语的结构称为"客人"，逐渐成为坡荷"高山汉"的自称。

把外来汉人称为"客人"的，在广西并不鲜见，但一般为他称，而坡荷话可作为自称，显然是复制的结果。

以上讨论了共同语、云南官话和壮语对坡荷话的影响。具体事实可能远比以上讨论的要复杂，如共同语对坡荷话的影响，早期应该是以那坡官话为中介产生的，但20世纪和21世纪之交这一地区大规模的推普运动，使得共同语日渐强势，因此直接由共同语施加的影响应该越来越明显。坡荷"高山汉"与壮族杂居，多为官话和壮语双语人，而那坡通行的族际交际语又是具有诸多壮语成分的那坡官话。所以，坡荷话对壮语成分（包括壮语中的汉语借词）的吸收，与对共同语成分的吸收一样，路径可能有二：一是直接从壮语德靖土语吸收；二是通过那坡官话辗转吸收。但具体语词吸收的路径为何，难以推断。这些，应待今后更进一步的考察方可得出结论了。

第四节　加尤话分类词表

说明：

1. 本表格以《汉语方言及方言调查》（詹伯慧主编，湖北教育出版社 2001 年版）所附《汉语方言调查词汇表》分类和词目为基础，增加了部分词条。

2. 本表以共同语词目为序，前面是共同语或相当于共同语的说法，中间是加尤话，后面是注音。有多种说法的在下逐一列出，部分需要注释的词语，注释在注音后标出；例句加括号标出。如：

望天田　望天田 uaŋ²¹³ thɛn⁴⁵ thɛn³¹ 不能保证灌溉水量只能依靠雨量的田

旱田 xan²¹³ thɛn³¹

对　　　对 tuəi²¹³（你对它好，他就对你好）

共同语不说的词语，只列方言词，并加注释。有多种说法的在下退一格列出。如：

拐爪木 kuai⁵⁴ tʂua⁵⁴ mu³¹ 一种叶子形似爪子的树

拐爪树 kuai⁵⁴ tʂua⁵⁴ ʂu²¹³

3. 由于共同语的影响，一个词有两种以上的说法，以固有词置前。

4. 有音而本字无考的音节，以"□"替代。

5. 轻声音节调值标为 0，实际为短促的 33 调。

一　天文、地理

太阳　　　太阳 thai²¹³ iaŋ³¹

阳光下　　太阳底下 thai²¹³ iaŋ³¹ ti⁵⁴ ʃia²¹³

太阳下面 thai²¹³ iaŋ³¹ ʃia²¹³ mɛn²¹³

阳光　　　太阳的地方 thai²¹³ iaŋ³¹ li⁰ ti²¹³ faŋ⁴⁵

躲雨　　　遮雨 tɕɛ⁴⁵ yi⁵⁴

躲雨 to⁵⁴ yi⁵⁴

天　　　　天 thɛn⁴⁵

蓝天　　　蓝天 lan³¹ thɛn⁴⁵

挡太阳　　遮太阳 tɕɛ⁴⁵ thai²¹³ iaŋ³¹

遮阴　　　躲阴凉 to⁵⁴ in⁴⁵ liaŋ³¹

日食　　　天狗吃太阳 thɛn⁴⁵ kəu⁵⁴ tʃhi³¹ thai²¹³ iaŋ³¹

日光　　　太阳光 thai²¹³ iaŋ³¹ kuaŋ⁴⁵

日照强	太阳大 thai²¹³iaŋ³¹ta²¹³
日照不强	太阳小 thai²¹³iaŋ³¹siau⁵⁴
日光毒辣	太阳辣 thai²¹³iaŋ³¹la³¹
日晕	太阳生毛 thai²¹³iaŋ³¹sən⁴⁵mau³¹
太阳下山了	太阳过坡了 thai²¹³iaŋ³¹ko²¹³pho⁴⁵la⁰
太阳反照 thai²¹³iaŋ³¹fan⁵⁴tʂau²¹³太阳下山后突然放亮	
大太阳□□ta²¹³ thai²¹³iaŋ³¹ŋau⁴⁵ŋau⁴⁵太阳很烈很毒	
月亮	月亮 yɛ³¹liaŋ²¹³
月光下	月亮底下 yɛ³¹liaŋ²¹³ti⁵⁴ʃia²¹³
月食	天狗吃月 thɛn⁴⁵kəu⁵⁴tʃhi³¹yɛ³¹
月晕	月亮生毛 yɛ³¹liaŋ²¹³sən⁴⁵mau³¹
星星	星子 sin⁴⁵tsɿ⁰
	星星 sin⁴⁵sin⁴⁵
星宿	星宿 sin⁴⁵siəu²¹³
北斗星	北斗星 pɛ³¹təu⁵⁴sin⁴⁵
启明星	启明星 tshi⁵⁴min³¹sin⁴⁵
织女星	织女星 thɛn⁴⁵ȵyi⁵⁴sin⁴⁵
	七姊妹 tshi³¹tsɿ⁵⁴məi²¹³
银河	银河 in³¹xo³¹
扫帚星	扫星 sau⁵⁴sin⁴⁵
流星	流星 liəu³¹sin⁴⁵
火星	彗星 xuəi²¹³sin⁴⁵
风	风 foŋ⁴⁵
大风	大风 ta²¹³foŋ⁴⁵
狂风	狂风 khuaŋ³¹foŋ⁴⁵
暴风	暴风 pau²¹³foŋ⁴⁵
台风	台风 thai³¹foŋ⁴⁵
龙卷风	旋风 ɕyɛn²¹³foŋ⁴⁵
	龙卷风 loŋ³¹tʃyɛn⁵⁴foŋ⁴⁵
寒露风	寒露风 xan³¹ləu²¹³foŋ⁴⁵
伤风	伤风 ʂaŋ⁴⁵foŋ⁴⁵
清风	清风 tʃhin⁴⁵foŋ⁴⁵

微风　　　　　微风 uəi³¹foŋ⁴⁵

飙风 piau⁴⁵foŋ⁴⁵刮得很猛的风

迎风　　　　　招风 tʂau⁴⁵foŋ⁴⁵

迎面风　　　　顶头风 tiŋ⁵⁴thəu³¹foŋ⁴⁵

　　　　　　　顶风 tin⁵⁴foŋ⁴⁵

阵风　　　　　过路风 ko²¹³ləu²¹³foŋ⁴⁵

顺风　　　　　顺风 ʃuən²¹³foŋ⁴⁵

东南风　　　　东南风 toŋ⁴⁵lan³¹foŋ⁴⁵

西北风　　　　西北风 si⁴⁵pɛ³¹foŋ⁴⁵

刮风　　　　　吹风 tʃhuəi⁴⁵foŋ⁴⁵

刮大风　　　　吹大风 tʃhuəi⁴⁵ta²¹³foŋ⁴⁵

　　　　　　　刮大风 kua³¹ta²¹³foŋ⁴⁵

风停了　　　　风停了 foŋ⁴⁵thin³¹la⁰

云　　　　　　云 yn³¹

白云　　　　　白云 pɛ³¹yn³¹

乌云　　　　　乌云 u⁴⁵yn³¹

黑云　　　　　青云 tshin⁴⁵yn³¹

菩萨云 phu³¹sa⁴⁵yn³¹形似菩萨的云

霞　　　　　　霞 ʃia³¹

朝霞　　　　　早霞 tsau⁵⁴ʃia³¹

晚霞　　　　　晚霞 uan⁵⁴ʃia³¹

红霞　　　　　太阳返照 thai²¹³iaŋ³¹fan⁵⁴tʂau²¹³

　　　　　　　红云 xoŋ³¹yn³¹

发霞 fa³¹ʃia³¹朝霞、晚霞出现

雷　　　　　　雷公 luəi³¹koŋ⁴⁵

　　　　　　　雷 luəi³¹

打雷　　　　　雷公响 luəi³¹koŋ⁴⁵ʃiaŋ⁵⁴

　　　　　　　雷公叫 luəi³¹koŋ⁴⁵tʃiau²¹³

　　　　　　　打雷 ta⁵⁴luəi³¹

　　　　　　　炸雷 tʂa²¹³luəi³¹

惊天雷　　　　惊天雷 tsin⁴⁵thɛn⁴⁵luəi³¹

滚雷　　　　　滚雷 kun⁵⁴luəi³¹

雷劈	揰雷打 ŋai³¹luəi³¹ta⁵⁴
闪电	河扇 xo³¹ʃan⁵⁴
	扯河闪 tʃhɛ³¹xo³¹ʃan⁵⁴
	打河闪 ta⁵⁴xo³¹ʃan⁵⁴
	打闪 ta⁵⁴ʃan⁵⁴
	雷公闪电 luəi³¹koŋ⁴⁵ʃan⁵⁴tɛn²¹³
	闪电 ʃan⁵⁴tɛn²¹³
下雨	落雨 lo³¹yi⁵⁴
	下雨 ʃia²¹³yi⁵⁴
大雨	猛雨 moŋ⁵⁴yi⁵⁴
细雨	细雨 si²¹³yi⁵⁴
暴雨	暴雨 pau²¹³yi⁵⁴
毛毛雨	毛毛雨 mau³¹mau³¹yi⁵⁴
	蒙蒙雨 moŋ³¹moŋ³¹yi⁵⁴
绵绵雨	绵雨 mɛn³¹yi⁵⁴
雷雨	雷雨 luəi³¹yi⁵⁴
雷阵雨	雷阵雨 luəi³¹tʂən²¹³yi⁵⁴
太阳雨	太阳雨 thai²¹³iaŋ³¹yi⁵⁴
过路雨	分龙雨 fən⁴⁵loŋ³¹yi⁵⁴
	过路雨 ko²¹³ləu²¹³yi⁵⁴
冻雨	冷雨 lən⁵⁴yi⁵⁴
淋雨	淋雨 lin³¹yi⁵⁴
	揰雨淋 ŋai³¹yi⁵⁴lin³¹
洒雨颗 sa⁵⁴yi⁵⁴kho⁴⁵下得很稀的雨	
大雨滴	大雨颗 tu²¹³yi⁵⁴kho⁴⁵
下雨了	落雨了 lo³¹yi⁵⁴la⁰
雨太大了	雨过笼了 yi⁵⁴ko²¹³loŋ³¹la⁰
天晴了	天晴了 thɛn⁴⁵tshin³¹la⁰
雨停了	□雨了 laŋ²¹³yi⁵⁴la⁰
	雨□了 yi⁵⁴laŋ²¹³la⁰
	雨停了 yi⁵⁴thin³¹la⁰
虹	虹 kaŋ²¹³

大彩虹　　　　大虹 ta²¹³kaŋ²¹³

彩虹出来　　　打虹 ta⁵⁴kaŋ²¹³

霜　　　　　　霜水 ʃuaŋ⁴⁵ʂɹəi⁵⁴

　　　　　　　霜 ʃuaŋ⁴⁵

下霜　　　　　打霜 ta⁵⁴ʃuaŋ⁴⁵

霜重　　　　　霜大 ʃuaŋ⁴⁵ta²¹³

霜冻　　　　　霜冻 ʃuaŋ⁴⁵toŋ²¹³

冰　　　　　　冰块 pin⁴⁵khuai⁵⁴

冰凌　　　　　桐油凌 thoŋ³¹iəu³¹lin²¹³

冰块　　　　　冰块子 pin⁴⁵khuai⁵⁴tsɹ⁰ 结在水面上表面较宽的冰块

凌块子 lin³¹khuai⁵⁴tsɹ⁰ 条状的冰块

结冰　　　　　结冰 tsɛ³¹pin⁴⁵

　　　　　　　结冰块子 tsɛ³¹pin⁴⁵khuai⁵⁴tsɹ⁰ 结大块的冰

　　　　　　　结凌块子 tsɛ³¹lin²¹³khuai⁵⁴tsɹ⁰ 结条状的冰

冰雹　　　　　雪雹 syɛ³¹pau²¹³

　　　　　　　冰雹 pin⁴⁵pau²¹³

雪　　　　　　雪 syɛ³¹

下雪　　　　　落雪 lo³¹syɛ³¹

雪花　　　　　雪花子 syɛ³¹xua⁴⁵tsɹ⁰

米雪　　　　　雪米子 syɛ³¹mi⁵⁴tsɹ⁰

雨夹雪　　　　雨夹雪 yi⁵⁴tʃia³¹syɛ³¹

　　　　　　　雨加雪 yi⁵⁴tʃia⁴⁵syɛ³¹

鹅毛大雪　　　铺雪 phu⁴⁵syɛ³¹

飞雪　　　　　飞雪 fəi⁴⁵syɛ³¹

雪化　　　　　化雪 xua²¹³syɛ³¹

露水　　　　　露水 ləu²¹³ʂɹəi⁵⁴

　　　　　　　露 ləu²¹³

有露水　　　　起露水 tshi⁵⁴ləu²¹³ʂɹəi⁵⁴

　　　　　　　上露水 ʂaŋ²¹³ləu²¹³ʂɹəi⁵⁴

雾　　　　　　河罩 xo³¹tʂau²¹³

　　　　　　　罩子 tʃau²¹³tsɹ⁰

起雾　　　　　起河罩 tʃhi⁵⁴xo³¹tʂau²¹³

下河罩 ʃia²¹³xo³¹tʂau²¹³

瘴气	霉气 məi³¹tʃhi²¹³
天气	天时 thɛn⁴⁵ʂ̩³¹
	天气 thɛn⁴⁵tshi²¹³
天色	天色 thɛn⁴⁵sɛ³¹
天色好	天色好 thɛn⁴⁵sɛ³¹xau⁵⁴
晴天	太阳天 thai²¹³iaŋ³¹thɛn⁴⁵
多云	云天 yn³¹thɛn⁴⁵ 有云的天
阴天	阴天 in⁴⁵thɛn⁴⁵
雨天	雨天 yi⁵⁴thɛn⁴⁵

绵雨天 mɛn³¹yi⁵⁴thɛn⁴⁵ 连日绵绵雨的天气

雷雨天气	雷公天 luəi³¹koŋ⁴⁵thɛn⁴⁵
天气热	天气热 thɛn⁴⁵tʃhi²¹³ʐɛ³¹
天气干	天气干燥 thɛn⁴⁵tshi²¹³kan⁴⁵tsau²¹³
天气凉	天气凉快 thɛn⁴⁵tʃhi²¹³liaŋ³¹khuai²¹³
天冷	天冷 thɛn⁴⁵lən⁵⁴
天旱	天干 thɛn⁴⁵kan⁴⁵
	天旱 thɛn⁴⁵xan²¹³
三伏天	三伏天 san⁴⁵fu³¹thɛn⁴⁵
头伏	头伏 thəu³¹fu³¹
二伏	二伏 o²¹³fu³¹
三伏	三伏 san⁴⁵fu³¹
地，旱地	地 ti²¹³
荒地	荒地 xuaŋ⁴⁵ti²¹³
沙地	沙地 ʂa⁴⁵ti²¹³
滩地	河坪 xo³¹phin³¹ 河旁边的地

山地 ʂan⁴⁵ti²¹³ 山上的农业用地

旱地	旱地 xan²¹³ti²¹³
水田	水田 ʃuəi⁵⁴thɛn³¹
秧田	秧田 iaŋ⁴⁵thɛn³¹
望天田	望天田 uaŋ²¹³thɛn⁴⁵thɛn³¹ 不能保证灌溉水量只能依靠雨

量的田

旱田 xan²¹³thɛn³¹

干水田 kan⁴⁵ʃuəi⁵⁴thɛn³¹完全依靠降雨的田

饱水田 pau⁵⁴ʂuəi⁵⁴thɛn³¹水量够的田

烂泥田 lan²¹³ŋi³¹thɛn³¹长年积水，田基深浅不一的田

烂田 lan²¹³thɛn³¹

梯田　　　　　挡坡田 taŋ⁵⁴pho⁴⁵thɛn³¹

　　　　　　　梯田 thi⁴⁵thɛn³¹

沟田 kəu⁴⁵thɛn³¹内有水沟的田

新田 sin⁴⁵thɛn³¹刚开出来田

熟土　　　　　熟土 ʂu³¹thəu⁵⁴长期种植已经适合水稻生长的田

生土　　　　　生土 sən⁴⁵thəu⁵⁴刚开出来的土地

肥土　　　　　肥土 fəi³¹thəu⁵⁴肥沃的土地

瘦土　　　　　瘦土 səu²¹³thəu⁵⁴贫瘠的土地

马□泥土 ma⁵⁴kan²¹³ŋi³¹thəu⁵⁴又硬又黄较贫瘠的土

岩窠土 ŋai³¹kho⁴⁵thəu⁵⁴掺有石子的田

田坎　　　　　田坎 thɛn³¹khan⁵⁴

台台土 thai³¹thai³¹thəu⁵⁴平整且面积较大的田

坡坡土 pho⁴⁵pho⁴⁵⁻⁵⁴thəu⁵⁴种玉米的梯田

坨土 tho³¹thəu⁵⁴比较大的地

泥土　　　　　泥巴 ŋi³¹pa⁴⁵

干的泥　　　　泥土 ŋi³¹thəu⁵⁴

稀泥　　　　　烂泥 lan²¹³ŋi³¹

砂土　　　　　砂土 ʂa⁴⁵thəu⁵⁴

菜园　　　　　菜园子 tshai²¹³yɛn³¹tsʅ⁰

　　　　　　　园子 yɛn³¹tsʅ⁰

茶丘 tʂha³¹tʃhiəu⁴⁵种茶的坡地

山　　　　　　山 ʂan⁴⁵

石山　　　　　石山 ʂʅ³¹ʂan⁴⁵

土山　　　　　土山 thəu⁵⁴ʂan⁴⁵

山堡堡 ʂan⁴⁵pau⁵⁴pau⁵⁴较小的相对独立的山

堡堡 pau⁵⁴pau⁵⁴一端连着平地一端连着大山的小山

堡堡脚 pau⁵⁴pau⁵⁴tʃio³¹堡堡的底部

半山腰　　　半山腰 pan²¹³ ʂan⁴⁵ iau⁴⁵

　　　　　　山腰 ʂan⁴⁵ iau⁴⁵

山脚下　　　山脚下 ʂan⁴⁵ tʃio³¹ ʃia²¹³

山旮旯　　　岩窠 ŋai³¹ kho⁴⁵

山坳　　　　山坳 ʂan⁴⁵ ŋau²¹³

山沟　　　　山沟 ʂan⁴⁵ kəu⁴⁵

山坡　　　　山坡 ʂan⁴⁵ pho⁴⁵

山头　　　　山头 ʂan⁴⁵ khəu³¹

山顶　　　　山顶 ʂan⁴⁵ tin⁵⁴

山巅　　　　山尖尖 ʂan⁴⁵ tsɛn⁴⁵ tsɛn⁴⁵

塆 uan⁴⁵ 山间的平地

山林　　　　山林 ʂan⁴⁵ lin³¹

砂坡 ʂa⁴⁵ pho⁴⁵ 以砂构成的坡（也专指某地）

陡坡上　　　陡坡上 təu⁵⁴ pho⁴⁵ ʂaŋ²¹³

水　　　　　水 ʂuəi⁵⁴

河　　　　　河 xo³¹

大河　　　　大河 ta²¹³ xo³¹

小河　　　　小河 siau⁵⁴ xo³¹

　　　　　　河沟 xo³¹ kəu⁴⁵

水渠　　　　堰沟 iɛn²¹³ kəu⁴⁵ 浇灌水田的水渠

　　　　　　水沟 ʂuəi⁵⁴ kəu⁴⁵

河水　　　　河水 xo³¹ ʂuəi⁵⁴

河岸　　　　河岸 xo³¹ ŋan²¹³

河边　　　　河边 xo³¹ pɛn⁴⁵

河堤　　　　河坝 xo³¹ pa²¹³

河滩　　　　河滩 xo³¹ than⁴⁵

河里　　　　河头 xo³¹ thəu³¹

　　　　　　河里头 xo³¹ li⁵⁴ thəu³¹

　　　　　　河里面 xo³¹ li⁵⁴ mɛn²¹³

塘 thaŋ³¹ 深的天然的水潭

水塘　　　　水塘 ʂuəi⁵⁴ thaŋ³¹

水坝　　　　水坝 ʂuəi⁵⁴ pa²¹³

海　　　　　海 xai⁵⁴

水坑　　　　水坑 ʂuəi⁵⁴khən⁴⁵

发大水　　　发水 fa³¹ ʂuəi⁵⁴

　　　　　　发大水 fa³¹ ta²¹³ ʂuəi⁵⁴

被水淹　　　淹水 ŋan⁴⁵ ʂuəi⁵⁴

排水　　　　排水 pha³¹ ʂuəi⁵⁴

屋檐水 u³¹iɛn³¹ ʃuəi⁵⁴屋檐滴下的水

水源　　　　出水 tʂhu³¹ ʂuəi⁵⁴

清水　　　　干净水 kan⁴⁵tsin²¹³ ʂuəi⁵⁴

　　　　　　清水 tshin⁴⁵ ʂuəi⁵⁴

污水　　　　邋遢水 la³¹tha³¹ ʂuəi⁵⁴

　　　　　　污水 u⁴⁵ ʂuəi⁵⁴

雨水　　　　雨水 yi⁵⁴ ʂuəi⁵⁴

洪水　　　　洪水 xoŋ³¹ ʂuəi⁵⁴

泉水　　　　山溪水 ʂan⁴⁵si⁴⁵ ʂuəi⁵⁴

　　　　　　泉水 tʃhyən³¹ ʂuəi⁵⁴

长流水　　　长流水 tʂhaŋ³¹liəu³¹ ʂuəi⁵⁴

洪水齐天 xoŋ³¹ ʂuəi⁵⁴tʃhi³¹thɛn⁴⁵上涨达到最高水位的洪水

热水　　　　热水 zʐɛ³¹ ʂuəi⁵⁴

温水　　　　温水 uən⁴⁵ ʂuəi⁵⁴

冷水　　　　冷水 lən⁵⁴ ʂuəi⁵⁴

　　　　　　凉水 liaŋ³¹ ʂuəi⁵⁴

开水　　　　开水 khai⁴⁵ ʂuəi⁵⁴

石头　　　　岩头 ŋai³¹thəu³¹

大石头　　　大岩头 ta²¹³ ŋai³¹thəu³¹

小石头　　　小岩头 siau⁵⁴ ŋai³¹thəu³¹

石板　　　　岩板 ŋai³¹pan⁵⁴

石灰岩　　　石灰岩 ʂʅ³¹xuəi⁴⁵ ŋai³¹

鹅卵石　　　圆石 yɛn³¹ ʂʅ³¹

风化石　　　黄岩 xuaŋ³¹ ŋai³¹

青岩 tshin⁴⁵ ŋai³¹坚硬的石头

板岩 pan⁵⁴ ŋai³¹表面平的石头

麻箍岩 ma^{31}khu^{45}ŋai^{31}一种相当硬的石头

脆岩 tshuəi^{213}ŋai^{31}硬度较小的石头

铜光岩 thoŋ^{31}kuaŋ^{45}ŋai^{31}一面光滑的石头

黄泡岩 xuŋ^{31}phau^{45}ŋai^{31}一种容易风化的石头

碎石　　　　碎石 suəi^{213}ʂ^{31}

砂岩 ʂa^{45}ŋai^{31}河里的石头

磨刀石　　　磨刀岩 mo^{31}tau^{45}ŋai^{31}

火镰石　　　火镰石 xo^{54}lɛn^{31}ʂ^{31}一种旧时可制作用以取火的火镰的

石头

炸石　　　　放岩炮 faŋ^{213}ŋai^{31}phau^{213}

砂子　　　　砂子 ʂa^{45}tsʅ^{0}

沙滩　　　　沙滩 ʂa^{45}than^{45}

瓦　　　　　瓦 ua^{54}

碎瓦　　　　碎瓦 suəi^{213}ua^{54}

制瓦的模具　瓦胚 ua^{54}pəi^{45}

土砖　　　　土砖 thəu^{54}tʂuan^{45}以泥土为主要原料未经烧制的砖

火砖　　　　火砖 xo^{54}tʂuan^{45}以泥土为主要原料烧制而成的砖

水泥砖　　　水泥砖 suəi^{54}ȵi^{31}tʂuan^{45}

砂砖 ʂa^{45}tʂuan^{45}以水泥和砂为原料制成的砖

生砖 sən^{45}tʂuan^{45}未烧过的砖

　　毛砖 mau^{31}tʂuan^{45}

砖窑　　　　砖窑子 tʂuan^{45}iau^{31}tsʅ^{0}

灰尘　　　　灰尘 xuəi^{45}tʂhən^{31}

金　　　　　金 tʃin^{45}

银　　　　　银 in^{31}

铜　　　　　铜 thoŋ^{31}

钢　　　　　钢 kaŋ^{45}

铁　　　　　铁 thɛ^{31}

锡　　　　　锡 ʃi^{31}

锑　　　　　锑 thi^{45}

煤　　　　　煤 məi^{31}

铝　　　　　铝 lyi^{54}

玉　　　　　　玉 yi²¹³

潲水　　　　　潲水 ʂau²¹³ ʃuəi⁵⁴

　　　　　　　猪潲 tʂʅ⁴⁵ ʂau²¹³

木炭　　　　　木炭 mu³¹than²¹³

火炭　　　　　火炭 xo⁵⁴than²¹³

　　　　　　　钢炭 kaŋ⁴⁵than²¹³ 成块的炭

　　　　　　　孵炭 fu⁴⁵than²¹³炼铁用的炭

煤油　　　　　火油 xo⁵⁴iəu³¹

汽油　　　　　汽油 tʃhi²¹³iəu³¹

石灰　　　　　石灰 ʂʅ³¹xuəi⁴⁵

水泥　　　　　水泥 ʂuəi⁵⁴ȵi³¹

磁石　　　　　磁铁 tshʅ³¹thɛ³¹

烧火　　　　　烧火 ʂau⁴⁵xo⁵⁴

地方　　　　　□子 tho²¹³tsʅ⁰

　　　　　　　地方 ti²¹³faŋ⁴⁵

城市　　　　　城市 tʂhən³¹ʂʅ²¹³

城墙　　　　　城墙 tʂhən³¹tshiaŋ³¹

城门　　　　　城门 tʂhən³¹mən³¹

壕沟　　　　　壕沟 xau³¹kəu⁴⁵

城里　　　　　城市里头 tʂhən³¹ʂʅ²¹³li⁵⁴thəu³¹

城外　　　　　城外头 tʂhən³¹uai²¹³thəu³¹

乡下　　　　　乡下 ʃiaŋ⁴⁵ʃia²¹³

农村　　　　　农村 loŋ³¹tshən⁴⁵

明山 min³¹ʂan⁴⁵土山地区农村

半明半山 pan²¹³min³¹pan²¹³ʂan⁴⁵一边是山一边是平地

峒子 toŋ²¹³tsʅ⁰ 石山地区农村

村子　　　　　寨子 tʂai²¹³tsʅ⁰

家乡　　　　　老家 lau⁵⁴tʃia⁴⁵

　　　　　　　家乡 tʃia⁴⁵ʃiaŋ⁴⁵

边界　　　　　边界 pɛn⁴⁵kai²¹³

街、墟、集　　场坝 tʂhaŋ³¹pa²¹³

赶集　　　　　赶场 kan⁵⁴tʂhaŋ³¹

了尾场 liau⁵⁴uəi⁵⁴tʂhaŋ³¹一年中最后一次集日

场尾 tʂhaŋ³¹uəi⁵⁴集即将散的时候

路	路 ləu²¹³
公路	车路 tʂhɛ⁴⁵ləu²¹³
	公路 koŋ⁴⁵ləu²¹³
大路	大路 ta²¹³ləu²¹³
小路	小路 siau⁵⁴ləu²¹³

马路 ma⁵⁴ləu²¹³马车走的路

毛路 mau³¹ləu²¹³很小，很少有人走的路

走路	走路 tsəu⁵⁴ləu²¹³
船头	船头 tʂhuan³¹thəu³¹
飞机票	机票 tʃi⁴⁵phiau²¹³

二 时令、时间

春天	春天 tʂhuən⁴⁵thɛn⁴⁵
夏天	夏天 ʃia²¹³thɛn⁴⁵
秋天	秋天 tsiəu⁴⁵thɛn⁴⁵
冬天	冬天 toŋ⁴⁵thɛn⁴⁵
热天	热天 ʐɛ³¹thɛn⁴⁵
冷天	冷天 lən⁵⁴thɛn⁴⁵
立春	立春 li³¹tʂhuən⁴⁵
	交春 tʃiau⁴⁵tʂhuən⁴⁵
雨水	雨水 yi⁵⁴ʂuəi⁵⁴
惊蛰	惊蛰 tʃin⁴⁵tʂʅ²¹³
春分	春分 tʂhuən⁴⁵fən⁴⁵
清明	清明 tshin⁴⁵min³¹
谷雨	谷雨 ku³¹yi⁵⁴
立夏	立夏 li³¹ʃia²¹³
小满	小满 siau⁵⁴man⁵⁴
芒种	芒种 maŋ⁴⁵tʂoŋ²¹³
夏至	夏至 ʃia²¹³tʂʅ²¹³
小暑	小暑 siau⁵⁴ʂu⁵⁴

大暑　　　　大暑 ta²¹³ ʂu⁵⁴

立秋　　　　立秋 li³¹ tsiəu⁴⁵

处暑　　　　处暑 tʂhu²¹³ ʂu⁵⁴

白露　　　　白露 pɛ³¹ ləu²¹³

秋分　　　　秋分 tshiəu⁴⁵ fən⁴⁵

寒露　　　　寒露 xan³¹ ləu²¹³

霜降　　　　霜降 ʂuaŋ⁴⁵ tʃiaŋ²¹³

立冬　　　　立冬 li³¹ toŋ⁴⁵

小雪　　　　小雪 siau⁵⁴ syɛ³¹

大雪　　　　大雪 ta²¹³ syɛ³¹

冬至　　　　冬至 toŋ⁴⁵ tʂɿ²¹³

小寒　　　　小寒 siau⁵⁴ xan³¹

大寒　　　　大寒 ta²¹³ xan³¹

日历　　　　日历 zɿ³¹ li³¹

日历牌　　　日历牌 zɿ³¹ li³¹ phai³¹

历书　　　　历书 li³¹ ʂu⁴⁵

阴历　　　　旧历 tʃiəu²¹³ li³¹

阳历　　　　新历 sin⁴⁵ li³¹

大年三十　　三十夜 san⁴⁵ ʂɿ³¹ iɛ²¹³

了尾年 liau⁵⁴ uəi⁵⁴ ŋɛn³¹ 正月最后一天

年夜饭　　　年饭 ŋɛn³¹ fan²¹³

过年　　　　过年 ko²¹³ ŋɛn³¹

腊月　　　　腊月 la³¹ yɛ³¹

正月初一　　初一 tshəu⁴⁵ i³¹

拜年　　　　拜年 pai²¹³ ŋɛn³¹

正月十五　　十五 ʂɿ³¹ u⁵⁴

　　　　　　元宵 yɛn³¹ siau⁴⁵

过正月十五　过十五 ko²¹³ ʂɿ³¹ u⁵⁴

　　三月三 san⁴⁵ yɛ³¹ san⁴⁵ 农历三月初三，壮族传统节日。受壮族影响，当地汉族也过这个节

端午　　　　大端午 ta²¹³ tuan⁴⁵ u⁵⁴

　　　　　　端午 tuan⁴⁵ u⁵⁴

小端午 siau⁵⁴tuan⁴⁵u⁵⁴农历五月十五

中秋节　　　八月十五 pa³¹yɛ³¹ʂ̩³¹u⁵⁴

七夕　　　　七月七 tshi³¹yɛ³¹tshi³¹

七月半 tshi³¹yɛ³¹pan²¹³农历七月十四这一天过的节

　　月半节 yɛ³¹pan²¹³tsɛ³¹

　　鬼节 kuəi⁵⁴tsɛ³¹

七月十二 tshi³¹yɛ³¹ʂ̩³¹o²¹³农历七月十二过的节，比农历七月十四隆重

重阳节　　　九月九 tʃiəu⁵⁴yɛ³¹tʃiəu⁵⁴农历九月初九这一天过的节

六月六　　　六月六 ləu³¹yɛ³¹ləu³¹农历六月初六这一天过的节

灶王节　　　灶王日 tsau²¹³uaŋ³¹z̩ʅ³¹腊月二十三，传说这一天灶王升

天禀报

清明节　　　清明节 tshin⁴⁵min³¹tsɛ³¹

元旦　　　　元旦 yɛn³¹tan²¹³

春节　　　　春节 tʂhuən⁴⁵tsɛ³¹

今年　　　　今年 tsin⁴⁵ŋɛn³¹

去年　　　　去年 tʃhyi²¹³ŋɛn³¹

明年　　　　明年 min³¹ŋɛn³¹

前年　　　　前年 tshɛn³¹ŋɛn³¹

大前年　　　大前年 ta²¹³tshɛn³¹ŋɛn³¹

往年　　　　往年 uaŋ⁵⁴ŋɛn³¹

前些年　　　早些年 tsau⁵⁴si⁴⁵ŋɛn³¹

　　　　　　前些年 tshɛn³¹si⁴⁵ŋɛn³¹

后年　　　　后年 xəu²¹³ŋɛn³¹

大后年　　　大后年 ta²¹³xəu²¹³ŋɛn³¹

年年　　　　年年 ŋɛn³¹ŋɛn³¹

每年　　　　每年 məi⁵⁴ŋɛn³¹

这年头　　　这年头 tʂɛ²¹³ŋɛn³¹thəu³¹

年初　　　　年头 ŋɛn³¹thəu³¹

年中　　　　年中 ŋɛn³¹tʂoŋ⁴⁵

年底　　　　年尾 ŋɛn³¹uəi⁵⁴

一年半　　　年半 ŋɛn³¹pan²¹³

上半年　　　上半年 ʂaŋ²¹³pan²¹³ŋɛn³¹

下半年　　　　下半年 ʃia²¹³ pan²¹³ ȵɛn³¹

全年　　　　　论年 lən²¹³ ȵɛn³¹

闰年　　　　　闰年 z̺uən²¹³ ȵɛn³¹

闰月　　　　　双月 ɕ̩ɯaŋ⁴⁵ yɛ³¹

月初　　　　　月初 yɛ³¹ tshəu⁴⁵

月半 yɛ³¹ pan²¹³ 一个月的中段

月底　　　　　月尾 yɛ³¹ uəi⁵⁴

　　　　　　　月底 yɛ³¹ ti⁵⁴

半个月　　　　半月 pan²¹³ yɛ³¹

一个月　　　　一个月 i³¹ ko²¹³ yɛ³¹

两个月　　　　两个月 liaŋ⁵⁴ ko²¹³ yɛ³¹

这个月　　　　这个月 tʂɛ²¹³ ko²¹³ yɛ³¹

上个月　　　　前个月 tshɛn³¹ ko²¹³ yɛ³¹

　　　　　　　上个月 ʂaŋ²¹³ ko²¹³ yɛ³¹

下个月　　　　下个月 ʃia²¹³ ko²¹³ yɛ³¹

每个月　　　　个个月 ko²¹³ ko²¹³ yɛ³¹

上半月　　　　上半月 ʂaŋ²¹³ pan²¹³ yɛ³¹

下半月　　　　下半月 ʃia²¹³ pan²¹³ yɛ³¹

上旬　　　　　上旬 ʂaŋ²¹³ syn³¹

中旬　　　　　中旬 tʂoŋ⁴⁵ syn³¹

下旬　　　　　下旬 ʃia²¹³ syn³¹

大月 ta²¹³ yɛ³¹ 农历中有三十天的月份

　月大 yɛ³¹ ta²¹³

小月 siau⁵⁴ yɛ³¹ 农历中有二十九天的月份

　月小 yɛ³¹ siau⁵⁴

今天　　　　　今天 tsin⁴⁵ thɛn⁴⁵

明天　　　　　明天 min³¹ thɛn⁴⁵

　　　　　　　第二天 ti²¹³ o²¹³ thɛn⁴⁵

后天　　　　　外天 uai²¹³ thɛn⁴⁵

　　　　　　　后天 xəu²¹³ thɛn⁴⁵

大后天　　　　大外天 ta²¹³ uai²¹³ thɛn⁴⁵

　　　　　　　大后天 ta²¹³ xəu²¹³ thɛn⁴⁵

昨天　　　　昨天 tso^{31}thɛn^{45}

前天　　　　前天 tshɛn^{31}thɛn^{45}

大前天　　　大前天 ta^{213}tshɛn^{31}thɛn^{45}

前些天　　　早些天 tsau^{54}si^{45}thɛn^{45}

　　　　　　前些天 tshɛn^{31}si^{45}thɛn^{45}

前几天　　　前几天 tshɛn^{31}tʃi^{54}thɛn^{45}

上午　　　　早上 tsau^{54}ʂaŋ^{213}

早晨　　　　早晨 tsau^{54}sən^{31}

星期天　　　礼拜天 li^{54}pai^{213}thɛn^{45}

　　　　　　星期天 sin^{45}tʃhi^{31}thɛn^{45}

一个星期　　礼拜 li^{54}pai^{213}

　　　　　　一星期 i^{31}sin^{45}tʃhi^{31}

整天　　　　论天 lən^{213}thɛn^{45}

　　　　　　成天 tʂhən^{31}thɛn^{45}

一天　　　　一天 i^{31}thɛn^{45}

天天　　　　天天 thɛn^{45}thɛn^{45}

每天　　　　每天 məi^{54}thɛn^{45}

时时　　　　时时 ʂʅ^{31}ʂʅ^{31}

十几天　　　十几天 ʂʅ^{31}tʃi^{54}thɛn^{45}

十来天　　　十把天 ʂʅ^{31}pa^{54}thɛn^{45}

十几二十天　十几二十天 ʂʅ^{31}tʃi^{54}o^{213}ʂʅ^{31}thɛn^{45}

半天　　　　半天 pan^{213}thɛn^{45}

大半天　　　老半天 lau^{54}pan^{213}thɛn^{45}

　　　　　　大半天 ta^{213}pan^{213}thɛn^{45}

上半天　　　上半天 ʂaŋ^{213}pan^{213}thɛn^{45}

下半天　　　下半天 ʃia^{213}pan^{213}thɛn^{45}

一个月左右　个把月 ko^{213}pa^{54}yɛ^{31}

天蒙蒙亮　　天麻麻亮 thɛn^{45}ma^{31}ma^{31}liaŋ^{213}

清早　　　　清早 tshin^{45}tsau^{54}

早晨　　　　早晨 tsau^{54}sən^{31} 日出前后的一段时间

午前 u^{54}tshɛn^{31} 午饭以前

　　少正前 ʂau^{54}tʂən^{213}tshɛn^{31}

午后 u^{54}xəu^{213}午饭之后

　少午前 ʂau^{54}u^{54}xəu^{213}

非常早　　　无早八早 u^{31}tsau^{54}pa^{31}tsau^{54}贬义

中午　　　　晌午 ʃiaŋ^{54}u^{54}

　　　　　　中午 tʂoŋ^{45}u^{54}

正午　　　　少午正 ʂau^{54}u^{54}tʂən^{213}

　　　　　　太阳正 thai^{213}iaŋ^{31}tʂən^{213}

下午　　　　下午 ʃia^{213}u^{54}

白天　　　　白天 pɛ^{31}thɛn^{45}

天擦黑了　　打麻擦了 ta^{54}ma^{31}tsha^{31}la^{0}

天快黑了　　天快黑了 thɛn^{45}khuai^{213}xɛ^{31}la^{0}日落以后星星出现之前

晚上　　　　夜 iɛ^{213}

夜晚　　　　夜晚 iɛ^{213}uan^{54}

夜里　　　　夜里头 iɛ^{213}li^{54}thəu^{31}

凌晨零点　　交节 tʃiau^{45}tsɛ^{31}

半夜　　　　半夜 pan^{213}iɛ^{213}

上半夜　　　头半夜 thəu^{31}pan^{213}iɛ^{213}

　　　　　　上半夜 ʂaŋ^{213}pan^{213}iɛ^{213}

下半夜　　　后半夜 xəu^{213}pan^{213}iɛ^{213}

　　　　　　下半夜 ʃia^{213}pan^{213}iɛ^{213}

整晚　　　　论夜 lən^{213}iɛ^{213}

　　　　　　成夜 tʂhən^{31}iɛ^{213}

通宵　　　　通宵 thoŋ^{45}siau^{45}

大半夜　　　大半夜 ta^{213}pan^{213}iɛ^{213}

每天晚上　　每天夜晚 məi^{54}thɛn^{45}iɛ^{213}uan^{54}

　　　　　　夜夜 iɛ^{213}iɛ^{213}

　　　　　　晚晚 uan^{54}uan^{54}

日子　　　　日子 zʅ^{31}tsʅ^{0}

某一年　　　年份 ŋɛn^{31}fən^{213}

某一月　　　月份 yɛ^{31}fən^{213}

很忙　　　　火忙三天 xo^{54}maŋ^{31}san^{45}thɛn^{45}

闲时　　　　闲时 ʃɛn^{31}ʂʅ^{31}

什么时候　　　哪时 la⁵⁴ ʂ˞³¹

什么时候　　　哪时候 la⁵⁴ ʂ˞³¹ xəu²¹³ 常用于抱怨时间长

　　　　　　　几时 tʃi⁵⁴ ʂ˞³¹

那时　　　　　那时候 la²¹³ ʂ˞³¹ xəu²¹³

　　　　　　　那时 la²¹³ ʂ˞³¹

时辰　　　　　时辰 ʂ˞³¹ ʂən³¹

以前　　　　　前头 tshɛn³¹ thəu³¹

现在　　　　　现在 sɛn²¹³ tsai²¹³

开始时　　　　起先 tʃhi⁵⁴ sɛn⁴⁵

以往　　　　　往时 uaŋ⁵⁴ ʂ˞³¹

　　　　　　　往天 uaŋ⁵⁴ thɛn⁴⁵

后头 xəu²¹³ thəu³¹ 已发生的某事之后

这段时间　　　这段 tɕɛ²¹³ tuan²¹³

那段时间　　　那段 la²¹³ tuan²¹³

前段时间　　　前段 tshɛn³¹ tuan²¹³

过一阵子　　　过一阵子 ko²¹³ i³¹ tʂən²¹³ tsɿ⁰

三　农事、农具

开田　　　　　　开田 khai⁴⁵ thɛn³¹ 开垦稻田

开山 khai⁴⁵ ʂan⁴⁵ 开发山地

耙田　　　　　　打田 ta⁵⁴ thɛn³¹

春耕　　　　　　春耕 tʂhuən⁴⁵ kən⁴⁵

夏收　　　　　　夏收 ʃia²¹³ ʂəu⁴⁵

秋收　　　　　　秋收 tʃhiəu⁴⁵ ʂəu⁴⁵

整地　　　　　　整地 tʂən⁵⁴ li²¹³

下种　　　　　　种土 tʂəŋ²¹³ thəu⁵⁴

育种　　　　　　下秧子 ʃia²¹³ iaŋ⁴⁵ tsɿ⁰

插秧　　　　　　栽秧 tsai⁴⁵ iaŋ⁴⁵

拔秧苗　　　　　扯秧 tʂhɛ⁵⁴ iaŋ⁴⁵

薅草　　　　　　薅草 xau⁴⁵ tshau⁵⁴ 玉米地除草

薅秧 xau⁴⁵ iaŋ⁴⁵ 用脚给稻田除草

稻穗　　　　　　谷线子 ku³¹ sɛn²¹³ tsɿ⁰

稻谷出穗　　　出线子 tʂhu³¹sɛn²¹³tsʅ⁰

扬花　　　　　扬花 iaŋ³¹xua⁴⁵

即将出穗　　　含苞 xan³¹pau⁴⁵

割稻谷　　　　割谷子 ko³¹ku³¹tsʅ⁰

加工稻米　　　打米 ta⁵⁴mi⁵⁴

磨米　　　　　推米 thuəi⁴⁵mi⁵⁴

打谷场　　　　打谷场 ta⁵⁴ku³¹tʂhaŋ³¹

打麦场　　　　打麦场 ta⁵⁴mɛ³¹tʂhaŋ³¹

锄地　　　　　锄地 tʂhu³¹ti²¹³

松土　　　　　犁土 li³¹thəu⁵⁴

　　　　　　　松土 soŋ⁴⁵thəu⁵⁴

舂米　　　　　舂米 tʂhoŋ⁴⁵mi⁵⁴

挖土 ua⁴⁵thəu⁵⁴用锄头翻地

米糠　　　　　谷糠 ku³¹khaŋ⁴⁵

玉米　　　　　苞米 pau⁴⁵mi⁵⁴

玉米糠　　　　苞糠 pau⁴⁵khaŋ⁴⁵

陈年谷子　　　陈谷子 tʂhən³¹ku³¹tsʅ⁰

新谷子　　　　新谷子 sin⁴⁵ku³¹tsʅ⁰

肥料　　　　　肥料 fəi³¹liau²¹³

粪草 fən²¹³tshau⁵⁴把草料发酵形成的肥料

化肥　　　　　化肥 xua²¹³fəi³¹

磷肥　　　　　磷肥 lin³¹fəi³¹

氮肥　　　　　氮肥 tan²¹³fəi³¹

钾肥　　　　　钾肥 tʃia³¹fəi³¹

复合肥　　　　复合肥 fu³¹xo³¹fəi³¹

粪 fən²¹³以动物粪便为原料的农家肥

　粪肥 fən²¹³fəi³¹

猪粪　　　　　猪粪 tʂu⁴⁵fən²¹³

牛粪　　　　　牛粪 ȵiəu³¹fən²¹³

马粪　　　　　马粪 ma⁵⁴fən²¹³

拾粪肥　　　　拣粪 tʃɛn⁵⁴fən²¹³

施肥　　　　　丢肥 tiəu⁴⁵fəi³¹

追肥 tsuəi⁴⁵fəi³¹

放粪 faŋ²¹³fən²¹³施干的农家肥

淋粪 lin³¹fən²¹³施湿的农家肥

撒底肥 sa⁵⁴ti⁵⁴fəi³¹往还没插秧的稻田里撒肥料

洒农药　　　打药 ta⁵⁴io³¹

放牛　　　　看牛 khan²¹³ȵiəu³¹

浇水　　　　淋水 lin³¹ʃuəi⁵⁴

看水 khan²¹³ʂuəi⁵⁴看水田的水

放水 faŋ²¹³ʂuəi⁵⁴放水进田，放水锄田

排水 phai³¹ʂuəi⁵⁴把多余的水排出水田

开沟　　　　开沟 khai⁴⁵kəu⁴⁵

打水沟 ta⁵⁴ʂuəi⁵⁴kəu⁴⁵大水冲出的沟

用吊桶打水　打水 ta⁵⁴ʂuəi⁵⁴

水井　　　　水井 ʂuəi⁵⁴tsin⁵⁴

水桶　　　　水桶 ʂuəi⁵⁴thoŋ⁵⁴

桶耳　　　　桶耳朵 thoŋ⁵⁴o⁵⁴to⁵⁴

打水钩 ta⁵⁴ʂuəi⁵⁴kəu⁴⁵打水用的绳索上系的钩子

黄桶 xuaŋ³¹thoŋ⁵⁴用来蓄水的大水缸

　　黄缸 xuaŋ³¹kaŋ⁴⁵

水车　　　　水车 ʂuəi⁵⁴tʂhɛ⁴⁵

牛轭　　　　加档 tʃia⁴⁵taŋ²¹³

牛笼嘴　　　牛笼嘴 ȵiəu³¹loŋ³¹tsuəi⁵⁴竹篾编成的套牛嘴的器具

　　牛笼头 ȵiəu³¹loŋ³¹thəu³¹

马笼嘴　　　马笼头 ma⁵⁴loŋ³¹thəu³¹用麻绳编成的牵马的器具

穿鼻了 tʂhuan⁴⁵pi³¹tsʅ⁰给牛穿鼻了

穿鼻圈 tʂhuan⁴⁵pi³¹tʃhyɛn⁴⁵穿在牛鼻子里的木棍或铁环

牛绳　　　　牵牛索 tʃhɛn⁴⁵ȵiəu³¹so³¹较细

　　　　　　手索 ʂəu⁵⁴so³¹比牵牛索粗

勾索 kəu⁴⁵so³¹一端系木钩用于捆草的绳子

犁　　　　　犁 li³¹

铧口　　　　铧口 xua³¹khəu⁵⁴

　　　　　　犁嘴子 li³¹tsuəi⁵⁴tsʅ⁰

大铧 ta²¹³xua³¹ 犁土用的铧口

小铧 siəu⁵⁴xua³¹ 翻田用的铧口

犁柱　　　犁柱子 li³¹tʂu²¹³tsɿ⁰ 犁中部起固定作用的直木

犁把　　　犁把手 li³¹pa⁵⁴ʂəu⁵⁴

犁辕　　　犁辕 li³¹yɛn³¹

犁头　　　犁头 li³¹thəu³¹ 犁的翻土的部分

牛打脚 ȵiəu³¹ta⁵⁴tʃio³¹ 连接牛枷档与铧口的木制物件，用以控制牛的行进方向，呈 U 形

犁扣 li³¹khəu²¹³ 扣"牛打脚"的工具

拌讲带 phan²¹³tʃiaŋ⁵⁴tai²¹³ 拌牛脖子上的绳

石磨　　　石磨 ʂɿ³¹mo²¹³

□子 ləi²¹³tsɿ⁰ 较大的磨

磨子 mo²¹³tsɿ⁰ 较小，仅用于磨豆腐的磨

磨盘　　　磨盘 mo²¹³phan³¹

　　　　　磨槽 mo²¹³tshau³¹

磨眼儿　　磨口 mo²¹³khəu⁵⁴

磨耳 mo²¹³o⁵⁴ 磨的柄

磨把手　　磨搭钩 mo²¹³ta³¹kəu⁴⁵

　　　　　磨拐 mo²¹³kuai⁵⁴

　　　　　磨把手 mo²¹³pa⁵⁴ʂəu⁵⁴

磨芯　　　磨芯 mo²¹³sin⁴⁵ 石磨底盘的中心起固定作用的突起

磨齿　　　磨齿 mo²¹³tʂʅ⁵⁴

碾子　　　碾子 ŋɛn⁵⁴tsɿ⁰

水碾　　　水碾 ʃuəi⁵⁴ŋɛn⁵⁴ 靠水力推动的碾子

筛子　　　筛箕 ʂai⁴⁵tʃi⁴⁵

　　　　　筛子 ʂai⁴⁵tsɿ⁰

吊筛 tiau²¹³ʂai⁴⁵ 悬挂使用的大筛子

粗筛 tshəu⁴⁵ʂai⁴⁵ 眼儿较大的筛子

细筛 si²¹³ʂai⁴⁵ 眼儿较小的筛子

面筛 mɛn²¹³ʂai⁴⁵ 眼儿很细的用于筛面的筛子

网筛 uaŋ⁵⁴ʂai⁴⁵ 筛沙的网

炭筛 than²¹³ʂai⁴⁵ 用来筛草木灰的筛子

绵筛 mεn^{31} $\mathrm{s}$ai^{45} 用来筛粉末状细小物体的筛子

连盖　　　　连盖 lεn^{31}kai^{213} 一种农具。用于鞭打菜籽或稻、麦秸秆等，使菜籽或残存的谷粒、麦粒脱粒。使用时将其高高举起，用力打下，周而复始

风簸　　　　风簸 foη^{45}po^{213} 一般高一米六七左右，长一米到两米，宽六十厘米。内有风箱，中部安有风扇。木质材料做成，口敞而颈细。一端是浑圆的腹腔，内置摇扇，另一端则是个方形出口，腹下设有一前一后两个错开位置的向下出口。它的四肢向下矗立着，目的是为了使它站立得稳如泰山。内置木质扇片，一般六片或八片。用生铁做轴，引出外面，安装手动摇把，人力摇动吹风。

碓　　　　　春碓 t$\mathrm{s}$hoη^{45}tu$\ni^{213}$

　　　　　　碓 tu$\ni^{213}$

碓窝　　　　碓窝 tu$\ni^{213}$o^{45}

碓滚子 tu$\ni^{213}$ku$\ni$n^{54}ts$\mathrm{\eta}^{0}$ 碓上起杠杆作用的工具

碓嘴　　　　碓嘴 tu$\ni^{213}$tsu$\ni^{54}$ 春米的杵。一般包金属，末梢略尖如鸟嘴，故名

碓尾巴 tu$\ni^{213}$u$\ni^{54}$pa^{45} 用脚踩以使另一头的碓嘴抬起利用重力往下春的部位

碓身子 tu$\ni^{213}$$\mathrm{s}$$\ni$n^{45}ts$\mathrm{\eta}^{0}$ 连接碓尾巴和碓嘴的部位，依据杠杆原理，通过踩踏可使碓嘴上下运动

碓脑壳 tu$\ni^{213}$lau^{54}kho^{31} 碓嘴碓身的连接处

碓叉 tu$\ni^{213}$t$\mathrm{s}$ha^{45} 支撑碓身子的部位

碓桩 tu$\ni^{213}$t$\mathrm{\varsigma}$uaη^{45} 安碓滚子的木制器具

搞碓杆 kau^{54}tu$\ni^{213}$kan^{54} 搅拌碓中物品的器具

耙　　　　　耙 pha^{31}

钉耙　　　　钉耙 tin^{45}pha^{31}

木耙　　　　木耙 mu^{31}pha^{31}

六齿耙　　　六齿耙 l$\ni$u^{31}t$\mathrm{\varsigma}^{54}$pha^{31}

四齿耙　　　四齿耙 s$\mathrm{\eta}^{213}$tsh$\mathrm{\eta}^{54}$pha^{31}

十字镐　　　十字钩 $\mathrm{\varsigma}^{31}$ts$\mathrm{\eta}^{213}$k$\ni$u^{45}

锄头　　　　锄 tsh$\ni$u^{31}

铲锄 t$\mathrm{\varsigma}$huan^{54}tsh$\ni$u^{31} 较大的锄头

挖锄　　　　挖锄 ua⁴⁵tshəu³¹ 刀部较窄的锄头，适于深挖

薅锄　　　　薅锄 xau⁴⁵tshəu³¹ 除草用的短柄小锄

马刀 ma⁵⁴tau⁴⁵ 直而长的刀

镰刀　　　　镰刀 lɛn³¹tau⁴⁵

发镰 fa³¹lɛn³¹ 割稻谷用的镰刀

镰砍刀 lɛn³¹khan⁵⁴tau⁴⁵ 砍柴用的弯刀

砍刀 khan⁵⁴tau⁴⁵

沙刀 ʂa⁴⁵tau⁴⁵ 砍柴用的弯而较小的刀

铁铲　　　　铁铲 thɛ³¹tʂhuan⁵⁴

　　　　　　洞锹 toŋ²¹³tshiau⁴⁵

围席 uəi³¹si³¹ 用篾片编的狭长的粗席，可以围起来囤粮食

囤箩　　　　　tən²¹³lo³¹ 用竹篾编成的存放粮食的较大的容器

簸箕　　　　簸箕 po⁵⁴tsi⁴⁵

撮箕　　　　撮箕 tsho³¹tʃi⁴⁵

摇箱 iau³¹siaŋ⁴⁵ 用来晒东西的比簸箕大的竹制器具

晒席　　　　晒席 ʂai²¹³si³¹ 晒谷物等用的席子，用竹篾编成

簸盖 po⁵⁴kai²¹³ 用竹子做的半圆形的锅盖

垃圾　　　　渣渣 tʂa⁴⁵tʂa⁴⁵⁻⁵⁴

　　　　　　垃圾 la⁴⁵tsi³¹

花篮 xua⁴⁵lan³¹ 用细竹篾编的小竹篮

菜篮子　　　菜篮 tshai²¹³lan³¹

箩筐　　　　箩 lo³¹

　　　　　　筐 khuaŋ⁴⁵

　　　　　　箩筐 lo³¹khuaŋ⁴⁵

背篓　　　　背篼 pəi²¹³təu⁴⁵

猪笼　　　　猪笼 tʂu⁴⁵loŋ³¹

鸡笼　　　　鸡笼 tʃi⁴⁵loŋ³¹

鸡罩　　　　鸡罩 tʃi⁴⁵tʂau²¹³

扁担　　　　挑担 thiau⁴⁵tan²¹³

起肩　　　　起肩 tʃhi⁵⁴tʃɛn⁴⁵ 把东西扛上肩

扫帚　　　　扫把 sau²¹³pa⁵⁴

竹扫帚　　　竹扫把 tʂu³¹sau²¹³pa⁵⁴

棕扫把 tsoŋ⁴⁵sau²¹³pa⁵⁴ 用棕榈根部树皮制成的扫把

高粱扫把 kau⁴⁵liaŋ³¹sau²¹³pa⁵⁴ 用高粱穗制成的扫帚

苞锹 pau⁴⁵tshiau⁴⁵ 剥玉米秆用的铁制器具

擦子 tsha³¹tsʅ⁰ 剥玉米粒用的铁制器具

丢荒　　　　丢荒 tiəu⁴⁵xuaŋ⁴⁵

开荒　　　　开荒 khai⁴⁵xuaŋ⁴⁵

砍火烟 khan⁵⁴xo⁵⁴iɛn⁴⁵ 第一次开荒

打谷子　　　打谷子 ta⁵⁴ku³¹tsʅ⁰

采茶　　　　掐茶叶 kha³¹tʂha³¹iɛ³¹

种黄豆　　　秧黄豆 iaŋ⁴⁵xaŋ³¹təu²¹³

收稻谷　　　搭谷子 ta³¹ku³¹tsʅ⁰

采猪菜　　　打猪菜 ta⁵⁴tʂu⁴⁵tshai²¹³

插秧　　　　栽秧 tsai⁴⁵iaŋ⁴⁵

薅草　　　　薅秧 xau⁴⁵iaŋ⁴⁵

栽秧耙 tsai⁴⁵iaŋ⁴⁵pha³¹ 插秧前粗略地耙田

铲田坎 tʃhuan⁵⁴thɛn³¹khan⁵⁴ 耙田时用锄头除掉田坎上的草

上田坎 ʂaŋ²¹³thɛn³¹khan⁵⁴ 用泥加固田坎

露水谷 ləu²¹³ʐuəi⁵⁴ku³¹ 早晨收回的谷子

晒谷子　　　晒谷子 ʂai²¹³ku³¹tsʅ⁰

挖地　　　　挖土 ua⁴⁵thəu⁵⁴

犁田犁地　　犁土 li³¹thəu⁵⁴

放水 faŋ²¹³ʐuəi⁵⁴ 准备收稻谷时把田里水放掉

种玉米　　　种土 tʂoŋ²¹³thəu⁵⁴

补种玉米　　补苞谷 pu⁵⁴pau⁴⁵ku³¹

扯苞秧 tʂiɛ⁵⁴pau⁴⁵iaŋ⁴⁵ 拔掉多余的玉米苗
　　　　打苞秧 ta⁵⁴pau⁴⁵iaŋ⁴⁵

扯苞叶 tshɛ⁵⁴pau⁴⁵iɛ³¹ 摘掉玉米叶

收玉米　　　打苞谷 ta⁵⁴pau⁴⁵ku³¹

擦苞谷 tsha³¹pau⁴⁵ku³¹ 用工具剥玉米粒

抹苞谷 ma³¹pau⁴⁵ku³¹ 用手掰玉米粒

坐水 tso²¹³ʐuəi⁵⁴ 水田或地头水柜蓄水功能好

不坐水 pu²¹³tso²¹³ʐuəi⁵⁴ 水田或地头水柜蓄水功能差

把石头加工成砂　打砂 ta⁵⁴ ʂa⁴⁵

四　庄稼、植物

粮食　　　　粮食 liaŋ³¹ ʂʅ³¹

　　　　　　五谷 u⁵⁴ ku³¹ 粮食的总称

米　　　　　米 mi⁵⁴

麦子　　　　麦子 mɛ³¹ tsʅ⁰

大麦　　　　大麦 ta²¹³ mɛ³¹

小麦　　　　小麦 siau⁵⁴ mɛ³¹

稻子　　　　稻谷 tau²¹³ ku³¹

谷子　　　　谷子 ku³¹ tsʅ⁰

水秧　ʂɹəi⁵⁴ iaŋ⁴⁵ 在水田里育的秧苗

旱秧　xan²¹³ iaŋ⁴⁵ 在旱地育的秧苗

荞麦　　　　荞子 tʃhiau³¹ tsʅ⁰

大米　　　　大米 ta²¹³ mi⁵⁴

小米　　　　小米 siau⁵⁴ mi⁵⁴

高粱　　　　高粱 kau⁴⁵ liaŋ³¹

粳米　　　　粳米 kəŋ⁴⁵ mi⁵⁴

糯米　　　　糯米 lo²¹³ mi⁵⁴

大糯 ta²¹³ lo²¹³ 植株比小糯高，口感比小糯好，但产量低

小糯 siau⁵⁴ lo²¹³ 比大糯植株矮，但产量比大糯高

黑糯米　　　黑糯 xɛ³¹ lo²¹³

围边糯 uəi³¹ pɛn⁴⁵ lo²¹³ 种在稻田边上的较高的糯米

玉米棒　　　苞谷棒棒 pau⁴⁵ ku³¹ paŋ²¹³ paŋ²¹³⁻⁴⁵

　　　　　　苞棒 pau⁴⁵ paŋ²¹³

　　　　　　苞谷 pau⁴⁵ ku³¹ 未去壳的玉米棒

　　　　　　毛壳子 mau³¹ kho³¹ tsʅ⁰

　　　　　　光□□ kuaŋ⁴⁵ toŋ³¹ toŋ³¹ 已去壳的玉米棒

　　　　　　火烟苞 xo⁵⁴ iɛn⁴⁵ pau⁴⁵ 不结子的呈黑色的玉米棒

苞米 pau⁴⁵ mi⁵⁴ 玉米粒加工后形成的颗粒

苞谷子 pau⁴⁵ ku³¹ tsʅ⁰ 掰成了颗粒的玉米

玉米须　　　红帽 xoŋ³¹ mau²¹³

挂红帽 kua²¹³xoŋ³¹mau²¹³

玉米苗	苞秧 pau⁴⁵iaŋ⁴⁵
稗子	稗子草 pai²¹³tsʅ⁰tshau⁵⁴
	稗子 pai²¹³tsʅ⁰
米糠	米糠 mi⁵⁴khaŋ⁴⁵
粗糠	粗糠 tshəu⁴⁵khaŋ⁴⁵较粗的米糠
细糠	细糠 si²¹³khaŋ⁴⁵较细的米糠
早稻	早稻 tsau⁵⁴tau²¹³
晚稻	晚稻 uan⁵⁴tau²¹³

中稻 tʂoŋ⁴⁵tau²¹³只种一季的稻子

谷壳	谎壳 xuaŋ⁵⁴kho³¹
棉花	棉花 mɛn³¹xua⁴⁵
棉桃	棉花朵朵 mɛn³¹xua⁴⁵to⁵⁴to⁵⁴
	棉花朵 mɛn³¹xua⁴⁵to⁵⁴
麻秆	麻秆 ma³¹kan⁵⁴

青麻 tshin⁴⁵ma³¹麻线的原料，可以捻成绳纳鞋底；少数民族用以织布

黄麻	黄麻 xuaŋ³¹ma³¹
火麻	火麻 xo⁵⁴ma³¹
火麻菜	火麻菜 xo⁵⁴ma³¹tshai²¹³一种以火麻籽为原料烹制成的

菜肴

芝麻	芝麻 tʂʅ⁴⁵ma³¹
向日葵	太阳花 thai²¹³iaŋ³¹xua⁴⁵
葵花籽	太阳花子 thai²¹³iaŋ³¹xua⁴⁵tsʅ⁰
红薯	苕 ʂau³¹
花心红薯	花心苕 xua⁴⁵sin⁴⁵ʂau³¹

大白苕 ta²¹³pɛ³¹ʂau³¹皮白的红薯

广苕 kuaŋ⁵⁴ʂau³¹形似鸡蛋的红薯，老品种，个儿较小

山药	青苕 tshin⁴⁵ʂau³¹

炕苕 khaŋ²¹³ʂau³¹人工种植的圆形的山药

红薯叶	苕叶 ʂau³¹iɛ³¹
红薯干	苕干 ʂau³¹kan⁴⁵
红薯藤	苕藤 ʂau³¹thən³¹

四棱莶 sʅ²¹³ləŋ³¹ʂau³¹ 人工种植的藤为四棱的一种山药

马铃薯　　　马铃薯 ma⁵⁴lin³¹ʂu³¹

芋头　　　　芋头 yi²¹³thəu³¹

青芋 tshin⁴⁵yi²¹³ 体形较长的芋头

鸡蛋芋 tʃi⁴⁵tan²¹³yi²¹³ 形似鸡蛋的芋头

切芋 tshɛ³¹yi²¹³ 个儿大且多长芽的芋头

芋头娘娘 yi²¹³thəu³¹ȵiaŋ³¹ȵiaŋ³¹ 用作种子的芋头

芋头崽崽 yi²¹³thəu³¹tsai⁵⁴tsai⁵⁴ 从芋头种子上长出的小芋头

荔浦芋　　　荔浦芋 li²¹³phu⁵⁴yi²¹³

野芋头　　　野芋头 iɛ⁵⁴˙yi²¹³thəu³¹ 野生，不能食用

魔芋　　　　魔芋 mo³¹yi²¹³

芭蕉芋　　　芭蕉芋 pa⁴⁵tsiau⁴⁵yi²¹³

蓝靛　　　　蓝靛 lan³¹tin²¹³

蓝缸 lan³¹kaŋ⁴⁵ 蓝靛制成染料后沉淀下来较硬的残渣

藕　　　　　藕 ŋəu⁵⁴

黄豆　　　　黄豆 xuaŋ³¹təu²¹³

绿豆　　　　绿豆 ləu³¹təu²¹³

黑豆　　　　黑豆 xɛ³¹təu²¹³

红豆　　　　饭豆 fan²¹³təu²¹³

豌豆　　　　豌豆 uan⁴⁵təu²¹³

豌豆苗　　　豌豆颠 uan⁴⁵təu²¹³tɛn⁴⁵

豆角　　　　四季豆 sʅ²¹³tʃi²¹³təu²¹³

荷包豆　　　荷包豆 xo³¹pau⁴⁵təu²¹³

刀豆　　　　刀豆 tau⁴⁵təu²¹³ 形似匕首

猫豆　　　　猫豆 mau⁴⁵təu²¹³

羊角豆 iaŋ³¹ko³¹təu²¹³ 形似羊角的一种豆，一年生，藤类

泥巴豆 ȵi³¹pa⁴⁵təu²¹³ 一种有泥土味儿的豆

钢豆 kaŋ⁴⁵təu²¹³ 生命力很强的一种豆，藤类

花生　　　　花生 xua⁴⁵sən⁴⁵

花生米　　　花生米 xua⁴⁵sən⁴⁵mi⁵⁴

花生衣　　　花生皮 xua⁴⁵sən⁴⁵phi³¹

花生壳　　　花生壳 xua⁴⁵sən⁴⁵kho³¹

茄子　　　　　茄子 tʃhyɛ³¹ tsʅ⁰

菜瓜 tshai²¹³ kua⁴⁵ 可以用来烹制菜肴的瓜的总称

黄瓜　　　　　黄瓜 xuaŋ³¹ kua⁴⁵

青黄瓜　　　　青黄瓜 tshin⁴⁵ xuaŋ³¹ kua⁴⁵ 皮黄、个儿长的黄瓜

热瓜 z̧ɛ³¹ kua⁴⁵ 一种个儿小、生长期短的瓜

丝瓜　　　　　丝瓜 sʅ⁴⁵ kua⁴⁵

丝瓜瓤　　　　丝瓜瓤 sʅ⁴⁵ kua⁴⁵ z̧aŋ³¹

苦瓜　　　　　苦瓜 khu⁵⁴ kua⁴⁵

南瓜　　　　　南瓜 lan³¹ kua⁴⁵

佛手瓜　　　　洋瓜 iaŋ³¹ kua⁴⁵

冬瓜　　　　　冬瓜 toŋ⁴⁵ kua⁴⁵

蛇瓜　　　　　蛇瓜 ʂɛ³¹ kua⁴⁵

香瓜　　　　　香瓜 ʃiaŋ⁴⁵ kua⁴⁵

木瓜　　　　　木瓜 mu³¹ kua⁴⁵

葫芦　　　　　葫芦 fu³¹ lu³¹

瓜子　　　　　瓜子 kua⁴⁵ tsʅ⁵⁴

瓜瓤　　　　　瓜瓤 kua⁴⁵ z̧aŋ³¹

葱　　　　　　葱 tshoŋ⁴⁵

葱花　　　　　葱花 tshoŋ⁴⁵ xua⁴⁵

葱叶　　　　　葱叶子 tshoŋ⁴⁵ iɛ³¹ tsʅ⁰

葱头　　　　　葱脑壳 tshoŋ⁴⁵ lau⁵⁴ kho³¹

洋葱　　　　　洋葱 iaŋ³¹ tshoŋ⁴⁵

大蒜　　　　　大蒜 ta²¹³ suan²¹³

蒜头　　　　　蒜脑壳 suan²¹³ lau⁵⁴ kho³¹

　　　　　　　蒜头 suan²¹³ thəu³¹

独蒜 təu³¹ suan²¹³ 只有一个蒜瓣的蒜

蒜米　　　　　蒜米子 suan²¹³ mi⁵⁴ tsʅ⁰

蒜秆　　　　　蒜秆秆 suan²¹³ kan⁵⁴ kan⁵⁴

蒜叶　　　　　蒜叶子 suan²¹³ iɛ³¹ tsʅ⁰

薄荷　　　　　□皮香 tsoŋ²¹³ phi³¹ ʃiaŋ⁴⁵

狗肉香 kəu⁵⁴ z̧u³¹ ʃiaŋ⁴⁵ 常作为烹饪狗肉的作料

韭菜　　　　　韭葱 tsiəu⁵⁴ tshoŋ⁴⁵

扁菜 pɛn⁵⁴tshai²¹³

韭菜 tsiəu⁵⁴tshai²¹³

西红柿　　　海茄 xai⁵⁴tʃhyɛ³¹

野海茄　　　野海茄 iɛ⁵⁴xai⁵⁴tʃhyɛ³¹一种形似西红柿的不能吃的野果

木海茄 mu³¹xai⁵⁴tʃhyɛ³¹一种形似西红柿的木本植物

姜　　　　　姜 tʃiaŋ⁴⁵

沙姜　　　　山姜 ʂan⁴⁵tʃiaŋ⁴⁵

沙姜 ʂa⁴⁵tʃiaŋ⁴⁵

老姜　　　　老姜 lau⁵⁴tʃiaŋ⁴⁵

嫩姜　　　　嫩姜 lən²¹³tʃiaŋ⁴⁵

辣椒　　　　辣子 la³¹tsʅ⁰

青椒　　　　青椒 tshin⁴⁵tsiau⁴⁵

菜椒 tshai²¹³tsiau⁴⁵

指天椒　　　指天椒 tʂʅ⁵⁴thɛn⁴⁵tsiau⁴⁵

干辣椒　　　干辣子 kan⁴⁵la³¹tsʅ⁰

小米辣 ʃiau⁵⁴mi⁵⁴la³¹一种很小但很辣的辣椒

野米辣 iɛ⁵⁴mi⁵⁴la³¹一种野生植物

米辣树 mi⁵⁴la³¹ʂu²¹³

辣椒粉　　　辣椒面 la³¹tsiau⁴⁵mɛn²¹³

胡椒　　　　胡椒 fu³¹tsiau⁴⁵

两面针　　　两面针 liaŋ⁵⁴mɛn²¹³tʂən⁴⁵

青菜　　　　青菜 tshin⁴⁵tshai²¹³

芥菜　　　　芥菜 kai²¹³tshai²¹³

芥蓝　　　　芥蓝菜 kai²¹³lan³¹tshai²¹³

白菜　　　　白菜 pɛ³¹tshai²¹³

大白菜　　　卷筒白 tʃyɛn⁵⁴thoŋ³¹pɛ³¹

大白菜 ta²¹³pɛ³¹tshai²¹³

包白菜　　　包白菜 pau⁴⁵pɛ³¹tshai²¹³

小白菜　　　小白菜 siau⁵⁴pɛ³¹tshai²¹³

包心芥蓝　　芥蓝包 kai²¹³lan³¹pau⁴⁵

包菜 pau⁴⁵tshai²¹³叶片卷起的青菜的总称

热菜 ʐɛ³¹tshai²¹³一种夹杂在玉米地里种的主要用于喂猪的白菜，长得

好的可供人食用

汤匙菜　　　　调羹菜 thiau³¹kən⁴⁵tshai²¹³叶片椭圆形；叶柄肥厚，青绿色，形似汤匙

莴苣　　　　　莴苣菜 o⁴⁵tʃi⁵⁴tshai²¹³

莴笋　　　　　莴笋 o⁴⁵sən⁵⁴

莴笋叶　　　　莴笋叶 o⁴⁵sən⁵⁴iɛ³¹

芦笋　　　　　龙须菜 loŋ³¹syi⁴⁵tshai²¹³

油麻菜　　　　油麻菜 iəu³¹ma³¹tshai²¹³

芹菜　　　　　芹菜 tʃhin³¹tshai²¹³

香菜　　　　　香菜 ʃiaŋ⁴⁵tshai²¹³

茼蒿　　　　　茼蒿菜 thoŋ³¹xau⁴⁵tshai²¹³

　　　　　　　茼蒿 thoŋ³¹xau⁴⁵

蒿菜 xau⁴⁵tshai²¹³一种形似茼蒿但叶子较细的野菜

芫须　　　　　芫须香 iɛn³¹ʃyi⁴⁵ʃiaŋ⁴⁵

广东香 kuaŋ⁵⁴toŋ⁴⁵ʃiaŋ⁴⁵一种香料植物

瑶人香菜 iau³¹ʐ̩ən³¹ʃiaŋ⁴⁵tshai²¹³一种叶边呈锯齿状的香菜

紫苏　　　　　酒丝叶 tsiəu⁵⁴sɿ⁴⁵iɛ³¹

椿树芽　　　　椿树颠 tʂhuən⁴⁵ʂu²¹³tɛn⁴⁵可烹制菜肴

龙须颠 loŋ³¹ʂu⁴⁵tɛn⁴⁵一种野菜，口感脆滑

油菜　　　　　油菜 iəu³¹tshai²¹³

菜籽　　　　　菜籽 tshai²¹³tsɿ⁵⁴

油菜籽　　　　油菜籽 iəu³¹tshai²¹³tsɿ⁵⁴

蕹菜　　　　　空心菜 khoŋ⁴⁵sin⁴⁵tshai²¹³

西洋菜　　　　西洋菜 si⁴⁵iaŋ³¹tshai²¹³

苋菜　　　　　红米菜 xoŋ³¹mi³⁴tshai²¹³

白花菜　　　　白花菜 pɛ³¹xua⁴⁵tshai²¹³原为野菜，近年渐有人工种植

菜心　　　　　菜心 tshai²¹³sin⁴⁵

菜梗　　　　　菜梗 tshai²¹³kən⁵⁴

雷公根　　　　雷公根 luəi³¹koŋ⁴⁵kən⁴⁵野菜

马蹄菜　　　　马蹄菜 ma⁵⁴thi³¹tshai²¹³雷公根的叶子

剪刀菜　　　　剪刀菜 tsɛn⁵⁴tau⁴⁵tshai²¹³一种形似剪刀的野菜

鸭脚板　　　　鸭脚板 ia³¹tʃio³¹pan⁵⁴野菜，叶片略似鸭脚板

剑杆菜 tʃɛn²¹³kan⁵⁴tshai²¹³一种长大后杆长得像剑的菜

牛皮菜　　　牛皮菜 ȵiəu³¹phi³¹tshai²¹³青菜的一种，叶面较厚

酸荞菜 suan⁴⁵tʃhiau³¹tshai²¹³一种形似荞麦的菜

萝卜　　　　萝卜 lo³¹pu²¹³

花心萝卜　　花心萝卜 xua⁴⁵sin⁴⁵lo³¹pu²¹³

红萝卜　　　红萝卜 xoŋ³¹lo³¹pu²¹³

萝卜干　　　萝卜干 lo³¹pu²¹³kan⁴⁵

树林　　　　树林 ʂɿ²¹³lin³¹

树苗　　　　树秧秧 ʂɿ²¹³iaŋ⁴⁵iaŋ⁴⁵⁻⁵⁴

　　　　　　树秧 ʂɿ²¹³iaŋ⁴⁵

树干　　　　树干 ʂɿ²¹³kan²¹³

树根　　　　树根 ʂɿ²¹³kən⁴⁵

树梢　　　　树颠颠 ʂɿ²¹³tɛn⁴⁵tɛn⁴⁵⁻⁵⁴

树叶　　　　树叶 ʂɿ²¹³iɛ³¹

树皮　　　　树皮 ʂɿ²¹³phi³¹

树枝　　　　树丫枝 ʂɿ²¹³ia⁴⁵tʂɿ⁴⁵

植树　　　　栽树 tsai⁴⁵ʂɿ²¹³

砍树　　　　砍木 khan⁵⁴mu³¹

　　　　　　砍树 khan⁵⁴ʂɿ²¹³

骗树子 ʂan²¹³ʂɿ²¹³tsɿ⁰在树干接近地面的地方把树皮环状切割使树死亡

放水 faŋ²¹³ʂɿəi⁵⁴雨水这天在果树树干上切开点皮放掉一点水，可使果树结的果更多

松树　　　　松木树 soŋ⁴⁵mu³¹ʂɿ²¹³

　　　　　　松木 soŋ⁴⁵mu³¹

　　　　　　松树 soŋ⁴⁵ʂɿ²¹³

松子　　　　松木子 soŋ⁴⁵mu³¹tsɿ⁵⁴

柏树　　　　松柏木 soŋ⁴⁵pɛ³¹mu³¹

杉树　　　　杉木树 ʂa⁴⁵mu³¹ʂɿ²¹³

杉树种子　　杉木子 ʂa⁴⁵mu³¹tsɿ⁵⁴

杉树杆　　　杉木杆 ʂa⁴⁵mu³¹kan⁵⁴

桑树　　　　桑树 saŋ⁴⁵ʂɿ²¹³

桑葚　　　　　桑树泡 saŋ⁴⁵ ʂu²¹³phau⁴⁵

桑叶　　　　　桑叶 saŋ⁴⁵iɛ³¹

柳树　　　　　柳树 liəu⁵⁴ ʂu²¹³

杨树　　　　　杨树 iaŋ³¹ ʂu²¹³

桐树　　　　　桐子树 thoŋ³¹ts〿⁵⁴ ʂu²¹³

桐籽　　　　　桐子 thoŋ³¹ts〿⁵⁴

桐油　　　　　桐油 thoŋ³¹iəu³¹

油茶树　　　　茶子树 t ʂa³¹ts〿⁵⁴ ʂu²¹³

茶子　　　　　茶子 t ʂa³¹ts〿⁵⁴

苦栗树　　　　苦栗木 khu⁵⁴li³¹mu³¹

扣子木 khəu²¹³ts〿⁰mu³¹一种果实像扣子的灌木

桂花树　　　　桂花树 kuəi²¹³xua⁴⁵ ʂu²¹³

桉树　　　　　桉树 ŋan⁴⁵ ʂu²¹³

椿树　　　　　椿木 t ʂhuən³¹mu³¹

　　　　　　　椿木 t ʂhuən⁴⁵ ʂu²¹³

　　　　　　　椿木秧秧 t ʂuən³¹mu³¹iaŋ⁴⁵iaŋ⁴⁵⁻⁵⁴

毛臭椿　　　　毛椿树 mau³¹t ʂuən⁴⁵ ʂu²¹³

枫树　　　　　枫木树 foŋ⁴⁵mu³¹ ʂu²¹³

枫叶　　　　　枫木叶 foŋ⁴⁵mu³¹iɛ³¹

樟树　　　　　樟树 t ʂaŋ⁴⁵ ʂu²¹³

酸枣树　　　　酸枣木 suan⁴⁵tsau⁵⁴mu³¹

　　　　　　　酸枣树 suan⁴⁵tsau⁵⁴ ʂu²¹³

苦楝树　　　　苦楝树 khu⁵⁴lɛn²¹³ ʂu²¹³

豆瓣树　　　　豆瓣树 təu²¹³pan²¹³ ʂu²¹³叶子形似豆瓣

叫□木 tʃiau²¹³tsyi⁵⁴mu³¹把枝条经过整体拧动后抽出来树皮可制成哨子的一种树

毛公树　　　　毛公木 mau³¹koŋ⁴⁵mu³¹

红青冈　　　　红青冈 xoŋ³¹tshin⁴⁵kaŋ⁴⁵

白青冈　　　　白青冈 pɛ³¹tshin⁴⁵kaŋ⁴⁵树干的韧度不如红青冈，易砍伐

拐爪木 kuai⁵⁴t ʂau⁵⁴mu³¹一种叶子形似爪子的树，果实可食

　拐爪树 kuai⁵⁴t ʂau⁵⁴ ʂu²¹³

白筋条树 pɛ³¹tʃin⁴⁵thiau³¹ ʂu²¹³一种树干略呈白色生长迅速的树

黄泡刺　　　黄泡刺 xuaŋ³¹ phau⁴⁵ tshʅ²¹³ 一种所结果实当地称为"黄泡"的藤类植物，长有刺

青球木 tshin⁴⁵ tʃhiəu³¹ mu³¹ 一种果实小而圆的树

火辣树　　　火辣木 xo⁵⁴ la³¹ mu³¹ 树皮磨成的粉末可致人皮肤过敏

肥田树 fəi³¹ thɛn³¹ ʂʅ²¹³ 一种常作为绿肥原料的植物

燕蒿树 iɛn⁵⁴ xau⁴⁵ ʂʅ²¹³ 植株较大

瓦爪子 ua⁵⁴ t ʐua³¹ tsʅ⁰ 一种植株很小的灌木

岩趴木 ŋai³¹ pa⁴⁵ mu³¹ 一种趴在岩石上生长的灌木

　　趴岩木 pa⁴⁵ ŋai³¹ mu³¹

岩切兰 ŋai³¹ tshɛ³¹ lan³¹ 一种树，可制作桌面、砧板

岩席子 ŋai³¹ ʃi³¹ tsʅ⁰ 一般用作烧柴，通常生长在石山上

大雁山红 ta²¹³ iɛn²¹³ ʂan⁴⁵ xoŋ⁴⁵ 树干至多长到水杯粗细的一种树

小雁山红 siau⁵⁴ iɛn²¹³ ʂan⁴⁵ xoŋ⁴⁵ 树干比大雁山红更小，可入药，治拉肚子

糠壳木 khaŋ⁴⁵ kho³¹ mu³¹ 老了树皮会一层层揭开脱落，一般作烧柴

米面翁　　　九层皮 tʃiəu⁵⁴ tshən³¹ phi³¹ 树皮多层，可制绳索

脱皮龙 tho³¹ phi³¹ loŋ³¹ 一种一年脱一次皮的灌木

油木子 iəu³¹ mu³¹ tsʅ⁰ 一种用作烧柴的树，果实鸟喜食

油茶树　　　茶籽木 t ʂha³¹ tsʅ⁵⁴ mu³¹

蓝靛桑 lan³¹ tɛn²¹³ saŋ⁴⁵ 一种形似蓝靛的树

白杨木 pɛ³¹ iaŋ³¹ mu³¹ 不是白杨树

乌泡树 u⁴⁵ phau⁴⁵ ʂʅ²¹³ 叶子可食用的一种树

□叶树 kəu³¹ iɛ³¹ ʂʅ²¹³

饭香木 fan²¹³ ʃiaŋ⁴⁵ mu³¹ 一种焚烧后很香的树，一般正月初一都烧这种树，平时也用作烧柴

山菌子母 ʂan⁴⁵ tʃyn²¹³ tsʅ⁰ mu³¹ 叶子圆，一般用作烧柴的树

竹子　　　　竹子 t ʂu³¹ tsʅ⁰

栏竹 lan³¹ t ʂu³¹ 一般用于制作栏杆

金竹　　　　金竹 tʃin⁴⁵ t ʂu³¹

白竹　　　　白竹 pɛ³¹ t ʂu³¹

苦竹　　　　苦竹 khu⁵⁴ t ʂu³¹

甜竹　　　　甜竹 thɛn³¹ t ʂu³¹

毛竹　　　　　毛竹 mau³¹t ʂu³¹

竹笋　　　　　笋子 sən⁵⁴tsʅ⁰

　　　　　　　笋 sən⁵⁴

苦笋　　　　　苦笋 khu⁵⁴sən⁵⁴

甜笋　　　　　甜笋 thɛn³¹sən⁵⁴

梁山竹 liaŋ³¹ʂan⁴⁵t ʂu³¹长成后截面最大只有小碗大小

干笋　　　　　干笋子 kan⁴⁵sən⁵⁴tsʅ⁰

笋壳　　　　　笋壳 sən⁵⁴kho³¹

竹竿　　　　　竹竿 t ʂu³¹kan⁵⁴

竹根　　　　　竹蔸蔸 t ʂu³¹təu⁴⁵təu⁴⁵⁻⁵⁴

竹叶　　　　　竹叶子 t ʂu³¹iɛ³¹tsʅ⁰

　　　　　　　竹叶 t ʂu³¹iɛ³¹

竹梢　　　　　竹颠颠 t ʂu³¹tɛn⁴⁵tɛn⁴⁵⁻⁵⁴

竹鞭　　　　　竹鞭 t ʂu³¹pɛn⁴⁵

篾条　　　　　篾条 mɛ³¹thiau³¹

黄篾 xuaŋ³¹mɛ³¹竹篾的内面

青篾 tshin⁴⁵mɛ³¹竹篾的表面

水果　　　　　果子 ko⁵⁴tsʅ⁰

　　　　　　　水果 ʂuəi⁵⁴ko⁵⁴

桃子　　　　　桃子 thau³¹tsʅ⁰

七月桃 tshi³¹yɛ³¹thau³¹一种七月成熟的桃子

八月桃 pa³¹yɛ³¹thau³¹一种八月成熟的桃子

鸡蛋桃 tʃi⁴⁵tan²¹³thau³¹圆形，形似鸡蛋的一种桃子

早桃　　　　　早桃子 tsau⁵⁴thau³¹tsʅ⁰

水蜜桃　　　　水蜜桃 ʂuəi⁵⁴mi³¹thau³¹

杨桃　　　　　杨桃 iaŋ³¹thau³¹

酸梅　　　　　酸梅 suan⁴⁵məi³¹

李子　　　　　李子 li⁵⁴tsʅ⁰

鸡蛋李　　　　鸡蛋李 tʃi⁴⁵tan²¹³li⁵⁴形似鸡蛋的李子

油桃　　　　　桃李 thau³¹li⁵⁴

苹果　　　　　苹果 phin³¹ko⁵⁴

枣　　　　　　枣 tsau⁵⁴

梨子　　　　　梨子 li³¹tsʅ⁰

沙梨　　　　　沙梨 ʂa⁴⁵li³¹

雪梨　　　　　雪梨 syɛ³¹li³¹

枇杷　　　　　枇杷果 phi³¹pha³¹ko⁵⁴

黄皮果　　　　黄皮果 xuaŋ³¹phi³¹ko⁵⁴

柿子　　　　　柿子 ʂʅ²¹³tsʅ⁰

灯笼柿 tən⁴⁵loŋ³¹ʂʅ²¹³形似灯笼的柿子

水柿 ʂɹəi⁵⁴ʂʅ²¹³用石灰水浸泡后才能食用的柿子

柿饼　　　　　柿饼 ʂʅ²¹³pin⁵⁴

石榴　　　　　石榴 ʂʅ³¹liəu³¹

番石榴　　　　鸡屎果 tʃi⁴⁵ʂʅ⁵⁴ko⁵⁴

葡萄　　　　　葡萄果 phu³¹thau³¹ko⁵⁴

柚子　　　　　橙子 tshən³¹tsʅ⁰

橙子　　　　　柑子果 kan⁴⁵tsʅ⁰ko⁵⁴

　　　　　　　柑子 kan⁴⁵tsʅ⁰

饼柑 pin⁵⁴kan⁴⁵饼状的扁平的柑子

椪柑　　　　　椪柑 phoŋ²¹³kan⁴⁵

无花果　　　　无花果 u³¹xua⁴⁵ko⁵⁴

龙眼　　　　　龙眼果 loŋ³¹iɛn⁵⁴ko⁵⁴

龙眼肉　　　　龙眼肉 loŋ³¹iɛn⁵⁴ʐu³¹

荔枝　　　　　荔枝果 li²¹³tʂʅ⁴⁵ko⁵⁴

荔枝干　　　　荔枝干 li²¹³tʂʅ⁴⁵kan⁴⁵

芒果　　　　　芒果 maŋ⁴⁵ko⁵⁴

椰子　　　　　椰子果 iɛ⁴⁵tsʅ⁰ko⁵⁴

菠萝　　　　　菠萝 po⁴⁵lo³¹

木菠萝　　　　木菠萝 mu³¹po⁴⁵lo³¹

橄榄　　　　　橄榄 kan⁵⁴lan⁵⁴

牛甘果　　　　牛甘果 ŋiəu³¹kan⁴⁵ko⁵⁴

板栗　　　　　板栗 pan⁵⁴li³¹

核桃　　　　　核桃 xɛ³¹thau³¹

红枣　　　　　酸枣果 suan⁴⁵tsau⁵⁴ko⁵⁴

拐枣 kuai⁵⁴tsau⁵⁴拐枣树的果实

刺梨　　　　　刺梨子 tshʅ²¹³li³¹tsʅ⁰

火龙果　　　　火龙果 xo⁵⁴loŋ³¹ko⁵⁴龙骨花的果实

番石榴　　　　鸡屎果 tʃi⁴⁵ʂʅ⁵⁴ko⁵⁴当地人认为此种果不好吃

柠檬　　　　　狗屎柑 kəu⁵⁴ʂʅ⁵⁴kan⁴⁵

毛鸡果 mau³¹tʃi⁴⁵ko⁵⁴一种蕨类植物的块茎，可食用，水分多

泡 phau⁴⁵果实小而软的野果

山莓　　　　　三月泡 san⁴⁵yɛ³¹phau⁴⁵一种一般在三月成熟的野果

马奶泡 ma⁵⁴lai⁵⁴phau⁴⁵一种红色的野果，形状略似草莓

马酸泡 ma⁵⁴suan⁴⁵phau⁴⁵一种个儿小的野果，平顶的可食，尖顶的不可食

红米泡 xoŋ³¹mi⁵⁴phau⁴⁵一种果实为小颗粒的野果

茶泡 tʂha³¹phau⁴⁵长不成茶籽的油茶树果实

老虎芋　　　　老虎芋 lau⁵⁴fu⁵⁴yi²¹³果实能致人发痒

西瓜　　　　　西瓜 si⁴⁵kua⁴⁵

荸荠　　　　　马蹄 ma⁵⁴thi³¹

甘蔗　　　　　甘蔗 kan⁴⁵tʂai²¹³

果蔗　　　　　果蔗 ko⁵⁴tʂai²¹³

糖蔗　　　　　糖蔗 thaŋ³¹tʂai²¹³

甘蔗根部　　　甘蔗蔸蔸 kan⁴⁵tʂai²¹³təu⁴⁵təu⁴⁵⁻⁵⁴

甘蔗梢　　　　甘蔗颠颠 kan⁴⁵tʂai²¹³tɛn⁴⁵tɛn⁴⁵⁻⁵⁴

桂花　　　　　桂花 kuəi²¹³xua⁴⁵

菊花　　　　　菊花 tʃyi³¹xua⁴⁵

梅花　　　　　梅花 məi³¹xua⁴⁵

凤仙花　　　　指甲花 tʂʅ⁵⁴tʃia³¹xua⁴⁵

鸡冠花　　　　鸡冠花 tʃi⁴⁵kuan⁴⁵xua⁴⁵

荷花　　　　　荷花 xo³¹xua⁴⁵

荷叶　　　　　荷叶 xo³¹iɛ³¹

水仙花　　　　水仙花 ʂuəi⁵⁴sɛn⁴⁵xua⁴⁵

茉莉花　　　　茉莉花 mo³¹li²¹³xua⁴⁵

夜来香　　　　夜来香 iɛ²¹³lai³¹ʃiaŋ⁴⁵

含羞草　　　　含羞草 xan³¹siəu⁴⁵tshau⁵⁴

牵牛花　　　　喇叭花 la⁵⁴pa⁴⁵xua⁴⁵

牵牛花 tʃhɛn⁴⁵ȵiəu³¹xua⁴⁵

杜鹃花　映山红 in⁵⁴ʂan⁴⁵xoŋ³¹

　　　　杜鹃花 təu²¹³tʃʃyɛn⁴⁵xua⁴⁵

金银花　金银花 tʃin⁴⁵in³¹xua⁴⁵

金花茶　金花茶 tʃin⁴⁵xua⁴⁵tʂha³¹

夹竹桃　夹竹桃 tʃia³¹tʂu³¹thau³¹

万年青　万年青 uan²¹³ȵɛn³¹tshin⁴⁵

吊兰　　吊兰 tiau²¹³lan³¹

白花茶　白花茶 pɛ³¹xua⁴⁵tʂha³¹

木桐花　木桐花 mu³¹thoŋ³¹xua⁴⁵

油桐花　油桐花 iəu³¹thoŋ³¹xua⁴⁵

霸王花　龙骨花 loŋ³¹ku³¹xua⁴⁵

木槿花　木槿花 mu³¹tsin⁵⁴xua⁴⁵叶子可以做菜

粽叶　　粑叶 pa⁴⁵iɛ³¹

爬山虎　爬山虎 pha³¹ʂan⁴⁵fu⁵⁴

蓑衣树　蓑衣树 so⁴⁵i⁴⁵ʂu²¹³

仙人掌　仙人掌 sɛn⁴⁵ʐ.ən³¹tʂaŋ⁵⁴

　　　　观音掌 kuan⁴⁵in⁴⁵tʂaŋ⁵⁴

粘草子　□草子 ȵia⁴⁵tshau⁵⁴tsŋ⁰

铁丝草　铁线草 thɛ³¹sɛn²¹³tshau⁵⁴一种矮小，趴着地面生长，枝干像铁丝的草

芭毛草　芭毛草 pa⁴⁵mau³¹tshau⁵⁴叶子边缘锋利

　　　　铁芭毛 thɛ³¹pa⁴⁵mau³¹

小铁芭毛 siau⁵⁴thɛ³¹pa⁴⁵mau³¹

竹叶菜 tʂu³¹iɛ³¹tshai²¹³生命力旺盛，可致土壤肥力下降，形似竹子的一种草

　　　　竹叶草 tʂu³¹iɛ³¹tshau⁵⁴

紫草　　紫草 tsŋ⁵⁴tshau⁵⁴可用于制作染制五色糯米饭中的紫色染料

染饭花　染饭花 ʐ.an⁵⁴fan²¹³xua⁴⁵常常用于制作染制五色糯米饭中的黄色染料

　　　　染饭黄 ʐ.an⁵⁴fan²¹³xuaŋ³¹

散血草 san²¹³ ʃyɛ³¹ tshau⁵⁴ 一种可以止血的草

菟丝子　　　无娘藤 u³¹ ȵiaŋ³¹ thən³¹

油麻藤　　　油麻藤 iəu³¹ ma³¹ thən³¹

棉藤 mən³¹ thən³¹ 常用以捆扎柴火的藤类植物

青藤 tshin⁴⁵ thən³¹ 植株较细的藤类植物，粗细一般不超过筷子

蓑衣藤　　　蓑衣藤 so⁴⁵ i⁴⁵ thən³¹

鸡屎藤　　　鸡屎藤 tʃi⁴⁵ sɿ⁵⁴ thən³¹ 很软，易折，不能用于捆扎的藤类植物

野棉花　　　野棉花 iɛ⁵⁴ mɛn³¹ xua⁴⁵ 一种果实像棉花，根可治疗胀气的植物

茅草　　　　茅草 mau³¹ tshau⁵⁴

水麻　　　　水麻叶 ʂuəi⁵⁴ ma³¹ iɛ³¹

臭菜 tʂ̧əu²¹³ tshai²¹³ 一种有臭味儿的植物

野韭葱 iɛ⁵⁴ tsiəu⁵⁴ tshoŋ⁴⁵ 叶子形似韭菜的一种植物

大叶满天星　猪屎栏 tʂ̧u⁴⁵ ʂu⁵⁴ lan³¹ 当地人认为这种植物有害

小米木 siau⁵⁴ mi⁵⁴ mu³¹ 一种只适合做烧柴的树

白头翁　　　火草 xo⁵⁴ tshau⁵⁴

雨颠草 yi⁵⁴ tɛn⁴⁵ tshau⁵⁴ 藤类，沿着地面长，藤细、青色，叶子光滑，可入药

野芹菜 iɛ⁵⁴ tʃhin³¹ tshai²¹³ 一种形似芹菜的植物

小芹菜 siau⁵⁴ tʃhin³¹ tshai²¹³ 一种形似芹菜但植株较小的植物

雷公草 luəi³¹ koŋ⁴⁵ tshau⁵⁴ 形似蜈蚣，蜈蚣在加尤话称"雷公虫"

透骨消 thəu²¹³ ku³¹ siau⁴⁵ 一种叶子像雷公根的植物

夏珊瑚 ʃia²¹³ ʂan⁴⁵ hu⁵⁴ 一种草药，可治骨折，可作烹饪田螺的作料

上大黄　　　上大黄 thəu⁵⁴ ta²¹³ xuaŋ³¹ 叶了似莴笋

九龙盘　　　九龙盘 tʃiəu⁵⁴ loŋ³¹ phan³¹ 叶子紫色

黄麻　　　　黄麻 xuaŋ³¹ ma³¹ 老后皮可加工成纳鞋底用的细麻绳

荡水草 taŋ²¹³ ʃuəi⁵⁴ tshau⁵⁴ 挑水时常常铺在水桶的水面上以防止水漾出的蕨类植物

马鞭草 ma⁵⁴ pɛn⁴⁵ tshau⁵⁴ 形似水草

　马棒草 ma⁴⁵ paŋ²¹³ tshau⁵⁴

老娃酸 lau⁵⁴ ua³¹ suan⁴⁵ 一种叶子为六瓣的草，果实酸，可入药

白涵草　　　刀口药 tau⁴⁵khəu⁵⁴io³¹一种嚼碎后可敷在刀伤上起治疗作用的植物

凤尾猪鬃草　小蕨蕨 siau⁵⁴tʃyɛ³¹tʃyɛ³¹

钓鱼钩 tiau²¹³yi³¹kəu⁴⁵一种花色白，像钓鱼钩的植物

车前草　　　咳麻菜 khɛ³¹ma³¹tshai²¹³

雷公根　　　马蹄菜 ma⁵⁴thi³¹tshai²¹³

　　　　　　雷公根 luəi³¹koŋ⁴⁵kən⁴⁵

□凉菜 o³¹liaŋ³¹tshai²¹³一种在较肥沃的田地才能生长的野菜

□团木 kəu²¹³thuan³¹mu³¹一种可喂猪的植物

鸡屎藤 tʃi⁴⁵ʂ¹⁵⁴thən³¹一种草药

大鸡屎藤 ta²¹³tʃi⁴⁵ʂ¹⁵⁴thən³¹叶子比小鸡屎藤大而圆

小鸡屎藤 siau⁵⁴tʃi⁴⁵ʂ¹⁵⁴thən³¹

盐巴叶 iɛn³¹pa⁴⁵iɛ³¹一种植物，制作豆芽时常常以其叶片铺垫在原料底部

甜酒叶 thɛn³¹tsiəu⁵⁴iɛ³¹形似盐巴叶，叶背有毛的植物

牛咳□ ŋiəu³¹khɛ³¹si³¹一种草药，可治疗咳嗽

红牛咳□xoŋ³¹ŋiəu³¹khɛ³¹si³¹叶子红，植株高一米左右，主干截面四棱，疗效比白牛咳□〔si³¹〕好

白牛咳□pɛ³¹ŋiəu³¹khɛ³¹si³¹叶子青色

牛奶果　　　牛奶果 ŋiəu³¹lai⁵⁴ko⁵⁴

地琵琶　　　地琵琶 ti²¹³phi³¹pha³¹叶子形似琵琶的一种藤类植物

　　　　　　地琵琶藤 ti²¹³phi³¹pha³¹thən³¹

高粱菜 kau⁴⁵liaŋ³¹tshai²¹³可吃，花像高粱花

小□叶 siau⁵⁴kəu³¹iɛ³¹藤生的形似□〔kəu³¹〕叶树的植物，皮韧，叶子粗，干折断有浆

小□叶藤 siau⁵⁴kəu³¹iɛ³¹thən³¹藤软，脆，可做猪食

母猪藤　　　母猪藤 mu⁵⁴tʂɹ⁴⁵thən³¹可作为猪食的一种藤类植物

酒丝草 tsiəu⁵⁴sɹ⁴⁵tshau⁵⁴可解小孩儿因饮酒过量而患的一种病的草

寄生茶 tʃi²¹³sən⁴⁵tʂha³¹一种在茶树上寄生的灌木，可入药

泡桐木 phau²¹³thoŋ³¹mu³¹

泡桐树 phau²¹³thoŋ³¹ʂɹ²¹³

蕨鸡草 tʃɛ³¹tʃi⁴⁵tshau⁵⁴一种蕨类植物

豆瓣叶 təu²¹³pan²¹³iɛ³¹叶子像豆瓣，牛爱吃

毛草 mau³¹tshau⁵⁴

五背木 wu⁵⁴bəi²¹³mu³¹

三钱草 san⁴⁵tshɛn³¹tshau⁵⁴一种药用植物

千年矮 tshɛn⁴⁵ȵɛn³¹ŋai⁵⁴一种长不高的药用植物

白花草 pɛ³¹xua⁴⁵tshau⁵⁴一种可以开各种颜色的花儿的药用植物，玉米收获后的地里常生长

当归	当归 taŋ⁴⁵kuəi⁴⁵中草药
花苞	花苞 xua⁴⁵pau⁴⁵
花瓣	花瓣 xua⁴⁵pan²¹³
花蕊	花心 xua⁴⁵sin⁴⁵
蘑菇的通称	菌子 tʃyn²¹³tsʅ⁰
人工种植的香菇	香菌 ʃiaŋ⁴⁵tʃyn²¹³
野生香菇	香菇 ʃiaŋ⁴⁵ku⁴⁵
鲜香蕈	生香菌 sən⁴⁵ʃiaŋ⁴⁵tʃyn²¹³
干香蕈	干香菌 kan⁴⁵ʃiaŋ⁴⁵tʃyn²¹³
蘑菇的根部	菌兜 tʃyn²¹³təu⁴⁵

棉□菌 mɛn³¹ka³¹tʃyn²¹³一种野生蘑菇，在枯树上生长，下雨前长出，可预示下雨

青冈菌 tshin⁴⁵kaŋ⁴⁵tʃyn²¹³一种野生蘑菇，在青冈林里生长

三团菌 san⁴⁵thuan³¹tʃyn²¹³一种一般分三处生长的野生蘑菇

洞菌 toŋ²¹³tʃyn²¹³一种野生的形似凤尾菇的很脆的蘑菇

黄丝菌 xuaŋ³¹sʅ⁴⁵tʃyn²¹³一种形似金针菇但比金针菇矮、胖的野生蘑菇，有香味

牛屎菌 ȵiəu³¹sʅ⁵⁴tʃyn²¹³一种野生的长在牛屎上的不能食用的蘑菇

冬菇	冬菇 toŋ⁴⁵ku⁴⁵
青苔	青苔 tshin⁴⁵thai³¹

水包衣 ʂɿəi⁵⁴pau⁴⁵i⁴⁵一种长在小河里的水生植物

紫菜	紫菜 tsʅ⁵⁴tshai²¹³
鱼腥草	接二根 tsɛ³¹o²¹³kən⁴⁵

牛心 ȵiəu³¹sin⁴⁵没开的芭蕉花，状似牛心

五　虫鱼鸟兽

牲口　　　　　牲口 sən⁴⁵kəu⁵⁴

公马　　　　　公马 koŋ⁴⁵ma⁵⁴

母马　　　　　母马 mu⁵⁴ma⁵⁴

骟马 ʂan²¹³ma⁵⁴骟过的马

小马　　　　　马崽 ma⁵⁴tsai⁵⁴

马阴茎　　　　马鞭 ma⁵⁴pɛn⁴⁵

公牛　　　　　牯牛 ku⁵⁴ȵiəu³¹

　　　　　　　公牛 koŋ⁴⁵ȵiəu³¹配种用的雄牛

　　　　　　　骚牯 sau⁴⁵ku⁵⁴

阉过的公牛　　阉牯 iɛn⁴⁵ku⁵⁴

　　　　　　　骟牯子 ʂan²¹³ku⁵⁴tsʅ⁰

骟牛　　　　　骟牛 ʂan²¹³ȵiəu³¹

母牛　　　　　母牛 mu⁵⁴ȵiəu³¹

牸牛 tsʅ²¹³ȵiəu³¹未生育的母牛

水牛　　　　　水牛 ʂuəi⁵⁴ȵiəu³¹

公黄牛　　　　黄牯子 xuaŋ³¹ku⁵⁴tsʅ⁰

小牛　　　　　牛崽 ȵiəu³¹tsai⁵⁴

翻圈 fan⁴⁵tʃyɛn²¹³家畜发情

下崽 ʃia²¹³tsai⁵⁴家畜生育

牛反刍　　　　反草 fan⁵⁴tshau⁵⁴

驴　　　　　　驴子 ləu³¹tsʅ⁰

公驴　　　　　公驴 koŋ⁴⁵ləu³¹

母驴　　　　　母驴 mu⁵⁴ləu³¹

骡子　　　　　骡子 lo³¹tsʅ⁰

骆驼　　　　　骆驼 lo³¹tho³¹

羊　　　　　　羊子 iaŋ³¹tsʅ⁰

绵羊　　　　　绵羊 mɛn³¹iaŋ³¹

山羊　　　　　山羊 ʂan⁴⁵iaŋ³¹

公羊　　　　　牯羊 ku⁵⁴iaŋ³¹

　　　　　　　公羊 koŋ⁴⁵iaŋ³¹配种用的雄羊

母羊　　　　母羊 mu⁵⁴ ˙iaŋ³¹

羊羔　　　　羊崽 iaŋ³¹ tsai⁵⁴

狗　　　　　狗 kəu⁵⁴

狗阴茎　　　狗鞭 kəu⁵⁴ pɛn⁴⁵

狗肾　　　　狗肾 kəu⁵⁴ ʂən²¹³

公狗　　　　公狗 koŋ⁴⁵ kəu⁵⁴

　　　　　　伢狗 ia³¹ kəu⁵⁴

母狗　　　　母狗 mu⁵⁴ kəu⁵⁴ 已生育

　　　　　　草狗 tshau⁵⁴ kəu⁵⁴ 未生育

小狗　　　　狗崽 kəu⁵⁴ tsai⁵⁴

小公狗　　　伢狗崽 ia³¹ kəu⁵⁴ tsai⁵⁴

哈巴狗　　　哈巴狗 xa⁴⁵ pa⁴⁵ kəu⁵⁴

疯狗　　　　癫狗 tɛn⁴⁵ kəu⁵⁴

猫　　　　　猫 mau⁴⁵

野猫　　　　野猫 iɛ⁵⁴ mau⁴⁵

公猫　　　　男猫 lan³¹ mau⁴⁵

母猫　　　　女猫 ȵyi⁵⁴ mau⁴⁵

　　　　　　母猫 mu⁵⁴ mau⁴⁵

　　　　　　猫娘娘 mau⁴⁵ ȵiaŋ³¹ ȵiaŋ³¹ 生育过的母猫

走草 tsəu⁵⁴ tshau⁵⁴ 猫和狗发情

公猪　　　　伢猪 ia³¹ tʂʅ⁴⁵

　　　　　　公猪 koŋ⁴⁵ tʂʅ⁴⁵

种猪　　　　种猪 tʂoŋ⁵⁴ tʂʅ⁴⁵

母猪　　　　母猪 mu⁵⁴ tʂʅ⁴⁵

小猪　　　　猪崽 tʂʅ⁴⁵ tsai⁵⁴

阉猪　　　　劁猪 tsiau⁴⁵ tʂʅ⁴⁵

　　　　　　割猪 ko³¹ tʂʅ⁴⁵

牲畜怀孕　　串崽 tʂhuan²¹³ tsai⁵⁴

兔子　　　　兔子 thəu²¹³ tsʅ⁰

野兔　　　　野兔子 iɛ⁵⁴ thəu²¹³ tsʅ⁰

鸡　　　　　鸡 tʃi⁴⁵

公鸡　　　　公鸡 koŋ⁴⁵ tʃi⁴⁵

小公鸡　　　公鸡崽 koŋ⁴⁵tʃi⁴⁵tsai⁵⁴

子鸡 tsɿ⁵⁴tʃi⁴⁵还没孵蛋的雌鸡

母鸡　　　　母鸡 mu⁵⁴tʃi⁴⁵

骟鸡　　　　骟鸡 ʂan²¹³tʃi⁴⁵

种鸡　　　　种公鸡 tʂoŋ⁵⁴koŋ⁴⁵tʃi⁴⁵

菢母鸡 pau²¹³mu⁵⁴tʃi⁴⁵带小鸡的母鸡

赖菢鸡 lai²¹³pau²¹³tʃi⁴⁵正在孵蛋的鸡

赖菢 lai²¹³pau²¹³正在孵蛋

小鸡　　　　鸡娃崽 tʃi⁴⁵ua³¹tsai⁵⁴

鸡蛋　　　　鸡蛋 tʃi⁴⁵tan²¹³

软壳蛋　　　软壳蛋 ʐuan⁵⁴kho³¹tan²¹³

　　　　　　□壳蛋 pha⁴⁵kho³¹tan²¹³

下蛋　　　　生蛋 sən⁴⁵tan²¹³

鸡孵蛋　　　菢鸡娃 pau²¹³tʃi⁴⁵ua³¹

　　　　　　菢鸡娃崽 pau²¹³tʃi⁴⁵ua³¹tsai⁵⁴

臭鸡蛋　　　寡鸡蛋 kua⁵⁴tʃi⁴⁵tan²¹³

双黄蛋　　　双黄蛋 ʂuaŋ⁴⁵xuaŋ³¹tan²¹³

鸡冠　　　　鸡冠子 tʃi⁴⁵kuan⁴⁵tsɿ⁰

　　　　　　鸡冠 tʃi⁴⁵kuan⁴⁵

　　　　　　冠子 kuan⁴⁵tsɿ⁰

鸡爪　　　　鸡脚爪爪 tʃi⁴⁵tʃio³¹tʂua⁵⁴tʂua⁵⁴

　　　　　　鸡爪子 tʃi⁴⁵tʂua⁵⁴tsɿ⁰

　　　　　　鸡爪 tʃi⁴⁵tʂua⁵⁴

　　　　　　脚爪爪 tʃio³¹tʂua⁵⁴tʂua⁵⁴

鸡腿　　　　鸡脚杆 tʃi⁴⁵tʃio³¹kan⁵⁴

鸭子　　　　鸭子 ia³¹tsɿ⁰

水鸭 ʂuəi⁵⁴ia³¹能下水的鸭子

旱鸭子　　　旱鸭 xan²¹³ia³¹

公鸭　　　　公鸭 koŋ⁴⁵ia³¹

母鸭　　　　母鸭 mu⁵⁴ia³¹

小鸭　　　　鸭崽崽 ia³¹tsai⁵⁴tsai⁵⁴

　　　　　　小鸭子 siau⁵⁴ia³¹tsɿ⁰

鸭蛋　　　　鸭蛋 ia³¹tan²¹³

鹅　　　　　鹅子 ŋo³¹tsʅ⁰

小鹅　　　　小鹅子 siau⁵⁴ŋo³¹tsʅ⁰

野兽　　　　野兽 iɛ⁵⁴ʂəu²¹³

狮子　　　　狮子 sʅ⁴⁵tsʅ⁰

老虎　　　　老虎 lau⁵⁴fu⁵⁴

雌虎　　　　母老虎 mu⁵⁴lau⁵⁴fu⁵⁴

猴子　　　　猴子 xəu³¹tsʅ⁰

狗熊　　　　狗熊 kəu⁵⁴ʃyŋ³¹

熊　　　　　熊 ʃyŋ³¹

猿猴　　　　人熊 z̺ən³¹ʃyŋ³¹

母猿猴　　　人熊婆 z̺ən³¹ʃyŋ³¹pho³¹

野猪　　　　野猪 iɛ⁵⁴tʂɿ⁴⁵

豹子　　　　豹子 pau²¹³tsʅ⁰

狼　　　　　狼 laŋ³¹

狐狸　　　　狐狸 fu³¹li³¹

果子狸　　　果子狸 ko⁵⁴tsʅ⁰li³¹

白面 pɛ³¹mɛn²¹³果子狸鼻梁上一道竖形的白毛

穿山甲　　　穿山甲 tʂhuan⁴⁵ʂan⁴⁵tʃia³¹

铜甲 thoŋ³¹tʃia³¹鳞片为黄色的穿山甲

铁甲 thɛ³¹tʃia³¹鳞片为黑色的穿山甲

黄鼠狼　　　黄鼠狼 xuaŋ³¹ʂui⁵⁴laŋ⁴⁵

老鼠　　　　老鼠子 lau⁵⁴ʂɿəi⁵⁴tsʅ⁰

　　　　　　老鼠 lau⁵⁴ʂɿəi⁵⁴

水老鼠 ʂɿəi³⁴lao³⁴ʂɿəi³⁴一种在河沟里生活的老鼠，个儿小

田鼠　　　　田鼠 thɛn³¹ʂɿəi⁵⁴

松鼠　　　　松鼠 soŋ⁴⁵ʂɿəi⁵⁴

马叨铃 ma⁵⁴tiau⁴⁵lin³¹一种经常爬树的鼠类动物

黄妖灵 xuaŋ³¹iau⁴⁵lin³¹传说运气不好的人被它抓到裤脚后会倒霉的一种鼠类动物

苦老鼠 khu⁵⁴lau⁵⁴ʂɿəi⁵⁴一种肉味儿苦，连猫都不吃的老鼠

竹鼠　　　　竹□tʂɿ³¹liəu⁴⁵

竹鼠 tʂu³¹ʂu⁵⁴

毛溜 mau³¹liəu⁴⁵—一种个儿比竹鼠小但身体比竹鼠长的鼠类动物

偷抢子 thəu⁴⁵tʃiaŋ⁵⁴tsʐ⁰—一种常偷吃谷子的鸟

飞虎 fəi⁴⁵fu⁵⁴—一种能滑翔的动物

蛤蚧	蛤蚧 ko³¹kai²¹³
黄猄	黄□xuaŋ³¹tʃi⁵⁴
旱獭	泥土崽 ȵi³¹thəu⁵⁴tsai⁵⁴
	旱獭 xan²¹³tha³¹
水獭	獭猫 tha³¹mau⁴⁵
	水獭 ʂuəi⁵⁴tha³¹
鸟	鸟 ȵiau⁵⁴
麻雀	老瓦 lau⁵⁴ua⁵⁴
喜鹊	喜鹊 ʃi⁵⁴tsio³¹
麻雀	麻雀 ma³¹tsio³¹
画眉	画眉鸟 xua²¹³mi³¹ȵiau⁵⁴
燕子	燕子 iɛn²¹³tsʐ⁰
大雁	雁 iɛn²¹³
	大雁 ta²¹³iɛn²¹³
斑鸠	斑鸠鸟 pan⁴⁵tʃiəu⁴⁵ȵiau⁵⁴
	斑鸠 pan⁴⁵tʃiəu⁴⁵
鸽子	鸽子鸟 ko³¹tsʐ⁰ȵiau⁵⁴
	鸽子 ko³¹tsʐ⁰
鹌鹑	鹌鹑 ŋan⁴⁵tʂuən³¹
八哥	八哥雀 pa³¹ko⁴⁵tʃhio³¹
鹤	鹤 xo³¹
老鹰	老鹰 lau⁵⁴in⁴⁵

夜食鹰 iɛ²¹³ʂʐ³¹in⁴⁵—一种夜晚才鸣叫的鸟

猫头鹰	猫公雀 mau⁴⁵koŋ⁴⁵tshio³¹
布谷鸟	阳雀 iaŋ³¹tshio³¹

山喳鸟 ʂan⁴⁵tʂa⁴⁵ȵiau⁵⁴—一种尾巴长，叫声唧唧喳喳的鸟

山大娘 ʂan⁴⁵ta²¹³ȵiaŋ³¹—一种尾巴长的鸟

打呱雀 ta⁵⁴kua⁴⁵tshio³¹—一种叫声叽里呱啦的鸟

呱打雀 kua⁴⁵ta⁵⁴tshio³¹

狗窝雀 kəu⁵⁴o⁴⁵tshio³¹一种叫声听起来像"狗窝"的鸟

野鸡	野鸡 iɛ⁵⁴tʃi⁴⁵
野鸭	野鸭 iɛ⁵⁴ia³¹
蝙蝠	岩老鼠 ŋai³¹lau⁵⁴ʂuəi⁵⁴
鸟窝	鸟窠 ȵiau⁵⁴kho³¹
	鸟窝 ȵiau⁵⁴o⁴⁵
蚕	蚕子 tshan³¹tsʅ⁰
	蚕 tshan³¹
蛹	蛹 yŋ⁵⁴也指蚊子的幼虫
蜂蛹	蜂蛹 foŋ⁴⁵yŋ⁵⁴
蚕粪	蚕屎 tshan³¹ʂʅ⁵⁴
	蚕粪 tshan³¹fən²¹³
蜘蛛	播丝 po⁴⁵sʅ⁴⁵
蝉	味□子 uəi²¹³ŋa⁵⁴tsʅ⁰
蚂蚁	蚂蚁子 ma⁵⁴in²¹³tsʅ⁰
	蚂蚁 ma⁵⁴in²¹³

大蚂蚁 ta²¹³ma⁵⁴in⁵⁴个儿大的蚂蚁

小蚂蚁 siau⁵⁴ma⁵⁴in⁵⁴个儿小的蚂蚁

蛇皮蚂蚁 ʂɛ³¹phi³¹ma⁵⁴in⁵⁴不仅咬人,且可用尖嘴蜇人,致人皮肤又麻又痛的一种蚂蚁

黄蚂蚁 xuaŋ³¹ma⁵⁴in⁵⁴一种颜色偏红、黄的蚂蚁

红蚂蚁 xoŋ³¹ma⁵⁴in⁵⁴

钢叫子 kaŋ⁴⁵tʃiau²¹³tsʅ⁰一种个头较大,蜇人很厉害的蚂蚁

土狗崽 thəu⁵⁴kəu⁵⁴tsai⁵⁴一种形似蛐蛐的昆虫

蚯蚓 　虫蟮子 tʂhoŋ³¹ʂan²¹³tsʅ⁰

地虱子 ti²¹³sɛ³¹tsʅ⁰一种常在松而干燥的土里钻窝的虫

地牯牛 ti²¹³ku⁵⁴ȵiəu³¹一种居住在干燥石缝里的虫,常在泥土里钻出小坑

蜈蚣	雷公虫 luəi³¹koŋ⁴⁵tʂhoŋ³¹
蜥蜴	四脚蛇 sʅ²¹³tʃio³¹ʂɛ³¹
壁虎	壁虎 pi²¹³fu⁵⁴

蟒蛇　　　　　老蛇 lau⁵⁴ ɕɛ³¹

　　　　　　　大蟒 ta²¹³ maŋ⁵⁴

眼镜蛇　　　　吹风蛇 tʂhuəi⁴⁵foŋ⁴⁵ ɕɛ³¹

　　　　　　　扁头风 pɛn⁵⁴thəu³¹foŋ⁴⁵

山万蛇　　　　过山风 ko²¹³ ʂan⁴⁵foŋ⁴⁵

青竹蛇　　　　青竹蛇 tshin⁴⁵tʂʅ³¹ ɕɛ³¹

金环蛇　　　　金包铁 tʃin⁴⁵pau⁴⁵thɛ³¹

银环蛇　　　　银包铁 in³¹pau⁴⁵thɛ³¹

九道箍 tʃiəu⁵⁴tau²¹³khu⁴⁵金环蛇、银环蛇的合称

水蛇　　　　　水蛇 ʂuəi⁵⁴ ɕɛ³¹

草蛇　　　　　草蛇 tshau⁵⁴ ɕɛ³¹

黄脖子 xuaŋ³¹po³¹tsʅ⁰ 一种脖子为黄色的蛇

火讲根蛇 xo⁵⁴tʃiaŋ⁵⁴kən⁴⁵ ɕɛ³¹ 一种脖子为红色的蛇

菜花蛇 tshai²¹³xua⁴⁵ ɕɛ³¹ 一种带花斑，头部红色的无毒蛇

毛毛虫　　　　毛虫 mau³¹tʂhoŋ³¹

蚊子 uən³¹tsʅ⁰ 蚊子、苍蝇合称

□公蚊 ka⁵⁴koŋ⁴⁵uən³¹吸血的大蚊子

小蚊子　　　　□□蚊 mɛ³¹mɛ³¹uən³¹

苍蝇　　　　　饭蚊子 fan²¹³uən³¹tsʅ⁰

绿头苍蝇　　　绿蚊子 ləu³¹uən³¹tsʅ⁰

牛蝇　　　　　牛蚊子 ŋiəu³¹uən³¹tsʅ⁰

马蚊子 ma⁵⁴uən³¹tsʅ⁰ 常叮马的苍蝇

蛆　　　　　　蛆 tʃhyi⁴⁵苍蝇的幼虫

叮　　　　　　叮 tin⁴⁵

虱子　　　　　虱子 sɛ³¹tsʅ⁰

虱子卵　　　　虱子蛋 sɛ³¹tsʅ⁰tan²¹³

跳蚤　　　　　跳□蚤 thiau²¹³kɛ³¹tsau⁵⁴

　　　　　　　跳蚤 thiau²¹³tsau⁵⁴

臭虫　　　　　臭虫 tʂhəu²¹³tʂhoŋ³¹

棉虫 mɛn³¹tʂhoŋ³¹米里的米色的虫

蚜虫　　　　　蚜虫 ia³¹tʂhoŋ³¹

瓢虫　　　　　瓢虫 phiau³¹tʂhoŋ³¹

锈皮虫 siəu²¹³ phi³¹ t ʂhoŋ³¹ 一种叮在牛、马身上可使牛、马皮毛脱落的虫

牛虻　　　　牛蜱子 ŋiəu³¹ pi³¹ tsʅ⁰

　　　　　　草蜱子 tshau⁵⁴ pi³¹ tsʅ⁰

　　　　　　牛虱子 ŋiəu³¹ sɛ³¹ tsʅ⁰

蝗虫　　　　□母子 t ʂɿa³¹ mu⁵⁴ tsʅ⁰

油□母 iəu³¹ t ʂɿa³¹ mu⁵⁴ 稻田里的蝗虫

青□母 tshin⁴⁵ t ʂɿa³¹ mu⁵⁴ 一种青色的个儿大的蝗虫

谎话娘 xuaŋ⁵⁴ xua²¹³ ŋiaŋ³¹ 一种拇指头大小，色灰黄，四五月时常趴在墙壁上鸣叫的蝗虫

鬼□母 kuəi⁵⁴ t ʂɿa³¹ mu⁵⁴ 传说由逝去的亲人魂魄所化回家报信的蝗虫

螳螂　　　　老虎大哥 lao⁵⁴ fu⁵⁴ ta²¹³ ko⁴⁵

蛐蛐　　　　叫□子 tʃiau²¹³ tʃyi⁴⁵ tsʅ⁰

蟑螂　　　　油虫 iəu³¹ t ʂhoŋ³¹

蜻蜓　　　　沙蜒 ʂa⁴⁵ iaŋ⁵⁴

水爬虫 ʂɿəi⁵⁴ pha³¹ t ʂhoŋ³¹ 一种可在水面爬行的虫

蜂子 foŋ⁴⁵ tsʅ⁰ 蜂的总称

蜜蜂　　　　糖蜂 thaŋ³¹ foŋ⁴⁵

马蜂　　　　黄蜂 xuaŋ³¹ foŋ⁴⁵

　　　　　　马蜂 ma⁵⁴ foŋ⁴⁵

蜂蛰人　　　锥人 tsuəi⁴⁵ ẓən³¹

马蜂窝　　　黄蜂窝 xuaŋ³¹ foŋ⁴⁵ o⁴⁵

　　　　　　马蜂窝 ma⁵⁴ foŋ⁴⁵ o⁴⁵

蜜糖　　　　蜂糖 foŋ⁴⁵ thaŋ³¹

家蜂　　　　家蜂 tʃia⁴⁵ foŋ⁴⁵

蜂蜡　　　　蜂蜡 foŋ⁴⁵ la³¹

黄蜡 xuaŋ³¹ la³¹ 蜜蜂的窠

萤火虫　　　亮火虫 liaŋ²¹³ xo⁵⁴ t ʂhoŋ³¹

臭屁虫　　　打屁虫 ta⁵⁴ phi²¹³ t ʂhoŋ³¹

飞蛾 fəi⁴⁵ ŋo³¹ 飞蛾和蝴蝶的统称

鱼　　　　　鱼 yi³¹

鲤鱼　　　　鲤鱼 li⁵⁴ yi³¹

鲫鱼　　　　　鲫鱼 tsi³¹ yi³¹

草鱼　　　　　草鱼 tshau⁵⁴ yi³¹

黄鱼　　　　　黄鱼 xuaŋ³¹ yi³¹

带鱼　　　　　带鱼 tai²¹³ yi³¹

塘角鱼　　　　塘角鱼 thaŋ³¹ ko³¹ yi³¹

油鱼 iəu³¹ yi³¹ 一种烹煮时身体出油的鱼

金鱼　　　　　金鱼 tʃin⁴⁵ yi³¹

黄鳝　　　　　黄鳝 xuaŋ³¹ ʂan²¹³

剑鱼 tʃɛn²¹³ yi³¹ 一种身形比较细长的鱼

河鳗　　　　　蛇鱼 ʂɛ³¹ yi³¹

山洞剑鱼 ʂan⁴⁵ toŋ²¹³ tʃɛn²¹³ yi³¹ 一种生活在山洞里的水中，味儿鲜美的鱼

□青鱼 khuan³¹ tshin⁴⁵ yi³¹ 一种味道很鲜美的鱼

趴岩鱼 pa³¹ ŋai³¹ yi³¹ 一种个儿小，喜欢趴在石头上的鱼

胖头鱼　　　　大头鱼 ta²¹³ thəu³¹ yi³¹

泥鳅　　　　　泥鳅 ȵi³¹ tshiəu⁴⁵

钢鳅 kaŋ⁴⁵ tshiəu⁴⁵ 一种身形细长、皮肤发亮的泥鳅

干鱼　　　　　干鱼 kan⁴⁵ yi³¹

　　　　　　　鱼干 yi³¹ kan⁴⁵

鱼崽干 yi³¹ tsai⁵⁴ kan⁴⁵ 晒干的小鱼

鱼鳞　　　　　鱼鳞 yi³¹ lin³¹

鱼刺　　　　　鱼刺 yi³¹ tshʅ²¹³

鱼鳍　　　　　鱼翅 yi³¹ tʂʅ²¹³

鱼鳃　　　　　鱼鳃 yi³¹ sai⁴⁵

鱼鳔　　　　　鱼泡 yi³¹ phau⁴⁵

鱼卵　　　　　鱼蛋 yi³¹ tan²¹³

小鱼　　　　　鱼苗 yi³¹ miau³¹

钓鱼　　　　　钓鱼 tiau²¹³ yi³¹

打鱼　　　　　打鱼 ta⁵⁴ yi³¹

钓鱼竿　　　　钓鱼竿 tiau²¹³ yi³¹ kan⁵⁴

　　　　　　　竿竿 kan⁵⁴ kan⁵⁴

　　　　　　　鱼竿 yi³¹ kan⁵⁴

浮漂	浮漂 fəu³¹piau⁴⁵
装鱼的篓	鱼篓 yi³¹lo³¹
渔网	鱼网 yi³¹uaŋ⁵⁴
撒网	抛网 phau⁴⁵uaŋ⁵⁴
虾	虾 ʃia⁴⁵
小虾	虾崽 ʃia⁴⁵tsai⁵⁴
虾米	虾米子 ʃia⁴⁵mi⁵⁴tsʅ⁰
乌龟	乌龟 u⁴⁵kuəi⁴⁵
山龟	山乌龟 ʂan⁴⁵u⁴⁵kuəi⁴⁵
金钱龟	金钱龟 tʃin⁴⁵tshɛn³¹kuəi⁴⁵
甲鱼	甲鱼 tʃia³¹yi³¹
鳖	鳖 pɛ⁴⁵
螃蟹	盘□ phan³¹ka³¹
螃蟹的螯	钳□ tshɛn³¹ka³¹
大鲵	娃娃鱼 ua³¹ua³¹yi³¹
蟾蜍	赖咳包 lai²¹³khɛ³¹pau⁴⁵
青蛙	咳蟆 khɛ³¹ma³¹
蝌蚪	咳蟆崽 khɛ³¹ma³¹tsai⁵⁴
蚂蟥	蚂蟥 ma⁵⁴xuaŋ³¹
田螺	螺蛳 lo³¹si⁴⁵
	水螺蛳 ʂuəi⁵⁴lo³¹si⁴⁵
	田螺 thɛn³¹lo³¹
山上的螺	石螺 ʂʅ³¹lo³¹
	山螺 ʂan⁴⁵lo³¹
蜗牛	地牛 ti²¹³ȵiəu³¹
	山螺蛳 ʂan⁴⁵lo³¹si⁴⁵
贝壳	贝壳 pəi²¹³kho³¹
海螺	海角 xai⁵⁴ko³¹

六　房屋、器具

房子	房子 faŋ³¹tsʅ⁰
住宅	住宅 tʂu²¹³tʂɛ³¹

阳宅 iaŋ³¹t ɕ³¹ 强调是人居住

祖屋 　　　老房子 lau⁵⁴faŋ³¹tsʅ⁰

栽杈棚 tsai⁴⁵t ʂha⁴⁵phoŋ³¹ 随便搭建的房子

火化 xo⁵⁴xua²¹³ 房子被烧毁

建房 　　　起房子 tʃhi⁵⁴faŋ³¹tsʅ⁰

挖地基 　　　挖屋基 ua⁴⁵u³¹tʃi⁴⁵

沙浆 ʂa⁴⁵tsiaŋ⁴⁵ 水泥、沙子等和水按一定比例混合搅拌后作为建筑材料的黏合剂

下地基 　　　下脚 ʃia²¹³tʃio³¹

倒板 tau⁵⁴pan⁵⁴ 铺水泥地板

盖瓦 kai²¹³ua⁵⁴ 给房子盖瓦

翻瓦 fan⁴⁵ua⁵⁴ 重新翻盖屋瓦

木板墙 　　　木板壁 mu³¹pan⁵⁴pi³¹

装壁头 t ɕuaŋ⁴⁵pi³¹thəu³¹ 用木料搭墙

院子 　　　院坝 yɛn²¹³pa²¹³

　　　　　　院子 yɛn²¹³tsʅ⁰

屋檐 　　　屋檐 u³¹iɛn³¹

瓦檐口 ua⁵⁴iɛn³¹khəu⁵⁴ 屋瓦流水的边缘

屋檐下 　　　屋檐脚 u³¹iɛn³¹tʃio³¹

阶阳坝 kai⁴⁵iaŋ³¹pa²¹³ 房前屋檐下的大片平地

大阶阳 ta²¹³kai⁴⁵iaŋ³¹ 门前无屋檐的较宽的阶阳坝

　　　天星坝 then⁴⁵sin⁴⁵pa²¹³

小阶阳 siau⁵⁴kai⁴⁵iaŋ³¹ 门前有屋檐的较窄的阶阳坝

菜园 　　　菜园子 tshai²¹³yɛn³¹tsʅ⁰

　　　　　　园子 yɛn³¹tsʅ⁰

围墙 　　　围墙 uəi³¹tshiaŋ³¹

外墙 　　　晒壁 ʂai²¹³pi³¹

龙虎壁 loŋ³¹fu⁵⁴pi³¹ 堂屋两边的墙

干壁 kan⁴⁵pi³¹ 房子里除龙虎壁之外的其他墙壁

墙脚 　　　墙脚 tshiaŋ³¹tʃio³¹

春墙 t ʂhoŋ⁴⁵tshiaŋ³¹ 用夯筑的方法筑成的墙

土墙 　　　土墙 thəu⁵⁴tshiaŋ³¹

正房　　　　正房子 tʂən²¹³faŋ³¹tsʅ⁰

厢房　　　　偏房子 phɛn⁴⁵faŋ³¹tsʅ⁰

　　　　　　厢房 siaŋ⁴⁵faŋ³¹

外间　　　　外间 uai²¹³kan⁴⁵

里间　　　　里间 li⁵⁴kan⁴⁵

屋顶　　　　屋顶 u³¹tin⁵⁴

檩子　　　　瓦角 ua⁵⁴ko³¹

椽子　　　　椽角 tʃhuan³¹ko³¹

亮角 liaŋ²¹³ko³¹ 较小的椽子

梯子 ti⁴⁵tsʅ⁰ 台阶和梯子

二滴水 o²¹³ti³¹ʂuəi⁵⁴ 重檐的下一层

天花板　　　天花板 thɛn⁴⁵xua⁴⁵pan⁵⁴

开财门　　　开财门 khai⁴⁵tshai³¹mən³¹ 进新房的仪式，起好房子后开大门

　　　　　　开大门 khai⁴⁵ta²¹³mən³¹

抛梁　　　　抛梁 phau⁴⁵liaŋ³¹ 进新房的仪式，进新房时亲戚往梁上抛糍粑

上梁　　　　上梁 ʂaŋ²¹³liaŋ³¹ 安装建筑物最高一根中梁的过程

打平 ta⁵⁴phin³¹ 使地面平整或光滑

　　平地下 phin³¹ti²¹³ʃia³¹

捶地 tʂhuəi³¹ti²¹³ 捶打地面使其平整

烧火 ʂau⁴⁵xo⁵⁴ 首次进新房子生火

进新房 tsin²¹³sin⁴⁵faŋ³¹ 进新房子

客厅　　　　客厅 khɛ³¹thin⁴⁵

堂屋　　　　堂屋 thaŋ³¹u³¹

后道 xəu²¹³tau²¹³ 客厅后的小屋

神龛　　　　香火堂 ʃiaŋ⁴⁵xo⁵⁴thaŋ³¹

　　　　　　香火 ʃiaŋ⁴⁵xo⁵⁴

香火壁 ʃiaŋ⁴⁵xo⁵⁴pi³¹ 堂屋正面贴堂号的墙

平房　　　　平房 phin³¹faŋ³¹ 与楼房相对

楼房　　　　楼房 ləu³¹faŋ³¹

洋房 iaŋ³¹faŋ³¹ 旧指新式楼房

茅草房　　　草房子 tshau⁵⁴faŋ³¹tsʅ⁰

　　　　　　茅草房 mau³¹tshau⁵⁴faŋ³¹

瓦房　　　　瓦房 ua⁵⁴faŋ³¹

砖房　　　　砖房 tʂuan⁴⁵faŋ³¹

板皮房 pan⁵⁴phi³¹faŋ³¹以木板为墙的房子

三杆两厦 san⁴⁵kan⁵⁴liaŋ⁵⁴ʂua²¹³一种房子的格局，从堂屋到厢房，共三根柱子两个厢房

写字楼　　　写字楼 si⁵⁴tsʅ²¹³ləu³¹

楼上　　　　楼上 ləu³¹ʂaŋ²¹³

楼下　　　　楼底下 ləu³¹ti⁵⁴ʃia²¹³

楼门口　　　楼门口 ləu³¹mən³¹khəu⁵⁴

楼梯　　　　楼梯 ləu³¹thi⁴⁵

人字梯　　　人字梯 ʐən³¹tsʅ²¹³thi⁴⁵

阳台　　　　阳台 iaŋ³¹thai³¹

吊脚楼　　　吊楼 tiau²¹³ləu³¹

　　　　　　吊脚楼 tiau²¹³tʃio³¹ləu³¹

栏杆　　　　栏杆 nan³¹kan⁵⁴

顶棚　　　　天棚 thɛn⁴⁵phoŋ³¹

　　　　　　顶棚 tin⁵⁴phoŋ³¹

房顶　　　　房顶 faŋ³¹tin⁵⁴

瓦块　　　　瓦块块 ua⁵⁴khuai⁵⁴khuai⁵⁴

瓦片凹的一面　瓦沟沟 ua⁵⁴kəu⁴⁵kəu⁴⁵⁻⁵⁴

拆屋瓦　　　捡瓦 tʃɛn⁵⁴ua⁵⁴

梁　　　　　梁 liaŋ³¹

大梁　　　　大梁 ta²¹³liaŋ³¹

小梁　　　　小梁 siau⁵⁴liaŋ³¹

　　　　　　下梁 ʃia²¹³liaŋ³¹

嵌子 tʃhɛn²¹³tsʅ⁰前边的梁

房椽　　　　椽角板 tʂhuan³¹ko³¹pan⁵⁴

　　　　　　椽角 tʂhuan³¹ko³¹

边椽 pɛn⁴⁵tʂhuan³¹侧墙的椽

燕子口 iɛn²¹³tsʅ⁰khəu⁵⁴侧墙留下通风的三角小口

柱子　　　　　柱头 tʂu²¹³thəu³¹

　　　　　　　柱子 tʂu²¹³tsʅ⁰

檩条　　　　　檩条 lin²¹³thiau³¹

楼扶 lən³¹fu³¹支撑楼板的梁，一般为木制

墩　　　　　　墩 tən⁴⁵

码头　　　　　码头 ma⁵⁴thəu³¹

衬木 tʂhən²¹³mu³¹浇铸楼板时垫在下方的木板

枕木 tʂən⁵⁴mu³¹一种建房用的木料，其上置衬木

撑木 tshən²¹³mu³¹一种建房用的木料，用来支撑枕木

板皮 pan⁵⁴phi³¹薄木板

方条　　　　　方条 faŋ⁴⁵thiau³¹厚木板

木屑　　　　　木渣 mu³¹tʂa⁴⁵

大门　　　　　大门 ta²¹³mən³¹

小门　　　　　小门 siau⁵⁴mən³¹

窄门 tsɛ³¹mən³¹大门侧面的小门

后门　　　　　后门 xəu²¹³mən³¹

侧门　　　　　侧门 tshɛ³¹mən³¹

六合门　　　　六合门 ləu³¹xo³¹mən³¹当地房子大门的习惯样式，分为
六扇，通常情况下开中间两扇，逢大事打开其他四扇

　　　　　　　六扇门 lən³¹ʂan²¹³mən³¹

凹门 o⁴⁵mən³¹当地汉族住房大门内凹，大门两侧有墙，各有一个小
门，叫凹门

门槛　　　　　门槛 mən³¹khan⁵⁴

门框　　　　　门框 mən³¹khuaŋ⁴⁵

门板　　　　　门扇 mən³¹ʂan²¹³

　　　　　　　门板 mən³¹pan⁵⁴

右门 iəu²¹³mən³¹厢房的门

门轴　　　　　门轴 mən³¹tʂu³¹

门包 mən³¹pau⁴⁵门拴后的突起

门背　　　　　门背后 mən³¹pəi²¹³xəu²¹³

门栓　　　　　门栓 mən³¹suan⁴⁵

门杠　　　　　门杠 mən³¹kaŋ²¹³

锁　　　　　锁 so^{54}

钥匙　　　　钥匙 io^{31} ʂ^{31}

窗　　　　　窗 tʂuaŋ^{45}

窗门　　　　窗门 tʂuaŋ^{45} mən^{31}

纱窗　　　　纱窗 ʂa^{45} tʂhuaŋ^{45}

花窗　　　　花窗 xua^{45} tʂhuaŋ^{45}

窗台　　　　窗台 tʂhuaŋ^{45} thai^{31}

走廊　　　　走廊 tsəu^{54} laŋ^{31}

过道　　　　通道 thoŋ^{45} tau^{213}

楼道　　　　楼道 ləu^{31} tau^{213}

楼板　　　　楼板 ləu^{31} pan^{54}

天楼板 thɛn^{45} ləu^{31} pan^{54} 木板拼成的楼板

地楼板 ti^{213} ləu^{31} pan^{54} 铺在地上的木制地板

浴室　　　　洗凉房 si^{54} liaŋ^{31} faŋ^{31}

厨房　　　　火间 xo^{54} kan^{45}

　　　　　　灶间 tsau^{213} kan^{45}

火铺 xo^{54} phu^{213} 一种高山汉特有的三条腿的炉子

火坑 xo^{54} khən^{45} 烧火煮饭的地方，略微下凹，上面放置火铺

火塘　　　　火塘 xo^{54} thaŋ^{31}

炕 khaŋ^{213} 火坑上方放置物品的器物，一般放置种子等干物

风箱　　　　风箱 foŋ^{45} siaŋ^{45}

火叉　　　　刨火叉 phau^{31} xo^{54} tʂha^{45}

火钳　　　　火钳 xo^{54} tʃhɛn^{31}

　　　　　　夹钳 ka^{31} tʃhɛn^{31}

三脚猫 san^{45} tʃio^{31} mau^{45} 上置炊具下烧火烹煮食物用的三条腿的架子

厕所　　　　茅司 mau^{31} sʅ^{45}

粪坑　　　　粪坑 fən^{213} khən^{45}

磨房　　　　磨房 mo^{213} faŋ^{31}

马圈　　　　马圈 ma^{54} tʃyɛn^{213}

　　　　　　马棚 ma^{54} phoŋ^{31}

牛圈　　　　牛圈 ŋiəu^{31} tʃyɛn^{213}

　　　　　　牛棚 ŋiəu^{31} phoŋ^{31}

猪圈　　　　猪圈 tʂu⁴⁵tʃyɛn²¹³

羊圈　　　　羊圈 iaŋ³¹tʃyɛn²¹³

狗窝　　　　狗窠 kəu⁵⁴kho⁴⁵

　　　　　　狗窝 kəu⁵⁴o⁴⁵

鸡窝　　　　鸡窠 tʃi⁴⁵kho⁴⁵

　　　　　　鸡窝 tʃi⁴⁵o⁴⁵

猪槽　　　　猪槽 tʂu⁴⁵tshau³¹

鸡槽　　　　鸡槽 tʃi⁴⁵tshau³¹

鸡罩　　　　鸡罩 tʃi⁴⁵tʂau²¹³

□笼 khaŋ⁵⁴loŋ³¹ 罩小鸡的笼子

响篙 ʃiaŋ⁵⁴kau⁴⁵ 下端开裂的竹竿，敲击地面时发出声响，用于赶鸡

柴堆　　　　柴草堆 tʂhai³¹tshau⁵⁴tuəi⁴⁵

　　　　　　柴堆 tʂhai³¹tuəi⁴⁵

家具　　　　家具 tʃia⁴⁵tʃyi²¹³

柜子　　　　柜子 kuəi²¹³tsɿ⁰

高低柜　　　高梯柜 kau⁴⁵thi⁴⁵kuəi²¹³

独立柜　　　独立柜 təu³¹li³¹khuəi²¹³

组合柜　　　组合柜 tsəu⁵⁴xo³¹khuəi²¹³

床头柜　　　床头柜 tʂhuaŋ³¹thəu³¹khuəi²¹³

衣柜　　　　衣柜 i⁴⁵khuəi²¹³

冰柜　　　　冰柜 pin⁴⁵khuəi²¹³

电视柜　　　电视柜 tɛn²¹³ʂɿ²¹³khuəi²¹³

书柜　　　　书柜 ʂu⁴⁵khuəi²¹³

碗柜　　　　碗家 uan⁵⁴tʃia⁴⁵

　　　　　　碗柜 uan⁵⁴khuəi²¹³

碗架　　　　碗架 uan⁵⁴tʃia²¹³

桌子　　　　桌子 tʂo³¹tsɿ⁰

圆桌　　　　圆桌 yɛn³¹tʂo³¹

小圆桌　　　小圆桌 siau⁵⁴yɛn³¹tʂo³¹

方桌　　　　四方桌 sɿ²¹³faŋ⁴⁵tʂo³¹

八仙桌　　　八仙桌 pa³¹sɛn⁴⁵tʂo³¹

高桌子 kau⁴⁵tʂo³¹tsɿ⁰ 高的八仙桌

矮桌子 ŋai⁵⁴ t ʂo³¹ tsɿ⁰ 矮的八仙桌

办公桌	办公桌 pan²¹³ koŋ⁴⁵ t ʂo³¹
书桌	书桌 ʂu⁴⁵ t ʂo³¹
饭桌	饭桌子 fan²¹³ t ʂo³¹ tsɿ⁰
抽屉	拖箱 tho⁴⁵ siaŋ⁴⁵
	拖桶 tho⁴⁵ thoŋ⁵⁴
	柜桶 khuəi²¹³ thoŋ⁵⁴
椅子	椅子 i⁵⁴ tsɿ⁰

睡椅 ʂuəi²¹³ i⁵⁴ 可以躺的椅子

竹椅	竹椅 t ʂu³¹ i⁵⁴
藤椅	藤椅 thən³¹ i⁵⁴
懒人椅	懒人椅 lan⁵⁴ ʐən³¹ i⁵⁴
凳子	板凳 pan⁵⁴ tən²¹³
方凳	方凳 faŋ⁴⁵ tən²¹³
小凳子	小板凳 siau⁵⁴ pan⁵⁴ tən²¹³
圆凳	圆凳 yɛn³¹ tən²¹³
高凳子	高板凳 kau⁴⁵ pan⁵⁴ tən²¹³
	高凳子 kau⁴⁵ tən²¹³ tsɿ⁰
矮凳子	矮板凳 ŋai⁵⁴ pan⁵⁴ tən²¹³
沙发	沙发 ʂa⁴⁵ fa³¹
布沙发	布沙发 pu²¹³ ʂa⁴⁵ fa³¹
皮沙发	皮沙发 phi³¹ ʂa⁴⁵ fa³¹
木沙发	木沙发 mu³¹ ʂa⁴⁵ fa³¹
草墩	草墩 tshau⁵⁴ tən⁴⁵
摇篮	摇篮 iau³¹ lan³¹
吊篮	吊篮 tiau²¹³ lan³¹
床	床 t ʂhuaŋ³¹
床架	床架 t ʂhuaŋ³¹ t ʃia²¹³
床铺	床铺 t ʂhuaŋ³¹ phu⁴⁵
床板	铺板 phu²¹³ pan⁵⁴
	床板 t ʂhuaŋ³¹ pan⁵⁴
蚊帐	帐子 t ʂaŋ²¹³ tsɿ⁰

	蚊帐 uən³¹tʂaŋ²¹³
蚊帐钩	帐钩 tʂaŋ²¹³kəu⁴⁵
	蚊帐钩 uən³¹tʂaŋ²¹³kəu⁴⁵
帐檐 tʂaŋ²¹³iɛn³¹ 蚊帐前的帘子	
蚊帐帘	帐帘 tʂaŋ²¹³lɛn³¹
蚊帐杆	蚊帐杆 uən³¹tʂaŋ²¹³kan⁵⁴
毯子	毯子 than⁵⁴tsʅ⁰
毡子	毡子 tʂan⁴⁵tsʅ⁰
铺盖	铺盖 phu⁴⁵kai²¹³
铺盖卷儿	铺盖桶子 phu⁴⁵kai²¹³thoŋ⁵⁴tsʅ⁰
被窝	被窝 pəi²¹³o⁴⁵
棉胎	铺盖芯 phu⁴⁵kai²¹³sin⁴⁵
	棉絮 mɛn³¹suəi²¹³
褥子	垫铺盖 tɛn²¹³phu⁴⁵kai²¹³
草席	草席 tshau⁵⁴si³¹
席子	席子 si³¹tsʅ⁰
竹席	篾席 mɛ³¹si˙³¹
	竹席 tʂu³¹si˙³¹
枕头	枕头 tʂøn⁵⁴thəu³¹
枕头套	枕套 tʂøn⁵⁴thau²¹³
枕头芯	枕头芯 tʂøn⁵⁴thəu³¹sin⁴⁵
梳妆台	梳妆台 səu⁴⁵tʂuaŋ⁴⁵thai³¹
镜子	镜子 tʃin²¹³tsʅ⁰
镜屏	镜屏 tʃin²¹³phin³¹
闹钟	闹钟 lau²¹³tʂøŋ⁴⁵
座钟	座钟 tso²¹³tʂøŋ⁴⁵
挂钟	挂钟 kua²¹³tʂøŋ⁴⁵
手电筒	手电 ʂəu⁵⁴tɛn²¹³
手提箱	手提箱 ʂəu⁵⁴thi³¹siaŋ⁴⁵
皮箱	皮箱 phi³¹siaŋ⁴⁵
行李箱	行李箱 ʃin³¹li⁵⁴siaŋ⁴⁵
书箱	书箱 ʂu⁴⁵siaŋ⁴⁵

衣架　　　　　衣架 i⁴⁵tʃia²¹³

　　　　　　　衣挂 i⁴⁵kua²¹³

撑衣杆　　　　撑衣杆 tʂhən⁴⁵i⁴⁵kan⁵⁴

尿桶　　　　　尿桶 ŋiau²¹³thoŋ⁵⁴

夜壶　　　　　尿壶 ŋiau²¹³fu³¹

　　　　　　　夜壶 iɛ²¹³fu³¹

　　　　　　　便壶 pɛn²¹³fu³¹

火笼　　　　　火笼 xo⁵⁴loŋ³¹

火盆　　　　　火盆 xo⁵⁴phən³¹

热水瓶　　　　开水壶 khai⁴⁵ʂuəi⁵⁴fu³¹

　　　　　　　热水壶 zɛ³¹ʂuəi⁵⁴fu³¹

　　　　　　　热水瓶 zɛ³¹ʂuəi⁵⁴phin³¹

柴　　　　　　柴草 tʂhai³¹tshau⁵⁴

　　　　　　　柴火 tʂhai³¹xo⁵⁴

找柴 tʂau⁵⁴tʂhai³¹ 捡拾、砍取干枯的柴

砍柴 khan⁵⁴tʂhai³¹ 砍取未干枯的柴

劈柴　　　　　花柴 xua⁴⁵tʂhai³¹

稻草　　　　　稻草 tau²¹³tshau⁵⁴

麦秆　　　　　麦子秆秆 mɛ³¹tsʅ⁰kan⁵⁴kan⁵⁴

　　　　　　　麦秆 mɛ³¹kan⁵⁴

高粱秆　　　　高粱秆秆 kau⁴⁵liaŋ³¹kan⁵⁴kan⁵⁴

　　　　　　　高粱秆 kau⁴⁵liaŋ³¹kan⁵⁴

黄豆秆　　　　豆槁槁 təu²¹³kau⁵⁴kau⁵⁴

木屑　　　　　木槺 mu³¹khaŋ⁴⁵

　　　　　　　木渣 mu³¹tʂa⁴⁵

锯末　　　　　木面 mu³¹mɛn²¹³ 很细的锯末

火柴　　　　　洋火 iaŋ³¹xo⁵⁴

　　　　　　　火柴 xo⁵⁴tʂhai³¹

火镰　　　　　火镰子 xo⁵⁴lɛn³¹tsʅ⁰

锅底灰　　　　锅烟墨 ko⁴⁵iɛn⁴⁵mɛ³¹

烟囱　　　　　烟通 iɛn⁴⁵thoŋ⁴⁵

　　　　　　　烟囱 iɛn⁴⁵tʂhoŋ⁴⁵

锅头鼎罐 ko⁴⁵thəu³¹tin⁵⁴kuan²¹³烹煮食物的器具的总称

锅　　　　　锅子 ko⁴⁵tsʅ⁰

铁锅　　　　铁锅 thɛ³¹ko⁴⁵

大锅　　　　大锅 ta²¹³ko⁴⁵

小锅　　　　小锅 siau⁵⁴ko⁴⁵

　　　　　　锅崽崽 ko⁴⁵tsai⁵⁴tsai⁵⁴

　　　　　　小锅芯 siau⁵⁴ko⁴⁵sin⁴⁵很小的锅

　　　　　　锅芯 ko⁴⁵sin⁴⁵

平底锅　　　平底锅 phin³¹ti⁵⁴ko⁴⁵

灶锅 tsau²¹³ko⁴⁵一般用于煮猪食的大铁锅

炒锅　　　　菜锅子 tshai²¹³ko⁴⁵tsʅ⁰

鼎锅　　　　鼎锅 tin⁵⁴ko⁴⁵

鼎罐 tin⁵⁴kuan²¹³底部椭圆的锅

电饭锅　　　电饭煲 tɛn²¹³fan²¹³pau⁴⁵

电炒锅　　　电炒锅 tɛn²¹³tʂhau⁵⁴ko⁴⁵

铝锅　　　　锑锅 thi⁴⁵ko⁴⁵

砂锅　　　　砂锅 ʂa⁴⁵ko⁴⁵

砂罐　　　　砂罐 ʂa⁴⁵kuan²¹³

锅盖　　　　锅盖 ko⁴⁵kai²¹³

锅底　　　　锅底底 ko⁴⁵ti⁵⁴ti⁵⁴

　　　　　　锅底 ko⁴⁵ti⁵⁴

锅耳　　　　锅耳朵 ko⁴⁵o⁵⁴to⁵⁴

锅铲　　　　锅铲子 ko⁴⁵tʂhuan⁵⁴tsʅ⁰

　　　　　　菜铲子 tshai²¹³tʂhuan⁵⁴tsʅ⁰

　　　　　　锅铲 ko⁴⁵tʂhuan⁵⁴

饭勺　　　　饭铲子 fan²¹³tʂhuan⁵⁴tsʅ⁰

鱼钩　　　　钓鱼钩 tiau²¹³yi³¹kəu⁴⁵

水壶　　　　水壶 ʂuəi⁵⁴fu³¹

茶壶　　　　茶壶 tʂha³¹fu³¹

碗　　　　　碗 uan⁵⁴

海碗　　　　海碗 xai⁵⁴uan⁵⁴

瓷碗　　　　瓷碗 tshʅ³¹uan⁵⁴

汤碗　　　　　汤碗 thaŋ⁴⁵uan⁵⁴

杯子　　　　　杯子 pəi⁴⁵tsʅ⁰

茶杯　　　　　茶杯 tʂha³¹pəi⁴⁵

酒杯　　　　　酒杯 tsiəu⁵⁴pəi⁴⁵

杯盖　　　　　杯盖盖 pəi⁴⁵kai²¹³kai²¹³⁻⁴⁵

口杯　　　　　口盅 khəu⁵⁴tʂoŋ⁴⁵有耳

碟子　　　　　碟子 tɛ³¹tsʅ⁰

盘子　　　　　盘子 phan³¹tsʅ⁰

菜盘盘 tshai²¹³phan³¹phan³¹盛菜用的盘子

葫芦瓢　　　　瓢瓜 phiau³¹kua⁴⁵

　　　　　　　水瓢瓜 ʂuəi⁵⁴phiau³¹kua⁴⁵

　　　　　　　葫芦瓢瓜 fu³¹lu³¹phiau³¹kua⁴⁵

塑料瓢　　　　胶瓢瓜 tʃiau⁴⁵phiau³¹kua⁴⁵

调羹　　　　　调羹 thiau³¹kən⁴⁵

　　　　　　　瓢羹 phiau³¹kən⁴⁵

筷子　　　　　筷条 khuai²¹³thiau³¹

　　　　　　　筷子 khuai²¹³tsʅ⁰

筷筒　　　　　筷箩箩 khuai²¹³lo³¹lo³¹

米筒　　　　　米筒 mi⁵⁴thoŋ³¹

盆　　　　　　盆 phən³¹

茶盆 tʂha³¹phən³¹端茶用的盆子

茶盘 tʂha³¹phan³¹端茶用的盘子

酒壶　　　　　酒壶 tsiəu⁵⁴fu³¹

酒瓶　　　　　酒瓶子 tsiəu⁵⁴phin³¹tsʅ⁰

酒坛　　　　　酒坛子 tsiəu⁵⁴than³¹tsʅ⁰

开瓶器　　　　开瓶器 khai⁴⁵phin³¹tʃhi²¹³专指开啤酒瓶用的起子

坛子　　　　　坛子 than³¹tsʅ⁰

大茶壶　　　　大茶壶 ta²¹³tʂha³¹fu³¹

匍水坛 phu³¹ʂuəi⁵⁴than³¹腌酸咸菜用的坛子

龙坛 loŋ³¹than³¹比较大的坛子

缸　　　　　　缸 kaŋ⁴⁵

罐子　　　　　罐子 kuan²¹³tsʅ⁰

药罐　　　　　药罐 io³¹kuan²¹³

摸罐 mo⁴⁵kuan²¹³ 熬药用的砂罐

瓶子　　　　　瓶子 phin³¹tsʅ⁰

瓶盖　　　　　瓶盖盖 phin³¹kai²¹³kai²¹³⁻⁴⁵

　　　　　　　瓶盖 phin³¹kai²¹³

塞子　　　　　内盖 luəi²¹³kai²¹³

　　　　　　　瓶塞子 phin³¹sai⁴⁵tsʅ⁰

外盖 uai²¹³kai²¹³ 盖子，相对"内盖"而言

杀猪刀　　　　杀猪刀 ʂa³¹tʂɿ⁴⁵tau⁴⁵

尖刀　　　　　尖刀 tsɛn⁴⁵tau⁴⁵ 杀猪用的

菜刀　　　　　薄刀 po³¹tau⁴⁵

　　　　　　　菜刀 tshai²¹³tau⁴⁵

猪菜刀 tʂɿ⁴⁵tshai²¹³tau⁴⁵ 切猪菜用的刀

柴刀　　　　　柴刀 tʂhai³¹tau⁴⁵

刀背　　　　　刀背子 tau⁴⁵pəi²¹³tsʅ⁰

刀壳子 tau⁴⁵kho³¹tsʅ⁰ 用来放刀的木制器具

砧板　　　　　砧板 tʂən⁴⁵pan⁵⁴

　　　　　　　刀板 tau⁴⁵pan⁵⁴

案板 ŋan²¹³pan⁵⁴ 卖猪肉时使用的砧板

擂钵　　　　　擂钵 luəi³¹po³¹ 杵辣椒的钵

　　　　　　　辣椒钵 la³¹tsiau⁴⁵po³¹

　　　　　　　擂椒钵 luəi³¹tsiau⁴⁵po³¹

擂棒　　　　　擂棒 luəi³¹paŋ²¹³ 擂钵使用的棒

　　　　　　　擂椒棒 luəi³¹tsiau⁴⁵paŋ²¹³

　　　　　　　辣椒棒 la³¹tsiau⁴⁵paŋ²¹³

饭盒　　　　　饭盒 fan²¹³xo³¹

蒸笼　　　　　蒸笼 tʂən⁴⁵loŋ³¹

　　　　　　　甑子 tʂən²¹³tsʅ⁰ 蒸米饭用

水缸　　　　　水缸 ʂuəi⁵⁴kaŋ⁴⁵

大水缸　　　　水黄缸 ʂuəi⁵⁴xuaŋ³¹kaŋ⁴⁵

　　　　　　　黄缸 xuaŋ³¹kaŋ⁴⁵

水桶　　　　　黄桶 xuaŋ³¹thoŋ⁵⁴

潲水桶　　　　潲桶 sau²¹³thoŋ⁵⁴

潲水　　　　　潲水 sau²¹³ʐɿəi⁵⁴

　　　　　　　潲 sau²¹³

洗碗巾　　　　洗碗帕 si⁵⁴uan⁵⁴pha²¹³

抹桌布　　　　抹桌布 ma³¹tʂo³¹pu²¹³

拖把　　　　　拖把 tho⁴⁵pa⁵⁴

钱□tshɛn³¹tsan²¹³制作纸钱时用于打孔的工具

□子 tsan²¹³tsɿ⁰ 做木工用于钻孔的工具

锉子　　　　　锉子 tsho²¹³tsɿ⁰

木马 mu³¹ma⁵⁴状似三角架的用于固定木料的木工工具

刨子　　　　　推刨 thuəi⁴⁵pau⁵⁴

斧子　　　　　斧头 fu⁵⁴thəu³¹

锯子　　　　　锯子 tʃyi²¹³tsɿ⁰

凿子　　　　　凿子 tsho²¹³tsɿ⁰

锤子　　　　　锤子 tʂhuəi³¹tsɿ⁰

圆锯　　　　　圆盘锯 yɛn³¹phan³¹tʃyi²¹³

带锯　　　　　带锯 tai²¹³tʃyi²¹³

手把锯 ʂəu⁵⁴pa⁵⁴tʃyi²¹³以手为动力的锯子

曲线锯　　　　曲线锯 tʃhyi³¹sɛn²¹³tʃyi²¹³

角尺　　　　　角尺 ko³¹tʂhɿ³¹

曲尺　　　　　曲尺 tʃhyi³¹tʂhɿ³¹

　　　　　　　折尺 tsɛ³¹tʂhɿ³¹

卷尺　　　　　卷尺 tʃyɛn⁵⁴tʂhɿ³¹

铁尺　　　　　铁尺 thɛ³¹tʂhɿ³¹

米尺　　　　　米尺 mi⁵⁴tʂhɿ³¹

皮尺　　　　　皮尺 phi³¹tʂhɿ³¹

软尺　　　　　软尺 ʐuan⁵⁴tʂhɿ³¹

镊子　　　　　夹子 tʃia³¹tsɿ⁰

　　　　　　　镊子 ȵɛ³¹tsɿ⁰

合页　　　　　合页 xo³¹iɛ³¹

瓦刀　　　　　瓦刀 ua⁵⁴tau⁴⁵

抹子　　　　　批刀 phi⁴⁵tau⁴⁵

砖刀 tʂuan⁴⁵tau⁴⁵砌砖用

模板 mo³¹pan⁵⁴瓦工用来盛抹墙材料的木板

墨斗　　　　墨斗 mɛ³¹təu⁵⁴

墨斗线　　　墨斗线 mɛ³¹təu⁵⁴sɛn²¹³

弹墨斗线　　弹墨斗线 than³¹mɛ³¹təu⁵⁴sɛn²¹³

吊墨斗线　　吊墨斗线 tiau²¹³mɛ³¹təu⁵⁴sɛn²¹³

木锤 mu³¹tʂhuəi³¹用来捶打地面以使地面平整的木制锤子

钉子　　　　钉子 tin⁴⁵tsʅ⁰

铁钉　　　　铁钉 thɛ³¹tin⁴⁵

两寸钉 lian⁵⁴tshən²¹³tin⁴⁵两寸长的钉子

三寸钉 san⁴⁵tshən²¹³tin⁴⁵三寸长的钉子

大头钉　　　大头钉 ta²¹³thəu³¹tin⁴⁵

蚂蟥钉　　　蚂蟥钉 ma⁵⁴xuaŋ³¹tin⁴⁵

螺丝钉　　　螺丝钉 lo³¹sʅ⁴⁵tin⁴⁵

发牙 fa³¹ia³¹螺丝钉拧不紧

铁丝　　　　铁线 thɛ³¹sɛn²¹³

　　　　　　铁丝 thɛ³¹sʅ⁴⁵

钳子　　　　钳子 tʃhɛn³¹tsʅ⁰

胶钳　　　　胶钳 tʃiau⁴⁵tʃhɛn³¹

老虎钳　　　老虎钳 lau⁵⁴fu⁵⁴tʃhɛn³¹

小钳子　　　手钳 ʂəu⁵⁴tʃhɛn³¹

螺丝批　　　螺丝批 lo³¹sʅ⁴⁵phəi⁴⁵

　　　　　　螺丝刀 lo³¹sʅ⁴⁵tau⁴⁵

一字螺丝批　一字起 i³¹tsʅ²¹³tʃhi⁵⁴

　　　　　　一字螺丝刀 i³¹tsʅ²¹³lo³¹sʅ⁴⁵tau⁴⁵

十字螺丝批　十字起 ʂʅ³¹tsʅ²¹³tʃhi⁵⁴

　　　　　　十字螺丝刀 ʂʅ³¹tsʅ²¹³lo³¹sʅ⁴⁵tau⁴⁵

绳子　　　　绳子 ʂuən³¹tsʅ⁰

灰桶　　　　灰桶 xuəi⁴⁵thoŋ⁵⁴泥水工用具

铁墩　　　　铁墩 thɛ³¹tən⁴⁵

剃刀 thi²¹³tau⁴⁵理发用的剃刀

理发推子　　飞剪 fəi⁴⁵tsɛn⁵⁴

理发剪 li⁵⁴fa³¹tsɛn⁵⁴

理发椅	理发椅 li⁵⁴fa³¹i⁵⁴
剃须刀	胡须刨 fu³¹syi⁴⁵pau⁵⁴
刀片	胡须刀 fu³¹syi⁴⁵tau⁴⁵
梳子	梳子 su⁴⁵tsʅ⁰
篦子	篦子 pi²¹³tsʅ⁰
缝纫机	车衣机 tʂhɛ⁴⁵i⁴⁵tʃi⁴⁵
剪刀	剪刀 tsɛn⁵⁴tau⁴⁵
指甲剪	指甲剪 tʂʅ⁵⁴tʃia³¹tsɛn⁵⁴

茶叶剪 tʂha³¹iɛ³¹tsɛn⁵⁴修剪茶树专用的剪刀

熨斗	烫斗 thaŋ²¹³təu⁵⁴

弹弓 tan²¹³koŋ⁴⁵弹棉花的工具

织布机	织布机 tʂʅ³¹pu²¹³tʃi⁴⁵当地汉族少用，壮族多用
梭子	梭子 so⁴⁵tsʅ⁰
弹弓	胶枪 tʃiau⁴⁵tshiaŋ⁴⁵
澡盆	洗澡盆 si⁵⁴tsau⁵⁴phən³¹
脸盆	脸盆 lɛn⁵⁴phən³¹
洗脚盆	洗脚盆 si⁵⁴tʃio³¹phən³¹
	脚盆 tʃio³¹phən³¹
脸盆架	脸盆架 lɛn⁵⁴phən³¹tʃia²¹³
	脸架 lɛn⁵⁴tʃia²¹³
肥皂	肥皂 fəi³¹tsau²¹³
香皂	香皂 ʃiaŋ⁴⁵tsau²¹³
洗脸水	洗脸水 si⁵⁴lɛn⁵⁴ʂuəi⁵⁴
洗衣粉	洗衣粉 si⁵⁴i⁴⁵fən⁵⁴
手绢	手巾 ʂəu⁵⁴tʃin⁴⁵
洗脸巾	洗脸手巾 si⁵⁴lɛn⁵⁴ʂəu⁵⁴tʃin⁴⁵
	脸帕 lɛn⁵⁴pha²¹³
擦脚布	抹脚帕 ma³¹tʃio³¹pha²¹³
	抹脚布 ma³¹tʃio³¹pu²¹³

抹手布 ma³¹ʂəu⁵⁴pu²¹³擦手用的毛巾

汗巾	汗帕 xan²¹³pha²¹³

晾衣竿	□衣杆 laŋ²¹³ i⁴⁵ kan⁵⁴
灯泡	电灯泡 tɛn²¹³ tən⁴⁵ phau²¹³
日光灯	电条 tɛn²¹³ thiau³¹
	灯管 tən⁴⁵ kuan⁵⁴
电池	电油 tɛn²¹³ iəu³¹
	电池 tɛn²¹³ tʂʅ³¹
蜡烛	蜡烛 la³¹ tʂu³¹
烛台	烛台 tʂu³¹ thai³¹
煤油灯	火油灯 xo⁵⁴ iəu³¹ tən⁴⁵
灯罩	灯通 tən⁴⁵ thoŋ⁴⁵
	灯罩 tən⁴⁵ tʂau²¹³
灯盏	灯盏 tən⁴⁵ tʂan⁵⁴

灯油 tən⁴⁵ iəu³¹ 煤油灯用的煤油

灯台	灯台 tən⁴⁵ thai³¹
灯芯	灯芯草 tən⁴⁵ sin⁴⁵ tshau⁵⁴
	灯草 tən⁴⁵ tshau⁵⁴
	棉芯 mɛn³¹ sin⁴⁵ 用棉花制成的煤油灯芯
灯笼	灯笼 tən⁴⁵ loŋ³¹
马灯	马灯 ma⁵⁴ tən⁴⁵
沼气灯	沼气灯 tsau⁵⁴ tʃhi²¹³ tən⁴⁵
手提包	手提包 ʂəu⁵⁴ thi³¹ pau⁴⁵
	提包 thi⁴⁵ pau⁴⁵

四耳朵口袋 sʅ²¹³ o⁵⁴ to⁵⁴ khəu⁵⁴ tai²¹³ 有四个耳的提包

挎包	挎包 khua²¹³ pau⁴⁵
钱包	钱包 tɕhɛn³¹ pau⁴⁵
皮包	皮包 phi³¹ pau⁴⁵
望远镜	拉山镜 la⁴⁵ ʂan⁴⁵ tʃin²¹³
	望远镜 uaŋ²¹³ yɛn⁵⁴ tʃin²¹³
放大镜	放大镜 faŋ²¹³ ta²¹³ tʃin²¹³
糨糊	糨糊 tsiaŋ⁴⁵ fu³¹
	糨子 tsiaŋ⁴⁵ tsʅ⁰
线团	线果 sɛn²¹³ ko⁵⁴

线圈 sɛn²¹³tʃhyɛn⁴⁵

针鼻儿　　针鼻子 tʂən⁴⁵piˑ²¹³tsʅ⁰

针尖儿　　针尖尖 tʂən⁴⁵tsɛn⁴⁵tsɛn⁴⁵⁻⁵⁴

针眼儿　　针眼眼 tʂən⁴⁵iɛn⁵⁴iɛn⁵⁴

针脚　　　针脚 tʂən⁴⁵tʃio³¹

鞋底针 xai³¹ti⁵⁴tʂən⁴⁵纳鞋底用的针

细针　　　花针 xua⁴⁵tʂən⁴⁵

粗针　　　粗针 tshəu⁴⁵tʂən⁴⁵

顶针　　　抵针 ti⁵⁴tʂən⁴⁵纳鞋底时套在手指上用于顶针的铁制器
具，状似戒指

花线 xua⁴⁵sɛn²¹³绣花用的彩线

麻底索 ma³¹ti⁵⁴so³¹纳鞋底用的线

麻篮 ma³¹lan³¹装针线活物品的竹制器具

穿针　　　穿针 tʂhuan⁴⁵tʂən⁴⁵

　　　　　穿线 tʂhuan⁴⁵sɛn²¹³

引线　　　引线 in⁵⁴sɛn²¹³

锥子　　　锥子 tsuəi⁴⁵tsʅ⁰

耳挖子　　耳屎瓢 o⁵⁴ʂʅ⁵⁴phiau³¹

搓衣板　　搓衣板 tsho⁴⁵iˑ⁴⁵pan⁵⁴

洗衣棒槌　　槌衣棒 tʂhuəi³¹iˑ⁴⁵paŋ²¹³旧时洗衣服时捶打衣服的木制
器具

扇子　　　扇子 ʂan²¹³tsʅ⁰

纸扇　　　纸扇 tʂʅ⁵⁴ʂan²¹³

电风扇　　电风扇 tɛn²¹³foŋ⁴⁵ʂan²¹³

　　　　　风扇 foŋ⁴⁵ʂan²¹³

拐杖　　　拐杖 kuai⁵⁴tʂaŋ²¹³

　　　　　把棍 pa²¹³kuən²¹³

手纸　　　解手纸 kai⁵⁴ʂəu⁵⁴tʂʅ⁵⁴

　　　　　大便纸 ta²¹³pɛn²¹³tʂʅ⁵⁴

铁路　　　火车路 xo⁵⁴tʂhɛ⁴⁵ləu²¹³

　　　　　铁路 thɛ³¹ləu²¹³

铁轨　　　铁轨 thɛ³¹kuəi⁵⁴

火车	火车 xo^{54}tʂɛ^{45}
火车站	火车站 xo^{54}tʂɛ^{45}tʂan^{213}
公路	车路 tʂɛ^{45}ləu^{213}
	公路 koŋ^{45}ləu^{213}
转盘 tʂuan^{54}phan^{31} 街上的转盘	
方向盘	方向盘 faŋ^{45}ʃiaŋ^{213}phan^{31}
汽车	汽车 tʃhi^{213}tʂɛ^{45}
汽车站	汽车站 tʃhi^{213}tʂɛ^{45}tʂan^{213}
塞车	塞车 sai^{45}tʂɛ^{45}
	堵车 təu^{54}tʂɛ^{45}
打滑	打滑 ta^{54}xua^{31}
熄火	死火 sɿ^{54}xo^{54}
爆胎	爆胎 pau^{213}thai^{45}
班车	班车 pan^{45}tʂɛ^{45}
搭班车	搭班车 ta^{31}pan^{45}tʂɛ^{45}
坐班车	坐班车 tso^{213}pan^{45}tʂɛ^{45}
大车	大车 ta^{213}tʂɛ^{45}
小巴	小巴 siau^{54}pa^{45}
中巴	中巴 tʂoŋ^{45}pa^{45}
大巴	大巴 ta^{213}pa^{45}
货车	货车 xo^{213}tʂɛ^{45}
双排座货车	双排座 ʂuaŋ^{45}phai^{31}tso^{213}
空车	放空车 faŋ^{213}khoŋ^{45}tʂɛ^{45}
水车	水车 ʂuəi^{54}tʂɛ^{45}
公共汽车	公共汽车 koŋ^{45}koŋ^{213}tʃhi^{213}tʂɛ^{45}
轿车	轿车 tʃiau^{213}tʂɛ^{45}
小汽车	小车 siau^{54}tʂɛ^{45}
客车	客车 khɛ^{31}tʂɛ^{45}
卡车	卡车 kha^{54}tʂɛ^{45}
越野车	越野车 yɛ^{31}iɛ^{54}tʂɛ^{45}
微型车	微型车 uəi^{31}sin^{31}tʂɛ^{45}
农用车	农用车 loŋ^{31}yŋ^{213}tʂɛ^{45}

面包车　　　　面包车 mɛn²¹³ pau⁴⁵ tʂɛ⁴⁵

平板车　　　　平板车 phin³¹ pan⁵⁴ tʂɛ⁴⁵拉货用

汽轮车 tʃhi²¹³ lən³¹ tʂɛ⁴⁵装有充气轮胎

拖拉机　　　　拖拉机 tho⁴⁵ la⁴⁵ tʃi⁴⁵

运煤车　　　　煤车 məi³¹ tʂɛ⁴⁵

摩托车　　　　摩托车 mo⁴⁵ tho³¹ tʂɛ⁴⁵

两轮摩托车　　两轮 liaŋ⁵⁴ lən³¹

三轮车⌒　　　三轮车 san⁴⁵ lən³¹ tʂɛ⁴⁵

三轮摩托车　　三轮摩 san⁴⁵ lən³¹ mo⁴⁵

三马崽 san⁴⁵ ma⁵⁴ tsai⁵⁴载客的三轮摩托车

自行车　　　　单车 tan⁴⁵ tʂɛ⁴⁵

骑自行车　　　踩单车 tshai⁵⁴ tan⁴⁵ tʂɛ⁴⁵

　　　　　　　骑单车 tʃhi³¹ tan⁴⁵ tʂɛ⁴⁵

踩刹车　　　　踩刹车 tshai⁵⁴ ʂa³¹ tʂɛ⁴⁵

马车　　　　　马拉车 ma⁵⁴ la⁴⁵ tʂɛ⁴⁵

　　　　　　　马车 ma⁵⁴ tʂɛ⁴⁵

牛车　　　　　牛拉车 ŋiəu³¹ la⁴⁵ tʂɛ⁴⁵

　　　　　　　牛车 ŋiəu³¹ tʂɛ⁴⁵

手推车　　　　手推车 ʂəu⁵⁴ thuəi⁴⁵ tʂɛ⁴⁵

车轮　　　　　车滚子 tʂɛ⁴⁵ kuan⁵⁴ tsʅ⁰

　　　　　　　车滚 tʂɛ⁴⁵ kuan⁵⁴

船　　　　　　船 tʂhuan³¹总称

帆船　　　　　帆船 fan³¹ tʂhuan³¹

渔船　　　　　渔船 yi³¹ tʂhuan³¹

渡船　　　　　渡船 təu²¹³ tʂhuan³¹

轮船　　　　　轮船 lən³¹ tʂhuan³¹

桅杆　　　　　桅杆 uəi³¹ kan⁵⁴

舵　　　　　　舵 tho³¹

橹　　　　　　橹 ləu⁵⁴

桨　　　　　　桨 tsiaŋ⁵⁴

　　　　　　　船桨 tʂhuan³¹ tsiaŋ⁵⁴

跳板 thiau²¹³ pan⁵⁴上下船时搭在船与岸之间的木板

摆渡　　　　　摆渡 pai⁵⁴təu²¹³

渡口　　　　　渡口 təu²¹³khəu⁵⁴

电报局　　　　电报局 tɛn²¹³pau²¹³tʃyi³¹

邮局　　　　　邮局 iəu³¹tʃyi³¹

邮递员　　　　邮差 iəu³¹tʂhai⁴⁵

七　人品、称谓

男人　　　　　男人 lan³¹ʐ̩ən³¹

丈夫　　　　　当家人 taŋ⁴⁵tʃia⁴⁵ʐ̩ən³¹

妇女　　　　　妇人家 fu²¹³ʐ̩ən³¹tʃia⁴⁵

　　　　　　　妇道人家 fu²¹³tau²¹³ʐ̩ən³¹tʃia⁴⁵

　　　　　　　婆婆客 pho³¹pho³¹khɛ³¹

　　　　　　　女人 ŋyi⁵⁴ʐ̩ən³¹

三姑六婆　　　三姑六婆 san⁴⁵ku⁴⁵ləu³¹pho³¹

婴儿　　　　　奶娃娃 lai⁵⁴ua³¹ua³¹一般指刚出生的婴儿

小胖子　　　　肥崽 fəi³¹tsai⁵⁴

胖女人　　　　肥婆 fəi³¹pho³¹

筋骨人 tʃin⁴⁵ku³¹ʐ̩ən³¹很瘦但身板结实的人

大眼牯 ta²¹³iɛn⁵⁴ku⁵⁴很瘦的人

小孩子　　　　毛伢崽 mau³¹ia³¹tsai⁵⁴

　　　　　　　没脱胎毛的 məi²¹³tho³¹thai⁴⁵mau³¹li⁰

　　　　　　　娃崽家 ua³¹tsai⁵⁴tʃia⁴⁵

　　　　　　　娃娃 ua³¹ua³¹

　　　　　　　娃崽 ua³¹tsai⁵⁴

　　　　　　　小娃娃 siau⁵⁴ua³¹ua³¹

　　　　　　　小娃崽 siau⁵⁴ua³¹tsai⁵⁴

男孩儿　　　　男娃崽 lan³¹ua³¹tsai⁵⁴

　　　　　　　男崽 lan³¹tsai⁵⁴

　　　　　　　看牛的 khan²¹³ŋiəu³¹li⁰一般用来介绍刚出生的婴儿性别

　　　　　　　读书的 təu³¹ʂu⁴⁵li⁰一般用来介绍刚出生的婴儿性别

女孩儿　　　　女娃崽 ŋyi⁵⁴ua³¹tsai⁵⁴

　　　　　　　妹崽 məi²¹³tsai⁵⁴

打猪菜的 ta⁵⁴tʂu⁴⁵tshai²¹³li⁰ 一般用来介绍刚出生的婴儿性别

绣花的 siəu²¹³xua⁴⁵li⁰ 一般用来介绍刚出生的婴儿性别

吃糖的 tʃi³¹thaŋ³¹li⁰ 一般用来介绍刚出生的婴儿性别

姑娘家 ku⁴⁵ȵiaŋ³¹tʃia⁴⁵ 未嫁的女孩子

姑娘 ku⁴⁵ȵiaŋ³¹

丫头 ia⁴⁵thəu³¹

黄毛丫头	黄毛丫头 xuaŋ³¹mau³¹ia⁴⁵thəu³¹	年纪小的女孩子
夜哭郎	夜哭郎 iɛ²¹³khu³¹laŋ³¹	晚上哭的孩子
老人家	老人家 lau⁵⁴ʐən³¹tʃia⁴⁵	
老头儿	老者者 lau⁵⁴tʂɛ⁵⁴tʂɛ⁵⁴	
阿婆	阿婆 a⁴⁵pho³¹	和奶奶同辈的女子
老太太	老太太 lau⁵⁴thai²¹³thai²¹³	
	老太婆 lau⁵⁴thai²¹³pho³¹	
	老□□ lau⁵⁴pa⁵⁴pa⁵⁴	贬称
男青年	后生崽 xəu²¹³sən⁴⁵tsai⁵⁴	
	后生家 xəu²¹³sən⁴⁵tʃia⁴⁵	
	后生 xəu²¹³sən⁴⁵	
大哥	大哥 ta²¹³ko⁴⁵	长兄

老哥子 lau⁵⁴ko⁴⁵tsʅ⁰ 用于自称，相当于"老子"

城里人	城里人 tʂhən³¹li⁵⁴ʐən³¹	
乡下人	乡下人 ʃiaŋ⁴⁵ʃia²¹³ʐən³¹	
	农村人 loŋ³¹tshən⁴⁵ʐən³¹	
	乡巴佬 ʃiaŋ⁴⁵pa⁵⁴lau⁵⁴	贬称
山里人	山里人 ʂan⁴⁵li⁵⁴ʐən³¹	
外乡人	外乡佬 uai²¹³ʃiaŋ⁴⁵lau⁵⁴	
	外地人 uai²¹³ti²¹³ʐən³¹	
本地人	本地人 pən⁵⁴ti²¹³ʐən³¹	当地壮族人
北方人	北方人 pɛ³¹faŋ⁴⁵ʐən³¹	
汉族人	客人 khɛ³¹ʐən³¹	
外国人	外国人 uai²¹³kuɛ³¹ʐən³¹	
自己人	自己人 tsʅ²¹³tʃi⁵⁴ʐən³¹	

外人 uai²¹³ʐən³¹家族中的非本家人或家以外非本家族的人

客家人　　　麻介人 ma³¹kai²¹³ʐən³¹

一个宗族 i³¹ko²¹³tsoŋ⁴⁵tshəu³¹同宗同姓的人

一宗菟 i³¹tsoŋ⁴⁵təu⁴⁵有共同特点的一类人

　　一档子 i³¹taŋ⁵⁴tsʅ⁰

哈巴狗 xa⁴⁵pa⁴⁵kəu⁵⁴阿谀奉承的人

癫崽 tɛn⁴⁵tsai⁵⁴行为不检点的人

同年 thoŋ³¹ȵɛn³¹同一年生的人

同年哥 thoŋ³¹ȵɛn³¹ko⁴⁵同年中生日靠前的男子

同年弟 thoŋ³¹ȵɛn³¹ti²¹³同年中生日靠后的男子

老庚 lau⁵⁴kən⁴⁵同一年生的人所结的类似兄弟姐妹的关系

　　老同 lau⁵⁴thoŋ³¹

打老庚 ta⁵⁴lau⁵⁴kən⁴⁵结为老庚（老同）

　　打老同 ta⁵⁴lau⁵⁴thoŋ³¹

大尾巴鸭子 ta²¹³uəi⁵⁴pa⁴⁵paia³¹tsʅ⁰动作慢的人

内行人　　　老油子 lau⁵⁴iəu³¹tsʅ⁰形容很专业

　　　　　　老油条 lau⁵⁴iəu³¹thiau³¹

　　　　　　老鸟 lau⁵⁴ȵiau⁵⁴

外行　　　　外行 uai²¹³xaŋ³¹

外行人　　　外行人 uai²¹³xaŋ³¹ʐən³¹

新手　　　　嫩手 lən²¹³ʂəu⁵⁴

　　　　　　新手 sin⁴⁵ʂəu⁵⁴

半桶水 pan²¹³thoŋ⁵⁴ʂuəi⁵⁴水平不高，手艺不精

　　半瓶醋 pan²¹³phin³¹tshəu²¹³

花心萝卜　　花心萝卜 xua⁴⁵sin⁴⁵lo³¹pu²¹³感情不专一的人

酒鬼　　　　酒鬼 tsiəu⁵⁴kuəi⁵⁴嗜酒的人

赌崽 təu⁵⁴tsai⁵⁴嗜赌的人

夜猫子　　　夜猫子 iɛ²¹³mau⁴⁵tsʅ⁰熬夜的人

单身　　　　打单身 ta⁵⁴tan⁴⁵ʂən⁴⁵

光棍儿　　　光棍 kuaŋ⁴⁵kuən²¹³

　　　　　　单身汉 tan⁴⁵ʂən⁴⁵xan²¹³

　　　　　　黄花郎 xuaŋ³¹xua⁴⁵laŋ³¹未婚男子

老姑娘　　老姑娘 lau⁵⁴ku⁴⁵ȵiaŋ⁴⁵未婚的年纪较大的女子

童养媳　　小媳妇 siau⁵⁴si³¹fu²¹³

　　　　　童养媳 thoŋ³¹iaŋ⁵⁴si³¹

圆房　　　圆房 yɛn³¹faŋ³¹夫妻第一次同房

寡妇　　　寡母子 kua⁵⁴mu⁵⁴tsʅ⁰

守活寡　　守活寡 ʂou⁵⁴xo³¹kua⁵⁴

婊子　　　烂婊子 lan²¹³piau⁵⁴tsʅ⁰私生活不检点的女人

　　　　　野鸡婆 iɛ⁵⁴tʃi⁴⁵pho³¹

妓女　　　鸡婆 tʃi⁴⁵pho³¹

　　　　　小姐 siau⁵⁴tsɛ⁵⁴

乱爱 luan²¹³ŋai²¹³恋爱不专一

私生子　　野崽 iɛ⁵⁴tsai⁵⁴用于骂人

孤儿　　　寡边崽 kua⁵⁴pɛn⁴⁵tsai⁵⁴

黑户　　　黑人黑户 xɛ³¹ʐən³¹xɛ³¹fu²¹³没有户口的人

犯人　　　犯人 fan²¹³ʐən³¹

劳改犯　　劳改犯 lau³¹kai⁵⁴fan²¹³

暴发户　　暴发户 pau²¹³fa³¹fu²¹³

铁公鸡　　铁公鸡 thɛ³¹koŋ⁴⁵tʃi⁴⁵非常吝啬的人

败家子　　败家崽 pai²¹³tʃia⁴⁵tsai⁵⁴

收债鬼 ʂou⁴⁵tʂai²¹³kuəi⁵⁴花费许多钱却夭折的孩子

乞丐　　　告花子 kau²¹³xua⁴⁵tsʅ⁰

　　　　　叫花子 tʃiau²¹³xua⁴⁵tsʅ⁰

走江湖的 tsəu⁵⁴tʃiaŋ⁴⁵fu³¹li⁰ 在外谋生的人

　过路子 ko²¹³ləu²¹³tsʅ⁰

过路人　　过路的 ko²¹³ləu²¹³li⁰

骗子　　　拐子 kuai⁵⁴tsʅ⁰

人贩子　　人贩子 ʐən³¹fan²¹³tsʅ⁰

二流子　　烂崽 lan²¹³tsai⁵⁴游手好闲，行为不检的人

流氓　　　流氓 liəu³¹maŋ³¹

赌徒　　　赌崽 təu⁵⁴tsai⁵⁴

土匪　　　山大王 ʂan⁴⁵ta²¹³uaŋ³¹

　　　　　土匪 thəu⁵⁴fəi⁵⁴

强盗　　　　　强盗 tʃhiaŋ³¹tau²¹³

扒手　　　　　扒手 pha³¹ʂou⁵⁴

扒钱　　　　　扒钱 pha³¹tshɛn³¹

小偷　　　　　三根手 san⁴⁵kən⁴⁵ʂou⁵⁴

工作　　　　　活路 xo³¹ləu²¹³

　　　　　　　工作 koŋ⁴⁵tso³¹

做工的 tso²¹³koŋ⁴⁵li⁰ 体力劳动者

工人　　　　　工人 koŋ⁴⁵ʐən³¹

打工仔　　　　打工崽 ta⁵⁴koŋ⁴⁵tsai⁵⁴

　　　　　　　工崽 koŋ⁴⁵tsai⁵⁴

长工　　　　　长年 tʂhaŋ³¹ȵɛn³¹

　　　　　　　长工 tʂhaŋ³¹koŋ⁴⁵

短工　　　　　短工 tuan⁵⁴koŋ⁴⁵

零工　　　　　零工 lin³¹koŋ⁴⁵

农民　　　　　农民 loŋ³¹min³¹

生意人　　　　做生意的 tso²¹³sən⁴⁵i²¹³li⁰

商人　　　　　商人 ʂaŋ⁴⁵ʐən³¹

老板　　　　　东家 toŋ⁴⁵tʃia⁴⁵

　　　　　　　老板 lau⁵⁴pan⁵⁴

老板娘　　　　老板娘 lau⁵⁴pan⁵⁴ȵiaŋ³¹

学徒　　　　　学徒 ʃio³¹thəu³¹

徒弟　　　　　徒弟 thəu³¹ti²¹³

摊贩　　　　　摊贩 than⁴⁵fan²¹³

小贩　　　　　小贩 siau⁵⁴fan²¹³

顾客　　　　　顾客 ku²¹³kɛ³¹

教师　　　　　教书先生 tʃiau⁴⁵ʂɿ⁴⁵sɛn⁴⁵sən⁴⁵

私塾老师 sɿ⁴⁵ʂu³¹lau⁵⁴sɿ⁴⁵ 旧时私塾的教师

老师　　　　　老师 lau⁵⁴sɿ⁴⁵

学生　　　　　学生 ʃio³¹sən⁴⁵

同学　　　　　同学 thoŋ³¹ʃio³¹

朋友　　　　　朋友 phoŋ³¹iəu⁵⁴

三朋四友 san⁴⁵phoŋ³¹sɿ²¹³iəu⁵⁴ 各类朋友

酒肉朋友　　　酒肉朋友 tsiəu^{54}ʐu^{31} phoŋ^{31} iəu^{54}

狐朋狗友　　　猪朋狗友 tʂu^{45} phoŋ^{31} kəu^{54}iəu^{54}

军人　　　　　当兵的 taŋ^{45} pin^{45}li^{0}

士兵　　　　　兵 pin^{45}

公安人员　　　公安 koŋ^{45}ŋan^{45}

医生　　　　　医生 i^{45}sən^{45}

草医师 tshau^{54}i^{45}sʅ^{45} 使用中草药的医生

中医　　　　　土医 thəu^{54}i^{45}

　　　　　　　中医 tʂoŋ^{45}i^{45}

西医　　　　　西医 si^{45}i^{45}

司机　　　　　车师 tʂhɛ^{45}sʅ^{45}

　　　　　　　司机 sʅ^{45}tʃi^{45}

师傅　　　　　师傅 sʅ^{45}fu^{213}

手艺人　　　　匠人 tsiaŋ^{213}ʐən^{31}

木匠　　　　　木匠 mu^{31}tsiaŋ^{213}

篾匠　　　　　篾匠 mɛ^{31}tsiaŋ^{213}

石匠　　　　　岩匠 ŋai^{31}tsiaŋ^{213}

　　　　　　　石匠 sʅ^{31}tsiaŋ^{213}

瓦匠　　　　　瓦匠 ua^{54}tsiaŋ^{213}

银匠　　　　　银匠 in^{31}tsiaŋ^{213}

铁匠　　　　　打铁的 ta^{54}thɛ^{31}li^{0}

　　　　　　　铁匠 thɛ^{31}tsiaŋ^{213}

铜匠　　　　　打铜的 ta^{54}thoŋ^{31}li^{0}

　　　　　　　铜匠 thoŋ^{31}tsiaŋ^{213}

补锅匠　　　　补锅匠 pu^{54}ko^{45}tsiaŋ^{213}

裁缝　　　　　裁缝 tshai^{31}foŋ^{31}

劁猪佬 tshiau^{45}tʂu^{45}lau^{54} 以阉猪为职业的人

挑夫　　　　　挑夫 thiau^{45}fu^{45}

轿夫　　　　　轿夫 tʃiau^{213}fu^{45}

艄公　　　　　船手 tʂhuan^{31}ʂəu^{54}

炮工 phau^{213}koŋ^{45} 炸石头时负责点火的人

管家人 kuan^{54}tʃia^{45}ʐən^{31} 当家的男子

管家婆 kuan^{54}tʃia^{45}pho^{31}当家的女子

伙计　　　　伙计 xo^{54}tʃi^{213}合作的人

厨师　　　　火边人 xo^{54}pɛn^{45}ẓən^{31}

　　　　　　厨师 tʂhu^{31}sɿ^{45}

佣人　　　　佣人 yŋ^{213}ẓən^{31}

接生婆　　　接生婆 tsɛ^{31}sən^{45}pho^{31}

奶妈　　　　乳娘 ẓu^{54}ȵiaŋ^{31}

　　　　　　奶妈 lai^{54}ma^{45}

和尚　　　　和尚 xo^{31}ʂaŋ^{213}

尼姑　　　　尼姑 ȵi^{31}ku^{45}

和尚婆 xo^{31}ʂaŋ^{213}pho^{31}照顾菩萨的女子

吃斋的人 tʃhi^{31}tʂai^{45}li^{0}ẓən^{31}吃斋信佛的人

　　吃斋的 tʃhi^{31}tʂai^{45}li^{0}

斋婆 tʂai^{45}pho^{31}信佛吃斋的女子

道公　　　　先生 sɛn^{45}sən^{45}

风水先生　　风水先生 foŋ^{45}ʂuei^{54}sɛn^{45}sən^{45}

算命先生　　算命先生 suan^{213}min^{213}sɛn^{45}sən^{45}

辈分　　　　班辈 pan^{45}pəi^{213}

同辈　　　　同班 thoŋ^{31}pan^{45}

长辈　　　　高辈 kau^{45}pəi^{213}

　　　　　　老辈 lau^{54}pəi^{213}

　　　　　　长辈 tʂaŋ^{54}pəi^{213}

　　　　　　老班人 lau^{54}pan^{45}ẓən^{31}

历代祖宗　　历代祖宗 li^{31}tai^{213}tsəu^{54}tsoŋ^{45}

曾祖父　　　太公 thai^{213}koŋ^{45}

曾祖母　　　太婆 thai^{213}pho^{31}

高祖父　　　祖太 tsəu^{54}thai^{213}

　　　　　　祖太公 tsəu^{54}thai^{213}koŋ^{45}

高祖母　　　祖太婆 tsəu^{54}thai^{213}pho^{31}

外祖父的父母　太□thai^{213}ka^{45}

外祖父的祖父母　祖太□tsəu^{54}thai^{213}ka^{45}

祖父　　　　公 koŋ^{45}

伢伢 ia³¹ia³¹

祖父之弟　　叔公 ʂu³¹koŋ⁴⁵

祖父之兄　　伯公 pɛ³¹koŋ⁴⁵

祖母、外祖母的姐妹　姨婆 i³¹pho³¹

外祖父　　□公 ka⁴⁵koŋ⁴⁵

外祖母　　□婆 ka⁴⁵pho³¹

父亲　　　老爹 lau⁵⁴ti⁴⁵

　　　　　伢 ia³¹

　　　　　叔 ʂu³¹

母亲　　　娘 ȵiaŋ³¹

　　　　　妈 ma⁴⁵

满娘 man⁵⁴ȵiaŋ³¹最小的婶婶

二婶　　　二娘 o²¹³ȵiaŋ³¹

三婶　　　三娘 san⁴⁵ȵiaŋ³¹

父母　　　娘老子 ȵiaŋ³¹lau⁵⁴tsʅ⁰

岳父　　　亲爷 tshin⁴⁵iɛ³¹

　　　　　老丈人 lau⁵⁴tʂaŋ²¹³ʐən³¹

岳母　　　亲娘 tshin⁴⁵ȵiaŋ³¹

　　　　　丈母娘 tʂaŋ²¹³mu⁵⁴ȵiaŋ³¹

公公　　　公公爹 koŋ⁴⁵koŋ⁴⁵⁻⁵⁴ti⁴⁵

婆婆　　　婆婆妈 pho³¹pho³¹ma⁴⁵

继父　　　后父老子 xəu²¹³fu²¹³lau⁵⁴tsʅ⁰

继母　　　后娘 xəu²¹³ȵiaŋ³¹

伯父　　　伯伯 pɛ³¹pɛ³¹

大伯父　　大伯伯 ta²¹³pɛ³¹pɛ³¹

二伯父　　二伯伯 o²¹³pɛ³¹pɛ³¹

伯母　　　伯娘 pɛ³¹ȵiaŋ³¹

大叔 ta²¹³ʂu³¹排行仅次于父亲的叔叔

二叔 o²¹³ʂu³¹排行第二的叔叔

满叔 man⁵⁴ʂu³¹一般指最小的叔叔

　幺叔 iau⁴⁵ʂu³¹满叔的弟弟。家庭或亲族中把父辈中最小的称为满叔，但在满叔称呼确定后，"满叔"又有了弟弟，此人便被称为"幺叔"

满满 man⁵⁴man⁵⁴ 小孩子对最小的叔叔的称呼

婶娘　　　婶娘 ʂən⁵⁴ȵiaŋ³¹

舅舅　　　舅 tʃiəu²¹³

　　　　　舅舅 tʃiəu²¹³tʃiəu²¹³

舅妈　　　舅娘 tʃiəu²¹³ȵiaŋ³¹

姑母　　　孃 ȵiaŋ⁴⁵ 姑姑和姑母的合称

姑姑　　　姑 ku⁴⁵

姨孃 i³¹ȵiaŋ⁴⁵ 姨妈和阿姨

大姨孃 ta²¹³i³¹ȵiaŋ⁴⁵ 排行仅次于母亲的阿姨

　　大姨 ta²¹³i³¹

满姨孃 man⁵⁴i³¹ȵiaŋ⁴⁵ 排行最末的阿姨

　　小姨 siau⁵⁴i³¹

姨父　　　姨伯 i³¹pɛ³¹

姨丈　　　姨叔 i³¹ʂu³¹

姑爷 ku⁴⁵iɛ³¹ 姑丈和姑父的合称

姑奶奶　　姑婆 ku⁴⁵pho³¹

姑公 ku⁴⁵koŋ⁴⁵ 姑婆的丈夫

姨婆　　　姨婆 i³¹pho³¹

姨婆的丈夫　姨公 i³¹koŋ⁴⁵

表伯　　　表伯 piau⁵⁴pɛ³¹

老伯伯　　老伯伯 lau⁵⁴pɛ³¹pɛ³¹ 自称

表伯母　　表伯娘 piau⁵⁴pɛ³¹ȵiaŋ³¹

表叔　　　表叔 piau⁵⁴ʂu³¹

表婶　　　表婶娘 piau⁵⁴ʂən⁵⁴ȵiaŋ³¹

两口子　　两口子 liaŋ⁵⁴khəu⁵⁴tsɿ⁰

夫妻　　　夫妻 fu⁴⁵tshi⁴⁵

父亲和母亲　两老 liaŋ⁵⁴lau⁵⁴

丈夫　　　老公 lau⁵⁴koŋ⁴⁵

妻子　　　婆娘 pho³¹ȵiaŋ³¹

　　　　　老婆 lau⁵⁴pho³¹

黄脸婆　　黄脸婆 xuaŋ³¹lɛn⁵⁴pho³¹ 对妻子的戏称或贬称

小老婆　　小的 siau⁵⁴li⁰

小老婆 siau⁵⁴lau⁵⁴pho³¹

大伯哥 ta²¹³pɛ³¹ko⁴⁵ 丈夫之兄

小叔子　　　小叔子 siau⁵⁴ʂu³¹tsʅ⁰ 丈夫之弟

舅母子 tʃiəu²¹³mu⁵⁴tsʅ⁰ 妻子之嫂

舅子 tʃiəu²¹³tsʅ⁰ 妻子的兄弟

大舅子　　　大舅子 ta²¹³tʃiəu²¹³tsʅ⁰ 妻子的大哥

小舅子　　　小舅子 siau⁵⁴tʃiəu²¹³tsʅ⁰ 妻子的小弟弟

　　　　　　小舅 siau⁵⁴tʃiəu²¹³

大姨子　　　大姨子 ta²¹³i³¹tsʅ⁰ 妻子之姐

小姨子　　　小姨子 siau⁵⁴i³¹tsʅ⁰ 妻子之妹

兄弟　　　　兄弟 ʃyŋ⁴⁵ti²¹³

姊妹　　　　姊妹 tsʅ⁵⁴məi²¹³

哥哥　　　　老哥 lau⁵⁴ko⁴⁵

　　　　　　哥 ko⁴⁵

弟弟　　　　老弟 lau⁵⁴ti²¹³

妹妹　　　　老妹 lau⁵⁴məi²¹³

　　　　　　妹子 məi²¹³tsʅ⁰

弟媳　　　　弟妹 ti²¹³məi²¹³

姐姐　　　　姐 tsɛ⁵⁴

姐夫　　　　姐夫哥 tsɛ⁵⁴fu⁴⁵ko⁴⁵

　　　　　　姐夫 tsɛ⁵⁴fu⁴⁵

妹夫　　　　妹夫 məi²¹³fu⁴⁵

堂兄弟　　　叔伯兄弟 ʂu³¹pɛ³¹ʃyŋ⁴⁵ti²¹³

表亲　　　　老表 lau⁵⁴piau⁵⁴

表哥　　　　表哥 piau⁵⁴ko⁴⁵

表弟　　　　表弟 piau⁵⁴ti²¹³

表姐妹　　　表姐妹 piau⁵⁴tsɛ⁵⁴məi²¹³

表姐　　　　表姐 piau⁵⁴tsɛ⁵⁴

表姐夫　　　表姐夫 piau⁵⁴tsɛ⁵⁴fu⁴⁵

表妹　　　　表妹 piau⁵⁴məi²¹³

表妹夫　　　表妹夫 piau⁵⁴məi²¹³fu⁴⁵

晚辈　　　　矮辈 ŋai⁵⁴pəi²¹³

晚辈 uan⁵⁴pəi²¹³

小辈 siau⁵⁴pəi²¹³

儿女　　　崽女 tsai⁵⁴ŋyi⁵⁴

儿子　　　崽 tsai⁵⁴

大崽 ta²¹³tsai⁵⁴长子，长女

小崽 siau⁵⁴tsai⁵⁴小儿子，小女儿

小儿子　　满崽 man⁵⁴tsai⁵⁴

崽崽子 tsai⁴⁵tsai⁴⁵⁻⁵⁴tsʅ⁰ 很小的小孩儿

胎崽崽 thai⁴⁵tsai⁴⁵tsai⁴⁵⁻⁵⁴死去的小孩，常用于骂人

随娘崽 suəi³¹ŋiaŋ³¹tsai⁵⁴随母亲改嫁的儿子

随娘女 suəi³¹ŋiaŋ³¹ŋyi⁵⁴随母亲改嫁的女儿

抱养崽 pau²¹³iaŋ⁵⁴tsai⁵⁴抱养的孩子

寄养　　　寄养 tʃi²¹³iaŋ⁵⁴

干爹　　　寄爷 tʃi²¹³iɛ³¹

干爹 kan⁴⁵ti⁴⁵

干妈　　　寄娘 tʃi²¹³ŋiaŋ³¹

寄妈 tʃi²¹³ma⁴⁵

干妈 kan⁴⁵ma⁴⁵

过寄 ko²¹³tʃi²¹³孩子认干父母

　拜寄 pai²¹³tʃi²¹³

干儿子　　寄崽 tʃi²¹³tsai⁵⁴

干崽 kan⁴⁵tsai⁵⁴

干女儿　　寄养女 tʃi²¹³iaŋ⁵⁴ŋyi⁵⁴

干女 kan⁴⁵ŋyi⁵⁴

干爷爷　　寄公 tʃɿ²¹³koŋ⁴⁵

干奶奶　　寄婆 tʃi²¹³pho³¹

干姐姐　　寄姐 tʃi²¹³tsɛ⁵⁴

干妹妹　　寄妹 tʃi²¹³məi²¹³

干哥哥　　寄哥 tʃi²¹³ko⁴⁵

干弟弟　　寄弟 tʃi²¹³ti²¹³

干伯伯　　寄伯伯 tʃi²¹³pɛ³¹pɛ³¹

干伯母　　寄伯娘 tʃi²¹³pɛ³¹ŋiaŋ³¹

干叔叔　　　　寄叔 tʃi²¹³ ʂu³¹

干婶婶　　　　寄婶 tʃi²¹³ sən⁵⁴

媳妇　　　　　媳妇 si³¹ fu²¹³

儿媳妇　　　　媳妇崽 si³¹ fu²¹³ tsai⁵⁴

女儿　　　　　姑娘 ku⁴⁵ ȵiaŋ³¹

　　　　　　　女 ȵyi⁵⁴

丫头　　　　　丫头 ia⁴⁵ thəu³¹ 女孩儿或丫鬟

女婿　　　　　姑爷 ku⁴⁵ iɛ³¹

　　　　　　　女婿 ȵyi⁵⁴ si²¹³

孙子　　　　　孙孙 sən⁴⁵ sən⁴⁵⁻⁵⁴

孙媳妇　　　　孙媳妇 sən⁴⁵ si³¹ fu²¹³

孙女　　　　　孙女 sən⁴⁵ ȵyi⁵⁴

孙女婿　　　　孙女婿 sən⁴⁵ ȵyi⁵⁴ si²¹³

外孙　　　　　外孙崽 uai²¹³ sən⁴⁵ tsai⁵⁴

　　　　　　　外孙 uai²¹³ sən⁴⁵

外孙女　　　　外孙女 uai²¹³ sən⁴⁵ ȵyi⁵⁴

重孙　　　　　重孙 tʂhoŋ³¹ sən⁴⁵

重孙女　　　　重孙女 tʂhoŋ⁴⁵ sən⁴⁵ ȵyi⁵⁴

老外 lau⁵⁴ uai²¹³ 外侄子、外侄女合称

侄子　　　　　侄子 tʂʅ³¹ tsʅ⁰

侄女　　　　　侄女 tʂʅ³¹ ȵyi⁵⁴

内侄　　　　　内侄 luəi²¹³ tʂʅ³¹ 妻的兄弟之子

内侄女　　　　内侄女 luəi²¹³ tʂʅ³¹ ȵyi⁵⁴ 妻的兄弟之女

外侄　　　　　外侄 uai²¹³ tʂʅ³¹

外侄子　　　　外侄崽 uai²¹³ tʂʅ³¹ tsai⁵⁴

外侄女　　　　外侄女 uai²¹³ tʂʅ³¹ ȵyi⁵⁴

侄孙子　　　　侄孙崽 tʂʅ³¹ sən⁴⁵ tsai⁵⁴

妻侄崽 tshi⁴⁵ tʂʅ³¹ tsai⁵⁴ 妻子的侄儿

妻侄女 tshi⁴⁵ tʂʅ³¹ ȵyi⁵⁴ 妻子的侄女

亲家　　　　　亲家 tshin⁴⁵ tʃia⁴⁵

亲家公　　　　亲家公 tshin⁴⁵ tʃia⁴⁵ koŋ⁴⁵

　　　　　　　亲家佬 tshin⁴⁵ tʃia⁴⁵ lau⁵⁴

亲家母　　　　亲家母 tshin⁴⁵tʃia⁴⁵mu⁵⁴

妻子的家　　　娘家 ȵiaŋ³¹tʃia⁴⁵

　　　　　　　后家 xəu²¹³tʃia⁴⁵ 自称

婆家　　　　　婆家 pho³¹tʃia⁴⁵

　　　　　　　男家 lan³¹tʃia⁴⁵

□公家 ka⁴⁵koŋ⁴⁵tʃia⁴⁵ 外祖父家

□婆家 ka⁴⁵pho³¹tʃia⁴⁵ 外祖母家

舅家 tʃiəu²¹³tʃia⁴⁵ 舅舅家

族间 tshəu³¹kan⁴⁵ 同姓，同宗族

亲戚　　　　　亲戚 tshin⁴⁵tshi³¹

隔山亲戚 kɛ³¹ʂan⁴⁵tshin⁴⁵tshi³¹ 没有血缘关系的亲戚

走亲戚　　　　走亲戚 tsəu⁵⁴tshin⁴⁵tshi³¹

结亲　　　　　开亲 khai⁴⁵tshin⁴⁵

　　　　　　　打亲家 ta⁵⁴tshin⁴⁵tʃia⁴⁵

替手 thi²¹³ʂəu⁵⁴ 杀猪的人

懵懂汉 moŋ⁵⁴toŋ⁵⁴xan²¹³ 头脑不清醒的人

莽敢痴 maŋ⁵⁴kan⁵⁴tʂɻ⁴⁵ 鲁莽、不考虑前因后果的人

逆毛猪 ȵi²¹³mau³¹tʂu⁴⁵ 很吝啬的人

割马草 ko³¹ma⁵⁴tshau⁵⁴ 多人一起饮酒时负责倒酒的人

八　身体、五官

身子　　　　　身子 ʂən⁴⁵tsɻ⁰

身坯　　　　　身坯 ʂən⁴⁵phəi⁵⁴

身材　　　　　身材 ʂən⁴⁵tshai³¹

骨架　　　　　骨架 ku³¹tʃia²¹³

脑袋　　　　　脑壳 lau⁵⁴kho³¹

光头　　　　　光脑壳 kuaŋ⁴⁵lau⁵⁴kho³¹

头顶　　　　　脑顶 lau⁵⁴tin⁵⁴

谢顶　　　　　谢顶 sɛ²¹³tin⁵⁴

开顶 khai⁴⁵tin⁵⁴ 上年纪的人头顶脱发

后脑勺　　　　后脑爪 xəu²¹³lau⁵⁴tʂua³¹

头发　　　　　头发 thəu³¹fa³¹

旋尾 ʃyɛn²¹³uəi⁵⁴小孩儿脑后头发留的比较长的一小撮

檩搭帽 lin²¹³ta³¹mau²¹³小孩儿前额头发留得比较长的一小撮

少白头　　　少年白 ʂau²¹³ȵɛn³¹pɛ³¹

掉头发　　　落头发 lo³¹thəu³¹fa³¹

头皮屑　　　风信壳 foŋ⁴⁵sin²¹³kho³¹

　　　　　　脑壳皮子 lau⁵⁴kho³¹phi³¹tsʅ⁰

脑门　　　　脑门 lau⁵⁴mən³¹

凹脑门 ua³¹lau⁵⁴mən³¹前额前凸

纵脑门 tsuŋ²¹³lau⁵⁴mən³¹额头不规整

囟门　　　　气门 tʃhi²¹³mən³¹

辫子　　　　辫子 pɛn²¹³tsʅ⁰

长辫子　　　辫搭子 pɛn²¹³ta³¹tsʅ⁰

梳辫子　　　打纠纠 ta⁵⁴tʃiəu⁴⁵tʃiəu⁴⁵

刘海儿　　　刘海 liəu³¹xai⁵⁴

挽发 uan⁵⁴fa³¹中老年妇女盘在脑后的鬏

脸　　　　　脸 lɛn⁵⁴

脸巴 lɛn⁵⁴pa⁴⁵整张脸

脸小 lɛn⁵⁴siau⁵⁴脸盘小

脸皮厚　　　脸长 lɛn⁵⁴tʂhaŋ³¹

脸大 lɛn⁵⁴ta²¹³面子大

脸黑 lɛn⁵⁴xɛ³¹皮肤黑

颧骨　　　　颧骨 tʃhyɛn³¹ku³¹

酒窝　　　　酒窝 tsiəu⁵⁴o⁴⁵

人中　　　　人中 ʐən³¹tʂoŋ⁴⁵

腮帮　　　　腮鼓子 sai⁴⁵ku⁵⁴tsʅ⁰

　　　　　　腮帮子 sai⁴⁵paŋ⁴⁵tsʅ⁰

眼睛　　　　眼睛 iɛn⁵⁴tsin⁴⁵

眼眶　　　　眼眶 iɛn⁵⁴khuaŋ⁴⁵

眼珠　　　　眼珠子 iɛn⁵⁴tʂu⁴⁵tsʅ⁰

黑眼仁 xɛ³¹iɛn⁵⁴ʐən³¹

眼白　　　　白眼仁 pɛ³¹iɛn⁵⁴ʐən³¹

眼角　　　　眼角角 iɛn⁵⁴ko³¹ko³¹

眼角 iɛn⁵⁴ko³¹

小眼角 siau⁵⁴iɛn⁵⁴ko³¹上下眼睑的结合处

大眼角 ta²¹³iɛn⁵⁴ko³¹眼角儿靠近鼻子的部分

眼圈	眼圈 iɛn⁵⁴tʃhyɛn⁴⁵
眼泪	眼睛水 iɛn⁵⁴tsin⁴⁵ʐɹəi⁵⁴
眼尖	眼尖 iɛn⁵⁴tsɛn⁴⁵
眼屎	眼屎 iɛn⁵⁴ʂɿ⁵⁴
眼皮	眼皮 iɛn⁵⁴phi³¹
单眼皮	单眼皮 tan⁴⁵iɛn⁵⁴phi³¹
双眼皮	双眼皮 ʂɹaŋ⁴⁵iɛn⁵⁴phi³¹
眼皮跳	眼皮跳 iɛn⁵⁴phi³¹thiau²¹³
睫毛	眼眨毛 iɛn⁵⁴tsa³¹mau³¹
眉毛	眉毛 mi³¹mau³¹
嘴巴	嘴巴 tsuəi⁵⁴pa⁴⁵
	嘴筒 tsuəi⁵⁴thoŋ³¹
	嘴 tsuəi⁵⁴
嘴唇	嘴巴皮 tsuəi⁵⁴pa⁴⁵phi³¹
舌头	舌条 ʃɛ³¹thiau³¹
脖子	讲根 tʃiaŋ⁵⁴kən⁴⁵
鼻子	鼻子 pi³¹tsɿ⁰
鼻孔	鼻窿 pi³¹loŋ⁴⁵
鼻梁	鼻梁子 pi³¹iaŋ³¹tsɿ⁰
	鼻梁 pi³¹liaŋ³¹
酒糟鼻	红鼻子 xoŋ³¹pi³¹tsɿ⁰
鼻涕	鼻脓 pi³¹loŋ³¹
	鼻子 pi³¹tsɿ⁰
鼻屎	鼻子颗颗 pi³¹tsɿ⁰kho⁴⁵kho⁴⁵⁻⁵⁴
	鼻屎 pi³¹ʂɿ⁵⁴
鼻毛	鼻毛 pi³¹mau³¹
鼻尖	鼻尖 pi³¹tsɛn⁴⁵

鼻子灵 pi³¹tsɿ⁰lin³¹嗅觉灵敏

鼻子尖 pi³¹tsɿ⁰tsɛn⁴⁵

下巴　　　　牙包骨 ia³¹pau⁴⁵ku³¹

唾液　　　　口水 khəu⁵⁴ʂuəi⁵⁴

牙齿　　　　牙齿 ia³¹tʂʰʐ̩⁵⁴

门牙　　　　门牙 mən³¹ia³¹

明牙 min³¹ia³¹门牙旁边的牙

大牙　　　　座牙 tso²¹³˙ia³¹

　　　　　　大牙 ta²¹³ia³¹

虎牙　　　　虎牙 fu⁵⁴˙ia³¹

暴牙　　　　暴牙齿 pau²¹³ia³¹tʂʰʐ̩⁵⁴

　　　　　　暴牙 pau²¹³ia³¹

牙耙 ia³¹pʰa³¹小孩子的牙

牙齿不便 ia³¹tʂʰʐ̩⁵⁴pu³¹pɛn²¹³老人牙掉了

龋齿　　　　虫牙 tʂʰoŋ³¹ia³¹

牙垢　　　　牙腻 ia³¹ȵi²¹³

牙肉　　　　牙根 ia³¹kən⁴⁵

舌苔　　　　舌苔 ʂɛ³¹tʰai⁴⁵

大舌头　　　大舌头 ta²¹³ʂɛ³¹tʰəu³¹口齿不清

獠牙　　　　獠牙 liau³¹ia³¹

耳朵　　　　耳朵 o⁵⁴to⁵⁴

耳孔　　　　耳朵眼 o⁵⁴to⁵⁴iɛn⁵⁴

　　　　　　耳朵窿 o⁵⁴to⁵⁴loŋ⁴⁵

耳屎　　　　耳屎 o⁵⁴ʂʐ̩⁵⁴

太阳穴　　　耳门 o⁵⁴mən³¹

　　　　　　耳门子 o⁵⁴mən³¹tsʐ̩⁰

耳尖　　　　耳朵坨坨 o⁵⁴to⁵⁴tʰo³¹tʰo³¹

喉咙　　　　喉咙 xəu³¹loŋ³¹

喉管　　　　喉咙管 xəu³¹loŋ³¹kuan⁵⁴

嗓门　　　　嗓门 saŋ⁵⁴mən³¹

牙疼　　　　牙齿痛 ia³¹tʂʰʐ̩⁵⁴tʰoŋ²¹³引申为喜欢乱哼

胡子　　　　胡子 fu³¹tsʐ̩⁰

络腮胡子　　连胡 lɛn³¹fu³¹

　　　　　　马笼头 ma⁵⁴loŋ³¹tʰəu³¹贬称

	棕鼻圈 tsoŋ⁴⁵ pi³¹ tʃhyɛn⁴⁵ 贬称
八字胡	八字胡 pa³¹ tsʅ²¹³ fu³¹
肩膀	肩膀 tʃɛn⁴⁵ paŋ⁵⁴
锁骨	锁骨 so⁵⁴ ku³¹
肩胛骨	肩胛骨 tʃɛn⁴⁵ tʃia³¹ ku³¹
手	手 ʂəu⁵⁴
左手	左手 tso⁵⁴ ʂəu⁵⁴
右手	右手 iəu²¹³ ʂəu⁵⁴
手臂	手杆 ʂəu⁵⁴ kan⁵⁴
	手膀 ʂəu⁵⁴ paŋ⁵⁴
	手膀子 ʂəu⁵⁴ paŋ⁵⁴ tsʅ⁰
胳膊肘	手倒拐 ʂəu⁵⁴ tau⁵⁴ kuai⁵⁴
	手拐拐 ʂəu⁵⁴ kuai⁵⁴ kuai⁵⁴
腋窝	夹肢窝 tʃia³¹ tʅ⁴⁵ o⁴⁵
	峡脚 ʃia³¹ tʃio³¹
手腕	手□□ ʂəu⁵⁴ tʃiaŋ⁵⁴ tʃiaŋ⁵⁴
	手腕 ʂəu⁵⁴ uan⁵⁴
虎口	手倒口 ʂəu⁵⁴ tau²¹³ khəu⁵⁴
拇指	手拇指 ʂəu⁵⁴ mu⁵⁴ tʅ⁵⁴
手指关节	手指节节 ʂəu⁵⁴ tʅ⁵⁴ tsɛ³¹ tsɛ³¹
手旮旯	ʂəu⁵⁴ kha⁵⁴ kha⁵⁴ 两指之间的缝
老茧	干茧 kan⁴⁵ tʃɛn⁵⁴
大拇指	大指拇 ta²¹³ tʅ⁵⁴ mu⁵⁴
	大拇指 ta²¹³ mu⁵⁴ tʅ⁵⁴
食指	二指拇 o²¹³ tʅ⁵⁴ mu⁵⁴
中指	中指 tʂoŋ⁴⁵ tʅ⁵⁴
无名指	四拇指 sʅ²¹³ mu⁵⁴ tʅ⁵⁴
小指	满拇指 man⁵⁴ mu⁵⁴ tʅ⁵⁴
指缝	手指拇缝 ʂəu⁵⁴ tʅ⁵⁴ mu⁵⁴ foŋ²¹³
	手指拇缝缝 ʂəu⁵⁴ tʅ⁵⁴ mu⁵⁴ foŋ²¹³ foŋ²¹³
	手指拇卡卡 ʂəu⁵⁴ tʅ⁵⁴ mu⁵⁴ kha⁵⁴ kha⁵⁴
	手指拇卡 ʂəu⁵⁴ tʅ⁵⁴ mu⁵⁴ kha⁵⁴

	指缝 tʂʅ⁵⁴foŋ²¹³
指甲	指甲壳 tʂʅ⁵⁴tʃia³¹kho³¹
指甲缝	指甲缝 tʂʅ⁵⁴tʃia³¹foŋ²¹³
手指肚	手指蛋蛋 ʂou⁵⁴tʂʅ⁵⁴tan²¹³tan²¹³
指腹	指腹 tʂʅ⁵⁴fu²¹³
拳头	拳包子 tʃhyɛn³¹pau⁴⁵tsʅ⁰
	拳头 tʃhyɛn³¹thəu³¹
手掌	巴掌 pa⁴⁵tʂaŋ⁵⁴
	手掌 ʂou⁵⁴tʂaŋ⁵⁴
手心	手板心 ʂou⁵⁴pan⁵⁴sin⁴⁵
	手掌心 ʂou⁵⁴tʂaŋ⁵⁴sin⁴⁵
	手心 ʂou⁵⁴sin⁴⁵
手背	手背 ʂou⁵⁴pəi²¹³
腿	脚杆 tʃio³¹kan⁵⁴
腿弯	脚倒拐 tʃio³¹tau²¹³kuai⁵⁴
	脚弯筋 tʃio³¹uan⁴⁵tʃin⁴⁵
	脚弯弯 tʃio³¹uan⁴⁵uan⁴⁵⁻⁵⁴

脚倒口 tʃio³¹tau²¹³khəu⁵⁴脚踝上端

小腿肚	脚棒子 tʃio³¹paŋ²¹³tsʅ⁰
	腿棒子 thuəi⁵⁴paŋ²¹³tsʅ⁰
	脚包蔸 tʃio³¹pau⁴⁵təu⁴⁵
坐骨	坐板骨 tso²¹³pan⁵⁴ku³¹
	屁杷骨 phi²¹³pha³¹ku³¹
脚踝骨	螺丝拐 lo³¹sʅ⁴⁵kuai⁵⁴
	螺丝骨 lo³¹sʅ⁴⁵ku³¹
膝盖	菠萝盖 po⁴⁵lo³¹kai²¹³

胯胯 khua²¹³khua²¹³⁻⁴⁵坐下时并拢的可供小孩坐的两腿

脚	脚 tʃio³¹
脚腕	脚腕子 tʃio³¹uan⁵⁴tsʅ⁰
脚板	脚板 tʃio³¹pan⁵⁴
赤脚	光脚板 kuaŋ⁴⁵tʃio³¹pan⁵⁴
脚背	脚背 tʃio³¹pəi²¹³

脚底　　　　　脚板底 tʃio³¹ pan⁵⁴ ti˙⁵⁴

脚底心　　　　脚板心 tʃio³¹ pan⁵⁴ sin⁴⁵

脚趾尖　　　　脚趾拇尖尖 tʃio³¹ tʂ⁵⁴mu⁵⁴ tsɛn⁴⁵ tsɛn⁴⁵

脚趾甲　　　　脚趾壳 tʃio³¹ tʂ⁵⁴kho³¹

指纹　　　　　手纹 ʂəu⁵⁴uən³¹

　　　　　　　指纹 tʂ⁵⁴uən³¹

胭　　　　　　胭 lo³¹手指脚趾上的胭

天胭 thɛn⁴⁵ lo³¹手指的胭

地胭 ti²¹³ lo³¹脚趾的胭

箕斗　　　　　箕斗 tʃi⁴⁵təu⁵⁴手指肚上不圆的纹路

筲子 ʂau⁴⁵tsʐ⁰簸箕形的指纹

脚跟　　　　　脚后跟 tʃio³¹xəu²¹³kən⁴⁵

脚印　　　　　脚印 tʃio³¹in²¹³

鸡眼　　　　　鸡眼 tʃi⁴⁵iɛn⁵⁴一种脚上的皮肤病，其根深嵌入肉里，顶
起硬结，形似鸡眼，行走挤压时疼痛

屁股　　　　　屁股墩 phi²¹³ku⁵⁴ tən⁴⁵

　　　　　　　屁股 phi²¹³ku⁵⁴

肛门　　　　　屁股眼 phi²¹³ku⁵⁴iɛn⁵⁴

　　　　　　　屁眼 phi²¹³iɛn⁵⁴

　　　　　　　肛门 kaŋ⁴⁵mən³¹

股沟　　　　　屁股沟 phi²¹³ku⁵⁴kəu⁴⁵

睾丸　　　　　蛋蛋 tan²¹³tan²¹³⁻⁴⁵

　　　　　　　卵 luan⁵⁴

鸡鸡 tʃi⁴⁵tʃi⁴⁵⁻⁵⁴小男孩儿的生殖器

精子　　　　　精子 tsin⁴⁵tsʐ⁰

心窝　　　　　心窝子 sin⁴⁵o⁴⁵tsʐ⁰

乳房　　　　　奶奶 lai⁵⁴lai⁵⁴

肋骨　　　　　肋巴骨 lɛ³¹pa⁴⁵ku³¹

　　　　　　　肋条骨 lɛ³¹thiau³¹ku³¹

奶　　　　　　奶 lai⁵⁴

　　　　　　　奶水 lai⁵⁴ʂuəi⁵⁴

肚子　　　　　肚皮 təu²¹³phi³¹

肚脐眼　　　肚脐眼 təu²¹³tsi³¹·iɛn⁵⁴

腰　　　　　腰杆 iau⁴⁵kan⁵⁴

　　　　　　腰 iau⁴⁵

背部　　　　背 pəi²¹³

脊椎　　　　脊龙骨 tsi³¹loŋ³¹ku³¹

　　　　　　背龙骨 pəi²¹³loŋ³¹ku³¹

　　　　　　龙骨 loŋ³¹ku³¹

腰杆骨 iau⁴⁵kan⁵⁴ku³¹腰上的骨头

尾骨　　　　尾椎 uəi⁵⁴tʂuəi⁴⁵

旋　　　　　旋 syɛn²¹³头上的旋

双旋磨 ʂuaŋ⁴⁵syɛn²¹³mo³¹头上有两个旋

　　两个旋 liaŋ⁵⁴ko²¹³syɛn²¹³

寒毛　　　　汗毛 xan²¹³mau³¹

　　　　　　寒毛 xan³¹mau³¹

毛孔　　　　毛孔 mau³¹khoŋ⁵⁴

痣　　　　　痣 tʂʅ²¹³

骨头　　　　骨头 ku³¹thəu³¹

筋　　　　　筋 tʃin⁴⁵

麻筋 ma³¹tʃin⁴⁵手臂上碰撞后很麻的部位

血　　　　　血 ʃyɛ³¹

血管　　　　血管 ʃyɛ³¹kuan⁵⁴

　　　　　　血筋 syɛ³¹tʃin⁴⁵

脉　　　　　脉 mɛ³¹

来例假　　　来红 lai³¹xoŋ³¹

五脏　　　　五脏 u⁵⁴tsaŋ²¹³

心　　　　　心子 sin⁴⁵tsʅ⁰

肝　　　　　肝 kan⁴⁵

肺　　　　　肺 fəi²¹³

胆　　　　　胆 tan⁵⁴

脾　　　　　连田 lɛn³¹thɛn³¹

胃　　　　　肚子 təu²¹³tsʅ⁰

肾　　　　　腰子 iau⁴⁵tsʅ⁰

肠　　　　　肠子 tʂhaŋ³¹ tsɿ⁰

大肠　　　　大肠 ta²¹³ tʂhaŋ³¹

小肠　　　　小肠 siau⁵⁴ tʂhaŋ³¹

盲肠　　　　盲肠 maŋ³¹ tʂhaŋ³¹

相貌　　　　相貌 siaŋ²¹³ mau²¹³

老相　　　　出老 tʂhu³¹ lau⁵⁴

　　　　　　老相 lau⁵⁴ siaŋ²¹³

年龄　　　　年纪 ŋɛn³¹ tʃi⁵⁴

　　　　　　年龄 ŋɛn³¹ lin³¹

九　病痛医疗

生病　　　　成病 tʂhən³¹ pin²¹³

小病　　　　小病 siau⁵⁴ pin²¹³

毛病　　　　毛病 mau³¹ pin²¹³

病重　　　　倒床 tau⁵⁴ tʂhuaŋ³¹

　　　　　　病重 pin²¹³ tʂoŋ²¹³

重病　　　　重病 tʂoŋ²¹³ pin²¹³

大病　　　　大病 ta²¹³ pin²¹³

病好点　　　好点 xau⁵⁴ tɛn⁵⁴

　　　　　　病轻了 pin²¹³ tʃhin⁴⁵ liau⁵⁴

病好了　　　病好了 pin²¹³ xau⁵⁴ la⁰

翻病　　　　翻病 fan⁴⁵ pin²¹³ 病重新发作

医生　　　　医师 i⁴⁵ sɿ⁴⁵

治病　　　　医病 i⁴⁵ pin²¹³

　　　　　　医 i⁴⁵

看病　　　　看病 khan²¹³ pin²¹³

　　　　　　看医生 khan²¹³ i⁴⁵ sən⁴⁵

请医生 tshin⁵⁴ i⁴⁵ sən⁴⁵ 请医生看病

找医师 tʂau⁵⁴ i⁴⁵ sɿ⁴⁵ 找医生看病

　　找医生 tʂau⁵⁴ i⁴⁵ sən⁴⁵

不乖 pu³¹ kuai⁴⁵ 小孩生病

残毛半病 tshan³¹ mau³¹ pan²¹³ pin²¹³ 经常有病在身

病快快 pin²¹³ iaŋ⁴⁵ iaŋ⁴⁵⁻⁵⁴

留医	留医 liəu³¹ i⁴⁵
号脉	拿脉 la³¹ mɛ³¹
	号脉 xau²¹³ mɛ³¹
	把脉 pa⁵⁴ mɛ³¹
开药方	开药单 khai⁴⁵ io³¹ tan⁴⁵
	开方子 khai⁴⁵ faŋ⁴⁵ tsʅ⁰
	开药方 khai⁴⁵ io³¹ faŋ⁴⁵
采药	找药 tʂau⁵⁴ io³¹
	扯药 tʂhɛ⁵⁴ io³¹
偏方	单方 tan⁴⁵ faŋ⁴⁵
	偏方 phɛn⁴⁵ faŋ⁴⁵
土方	土方 thəu⁵⁴ faŋ⁴⁵
配药	配药 phəi²¹³ io³¹
药房	药房 io³¹ faŋ³¹
中药房	中药房 tʂoŋ⁴⁵ io³¹ faŋ³¹
西药房	西药房 si⁴⁵ io³¹ faŋ³¹
中药店	中药店 tʂoŋ⁴⁵ io³¹ tɛn²¹³
草药店	草药店 tshau⁵⁴ io³¹ tɛn²¹³
药引	引子药 in⁵⁴ tsʅ⁰ io³¹
	药引 io³¹ in⁵⁴
	主药 tʂu⁵⁴ io³¹
药罐	药罐子 io³¹ kuan²¹³ tsʅ⁰

背药罐子 pəi⁴⁵ io³¹ kuan²¹³ tsʅ⁰ 经常生病的人

煎药	煮药 tʂu⁵⁴ io³¹
	煎药 tsɛn²¹³ io³¹
茶	茶 tʂha³¹
药膏	药膏 io³¹ kau⁴⁵
药粉	药面面 io³¹ mɛn²¹³ mɛn²¹³⁻⁴⁵
	药粉粉 io³¹ fən⁵⁴ fən⁵⁴
敷药	放药 faŋ²¹³ io³¹
	上药 ʂaŋ²¹³ io³¹

敷药 fu⁴⁵io³¹

包药 pau⁴⁵io³¹ 敷药并包扎

擦药粉	擦药粉 tsha³¹io³¹fən⁵⁴
擦药膏	擦药膏 tsha³¹io³¹kau⁴⁵
发汗	发汗 fa³¹xan²¹³
姜糖水	姜糖水 tʃiaŋ⁴⁵thaŋ³¹ʂuəi⁵⁴
姜汤水	姜汤水 tʃiaŋ⁴⁵thaŋ⁴⁵ʂuəi⁵⁴
祛风	祛风 tʃhi²¹³foŋ⁴⁵
降温	降温 tʃiaŋ²¹³uən⁴⁵
去湿	去湿 tʃhyi²¹³ʂ̩³¹
中毒	中毒 tʂoŋ²¹³təu³¹
解毒	解毒 kai⁵⁴təu³¹
消食	消食 siau⁴⁵ʂ̩³¹
消化	消化 siau⁴⁵xua²¹³
化痰	消痰 siau⁴⁵than³¹
	化痰 xua²¹³than³¹
扎针	打干针 ta⁵⁴kan⁴⁵tʂ̩ən⁴⁵
	扎针 tʂa³¹tʂ̩ən⁴⁵
针灸	药钱灸 io³¹tshɛn³¹tʃiəu²¹³

扎银针 tʂa³¹in³¹tʂ̩ən⁴⁵ 把烧红的发簪扎进皮肤以治病

吊针	打大针 ta⁵⁴ta²¹³tʂ̩ən⁴⁵
拔火罐	扯火罐 tʂɦɛ⁵⁴xo⁵⁴kuan²¹³
灯草灸	打灯火 ta⁵⁴tən⁴⁵xo⁵⁴ 用燃烧的灯草刺激穴位或神经
刮痧	刮痧 kua³¹ʂa⁴⁵
腹泻	化肚 xua²¹³təu²¹³
	不坐肚 pu³¹tso²¹³təu²¹³
	拉肚 la⁴⁵təu²¹³
	屙肚 o⁴⁵təu²¹³
	坐肚 tso²¹³təu²¹³
	拉稀 la⁴⁵ʃi⁴⁵
红白痢疾	红白痢 xoŋ³¹pɛ³¹li²¹³
不消化	一口不着 i³¹khəu⁵⁴pu³¹tʂo³¹

不消化 pu³¹siau⁴⁵xua²¹³

发烧　　　发烧 fa³¹ʂau⁴⁵

退烧　　　退凉 thuəi²¹³liaŋ³¹

　　　　　退热 thuəi²¹³ʐɛ³¹

　　　　　退烧 thuəi²¹³ʂau⁴⁵

起痱子　　起鸡皮疙瘩 tʃhi⁵⁴tʃi⁴⁵phi³¹kɛ³¹ta³¹

荨麻疹　　发风丹 fa³¹foŋ⁴⁵tan⁴⁵

红风丹 xoŋ³¹foŋ⁴⁵tan⁴⁵比荨麻疹的疙瘩更红更大

伤风　　　伤风 ʂaŋ⁴⁵foŋ⁴⁵

咳嗽　　　咳嗽 khɛ³¹səu²¹³

咳喘　　　咳喘 khɛ³¹tʂhuan⁵⁴

哮喘　　　打□ta⁵⁴xau⁴⁵

气管炎　　气管炎 tʃhi²¹³kuan⁵⁴iɛn³¹

痧　　　　痧气 ʂa⁴⁵tʃhi²¹³

发痧　　　发痧 fa³¹ʂa⁴⁵

上火　　　热气 ʐɛ³¹tʃhi²¹³

肚子痛　　肚皮痛 təu²¹³phi³¹thoŋ²¹³

胸痛　　　胸口痛 ʃyŋ⁴⁵khəu⁵⁴thoŋ²¹³

心口痛　　心口痛 sin⁴⁵khəu⁵⁴thoŋ²¹³

头晕　　　脑壳晕 lau⁵⁴kho³¹yn⁴⁵

　　　　　头晕 thəu³¹yn⁴⁵

中暑　　　昏倒 xuən⁴⁵tau⁵⁴也指中邪

热气重 ʐɛ³¹tʃhi²¹³tʂoŋ²¹³上火严重

牙疼　　　嘴巴痛 tsuəi⁵⁴pa⁴⁵thoŋ²¹³

晕车　　　晕车 yn⁴⁵tʂhɛ⁴⁵

晕船　　　晕船 yn⁴⁵tʂhuan³¹

头痛　　　脑壳痛 lau⁵⁴kho³¹thoŋ²¹³

　　　　　头痛 thəu³¹thoŋ²¹³

恶心　　　心头劳烦 sin⁴⁵thəu³¹lau³¹fan³¹

　　　　　心翻 sin⁴⁵fan⁴⁵强调"想吐"

呕吐　　　呕吐 ŋəu⁵⁴thəu²¹³也指霍乱

　　　　　吐了 thəu²¹³la⁰

呕了 ŋəu⁵⁴la⁰

干呕 打干爆呕 ta⁵⁴kan⁴⁵pau²¹³ŋəu⁵⁴

干呕 kan⁴⁵ŋəu⁵⁴

吐血 呕血 ŋəu⁵⁴ʃyɛ³¹

打嗝 打嗝 ta⁵⁴kɛ³¹

打饱嗝 打勾勾 ta⁵⁴kəu⁴⁵kəu⁴⁵

打饱嗝 ta⁵⁴pau⁵⁴kɛ³¹

颈□kən⁵⁴tʃiaŋ⁵⁴食物卡住喉咙

疝气 疝气 ʂan²¹³tʃhi²¹³

臊气 臊气 sau⁴⁵tʃhi²¹³

牛臊味儿 牛臊味 ȵiəu³¹sau⁴⁵uəi²¹³

羊臊味儿 羊臊味 iaŋ³¹sau⁴⁵uəi²¹³

脱肛 翻脏 fan⁴⁵tsaŋ²¹³

子宫脱垂 脱尿泡 tho³¹ȵiau²¹³phau⁴⁵

疟疾 发冷 fa³¹lən⁵⁴

打摆子 ta⁵⁴pai⁵⁴tsʅ⁰

打冷战 打冷凉 ta⁵⁴lən⁵⁴liaŋ³¹

闷头摆 mən²¹³thəu³¹pai⁵⁴头痛得直摇

出麻 tʂhu³¹ma³¹出天花、出麻疹

天花 天花 thɛn⁴⁵xua⁴⁵

水痘 亮泡泡 liaŋ²¹³phau⁴⁵phau⁴⁵⁻⁵⁴

水痘 ʂuəi⁵⁴təu²¹³

种痘 种痘 tʂoŋ²¹³təu²¹³

伤寒 伤寒 ʂaŋ⁴⁵xan³¹

肝炎 肝炎 kan⁴⁵iɛn³¹

肺炎 肺炎 fəi²¹³iɛn³¹

黄疸 鸡肉病 tʃi⁴⁵ʐu³¹pin²¹³

心头痛 心头痛 sin⁴⁵thəu³¹thoŋ²¹³

胃病 胃病 uəi²¹³pin²¹³

盲肠炎 肚皮痛 təu²¹³phi³¹thoŋ²¹³

肚痛 təu²¹³thoŋ²¹³

盲肠炎 maŋ³¹tʂhaŋ³¹iɛn³¹

阑尾炎　　　　阑尾炎 lan³¹ uəi⁵⁴ iɛn³¹

肺结核　　　　痨病 lau³¹ pin²¹³

　　　　　　　咳痨病 khɛ³¹ lau³¹ pin²¹³

　　　　　　　肺痨 fəi²¹³ lau³¹

色痨病 sɛ³¹ lau³¹ pin²¹³ 咳不出痰的肺结核

肺病　　　　　肺病 fəi²¹³ pin²¹³

癌症　　　　　癌病 ŋai³¹ pin²¹³

摔伤　　　　　跌伤 thɛ³¹ ʂaŋ⁴⁵

摔着了　　　　跌着了 thɛ³¹ tʂo³¹ la⁰

撞伤　　　　　撞伤 tʂɿaŋ²¹³ ʂaŋ⁴⁵

撞着了　　　　撞着了 tʂɿaŋ²¹³ tʂo³¹ la⁰

擦破皮　　　　擦破皮 tsha³¹ pho²¹³ phi³¹

撞破皮　　　　撞破皮 tʂɿaŋ²¹³ pho²¹³ phi³¹

拆线　　　　　拆线 tshɛ³¹ sɛn²¹³

出血　　　　　出血 tʂhu³¹ ʃyɛ³¹

淤血　　　　　瘀血 yi⁴⁵ syɛ³¹

红肿　　　　　红肿 xoŋ³¹ tʂoŋ⁵⁴

化脓　　　　　灌脓 kuan²¹³ loŋ³¹

疤　　　　　　疤 pa⁴⁵

结疤　　　　　结痂子 tʃɛ³¹ tʃia⁴⁵ tsɿ⁰

　　　　　　　结疤 tʃɛ³¹ pa⁴⁵

疤痕　　　　　疤印 pa⁴⁵ in²¹³

　　　　　　　疤瘤 pa⁴⁵ liəu³¹

寸耳包 tshən²¹³ o⁵⁴ pau⁴⁵ 长在耳下的脓肿

生疮　　　　　生疮 sən⁴⁵ tʂhuaŋ⁴⁵

　　　　　　　生包 sən⁴⁵ pau⁴⁵

　　　　　　　长疔疮 tʂaŋ⁵⁴ tin⁴⁵ tʂhuaŋ⁴⁵

痔疮　　　　　酒子病 tsiəu⁵⁴ tsɿ⁰ pin²¹³

外酒子 uai²¹³ tsiəu⁵⁴ tsɿ⁰ 痔在肛门外的痔疮

内酒子 luəi²¹³ tsiəu⁵⁴ tsɿ⁰ 痔在肛门内的痔疮

疥疮　　　　　疥疮 kai²¹³ tʂhuaŋ⁴⁵

粉刺　　　　　烧疔 ʂau⁴⁵ tin⁴⁵

长癣　　　　　　生癣 sən^{45} syɛn^{54}

腮腺炎　　　　　耳黄 o^{54} xuaŋ^{31}

甲状腺肿大　　　□讲 phau^{31} tʃiaŋ^{54}

足癣　　　　　　沙虫脚 ʂa^{45} tʂhoŋ^{31} tʃio^{31}

痱子　　　　　　痱子 fəi^{213} tsʅ^{0}

瘊子　　　　　　疙瘩 kɛ^{31} ta^{31}一般的突起也称"疙瘩"

发汗　　　　　　发斑汗 fa^{31} pan^{45} xan^{213}

汗斑　　　　　　汗斑 xan^{213} pan^{45}

汗迹　　　　　　汗斑斑 xan^{213} pan^{45} pan$^{45\_54}$

雀斑　　　　　　雀儿斑 tshio^{31} o^{31} pan^{45}

　　　　　　　　雀斑 tshio^{31} pan^{45}

狐臭　　　　　　狐狸臊 fu^{31} li^{31} sau^{45}

　　　　　　　　狐臭 fu^{31} tʂhəu^{213}

口臭　　　　　　口臭 khəu^{54} tʂhəu^{213}

鼻子不灵 pi^{213} tsʅ^{0} pu^{31} lin^{31}嗅觉不灵敏

鼻塞　　　　　　鼻塞 pi^{213} sɛ^{31}

蜂腰　　　　　　马蜂腰 ma^{54} foŋ^{45} iau^{45}比喻人的细腰

水蛇腰　　　　　水蛇腰 ʃuəi^{54} ɕ^{31} iau^{45}

单眼　　　　　　独眼龙 təu^{31} iɛn^{54} loŋ^{31}

眼睛小　　　　　眯子 mi^{45} tsʅ^{0}

近视眼　　　　　近视眼 tʃin^{213} ʂʅ^{213} iɛn^{54}

看不清楚　　　　看不清楚 khan^{213} pu^{31} tshin^{45} tshəu^{54}

老花眼　　　　　老花眼 lau^{54} xua^{45} iɛn^{54}

斗鸡眼　　　　　斗鸡眼 təu^{213} tʃi^{45} iɛn^{54}

畏光　　　　　　怕光 pha^{213} kuaŋ^{45}眼睛怕光

青光眼　　　　　青光眼 tshin^{45} kuaŋ^{45} iɛn^{54}

青光瞎 tshin^{45} kuaŋ^{45} ʃia^{31}青光眼导致的失明

眼睛昏花　　　　萝卜花 lo^{31} pu^{213} xua^{45}

癫痫　　　　　　母猪风 mu^{54} tʂu^{45} foŋ^{45}

　　　　　　　　羊癫风 iaŋ^{31} tɛn^{45} foŋ^{45}

发狗头疯 fa^{31} kəu^{54} thəu^{31} foŋ^{45}与癫痫相似的一种病

发疯　　　　　　发癫 fa^{31} tɛn^{45}

惊风　　　　　惊风 tʃin⁴⁵foŋ⁴⁵

发神经　　　　发神经 fa³¹ʂən³¹tʃin⁴⁵

发酒疯　　　　发酒疯 fa³¹tsiəu⁵⁴foŋ⁴⁵

抽筋　　　　　抽筋 tʂhəu⁴⁵tʃin⁴⁵

发抖　　　　　抽丁 tʂhəu⁴⁵tin⁴⁵

偏瘫　　　　　半边瘫 pan²¹³pɛn⁴⁵than⁴⁵

瘫子　　　　　瘫子 than⁴⁵tsʅ⁰

瘸子　　　　　拐子 kuai⁵⁴tsʅ⁰

跛子　　　　　跛子 pai⁴⁵tsʅ⁰

　　　　　　　跛脚杆 pai⁴⁵tʃio³¹kan⁵⁴

驼背　　　　　驼背 tho³¹pəi²¹³

鸡胸　　　　　鸡胸 tʃi⁴⁵ʃyŋ⁴⁵

聋　　　　　　聋 loŋ⁴⁵

耳背　　　　　耳背 o⁵⁴pəi²¹³

聋子　　　　　聋子 loŋ⁴⁵tsʅ⁰

哑巴　　　　　哑子 ŋa⁵⁴tsʅ⁰

口吃的人　　　拉子 la⁴⁵tsʅ⁰

瞎子　　　　　瞎子 ʃia³¹tsʅ⁰

麻子　　　　　麻子 ma³¹tsʅ⁰

傻子　　　　　傻人 ʂa⁵⁴zʅən³¹

光头　　　　　光头 kuaŋ⁴⁵thəu³¹头发脱光的人

豁牙子　　　　缺牙子 tʃhyɛ³¹ia³¹tsʅ⁰

撅嘴巴　　　　撅嘴巴 tʃyɛ³¹tsuəi⁵⁴pa⁴⁵

缺牙齿　　　　缺牙耙 tʃhyɛ⁴⁵ia³¹pha³¹

脱告 tho³¹kau²¹³小孩儿换牙齿

嗓音沙哑　　　声器塞 ʂən⁴⁵tʃhi²¹³sɛ³¹

磨牙　　　　　磨牙 mo³¹ia³¹

鼓眼泡儿　　　鼓眼 ku⁵⁴iɛn⁵⁴

　　　　　　　鼓鼓眼 ku⁵⁴ku⁵⁴iɛn⁵⁴

翻白眼　　　　使白眼 ʂʅ⁵⁴pɛ³¹iɛn⁵⁴

左撇子　　　　左拐子 tso⁵⁴kuai⁵⁴tsʅ⁰

六指症　　　　六指拇 ləu³¹tʃʅ⁵⁴mu⁵⁴

十　衣服穿戴

穿着　　　　穿着 tʂhuan⁴⁵tʂo³¹

打扮　　　　打扮 ta⁵⁴phan²¹³

衣服　　　　衣服 i⁴⁵fu³¹

上衣　　　　上衣 ʂaŋ²¹³i⁴⁵

中山装　　　中山装 tʂoŋ⁴⁵ʂan⁴⁵tʂuaŋ⁴⁵

军装　　　　军装 tʃyn⁴⁵tʂuaŋ⁴⁵

学生装　　　学生装 ʃio³¹sən⁴⁵tʂuaŋ⁴⁵

唐装　　　　唐装 thaŋ³¹tʂuaŋ⁴⁵

西装　　　　西装 si⁴⁵tʂuaŋ⁴⁵

长袍　　　　长袍 tʂhaŋ³¹phau³¹

捞衣 lau⁴⁵i⁴⁵很长的衣服

马褂　　　　马褂 ma⁵⁴kua²¹³

旗袍　　　　旗袍 tʃhi³¹phau³¹

棉衣　　　　棉衣 mɛn³¹i⁴⁵

　　　　　　棉袄 mɛn³¹ŋau⁵⁴

皮衣　　　　皮衣 phi³¹i⁴⁵

大衣　　　　大衣 ta²¹³i⁴⁵

短大衣　　　短大衣 tuan⁵⁴ta²¹³i⁴⁵

夹衣　　　　夹衣 tʃia³¹i⁴⁵

外套　　　　外衣 uai²¹³i⁴⁵

内衣　　　　内衣 luəi²¹³i⁴⁵

马甲　　　　马甲 ma⁵⁴tʃia³¹

夹袄　　　　夹背心 tʃia³¹pəi²¹³sin⁴⁵

坎肩　　　　坎 khan⁵⁴

毛线衣　　　线衣 sɛn²¹³i⁴⁵

衬衫　　　　衬衫 tshən²¹³ʂan⁴⁵

　　　　　　衬衣 tshən²¹³i⁴⁵

短袖衬衫　　短袖 tuan⁵⁴siəu²¹³

汗衫　　　　汗衫 xan²¹³ʂan⁴⁵

　　　　　　汗衣 xan²¹³i⁴⁵

卫生衣　　　　卫生衣 uəi²¹³ sən⁴⁵ i⁴⁵

褂子　　　　　褂褂衣 kua²¹³ kua²¹³⁻⁴⁵ i⁴⁵

秋衣　　　　　秋衣 tshiəu⁴⁵ i⁴⁵

背心　　　　　汗背心 xan²¹³ pəi⁴⁵ sin⁴⁵

　　　　　　　背心 pəi⁴⁵ sin⁴⁵

衣领　　　　　衣讲根 i⁴⁵ tʃiaŋ⁵⁴ kən⁴⁵

　　　　　　　衣领子 i⁴⁵ lin⁵⁴ tsɿ⁰

　　　　　　　衣领 i⁴⁵ lin⁵⁴

衣襟　　　　　衣襟脚 i⁴⁵ tʃin⁴⁵ tʃio³¹

大襟　　　　　大襟脚 ta²¹³ tʃin⁴⁵ tʃio³¹

小襟　　　　　小襟脚 siau⁵⁴ tʃin⁴⁵ tʃio³¹

弯襟衣 uan⁴⁵ tʃin⁴⁵ i⁴⁵ 衣襟呈弧形的衣服

对襟衣 tuəi²¹³ tʃin⁴⁵ i⁴⁵ 中间对开的上衣

　　对襟 tuəi²¹³ tʃin⁴⁵

下摆　　　　　衣脚 i⁴⁵ tʃio³¹

　　　　　　　下摆 ʃia²¹³ pai⁵⁴

滚边　　　　　滚边 kuən⁵⁴ pɛn⁴⁵

袖口　　　　　袖龙头 siəu²¹³ loŋ³¹ thəu³¹

　　　　　　　袖口子 siəu²¹³ khəu⁵⁴ tsɿ⁰

裙子　　　　　裙子 tʃhyn³¹ tsɿ⁰

裤子　　　　　裤子 khu²¹³ tsɿ⁰

单裤　　　　　单裤 tan⁴⁵ khu²¹³

西裤　　　　　西装裤 si⁴⁵ tʐuaŋ⁴⁵ khu²¹³

背带裤　　　　背带裤 pəi⁴⁵ tai²¹³ khu²¹³

牛仔裤　　　　牛仔裤 ȵiəu³¹ tsai⁵⁴ khu²¹³

棉裤　　　　　棉裤 mɛn³¹ khu²¹³

卫生裤　　　　卫生裤 uəi²¹³ sən⁴⁵ khu²¹³

秋裤　　　　　秋裤 tshiəu⁴⁵ khu²¹³

毛线裤　　　　线裤 sɛn²¹³ khu²¹³

内裤　　　　　内裤 luəi²¹³ khu²¹³ 内穿

短裤　　　　　短裤 tuan⁵⁴ khu²¹³ 外穿

开裆裤　　　　开裆裤 khai⁴⁵ taŋ⁴⁵ khu²¹³

封裆裤 foŋ⁴⁵taŋ⁴⁵khu²¹³裆部不开的裤子

裤腰　　　　裤腰 khu²¹³iau⁴⁵

裤带　　　　裤带 khu²¹³tai²¹³

松紧带　　　松紧带 soŋ⁴⁵tʃin⁵⁴tai²¹³

裤脚　　　　裤脚 khu²¹³tʃio³¹

衣袋　　　　荷包 xo³¹pau⁴⁵

高荷包 kau⁴⁵xo³¹pau⁴⁵上衣较接近肩部的衣袋

小荷包 siau⁵⁴xo³¹pau⁴⁵裤腰附近的小裤袋

口袋　　　　口袋 khəu⁵⁴tai²¹³

扣子　　　　扣子 khəu²¹³tsʅ⁰

暗扣　　　　暗扣 ŋan²¹³khəu²¹³

扣眼儿　　　扣子眼眼 khəu²¹³tsʅ⁰iɛn⁵⁴iɛn⁵⁴

　　　　　　扣眼 khəu²¹³iɛn⁵⁴

钉扣子　　　□扣子 tsai²¹³khəu²¹³tsʅ⁰

按扣子　　　按扣 ŋan²¹³khəu²¹³

鞋子　　　　鞋子 xai³¹tsʅ⁰

拖鞋　　　　拖鞋 tho⁴⁵xai³¹

木拖鞋　　　木拖鞋 mu³¹tho⁴⁵xai³¹

布鞋　　　　布鞋 pu²¹³xai³¹

皮鞋　　　　皮鞋 phi³¹xai³¹

水鞋　　　　水鞋 ʂuəi⁵⁴xai³¹

解放鞋　　　解放鞋 kai⁵⁴faŋ²¹³xai³¹

船鞋 tʂhuan³¹xai³¹妇女穿的前头尖形似船头的鞋

　　尖尖脚 tsɛn⁴⁵tsɛn⁵⁴tʃio³¹

鞋底　　　　鞋底 xai³¹ti⁵⁴

鞋面　　　　鞋面子 xai³¹mɛn²¹³tsʅ⁰

鞋袢　　　　鞋袢 xai³¹phan²¹³

鞋带　　　　鞋索索 xai³¹so³¹so³¹

　　　　　　鞋索 xai³¹so³¹

　　　　　　鞋带带 xai³¹tai²¹³tai²¹³

　　　　　　鞋带子 xai³¹tai²¹³tsʅ⁰

　　　　　　鞋带 xai³¹tai²¹³

袜子　　　　　袜子 ua³¹tsʅ⁰

丝袜　　　　　丝袜 sʅ⁴⁵ua³¹

毛线袜　　　　线袜 sɛn²¹³ua³¹

棉袜　　　　　棉袜 mɛn³¹ua³¹

长筒袜　　　　长筒袜 tʂhaŋ³¹thoŋ³¹ua³¹

长袜　　　　　长袜 tʂhaŋ³¹ua³¹

短袜　　　　　短袜 tuan⁵⁴ua³¹

裹脚布　　　　裹脚帕 ko⁵⁴tʃio³¹pha²¹³ 旧时妇女裹脚的布

　　　　　　　裹脚布 ko⁵⁴tʃio³¹pu²¹³

　　　　　　　裹脚 ko⁵⁴tʃio³¹

绑腿　　　　　绑腿 paŋ⁵⁴tuəi⁵⁴ 军人用

手套　　　　　手套 ʂou⁵⁴thau²¹³

帽子　　　　　帽子 mau²¹³tsʅ⁰

皮帽　　　　　皮帽 phi³¹mau²¹³

礼帽　　　　　礼帽 li⁵⁴mau²¹³

瓜皮帽　　　　瓜皮帽 kua⁴⁵phi³¹mau²¹³

军帽　　　　　军帽 tʃyn⁴⁵mau²¹³

草帽　　　　　草帽 tshau⁵⁴mau²¹³

毛线帽　　　　线帽 sɛn²¹³mau²¹³

草帽　　　　　凉帽 liaŋ³¹mau²¹³

斗篷　　　　　斗篷 təu⁵⁴phoŋ³¹

帽檐　　　　　帽爪爪 mau²¹³tʂua³¹tʂua³¹

　　　　　　　帽檐 mau²¹³iɛn³¹

背带　　　　　□裙 pa⁴⁵tʃhyn³¹ 背婴儿用

　　　　　　　背带 pəi⁴⁵tai²¹³

大背带 ta²¹³pəi⁴⁵tai²¹³ 大的背带

小背带 siau⁵⁴pəi⁴⁵tai²¹³ 小的背带

花背带 xua⁴⁵pəi⁴⁵tai²¹³ 颜色较杂的背带

围嘴儿　　　　□□pən⁴⁵pən⁴⁵⁻⁵⁴

首饰　　　　　首饰 ʂou⁵⁴sʅ³¹

帽福 mau²¹³fu³¹ 用银做的一种小孩头饰

马耳牌 ma⁵⁴o⁵⁴phai³¹ 很小的玉制耳环

手镯　　手圈 ʂəu^{54}tʃhyɛn^{45}

戒指　　戒箍 kai^{213}khu^{45}

　　　　戒指 kai^{213}tʂʅ^{54}

项链　　项链 xaŋ^{213}lɛn^{213}

项圈　　项圈 xaŋ^{213}tʃhyɛn^{45}

麒麟锁 tʃhi^{31}lin^{31}so^{54}戴在孩子身上的银质的麒麟状的装饰品

带锁 tai^{213}so^{54}小孩儿戴的起装饰和避邪作用的锁

扣针　　扣针 khəu^{213}tʂən^{45}

簪子　　簪子 tsan^{45}tsɿ^{0}

银头索 in^{31}thəu^{31}so^{31}银质的头饰

耳环　　耳环 o^{54}xuan^{31}

玉镯　　玉圈 yi^{213}tʃhyɛn^{31}

玉佩　　玉佩 yi^{213}phəi^{213}

胭脂　　胭脂 iɛn^{45}tʂʅ^{54}

擦胭脂　　擦胭脂 tsha^{31}iɛn^{45}tʂʅ^{54}

粉　　粉面 fən^{54}mɛn^{213}女子打扮用

围裙　　围裙 uəi^{31}tʃhyn^{31}

　　　　围腰 uəi^{31}iau^{45}

围兜　　围兜 uəi^{31}təu^{45}

　　　　兜兜 təu^{45} təu$^{45-54}$

尿布　　尿布 ȵiau^{213}pu^{213}

围巾　　围巾 uəi^{31}tʃin^{45}

眼镜　　眼镜 iɛn^{54}tʃin^{213}

老花镜　　老花镜 lau^{54}xua^{45}tʃin^{213}

伞　　伞 san^{54}

雨伞　　雨伞 yi^{54}san^{54}

布伞　　布伞 pu^{213}san^{54}

自动伞　　自动伞 tsɿ^{213}toŋ^{213}san^{54}

折叠伞　　两节伞 liaŋ^{54}tsɛ^{31}san^{54}

长把伞 tʂhaŋ^{31}pa^{213}san^{54}柄长的伞

打伞　　打伞 ta^{54}san^{54}

蓑衣　　蓑衣 so^{45}i^{45}

雨衣　　　　雨衣 yi⁵⁴ i⁴⁵

手表　　　　手表 ʂou⁵⁴ piau⁵⁴

十一　饮食起居

伙食　　　　伙食 xo⁵⁴ ʂʅ³¹

搭伙　　　　搭伙 ta³¹ xo⁵⁴

吃食　　　　吃食 tʃhi³¹ ʂʅ³¹

早餐　　　　早饭 tsau⁵⁴ fan²¹³

吃早餐　　　过早 ko²¹³ tsau⁵⁴

　　　　　　打早 ta⁵⁴ tsau⁵⁴

　　　　　　吃早饭 tʃhi³¹ tsau⁵⁴ fan²¹³

中午饭　　　少午 ʂau⁵⁴ u⁵⁴

吃午饭　　　吃少午 tʃhi³¹ ʂau⁵⁴ u⁵⁴

晚饭　　　　夜饭 iɛ²¹³ fan²¹³

吃晚饭　　　吃夜饭 tʃhi³¹ iɛ²¹³ fan²¹³

零食　　　　零食 lin³¹ ʂʅ³¹

吃零食　　　吃零食 tʃhi³¹ lin³¹ ʂʅ³¹

夜宵　　　　消夜 siau⁴⁵ iɛ²¹³

吃夜宵　　　吃夜宵 tʃhi³¹ iɛ²¹³ siau⁴⁵

开荤 khai⁴⁵ xuən⁴⁵ 把从别人喜宴讨来的肉第一次喂孩子吃

点心　　　　点心 tɛn⁵⁴ sin⁴⁵

茶点　　　　茶点 tʂha³¹ tɛn⁵⁴

饭　　　　　饭 fan²¹³ 统称

米饭　　　　米饭 mi⁵⁴ fan²¹³

大米饭　　　大米饭 ta²¹³ mi⁵⁴ fan²¹³

玉米饭　　　苞米饭 pau⁴⁵ mi⁵⁴ fan²¹³

糯米饭　　　糯米饭 lo²¹³ mi⁵⁴ fan²¹³

五色糯米饭　花糯饭 xua⁴⁵ lo²¹³ fan²¹³

竹筒饭　　　竹筒饭 tʂu³¹ thoŋ³¹ fan²¹³

南瓜饭　　　南瓜饭 lan³¹ kua⁴⁵ fan²¹³

粉条　　　　粉条 fən⁵⁴ thiau³¹

米粉　　　　粉 fən⁵⁴

米粉 mi⁵⁴fən⁵⁴

机器粉 tʃi⁴⁵tʃhi²¹³fən⁵⁴机器制成的米粉

粉片 fən⁵⁴phɛn²¹³已蒸出未切的粉

切粉　　　切粉 tshɛ³¹fən⁵⁴

卷筒粉　　卷粉 tʃyɛn⁵⁴fən⁵⁴

　　　　　卷筒粉 tʃyɛn⁵⁴thoŋ³¹fən⁵⁴

汤粉 thaŋ⁴⁵fən⁵⁴泡汤吃的米粉

煮粉 tʂu⁵⁴fən⁵⁴煮着吃的米粉

剩饭　　　现饭 ʃɛn²¹³fan²¹³

　　　　　剩饭 ʂən²¹³fan²¹³

炒剩饭　　炒现饭 tʂhau⁵⁴ʃɛn²¹³fan²¹³

冷饭　　　过气饭 ko²¹³tʃhi²¹³fan²¹³

锅巴　　　锅巴 ko⁴⁵pa⁴⁵

　　　　　饭皮 fan²¹³phi³¹

饭糊了　　饭糊了 fan²¹³fu³¹la⁰

　　　　　糊了 fu³¹la⁰

稀饭　　　稀饭 ʃi⁴⁵fan²¹³

米汤　　　米汤 mi⁵⁴thaŋ⁴⁵

米糊　　　米糊糊 mi⁵⁴fu³¹fu³¹

夹生饭　　白眼饭 pɛ³¹iɛn⁵⁴fan²¹³

　　　　　夹生饭 tʃia³¹sən⁴⁵fan²¹³

淘米　　　淘米 thau³¹mi⁵⁴

淘米水　　淘米水 thau³¹mi⁵⁴ʂuəi⁵⁴

粽子　　　粽粑 tsoŋ²¹³pa⁴⁵

二角粽　　二角粑 san⁴⁵ko³¹pa⁴⁵

　　　　　三角粽 san⁴⁵ko³¹tsoŋ²¹³

枕头粑 tʂən⁵⁴thəu³¹pa⁴⁵枕头状较大的粽子

　枕头粽 tʂən⁵⁴thəu³¹tsoŋ²¹³

蒸豆粑 tʂən⁴⁵təu²¹³pa⁴⁵一种体形较长大的米做的食品

粿粑粑 ko³¹pa⁴⁵pa⁴⁵⁻⁵⁴一种端午节吃的糯米做的食品

面粉　　　面粉 mɛn²¹³fən⁵⁴

面条　　　面条 mɛn²¹³thiau³¹

挂面　　　　　挂面 kua²¹³mɛn²¹³

面疙瘩　　　　蚂拐跳塘 ma⁵⁴kuai⁵⁴thiau²¹³thaŋ³¹

　　　　　　　面面疙 mɛn²¹³mɛn²¹³⁻⁴⁵kɛ³¹

　　　　　　　面疙瘩 mɛn²¹³kɛ³¹ta³¹

面糊　　　　　面糊糊 mɛn²¹³fu³¹fu³¹

　　　　　　　面糊 mɛn²¹³fu³¹

馒头　　　　　馒头 man²¹³thəu³¹

包子　　　　　包子 pau⁴⁵tsʅ⁰

肉包子　　　　肉包 ʐu³¹pau⁴⁵

菜包子　　　　菜包 tshai²¹³pau⁴⁵

小笼包　　　　小笼包 siau⁵⁴loŋ³¹pau⁴⁵

花卷　　　　　花卷 xua⁴⁵tʃyɛn⁵⁴

油条　　　　　油条 iəu³¹thiau³¹

饼　　　　　　饼子 pin⁵⁴tsʅ⁰

烧饼　　　　　烧饼 ʂau⁴⁵pin⁵⁴

烙饼　　　　　烙饼 lo³¹pin⁵⁴

月饼　　　　　月饼 yɛ³¹pin⁵⁴

鸡崽饼 tʃi⁴⁵tsai⁵⁴pin⁵⁴ 一种较小的饼

牛耳朵 ȵiəu³¹o⁵⁴to⁴⁵ 一种形似牛耳的饼

饼干　　　　　饼干 pin⁵⁴kan⁴⁵

油炸粑 iəu³¹tʂa³¹pa⁴⁵ 油炸的带馅儿的糯米粉团

包心 pau⁴⁵sin⁴⁵ 油炸粑里的馅儿

麻花　　　　　麻花 ma³¹xua⁴⁵

麻雀蛋 ma³¹tshio³¹tan²¹³ 状似麻雀蛋的米粉制作的炸制食品

饺子　　　　　饺子 tʃiau⁵⁴tsʅ⁰

水饺　　　　　水饺 ʂuəi⁵⁴tʃiau⁵⁴

粉饺 fən⁵⁴tʃiau⁵⁴ 米粉制成的饺子

馄饨　　　　　馄饨 xuən³¹thuən⁴⁵

夹心的 tʃia³¹sin⁴⁵li⁰ 夹心的食品

糖心的 thaŋ³¹sin⁴⁵li⁰ 糖心的食品

肉心 ʐu³¹sin⁴⁵ 肉馅儿的食品

蛋糕　　　　　蛋糕 tan²¹³kau⁴⁵

马蹄糕　　　　马蹄糕 ma⁵⁴thi³¹kau⁴⁵

汤圆　　　　　粑汤 pa⁴⁵thaŋ⁴⁵

　　　　　　　水圆 ʂuəi⁵⁴yɛn³¹

泡打粉　　　　泡打粉 phau²¹³ta⁵⁴fən⁵⁴

酵母　　　　　酵大母 ʃiau²¹³ta²¹³mu⁵⁴

发面　　　　　发面 fa³¹mɛn²¹³

肉　　　　　　□ka⁵⁴供食用的肉的总称

猪肉　　　　　猪□tʂɿ⁴⁵ka⁵⁴

牛肉　　　　　牛□ȵiəu³¹ka⁵⁴

狗肉　　　　　狗肉 kəu⁵⁴ʐu³¹

鸡肉　　　　　鸡□tʃi⁴⁵ka⁵⁴

肥肉　　　　　肥肉 fəi³¹ʐu³¹

瘦肉　　　　　精□tsin⁴⁵ka⁵⁴

　　　　　　　瘦□ʂəu²¹³ka⁵⁴

腊肉　　　　　腊□la³¹ka⁵⁴

　　　　　　　腊肉 la³¹ʐu³¹

肉砣 ʐu³¹tho³¹较大的肉块

　块块肉 khuai⁵⁴khuai⁵⁴ʐu³¹

肉片　　　　　肉片 ʐu³¹phɛn²¹³

片片肉 phɛn²¹³phɛn²¹³⁻⁴⁵ʐu³¹较小的肉片

肉丝　　　　　肉丝 ʐu³¹sɿ⁴⁵

肉末　　　　　剁茸 to²¹³ʐoŋ³¹

　　　　　　　肉末 ʐu³¹mo³¹

　　　　　　　碎肉 suəi²¹³ʐu³¹

五花肉　　　　五花肉 u⁵⁴xua⁴⁵ʐu³¹

猪脖子肉　　　槽头肉 tshau³¹thəu³¹ʐu³¹

猪肚皮肉　　　泡囊肉 phau²¹³laŋ⁴⁵ʐu³¹

猪皮　　　　　肉皮 ʐu³¹phi³¹

拔鸡毛　　　　修鸡 siəu⁴⁵tʃi⁴⁵

刮猪毛　　　　修猪 siəu⁴⁵tʂɿ⁴⁵

泡汤肉 phau²¹³thaŋ⁴⁵ʐu³¹大块肉大块骨头一起煮成的菜

窜汤肉 tshuan⁴⁵thaŋ⁴⁵ʐu³¹肉片里杂有炸过的小豆腐片煮成的汤

猪肘子　　　　圆蹄 yɛn³¹thi³¹
　　　　　　　猪膀子 tʂu⁴⁵paŋ⁵⁴tsʅ⁰
猪蹄　　　　　猪脚叉 tʂu⁴⁵tʃio³¹tʂha⁴⁵
　　　　　　　猪蹄子 tʂu⁴⁵thi³¹tsʅ⁰
龙骨肉　　　　背柳肉 pəi²¹³liəu⁵⁴zu³¹
牛筋　　　　　牛筋 ȵiəu³¹tʃin⁴⁵
牛舌头　　　　牛舌头 ȵiəu³¹ʂɛ³¹thəu³¹
猪舌头　　　　猪舌头 tʂu⁴⁵ʂɛ³¹thəu³¹
下水　　　　　下水 ʃia²¹³ʂuəi⁵⁴统指动物内脏
猪下水　　　　猪下水 tʂu⁴⁵ʃia²¹³ʂuəi⁵⁴
鸡下水　　　　鸡下水 tʃi⁴⁵ʃia²¹³ʂuəi⁵⁴
　　　　　　　鸡杂 tʃi⁴⁵tsa³¹
鸡心　　　　　玲珑心 lin³¹loŋ³¹sin⁴⁵
上水 ʂaŋ²¹³ʂuəi⁵⁴猪牛羊的肝、肺、心
猪鞭　　　　　猪鞭 tʂu⁴⁵pɛn⁴⁵猪阴茎
牛睾丸　　　　牛蛋 ȵiəu³¹tan²¹³
狗睾丸　　　　狗蛋 kəu⁵⁴tan²¹³
猪腰子　　　　猪腰子 tʂu⁴⁵iau⁴⁵tsʅ⁰
肺　　　　　　肺 fəi²¹³
猪脑　　　　　猪脑笋 tʂu⁴⁵lau⁵⁴sən⁵⁴
肠子　　　　　肠子 tʂhaŋ³¹tsʅ⁰
猪大肠　　　　猪大肠 tʂu⁴⁵ta²¹³tʂhaŋ³¹
小肠　　　　　小肠 siau⁵⁴tʂhaŋ³¹
粉肠　　　　　粉肠 fən⁵⁴tʂhaŋ³¹
猪七寸　　　　猪七寸 tʂu⁴⁵tshi³¹tshən²¹³
花肠　　　　　花肠 xua⁴⁵tʂhaŋ³¹猪的输卵管
　　　　　　　生肠 sən⁴⁵tʂhaŋ³¹肠子的一部分
排骨　　　　　肋骨 lɛ³¹ku³¹
　　　　　　　排骨 phai³¹ku³¹
猪筒骨　　　　筒骨 thoŋ³¹ku³¹
百叶 pɛ³¹iɛ³¹猪、牛等的肚子
牛百叶　　　　蜂窝肚 foŋ⁴⁵o⁴⁵təu²¹³

千层肚 tshɛn⁴⁵tshən³¹təu²¹³

牛肚子　　牛肚子 ȵiəu³¹təu²¹³tsʅ⁰

水肚 ʂuəi⁵⁴təu²¹³牛肚盛水的部分

草肚 tshau⁵⁴təu²¹³牛肚装草的部分

七寸 tshi³¹tshuən²¹³牛肚中的一条条横杠

牛腩　　　牛腩 ȵiəu³¹lan²¹³

猪肝　　　猪肝 tʂʅ⁴⁵kan⁴⁵

猪肚　　　猪肚子 tʂʅ⁴⁵təu²¹³tsʅ⁰

牛腰子　　牛腰子 ȵiəu³¹iau⁴⁵tsʅ⁰

鸡胰腺　　鸡懵懂 tʃi⁴⁵moŋ⁵⁴toŋ⁵⁴传说孩子吃后会导致学习不好

鸡肾　　　鸡菌子 tʃi⁴⁵tʃyn²¹³tsʅ⁰

棒腿 paŋ²¹³thuəi⁵⁴鸡、鸭大腿

鸡大腿　　鸡把腿 tʃi⁴⁵pa²¹³thuəi⁵⁴

　　　　　鸡大棒 tʃi⁴⁵ta²¹³paŋ²¹³

鸡爪　　　鸡爪子 tʃi⁴⁵tʂua⁵⁴tsʅ⁰

翅膀　　　叶肢 iɛ³¹tʂʅ⁴⁵

鸡翅膀　　鸡叶肢 tʃi⁴⁵iɛ³¹tʂʅ⁴⁵

嘴　　　　嘴 tsuəi⁵⁴

禽类的嘴　嘴壳 tsuəi⁵⁴kho³¹

鸭脚　　　鸭脚板 ia³¹tʃio³¹pan⁵⁴

猪血　　　猪血 tʂʅ⁴⁵ʃyɛ³¹

鸡血　　　鸡血 tʃi⁴⁵ʃyɛ³¹

鸭血　　　鸭血 ia³¹ʃyɛ³¹

鸡蛋　　　鸡蛋 tʃi⁴⁵tan²¹³

鸭蛋　　　鸭蛋 ia³¹tan²¹³

鸟蛋　　　鸟蛋 ȵiau⁵⁴tan²¹³

菜　　　　菜 tshai²¹³统称

素菜　　　素菜 səu²¹³tshai²¹³

荤菜　　　荤菜 xuən⁴⁵tshai²¹³

小菜　　　小菜 siau⁵⁴tshai²¹³非正式的菜的总称

炒鸡蛋　　炒鸡蛋 tʂhau⁵⁴tʃi⁴⁵tan²¹³

荷包蛋　　荷包蛋 xo³¹pau⁴⁵tan²¹³

煎鸡蛋　　　　　煎鸡蛋 tsɛn⁴⁵ tʃi⁴⁵ tan²¹³

煮鸡蛋　　　　　毛芍蛋 mau³¹ ʂau³¹ tan²¹³

　　　　　　　　煮鸡蛋 t ʂɿ⁵⁴ tʃi⁴⁵ tan²¹³

炸蛋　　　　　　炸蛋 t ʂa³¹ tan²¹³

芙蓉蛋　　　　　芙蓉蛋 fu³¹ yŋ³¹ tan²¹³

皮蛋　　　　　　皮蛋 phi³¹ tan²¹³

咸鸭蛋　　　　　咸鸭蛋 xan³¹ ia³¹ tan²¹³

鸡蛋汤　　　　　鸡蛋汤 tʃi⁴⁵ tan²¹³ thaŋ⁴⁵

　　　　　　　　蛋花汤 tan²¹³ xua⁴⁵ thaŋ⁴⁵

　　蛋卷　　　　蛋卷 tan²¹³ tʃyɛn⁵⁴ 把蛋做成薄片，包上馅儿，蒸熟后切成节

腊肠　　　　　　风肠 foŋ⁴⁵ t ʂhaŋ³¹

　　　　　　　　腊肠 la³¹ t ʂhaŋ³¹

灌腊肠　　　　　灌风肠 kuan²¹³ foŋ⁴⁵ t ʂhaŋ³¹

腌腊肉　　　　　□肉 t ʂa⁵⁴ ẓu³¹

牛肉干　　　　　牛干巴 ɲiəu³¹ kan⁴⁵ pa⁴⁵

叉烧　　　　　　叉烧 t ʂha⁴⁵ ʂau⁴⁵

烤鸭　　　　　　烧鸭 ʂau⁴⁵ ia³¹

烤乳猪　　　　　烤乳猪 khau⁵⁴ ẓu⁵⁴ t ʂɿ⁴⁵

炒腰花　　　　　炒腰花 t ʂhau⁵⁴ iau⁴⁵ xua⁴⁵

油水不足　　　　清汤寡水 tshin⁴⁵ thaŋ⁴⁵ kua⁵⁴ ʂuɐi⁵⁴

扣肉　　　　　　扣肉 khəu²¹³ ẓu³¹

白切鸡　　　　　白斩鸡 pɛ³¹ t ʂan⁵⁴ tʃi⁴⁵

血巴菜 ʃyɛ³¹ pa⁴⁵ tshai²¹³ 用猪血与芥菜一道烹制的菜肴

刀头 tau⁴⁵ thəu³¹ 用于祭祀祖先的成块的肉

酸咸菜　　　　　酸盐菜 suan⁴⁵ iɛn³¹ tshai²¹³

下饭　　　　　　送饭 soŋ²¹³ fan²¹³

　　　　　　　　下饭 ʃia²¹³ fan²¹³

下酒　　　　　　送酒 soŋ²¹³ tsiəu⁵⁴

　　　　　　　　下酒 ʃia²¹³ tsiəu⁵⁴

酒水　　　　　　酒水 tsiəu⁵⁴ ʂuɐi⁵⁴

酸笋　　　　　　酸笋子 suan⁴⁵ sən⁵⁴ tsɿ⁰

酸笋 suan⁴⁵sən⁵⁴

酸萝卜　　　　酸萝卜 suan⁴⁵lo³¹pu²¹³

酸黄瓜　　　　酸黄瓜 suan⁴⁵xuaŋ³¹kua⁴⁵

母猪菜 mu⁵⁴tʂʅ⁴⁵tshai²¹³大杂烩，笑称

豆腐　　　　　白豆腐 pɛ³¹təu²¹³fu⁵⁴

　　　　　　　豆腐 təu²¹³fu⁵⁴

水豆腐　　　　ʂɿəi⁵⁴təu²¹³fu⁵⁴刚做好的豆腐

米豆腐　　　　米豆腐 mi⁵⁴təu²¹³fu⁵⁴

合渣 xo³¹tʂa⁴⁵豆浆和豆腐渣没有分离而煮熟的豆腐花

滤花豆腐 li²¹³xua⁴⁵təu²¹³fu⁵⁴比"合渣"更粗一些的豆腐花

魔芋豆腐 mo³¹yi²¹³təu²¹³fu⁵⁴以魔芋为原料制成的形似豆腐的食品

灌豆腐 kuan²¹³təu²¹³fu⁵⁴在油炸的豆腐里加肉馅儿做成的菜

腐竹　　　　　腐竹 fu⁵⁴tʂʅ³¹

豆腐皮　　　　豆腐皮 təu²¹³fu⁵⁴phi³¹

油豆腐　　　　油豆腐 iəu³¹təu²¹³fu⁵⁴

豆腐花　　　　豆腐花 təu²¹³fu⁵⁴xua⁴⁵

豆腐渣　　　　老渣 lau⁵⁴tʂa⁴⁵

　　　　　　　豆腐渣 təu²¹³fu⁵⁴tʂa⁴⁵

豆浆　　　　　豆浆 təu²¹³tsiaŋ⁴⁵

腐乳　　　　　霉豆腐 məi³¹təu²¹³fu⁵⁴

粉丝　　　　　粉丝 fən⁵⁴sʅ⁴⁵

粉条　　　　　粉条 fən⁵⁴thiau³¹

木苕粉 mu³¹ʂau³¹fən⁵⁴以木薯为原料制成的粉丝

红苕粉 xoŋ³¹ʂau³¹fən⁵⁴以红薯为原料制成的粉丝

芭蕉芋粉 pa⁴⁵tsiau⁴³yi²¹³fən³⁴以芭蕉芋为原料制成的粉丝

绿豆粉 ləu³¹təu²¹³fən⁵⁴以绿豆为原料制成的粉丝

豆　　　　　　豆豆 təu²¹³təu²¹³⁻⁴⁵

木耳　　　　　木耳 mu³¹o⁵⁴

黑木耳　　　　黑木耳 xɛ³¹mu³¹o⁵⁴

银耳　　　　　白木耳 pɛ³¹mu³¹o⁵⁴

金针菇　　　　金针菜 tʃin⁴⁵tʂən⁴⁵tshai²¹³

黄花菜　　　　黄花菜 xuaŋ³¹xua⁴⁵tshai²¹³

海鲜　　　　　海鲜 xai⁵⁴ʃyɛn⁴⁵

海参　　　　　海参 xai⁵⁴tshan⁴⁵

海带　　　　　海带 xai⁵⁴tai²¹³

味道　　　　　味道 uəi²¹³tau²¹³

气味　　　　　气味 tʃhi²¹³uəi²¹³

开胃　　　　　开胃 khai⁴⁵uəi²¹³

颜色　　　　　色道 sɛ³¹tau²¹³

　　　　　　　颜色 iɛn³¹sɛ³¹

油　　　　　　脚油 tʃio³¹iəu³¹ 油的通称

鸡冠油 tʃi⁴⁵kuan⁴⁵iəu³¹ 附着在猪粉肠上的油

猪油　　　　　板油 pan⁵⁴iəu³¹

　　　　　　　猪油 tʂu⁴⁵iəu³¹

猪板油　　　　猪板油 tʂu⁴⁵pan⁵⁴iəu³¹

水油 ʂuəi⁵⁴iəu³¹ 动物肠子上附着的脂肪

花油 xua⁴⁵iəu³¹ 家畜与肠粘连的脂肪

□子油 i²¹³tsɿ⁰iəu³¹ 小肠和肝上附着的脂肪

油渣　　　　　油渣 mu³¹tʂa⁴⁵

榨油　　　　　打油 ta⁵⁴iəu³¹

熬油　　　　　熬油 ŋau³¹iəu³¹

　　　　　　　炼油 lɛn²¹³iəu³¹

花生油　　　　花生油 xua⁴⁵sən⁴⁵iəu³¹

茶油　　　　　茶油 tʂha³¹iəu³¹

蓖麻油　　　　蓖麻油 pin⁴⁵ma³¹iəu³¹

桐子油　　　　山桐子油 ʂan⁴⁵thoŋ³¹tsɿ⁰iəu³¹

菜籽油　　　　菜油 tshai²¹³iəu³¹

芝麻油　　　　麻油 ma³¹iəu³¹

生油 sən⁴⁵iəu³¹ 没有熬过的菜油、茶油

盐　　　　　　盐巴 iɛn³¹pa⁴⁵

熟盐　　　　　熟盐 ʂu³¹iɛn³¹

生盐　　　　　生盐 sən⁴⁵iɛn³¹

酱油　　　　　酱油 tsiaŋ²¹³iəu³¹

老抽　　　　　老抽 lau⁵⁴tʂhəu⁴⁵

芝麻酱　　　　芝麻酱 tʂʅ⁴⁵ma³¹tsiaŋ²¹³

麻酱 ma²¹³tsiaŋ²¹³用花椒熬成的酱

豆瓣酱　　　　豆瓣酱 təu²¹³pan²¹³tsiaŋ²¹³

辣椒酱　　　　辣酱 la³¹tsiaŋ²¹³

　　　　　　　辣椒酱 la³¹tsiau⁴⁵tsiaŋ²¹³

甜面酱　　　　甜面酱 thɛn³¹mɛn²¹³tsiaŋ²¹³

豆豉　　　　　豆豉 təu²¹³ʂʅ⁴⁵

芡粉　　　　　芡粉 tʃhɛn²¹³fən⁵⁴

醋　　　　　　酸醋 suan⁴⁵tshəu²¹³

　　　　　　　醋 tshəu²¹³

蘸料　　　　　蘸水 tʂan²¹³ʂuəi⁵⁴

酸水 suan⁴⁵ʂuəi⁵⁴一种味儿酸的蘸料

调味酒　　　　调味酒 thiau³¹uəi²¹³tsiəu⁵⁴

酒尾水 tsiəu⁵⁴uəi⁵⁴ʂuəi⁵⁴酿酒剩余的有酒味但酒精度不高的水

酿酒　　　　　烤酒 khau⁵⁴tsiəu⁵⁴

酒糟　　　　　酒糟 tsiəu⁵⁴tsau⁴⁵

红糖　　　　　红砂糖 xoŋ⁴⁵ʂa⁴⁵thaŋ³¹

　　　　　　　黄砂糖 xuaŋ³¹ʂa⁴⁵thaŋ³¹

糖块块 thaŋ³¹khuai⁵⁴khuai⁵⁴成片的蔗糖

　块块糖 khuai⁵⁴khuai⁵⁴thaŋ³¹

糖块 thaŋ³¹khuai⁵⁴大片，用甘蔗叶包着的蔗糖

白糖　　　　　白糖 pɛ³¹thaŋ³¹

冰糖　　　　　冰糖 pin⁴⁵thaŋ³¹

水果糖　　　　水果糖 ʂuəi⁵⁴ko⁵⁴thaŋ³¹

花生糖　　　　花生糖 xua⁴⁵sən⁴⁵thaŋ³¹

酥糖　　　　　酥糖 səu⁴⁵thaŋ³¹

麦芽糖　　　　麻糖 ma³¹thaŋ³¹

配料　　　　　配料 phəi²¹³liau²¹³

八角　　　　　八角 pa³¹ko³¹

五香粉　　　　五香料 u⁵⁴ʃiaŋ⁴⁵liau²¹³

　　　　　　　五香粉 u⁵⁴ʃiaŋ⁴⁵fən⁵⁴

狗肉料 kəu⁵⁴z̢u³¹liau²¹³烹饪狗肉的作料

花椒　　　　　花椒 xua⁴⁵tsiau⁴⁵

烟　　　　　　烟 iɛn⁴⁵

烟叶　　　　　叶子烟 iɛ³¹tsɿ⁰iɛn⁴⁵

　　　　　　　烟叶 iɛn⁴⁵iɛ³¹

烟草　　　　　烟草 iɛn⁴⁵tshau⁵⁴

烤烟　　　　　烤烟 khau⁵⁴iɛn⁴⁵

烟丝　　　　　烟丝 iɛn⁴⁵sɿ⁴⁵

切烟丝　　　　切烟 tshɛ³¹iɛn⁴⁵

筒烟 thoŋ³¹iɛn⁴⁵用水烟筒抽的烟

草烟 tshau⁵⁴iɛn⁴⁵烟叶切丝后不再加工的烟

烟纸 iɛn⁴⁵tʂɿ⁵⁴卷烟丝的纸

水烟袋　　　　水烟袋 ʂuəi⁵⁴iɛn⁴⁵tai²¹³

水烟筒　　　　水烟筒 ʂuəi⁵⁴iɛn⁴⁵thoŋ³¹

旱烟　　　　　旱烟 xan²¹³iɛn⁴⁵

旱烟筒　　　　旱烟筒 xan²¹³iɛn⁴⁵thoŋ³¹

烟杆　　　　　烟杆 iɛn⁴⁵kan⁵⁴

烟盒　　　　　烟盒 iɛn⁴⁵xo³¹

烟屎 iɛn⁴⁵ʂɿ⁵⁴燃过的烟

烟筒水 iɛn⁴⁵thoŋ³¹ʂuəi⁵⁴用于吸烟的烟筒里的水

烟灰　　　　　烟灰 iɛn⁴⁵xuəi⁴⁵

茶　　　　　　茶 tʂha³¹

清茶　　　　　清茶 tshin⁴⁵tʂha³¹

凉茶　　　　　凉茶 liaŋ³¹tʂha³¹

清补凉　　　　清补凉 tshin⁴⁵pu⁵⁴liaŋ³¹用多种营养品制作的饮品

油茶　　　　　油茶 iəu³¹tʂha³¹

山楂茶 ʂan⁴⁵tʂa⁴⁵tʂha³¹用山楂皮制成的茶

苦丁茶　　　　苦丁茶 khu⁵⁴tin⁴⁵tʂha³¹

金银花茶　　　金银花茶 tʃin³¹in³¹xua⁴⁵tʂha³¹

白花茶　　　　观音茶 kuan⁴⁵in⁴⁵tʂha³¹

白毫茶　　　　白毫茶 pɛ³¹xau³¹tʂha³¹

圆茶 yɛn³¹tʂha³¹一种叶子圆，无毛的茶

糖茶 thaŋ³¹tʂha³¹藤类植物，可以生嚼，味甜

沏茶　　　　　冲茶 tʂhoŋ⁴⁵tʂha³¹

　　　　　　　泡茶 phau²¹³tʂha³¹

煮茶　　　　　煮茶 tʂu⁵⁴tʂha³¹

倒茶　　　　　倒茶 tau²¹³tʂha³¹

高度酒　　　　高度酒 kau⁴⁵təu²¹³tsiəu⁵⁴

低度酒　　　　低度酒 ti⁴⁵təu²¹³tsiəu⁵⁴

白酒　　　　　白酒 pɛ³¹tsiəu⁵⁴

米酒　　　　　米酒 mi⁵⁴tsiəu⁵⁴

自酿的酒　　　土酒 thəu⁵⁴tsiəu⁵⁴

啤酒　　　　　啤酒 phi³¹tsiəu⁵⁴

　　　　　　　马尿 ma⁵⁴ŋiau²¹³对啤酒的贬称或戏称

大米酒　　　　大米酒 ta²¹³mi⁵⁴tsiəu⁵⁴

玉米酒　　　　苞米酒 pau⁴⁵mi⁵⁴tsiəu⁵⁴

三花酒　　　　三花 san⁴⁵xua⁴⁵

甘蔗酒　　　　甘蔗酒 kan⁴⁵tʂai²¹³tsiəu⁵⁴

木薯酒　　　　木茗酒 mu³¹ʂau³¹tsiəu⁵⁴

杂粮酒　　　　杂粮酒 tsa³¹liaŋ³¹tsiəu⁵⁴

药酒　　　　　酒药 tsiəu⁵⁴io³¹

白花蛇酒　　　白花蛇酒 pɛ³¹xua⁴⁵ʂɛ³¹tsiəu⁵⁴用白花蛇浸泡制作的酒

蛇胆酒　　　　蛇胆酒 ʂɛ³¹tan⁵⁴tsiəu⁵⁴兑蛇胆汁的酒

三蛇酒　　　　三蛇酒 san⁴⁵ʂɛ³¹tsiəu⁵⁴用三种蛇泡的酒

蛤蚧酒　　　　蛤蚧酒 ko³¹kai²¹³tsiəu⁵⁴

多鞭酒 to⁴⁵pɛn⁴⁵tsiəu⁵⁴用多种雄性动物生殖器泡的酒

葡萄酒　　　　葡萄酒 phu³¹thau³¹tsiəu⁵⁴

竹叶青酒　　　竹叶青酒 tʂu³¹iɛ³¹tɕhiŋ⁴⁵tsiəu⁵⁴

长寿酒 tʂhaŋ³¹ʂəu²¹³tsiəu⁵⁴据说有延年益寿功能的酒

糯米甜酒　　　糯米甜酒 lo²¹³mi⁵⁴thɛn³¹tsiəu⁵⁴

甜酒　　　　　甜酒 thɛn³¹tsiəu⁵⁴

雪糕　　　　　雪糕 syɛ³¹kau⁴⁵

火烟墨 xo⁵⁴iɛn⁴⁵mɛ³¹烧火时飞起的黑色火灰

锅底灰　　　　锅烟墨 ko⁴⁵iɛn⁴⁵mɛ³¹

　　　　　　　百草霜 pɛ³¹tshai⁵⁴ʂuaŋ⁴⁵（中药名）

火燎子 xo⁵⁴liau⁴⁵tsʅ⁰ 烧火时窜起的火花

明火子 min³¹xo⁵⁴tsʅ⁰ 木炭燃烧时非常红、亮的部分

明火　　　　明火 min³¹xo⁵⁴正燃烧的火

火子 xo⁵⁴tsʅ⁰ 正燃的柴上掉下来的红火星

火母子 xo⁵⁴mu⁵⁴tsʅ⁰ 晚上用灰盖起来待第二天继续生火用的火炭

草木灰　　　　火灰 xo⁵⁴xuəi⁴⁵

子母灰 tsʅ⁵⁴mu⁵⁴xuəi⁴⁵ 还有火星的很烫的火灰

火炭石 xo⁵⁴than²¹³ʂʅ³¹ 已经烧过但火已熄灭的成块的木炭

火柴蔸 xo⁵⁴tʂhai³¹təu⁴⁵ 燃烧过但已熄灭的柴

煮饭　　　　　煮饭 tʂu⁵⁴fan²¹³

煮午饭　　　　煮少午 tʂu⁵⁴ʂau⁵⁴u⁵⁴

油炸　　　　　炸 tʂa³¹

淘米　　　　　淘米 thau³¹mi⁵⁴

米汤　　　　　米汤 mi⁵⁴thaŋ⁴⁵

滗米汤　　　　滗米汤 pi³¹mi⁵⁴thaŋ⁴⁵

　　　　　　　滗米水 pi³¹mi⁵⁴ʂuəi⁵⁴

擀面　　　　　擀面 kan⁵⁴mɛn²¹³

擀面条　　　　擀面条 kan⁵⁴mɛn²¹³thiau³¹

蒸馒头　　　　蒸馒头 tʂən⁴⁵man²¹³thəu³¹

择菜　　　　　扯菜 tʃhyɛ⁵⁴tshai²¹³

撕菜 sʅ⁴⁵tshai²¹³ 剥南瓜苗的皮

煮菜　　　　　弄菜 loŋ²¹³tshai²¹³ 统称

　　　　　　　煮菜 tʂu⁵⁴tshai²¹³

爆炒　　　　　爆炒 pau²¹³tʂhau⁵⁴

成啻了 tʂhən³¹iau⁵⁴la⁰ 煮好了，可以啻了

煮汤　　　　　打汤 ta⁵⁴thaŋ⁴⁵

　　　　　　　煮汤 tʂu⁵⁴thaŋ⁴⁵

炖汤　　　　　炖汤 tən²¹³thaŋ⁴⁵

拔毛　　　　　扯毛 tʂhyɛ⁵⁴mau³¹

剔骨头　　　　剔骨头 thi²¹³ku³¹thəu³¹

煮好了　　　　煮得了 tʂu⁵⁴tɛ³¹la⁰

饭煮好了　　　饭成了 fan²¹³tʂhən³¹la⁰

还没煮好　　　还没煮成 xai³¹ məi⁵⁴ tʂu⁵⁴ tʂhən³¹

吃饭　　　　　吃□ tʃhi³¹ maŋ⁴⁵

　　　　　　　吃饭 tʃhi³¹ fan²¹³

端饭　　　　　端饭 tuan⁴⁵ fan²¹³

盛饭　　　　　舀饭 iau⁵⁴ fan²¹³

添饭　　　　　添饭 thɛn⁴⁵ fan²¹³

端碗　　　　　端碗 tuan⁴⁵ uan⁵⁴

挑食　　　　　挑吃 thiau⁴⁵ tʃhi³¹

见青不吃 tʃɛn²¹³ tshin⁴⁵ pu³¹ tʃhi⁴⁵ 不吃青菜

夹菜　　　　　拈菜 ȵɛn⁴⁵ tshai²¹³

吃火锅　　　　打火锅 ta⁵⁴ xo⁵⁴ ko⁴⁵

　　　　　　　吃火锅 tʃhi³¹ xo⁵⁴ ko⁴⁵

干锅狗肉　　　干锅狗肉 kan⁴⁵ ko⁴⁵ kəu⁵⁴ ʐu³¹

火锅底料　　　底料 ti⁵⁴ liau²¹³

盛汤　　　　　舀汤 iau⁵⁴ thaŋ⁴⁵

拿筷子　　　　拿筷子 la³¹ khai²¹³ tsɿ⁰

嚼不动 tsiau²¹³ pu³¹ toŋ²¹³ 肉不够烂

咬不动　　　　咬不动 ŋau⁵⁴ pu³¹ toŋ²¹³

卡住了　　　　挨卡了 ŋai³¹ kha⁵⁴ la⁰

　　　　　　　卡着了 kha⁵⁴ tʂho³¹ la⁰

割着了　　　　割着了 kɛ²¹³ tʂho³¹ la⁰

脱落　　　　　打脱 ta⁵⁴ tho³¹

打饱嗝　　　　打饱嗝 ta⁵⁴ pau⁵⁴ kɛ³¹

吃撑了　　　　吃胀了 tʃhi³¹ tʂaŋ²¹³ la⁰

没有胃口　　　没得胃口 məi⁵⁴ tɛ³¹ uəi²¹³ khəu⁵⁴

　　　　　　　不开胃 pu³¹ khai⁴⁵ uəi²¹³

饿了　　　　　饿了 ŋo²¹³ la⁰

肚子饿　　　　肚皮嘈 təu²¹³ phi³¹ tshau³¹

　　　　　　　肚皮饿 təu²¹³ phi³¹ ŋo²¹³

充饥　　　　　押镜 ia³¹ tʃin²¹³

　　　　　　　压嘈 ia³¹ tshau³¹

饿牢鬼 ŋo²¹³ lau³¹ kuəi⁵⁴ 非常饥饿的人

喝茶	吃茶 tʃhi³¹ tʂha³¹
	喝茶 xo⁴⁵ tʂha³¹
渴	口干 khəu⁵⁴ kan⁴⁵
	口渴 khəu⁵⁴ kho³¹
喝酒	吃酒 tʃhi³¹ tsiəu⁵⁴
	喝酒 xo⁴⁵ tsiəu⁵⁴
喝汤	吃汤 tʃhi³¹ thaŋ⁴⁵
	喝汤 xo⁴⁵ thaŋ⁴⁵
吸烟	吃烟 tʃhi³¹ iɛn⁴⁵
	烧烟 ʂau⁴⁵ iɛn⁴⁵
	抽烟 tʂhəu⁴⁵ iɛn⁴⁵
嗑瓜子	吃瓜子 tʃhi³¹ kua⁴⁵ tsʅ⁵⁴
	啃瓜子 khən⁵⁴ kua⁴⁵ tsʅ⁵⁴
洗头	洗脑壳 si⁵⁴ lau⁵⁴ kho³¹
	洗头发 si⁵⁴ thəu³¹ fa³¹
梳头	梳脑壳 səu⁴⁵ lau⁵⁴ kho³¹
走亲戚	走亲戚 tsəu⁵⁴ tshin⁴⁵ tshi³¹
待人接物	接人待物 tsɛ³¹ zən³¹ tai²¹³ u³¹
应酬	应酬 in²¹³ tʂhəu³¹
来往	来往 lai³¹ uaŋ⁵⁴
交往	交往 tʃiau⁴⁵ uaŋ⁵⁴
看望	看人 khan²¹³ zən³¹
拜访	拜访 pai²¹³ faŋ⁵⁴
回访	回拜 xuəi³¹ pai²¹³
客人	客人 khɛ³¹ zən³¹
请客	请客 tshin⁵⁴ khɛ³¹
请喜酒	请酒席 tshin⁵⁴ tsiəu⁵⁴ si³¹
	请酒 tshin⁵⁴ tsiəu⁵⁴
招待	招待 tʂau⁴⁵ tai²¹³
男客人	男客 lan³¹ khɛ³¹
女客人	女客 ŋyi⁵⁴ khɛ³¹
送礼	送礼 soŋ²¹³ li⁵⁴

礼物　　　　　礼物 li⁵⁴u³¹

送礼　　　　　送人情 soŋ²¹³ẓən³¹tshin³¹

回礼　　　　　回人情 xuəi³¹ẓən³¹tshin³¹

人情　　　　　人情 ẓən³¹tshin³¹

红包　　　　　红包 xoŋ³¹pau⁴⁵

背时钱 pəi⁴⁵ṣʅ³¹tshɛn³¹带来坏运气的钱

做客　　　　　做客 tso²¹³khɛ³¹

待客　　　　　待客 tai²¹³khɛ³¹

陪客人　　　　陪客 phəi³¹khɛ³¹

送客　　　　　送客 soŋ²¹³khɛ³¹

打发客 ta⁵⁴fa³¹khɛ³¹客人离开时送礼物

没送了 məi⁵⁴soŋ²¹³la⁰主人送别客人时说的客套话

好走　　　　　好走 xau⁵⁴tsəu⁵⁴送别时送者说的客套话

慢走　　　　　慢走 man²¹³tsəu⁵⁴送别时送者说的客套话

　　　　　　　你慢走 ŋi⁵⁴man²¹³tsəu⁵⁴

慢坐 man²¹³tso²¹³主人说的客套话，大意是"先坐着，不急"

　　你慢坐 ŋi⁵⁴man²¹³tso²¹³

你慢吃 ŋi⁵⁴man²¹³tʃhi³¹吃饭时先吃完的人对未吃完的人说的客套话

先坐下了　　　坐先了 tso²¹³sɛn⁴⁵la⁰

麻烦你了　　　劳烦你了 lau³¹fan³¹ŋi⁵⁴la⁰

　　　　　　　麻烦你了 ma³¹fan³¹ŋi⁵⁴la⁰

谢谢　　　　　多谢 to⁴⁵sɛ²¹³

谢谢了　　　　多谢了 to⁴⁵sɛ²¹³la⁰

喝深点 xo⁴⁵ʂən⁴⁵tɛn⁵⁴劝酒要求对方一口的量大一些

不该 pu³¹kai⁴⁵客套话，吃饭时晚辈晚于长辈吃完时说的话

招待不周　　　招待不周 tʂau⁴⁵tai²¹³pu³¹tʂəu⁴⁵

忙着你　　　　忙倒你 maŋ³¹tau⁵⁴ŋi⁵⁴

不客气　　　　不客气 pu³¹khɛ³¹tʃhi²¹³

不用　　　　　不用 pu³¹yŋ²¹³

无所谓　　　　没论 məi⁵⁴lən²¹³

无所谓　　　　不论 pu³¹lən²¹³

不管事　　　　没管事 məi⁵⁴kuan⁵⁴sʅ²¹³

不管事	不管事 pu³¹kuan⁵⁴sʐ²¹³
慢吃	慢吃 man²¹³tʃhi³¹
不该讲的	不该讲的 pu³¹kai⁴⁵tʃiaŋ⁵⁴li⁰
摆酒席	摆酒席 pai⁵⁴tsiəu⁵⁴si³¹
	摆酒 pai⁵⁴tsiəu⁵⁴
一桌酒席	一桌酒席 i³¹tʂo³¹tsiəu⁵⁴si³¹
	一桌酒 i³¹tʂo³¹tsiəu⁵⁴
请帖	请帖 tshin⁵⁴thɛ³¹
下请帖	下帖子 ʃia²¹³thɛ³¹tsʐ⁰
	下请帖 ʃia²¹³tshin⁵⁴thɛ³¹
送请帖	送请帖 soŋ²¹³tshin⁵⁴thɛ³¹
入席	入席 ʐu³¹si³¹
	入座 ʐu³¹tso²¹³
上菜	上菜 ʂaŋ²¹³tshai²¹³
打包 ta⁵⁴pau⁴⁵把剩下的饭菜打包带回家	
倒酒	斟酒 tʂən⁴⁵tsiəu⁵⁴
	倒酒 tau⁵⁴tsiəu⁵⁴
劝酒	劝酒 tʃhyɛn²¹³tsiəu⁵⁴
敬酒	敬酒 tʃin²¹³tsiəu⁵⁴
行酒令	行酒令 sin³¹tsiəu⁵⁴lin²¹³
干杯	干杯 kan⁴⁵pəi⁴⁵
碰杯	碰杯 phoŋ²¹³pəi⁴⁵
名片	名人帖子 min³¹ʐən³¹thɛ³¹tsʐ⁰
不合	不好 pu³¹xau⁵⁴两人不合
路见不平	路见不平 ləu²¹³tʃɛn²¹³pu³¹phin³¹
打抱不平	打抱不平 ta⁵⁴pau²¹³pu³¹phin³¹
插嘴	接呱瓢 tsɛ³¹kua⁴⁵phiau³¹
	插嘴巴 tʂha⁴⁵tsuəi⁵⁴pa⁴⁵
做作	卖乖 mai²¹³kuai⁴⁵
摆架子	假乖 tʃia⁵⁴kuai⁴⁵
	乞巧 tʃhi³¹tʃhiau⁵⁴
烧香	烧香 ʂau⁴⁵ʃiaŋ⁴⁵

拍马屁	打石头进菜园 ta⁵⁴ ʂʅ³¹ thəu³¹ tsin²¹³ tshai²¹³ yɛn³¹
串门儿	拜寨 pai²¹³ tʂai²¹³
赶出去	撵出去 ŋɛn⁵⁴ tʂhu³¹ tʃhyi²¹³
洗澡	洗澡 si⁵⁴ tsau⁵⁴
洗澡	冲凉 tʂhoŋ⁴⁵ liaŋ³¹ 速度较快的洗澡，目的之一是为了

解暑

	洗凉 si⁵⁴ liaŋ³¹
擦身子	抹身 ma³¹ ʂən⁴⁵
起床	起来 tʃhi⁵⁴ lai³¹
	起床 tʃhi⁵⁴ tʂhuaŋ³¹
洗手	洗手 si⁵⁴ ʂəu⁵⁴
洗脸	洗脸 si⁵⁴ lɛn⁵⁴
漱口	漱口 səu²¹³ khəu⁵⁴
刷牙	刷牙 ʂua³¹ ia³¹
梳头发	梳头发 səu⁴⁵ thəu³¹ fa³¹
剪指甲	剪指甲 tsɛn⁵⁴ tʂʅ⁵⁴ tʃia³¹
掏耳朵	挖耳朵 ua⁴⁵ o⁵⁴ to⁵⁴
剃头	剃脑壳 thi²¹³ lau⁵⁴ kho³¹
剃胡子	剃胡子 thi²¹³ fu³¹ tsʅ⁰
小便	解小手 kai⁵⁴ siau⁵⁴ ʂəu⁵⁴
	屙尿 o⁴⁵ ȵiau²¹³
	小便 siau⁵⁴ pɛn²¹³
大便	解大手 kai⁵⁴ ta²¹³ ʂəu⁵⁴
	解大便 kai⁵⁴ ta²¹³ pɛn²¹³
	屙屎 o⁴⁵ ʂʅ⁵¹
	大便 ta²¹³ pɛn²¹³
纳凉	歇凉 ʃɛ³¹ liaŋ³¹
扇扇子	扇扇子 ʂan²¹³ ʂan²¹³ tsʅ⁰
晒太阳	晒太阳 ʂai²¹³ thai²¹³ iaŋ³¹
烤火	烤火 khau⁵⁴ xo⁵⁴
照亮	照亮 tʂau²¹³ liaŋ²¹³
吹灯	吹灯 tʂhuəi⁴⁵ tən⁴⁵

摸黑　　　　　打黑摸 ta⁵⁴xɛ³¹mo⁴⁵

休息一下　　歇下 ʃɛ³¹xa²¹³

　　　　　　歇下下 ʃɛ³¹xa²¹³xa²¹³强调时间短

打瞌睡　　　打瞌睡 ta⁵⁴kho³¹ʂuəi²¹³

　　　　　　睡瞌睡 ʂuəi²¹³kho³¹ʂuəi²¹³

打哈欠　　　打哈嗨 ta⁵⁴xo⁴⁵xai²¹³

打喷嚏　　　打□□ta⁵⁴fən²¹³tsiəu⁴⁵

哈哈大笑　　打哈哈 ta⁵⁴xa⁴⁵xa⁴⁵

困了　　　　困了 khuən²¹³la⁰

铺床　　　　铺床 phu⁴⁵tʂhuaŋ³¹

打地铺　　　打地铺 ta⁵⁴ti²¹³phu⁴⁵

睡下了　　　睡下来 ʂuəi²¹³ʃia²¹³lai³¹

睡着了　　　睡着了 ʂuəi²¹³tʂho³¹la

打呼噜　　　打扑鼾 ta⁵⁴phu³¹xan²¹³

睡不着　　　睡不着 ʂuəi²¹³pu³¹tʂho³¹

午觉　　　　少午觉 ʂau⁵⁴u⁵⁴kau²¹³

睡觉　　　　打觉 ta⁵⁴kau⁵⁴

仰着睡　　　翻起睡 fan⁴⁵tʃhi⁵⁴ʂuəi²¹³

侧着睡　　　墙起睡 tshiaŋ³¹tʃhi⁵⁴ʂuəi²¹³

趴着睡　　　趴起睡 pha⁴⁵tʃhi⁵⁴ʂuəi²¹³

打瞌睡　　　睚瞌睡 tʂuai⁴⁵kho³¹ʂuəi²¹³

落枕　　　　失枕 ʂɿ³¹tʂən⁵⁴

抽筋了　　　抽筋了 tʂhəu⁴⁵tʃin⁴⁵la⁰

做梦　　　　做梦 tso²¹³moŋ²¹³

说梦话　　　讲梦话 tʃiaŋ⁵⁴moŋ²¹³xua²¹³

发梦冲 fa³¹moŋ²¹³tʂhoŋ⁴⁵梦中说胡话

挨迷了 ŋai³¹mi³¹la⁰睡时精神紧张以致无法控制自己

熬夜　　　　熬夜 ŋau³¹iɛ²¹³

十二　红白大事

婚事　　　　婚事 xuən⁴⁵sɿ²¹³

做媒　　　　做媒 tso²¹³məi³¹

媒人　　　　　　媒人 məi³¹ʐ̩ən³¹

媒婆　　　　　　媒婆 məi³¹pho³¹

秋季媒人　　　　红叶大人 xoŋ³¹iɛ³¹ta²¹³ʐ̩ən³¹

冬季媒人　　　　冰判大人 pin⁴⁵phan²¹³ta²¹³ʐ̩ən³¹

介绍人 kai²¹³ʂau²¹³ʐ̩ən³¹ 介绍婚姻的人

谈好事 than³¹xau⁵⁴sɿ²¹³ 通过媒人的相亲

看亲 khan²¹³tshin⁴⁵ 男女双方见面，看是否合意

相貌　　　　　　相貌 siaŋ²¹³mau²¹³

订婚　　　　　　烧香 ʂau⁴⁵ʃiaŋ⁴⁵

确书子 ko²¹³ʂ̩⁴⁵tsɿ⁰ 订婚时男方给女方的信封样的红色纸袋，袋子里放钱，数字一般在 12 以上

谈婚事　　　　　谈亲事 than³¹tshin⁴⁵sɿ²¹³

彩礼　　　　　　彩礼 tshai⁵⁴li⁵⁴

收茶钱 ʂəu⁴⁵tʂha³¹tshɛn³¹ 认亲时女方给对方亲戚递茶或送鞋时对方亲戚送红包

好事期 xau⁵⁴sɿ²¹³tʃhi³¹ 适合结婚的好日子

看期 khan²¹³tʃhi³¹ 选择结婚的日子

看八字 khan²¹³pa³¹tsɿ²¹³ 看双方的八字

送嫁妆　　　　　装箱过礼 tʂhuaŋ⁴⁵siaŋ⁴⁵ko²¹³li⁵⁴

　　　　　　　　送嫁妆 soŋ²¹³tʃia²¹³tʂuaŋ⁴⁵

定亲　　　　　　认亲戚 ʐ̩ən²¹³tshin⁴⁵tshi³¹

过礼 ko²¹³li⁵⁴ 不通过媒人认识，自己定下婚事后，两边亲戚见面

赔礼 phəi³¹li⁵⁴ 男方不通过正常嫁娶方式把女方娶到家，待女方父母同意后到女方家赔礼、认亲

结婚　　　　　　结婚 tʃɛ³¹xuən⁴⁵

成亲　　　　　　过门 ko²¹³mən³¹

　　　　　　　　成亲 tʂhən³¹tshin⁴⁵

娶妻子　　　　　讨老婆 thau⁵⁴lau⁵⁴pho³¹

接新娘　　　　　接亲 tsɛ³¹tshin⁴⁵

出嫁　　　　　　出嫁 tʂhu³¹tʃia²¹³

嫁女　　　　　　交盘姑娘 tʃiau⁴⁵phan³¹ku⁴⁵ŋiaŋ⁵⁴

　　　　　　　　嫁女 tʃia²¹³ŋyi⁵⁴

喜酒　　　　　喜酒 si⁵⁴ tsiəu⁵⁴

花轿　　　　　花轿 xua⁴⁵ tʃiau²¹³

送亲伞 soŋ²¹³ tshin⁴⁵ san⁵⁴ 送新娘的时候撑的黑伞

拜堂　　　　　拜堂 pai²¹³ thaŋ³¹

下马威　　　　打下马威 ta⁵⁴ ʃia²¹³ ma⁵⁴ uəi⁴⁵

新女婿　　　　新姑爷 sin⁴⁵ ku⁴⁵ iɛ³¹

　　　　　　　新女婿 sin⁴⁵ ȵyi⁵⁴ si²¹³

新娘　　　　　新姑娘 sin⁴⁵ ku⁴⁵ ȵiaŋ⁴⁵

新媳妇　　　　新媳妇 sin⁴⁵ si³¹ fu²¹³

洞房　　　　　新房间 sin⁴⁵ faŋ³¹ kan⁴⁵

　　　　　　　新房 sin⁴⁵ faŋ³¹

交杯酒　　　　交杯酒 tʃiau⁴⁵ pəi⁴⁵ tsiəu⁵⁴

喝喜酒　　　　走人户 tsəu⁵⁴ ẓən³¹ fu²¹³

　　　　　　　吃吃酒 tʃhi³¹ tʃhi³¹ tsiəu⁵⁴

回门 xuəi³¹ mən³¹ 成亲后第三天早上新人一起回娘家

回门酒 xuəi³¹ mən³¹ tsiəu⁵⁴ 成亲后第三天早上新人一起回娘家，亲朋好友相聚

嫁二门 tʃia²¹³ o²¹³ mən³¹ 寡妇再嫁

接二门 tsɛ³¹ o²¹³ mən³¹ 鳏夫再娶

哭嫁 khu³¹ tʃia²¹³ 出嫁的一道仪式，新娘痛哭

八仙 pa³¹ sɛn⁴⁵ 迎亲过程的乐队

送亲客 soŋ²¹³ tshin⁴⁵ khɛ³¹ 新娘的叔婶、哥嫂，负责送新娘出嫁

圆亲娘 yɛn³¹ tshin⁴⁵ ȵiaŋ³¹ 负责新娘拜堂及送入洞房等事务

踩堂鞋 tshai⁵⁴ thaŋ³¹ xai³¹ 新人拜堂时穿的由新娘亲手做的新布鞋

拜新年 pai²¹³ sin⁴⁵ ȵɛn³¹ 结婚第一年夫妻回娘家拜年

讨填房 thau⁵⁴ thɛn³¹ faŋ³¹ 兄死后弟娶嫂

做填房 tso²¹³ thɛn³¹ faŋ³¹ 丈夫死后嫁给丈夫之弟

后妻　　　　　填房 thɛn³¹ faŋ³¹

娶小老婆　　　讨小 thau⁵⁴ siau⁵⁴

怀孕　　　　　上身 ʂaŋ²¹³ ʂən⁴⁵

　　　　　　　有喜 iəu⁵⁴ si⁵⁴

　　　　　　　害喜 xai²¹³ ʃi⁵⁴

孕妇　　　　　大肚婆 ta²¹³təu²¹³pho³¹

　　　　　　　双身婆 ʂɿaŋ⁴⁵ʂən⁴⁵pho³¹

　　　　　　　四眼人 sɿ²¹³iɛn⁵⁴ʐən³¹

　　　　　　　孕妇 ʐən²¹³fu²¹³

坐空月 tso²¹³khoŋ⁴⁵yɛ³¹孩子在月子里夭折

流产　　　　　落小的 lo³¹siau⁵⁴li⁰

　　　　　　　带不起 tai²¹³pu³¹tʃhi⁵⁴

　　　　　　　小产 siau⁵⁴tshan⁵⁴

　　　　　　　流产 liəu³¹tshan⁵⁴

做小月 tso²¹³siau⁵⁴yɛ³¹接近产期的流产

人工流产　　　打胎 ta⁵⁴thai⁴⁵

生孩子　　　　生崽 sən⁴⁵tsai⁵⁴

接生　　　　　接生 tsɛ³¹sən⁴⁵

胞衣　　　　　后人 xəu²¹³ʐən³¹

　　　　　　　胞衣 pau⁴⁵i⁴⁵

坐月子　　　　坐月子 tso²¹³yɛ³¹tsɿ⁰

　　　　　　　坐月 tso²¹³yɛ³¹

月母子 yɛ³¹mu⁵⁴tsɿ⁰坐月子的妇女

满月　　　　　满月 man⁵⁴yɛ³¹

送背带 soŋ²¹³pəi⁴⁵tai²¹³小孩出生时赠送背带

第一胎　　　　头胎 thəu³¹thai⁴⁵

生第一胎　　　生头个 sən⁴⁵thəu³¹ko²¹³

双胞胎　　　　双胞胎 ʂɿaŋ⁴⁵pau⁴⁵thai⁴⁵

三胞胎　　　　三胞胎 san⁴⁵pau⁴⁵thai⁴⁵

独生子　　　　独崽 təu³¹tsai⁵⁴

独生女　　　　独女 təu³¹ȵyi⁵⁴

遗腹子　　　　背伢生 pəi²¹³ia³¹sən⁴⁵

撒尿 sa⁴⁵ȵiau²¹³（小孩儿）尿床

喂奶　　　　　喂奶 uəi²¹³lai⁵⁴

奶嘴　　　　　奶嘴嘴 lai⁵⁴tsuəi⁵⁴tsuəi⁵⁴

奶瓶　　　　　奶瓶 lai⁵⁴phin³¹

生日　　　　　生日 sən⁴⁵ʐɿ³¹

三朝酒 san⁴⁵tʂau⁴⁵tsiəu⁵⁴孩子出生后择日宴请亲戚、朋友

打三朝 ta⁵⁴san⁴⁵tʂau⁴⁵孩子出生后请的酒，主要是宴请孩子外婆家的人

满一岁　　满岁 man⁵⁴suəi²¹³

过生日　　过生 ko²¹³sən⁴⁵

生日酒　　办生酒 pan²¹³sən⁴⁵tsiəu⁵⁴

喝生日酒　吃生酒 tʃhi³¹sən⁴⁵tsiəu⁵⁴

　　　　　祝寿 tʂu³¹ʂou²¹³

周岁酒　　周岁酒 tʂou⁵⁴suəi²¹³tsiəu⁵⁴小孩儿满一周岁请的酒

寿星　　　寿星 ʂou²¹³sin⁴⁵过生日的人

佛堂　　　佛堂 fu³¹thaŋ³¹

丧事　　　丧事 saŋ⁴⁵sɿ²¹³

白事　　　白事 pɛ³¹sɿ²¹³

白喜 pɛ³¹ʃi⁵⁴高寿者过世

上祭　　　上祭 ʂaŋ²¹³tsi²¹³

报丧　　　报丧 pau²¹³saŋ⁴⁵

死了　　　死了 sɿ⁵⁴la⁰

　　　　　走了 tsəu⁵⁴la⁰避讳说法

　　　　　没得了 məi⁵⁴tɛ³¹la⁰避讳说法

　　　　　没在了 məi⁵⁴tsai²¹³la⁰避讳说法

　　　　　不在了 pu³¹tsai²¹³la⁰避讳说法

满福 man⁵⁴fu³¹老人死亡，避讳说法

满福了 man⁵⁴fu³¹la⁰老人死亡，避讳说法

灵床　　　灵床 lin³¹tʂhuaŋ³¹

棺木　　　寿枋 ʂou²¹³faŋ⁴⁵

　　　　　枋子 faŋ⁴⁵tsɿ⁰

　　　　　漆木头 tshi³¹mu³¹thəu³¹

入棺　　　入棺 ʐu³¹kuan⁴⁵

灵堂　　　灵堂 lin³¹thaŋ³¹

灵牌　　　灵牌 lin³¹phai³¹

守灵位牌 ʂou⁵⁴lin³¹uəi²¹³phai³¹做法事时，孝子手捧灵牌跟在后面

头七　　　头七 thəu³¹tshi³¹

满七 man⁵⁴tshi³¹死后满四十九天

回煞　　　　　回煞 $xu\vartheta i^{31}$ $\mathring{s}a^{31}$ 传说死者变成某种物体回家，一般在死后七天发生

守孝　　　　　守孝 $\mathring{s}\vartheta u^{54}\int iau^{213}$

守灵　　　　　守灵 $\mathring{s}\vartheta u^{54}lin^{31}$

吊孝　　　　　吊孝 $tiau^{213}\int iau^{213}$

戴孝　　　　　戴孝 $tai^{213}\int iau^{213}$

孝子　　　　　孝子 $\int iau^{213}ts\gamma^{54}$

孝家 $\int iau^{213}t\int ia^{45}$ 应该为死者戴孝的人

　　孝孙 $\int iau^{213}s\vartheta n^{45}$

洗孝　　　　　洗帕子 $si^{54}ph\varepsilon^{31}ts\gamma^{0}$

下葬　　　　　上山 $\mathring{s}a\eta^{213}\mathring{s}an^{45}$

　　　　　　　下葬 $\int ia^{213}tsa\eta^{213}$

送葬　　　　　送葬 $so\eta^{213}tsa\eta^{213}$

哭丧棒　　　　哭丧棒 $khu^{31}sa\eta^{45}pa\eta^{213}$

花扇 $xua^{45}\mathring{s}an^{213}$ 道公做法事用的扇子

灵屋 $lin^{31}u^{31}$ 纸制的烧化送给死者的房子

纸钱　　　　纸钱 $t\mathring{s}\gamma^{54}tsh\varepsilon n^{31}$

长钱 $t\mathring{s}ha\eta^{31}tsh\varepsilon n^{31}$ 成挂的纸钱

包封 $pau^{45}fo\eta^{45}$ 农历七月半给死去的先人烧化的纸钱，整数

散纸 $san^{54}t\mathring{s}\gamma^{54}$ 散的纸钱

老衣 $lau^{54}i^{45}$ 死者入棺前穿的衣服

老鞋 $lau^{54}xai^{31}$ 女儿缝制的死者穿的鞋

坟墓　　　　　坟 $f\vartheta n^{31}$

　　　　　　　阴宅 $in^{45}t\mathring{s}\mathscr{x}^{31}$

墓碑　　　　　碑 $p\vartheta i^{45}$

自杀　　　　　走短路 $ts\vartheta u^{54}tuan^{54}l\vartheta u^{213}$

　　　　　　　自杀 $ts\gamma^{213}\mathring{s}a^{31}$

跳水 $thiau^{213}\mathring{s}u\vartheta i^{54}$ 跳水自尽

跳河 $thiau^{213}xo^{31}$ 跳河自尽

跳井 $thiau^{213}tsin^{54}$ 跳井自尽

吊讲 $tiau^{213}t\int ia\eta^{54}$ 上吊

落水　　　　　落水 $lo^{31}\mathring{s}u\vartheta i^{54}$ 不小心掉到水里

尸骨　　　　　尸骨 ʂ̩⁴⁵ku³¹

骨灰　　　　　骨灰 ku³¹xuəi⁴⁵

骨灰盒　　　　骨灰盒 ku³¹xuəi⁴⁵xo³¹

金坛　　　　　金坛 tʃin⁴⁵than³¹捡骨葬时用以盛放骨殖的坛子

十三　迷信、诉讼

老天爷　　　　老天爷 lau⁵⁴thɛn⁴⁵iɛ³¹

神仙　　　　　神仙 ʂən³¹sɛn⁴⁵

菩萨　　　　　菩萨 phu³¹sa⁴⁵

泥菩萨　　　　泥菩萨 ȵi³¹phu³¹sa⁴⁵

观音　　　　　观音 kuan⁴⁵in⁴⁵

庙　　　　　　社 sɛ²¹³

　　　　　　　社庙 sɛ²¹³miau²¹³

　　　　　　　社神庙 sɛ²¹³ʂən³¹miau²¹³

社神　　　　　社神 sɛ²¹³ʂən³¹庙里的神

过社 ko²¹³sɛ²¹³农历交春的第五个带 "五" 的日子

社饭 sɛ²¹³fan²¹³用蒿菜拌糯米炒成的饭

社树 sɛ²¹³ʂu²¹³庙旁的树

　社神树 sɛ²¹³ʂən³¹ʂu²¹³

土地神　　　　土地 thəu⁵⁴ti²¹³当地各家有各自供奉的土地

土地庙　　　　土地庙 thəu⁵⁴ti²¹³miau²¹³

城隍庙　　　　城隍庙 tʂhən³¹xuaŋ³¹miau²¹³

北帝庙　　　　北帝庙 pɛ³¹ti²¹³miau²¹³

阎王　　　　　阎王 iɛn³¹uaŋ³¹

　　　　　　　阎王爷 iɛn³¹uaŋ³¹iɛ³¹

奈何桥　　　　奈何桥 lai²¹³xo³¹tʃhiau³¹

祠堂　　　　　祠堂 tshɿ³¹thaŋ³¹

神龛　　　　　香火堂 ʃiaŋ⁴⁵xo⁵⁴thaŋ³¹

　　　　　　　香火 ʃiaŋ⁴⁵xo⁵⁴

神坛　　　　　神坛 ʂən³¹than³¹

天地君亲师位　天地君亲师位 thɛn⁴⁵ti²¹³tʃyn⁴⁵tshin⁴⁵sɿ⁴⁵uəi²¹³

上供　　　　　上供 ʂaŋ²¹³koŋ²¹³

下坛 ʃia²¹³than³¹用于供天地君亲师之外的其他神的神龛

拜神　　　　　拜神 pai²¹³ ʂən³¹

龙王　　　　　龙王 loŋ³¹uaŋ³¹

雷公　　　　　雷公 luəi³¹koŋ⁴⁵

蜡烛　　　　　蜡烛 la³¹tʂu³¹

香　　　　　　香 ʃiaŋ⁴⁵

纸钱　　　　　纸钱 tʂɿ⁵⁴tshɛn³¹

香纸 ʃiaŋ⁴⁵tʂɿ⁵⁴香和纸钱

香炉　　　　　香炉钵 ʃiaŋ⁴⁵ləu³¹po³¹

　　　　　　　香炉 ʃiaŋ⁴⁵ləu³¹

烧香　　　　　烧香 ʂau⁴⁵ʃiaŋ⁴⁵

晒龙袍 ʂai²¹³loŋ³¹phau³¹农历六月六那天晒衣服，据说那天晒的衣服穿了不生病

年兜 ŋɛn³¹təu⁴⁵从除夕夜一直燃到元宵节的非常大的木头（到元宵节晚上把剩下的一点放置在土地神龛前供奉，用以敬告土地要保护全家平安）

旗伞 tʃhi³¹san⁵⁴死者亲戚做的颜色多样且形状各异的彩旗状的插在坟上或周围的纸质物品，一般由死者儿女或孙女制作

　　花花伞 xua⁴⁵xua⁴⁵⁻⁵⁴san⁵⁴

扫墓　　　　　扫墓 sau⁵⁴mu²¹³农历三月三、清明左右扫墓

　　　　　　　上坟 ʂaŋ²¹³fən³¹

　　　　　　　拜山 pai²¹³san⁴⁵

挂亲 kua²¹³tshin⁴⁵扫墓时在坟上挂纸钱

烧纸 ʂau⁴⁵tʂɿ⁵⁴过节时把纸钱和供品拿到祖宗坟前祭拜

叫饭 tʃiau²¹³fan²¹³过节时盛了饭置于"杳火壁"前叫祖宗来吃

水饭 ʂuəi⁵⁴fan²¹³供无家可归的野鬼吃的饭

签　　　　　　书签 ʂu⁴⁵tshɛn⁴⁵

签书　　　　　签书 tshɛn⁴⁵ʂu⁴⁵

卦子　　　　　卦子 kua²¹³tsɿ⁰

算卦　　　　　打卦子 ta⁵⁴kua²¹³tsɿ⁰

　　　　　　　占卦子 tʃan⁴⁵kua²¹³tsɿ⁰

阴卦 in⁴⁵kua²¹³卦分正反两面，两个卦正面都朝下

阳卦 iaŋ³¹kua²¹³ 两个卦正面都朝上

顺卦　ʂɿən²¹³kua²¹³ 两个卦正面一个朝上一个朝下

庙会　　　　庙会 miau²¹³xuəi²¹³

做道场　　　做道场 tso²¹³tau²¹³tʂhaŋ³¹

　　　　　　早登仙界 tsau⁵⁴tən⁴⁵sɛn⁴⁵kai²¹³ 做过道场

　　　　　　早盼生芳 tsau⁵⁴phan²¹³sən⁴⁵faŋ⁴⁵ 没做过道场

上刀山　　　上刀山 ʂaŋ²¹³tau⁴⁵san⁴⁵

探油锅　　　摸油锅 mo⁴⁵iəu³¹ko⁴⁵

念经　　　　念经 ȵɛn²¹³tʃin⁴⁵

黄经　　　　黄经 xuaŋ³¹tʃin⁴⁵

救苦经　　　救苦经 tʃiəu²¹³khu⁵⁴tʃin⁴⁵ 男子死亡后其儿女所念

血盆经　　　血盆经 syɛ³¹phən³¹tʃin⁴⁵《目连正教血盆经》的简称，

女性死亡后其儿女所念

金刚经　　　金刚经 tʃin⁴⁵kaŋ⁴⁵tʃin⁴⁵

三宫经　　　三宫经 san⁴⁵koŋ⁴⁵tʃin⁴⁵

看风水　　　看风水 khan²¹³foŋ⁴⁵ʂuəi⁵⁴

　　　　　　找龙脉 tʂau⁵⁴loŋ³¹mɛ³¹

看坟地　　　看阴册屋基 khan²¹³in⁴⁵tshɛ³¹u³¹tʃi⁴⁵

算命　　　　算命 suan²¹³min²¹³

看八字　　　看八字 khan²¹³pa³¹tsɿ²¹³

算八字 suan²¹³pa³¹tsɿ²¹³ 根据八字算命

　　排八字 phai³¹pa³¹tsɿ²¹³

　　测八字 tshɛ³¹pa³¹tsɿ²¹³

八字好 pa³¹tsɿ²¹³xau⁵⁴ 八字好，命好

　　八命好 pa³¹min²¹³xau⁵⁴

算命先生　　算命先生 suan²¹³min²¹³sɛn⁴⁵sən⁴⁵

　　　　　　八命先生 pa³¹min²¹³sɛn⁴⁵sən⁴⁵

　　　　　　八字先生 pa³¹tsɿ²¹³sɛn⁴⁵sən⁴⁵

　　　　　　走江湖的 tsəu⁵⁴tʃiaŋ⁴⁵fu³¹li⁰

巫婆　　　　神灵婆 ʂən³¹liŋ³¹pho³¹

　　　　　　巫婆 u⁴⁵pho³¹

测字　　　　测字 tshɛ³¹tsɿ²¹³

放鬼 faŋ²¹³kuəi⁵⁴把鬼魂放出来危害别人

放蛊　　　　放蛊 faŋ²¹³ku⁵⁴

照水碗 tʂau²¹³ʂuəi⁵⁴uan⁵⁴一种以净水为媒介的占卜方式

烧鸡蛋 ʂau⁴⁵tʃi⁴⁵tan²¹³因小孩儿瘦弱而把鸡蛋置火里烧，以此占卜

犯忌　　　　犯煞星 fan²¹³ʂa³¹sin⁴⁵

招魂　　　　招魂 tʂau⁴⁵xuən³¹

倒霉　　　　该歪 kai⁴⁵uai⁴⁵

　　　　　　背时 pəi²¹³ʂɿ³¹

　　　　　　该歪倒霉 kai⁴⁵uai⁴⁵tau⁵⁴məi³¹

许愿　　　　许愿 ʃyi⁵⁴yɛn²¹³

指路碑 tʂɿ⁵⁴ləu²¹³pəi⁴⁵立在岔路的指路的碑，是父母为经常生病的孩子积功德所立

替罪羊　　　代罪羊 tai²¹³tsuəi²¹³iaŋ³¹

　　　　　　替罪羊 thi²¹³tsuəi²¹³iaŋ³¹

打官司　　　打官司 ta⁵⁴kuan⁴⁵sɿ⁴⁵

告状　　　　告状 kau²¹³tʂuaŋ²¹³

原告　　　　原告 yɛn³¹kau²¹³

被告　　　　被告 pi²¹³kau²¹³

起诉　　　　起诉 tʃhi⁵⁴su²¹³

上诉　　　　上诉 ʂaŋ²¹³su²¹³

申诉　　　　申诉 ʂən⁴⁵su²¹³

状子　　　　状子 tʂuaŋ²¹³tsɿ⁰

坐堂　　　　坐堂 tso²¹³thaŋ³¹

上堂　　　　上堂 ʂaŋ²¹³thaŋ³¹

退堂　　　　退堂 thuɔi²¹³thaŋ³¹

审案　　　　问案 uən²¹³ŋan²¹³

　　　　　　审案 ʂən⁵⁴ŋan²¹³

过堂　　　　过堂 ko²¹³thaŋ³¹

证人　　　　证人 tʂən²¹³ʐən³¹

人证　　　　人证 ʐən³¹tʂən²¹³

物证　　　　物证 u³¹tʂən²¹³

对质　　　　对质 tuəi²¹³tʃʅ³¹

对证 tuəi²¹³ tʂən²¹³

刑事　　刑事 ʃin³¹ sʅ²¹³

民事　　民事 min³¹ sʅ²¹³

家务事　家言事 tʃia⁴⁵ iɛn³¹ sʅ²¹³

　　　　家务事 tʃia⁴⁵ u²¹³ sʅ²¹³

律师　　律师 li³¹ sʅ⁴⁵

服　　　服 fu³¹

不服　　没服 məi⁵⁴ fu³¹

　　　　不服 pu³¹ fu³¹

招认　　招认 tʂau⁴⁵ ʐən²¹³

供　　　供 koŋ²¹³

口供　　口供 khəu⁵⁴ koŋ²¹³

同伙　　同谋 thoŋ³¹ məu³¹

犯法　　犯法 fan²¹³ fa³¹

犯罪　　犯罪 fan²¹³ tsuəi²¹³

累犯　　累犯 luəi⁵⁴ fan²¹³

诬告　　诬告 u⁴⁵ kau²¹³

喊冤　　喊冤 xan⁵⁴ yɛn⁴⁵

宣判　　宣判 syɛn⁴⁵ phan²¹³

取保　　取保 tshyi⁵⁴ pau⁵⁴

担保人　担保人 tan⁴⁵ pau⁵⁴ ʐən³¹

逮捕　　绑人 paŋ⁵⁴ ʐən³¹

绑起来　闷头巴 mən²¹³ thəu³¹ pa⁴⁵

被捕了　捱抓了 ŋai³¹ tʂua⁴⁵ la⁰

押送　　押送 ia³¹ soŋ²¹³

牢房　　牢笼 lau³¹ loŋ³¹

青天老爷　青天老爷 tshin⁴⁵ thɛn⁴⁵ lau⁵⁴ iɛ³¹

贪官　　贪官 than⁴⁵ kuan⁴⁵

赃官　　赃官 tsaŋ⁴⁵ kuan⁴⁵

行贿　　塞桌子脚脚 sɛ³¹ tʂo³¹ tsʅ⁰ tʃio³¹ tʃio³¹

受贿　　得饵利 tɛ³¹ o⁵⁴ li²¹³

　　　　受贿 ʂəu²¹³ xuəi²¹³

罚款	蚀财 ʂ̩³¹tshai³¹
杀头	割讲根 kɛ²¹³tʃiaŋ⁵⁴kən⁴⁵
	杀头 ʂa³¹thəu³¹
枪毙	捱杀了 ŋai³¹ʂa³¹la⁰
	枪毙 tshiaŋ⁴⁵pi²¹³
斩条	死字牌 sɿ⁵⁴tsɿ²¹³phai³¹
用刑	用刑 yŋ²¹³sin³¹
被打板子	捱打板子 ŋai³¹ta⁵⁴pan⁵⁴tsɿ⁰
打屁股	打屁股 ta⁵⁴phi²¹³ku⁵⁴
手铐	手铐 ʂəu⁵⁴khau²¹³
脚镣	脚镣 tʃio³¹liau²¹³
	脚铐 tʃio³¹khau²¹³
戴枷锁	戴枷 tai²¹³tʃia⁴⁵
捆起来	捆起来 khuən⁵⁴tʃhi⁵⁴lai³¹
囚禁	捱关 ŋai³¹kuan⁴⁵
坐牢	坐牢 tso²¹³lau³¹
看望犯人	看犯人 khan²¹³fan²¹³ʐən³¹
送牢饭	soŋ²¹³lau³¹fan²¹³往牢里送饭
逃跑了	逃跑了 thau³¹phau⁵⁴la⁰
	打脱了 ta⁵⁴tho³¹la⁰
画押	画押 xua²¹³ia³¹
按手印	按手印 ŋan²¹³ʂəu⁵⁴in²¹³
立字据	立字据 li³¹tsɿ²¹³tʃyi²¹³
订合同	订合同 tin²¹³xo³¹thoŋ³¹
纳税	上税 ʂaŋ²¹³ʂuəi²¹³
	交税 tʃiau⁴⁵ʂuəi²¹³
	纳税 la³¹ʂuəi²¹³
税票	税契 ʂuəi²¹³tʃhi²¹³
	税票 ʂuəi²¹³phiau²¹³
交公粮	交皇粮 tʃiau⁴⁵xuaŋ³¹liaŋ³¹
	交公粮 tʃiau⁴⁵koŋ⁴⁵liaŋ³¹
地租	田租 thɛn³¹tsəu⁴⁵

地租　　　　　地租 ti²¹³tsəu⁴⁵

街租 kai⁴⁵tsəu⁴⁵街上做生意的场地费

地契　　　　　地契 ti²¹³tʃhi²¹³

房契　　　　　房契 faŋ³¹tʃhi²¹³

执照　　　　　执照 tʂʅ³¹tʂau²¹³

告示　　　　　告示 kau²¹³ʂʅ²¹³

通知　　　　　通知 thoŋ⁴⁵tʂʅ⁴⁵

通告　　　　　通告 thoŋ⁴⁵kau²¹³

命令　　　　　命令 min²¹³lin²¹³

公章　　　　　官印 kuan⁴⁵in²¹³

　　　　　　　公章 koŋ⁴⁵tʂaŋ⁴⁵

印章　　　　　大印 ta²¹³in²¹³

私章　　　　　私章 sʅ⁴⁵tʂaŋ⁴⁵

私访　　　　　私访 sʅ⁴⁵faŋ⁵⁴

交代　　　　　交代 tʃiau⁴⁵tai²¹³

上任　　　　　上任 ʂaŋ²¹³zʅən²¹³

离任　　　　　离任 li³¹zʅən²¹³

罢免　　　　　罢免 pa²¹³mɛn⁵⁴

案卷　　　　　案卷 ŋan²¹³tʃyɛn⁵⁴

传票　　　　　传票 tʂhuan³¹phiau²¹³

十四　商业、手艺

字号　　　　　字号 tsʅ²¹³xau²¹³

行当　　　　　行档 xaŋ³¹taŋ²¹³

　　　　　　　行 xaŋ³¹

买家　　　　　买家 mai⁵⁴tʃia⁴⁵

　　　　　　　买方 mai⁵⁴faŋ⁴⁵

卖家　　　　　卖家 mai²¹³tʃia⁴⁵

　　　　　　　卖方 mai²¹³faŋ⁴⁵

招牌　　　　　招牌 tʂau⁴⁵phai³¹

广告　　　　　广告 kuaŋ⁵⁴kau²¹³

开商店　　　　开商店 khai⁴⁵ʂaŋ⁴⁵tɛn²¹³

摆摊	摆摊摊 pai⁵⁴than⁴⁵than⁴⁵⁻⁵⁴
	摆摊子 pai⁵⁴than⁴⁵tsʐ⁰
开铺子	开铺子 khai⁴⁵phu⁴⁵tsʐ⁰
铺面	铺面 phu⁴⁵mɛn²¹³
夜市	夜市 iɛ²¹³sʅ²¹³
跑生意	跑生意 phau⁵⁴sən⁴⁵ⁱ²¹³
跑买卖	跑买卖 phau⁵⁴mai⁵⁴mai²¹³
找路子	找路子 tʂau⁵⁴ləu²¹³tsʐ⁰
做生意	做生意 tso²¹³sən⁴⁵ⁱ²¹³
放高利贷	放高利贷 faŋ²¹³kao⁴⁵li²¹³tai²¹³
跑单帮	独干 təu³¹kan²¹³
集	场坝 tʂʅaŋ³¹pa²¹³
赶集	赶场 kan⁵⁴tʂʅaŋ³¹
集日	赶场天 kan⁵⁴tʂʅaŋ³¹thɛn⁴⁵
旅馆	旅社 li⁵⁴ʂɛ²¹³
旅客	旅客 li⁵⁴khɛ³¹
单人房	单人房 tan⁴⁵zʅən³¹faŋ³¹
双人房	双人房 ʂuaŋ⁴⁵zʅən³¹faŋ³¹
饭馆	饭店 fan²¹³tɛn²¹³
下馆子	上饭店 ʂaŋ²¹³fan²¹³tɛn²¹³
	下馆子 ʃia²¹³kuan⁵⁴tsʐ⁰

跑堂的 phau⁵⁴thaŋ³¹li⁰ 饭馆服务员

卷铺盖	卷铺盖 tʃyɛn⁵⁴phu⁴⁵kai²¹³ 开除，解雇
	开除 khai⁴⁵tʂʅhu³¹
原装货	原装货 yɛn³¹tʂʅuaŋ⁴⁵xo²¹³
招牌货	招牌货 tʂau⁴⁵phai³¹xo²¹³
抢手货	抢手货 tshiaŋ⁵⁴ʂou⁵⁴xo²¹³
家用品	家用货 tʃia⁴⁵yŋ²¹³xo²¹³
次品	水货 ʂuəi⁵⁴xo²¹³

箩底货 lo³¹ti⁵⁴xo²¹³ 挑剩的物品

| 散装 | 散装 san⁵⁴tʂʅuaŋ⁴⁵ |
| 布店 | 布店 pu²¹³tɛn²¹³ |

杂货铺　　　　杂货铺 tsa³¹xo²¹³phu⁴⁵

油盐铺　　　　油盐铺 iəu³¹iɛn³¹phu⁴⁵

酱料铺　　　　酱料铺 tsiaŋ²¹³liau²¹³phu⁴⁵

粮店　　　　　粮店 liaŋ³¹tɛn²¹³

米店　　　　　米店 mi⁵⁴tɛn²¹³

家具店　　　　家具店 tʃia⁴⁵tʃyi²¹³tɛn²¹³

茶馆　　　　　茶馆 tʂha³¹kuan⁵⁴

茶楼　　　　　茶楼 tʂha³¹ləu³¹

茶叶店　　　　茶叶店 tʂha³¹iɛ³¹tɛn²¹³

茶庄　　　　　茶庄 tʂha³¹tʂuaŋ⁴⁵

采茶　　　　　掐茶叶 kha³¹tʂha³¹iɛ³¹

　　　　　　　摘茶 tsɛ³¹tʂha³¹

炒制茶　　　　炒茶 tshau⁵⁴tʂha³¹

理发店　　　　理发馆 li⁵⁴fa³¹kuan⁵⁴

　　　　　　　理发店 li⁵⁴fa³¹tɛn²¹³

做头发　　　　做头发 tsəu²¹³thəu³¹fa³¹

理发　　　　　剪头发 tsɛn⁵⁴thəu³¹fa³¹

　　　　　　　理发 li⁵⁴fa³¹

剃头　　　　　剃脑壳 thi²¹³lau⁵⁴kho³¹

　　　　　　　剃头 thi²¹³thəu³¹

西装头　　　　西装头 si⁴⁵tʂuaŋ⁴⁵thəu³¹

大包头　　　　大包头 ta²¹³pau⁴⁵thəu³¹

分头　　　　　分头 fən⁴⁵thəu³¹

平头　　　　　平头 phin³¹thəu³¹

光头　　　　　光头 kuaŋ⁴⁵thəu³¹

刮脸　　　　　刮脸 kua³¹lɛn⁵⁴

刮胡子　　　　刮胡子 kua³¹fu³¹tsɿ⁰

　　　　　　　剃胡子 thi²¹³fu³¹tsɿ⁰

裁缝店　　　　裁缝店 tshai³¹foŋ³¹tɛn²¹³

服装店　　　　服装店 fu³¹tʂuaŋ⁴⁵tɛn²¹³

鞋店　　　　　鞋店 xai³¹tɛn²¹³

肉摊　　　　　□摊子 ka⁵⁴than⁴⁵tsɿ⁰

	□摊 ka⁵⁴than⁴⁵
	肉摊子 ʐu³¹than⁴⁵tsʅ⁰
	肉摊 ʐu³¹than⁴⁵
牛肉摊	牛肉摊 ŋiəu³¹ʐu³¹than⁴⁵
狗肉摊	狗肉摊 kəu⁵⁴ʐu³¹than⁴⁵
杀猪	杀猪 ʂa³¹tʂu⁴⁵
割肉	割肉 ko³¹ʐu³¹
切豆腐	花豆腐 xua⁴⁵təu²¹³fu⁵⁴
注水	打水 ta⁵⁴ʂɿəi⁵⁴
榨油	打油 ta⁵⁴iəu³¹
	榨油 tʂa²¹³iəu³¹
榨油坊	榨油房 tʂa²¹³iəu³¹faŋ³¹
榨糖	榨糖 tʂa²¹³thaŋ³¹
煮酒	烤得米 khau⁵⁴tɛ³¹lai³¹
	熬得来 ŋau³¹tɛ³¹lai³¹
	煮酒 tʂu⁵⁴tsiəu⁵⁴
制作豆腐	推豆腐 thuəi⁴⁵təu²¹³fu⁵⁴人工制作
	打豆腐 ta⁵⁴təu²¹³fu⁵⁴机器制作
磨豆腐	推豆腐 thuəi⁴⁵təu²¹³fu⁵⁴
当铺	当铺 taŋ²¹³phu⁴⁵
押	押 ia³¹
租房子	租房子 tsəu⁴⁵faŋ³¹tsʅ⁰
当房子	典房子 tɛn⁵⁴faŋ³¹tsʅ⁰
煤店	煤铺 məi³¹phu⁴⁵
	煤店 məi³¹tɛn²¹³
煤球	煤球 məi³¹tʃhiəu³¹
蜂窝煤	蜂窝煤 foŋ⁴⁵o⁴⁵məi³¹
开业	开业 khai⁴⁵ŋɛ³¹
停业	停业 thin³¹ŋɛ³¹
关门	关门 kuan⁴⁵mən³¹
收摊	收摊 ʂəu⁴⁵than⁴⁵
开张	开张 khai⁴⁵tʂaŋ⁴⁵

转行 tʂuan⁵⁴xaŋ³¹ 改作别的生意

清点　　　点货 tɛn⁵⁴xo²¹³

盘点　　　盘点 phan³¹tɛn⁵⁴

柜台　　　柜台 kuəi²¹³thai³¹

行情　　　行情 xaŋ³¹tshin³¹

开价　　　喊价 xan⁵⁴tʃia²¹³

讲价　　　讲价 tʃiaŋ⁵⁴tʃia²¹³

还价　　　还价 xuan³¹tʃia²¹³

砍价　　　砍价 khan⁵⁴tʃia²¹³

扳起手杆算 pan⁴⁵tʃhi⁵⁴ʂəu⁵⁴kan⁴⁵suan²¹³ 扳着手指算

便宜　　　便宜 phɛn³¹ŋi³¹

值　　　　抵 ti⁵⁴

值得　　　抵得 ti⁵⁴tɛ³¹

趁机　　　博抵 po³¹ti⁵⁴

合算　　　做得过 tsəu²¹³tɛ³¹ko²¹³

不合算　　不合算 pu³¹xo³¹suan²¹³

贵　　　　贵 kuəi²¹³

降价　　　降价 tʃiaŋ²¹³tʃia²¹³

老实价　　老实价 lau⁵⁴ʂʅ³¹tʃia²¹³

合适　　　合适 xo³¹ʂʅ³¹

合适价　　合适价 xo³¹ʂʅ³¹tʃia²¹³

一起要了 i³¹tʃhi⁵⁴iau²¹³la⁰ 买东西时把货全要了

包了　　　包了 pau⁴⁵la⁰

承包了　　□了 tuəi⁵⁴la⁰

生意好　　生意好 sən⁴⁵i̠²¹³xau⁵⁴

生意红火　生意哄闹 sən⁴⁵i̠²¹³xoŋ⁴⁵lau²¹³

　　　　　生意红火 sən⁴⁵i̠²¹³xoŋ³¹xo⁵⁴

生意清淡　生意冷淡 sən⁴⁵i̠²¹³lən⁵⁴tan²¹³

　　　　　生意清淡 sən⁴⁵i̠²¹³tshin⁴⁵tan²¹³

工钱　　　活路钱 xo³¹ləu²¹³tshɛn³¹

　　　　　工钱 koŋ⁴⁵tshɛn³¹

捞外快　　捞外水 lau⁴⁵uai²¹³ʂuəi⁵⁴

捞外快 lau^{45}uai^{213}khuai^{213}

本钱	本钱 pən^{54}tshɛn^{31}
回本	填本钱 thɛn^{31}pən^{54}tshɛn^{31}赚回本钱
成本价	打本卖 ta^{54}pən^{54}mai^{213}按成本卖
	打本 ta^{54}pən^{54}
老本	老本 lau^{54}pən^{54}
家底	家底 tʃia^{45}ti^{54}
保本	保本 pau^{54}pən^{54}
够本	够本 kəu^{213}pən^{54}

平平过 phin^{31}phin^{31}ko^{213}生意、利润等一般

平本	平本 phin^{31}pən^{54}
赚钱	赚钱 tʂuan^{213}tshɛn^{31}

赚过龙 tʂuan^{213}ko^{213}loŋ^{31}赚得太多

赚了	捞了 lau^{45}la^{0}
发大财	发大水财 fa^{31}ta^{213}ʂuəi^{54}tshai^{31}
亏本	亏本 khuəi^{45}pən^{54}
血汗钱	汗水钱 xan^{213}ʂuəi^{54}tshɛn^{31}
路费	路费 ləu^{213}fəi^{213}
利息	利息 li^{213}si^{31}
运气好	运气好 yn^{213}tʃhi^{213}xau^{54}
赊	赊 ʂɛ^{45}
赊账	赊账 ʂɛ^{45}tʂaŋ^{213}
欠	欠 tʃhɛn^{213}
不赚	不赚 pu^{31}tʂuan^{213}
不赚钱	没赚钱 məi^{54}tʂuan^{213}tshɛn^{31}
少	差 tʂha^{45}多少
押金	押金 ia^{31}tʃin^{45}
账房	账房 tʂaŋ^{213}faŋ^{31}
开销	开销 khai^{45}siau^{45}

打谱谱算 ta^{54}phu^{54}phu^{54}suan^{213}粗略地算

秒瞟算 miau^{54}phiau^{54}suan^{213}

进账	进账 tsin^{213}tʂaŋ^{213}

出账	出账 tʂhu³¹tʂaŋ²¹³
欠账	欠账 tʃhɛn²¹³tʂaŋ²¹³
要账	讨账 thau⁵⁴tʂaŋ²¹³
	要账 iau²¹³tʂaŋ²¹³
收账	收账 ʂou⁴⁵tʂaŋ²¹³

押期 ia³¹tʃhi³¹双方商定的付款日期

不认账	不认账 pu³¹ʐən²¹³tʂaŋ²¹³
耍赖	耍赖皮 ʂua⁵⁴lai⁵⁴phi³¹
躲账	躲账 to⁵⁴tʂaŋ²¹³
躲债	躲债 to⁵⁴tʂai²¹³
逃债	逃债 thau³¹tʂai²¹³
彻底	清光 thin⁴⁵kuaŋ⁴⁵

残部 tshan³¹pu²¹³计划之外，干脆

还　　　　还 xuan³¹

一样是一样　一码还一码 i³¹ma⁵⁴xuan³¹i³¹ma⁵⁴

　桥还桥，路还路 tʃhiau³¹xuan³¹tʃhiau³¹，ləu²¹³xuan³¹ləu²¹³

烂账	烂账 lan²¹³tʂaŋ²¹³
水牌	水牌 ʂuəi⁵⁴phai³¹
挂牌子	挂牌子 kua²¹³phai³¹tsʅ⁰
发票	发票 fa³¹phiau²¹³
结账	结账 tʃɛ³¹tʂaŋ²¹³
收据	收据 ʂou⁴⁵tʃyi²¹³
存钱	存钱 tshən³¹tshɛn³¹
存款	存款 tshən³¹khuan⁵⁴偏正结构，即存的款
钱	镭子 luəi⁴⁵tsʅ⁰
	整钱 tʂən⁵⁴tshɛn³¹十元、百元等为整数的钱币
零钱	散钱 san²¹³tshɛn³¹
	零钱 lin³¹tshɛn³¹
钞票	票子 phiau²¹³tsʅ⁰
毛票	毛票 mau³¹phiau²¹³
硬币	锑毫子 thi⁴⁵xau³¹tsʅ⁰
	硬币 ŋən²¹³pi²¹³

块块钱 khuai⁵⁴khuai⁵⁴tshɛn³¹单位为元的钱，形容很小

毛毛钱 mau³¹mau³¹tshɛn³¹单位为角的钱，形容很小

    角角钱 ko³¹ko³¹tshɛn³¹

分分钱 fən⁴⁵fən⁴⁵tshɛn³¹单位为分的钱，形容很小

一张纸币	一张钱 i³¹tʂaŋ⁴⁵tshɛn³¹
一枚硬币	一个硬币 i³¹ko²¹³ŋən²¹³pi²¹³
银元	法光 fa³¹kuaŋ⁴⁵
银子	银子 in³¹tsɿ⁰
大洋	大洋 ta²¹³iaŋ³¹
一元钱	一块钱 i³¹khuai⁵⁴tshɛn³¹
一角钱	一毛钱 i³¹mau³¹tshɛn³¹
	一角钱 i³¹ko³¹tshɛn³¹
一张钞票	一张票子 i³¹tʂaŋ⁴⁵phiau²¹³tsɿ⁰
	一个镭子 i³¹ko²¹³luəi⁴⁵tsɿ⁰
铜板	铜镭 thoŋ³¹luəi⁴⁵大的，无眼儿，铜元
	铜钱 thoŋ³¹tshɛn³¹小的，有眼儿，铜钱
	铜板 thoŋ³¹pan⁵⁴
一个钱	一个钱 i³¹ko²¹³tshɛn³¹指数量小
算盘	算盘 suan²¹³phan³¹
天平	天平 thɛn⁴⁵phin³¹
磅秤	磅秤 paŋ²¹³tʂhən²¹³
秤	秤 tʂhən²¹³
秤盘	秤盘 tʂhən²¹³phan³¹
秤杆	秤杆 tʂhən²¹³kan⁵⁴
秤砣	秤砣 tʂhən²¹³tho³¹
秤钩	秤钩钩 tʂhən²¹³kəu⁴⁵kəu⁴⁵⁻⁵⁴

钩秤 kəu⁴⁵tʂhən²¹³有钩的秤，即杆秤

盘秤 phan³¹tʂhən²¹³带盘的秤

戥子 tən⁵⁴tsɿ⁰秤砣加砝码，测定贵重物品或某些药品重量的小秤

公平秤	公平秤 koŋ⁴⁵phin³¹tʂhən²¹³
天平秤	天平秤 thɛn⁴⁵phin³¹tʂhən²¹³
过秤	过秤 ko²¹³tʂhən²¹³

秤星　　　　秤星子 tʂʂhən²¹³ sin⁴⁵ tsʅ⁰

起点星 tʃhi⁵⁴ tɛn⁵⁴ sin⁴⁵ 秤杆上的标示零开始的起点刻度

分开称　　　分斤折两 fən⁴⁵ tʃin⁴⁵ ɕɛ³¹ liaŋ⁵⁴ 这样称所称的物品会少一点

折秤 ɕɛ³¹ tʂʂhən²¹³ 比原先称的斤两少

吃秤 tʃhi³¹ tʂʂhən²¹³ 与实际斤两不符

斤两　　　　斤两 tʃin⁴⁵ liaŋ⁵⁴

偏重　　　　旺秤 uaŋ²¹³ tʂʂhən²¹³

旺 uaŋ²¹³ 重量偏多

跌 thɛ³¹ 重量偏少

锯木花 tʃyi²¹³ mu³¹ xua⁴⁵ 在木料上锯出花样来

引路 in⁵⁴ ləu²¹³ 在木料上先根据设计好的花纹钻出一系列的眼儿，以引导曲线锯行进的路线

废渣 fəi²¹³ tʂa⁴⁵ 做木工剩下的废料

豆芽床 təu²¹³ ia³¹ tʂʂhuaŋ³¹ 育豆芽的器具

帮活路 paŋ⁴⁵ xo³¹ ləu²¹³ 叫人来帮忙

找活干　　　讨活路 thau⁵⁴ xo³¹ ləu²¹³

请活路 tsin⁵⁴ xo³¹ ləu²¹³ 叫人来帮忙，需要付钱的

十五　文化、娱乐

学校　　　　学校 ʃio³¹ ʃiau²¹³

去学校　　　去学校 tʃhi²¹³ ʃio³¹ ʃiau²¹³

上学　　　　上学 ʂaŋ²¹³ ʃio³¹

读书　　　　读书 təu³¹ ʂu⁴⁵

去读书　　　去读书 tʃhi²¹³ təu³¹ ʂu⁴⁵

早操　　　　早操 tsau⁵⁴ tshau⁴⁵

放学　　　　放学 faŋ²¹³ ʃio³¹

留堂　　　　捱留了 ŋai³¹ liəu³¹ la⁰ 被留在学校

逃学　　　　逃学 thau³¹ ʃio³¹

逃课　　　　逃课 thau³¹ kho²¹³

幼儿园　　　幼儿院 iəu²¹³ o³¹ yɛn²¹³

托儿所　　　托儿所 tho³¹ o³¹ so⁵⁴

义学　　　　　义学 ŋi²¹³ ʃio³¹

私塾　　　　　私塾 sɿ⁴⁵ ʂu³¹

学费　　　　　学费 ʃio³¹ fəi²¹³

放假　　　　　放假 faŋ²¹³ tʃia⁵⁴

暑假　　　　　暑假 ʂu⁵⁴ tʃia⁵⁴

寒假　　　　　寒假 xan³¹ tʃia⁵⁴

农忙假　　　　农忙假 loŋ³¹ maŋ³¹ tʃia⁵⁴

请假　　　　　请假 tshin⁵⁴ tʃia⁵⁴

寄宿　　　　　寄读 tʃi²¹³ təu³¹ 在学校寄宿

走读　　　　　跑读 phau⁵⁴ təu³¹ 早晚都从学校回家，不住校

跑学 phau⁵⁴ ʃio³¹ 早晚回家的学生

宅学 tsɛ³¹ ʃio³¹ 在学校吃住的学生

教室　　　　　教室 tʃiau²¹³ ʂɿ³¹

上课　　　　　上课 ʂaŋ²¹³ kho²¹³

代课　　　　　代课 tai²¹³ kho²¹³

连堂课　　　　连堂课 lɛn³¹ thaŋ³¹ kho²¹³

下课　　　　　下课 ʃia²¹³ kho²¹³

讲台　　　　　讲台 tʃiaŋ⁵⁴ thai³¹

黑板　　　　　黑板 xɛ³¹ pan⁵⁴

粉笔　　　　　粉笔 fən⁵⁴ pi³¹

黑板擦　　　　黑板擦 xɛ³¹ pan⁵⁴ tsha³¹

点名册　　　　点名册 tɛn⁵⁴ min³¹ tshɛ³¹

花名册　　　　花名册 xua⁴⁵ min³¹ tshɛ³¹

名字　　　　　名 min³¹

绰号　　　　　花名 xua⁴⁵ miɳ³¹

乳名　　　　　奶名 lai⁵⁴ min³¹

书名 ʂu⁴⁵ min³¹ 上学使用的名字

戒尺　　　　　戒尺 kai²¹³ tʂʐɿ³¹

书　　　　　　书 ʂu⁴⁵

课本　　　　　课本 kho²¹³ pən⁵⁴

笔记本　　　　笔记本 pi³¹ tʃi²¹³ pən⁵⁴

圆规　　　　　圆规 yɛn³¹ kuəi⁴⁵

三角板　　　　　三角板 san⁴⁵ko³¹pan⁵⁴

作文本　　　　　作文簿 tso³¹uən³¹pu²¹³

　　　　　　　　作文本 tso³¹uən³¹pən⁵⁴

作业本　　　　　作业簿 tso³¹ȵɛ³¹pu²¹³

　　　　　　　　作业本 tso³¹ȵɛ³¹pən⁵⁴

大字本　　　　　大字本 ta²¹³tsɿ²¹³pən⁵⁴

信　　　　　　　信 sin²¹³

铅笔　　　　　　铅笔 yɛn³¹pi³¹

削铅笔　　　　　削铅笔 sio³¹yɛn³¹pi³¹

橡皮擦　　　　　胶擦 tʃiau⁴⁵tsha³¹

钢笔　　　　　　钢笔 kaŋ⁴⁵pi³¹

金笔　　　　　　金笔 tʃin⁴⁵pi³¹

自来水笔　　　　自来水笔 tsɿ²¹³lai³¹ʂuəi⁵⁴pi³¹

笔尖　　　　　　笔嘴 pi³¹tsuəi⁵⁴

笔挂　　　　　　笔挂 pi³¹kua²¹³

毛笔　　　　　　毛笔 mau³¹pi³¹

笔套　　　　　　笔壳 pi³¹kho³¹

　　　　　　　　笔套 pi³¹thau²¹³

笔筒　　　　　　笔筒 pi³¹thoŋ³¹

砚台　　　　　　墨盘 mɛ³¹phan³¹

加笔　　　　　　添笔 thɛn⁴⁵pi³¹

墨汁　　　　　　墨水 mɛ³¹ʂuəi⁵⁴毛笔用

墨水　　　　　　钢笔水 kaŋ⁴⁵pi³¹ʂuəi⁵⁴钢笔用

书包　　　　　　书包 ʂu⁴⁵pau⁴⁵

读书人　　　　　读书人 təu³¹ʂu⁴⁵ʐən³¹

认字　　　　　　认字 ʐ̩ən²¹³tsɿ²¹³

识字　　　　　　识字 ʂ̩³¹tsɿ²¹³

认得字的 ʐ̩ən²¹³tɛ³¹tsɿ²¹³li⁰

不识字的 pu³¹ʂ̩³¹tsɿ²¹³li⁰

睁眼瞎　　　　　睁眼瞎 tsən⁴⁵iɛn⁵⁴ʃia³¹

没有家教　　　　没得家教 məi⁵⁴tɛ³¹tʃia⁵⁴tʃiau²¹³

没有教养　　　　没得教养 məi⁵⁴tɛ³¹tʃiau²¹³iaŋ⁵⁴

教生书 tʃiau⁴⁵sən⁴⁵ʂu⁴⁵ 没有教学经验的教师上课

学习　　　学习 ʃio³¹si³¹

复习　　　复习 fu³¹si³¹

　　　　　温习 uən⁴⁵si³¹

背书　　　背书 pəi²¹³ʂu⁴⁵

做作业　　写作业 si⁵⁴tso³¹ȵɛ³¹

开小差　　开小差 khai⁴⁵siau⁵⁴tʂhai⁴⁵

报考　　　报考 pau²¹³khau⁵⁴

考场　　　考场 khau⁵⁴tʂhaŋ³¹

进考场　　入场 zu³¹tʂhaŋ³¹

考试　　　考试 khau⁵⁴ʂɻ²¹³

试卷　　　试卷 ʂɻ²¹³tʃyɛn⁵⁴

一百分　　一百分 i³¹pɛ³¹fən⁴⁵

满分　　　满分 man⁵⁴fən⁴⁵

零分　　　零分 lin³¹fən⁴⁵

　　　　　鸡蛋 tʃi⁴⁵tan²¹³

　　　　　零蛋 lin³¹tan²¹³

得零分　　得鸡蛋 tɛ³¹tʃi⁴⁵tan²¹³

　　　　　得鸭蛋 tɛ³¹ia³¹tan²¹³

张榜　　　张榜 tʂaŋ⁴⁵paŋ⁵⁴ 公布成绩、排名、录取情况等

榜文 paŋ⁵⁴uən³¹ 成绩、排名、录取等的公告

第一名　　第一名 ti²¹³i³¹min³¹

倒数第一名 倒数第一名 tau⁵⁴ʂu⁵⁴ti²¹³i³¹min³¹

争座位　　争座位 tsən⁴⁵tso²¹³uəi²¹³

毕业　　　毕业 pi³¹ȵɛ³¹

肄业　　　肄业 si²¹³ȵɛ³¹

没读完 məi⁵⁴təu³¹uan³¹ 没念完书

没得读了 məi⁵⁴tɛ³¹təu³¹la⁰ 没书念了

不得读了 pu³¹tɛ³¹təu³¹la⁰

文凭　　　文凭 uən³¹phin³¹

毕业证　　毕业证 pi³¹ȵɛ³¹tʂən²¹³

一个字　　一个字 i³¹ko²¹³tsɻ²¹³

大字	大字 ta²¹³tsʅ²¹³
小字	小字 siau⁵⁴tsʅ²¹³
字帖	字帖 tsʅ²¹³thɛ³¹
临帖	照帖 tʂau²¹³thɛ³¹
涂改了	涂了 thəu³¹la⁰
勾过来	勾过来 kəu⁴⁵ko²¹³lai³¹
写别字	写白字 si⁵⁴pɛ³¹tsʅ²¹³
漏字	打落字 ta⁵⁴lo³¹tsʅ²¹³
草稿	草稿 tshau⁵⁴kau⁵⁴
打稿	打稿 ta⁵⁴kau⁵⁴
	打草稿 ta⁵⁴tshau⁵⁴kau⁵⁴
誊清	誊清 thən³¹tshin⁴⁵
誊写	誊写 thən³¹si⁵⁴
一笔	一笔 i³¹pi³¹
一点	一点 i³¹tɛn⁵⁴
一横	一横 i³¹xən³¹
一撇	一撇 i³¹phɛ³¹
一捺	一捺 i³¹la²¹³
一竖	一竖 i³¹ʂu²¹³
勾	勾 kəu⁴⁵
一勾	一勾 i³¹kəu⁴⁵
一提	一提 i³¹thi³¹
偏旁	偏旁 phɛn⁴⁵phaŋ³¹
单人旁	单人旁 tan⁴⁵ʐ̩ən³¹phaŋ³¹
双人旁	双人旁 ʂuaŋ⁴⁵ʐ̩ən³¹phaŋ³¹
弓长张	弓长张 koŋ⁴⁵tʂhaŋ³¹tʂaŋ⁴⁵
立早章	立早章 li³¹tsau⁵⁴tʂaŋ⁴⁵
耳东陈	耳东陈 o⁵⁴toŋ⁴⁵tʂhən³¹
大肚黄	大肚黄 ta²¹³təu²¹³xuaŋ³¹
西早覃	西早覃 si⁴⁵tsau⁵⁴tshin³¹
山今岑	山今岑 ʂan⁴⁵tʃin⁴⁵tshən³¹
四方框	四方框 sʅ²¹³faŋ⁴⁵khuaŋ⁴⁵

宝盖头　　　　宝盖头 pau⁵⁴kai²¹³thəu³¹

双挂耳　　　　双耳旁 ʂuaŋ⁴⁵o⁵⁴phaŋ³¹

反文旁　　　　反文旁 fan⁵⁴uən³¹phaŋ³¹

王字旁　　　　王字边 uaŋ³¹tsʅ²¹³pɛn⁴⁵

提土旁　　　　提土旁 thi³¹thəu⁵⁴phaŋ³¹

竹字头　　　　竹字头 tʂu³¹tsʅ²¹³thəu³¹

火字旁　　　　火字边 xo⁵⁴tsʅ²¹³pɛn⁴⁵

竖心旁　　　　竖心旁 ʂu²¹³sin⁴⁵phaŋ³¹

反犬旁　　　　反犬旁 fan⁵⁴tʃhyɛn⁵⁴phaŋ³¹

单挂耳　　　　单挂耳 tan⁴⁵kua²¹³o⁵⁴

双挂耳　　　　双挂耳 ʂuaŋ⁴⁵kua²¹³o⁵⁴

四点底　　　　四点底 sʅ²¹³tɛn⁵⁴ti⁵⁴

三点水　　　　三点水 san⁴⁵tɛn⁵⁴ʂuəi⁵⁴

两点水　　　　两点水 liaŋ⁵⁴tɛn⁵⁴ʂuəi⁵⁴

病字旁　　　　病字框 pin²¹³tsʅ²¹³khuaŋ⁴⁵

走之底　　　　走之底 tsəu⁵⁴tʂʅ⁴⁵ti⁵⁴

绞丝旁　　　　纹丝旁 uən³¹sʅ⁴⁵phaŋ³¹

提手旁　　　　提手旁 thi³¹ʂəu⁵⁴phaŋ³¹

草字头　　　　草字头 tshau⁵⁴tsʅ²¹³thəu³¹

风筝　　　　　风筝 foŋ⁴⁵tsən⁴⁵

玩儿　　　　　搞玩耍 kau⁵⁴uən³¹ʂua⁵⁴

捉迷藏　　　　躲猫 to⁵⁴mau⁴⁵

　　　　　　　打瞎摸 ta⁵⁴ʃia³¹mo⁴⁵

　　　　　　　打瞎猫 ta⁵⁴ʃia³¹mau⁴⁵

捉十　　t ʂo³¹ʂʅ³¹i³¹·种两手手指反复交叉数数以决输赢的游戏

挤油儿　　　挤油 tsi⁵⁴iəu³¹互相使劲挤以取暖的游戏；过去在看戏或看电影的场地，男女青年特别是青少年故意扎堆拥挤，以使男女身体紧挨和触碰，是特殊年代的一种青春躁动

过家家　　　摆家家 pai⁵⁴tʃia⁴⁵tʃia⁴⁵⁻⁵⁴

踢毽子　　　踢毽子 thi³¹tʃɛn²¹³tsʅ⁰

抛石子　　　抛子 phau⁴⁵tsʅ⁵⁴一种用单手上下抛石子，用同一只手反复接的游戏

打岩头子 ta⁵⁴ŋai³¹thəu³¹tsʅ⁰

打子 ta⁵⁴tsʅ⁵⁴

丢沙包　　　抛沙包 phau⁴⁵ʂa⁴⁵pau⁴⁵

丢手绢　　　丢手巾 tiəu⁴⁵ʂou⁵⁴tʃin⁴⁵

跳房子　　　跳王 thiau²¹³uaŋ³¹

跳绳　　　　翻套套 fan⁴⁵thau²¹³thau²¹³⁻⁴⁵

跳绳 thiau²¹³ʂuən³¹

玩玻璃球　　打玻珠 ta⁵⁴po⁴⁵tʂɿ⁴⁵

打水漂　　　打水漂 ta⁵⁴ʂuəi⁵⁴phiau⁴⁵

打旋旋 ta⁵⁴syɛn²¹³syɛn²¹³⁻⁴⁵一种使身体旋转的游戏

　打车车 ta⁵⁴tʂhɛ⁴⁵tʂhɛ⁴⁵⁻⁵⁴

　旋圈圈 syɛn²¹³tʃhyɛn⁴⁵tʃhyɛn⁴⁵⁻⁵⁴

打马肩 ta⁵⁴ma⁵⁴tʃɛn⁴⁵小孩儿骑在大人肩膀上

划拳　　　　划拳 fa³¹tʃhyɛn³¹

猜码 tshai⁴⁵ma⁵⁴

放一码 faŋ²¹³i³¹ma⁵⁴划拳时放过对方一次

一码过 i³¹ma⁵⁴ko²¹³划拳一拳定胜负

整人　　　　□□人 ʂan²¹³ʂʅ³¹ʐən³¹

猜单双 tshai⁴⁵tan⁴⁵ʂuaŋ⁴⁵一种类似划拳的游戏，双方出手指，猜单数双数

猜谜　　　　猜谜子 tshai⁴⁵mi²¹³tsʅ⁰

猜谜 tshai⁴⁵mi³¹

讲故事　　　摆古 pai⁵⁴ku⁵⁴

讲古 tʃiaŋ⁵⁴ku⁵⁴

摆龙门阵 pai⁵⁴loŋ³¹mən³¹tʂən⁵⁴

摆故事 pai⁵⁴ku²¹³sʅ²¹³

摆日衍文 pai⁵⁴ʐʅ³¹iɛn⁵⁴uən³¹

聊天儿　　　□□lia³¹pɛ³¹

　打模伙 ta⁵⁴mo⁵⁴fo⁵⁴

说闲话　　　嚼舌根 tsiau²¹³ʂɛ³¹kən⁴⁵

童谣　　　　娃娃话 ua³¹ua³¹xua²¹³

麻将　　　　麻将 ma³¹tsiaŋ²¹³

庄家　　　　庄家 tʂuaŋ⁴⁵tʃia⁴⁵

坐庄　　　　　坐庄 tso^{213}tʂuaŋ^{45}

副牌　　　　　副牌 fu^{213}phai^{31}

和牌　　　　　和牌 fu^{31}phai^{31}

手气好　　　　手气好 ʂou^{54}tʃhi^{213}xau^{54}

放炮　　　　　放炮 faŋ^{213}phau^{54}打麻将时"放炮"

使色子　　　　打色子 ta^{54}sε^{31}tsʅ^{0}

　　　　　　　抛色子 phau^{45}sε^{31}tsʅ^{0}

　　　　　　　丢色子 tiəu^{45}sε^{31}tsʅ^{0}

　　大字牌　　　大字牌 ta^{213}tsʅ^{213}phai^{31} 在广西民间流传甚广的纸牌游戏，参与玩家为2—3人，纸牌上标有一至十的大小写数字，以数字的交错与重叠形成数个"比"，率先达到要求并将"比"成牌的玩家可以获得胜利。

平局　　　　　打平手 ta^{54}phin^{31}ʂou^{54}

赢　　　　　　赢 in^{31}

下棋　　　　　下棋 ʃia^{213}tʃhi^{31}

象棋　　　　　象棋 siaŋ^{213}tʃhi^{31}

帅　　　　　　帅 ʂuai^{213}

士　　　　　　士 sʅ^{213}

相　　　　　　相 siaŋ^{213}

车　　　　　　车 tʃhyi^{45}

马　　　　　　马 ma^{54}

炮　　　　　　炮 phau^{213}

兵　　　　　　兵 pin^{45}

兵　　　　　　兵崽 pin^{45}tsai^{54}

卒　　　　　　卒崽 tsəu^{31}tsai^{54}

　　　　　　　卒 tʒəu^{31}

上士　　　　　上士 ʂaŋ^{213}sʅ^{213}

下士　　　　　下士 ʃia^{213}sʅ^{213}

飞象　　　　　飞象 fəi^{45}siaŋ^{213}

拉车　　　　　拉车 la^{45}tʃhyi^{45}

将军　　　　　将军 tsiaŋ^{45}tʃyn^{45}

拱卒　　　　　拱卒 koŋ^{54}tsu^{31}

落士 lo^{31}si^{213}动士

飞象	落象 lo³¹ siaŋ²¹³
围棋	围棋 uəi³¹ tʃhi³¹
五子棋	五子连 u⁵⁴ tsʅ⁵⁴ lɛn³¹
黑棋	黑子 xɛ³¹ tsʅ⁵⁴
白棋	白子 pɛ³¹ tsʅ⁵⁴
和棋	和棋 xo³¹ tʃhi³¹
拔河	拔河 pa³¹ xo³¹
游泳	游水 iəu³¹ ʂɹəi⁵⁴
	凫水 fu³¹ ʂɹəi⁵⁴
潜水	汩水 mi²¹³ ʂɹəi⁵⁴
比赛	比赛 pi⁵⁴ ʂai²¹³
打球	打球 ta⁵⁴ tʃhiəu³¹
乒乓球	乒乓球 pin⁴⁵ paŋ⁴⁵ tʃhiəu³¹
台球	桌球 t ʂo³¹ tʃhiəu³¹
篮球	篮球 lan³¹ tʃhiəu³¹
打篮球	打皮球 ta⁵⁴ phi³¹ tʃhiəu³¹ 旧时说法
排球	排球 phai³¹ tʃhiəu³¹
足球	足球 tsəu³¹ tʃhiəu³¹
羽毛球	羽毛球 yi⁵⁴ mau³¹ tʃhiəu³¹
爆竹	爆竹 pau²¹³ t ʂʅ³¹
放烟花	放花炮 faŋ²¹³ xua⁴⁵ phau²¹³
跳远	跳远 thiau²¹³ yɛn⁵⁴
跳高	跳高 thiau²¹³ kau⁴⁵
翻跟斗	翻跟斗 fan⁴⁵ kən⁴⁵ təu⁵⁴
	打跟斗 ta⁵⁴ kən⁴⁵ təu⁵⁴
	打筋头 ta⁵⁴ tʃin⁴⁵ thəu³¹
	打筋斗 ta⁵⁴ tʃin⁴⁵ təu⁵⁴

连滚翻 lɛn³¹ kuən⁵⁴ fan⁴⁵ 连续翻筋斗
后滚翻　后滚翻 xəu²¹³ kuən⁵⁴ fan⁴⁵
打颠倒 ta⁵⁴ tɛn⁴⁵ tau²¹³ 连续倒立滚翻

舞狮子	舞狮子 u⁵⁴ sʅ⁴⁵ tsʅ⁰
扭秧歌	扭秧歌 ȵiəu⁵⁴ iaŋ⁴⁵ ko⁴⁵

打腰鼓　　　　打腰鼓 ta⁵⁴iau⁴⁵ku⁵⁴

跛跛脚 pai⁴⁵pai⁴⁵⁻⁵⁴tʃio³¹单脚跳

拼刀 phin⁴⁵tau⁴⁵两人表演持刀对练

耍刀 ʂua⁵⁴tau⁴⁵表演刀法

搏命 po³¹min²¹³两人持枪拼命

跳舞　　　　　跳舞 thiau²¹³u⁵⁴

看戏　　　　　看戏 khan²¹³ʃi²¹³

壮剧　　　　　壮剧 tʂuaŋ²¹³tʃyi²¹³

话剧　　　　　话剧 xua²¹³tʃyi²¹³

戏院　　　　　戏院 ʃi²¹³yɛn²¹³

戏台　　　　　戏台 ʃi²¹³thai³¹

唱戏　　　　　唱戏 tʂhaŋ²¹³ʃi²¹³

唱大戏　　　　唱大戏 tʂhaŋ²¹³ta²¹³ʃi²¹³

铜鼓　　　　　铜鼓 thoŋ³¹ku⁵⁴

有板有眼　　　有板有眼 iəu⁵⁴pan⁵⁴iəu⁵⁴iɛn⁵⁴

唢呐　　　　　萨呐子 sa⁵⁴la⁵⁴tsʅ⁰

号　　　　　　号筒 xau²¹³thoŋ³¹

号　　　　　　号瓢瓢 xau²¹³phiau³¹phiau³¹

二胡　　　　　二胡 o²¹³fu³¹

打鼓　　　　　打鼓鼓 ta⁵⁴ku⁵⁴ku⁵⁴

敲鼓　　　　　敲鼓鼓 khau⁴⁵ku⁵⁴ku⁵⁴

演员　　　　　演员 iɛn⁵⁴yɛn³¹

　　　　　　　唱戏的 tʂhaŋ²¹³ʃi²¹³li⁰

好面子　　　　耍风流 ʂua⁵⁴foŋ⁴⁵liəu³¹

　　　　　　　耍壳子 ʂua⁵⁴khɤ³¹tsʅ⁰

花脸　　　　　花脸 xua⁴⁵lɛn⁵⁴

老生　　　　　老生 lau⁵⁴sən⁴⁵

小生　　　　　小生 siau⁵⁴sən⁴⁵

老旦　　　　　老旦 lau⁵⁴tan²¹³

花旦　　　　　花旦 xua⁴⁵tan²¹³

小旦　　　　　小旦 siau⁵⁴tan²¹³

小丑　　　　　小丑 siau⁵⁴tʂhəu⁵⁴

跑龙套的　　　跑龙套的 phau⁵⁴loŋ³¹thau²¹³li⁰

歌书　　　　　歌书 ko⁴⁵ʂu⁴⁵

魔术　　　　　耍西洋镜 ʂua⁵⁴si⁴⁵iaŋ³¹tʃin²¹³

看魔术　　　　看西洋镜 khan²¹³si⁴⁵iaŋ³¹tʃin²¹³

驳壳枪　　　　驳壳枪 po³¹kho³¹tshiaŋ⁴⁵

十六　动作、心理

穿衣服　　　　穿衣服 tʂhuan⁴⁵i⁴⁵fu³¹

脱衣服　　　　脱衣服 tho³¹i⁴⁵fu³¹

光膀子　　　　打光膀膀 ta⁵⁴kuaŋ⁴⁵paŋ⁵⁴paŋ⁵⁴

脱鞋子　　　　脱鞋子 tho³¹xai³¹tsʅ⁰

打赤脚　　　　打光脚板 ta⁵⁴kuaŋ⁴⁵tʃio³¹pan⁵⁴

缝衣服　　　　缝衣服 foŋ³¹i⁴⁵fu³¹

裁衣服　　　　裁衣服 tshai³¹i⁴⁵fu³¹

缝补衣服　　　补衣服 pu⁵⁴i⁴⁵fu³¹

车衣服 tʂhe⁴⁵i⁴⁵fu³¹ 用缝纫机做衣服

沿鞋口　　　　沿鞋口 yɛn³¹xai³¹khəu⁵⁴ 做鞋面时用布锁边

　　　　　　　沿口 yɛn³¹khəu⁵⁴

锁边　　　　　锁边 so⁵⁴pɛn⁴⁵

做鞋子　　　　缝鞋子 foŋ³¹xai³¹tsʅ⁰

鞋样　　　　　鞋样子 xai³¹iaŋ²¹³tsʅ⁰

鞋面布　　　　鞋面布 xai³¹mɛn²¹³pu²¹³

做鞋面　　　　做鞋面 tso²¹³xai³¹mɛn²¹³

　　　　　　　锻鞋面 tuan²¹³xai³¹mɛn²¹³

　　　　　　　襄鞋面布 siaŋ⁴⁵xai³¹mɛn²¹³pu²¹³

底壳 ti⁵⁴kho³¹ 用魔芋把几层布粘在一起制成的做鞋材料，即袼褙
　　布壳 pu²¹³kho³¹

　　　　鞋布壳 xai³¹pu²¹³kho³¹

打布壳 ta⁵⁴pu²¹³kho³¹ 用魔芋把几层布粘在一起

做鞋底　　　　打鞋底 ta⁵⁴xai³¹ti⁵⁴

上鞋子 ʂaŋ²¹³xai³¹tsʅ⁰ 把鞋面和鞋底缝在一起

钉扣子　　　　□扣子 tsai²¹³khəu²¹³tsʅ⁰

□扣衣襟 tsai²¹³khəu²¹³i⁴⁵tʃin⁴⁵ 给衣服钉扣子

绣花	插花 tsha³¹xua⁴⁵
	绣花 siəu²¹³xua⁴⁵
补丁	补巴 pu⁵⁴pa⁴⁵
打补丁	打补巴 ta⁵⁴pu⁵⁴pa⁴⁵
穿	穿 tʂhuan⁴⁵
缝被子	行铺盖桶子 xaŋ³¹pu⁴⁵kai²¹³thoŋ⁵⁴tsŋ⁰
洗衣服	洗衣服 si⁵⁴i·⁴⁵fu³¹
缩水	缩水 səu³¹ʂuəi⁵⁴ 衣服遇水后收缩
洗一次	洗一水 si⁵⁴·³¹i·ʂuəi⁵⁴
	洗一次 si⁵⁴i·³¹tshŋ²¹³
洗第一次	洗头水 si⁵⁴thəu³¹ʂuəi⁵⁴
染衣服	染衣服 ʐan⁵⁴i·⁴⁵fu³¹
漂洗	过水 ko²¹³ʂuəi⁵⁴
晾	□laŋ²¹³
晒衣服	晒衣服 ʂai²¹³i·⁴⁵fu³¹
晾衣服	□衣服 laŋ²¹³i·⁴⁵fu³¹
熨衣服	烫衣服 thaŋ²¹³i·⁴⁵fu³¹
烤火	烧火 ʂau⁴⁵xo⁵⁴
引火	引火 in⁵⁴xo⁵⁴
递柴火	传火 tʂhuan³¹xo⁵⁴

柴尾巴 tʂhai³¹uəi⁵⁴pa⁴⁵ 柴的尾部

发面	发面 fa³¹mɛn²¹³
和面	和面 xo³¹mɛn²¹³
揉面	揉面 ʐəu³¹mɛn²¹³
	□面 ʐa³¹mɛn²¹³

□拈 kon³¹ŋɛn⁴⁵ 自己夹菜

挖耳屎	抠耳屎 khəu⁴⁵o⁵⁴ʂ̩⁵⁴

夜活路 iɛ²¹³xo³¹ləu²¹³ 晚上干的活
做夜活路 tso²¹³iɛ²¹³xo³¹ləu²¹³ 晚上干活

收工	放活路 faŋ²¹³xo³¹ləu²¹³
去干活	上坡 ʂaŋ²¹³pho⁴⁵

出门 tʂhu³¹mən³¹

去干活了　上坡了 ʂaŋ²¹³pho⁴⁵la⁰

落尾 lo³¹uəi⁵⁴落到最后

　落巴 lo³¹pa⁴⁵

回家了　回家了 xuəi³¹tʃia⁴⁵la⁰

返回　倒转来 tau⁵⁴tʂuan⁵⁴lau³¹

逛街　逛街 kuaŋ²¹³kai⁴⁵

散步　散步 san²¹³pu²¹³

逛马路　逛马路 kuaŋ²¹³ma⁵⁴ləu²¹³

走走　走走 tsəu⁵⁴tsəu⁵⁴

压马路 ia³¹ma⁵⁴ləu²¹³恋人一起散步

乘凉　歇凉 sɛ³¹liaŋ³¹

点灯　点灯 tɛn⁵⁴tɛn⁴⁵

熄灯　熄灯 si³¹tən⁴⁵

睡午觉　睡少午觉 ʂuəi²¹³ʂau⁵⁴u⁵⁴kau²¹³

合不来　不合 pu³¹xo³¹

　　　　合不来 xo³¹pu³¹lai³¹

讲不来 tʃiaŋ⁵⁴pu³¹lai³¹说不到一块

死对头　死对头 sʅ⁵⁴tuəi²¹³thəu³¹

冤家　冤家 yɛn⁴⁵tʃia⁴⁵

好说　好讲话 xau⁵⁴tʃiaŋ⁵⁴xua²¹³

　　　　好讲 xau⁵⁴tʃiaŋ⁵⁴

将心比心　将心比心 tsiaŋ⁴⁵sin⁴⁵pi⁵⁴sin⁴⁵

看不过去　看不过 khan²¹³pu³¹ko²¹³

　　　　看不过眼 khan²¹³pu³¹ko²¹³iɛn⁵⁴

　　　　看不过去 khan²¹³pu³¹ko²¹³tʃhi²¹³

流猫尿 liəu³¹mau⁴⁵ȵiau²¹³嘲笑人哭

　流马尿 liəu³¹ma⁵⁴ȵiau²¹³

眼睛水浅 iɛn⁵⁴tsin⁴⁵ʂuəi⁵⁴tshɛn⁵⁴容易掉泪

　眼睛浅 iɛn⁵⁴tsin⁴⁵tshɛn⁵⁴

冤枉　冤枉 yɛn⁴⁵uaŋ⁵⁴

唆使　　　　　　唆使 so⁴⁵ ʂ̩⁵⁴

怂火 tshoŋ⁵⁴xo⁵⁴他人争执时"火上浇油"

下迷魂药　　　　放迷魂药 faŋ²¹³mi³¹xuən³¹io³¹

下迷药　　　　　下药 ʃia²¹³io³¹

作怪 tso³¹kuai²¹³用迷信方式害人

钻空子　　　　　吃空子 tʃhi³¹khoŋ²¹³tsʅ⁰

　　　　　　　　钻空子 tsuan⁴⁵khoŋ²¹³tsʅ⁰

爱说闲话　　　　嘴巴多 tsuəi⁵⁴pa⁴⁵to⁴⁵

打岔　　　　　　打岔 ta⁵⁴tʂha²¹³

得了便宜还卖乖　做乖样子 tsəu²¹³kuai⁴⁵iaŋ²¹³tsʅ⁰

　　　　　　　　卖乖 mai²¹³kuai⁴⁵

摆架子　　　　　摆架子 pai⁵⁴tʃia²¹³tsʅ⁰

不知好歹　　　　假乖 tʃia⁵⁴kuai⁴⁵

装傻　　　　　　装傻 t ʂuaŋ⁴⁵ʂa⁵⁴

　　　　　　　　装笨 t ʂuaŋ⁴⁵pən²¹³

装疯　　　　　　装癫 t ʂuaŋ⁴⁵tɛn⁴⁵

装死　　　　　　装死 t ʂuaŋ⁴⁵sʅ⁵⁴

出洋相　　　　　出黄相 t ʂhu³¹xuaŋ³¹liaŋ³¹

　　　　　　　　出洋相 t ʂhu³¹iaŋ³¹liaŋ³¹

出丑　　　　　　出丑 t ʂhu³¹t ʂhəu⁵⁴

丢脸　　　　　　丢脸 tiəu⁴⁵lɛn⁵⁴

搞玩耍 kau⁵⁴uan³¹ʂua⁵⁴仅仅为了娱乐

　搞好耍 kau⁵⁴xau⁵⁴ʂua⁵⁴

　搞作玩 kau⁵⁴tsəu²¹³uan³¹

倒栽葱　　　　　栽下去 tsai⁴⁵ɲia²¹³tʃhyʅ²¹³

化粮 xua²¹³liaŋ³¹房屋被烧后，到别处化粮

讨饭　　　　　　讨活路 thau⁵⁴xo³¹ləu²¹³

巴结　　　　　　巴结 pa⁴⁵tʃɛ³¹

拍马屁　　　　　拍马屁 phɛ³¹ma⁵⁴phi²¹³

弄错了　　　　　表错情 piau⁵⁴tsho²¹³tshin³¹

拉关系　　　　　拉关系 la⁴⁵kuan⁴⁵ʃi²¹³

耍赖　　　　　　打赖 ta⁵⁴lai²¹³

招数　　　　　路数 ləu²¹³ ʂu²¹³

坐霸王车 tso²¹³ pa²¹³ uaŋ³¹ tʂhɛ⁴⁵坐车不付钱

吃霸王餐 tʃhi³¹ pa²¹³ uaŋ³¹ tshan⁴⁵吃饭不付钱

看得起　　　　看得起 khan²¹³ tɛ³¹ tʃhi⁵⁴

看不起　　　　薄□ po³¹ sio³¹

　　　　　　　看不起 khan²¹³ pu³¹ tʃhi⁵⁴

眼光高　　　　眼角高 iɛn⁵⁴ ko³¹ kau⁴⁵看不起人

话里头带刺　　话里头带刺 xua²¹³ li⁵⁴ thəu³¹ tai²¹³ tshɿ²¹³

垫底　　　　　垫底 tɛn²¹³ ti⁵⁴

最末　　　　　落巴 lo³¹ pa⁴⁵

最后一名　　　落巴崽 lo³¹ pa⁴⁵ tsai⁵⁴

联合　　　　　联手 lɛn³¹ ʂəu⁵⁴

帮手　　　　　帮手 paŋ⁴⁵ ʂəu⁵⁴

带头　　　　　承头 tʂhən³¹ thəu³¹

　　　　　　　带头 tai²¹³ thəu³¹

带头的人　　　承头户 tʂhən³¹ thəu³¹ fu²¹³

　　　　　　　带头户 tai²¹³ thəu³¹ fu²¹³

打头阵　　　　打头阵 ta⁵⁴ thəu³¹ tʂən²¹³

硬上　　　　　打硬上 ta⁵⁴ ŋən²¹³ ʂaŋ²¹³

答应　　　　　答应 ta³¹ in²¹³

拍胸口　　　　拍胸口 phɛ³¹ ʃyŋ⁴⁵ khəu⁵⁴保证

批评　　　　　批评 phi⁴⁵ phin³¹／phəi⁴⁵ phin³¹

起水泡　　　　起泡 tʃhi⁵⁴ phau²¹³

不答应　　　　没答应 məi⁵⁴ ta³¹ in²¹³

　　　　　　　不答应 pu³¹ ta³¹ in²¹³

不肯　　　　　不肯 pu³¹ khən⁵⁴

绝情　　　　　绝情 tsyɛ³¹ tshin³¹

赶出去　　　　撵出去 ŋɛn⁵⁴ tʂhu³¹ tʃhi²¹³

　　　　　　　赶出去 kan⁵⁴ tʂhu³¹ tʃhi²¹³

放水　　　　　放水 faŋ²¹³ ʂɹəi⁵⁴暗中放一码

唠家常　　　　谈家常 than²¹³ tʃia⁴⁵ tʂhaŋ³¹

捉蛇　　　　　捉蛇 tʂəu³¹ ɕɛ³¹

抓蛇　　　　　抓蛇 t ʂua⁴⁵ ʂɛ³¹

杀蛇　　　　　杀蛇 ʂa³¹ ʂɛ³¹

站　　　　　　站 t ʂan²¹³

摔着了　　　　跌着了 thɛ³¹ t ʂho³¹ la⁰

爬起来　　　　爬起来 pha³¹ t ʃhi⁵⁴ lai³¹

摆脑袋　　　　摆脑壳 pai⁵⁴ lau⁵⁴ kho³¹

抬脑袋　　　　昂脑壳 ŋaŋ³¹ lau⁵⁴ kho³¹

转脑壳过来 t ʂuan⁵⁴ lau⁵⁴ kho³¹ ko²¹³ lai³¹ 把脑袋转过来

睁开眼　　　　睁开眼 tsən⁴⁵ khai⁴⁵ iɛn⁵⁴

睁眼睛　　　　睁眼睛 tsən⁴⁵ iɛn⁵⁴ tsin³¹

强撑眼皮　　　撑眼睛 t ʂhən⁴⁵ iɛn⁵⁴ tsin³¹

鼓眼　　　　　鼓眼 ku⁵⁴ iɛn⁵⁴

大眼瞪小眼　　大眼瞪小眼 ta²¹³ iɛn⁵⁴ tən²¹³ siau⁵⁴ iɛn⁵⁴

翻眼皮　　　　翻眼皮 fan⁴⁵ iɛn⁵⁴ phi³¹

眯眼睛　　　　眯眼 mi⁴⁵ iɛn⁵⁴

眼睛乌黑　　　眼睛乌渣 iɛn⁵⁴ tsin⁴⁵ u⁴⁵ t ʂa⁴⁵

打哑谜　　　　打哑谜 ta⁵⁴ ia⁵⁴ mi³¹

碰到　　　　　撞到 t ʂuaŋ²¹³ tau²¹³

估计　　　　　打估 ta⁵⁴ ku⁵⁴

　　　　　　　估计 ku⁴⁵ t ʃi²¹³

　　　　　　　估 ku⁴⁵

估眼 ku⁵⁴ iɛn⁵⁴ 用视觉估计

估水 ku⁵⁴ ʂuəĩ⁵⁴ 用视觉估计水分多大

看　　　　　　看 khan²¹³

望　　　　　　望 uaŋ²¹³

偷看　　　　　偷看 thəu⁴⁵ khan²¹³

看家　　　　　看屋 khan²¹³ u³¹

　　　　　　　看家 khan²¹³ t ʃia⁴⁵

张嘴　　　　　张嘴巴 t ʂaŋ⁴⁵ tsuəi⁵⁴ pa⁴⁵

闭嘴　　　　　闭嘴 pi²¹³ tsuəi⁵⁴

抿嘴　　　　　抿嘴巴 min⁵⁴ tsuəi⁵⁴ pa⁴⁵

举手　　　　　举手 t ʃyi⁵⁴ ʂəu⁵⁴

摆手　　　　　摆手 pai⁵⁴ ʂəu⁵⁴

放手　　　　　放手 faŋ²¹³ ʂəu⁵⁴

松手　　　　　松手 soŋ⁴⁵ ʂəu⁵⁴

伸手　　　　　伸手 ʂən⁴⁵ ʂəu⁵⁴

动手　　　　　动手 toŋ²¹³ ʂəu⁵⁴

捞 lau⁴⁵ 用工具取

拿　　　　　　拿 la³¹

提　　　　　　□tiaŋ⁴⁵

扔　　　　　　甩 ʂuai⁵⁴ 丢弃

鼓掌　　　　　拍巴掌 phɛ³¹ pa⁴⁵ t ʂaŋ⁵⁴

后悔　　　　　拍大腿 phɛ³¹ ta²¹³ thuəi⁵⁴

不管事　　　　抱手 pau²¹³ ʂəu⁵⁴

　　　　　　　抱手抱脚 pau²¹³ ʂəu⁵⁴ pau²¹³ tʃio³¹

收手　　　　　收手 ʂəu⁴⁵ ʂəu⁵⁴

摸　　　　　　摸 mo⁴⁵

顺起毛摸 ʂɿən²¹³ tʃhi⁵⁴ mau³¹ mo⁴⁵ 顺别人意思办

扣到起 khəu²¹³ tau²¹³ tʃhi⁵⁴ 按量，按时

弹指拇子 than³¹ t ʂɿ⁵⁴ mu⁵⁴ tsɿ⁰ 用弹指敲人脑袋

　弹嘣 than³¹ poŋ⁴⁵

打手　　　　　打手杆 ta⁵⁴ ʂəu⁵⁴ kan⁵⁴

握拳头　　　　捏拳头 ŋɛ³¹ tʃhyɛn³¹ thəu³¹

捶胸口　　　　捶胸口 t ʂhuəi³¹ ʃyŋ⁴⁵ khəu⁵⁴

拐子　　　　　打拐子 ta⁵⁴ kuai⁵⁴ tsɿ⁰

顶　　　　　　顶 tin⁵⁴

踩　　　　　　踩 tshai⁵⁴

弯腰　　　　　佝腰 kəu⁴⁵ iau⁴⁵

　　　　　　　弯腰 uan⁴⁵ iau⁴⁵

撑腰　　　　　撑腰 t ʂhən⁴⁵ iau⁴⁵

翘屁股　　　　翘屁股 tʃhiau²¹³ phi²¹³ ku⁵⁴

捶背　　　　　捶背 t ʂhuəi³¹ pəi²¹³

松骨头　　　　松骨头 soŋ⁴⁵ ku³¹ thəu³¹

吸鼻涕　　　　嗍鼻涕 so³¹ pi²¹³ thi²¹³

吸鼻子	嗍鼻子 so³¹pi²¹³tsʅ⁰
擤（鼻涕）	擤 sin⁵⁴
把手弄脏	打恶手 ta⁵⁴o²¹³ʂou⁵⁴
嗅	嗅 tʂhəu²¹³
吃	□sau³¹
生吃	生□sən⁴⁵sau³¹
蹲	鼓起 ku⁵⁴tshi⁵⁴
摔倒	□倒 ta³¹tau⁵⁴
	捱跌了 ŋai³¹thɛ³¹la⁰
点头	□脑壳 tʃua³¹lau⁵⁴kho³¹
	脑壳□起 lau⁵⁴kho³¹tʃua³¹tʃhi⁵⁴
回头	扯转后头 tʂhɛ⁵⁴tʂuan⁵⁴xəu²¹³thəu³¹
	转脸 tʂhuan⁵⁴lɛn⁵⁴
挤眼	挤眼 tsi⁵⁴iɛn⁵⁴
眨眼	眨眼睛 tsa³¹iɛn⁵⁴tsin⁴⁵
	眨眼 tsa³¹iɛn⁵⁴
□眨□眨 pu⁴⁵tsa³¹pu⁴⁵tsa³¹眼睛一眨一眨的	
撇嘴	歪嘴 uai⁴⁵tsuəi⁵⁴
撅嘴	□嘴 toŋ³¹tsuəi⁵⁴
握手	握手 u³¹ʂou⁵⁴
撒手	撒手 sa⁴⁵ʂou⁵⁴
拍手	拍巴掌 phɛ³¹pa⁴⁵tʂaŋ⁵⁴
背手	背手 pəi²¹³ʂou⁵⁴
抱手	抱手 pau²¹³ʂou⁵⁴两手交叉在胸前
收手 ʂou¹⁵ʂou⁵⁴双手交叉伸到袖筒里	
捂住	蒙起 moŋ³¹tʃhi⁵⁴
摩挲	摩摩 mo³¹mo³¹
摊起 than⁴⁵tʃhi⁵⁴用手托着向上	
把屎	抽屎 tʂhəu⁴⁵ʂʅ⁵⁴
把尿	抽尿 tʂhəu⁴⁵ɳiau²¹³
握拳	捏拳头 ŋɛ³¹tʃhyɛn³¹thəu³¹
跷二郎腿	跷二郎腿 tʃhiau⁴⁵o²¹³laŋ³¹thuəi⁵⁴

蜷起脚跟 tʃyɛn³¹ tʃhi⁵⁴ tʃio³¹ kən⁴⁵

抖骚 təu⁵⁴ sau⁴⁵ 跷起二郎腿抖，贬义

盘腿　　盘腿 phan³¹ thuəi⁵⁴

踢腿　　踢腿 thi³¹ thuəi⁵⁴

伸懒腰　　伸懒腰 ʂən⁴⁵ lan⁵⁴ iau⁴⁵

撅屁股　　撅屁股 tʃyɛ³¹ phi²¹³ ku⁵⁴

搁　　□kho²¹³

掺　　掺 t ʂhan⁴⁵

捡　　捡 tʃɛn⁵⁴

选择　　择 tshɛ³¹

提起　　□起 tiaŋ⁴⁵ tʃhi⁵⁴

抹掉　　抹掉 ma³¹ tiau²¹³

藏　　藏 tshaŋ³¹

嫌　　嫌 ʃɛn³¹

赖哭 lai²¹³ khu³¹ 不讲道理的哭

甩　　甩 ʂuai⁵⁴

说壮话　　讲壮话 tʃian⁵⁴ t ʂɿaŋ²¹³ xua²¹³

夹壮 tʃia³¹ t ʂɿaŋ²¹³ 带有壮语特点的汉语

粤语　　白话 pɛ³¹ xua²¹³

有什么说什么　　明打明讲 min³¹ ta⁵⁴ min³¹ tʃiaŋ⁵⁴

明说　　明讲 min³¹ tʃiaŋ⁵⁴

不好说　　不好讲 pu³¹ xau⁵⁴ tʃiaŋ⁵⁴

没有好话　　没得好话 məi⁵⁴ tɛ³¹ xau⁵⁴ xua²¹³

讲空话　　讲空话 tʃiaŋ⁵⁴ khoŋ⁴⁵ xua²¹³

没有凭据　　空口讲空话 khoŋ⁴⁵ khəu⁵⁴ tʃiaŋ⁵⁴ khoŋ⁴⁵ xua²¹³

那不敢　　那不敢 la²¹³ pu³¹ kan⁵⁴

跑　　跑 phau⁵⁴

跑腿　　跑腿 phau⁵⁴ thuəi⁵⁴

跳　　跳 thiau²¹³

走　　走 tsəu⁵⁴

开溜　　开溜 khai⁴⁵ liəu⁴⁵

逃跑　　打脱 ta⁵⁴ tho³¹

退缩	打倒退 ta⁵⁴tau⁵⁴thuəi²¹³
打退堂鼓	打退堂鼓 ta⁵⁴thuəi²¹³thaŋ³¹ku⁵⁴
跳槽	跳槽 thiau²¹³tshau³¹
对	对 tuəi²¹³
冲	冲 tʂhoŋ⁴⁵
管理	打理 ta⁵⁴li⁵⁴
舞	舞 u⁵⁴
本	本 pən⁵⁴
持家	巴家 pa⁴⁵tʃia⁴⁵
挑	挑 thiau⁴⁵
扛	扛 khaŋ³¹
驮	驮 tho³¹
又揉又搓	□ʐua³¹ 如：～衣服，～菜
奈何	奈何 lai²¹³xo³¹
捡起来	捡起来 tʃɛn⁵⁴tʃhi⁵⁴lai³¹
捡到的	捡得 tʃɛn⁵⁴tɛ³¹
捡便宜	捡便宜 tʃɛn⁵⁴phɛn³¹ɲi³¹
得	得 tɛ³¹
抹掉	抹去 ma³¹tʃhyi³¹
空	空 khoŋ⁴⁵
折	折 tʂɛ³¹
丢失	打落 ta⁵⁴lo³¹
找到了	找到了 tʂau⁵⁴tau²¹³la⁰
收	收 ʂu⁴⁵
堆起来	堆起来 tuəi⁴⁵tʃhi⁵⁴lai³¹
紧紧锁住	锁紧 so⁵⁴tʃin⁵⁴
知道	晓得 ʃiau⁵⁴tɛ³¹
知道了	懂了 toŋ⁵⁴la⁰
	懂得了 toŋ⁵⁴tɛ³¹la⁰
老手	老行 lau⁵⁴xaŋ³¹
会了	会了 xuəi²¹³la⁰
认识	认得 ʐən²¹³tɛ³¹

不认识	不认得 pu³¹ʐən²¹³tɛ³¹
	认不得 ʐən²¹³pu³¹tɛ³¹
不知道	不懂 pu³¹toŋ⁵⁴
讲不通	芭蕉秆吹火 pa⁴⁵tsiau⁴⁵kan⁵⁴tʂhuəi⁴⁵xo⁵⁴
耳边风	筛子挑水 ʂai⁴⁵tsʅ⁰thiau⁴⁵ʂuəi⁵⁴
想办法	想办法 siaŋ⁵⁴pan²¹³fa³¹
怕	怕 pha²¹³
断定	断定 tuan²¹³tin²¹³
主张	主张 tʂu⁵⁴tʂaŋ⁴⁵
打主意	打主意 ta⁵⁴tʂu⁵⁴˙i²¹³
拿定主意	拿定主意 la³¹tin²¹³tʂu⁵⁴˙i²¹³
猜想	猜想 tshai⁴⁵siaŋ⁵⁴
怀疑	□ŋan³¹
做主	做主 tso²¹³tʂu⁵⁴
相信	相信 siaŋ⁴⁵sin²¹³
不信	不信 pu³¹sin²¹³
决心	起心 tʃhi⁵⁴sin⁴⁵
野心大	心野 sin⁴⁵iɛ⁵⁴
小心	小心 siau⁵⁴sin⁴⁵
费神	劳神 lau³¹ʂən³¹
留神	耗神点 xau²¹³ʂən³¹tɛn⁵⁴
盼望	欠 tʃhɛn²¹³
	盼望 pan²¹³uaŋ²¹³
好记性	好记性 xau⁵⁴tʃi²¹³sin²¹³
慌	慌 xuaŋ⁴⁵
吓着了	吓着了 ʃia²¹³tʂho³¹la⁰/xɛ³¹tʂho³¹la⁰
着急	着急 tʂo³¹tʃi³¹
挂念	挂念 kua²¹³ȵɛn²¹³
放心	放心 faŋ²¹³sin⁴⁵
盼到	盼到 phan²¹³tau²¹³
肯	肯 khən⁵⁴
饿	饿 ŋo²¹³

巴不得	合心得 xo³¹ sin⁴⁵ tɛ³¹
	巴不得 pa⁴⁵ pu³¹ tɛ³¹
指望	巴望 pa⁴⁵ uaŋ²¹³
受得了	受得 ʂu²¹³ tɛ³¹
记得住	记得到 tʃi²¹³ tɛ³¹ tau²¹³
记性	记性 tʃi²¹³ sin²¹³
忘记	打忘记 ta⁵⁴ uaŋ³¹ tʃi²¹³
忘记了	忘记了 uaŋ³¹ tʃi²¹³ la⁰
不记得	不记得 pu³¹ tʃi²¹³ tɛ³¹
记不住	记不得 tʃi²¹³ pu³¹ tɛ³¹
	记不倒 tʃi²¹³ pu³¹ tau⁵⁴
想起来了	想起来了 siaŋ⁵⁴ tʃhi⁵⁴ lai³¹ la⁰
想一想	想下子 siaŋ⁵⁴ xa²¹³ tsʅ⁰
眼红	眼红 iɛn⁵⁴ xoŋ³¹
心痒痒的	心头痒 sin⁴⁵ thəu³¹ iaŋ⁵⁴
讨嫌	讨嫌 thau⁵⁴ ʃɛn³¹
小气	疙瘩 kɛ³¹ ta³¹
见不得	见不得 tʃɛn²¹³ pu³¹ tɛ³¹
头大	头大 thəu³¹ ta²¹³
没有瘾	没得瘾头 məi⁵⁴ tɛ³¹ in⁵⁴ thəu³¹
恨	恨 xən²¹³
惹人恨	逗人恨 təu²¹³ ʐən³¹ xən²¹³
偏心	偏心 phɛn⁴⁵ sin⁴⁵
不高兴	不高兴 pu³¹ kau⁴⁵ sin²¹³
怄气	怄气 ŋəu²¹³ tʃhi²¹³
埋怨	埋怨 mai³¹ yɛn²¹³
抱怨	怨恨 yɛn²¹³ xən²¹³
责怪	怪 kuai²¹³
有气	有气 iəu⁵⁴ tʃhi²¹³
心头火起	心火起 sin⁴⁵ xo⁵⁴ tʃhi⁵⁴
生气	生气 sən⁴⁵ tʃhi²¹³
	恼火 lau⁵⁴ xo⁵⁴

发火　　　　　火冒 xo⁵⁴mau²¹³

有火气　　　　气火 tʃhi²¹³xo⁵⁴

黑起脸来　　　黑起脸 xɛ³¹tʃhi⁵⁴lɛn⁵⁴

恶　　　　　　恶 ŋo³¹

爱惜　　　　　爱惜 ŋai²¹³si³¹

顾及　　　　　顾惜 ku²¹³si³¹

勉强　　　　　将就 tsiaŋ⁴⁵tsiəu²¹³

痛　　　　　　痛 thoŋ²¹³

中意　　　　　中意 tʂoŋ²¹³i²¹³

爱　　　　　　爱 ŋai²¹³

瘾　　　　　　瘾 in⁵⁴

过瘾　　　　　过瘾 ko²¹³in⁵⁴

感谢　　　　　感谢 kan⁵⁴sɛ²¹³

惯势 kuan²¹³ʂʅ²¹³养成坏习惯

迁就　　　　　迁就 tshɛn⁴⁵tsiəu²¹³

聊天儿　　　　扯大炮 tʂhɛ⁵⁴ta²¹³phau²¹³

　　　　　　　吹大炮 tʂhuəi⁴⁵ta²¹³phau²¹³

　　　　　　　聊天 liau³¹thɛn⁴⁵

吵架　　　　　讲嘴 tʃiaŋ⁵⁴tsuəi⁵⁴

说漏嘴　　　　讲漏嘴 tʃiaŋ⁵⁴ləu²¹³tsuəi⁵⁴

胡说　　　　　扯谈 tʂhɛ⁵⁴than³¹

　　　　　　　扯鸟谈 tʂhɛ⁵⁴ɲiau⁵⁴than³¹

　　　　　　　乱讲 luan²¹³tʃiaŋ⁵⁴

搭话　　　　　搭话 ta³¹xua²¹³

问话　　　　　问话 uən²¹³xua²¹³

答话　　　　　答话 ta³¹xua²¹³

答应　　　　　答应 ta³¹in²¹³

叫了答应　　　喊得答应 xan⁵⁴tɛ³¹ta³¹in²¹³

不答应　　　　不答应 pu³¹ta³¹in²¹³

出声　　　　　出声 tʂhu³¹ʂən⁴⁵

不出声　　　　不出声 pu³¹tʂhu³¹ʂən⁴⁵

　　　　　　　不做声 pu³¹tso²¹³ʂən⁴⁵

告诉	讲 tʃiaŋ⁵⁴
疯话	疯话 foŋ⁴⁵xua²¹³
胡话	胡话 fu³¹ xua²¹³
嚼舌头	嚼牙巴 tsiau²¹³ ia³¹ pa⁴⁵
	嚼舌根 tsiau²¹³ ʂɤ³¹ kən⁴⁵
	嚼嘴巴 tsiau²¹³ tsuəi⁵⁴ pa⁴⁵
	嚼牙齿 tsiau²¹³ ia³¹ tʂʅ⁵⁴
添油加醋	添油加醋 thɛn⁴⁵iəu³¹ tʃia⁴⁵tshəu²¹³

用吃草的嘴巴讲 yŋ²¹³tʃhi³¹tshau⁵⁴li⁴⁵tsuəi⁵⁴pa⁴⁵tʃiaŋ⁵⁴ 用畜生的嘴巴说；比喻嘴巴脏，乱说话

打电话	讲电话 tʃiaŋ⁵⁴tɛn²¹³xua²¹³
听电话	听电话 thin²¹³tɛn²¹³xua²¹³
懒得和你说	懒得和你讲 nan⁵⁴tɛ³¹xo³¹ȵi⁵⁴tʃiaŋ⁵⁴
好声好气	好声好气 xau⁵⁴ʂən⁴⁵xau⁵⁴tʃhi²¹³
哄	哄 xoŋ⁵⁴
嘴甜	嘴巴甜 tsuəi⁵⁴pa⁴⁵thɛn³¹
嘴巴乖巧	嘴巴乖巧 tsuəi⁵⁴pa⁴⁵kuai⁴⁵tʃhiau⁵⁴
讲	讲 tʃiaŋ⁵⁴
跟你说	跟你讲 kən⁴⁵ȵi⁵⁴tʃiaŋ⁵⁴
捣乱	捣乱 tau⁵⁴luan²¹³
顶嘴	顶嘴 tin⁵⁴tsuəi⁵⁴
咧	咧 lɛ³¹
咧嘴	咧嘴 lɛ³¹tsuəi⁵⁴
说气话	讲气话 tʃiaŋ⁵⁴tʃhi²¹³xua²¹³
嘴巴犟	嘴巴犟 tsuəi⁵⁴pa⁴⁵tʃiaŋ²¹³
	嘴犟 tsuəi⁵⁴tʃiaŋ²¹³
嘴尖	嘴巴尖 tsuəi⁵⁴pa⁴⁵tsɛn⁴⁵
	嘴尖 tsuəi⁵⁴tsɛn⁴⁵
嘴贱	嘴巴贱 tsuəi⁵⁴pa⁴⁵tsɛn²¹³
	嘴贱 tsuəi⁵⁴tsɛn²¹³
嘴巴厉害	嘴巴厉害 tsuəi⁵⁴pa⁴⁵li²¹³xai²¹³
嘴巴不干净	嘴巴不干净 tsuəi⁵⁴pa⁴⁵pu³¹kan⁴⁵tsin²¹³

嘴巴脏 tsuəi⁵⁴pa⁴⁵tsaŋ⁴⁵

嘴巴臭 tsuəi⁵⁴pa⁴⁵tʂhəu²¹³

结尾的话　　　了尾话 liau⁵⁴uəi⁵⁴xua²¹³

欠 tʃhɛn²¹³有想法；数量不够

吵　　　　　　吵 tʂhau⁵⁴

吵嘴　　　　　吵嘴 tʂhau⁵⁴tsuəi⁵⁴

吵架　　　　　吵架 tʂhau⁵⁴tʃia²¹³

打架　　　　　打架 ta⁵⁴tʃia²¹³

骂　　　　　　骂 ma²¹³

找死　　　　　找死 tʂau⁵⁴sʅ⁵⁴

找打　　　　　讨打 thau⁵⁴ta⁵⁴

你妈脑壳 ŋi⁵⁴ma⁴⁵lau⁵⁴kho³¹相当于“你妈个头”，是较轻微的骂人话，有时仅表示否定

交代　　　　　交代 tʃiau⁴⁵tai²¹³

交替 tʃiau⁴⁵thi²¹³

被批评　　　　捱讲 ŋai³¹tʃiaŋ⁵⁴

挨骂　　　　　捱骂 ŋai³¹ma²¹³

啰嗦　　　　　啰嗦 lo⁴⁵so⁵⁴

多嘴　　　　　嘴巴多 tsuəi⁵⁴pa⁴⁵to⁴⁵

太啰嗦　　　　清细 tshin⁴⁵si²¹³贬义

喊　　　　　　喊 xan⁵⁴

叫　　　　　　叫 tʃiau²¹³

呼天喊地　　　喊天喊地 xan⁵⁴thɛn⁴⁵xan⁵⁴ti²¹³

叽里呱啦　　　叽里呱啦 tʃi⁴⁵li⁵⁴kua⁴⁵la⁴⁵

嘈　　　　　　嘈 tshau³¹

爱说闲话　　　嘴巴嘈 tsuəi⁵⁴pa⁴⁵tshau³¹

吃法　　　　　吃法 tʃhi³¹fa³¹

喝法　　　　　喝法 xo⁴⁵fa³¹

看法　　　　　看法 khan²¹³fa³¹

看头　　　　　看头 khan²¹³thəu³¹

搞头　　　　　搞头 kau⁵⁴thəu³¹

甜头　　　　　甜头 thɛn³¹thəu³¹

有事情　　　　　有头路 iəu⁵⁴thəu³¹ləu²¹³如红白喜事

十七　方向、位置

上面　　　　　　高头 kau⁴⁵thəu³¹

上头 ʂaŋ²¹³thəu³¹

上面 ʂaŋ²¹³mɛn²¹³

下面　　　　　　下头 ʃia²¹³thəu³¹

下面 ʃia²¹³mɛn²¹³

中间　　　　　　拦中半腰 nan³¹tʂoŋ⁴⁵pan²¹³iau⁴⁵

中间 tʂoŋ⁴⁵kan⁴⁵

当中　　　　　　当中 taŋ⁴⁵tʂoŋ⁴⁵物体的中心点

顶端　　　　　　高高头 kau⁴⁵kau⁴⁵thəu³¹

顶顶上 tin⁵⁴tin⁵⁴ʂaŋ²¹³

顶头 tin⁵⁴thəu³¹

底下　　　　　　底脚 ti⁵⁴tʃio³¹

底下 ti⁵⁴ʃia²¹³

最底下　　　　　底底脚 ti⁵⁴ti⁵⁴tʃio³¹

底底下 ti⁵⁴ti⁵⁴ʃia²¹³

地下　　　　　　地下 ti²¹³ʃia²¹³

地上　　　　　　地上 ti²¹³ʂaŋ²¹³

天上　　　　　　天上 thɛn⁴⁵ʂaŋ²¹³

山上　　　　　　山上 ʂan⁴⁵ʂaŋ²¹³

坡上　　　　　　坡上 pho⁴⁵ʂaŋ²¹³

路上　　　　　　路上 ləu²¹³ʂaŋ²¹³

街上　　　　　　街上 kai⁴⁵ʂaŋ²¹³

墙上　　　　　　壁上 pi³¹ʂaŋ²¹³

墙上 tshiaŋ³¹ʂaŋ²¹³

门上　　　　　　门上 mən³¹ʂaŋ²¹³

桌子上　　　　　桌子上 tʂo³¹tsɻ⁰ʂaŋ²¹³

凳子上　　　　　板凳上 pan⁵⁴tən²¹³ʂaŋ²¹³

里头　　　　　　里头 li⁵⁴thəu³¹

外头　　　　　　外头 uai²¹³thəu³¹

手头	手杆头 ʂəu⁵⁴ kan⁵⁴ thəu³¹
	手头 ʂəu⁵⁴ thəu³¹
乡下	乡下 ʃiaŋ⁴⁵ ʃia²¹³
镇上	镇上 t ʂən²¹³ ʂaŋ²¹³
市里	市里 ʂ̩²¹³ li⁵⁴
门外	门外头 mən³¹ uai²¹³ thəu³¹
大门外	大门外头 ta²¹³ mən³¹ uai²¹³ thəu³¹
窗外	窗外头 t ʂhuaŋ⁴⁵ uai²¹³ thəu³¹
墙外	墙外头 tshiaŋ³¹ uai²¹³ thəu³¹
车里	车里头 t ʂɛ⁴⁵ li⁵⁴ thəu³¹
车上	车上 t ʂɛ⁴⁵ ʂaŋ²¹³
车外	车外头 t ʂɛ⁴⁵ uai²¹³ thəu³¹
前头	前头 tshɛn³¹ thəu³¹
后头	后头 xəu²¹³ thəu³¹
山前	山前头 ʂan⁴⁵ tshɛn³¹ thəu³¹
山背	山背后 ʂan⁴⁵ pəi²¹³ xəu²¹³
山后	山后头 ʂan⁴⁵ xəu²¹³ thəu³¹
车前	车前头 t ʂɛ⁴⁵ tshɛn³¹ thəu³¹
车后	车后头 t ʂɛ⁴⁵ xəu²¹³ thəu³¹
屋后	屋后头 u³¹ xəu²¹³ thəu³¹
房后	房子背后 faŋ³¹ tsʐ⁰ pəi²¹³ xəu²¹³
背后	背后 pəi²¹³ xəu²¹³
以前	前头 tshɛn³¹ thəu³¹
	往时 uaŋ⁵⁴ ʂ̩³¹
	以前 ji⁵⁴ tshɛn³¹
	以往 ji⁵⁴ uaŋ⁵⁴
以后	往后 uaŋ⁵⁴ xəu²¹³
	后天 xəu²¹³ thɛn⁴⁵
	以后 i⁵⁴ xəu²¹³
以上	以上 i⁵⁴ ʂaŋ²¹³
后来	后来 xəu²¹³ lai³¹
	后尾 xəu²¹³ uəi⁵⁴ 也指后面

从此以后	从今往后 tshoŋ³¹ tʃin⁴⁵ uaŋ⁵⁴ xəu²¹³
	从此以后 tshoŋ³¹ tshɿ⁵⁴ ʻi⁵⁴ xəu²¹³
东边	东边 toŋ⁴⁵ pɛn⁴⁵
西边	西边 si⁴⁵ pɛn⁴⁵
南边	南边 lan³¹ pɛn⁴⁵
北边	北边 pɛ³¹ pɛn⁴⁵
东南	东南 toŋ⁴⁵ lan³¹
东北	东北 toŋ⁴⁵ pɛ³¹
西南	西南 si⁴⁵ lan³¹
西北	西北 si⁴⁵ pɛ³¹
东南方向	东南向 toŋ⁴⁵ lan³¹ ʃiaŋ²¹³
东北方向	东北向 toŋ⁴⁵ pɛ³¹ ʃiaŋ²¹³
西南方向	西南向 si⁴⁵ lan³¹ ʃiaŋ²¹³
西北方向	西北向 si⁴⁵ pɛ³¹ ʃiaŋ²¹³
楼下	楼底下 ləu³¹ ti⁵⁴ ʃia²¹³
	楼下 ləu³¹ ʃia²¹³
楼的底层	楼底脚 ləu³¹ ti⁵⁴ tʃio³¹
脚底	脚底下 tʃio³¹ ti⁵⁴ ʃia²¹³
床底下	床铺下面 tʂhaŋ³¹ phu⁴⁵ ʃia²¹³ mɛn²¹³
	床铺脚 tʂhaŋ³¹ phu⁴⁵ tʃio³¹
碗底	碗底脚 uan⁵⁴ ti⁵⁴ tʃio³¹
	碗底 uan⁵⁴ ti⁵⁴
锅底	锅底脚 ko⁴⁵ ti⁵⁴ tʃio³¹
	锅底 ko⁴⁵ ti⁵⁴
旁边	旁边 phaŋ³¹ pɛn⁴⁵
附近	附近 fu²¹³ tʃin²¹³
面前	面前 mɛn²¹³ tshɛn³¹
对面	对面 tuəi²¹³ mɛn²¹³
哪里	哪块 la⁵⁴ khuai⁵⁴
	哪里 la⁵⁴ li⁵⁴
这边	这边 tsɛ²¹³ pɛn⁴⁵
那边	□边 a²¹³ pɛn⁴⁵

	那边 la²¹³pɛn⁴⁵
左边	左边 tso⁵⁴pɛn⁴⁵
右边	右边 iəu²¹³pɛn⁴⁵
路边	路边上 ləu²¹³pɛn⁴⁵ʂaŋ²¹³
往回走	调转来走 thiau²¹³tʂuan⁵⁴lai³¹tsəu⁵⁴
	往回走 uaŋ⁵⁴xuəi³¹tsəu⁵⁴
往里边去	往里头去 uaŋ⁵⁴li⁵⁴thəu³¹tsəu⁵⁴
向外	往外头 uaŋ⁵⁴uai²¹³thəu³¹
往这边	往这边 uaŋ⁵⁴tʂæ²¹³pɛn⁴⁵
往那边	往那边 uaŋ⁵⁴la²¹³pɛn⁴⁵
向前方去	往前头去 uaŋ⁵⁴tshɛn³¹thəu³¹tʃhi²¹³

十八　人称指代

我	我 ŋo⁵⁴
你	你 ȵi⁵⁴
他	他 tha⁴⁵
我们	我们 ŋo⁵⁴mən⁰ / ŋo⁵⁴mən³¹
你们	你们 ȵi⁵⁴mən⁰ / ȵi⁵⁴mən³¹
他们	他们 tha⁴⁵mən⁰
你老人家	你老人家 ȵi⁵⁴lau⁵⁴ʐən³¹tʃia⁴⁵
他老人家	他老人家 tha⁴⁵lau⁵⁴ʐən³¹tʃia⁴⁵
我的	我的 ŋo⁵⁴li⁰
人家	人家 ʐən³¹tʃia⁴⁵
大家	干亲 kan⁴⁵tshin⁴⁵
	大家 ta²¹³tʃia⁴⁵
谁	哪个人 la⁵⁴ko²¹³ʐən³¹
那群	那门子 la²¹³mən³¹tsʅ⁰ 那伙
哪群	哪门子 la⁵⁴mən³¹tsʅ⁰ 哪伙
这个人	这个人 tʂæ²¹³ko²¹³ʐən³¹
这类人	这号人 tʂæ²¹³xau²¹³ʐən³¹
那个	那个 la²¹³ko²¹³
哪个	哪个 la⁵⁴ko²¹³

哪种	哪种 la⁵⁴tʂoŋ⁵⁴
这些	这些 tʂɛ²¹³si⁴⁵
那些	那些 la²¹³si⁴⁵
哪些	哪些 la⁵⁴si⁴⁵
这里	这块 tʂɛ²¹³khuai⁵⁴
哪里	哪块 la²¹³khuai⁵⁴
	哪里 la⁵⁴li⁵⁴
	哪 la⁵⁴
哪样	哪样 la⁵⁴iaŋ²¹³
什么	什么 ʂən⁵⁴mo⁴⁵
多少	好多 xau⁵⁴to⁴⁵
	几多 tʃi⁵⁴to⁴⁵
	多少 to⁴⁵ʂau⁵⁴
	几何 tʃi⁵⁴xo³¹
	好 xau⁵⁴ 如：好久？好高？好大？好厚？好重？
怎么	□个 laŋ³¹ko⁴⁵
	咋个 tʂa³¹ko²¹³
为什么	为□样 uəi²¹³lan⁵⁴iaŋ²¹³
哪多哪少	何多何少 xo³¹to⁴⁵xo³¹ʂau⁵⁴
我们两个	我们两个 ŋo⁵⁴mən³¹liaŋ⁵⁴ko²¹³
你们两个	你们两个 ȵi⁵⁴mən³¹liaŋ⁵⁴ko²¹³
他们两个	他们两个 tha⁴⁵mən³¹liaŋ⁵⁴ko²¹³
两男两女	两男两女 liaŋ⁵⁴lan³¹liaŋ⁵⁴ȵyi⁵⁴
一男一女	一男一女 i³¹lan³¹i³¹ȵyi⁵⁴
男男女女	男男女女 lan³¹lan³¹ȵyi⁵⁴ȵyi⁵⁴
两口子	两夫妻 liaŋ⁵⁴fu⁴⁵tʃhi⁴⁵
	两口子 liaŋ⁵⁴khəu⁵⁴tsʐ⁰
两老	两老 liaŋ⁵⁴lau⁵⁴
两母子/女	两娘母 liaŋ⁵⁴ȵiaŋ³¹mu⁵⁴
两爷孙	两爷崽 liaŋ⁵⁴iɛ³¹tsai⁵⁴
	两公孙 liaŋ⁵⁴koŋ⁴⁵sən⁴⁵
两婆孙	两婆孙 liaŋ⁵⁴pho³¹sən⁴⁵

两哥嫂　　　　两哥嫂 liaŋ⁵⁴ko⁴⁵sau⁵⁴

两婆媳　　　　两婆媳 liaŋ⁵⁴pho³¹si³¹

两兄弟　　　　两兄弟 liaŋ⁵⁴ʃyŋ⁴⁵ti²¹³

两老表　　　　两老表 liaŋ⁵⁴lau⁵⁴piau⁵⁴

两姐妹　　　　两姐妹 liaŋ⁵⁴tsɛ⁵⁴məi²¹³

两兄妹　　　　两兄妹 liaŋ⁵⁴ʃyŋ⁴⁵məi²¹³

两姐弟　　　　两姐弟 liaŋ⁵⁴tsɛ⁵⁴ti²¹³

两舅甥　　　　两舅侄 liaŋ⁵⁴tʃiəu²¹³tʂʅ³¹

两姨甥　　　　两姨侄 liaŋ⁵⁴i³¹tʂʅ³¹

两姑侄　　　　两姑侄 liaŋ⁵⁴ku⁴⁵tʂʅ³¹

两叔侄　　　　两叔侄 liaŋ⁵⁴ʂu³¹tʂʅ³¹

两娘侄 liaŋ⁵⁴ɳiaŋ³¹tʂʅ³¹婶娘和侄子（侄女）两人

两郎舅 liaŋ⁵⁴laŋ³¹tʃiəu²¹³丈夫和妻子兄弟的合称

两亲家　　　　两亲家 liaŋ⁵⁴tshin⁴⁵tʃia⁴⁵

两妯娌　　　　两妯娌 liaŋ⁵⁴tʃu³¹li⁵⁴

两个对头　　　两对头 liaŋ⁵⁴tuəi²¹³thəu³¹

师徒俩　　　　两师徒 liaŋ⁵⁴sʅ⁴⁵thəu³¹

人们　　　　　人们 zʅən³¹mən⁰

姑嫂们　　　　姑嫂们 ku⁴⁵sau⁵⁴mən⁰

妯娌们　　　　妯娌们 tʃu³¹li⁵⁴mən⁰ 多个兄弟的妻子

师徒们　　　　师徒们 sʅ⁴⁵thəu³¹mən⁰

老师学生　　　老师学生 lau⁵⁴sʅ⁴⁵ʃio³¹sən⁴⁵

老师学生们　　先生学生们 sɛn⁴⁵sən⁴⁵ʃio³¹sən⁴⁵mən⁰

别人　　　　　人家 zʅən³¹tʃia⁴⁵

几爷孙　　　　几爷崽 tʃi⁵⁴iɛ³¹tsai⁵⁴

几母子／女　　几娘母 tʃi⁵⁴ɳiaŋ³¹mu⁵⁴

三母子／女　　三娘母 san⁴⁵ɳiaŋ³¹mu⁵⁴

几哥嫂　　　　几哥嫂 tʃi⁵⁴ko⁴⁵sau⁵⁴

娘家　　　　　娘家 ɳiaŋ³¹tʃia⁴⁵

　　　　　　　后家 xəu²¹³tʃia⁴⁵

婆家　　　　　婆婆家 pho³¹pho³¹tʃia⁴⁵

　　　　　　　婆家 pho³¹tʃia⁴⁵

男方　　　　　男方 lan³¹faŋ⁴⁵
女方　　　　　女方 ŋyi⁵⁴faŋ⁴⁵
外婆家　　　　□婆家 ka⁴⁵pho³¹tʃia⁴⁵

十九　形容性状

好　　　　　　好 xau⁵⁴
最好　　　　　最好 tsuəi²¹³xau⁵⁴
不错　　　　　不错 pu³¹tsho²¹³
差不多　　　　差不多 tʂha⁴⁵pu³¹to⁴⁵
无所谓　　　　无所谓 u³¹so⁵⁴uəi²¹³
不论　　　　　不论 pu³¹lən²¹³
马虎　　　　　吗胡 ma⁴⁵fu³¹
　　　　　　　马虎 ma⁵⁴fu⁵⁴
不顶用　　　　不顶用 pu³¹tin⁵⁴yŋ²¹³
坏　　　　　　坏 xuai²¹³
不好　　　　　不好 pu³¹xau⁵⁴
差　　　　　　差火 tʂha⁴⁵xo⁵⁴
离谱　　　　　离谱 li³¹phu⁵⁴
乱弹琴　　　　乱弹琴 luan²¹³than³¹tʃhin³¹
将就　　　　　将就 tʃiaŋ⁴⁵tsiəu²¹³
标致　　　　　标致 piau⁴⁵tʂ̩²¹³
　　　　　　　生得好 sən⁴⁵tɛ³¹xau⁵⁴
漂亮　　　　　漂亮 phiaŋ²¹³liaŋ²¹³/phiaŋ⁴⁵liaŋ²¹³
好看　　　　　好看 xau⁵⁴kan²¹³
美丽　　　　　美丽 məi²¹³li²¹³
丑陋　　　　　丑陋 tʂhəu⁵⁴ləu²¹³
　　　　　　　丑 tʂhəu⁵⁴
不好看　　　　不好看 pu³¹xau⁵⁴khan²¹³
够劲　　　　　够力 kəu²¹³li³¹
没得讲的 məi⁵⁴tɛ³¹tʃiaŋ⁵⁴li⁰ 没什么说的
要紧　　　　　要紧 iau²¹³tʃin⁵⁴
不要紧　　　　不要紧 pu³¹iau²¹³tʃin⁵⁴

要什么紧 iau²¹³ ʂən⁵⁴ mo⁵⁴ tʃin⁵⁴ 没什么要紧

能吃苦　　　打得粗 ta⁵⁴ tɛ³¹ tshəu⁴⁵

热闹　　　　闹热 lau²¹³ ʐɛ³¹

　　　　　　热闹 ʐɛ³¹ lau²¹³

红火　　　　红火 xoŋ³¹ xo⁵⁴

牢靠　　　　牢实 lau³¹ ʂʅ³¹

耐用　　　　经用 tʃin⁴⁵ yŋ²¹³

　　　　　　坚固 tʃɛn⁴⁵ ku²¹³

　　　　　　耐用 lai²¹³ yŋ²¹³

　　　　　　结实 tʃɛ³¹ ʂʅ³¹

过硬　　　　过硬 ko²¹³ ŋən²¹³

稳当　　　　稳实 uən⁵⁴ ʂʅ³¹

稳定　　　　稳定 uən⁵⁴ tin²¹³

硬　　　　　硬 ŋən²¹³

硬碰硬　　　硬打硬 ŋən²¹³ ta⁵⁴ ŋən²¹³

软　　　　　软 ʐuan⁵⁴

软和　　　　软和 ʐuan⁵⁴ xo³¹

干净　　　　干净 kan⁴⁵ tsin²¹³

肮脏　　　　邋遢 la³¹ tha³¹ 也指不整洁

不干净　　　腌臜 ŋa⁴⁵ tsa⁵⁴

　　　　　　邋遢 la³¹ tha³¹

　　　　　　不干净 pu³¹ kan⁴⁵ tsin²¹³

窝囊　　　　窝囊 o⁴⁵ laŋ⁴⁵

皮包骨　　　皮包骨 phi³¹ pau⁴⁵ ku³¹ 人瘦弱

　　　　　　黄皮寡瘦 xuaŋ³¹ phi³¹ kua⁵⁴ səu²¹³

抽肉 tʂhəu⁴⁵ ʐu³¹ 小孩儿瘦弱

黑漆漆　　　马漆巴黑 ma⁵⁴ tshi³¹ pa⁴⁵ xɛ³¹

淡　　　　　淡 tan²¹³

心凉　　　　心冷 sin⁴⁵ lən⁵⁴

吃得香　　　吃得香 tʃhi³¹ tɛ³¹ ʃiaŋ⁴⁵

有馊味　　　臭馊 tʂhəu²¹³ sʅ⁴⁵

馊味　　　　馊臭 sʅ⁴⁵ tʂhəu²¹³

馊主意　　　馊主意 sʅ⁴⁵ tʂʅ⁵⁴ʼi²¹³

臊　　　　　臊 sau⁴⁵

臭臊 tʂʰəu²¹³ sau⁴⁵ 有臊味

臭腥 tʂʰəu²¹³ sin⁴⁵ 有腥味

臭火烟 tʂʰəu²¹³ xo⁵⁴ iɛn⁴⁵ 有火烟味

酸　　　　　酸 suan⁴⁵

甜　　　　　甜 tʰɛn³¹

咸　　　　　咸 xan³¹

香　　　　　香 ʃiaŋ⁴⁵

臭　　　　　臭 tʂəu²¹³

非常臭　　　□□烂臭 pin⁴⁵ paŋ⁴⁵ lan²¹³ tʂʰəu²¹³

苦　　　　　苦 kʰu⁵⁴

辣　　　　　辣 la³¹

稀　　　　　稀 ʃiʼ⁴⁵

干　　　　　干 kan⁴⁵

密　　　　　密 mi³¹

紧　　　　　紧 tʃin⁵⁴

均匀　　　　匀净 yn³¹ tsin²¹³

肥　　　　　肥 fəi³¹ 用于动物

胖　　　　　胖 pʰaŋ²¹³ 用于人

瘦　　　　　瘦 səu²¹³

□pʰa⁴⁵ 肉煮得烂，如：没煮～

脏了　　　　打腌了 ta⁵⁴ ŋan⁴⁵ la⁰

斜　　　　　斜 sɛ³¹

燥 tsʰau²¹³ 可表程度，相当于"非常"

燥辣 tsʰau²¹³ la³¹ 非常辣

燥热 tsʰau²¹³ ʐɛ³¹ 非常热

燥咸 tsʰau²¹³ xan³¹ 非常咸

瘦长　　　　□laŋ⁴⁵ 指人

舒服　　　　好在 xau⁵⁴ tsai²¹³

　　　　　　舒服 ʂʅ⁴⁵ fu³¹

不舒服　　　不好过 pʰu³¹ xau⁵⁴ ko²¹³

不舒服 pu³¹ ʂu⁴⁵ fu³¹

难受 lan³¹ ʂəu²¹³

不好在 pu³¹ xau⁵⁴ tsai²¹³

不好意思	不好意思 pu³¹ xau⁵⁴ i·²¹³ sʅ⁴⁵
自在	自在 tsʅ²¹³ tsai·²¹³
好笑	好笑 xau⁵⁴ siau²¹³
大嘴	嘴巴大 tsuəi⁵⁴ pa⁴⁵ ta²¹³
过瘾	够瘾 kəu²¹³ in⁵⁴
	过瘾 ko²¹³ in⁵⁴
难过	难过 lan³¹ ko²¹³
难受	难受 lan³¹ ʂəu²¹³
怕羞	怕丑 pha²¹³ tʂʂəu⁵⁴

乖 kuai⁴⁵ 懂事理；懂礼貌；聪明；小孩儿身体好

懂礼貌	懂礼 toŋ⁵⁴ li⁵⁴
调皮	调皮 thiau²¹³ phi³¹
捣蛋	捣蛋 tau⁵⁴ tan²¹³
调皮捣蛋	调皮捣蛋 thiau²¹³ phi³¹ tau⁵⁴ tan²¹³
厉害	厉害 li²¹³ xai·²¹³
能干	能干 lən³¹ kan²¹³
灵巧	乖巧 kuai⁴⁵ tʃhiau⁵⁴
固执	固执 ku²¹³ tʂʅ³¹
鲁钝	痴笨 tʂʅ⁴⁵ pən²¹³
鲁莽	鲁莽 lu⁵⁴ maŋ⁵⁴
	笨蛋 pən²¹³ tan²¹³ 无用的人
不大方	不大方 pu³¹ ta²¹³ faŋ⁴⁵

□□ȵiaŋ⁴⁵ ȵɛ³¹ 不能干体力活

犟	牛 ȵiəu³¹
闹事	闹事 lau²¹³ sʅ²¹³
好动	多手多脚 to⁴⁵ ʂəu⁵⁴ to⁴⁵ tʃio³¹
可以	可以 kho⁵⁴ i⁵⁴
不错	不错 pu³¹ tsho²¹³
不行	不得 pu³¹ tɛ³¹

不能	不得 pu³¹tɛ³¹
不好	不好 pu³¹xau⁵⁴
不能	要不得 iau²¹³pu³¹tɛ³¹
不中用	不中用 pu³¹tʂoŋ⁴⁵ioŋ²¹³
过得去	过得去 ko²¹³tɛ³¹tʃhi²¹³不怎么样
不顶事	不顶事 pu³¹tin⁵⁴sʅ²¹³
不很满意	不算好 pu³¹suan²¹³xau⁵⁴
不算数	不计数 pu³¹tʃi²¹³səu²¹³
不长记性	不计事 pu³¹tʃi²¹³sʅ²¹³
长不大	长不大 tʂaŋ⁵⁴pu³¹ta²¹³
缺德	缺德 tʃhyɛ⁴⁵tɛ³¹
造孽	造孽 tsau²¹³ȵɛ³¹
用蛮力	下得蛮 ʃia²¹³tɛ³¹man³¹
不用蛮力	下不得蛮 ʃia²¹³pu³¹tɛ³¹man³¹
狗娘养的	狗娘养的 kəu⁵⁴ȵiaŋ³¹iaŋ⁵⁴li⁰
精灵	精 tsin⁴⁵
	精灵 tsin⁴⁵lin³¹
	鬼 kuəi⁵⁴
精灵得很	鬼得很 kuəi⁵⁴tɛ³¹xən⁵⁴
嘴巴厉害	嘴尖牙利 tsuəi⁵⁴tsɛn⁴⁵ia³¹li²¹³
	嘴巴夹 tsuəi⁵⁴pa⁴⁵tʃia³¹贬义
嘴快	牙齿快 ia³¹tʂʅ⁵⁴khuai²¹³
直肠子	直肠子 tʂʅ³¹tʂhaŋ³¹tsʅ⁰
	一根肠子 i³¹kən⁴⁵tʂhaŋ³¹tsʅ⁰
灵巧	灵巧 lin³¹tʃhiau⁵⁴
懵懂	懵懂 moŋ⁵⁴toŋ⁵⁴
很笨	笨卵 pən²¹³luan⁵⁴蠢
胡来	乱来 luan²¹³lai³¹
迟	晏 ŋan²¹³晚
纯 ʂuən³¹和善，温柔，（酒）度数不高	
嘻嘻哈哈	嘻嘻哈哈 ʃi⁴⁵ʃi⁴⁵⁻⁵⁴xa⁴⁵xa⁴⁵⁻⁵⁴
疯疯癫癫	疯疯癫癫 foŋ⁴⁵foŋ⁴⁵⁻⁵⁴tɛn⁴⁵tɛn⁴⁵⁻⁵⁴

不通事理　　　不通气 pu³¹thoŋ⁴⁵tʃhi²¹³

　　　　　　　不通奉承 pu³¹thoŋ⁴⁵foŋ²¹³tʂhən³¹

呆板　　　　　呆板 tai⁴⁵pan⁵⁴

钻牛角尖　　　钻牛角尖 tsuan⁴⁵ȵiəu³¹ko³¹tsɛn⁴⁵

自以为是　　　卵大鼻子粗 luan⁵⁴ta²¹³pi²¹³tsʐ⁰tshəu⁴⁵

小气　　　　　小尖 siau⁵⁴tsɛn⁴⁵

　　　　　　　小气 siau⁵⁴tʃhi²¹³

　　　　　　　小眉小眼 siau⁵⁴mi³¹siau⁵⁴iɛn⁵⁴

　　　　　　　眯磨 mi⁴⁵mo³¹

大方　　　　　大方 ta²¹³faŋ⁴⁵

整个　　　　　□□□haŋ³¹paŋ³¹laŋ³¹

　　　　　　　整个 tʂən⁵⁴ko²¹³

所有的　　　　一铺搂撖 i³¹phu⁴⁵ləu⁵⁴səu⁵⁴

大方　　　　　朗 laŋ⁵⁴

凉快　　　　　凉快 liaŋ³¹khuai²¹³

正宗　　　　　正宗 tʂən²¹³tsoŋ⁴⁵

次货　　　　　漏宗 ləu²¹³tsoŋ⁴⁵

整齐　　　　　整齐 tʂən⁵⁴tshi³¹

端正　　　　　端正 tuan⁴⁵tʂən²¹³

有头有尾　　　有头有尾 iəu⁵⁴thəu³¹iəu⁵⁴uəi⁵⁴

满意　　　　　满意 man⁵⁴i²¹³

合心意　　　　合心意 xo³¹sin⁴⁵i²¹³

干脆　　　　　干脆 kan⁴⁵tshuəi²¹³

爽快　　　　　爽快 ɕuaŋ⁵⁴khuai²¹³

得意　　　　　得意 tɕ³¹i²¹³

眉眼带笑　　　笑眉笑眼 siau²¹³mi³¹siau²¹³iɛn⁵⁴

遇到鬼了　　　撞鬼 tɕuaŋ²¹³kuəi⁵⁴

动作慢　　　　手脚摸 ʂəu⁵⁴tʃio³¹mo⁴⁵

非常慢　　　　慢扬三四 man²¹³iaŋ³¹san⁴⁵sʐ²¹³

眯摸 mi⁴⁵mo⁴⁵动作非常慢

鬼打 kuəi⁵⁴ta⁵⁴动作快，但效益低，像被鬼追打似的

多　　　　　　多 to⁴⁵

少	少 ʂau^{54}
大把	大把 ta^{213}pa^{54}
不够	不够 pu^{31}kəu^{213}
少不得	少不得 ʂau^{54}pu^{31}tɛ^{31}
一点点	点点子 tɛn^{54}tɛn^{54}tsɿ^{0}
多少	少何 ʂau^{54}xo^{31}
了得	得了 tɛ^{31}liau^{54}
	了得 liau^{54}tɛ^{31}
多少	几多 tʃi^{54}to^{45}强调“多”
	几少 tʃi^{54} ʂau^{54}强调“少”
大	大 ta^{213}
大个	大个 ta^{213}ko^{213}
小	小 siau^{54}
个子小	小个 siau^{54}ko^{213}
小□□siau^{54}mɛ^{31}mɛ^{31}形容很小	
长	长 tʂhaŋ^{31}
短	短 tuan^{54}
宽	宽 khuan^{45}
窄	窄 tsɛ^{31}
厚	厚 xəu^{213}
薄	薄 po^{31}
深	深 ʂən^{45}
浅	浅 tshɛn^{54}
高	高 kau^{45}
低	低 ti^{45}
矮	矮 ŋai^{54}
正	正 tʂən^{213}
歪	歪 uai^{45}
偏	偏 phɛn^{45}
圆	銮 luan^{31}
不平整	窝窝荡荡 o^{45}o$^{45-54}$taŋ^{213}taŋ$^{213-45}$
很湿	湿□□ ʂʅ^{31}phia^{31}phia^{31}

很远　　　　　天远地路 thɛn⁴⁵yɛn⁵⁴ti²¹³ləu²¹³

红　　　　　　红 xoŋ³¹

大红　　　　　大红 ta²¹³xoŋ³¹

桃红　　　　　桃红 thau³¹xoŋ³¹

粉红　　　　　粉红 fən⁵⁴xoŋ³¹

鲜红　　　　　水红 ʂuəi⁵⁴xoŋ³¹

深红　　　　　深红 ʂən⁴⁵xoŋ³¹

老红 lau⁵⁴xoŋ³¹非常深的红

猪肝色　　　　猪肝色 tʂu⁴⁵kan⁴⁵sɛ³¹

浅红　　　　　浅红 tshɛn⁵⁴xoŋ³¹

淡红　　　　　淡红 tan²¹³xoŋ³¹

蓝　　　　　　蓝 lan³¹

浅蓝　　　　　浅蓝 tshɛn⁵⁴lan³¹

淡蓝　　　　　淡蓝 tan²¹³lan³¹

深蓝　　　　　深蓝 ʂən⁴⁵lan³¹

天蓝　　　　　天蓝 thɛn⁴⁵lan³¹

绿　　　　　　绿 ləu³¹

草绿　　　　　草绿 tshau⁵⁴ləu³¹

浅绿　　　　　浅绿 tshɛn⁵⁴ləu³¹

鲜绿　　　　　水绿 ʂuəi⁵⁴ləu³¹

深绿　　　　　深绿 ʂən⁴⁵ləu³¹

白　　　　　　白 pɛ³¹

灰白　　　　　灰白 xuəi⁴⁵pɛ³¹

灰　　　　　　灰 xuəi⁴⁵

深灰　　　　　深灰 ʂən⁴⁵xuəi⁴⁵

银灰　　　　　银灰 in³¹xuəi⁴⁵

黄　　　　　　黄 xuaŋ³¹

金色　　　　　金色 tʃin⁴⁵sɛ³¹

大黄　　　　　大黄色 ta²¹³xuaŋ³¹sɛ³¹

深黄　　　　　深黄 ʂən⁴⁵xuaŋ³¹

咖啡色　　　　咖啡色 kha⁴⁵fəi⁴⁵sɛ³¹

淡黄　　　　　淡黄 tan²¹³xuaŋ³¹

浅黄   浅黄 tshɛn⁵⁴xuaŋ³¹

青   青 tshin⁴⁵

藏青   藏青 tsaŋ²¹³tshin⁴⁵

藏青色   藏青色 tsaŋ²¹³tshin⁴⁵sɛ³¹

紫   紫 tsɿ⁵⁴

铜色   铜色 thoŋ³¹sɛ³¹

黑   黑 xɛ³¹

黑漆漆   黑漆麻 xɛ³¹tshi³¹ma³¹

二十 各类虚词

恰好   扣到起 kəu²¹³tau²¹³tʃhi⁵⁴

刚好   刚好 kaŋ⁴⁵xau⁵⁴

刚   刚 kaŋ⁴⁵不大不小，刚合适

正好   正好 tʂən²¹³xau⁵⁴

正巧   正巧 tʂən²¹³tʃhiau⁵⁴

光   光 kuaŋ⁴⁵只是

               净 tsin²¹³

有点儿   有点 iəu⁵⁴tɛn⁵⁴

合适   合适 xo³¹ʂɿ³¹

刚刚好   刚刚好 kaŋ⁴⁵kaŋ⁴⁵xau⁵⁴

碰巧   碰巧 phoŋ²¹³tʃhiau⁵⁴

怕   怕 pha²¹³

恐怕   恐怕 khoŋ⁵⁴pha²¹³

可能   可怕 kho⁵⁴pha²¹³

               可能 kho⁵⁴lən³¹

也许   也许 iɛ⁵⁴ʃyi⁵⁴

程度高   老火 lau⁵⁴xo⁵⁴

没有   没得 məi²¹³tɛ³¹

光时 kuaŋ⁴⁵ʂɿ³¹总是，只，仅仅

难说   难讲 lan³¹tʃiaŋ⁵⁴

幸亏   幸好 sin²¹³xau⁵⁴

               幸亏 ʃin²¹³khuəi⁴⁵

大□□ta²¹³paŋ⁴⁵laŋ⁴⁵很多，不论大小，某个范围内各种事物全包括在内

很	几 tʃi⁵⁴
偏	硬 ŋən²¹³
白	空 khoŋ⁴⁵
不一定	不一定 pu³¹ i³¹ tin²¹³
说不定	讲不定 tʃiaŋ⁵⁴ pu³¹ tin²¹³
差点	差点 tʂha⁴⁵ tɛn⁵⁴
差不多	差不多 tʂha⁴⁵ pu³¹ to⁴⁵
差一点点	差点点 tʂha⁴⁵ tɛn⁵⁴ tɛn⁵⁴
还没有	没曾 məi⁵⁴ tshən³¹
马上	马上 ma⁵⁴ ʂaŋ²¹³
火速	火速 xo⁵⁴ səu³¹
赶快	赶快 kan⁵⁴ khuai²¹³
立刻	立马 li³¹ ma⁵⁴
趁早	趁早 tshən²¹³ tsau⁵⁴
	赶先 kan⁵⁴ sɛn⁴⁵
刚刚	将将 tsiaŋ⁴⁵ tsiaŋ⁴⁵⁻⁵⁴
互相	相互 siaŋ⁴⁵ fu²¹³
很早	早八辈人 tsau⁵⁴ pa³¹ pəi²¹³ ʐən³¹
摸黑	打黑摸 ta⁵⁴ xɛ³¹ mo⁴⁵
一起	一路 i³¹ ləu²¹³
	一路来 i³¹ ləu²¹³ lai³¹
迟早	迟早 tʂʐ̩³¹ tsau⁵⁴
随时	随时 suəi³¹ ʂʐ̩³¹
	早晚 tsau⁵⁴ uan⁵⁴
什么时候	什么时候 ʂən⁵⁴ mo⁴⁵ ʂʐ̩³¹ xəu²¹³
任何时候	分分钟 fən⁴⁵ fən⁴⁵⁻⁵⁴ tʂoŋ⁴⁵
马上发生	眼看 iɛn⁵⁴ khan²¹³
当面	当面 taŋ⁴⁵ mɛn²¹³
背后	背后 pəi²¹³ xəu²¹³
到处	四到处 sʐ̩²¹³ tau²¹³ tʂhu²¹³
	四到八处 sʐ̩²¹³ tau²¹³ pa³¹ tʂhu²¹³

一起	一起 i^{31}tʃhi^{54}
一块儿	一块 i^{31}khuai^{54}
一个人	一个人 i^{31}ko^{213}ʐən^{31}
一点儿	一点 i^{31}tɛn^{54}
根本	根本 kən^{45}pən^{54}
差不多	快到 khuai^{213}tau^{213}
接近	接近 tsɛ^{31}tsin^{213}
一共	一共 i^{31}koŋ^{213}
不要	不要 pu^{31}iau^{213}
白	白 pɛ^{31}不要钱（白吃）
白	白 pɛ^{31}空（白跑一趟）
胡	胡 fu^{31}（胡搞，胡说）
先	先 sɛn^{45}
之前	先前 sɛn^{45}tshɛn^{31}
原来	原来 yɛn^{31}lai^{31}
另外	另外 lin^{213}uai^{213}
被	捱 ŋai^{31}（捱狗咬了）
把	帮 paŋ^{45}（帮门关上）
	把 pa^{54}（把门关上）
对	对 tuəi^{213}（你对它好，他就对你好）
对着	对着 tuəi^{213}tʂho^{31}（他对着我笑）
到	到 tau^{213}（到哪儿去?）
到	到 tau^{213}（到哪天为止?）
到	到 tau^{213}（扔到水里）
在	在 tsai^{213}（在哪儿?）
从	从 tshoŋ^{31}
自从	自从 tsʅ^{213}tshoŋ^{31}
按	按 ŋan^{213}
	照 tʂau^{213}
	依 i^{45}
用	用 yŋ^{213}（你用毛笔写）
顺着	顺着 ʂuən^{213}tʂho^{31}（顺着这条大路走）

往　　　　　往 uaŋ⁵⁴（往后头看）
帮　　　　　帮 paŋ⁴⁵（帮我写封信）
给　　　　　给 kəi⁵⁴（给大家办事）
给我　　　　给我 kəi⁵⁴ŋo⁵⁴（你给我吃完饭）
和　　　　　和 xo³¹
向　　　　　向 ʃiaŋ²¹³（向他打听一下）
向　　　　　向 ʃiaŋ²¹³（向他借一本书）
把一叫、喊　把一叫 pa⁵⁴—tʃiau²¹³（把一叫、喊来）
　　　　　　把一喊 pa⁵⁴—xan⁵⁴
拿一当　　　拿一当 la³¹—taŋ⁴⁵（拿人当狗）
从小　　　　从小 tshoŋ³¹siau⁵⁴（他从小就能吃苦）
往外　　　　往外 uaŋ⁵⁴uai²¹³（老王钱多，不往外拿）
赶　　　　　赶 kan⁵⁴（你得天黑以前赶到）
自己　　　　自己 tsʅ²¹³tʃi⁵⁴
个人　　　　个人 ko²¹³ʐən³¹
顺便　　　　顺便 ʂuən²¹³pɛn²¹³
顺手　　　　顺手 ʂuən²¹³ʂəu⁵⁴
故意　　　　刁意 tiau⁴⁵i²¹³
　　　　　　故意 ku²¹³i²¹³
专门　　　　专门 tʂuan⁴⁵mən³¹
有意　　　　有意 iəu⁵⁴i²¹³
存心　　　　存心 tshən³¹sin⁴⁵
根本　　　　根本 kən⁴⁵pən⁵⁴
十分　　　　十分 ʂʅ³¹fən⁴⁵
快四十　　　快四十 khuai²¹³sʅ²¹³ʂʅ³¹
快四十岁　　快四十岁 khuai²¹³sʅ²¹³ʂʅ³¹suəi²¹³
四十左右　　四十边 sʅ²¹³ʂʅ³¹pɛn⁴⁵
死活（不肯）死活 sʅ⁵⁴xo³¹
乒呤乓啷　　乒呤乓啷 phin⁴⁵lin⁴⁵phaŋ⁴⁵laŋ⁴⁵
不要　　　　莫 mo³¹
　　　　　　莫要 mo³¹iau²¹³
　　　　　　不要 pu³¹iau²¹³

| 没有 | 没 məi⁵⁴ 否定副词 |
| | 没得 məi⁵⁴ tɛ³¹ |

进行态、持续态标志	倒 tau⁵⁴
语气词，表示同意，认可	□ŋəŋ³¹
语气词，表示同意，认可	□ə³¹
语气词，表示同意，认可	□m³¹
语气词，表示恍然大悟	□o³¹
语气词，表示同意，肯定	□ən³¹
表示肯定的语气词	□əu³¹
语气词，表示轻蔑	□xn⁵⁴
语气词，表示疑问	□n⁴⁵
陈述句末语气助词	啦 la⁰
陈述句末语气助词	□lɛ⁰
语气词，用于打招呼	□əi³¹
语气词，表示强调	□io³¹
疑问句末语气助词	□aŋ³¹
疑问句末语气助词	□a³¹
疑问句末语气助词	唡 lɛ³¹
祈使句末语气助词	□məu³¹
祈使句末语气助词	□uəi³¹
祈使句末语气助词	哦 o³¹
祈使句末语气助词，一般用于否定	喔 uo³¹

二十一　数词、量词

（一）棵（树）	栊 loŋ³¹
	蔸 təu⁴⁵
（一）株（竹子）	根 kən⁴⁵
（一）棵（甘蔗）	蔸 təu⁴⁵
	根 kən⁴⁵
（一）节（甘蔗）	节 tsɛ³¹
（一）株（稻子）	株 tʂu⁴⁵
（一）株（玉米）	栊 loŋ³¹

（一）株（芋头）　　　蔸 təu⁴⁵

（一）株（草）　　　　蔸 təu⁴⁵

　　　　　　　　　　　根 kən⁴⁵

　　　　　　　　　　　栊 loŋ³¹

（一）棵（菜）　　　　蔸 təu⁴⁵

（一）棵（葱）　　　　蔸 təu⁴⁵

（一）棵（麦子）　　　蔸 təu⁴⁵

（一）株（棉花）　　　蔸 təu⁴⁵

（一）朵（棉花）　　　朵 to⁵⁴

（一）棵（秧苗）　　　根 kən⁴⁵

（一）把（秧苗）　　　手 ʂəu⁵⁴正好一握

　　　　　　　　　　　把 pa⁵⁴

（一）捆（稻草）　　　捆 khuən⁵⁴

（一）根（稻草）　　　根 kən⁴⁵

（一）株（稻草）　　　栊 loŋ³¹

（一）片（森林）　　　片 phɛn²¹³

　　　　　　　　　　　块 khuai⁵⁴

（一）片（草地）　　　片 phɛn²¹³

　　　　　　　　　　　块 khuai⁵⁴

　　　　　　　　　　　坡 pho⁴⁵用于坡上的草地

（一）壶（茶）　　　　罐 kuan²¹³

（一）块（田）　　　　丘 tʃhiəu⁴⁵

（一）块（地）　　　　块 khuai⁵⁴

　　　　　　　　　　　台 thai³¹一般用于梯田

（一）块（石头）　　　□toŋ³¹

　　　　　　　　　　　个 ko²¹³

（一）个（人）　　　　个 ko²¹³

　　　　　　　　　　　□toŋ³¹ "□toŋ³¹" 用途广，可用于人、物，凡
成块的均可用，指人时是叫大个的

　　　　　　　　　　　□khəu⁵⁴计算人口用

（一）群（人）　　　　帮 paŋ⁴⁵

（一）帮（人）　　　　帮 paŋ⁴⁵

（一）伙（人）　　　伙 xo⁵⁴

（一）张（纸）　　　片 phɛn²¹³

（一）捆（纸）　　　捆 khuən⁵⁴

（一）条（路）　　　根 kən⁴⁵

（一）座（荒山）　　块 khuai⁵⁴

（一）座（水库）　　座 tso²¹³

（一）担（水）　　　挑 thiau⁴⁵

（一）支（手臂）　　根 kən⁴⁵

（一）条（腿）　　　根 kən⁴⁵

　　　　　　　　　　条 thiau³¹

（一）双（腿）　　　双 ʂuaŋ⁴⁵

（一）辆（车）　　　架 tʃia²¹³

（一）个（轮子）　　个 ko²¹³

（一）幢（房子）　　幢 tʂhaŋ²¹³

　　　　　　　　　　所 so⁵⁴

（一）间（屋子）　　间 kan⁴⁵

（一）间（教室）　　间 kan⁴⁵

（一）座（楼房）　　座 tso²¹³

　　　　　　　　　　所 so⁵⁴

（一）座（礼堂）　　个 ko²¹³

　　　　　　　　　　座 tso²¹³

　　　　　　　　　　栋 toŋ²¹³

（一）所（学校）　　个 ko²¹³

（一）家（医院）　　个 ko²¹³

　　　　　　　　　　所 so⁵⁴

（一）家（银行）　　个 ko²¹³

　　　　　　　　　　所 so⁵⁴

（一）座（城市）　　座 tso²¹³

（一）座（工厂）　　个 ko²¹³

　　　　　　　　　　座 tso²¹³

（一）座（矿山）　　座 tso²¹³

（一）座（码头）　　个 ko²¹³

（一）道（水闸）　　道 tau²¹³

（一）座（塑像）　　座 tso²¹³

（一）口（水井）　　个 ko²¹³

（一）口（井）　　　口 khəu⁵⁴

（一）座（坟）　　　座 tso²¹³

（一）家（人）　　　家 tʃia⁴⁵

（一）床（铺盖）　　床 tʂhuaŋ³¹

（一）根（线）　　　根 kən⁴⁵

（一）捆（线）　　　捆 khuən⁵⁴

（一）团（线）　　　团 thuan³¹

（一）条（裤子）　　根 kən⁴⁵

（一）堆（土）　　　□iau³¹

（一）群（人）　　　□iau³¹

（一）只（鸡）　　　个 ko²¹³

（一）只（鸭子）　　个 ko²¹³

（一）只（雁）　　　个 ko²¹³

（一）群（雁）　　　帮 paŋ⁴⁵

（一）只（兔子）　　个 ko²¹³

　　　　　　　　　　只 tʂɿ³¹

（一）条（狗）　　　条 thiau³¹

（一）只（蚊子）　　个 ko²¹³

　　　　　　　　　　只 tʂɿ³¹

（一）只（虾）　　　个 ko²¹³

　　　　　　　　　　只 tʂɿ³¹

（一）只（狐狸）　　只 tʂɿ³¹

（一）只（蝴蝶）　　只 tʂɿ³¹

（一）只（狼）　　　只 tʂɿ³¹

（一）只（老虎）　　只 tʂɿ³¹

（一）只（老鼠）　　个 ko²¹³

（一）头（骆驼）　　个 ko²¹³

（一）只（猫）　　　个 ko²¹³

（一）只（鸟）　　　只 tʂɿ³¹

（一）只（螃蟹）　　　只 tʂ̩³¹

（一）只（青蛙）　　　只 tʂ̩³¹

（一）只（蜻蜓）　　　个 ko²¹³

　　　　　　　　　　　只 tʂ̩³¹

（一）条（蛇）　　　　条 thiau³¹

（一）条（鱼）　　　　个 ko²¹³

（一）场（雨）　　　　□taŋ⁵⁴

　　　　　　　　　　　场 tʂhaŋ³¹

（一）阵（风）　　　　□taŋ⁵⁴

　　　　　　　　　　　□kaŋ⁵⁴

　　　　　　　　　　　场 tʂhaŋ³¹

　　　　　　　　　　　股 ku⁵⁴

（一）股（气）　　　　股 ku⁵⁴

（一）根（针）　　　　颗 kho⁵⁴

　　　　　　　　　　　根 kən⁴⁵

（一）包（针）　　　　包 pau⁴⁵

（一）座（山）　　　　匹 phi³¹

　　　　　　　　　　　座 tso²¹³

（一）条（河）　　　　根 kən⁴⁵

　　　　　　　　　　　条 thiau³¹

（一）拃　　　　　　　拃 tʃhua⁵⁴张开虎口时拇指和食指或中指之间的

距离

（一）小拃 siau⁵⁴tʃua⁵⁴张开虎口时拇指和食指之间的距离

（一）中拃 tʂoŋ⁴⁵tʃua⁵⁴张开虎口时拇指和中指之间的距离

（一）把（铲子）　　　把 pa⁵⁴

（一）把（尺子）　　　把 pa⁵⁴

（一）把（刀）　　　　把 pa⁵⁴

（一）把（斧子）　　　把 pa⁵⁴

（一）把（面）　　　　把 pa⁵⁴

（一）把（灰）　　　　把 pa⁵⁴

（一）撮（灰）　　　　□tʃyi²¹³

（一）把（土）　　　　把 pa⁵⁴

（一）撮（土）　　　□tʃyi²¹³

（一）把（火）　　　把 pa⁵⁴

（一）把（剪子）　　把 pa⁵⁴

（一）把（锯子）　　把 pa⁵⁴

（一）根（筷子）　　根 kən⁴⁵

　　　　　　　　　　支 tʂɿ⁴⁵

（一）把（筷子）　　把 pa⁵⁴

（一）双（筷子）　　双 ɕuaŋ⁴⁵

（一）把（伞）　　　把 pa⁵⁴

（一）把（扫帚）　　把 pa⁵⁴

（一）把（扇子）　　把 pa⁵⁴

（一）把（勺子）　　把 pa⁵⁴

（一）把（梳子）　　把 pa⁵⁴

（一）把（刷子）　　把 pa⁵⁴

（一）把（算盘）　　把 pa⁵⁴

（一）把（锁）　　　个 ko²¹³

（一）把（钥匙）　　把 pa⁵⁴

（一）张（凳子）　　根 kən⁴⁵

　　　　　　　　　　个 ko²¹³

　　　　　　　　　　张 tʂaŋ⁴⁵

（一）把（锥子）　　根 kən⁴⁵

（一）把（鼻涕）　　把 pa⁵⁴

（一）滴（眼泪）　　滴 ti³¹

　　　　　　　　　　颗 kho⁴⁵

（一）把（眼泪）　　把 pa⁵⁴

（一）串（眼泪）　　排 phai³¹

（一）朵（花）　　　朵 to⁵⁴

（一）束（花）　　　束 ʂu²¹³

（一）个（橘子）　　个 ko²¹³

（一）颗（蒜头）　　根 kən⁴⁵

（一）盒（火柴）　　盒 xo³¹

（一）支（香烟）　　支 tʂɿ⁴⁵

	根 kən⁴⁵	
	杆 kan⁵⁴	
（一）包（香烟）	包 pau⁴⁵	
	盒 xo³¹	
（一）本（地图）	本 pən⁵⁴	
（一）张（地图）	张 tʂaŋ⁴⁵	
（一）幅（地图）	幅 fu³¹	
（一）篇（日记）	篇 phɛn⁴⁵	
（一）段（日记）	段 tuan²¹³	
（一）本（书）	本 pən⁵⁴	
	部 pu²¹³	
（一）套（书）	套 thau²¹³	
（一）篇（小说）	篇 phɛn⁴⁵	
（一）本（小说）	本 pən⁵⁴	
（一）部（小说）	部 pu²¹³	
（一）笔（交易）	笔 pi³¹	
（一）笔（钱）	笔 pi³¹	
（一）笔（收入）	笔 pi³¹	
（一）笔（债务）	笔 pi³¹	
（一）本（账本）	本 pən⁵⁴	
（一）笔（字）	笔 pi³¹	
（一）个（字）	个 ko²¹³	
（一）行（字）	行 xaŋ³¹	
（一）页（字）	页 iɛ³¹	
（一）部（电影）	部 pu²¹³	
（一）场（电影）	场 tʂhaŋ³¹	
（一）餐（饭）	餐 tshan⁴⁵	
	顿 tən²¹³	
（一）桌（饭）	桌 tʂo³¹	
（一）口（饭）	口 khəu⁵⁴	
（一）块（冰）	条 thiau³¹一般用于长条的冰块	
（一）块（皮）	块 khuai⁵⁴	

（一）块（土块）	块 khuai⁵⁴	
（一）场（比赛）	场 tʂhaŋ³¹	
（一）场（运动）	场 tʂhaŋ³¹	
（一）次（运动）	次 tshɿ²¹³	
（一）场（冰雹）	场 tʂhaŋ³¹	
（一）颗（冰雹）	颗 kho⁵⁴	
（一）场（病）	股 ku⁵⁴	
（一）场（革命）	场 tʂhaŋ³¹	
（一）场（霜）	场 tʂhaŋ³¹	
（一）场（雪）	场 tʂhaŋ³¹	
（一）场（战斗）	场 tʂhaŋ³¹	
（一）场（战争）	场 tʂhaŋ³¹	
（一）顶（轿子）	顶 tin⁵⁴	
（一）场（戏）	场 tʂhaŋ³¹	
（一）道（风景）	家 tʃia⁴⁵	
（一）门（亲戚）	家 tʃia⁴⁵	
	门 mən³¹	
（一）片（森林）	片 phɛn²¹³	
	块 kuai⁵⁴	
（一）串（鞭炮）	串 tʂhuan²¹³	
（一）个（鞭炮）	个 ko²¹³	
（一）串（葡萄）	串 tʂhuan²¹³	
（一）个（葡萄）	粒 li³¹	
	颗 kho⁵⁴	
（一）颗（珠子）	颗 kho⁵⁴	
（一）床（被单）	床 tʂhuaŋ³¹	
（一）床（被子）	床 tʂhuaŋ³¹	
（一）床（被面）	床 tʂhuaŋ³¹	
（一）张（毯子）	张 tʂaŋ⁴⁵	
（一）把（沙子）	把 pa⁵⁴	
（一）颗（沙子）	颗 kho⁵⁴	
（一）张（纸）	张 tʂaŋ⁴⁵	

（一）页（纸） 页 iɛ³¹

（一）道（工序） 道 tau²¹³

（一）条（沟） 条 thiau³¹

（一）道（彩虹） 根 kən⁴⁵

条 thiau³¹

（一）条（街） 条 thiau³¹

（一）副（眉毛） 双 ʂuaŋ⁴⁵

对 tuəi²¹³

（一）扇（门） 扇 ʂan²¹³

（一）个（窗户） 个 ko²¹³

（一）扇（窗户） 扇 ʂan²¹³

（一）道（命令） 条 thiau³¹

道 tau²¹³

（一）堵（墙） 堵 təu⁵⁴

（一）个（山口） 个 ko²¹³

（一）块（疤） 团 tuan³¹

（一）块（伤疤） 块 khuai⁵⁴

（一）道（题） 个 ko²¹³

（一）座（水坝） 座 tso²¹³

（一）把（汗） 把 pa⁵⁴

（一）滴（水） 滴 ti³¹

（一）滩（水） 滩 than⁴⁵

（一）滴（血） 滴 ti³¹

（一）点（理由） 点 tɛn⁵⁴

（一）个（理由） 个 ko²¹³

（一）点（意见） 点 tɛn⁵⁴

（一）个（意见） 个 ko²¹³

（一）张（钞票） 张 tʂaŋ⁴⁵

（一）沓（钞票） 沓 ta³¹

（一）份（文件） 份 fən²¹³

（一）顶（帽子） 个 ko²¹³

顶 tin⁵⁴

（一）副（蚊帐）　　笼 loŋ³¹

（一）块（墨）　　　块 khuai⁵⁴

（一）根（电线）　　条 thiau³¹

（一）则（故事）　　篇 phɛn⁴⁵

（一）根（管子）　　根 kən⁴⁵

（一）句（话）　　　句 tʃyi²¹³

（一）段（话）　　　段 tuan²¹³

（一）席（话）　　　席 si³¹

（一）篇（日记）　　篇 phɛn⁴⁵

（一）篇（文章）　　篇 phɛn⁴⁵

（一）首（曲子）　　首 ʂou⁵⁴

（一）堆（垃圾）　　堆 tuəi⁴⁵

（一）撮（垃圾）　　□tʃyi²¹³

（一）个（翅膀）　　只 tʂʅ³¹

（一）双（翅膀）　　对 tuəi²¹³

　　　　　　　　　　双 ɕɥaŋ⁴⁵

（一）个（蹄子）　　个 ko²¹³

（一）副（电池）　　对 tuəi²¹³

　　　　　　　　　　副 fu²¹³

（一）节（电池）　　节 tsɛ³¹

（一）只（耳朵）　　只 tʂʅ³¹

（一）副（耳朵）　　对 tuəi²¹³

（一）个（耳机）　　个 ko²¹³

（一）副（耳机）　　副 fu²¹³

（一）个（矛盾）　　个 ko²¹³

（一）只（手镯）　　根 kən⁴⁵

　　　　　　　　　　只 tʂʅ³¹

　　　　　　　　　　个 ko²¹³

（一）副（手镯）　　对 tuəi²¹³

　　　　　　　　　　副 fu²¹³

（一）只（眼睛）　　只 tʂʅ³¹

（一）双（眼睛）　　双 ɕɥaŋ⁴⁵

（一）只（鸳鸯）　　　个 ko²¹³

（一）对（鸳鸯）　　　对 tuəi²¹³

（一）片（霞）　　　　片 phɛn²¹³

（一）片（云）　　　　块 khuai⁵⁴

　　　　　　　　　　　朵 to⁵⁴

（一）句（话）　　　　句 tʃyi²¹³

（一）席（话）　　　　席 si³¹

（一）片（心意）　　　片 phɛn²¹³

（一）枚（图章）　　　颗 kho⁵⁴

（一）方（砚台）　　　个 ko²¹³

（一）匹（骆驼）　　　匹 phi³¹

（一）块（肉）　　　　块 khuai⁵⁴

（一）片（瓦）　　　　块 khuai⁵⁴

（一）副（药）　　　　副 fu²¹³

（一）片（叶子）　　　张 tʂaŋ⁴⁵

　　　　　　　　　　　片 phɛn²¹³

（一）副（胡子）　　　片 phɛn²¹³

（一）把（胡子）　　　把 pa⁵⁴

（一）本（杂志）　　　本 pən⁵⁴

（一）件（衣服）　　　件 tʃɛn²¹³

（一）套（衣服）　　　套 thau²¹³

（一）身（衣服）　　　身 ʂən⁴⁵

（一）个（肩膀）　　　边 pɛn⁴⁵

（一）对（肩膀）　　　双 ɕuaŋ⁴⁵指人的两边肩膀

（一）双（翅膀）　　　双 ɕuaŋ⁴⁵

（一）条（腿）　　　　只 tʂʅ³¹

（一）双（脚）　　　　双 ɕuaŋ⁴⁵

（一）只（脚）　　　　只 tʂʅ³¹

（一）条（尾巴）　　　根 kən⁴⁵

（一）支（筷子）　　　支 tʂʅ⁴⁵

（一）双（筷子）　　　双 ɕuaŋ⁴⁵

（一）把（筷子）　　　把 pa⁵⁴

（一） 副 （手套）	双 ʂuaŋ⁴⁵
	对 tuəi²¹³
（一） 只 （手套）	只 tʂʅ³¹
（一） 双 （腿）	双 ʂuaŋ⁴⁵
（一） 条 （腿）	只 tʂʅ³¹
（一） 双 （鞋）	双 ʂuaŋ⁴⁵
（一） 只 （鞋）	只 tʂʅ³¹
（一） 双 （眼睛）	双 ʂuaŋ⁴⁵
（一） 只 （眼睛）	只 tʂʅ³¹
（一） 只 （船）	只 tʂʅ³¹
（一） 叠 （钞票）	叠 tɛ³¹
（一） 架 （缝纫机）	架 tʃia²¹³
（一） 台 （机器）	台 thai³¹
（一） 个 （马达）	个 ko²¹³
（一） 台 （收音机）	台 thai³¹
（一） 架 （拖拉机）	架 tʃia²¹³
（一） 场 （戏）	场 tʂhaŋ³¹
（一） 把 （钻）	把 pa⁵⁴
（一） 顶 （轿子）	顶 tin⁵⁴
（一） 块 （泥）	块 khuai⁵⁴
	坨 tho³¹
（一） 堆 （泥）	堆 tuəi⁴⁵
（一） 件 （家具）	样 iaŋ²¹³
（一） 套 （家具）	套 thau²¹³
（一） 堂 （课）	堂 thaŋ³¹
（一） 节 （课）	节 tsɛ³¹
（一） 种 （办法）	种 tʂoŋ⁵⁴
（一） 张 （唱片）	板 pan⁵⁴
（一） 套 （唱片）	套 thau²¹³
（一） 幅 （画）	张 tʂaŋ⁴⁵
（一） 条 （鞭子）	条 thiau³¹
	根 kən⁴⁵

（一）块（碑）　　　　座 tso²¹³

（一）块（手表）　　　个 ko²¹³

　　　　　　　　　　　块 khuai⁵⁴

（一）块（饼干）　　　块 khuai⁵⁴

（一）盒（饼干）　　　盒 xo³¹

（一）块（玻璃）　　　块 khuai⁵⁴

（一）匹（布）　　　　匹 phi³¹

（一）块（布）　　　　段 tuan²¹³强调不是整匹

（一）幅（窗帘）　　　幅 fu³¹

（一）块（豆腐）　　　块 khuai⁵⁴

（一）块（肥皂）　　　块 khuai⁵⁴

（一）根（骨头）　　　根 kən⁴⁵一般用于长条状的骨头

（一）节（骨头）　　　节 tsɛ³¹一般用于截断的长条状骨头

（一）块（骨头）　　　块 khuai⁵⁴一般用于块状的骨头

（一）块（姜）　　　　瓣 pan²¹³

（一）面（镜子）　　　面 mɛn²¹³

（一）截（木头）　　　截 tsɛ³¹按一定规格截取木料，每一段叫一截

（一）根（木头）　　　根 kən⁴⁵

（一）片（肉）　　　　片 phɛn²¹³

（一）块（石头）　　　个 ko²¹³

（一）条（毛巾）　　　张 tʂaŋ⁴⁵

（一）颗（糖）　　　　颗 kho⁵⁴

（一）块（头巾）　　　张 tʂaŋ⁴⁵

（一）个（瓜）　　　　个 ko²¹³

（ 一 ）个（黄瓜）　　个 ko²¹³

（一）个（西瓜）　　　个 ko²¹³

（一）块（西瓜）　　　块 kuai⁵⁴破开后的西瓜的每一部分

（一）个（香蕉）　　　个 ko²¹³

（一）□（香蕉）　　　□lo⁵⁴指整串香蕉

（一）串（香蕉）　　　串 tʂhuan²¹³

（一）个（月饼）　　　个 ko²¹³

（一）朵（云）　　　　朵 to⁵⁴

（一）颗（豆子）　　颗 kho⁵⁴

（一）颗（瓜子）　　颗 kho⁵⁴

（一）颗（花生）　　颗 kho⁵⁴

（一）粒（粮食）　　颗 kho⁵⁴

（一）粒（米）　　　颗 kho⁵⁴

（一）粒（沙子）　　颗 kho⁵⁴

（一）粒（药）　　　颗 kho⁵⁴

（一）粒（种子）　　颗 kho⁵⁴

（一）颗（子弹）　　颗 kho⁵⁴

（一）颗（钻石）　　颗 kho⁵⁴

（一）辆（车）　　　辆 liaŋ⁵⁴

（一）辆（坦克）　　辆 liaŋ⁵⁴

（一）列（火车）　　列 lɛ²¹³

（一）节（火车车厢）节 tsɛ³¹

（一）张（席子）　　张 tʂaŋ⁴⁵

（一）卷（席子）　　卷 tʃyɛn⁵⁴

（一）根（毛）　　　根 kən⁴⁵

（一）撮（毛）　　　□ tʃyi²¹³

（一）子（头发）　　子 tsɿ⁵⁴一小撮

（一）根（头发）　　根 kən⁴⁵

（一）支（队伍）　　支 tʂɿ⁴⁵

（一）股（气）　　　股 ku⁵⁴

（一）股（丝）　　　股 ku⁵⁴

（一）根（丝）　　　根 kən⁴⁵

（一）股（烟）　　　股 ku⁵⁴

（一）个（碗）　　　个 ko²¹³

（一）套（碗）　　　副 fu²¹³共 10 个，正好适合一桌人使用

（一）块（砖）　　　块 khuai²¹³

（一）颗（钉子）　　颗 kho⁵⁴

（一）枚（火箭）　　个 ko²¹³

（一）张（邮票）　　张 tʂaŋ⁴⁵

（一）门（功课）　　门 mən³¹

（一）门（技术） 门 mən³¹

（一）门（炮） 个 ko²¹³

门 mən³¹

（一）面（鼓） 个 ko²¹³

（一）面（锣） 个 ko²¹³

（一）把（琵琶） 个 ko²¹³

（一）面（旗） 块 kuai⁵⁴

手 ʂu⁵⁴

（一）群（工人） 帮 paŋ⁴⁵

（一）个（工人） 个 ko²¹³

（一）排（牙齿） 排 phai³¹

（一）颗（牙齿） 个 ko²¹³

颗 kho⁵⁴

根 kən⁴⁵

（一）口（牙齿） 口 khəu⁵⁴

（一）盘（磨） 副 fu²¹³

（一）个（碾子） 座 tso²¹³

（一）副（棋） 副 fu²¹³

（一）盘（棋） 盘 phan³¹

（一）批（货物） 批 phi⁴⁵

（一）件（货物） 件 tʃɛn²¹³

（一）批（商品） 批 phi⁴⁵

（一）件（商品） 件 tʃɛn²¹³

（一）件（武器） 只 tʂʅ³¹

件 tʃɛn²¹³

（一）匹（骡子） 匹 phi³¹

（一）匹（马） 匹 phi³¹

（一）个（故事） 个 ko²¹³

（一）段（日记） 段 tuan²¹³

（一）步（台阶） 步 pu²¹³

（一）家（饭店） 家 tʃia⁴⁵

（一）家（旅馆） 个 ko²¹³

家 tʃia⁴⁵

（一）家（工厂）	个 ko²¹³	
（一）个（企业）	个 ko²¹³	
（一）户（人家）	户 fu²¹³	
（一）家（商店）	个 ko²¹³	
（一）家（书店）	个 ko²¹³	
（一）家（医院）	个 ko²¹³	
（一）家（银行）	个 ko²¹³	

家 tʃia⁴⁵

（一）架（飞机）	架 tʃia²¹³	
（一）□（葡萄）	□tsai⁵⁴	
（一）架（琴）	架 tʃia²¹³	
（一）把（琴）	把 pa⁵⁴	
（一）架（钢琴）	座 tso²¹³	
（一）台（仪器）	台 thai³¹	
（一）架（梯子）	架 tʃia²¹³	
（一）件（东西）	件 tʃɛn²¹³	
（一）样（东西）	样 iaŋ²¹³	
（一）样（工具）	样 iaŋ²¹³	
（一）项（工作）	个 ko²¹³	

项 xaŋ²¹³

（一）样（家具）	样 iaŋ²¹³单件的家具	
（一）套（家具）	套 thau²¹³	
（一）份（礼物）	份 fən²¹³	
（一）件（上衣）	件 tʃɛn²¹³	
（一）包（行李）	包 pau⁴⁵	
（一）根（甘蔗）	根 kən⁴⁵	
（一）节（课堂）	节 tsɛ³¹	
（一）节（藕）	节 tsɛ³¹	
（一）根（竹子）	根 kən⁴⁵	
（一）根（电线）	条 thiau³¹	
（一）根（管子）	根 kən⁴⁵	

（一）截（管子）　　　截 tsɛ³¹

（一）句（话）　　　　句 tʃyi²¹³

（一）句（口号）　　　句 tʃyi²¹³

（一）句（诗）　　　　句 tʃyi²¹³

（一）首（诗）　　　　首 ʂou⁵⁴

（一）具（尸体）　　　个 ko²¹³

（一）副（棺材）　　　盒 xo³¹

　　　　　　　　　　　副 fu²¹³

（一）卷（电线）　　　卷 tʃyɛn⁵⁴

（一）根（葱）　　　　根 kən⁴⁵

（一）个（地雷）　　　个 ko²¹³

（一）枚（手榴弹）　　个 ko²¹³

（一）颗（炸弹）　　　个 ko²¹³

　　　　　　　　　　　颗 kho⁵⁴

（一）颗（子弹）　　　颗 kho⁵⁴

（一）颗（星星）　　　颗 kho⁵⁴

（一）条（隧道）　　　个 ko²¹³

（一）口（缸）　　　　个 ko²¹³

（一）口（锅）　　　　口 khou⁵⁴

（一）把（剑）　　　　把 pa⁵⁴

（一）口（井）　　　　个 ko²¹³

（一）副（嗓子）　　　条 thiau³¹

（一）部（收音机）　　台 thai³¹

（一）把（刷子）　　　把 pa⁵⁴

（一）对（水桶）　　　挑 thiau⁴⁵

（一）个（水桶）　　　只 tʂʅ³¹

　　　　　　　　　　　个 ko²¹³

（一）支（唢呐）　　　支 tʂʅ⁴⁵

（一）支（笛子）　　　支 tʂʅ⁴⁵

（一）支（箫）　　　　支 tʂʅ⁴⁵

（一）道（题）　　　　道 tau²¹³

（一）份（文件）　　　本 pən⁵⁴用于多页册子样的文件

份 fən²¹³

（一）场（戏）　　　场 tʂhaŋ³¹

（一）张（渔网）　　个 ko²¹³

张 tʂaŋ⁴⁵

（一）对（鸳鸯）　　对 tuəi²¹³

（一）只（鸳鸯）　　只 tʂʅ³¹

（一）个（枕头）　　个 ko²¹³

（一）对（枕头）　　对 tuəi²¹³

（一）道（政策）　　条 thiau³¹

（一）口（挂钟）　　口 khəu⁵⁴

（一）张（桌子）　　个 ko²¹³

张 tʂaŋ⁴⁵

（一）枝（笔）　　　枝 tʂʅ⁴⁵

（一）张（嘴）　　　个 ko²¹³

张 tʂaŋ⁴⁵

（一）根（扁担）　　条 thiau³¹

（一）条（肠子）　　根 kən⁴⁵

（一）盏（日光灯）　根 kən⁴⁵

（一）盒（火柴）　　盒 xo³¹

（一）根（筋）　　　条 thiau³¹

（一）根（蜡烛）　　根 kən⁴⁵

支 tʂʅ⁴⁵

（一）根（毛线）　　根 kən⁴⁵

支 tʂʅ⁴⁵

（一）团（毛线）　　团 thuan³¹

（一）根（神经）　　条 thiau³¹

（一）根（绳子）　　根 kən⁴⁵

条 thiau³¹

（一）根（树枝）　　根 kən⁴⁵

（一）根（线）　　　根 kən⁴⁵

支 tʂʅ⁴⁵

（一）团（线）　　　团 thuan³¹

（一）根（铁丝）　　　根 kən⁴⁵

（一）卷（铁丝）　　　卷 tʃyɛn⁵⁴

（一）捆（铁丝）　　　捆 khuən⁵⁴

（一）截（铁丝）　　　段 tuan²¹³

（一）根（头发）　　　根 kən⁴⁵

　　　　　　　　　　条 thiau³¹

（一）条（尾巴）　　　条 thiau³¹

（一）根（香烟）　　　支 tʂʅ⁴⁵

　　　　　　　　　　杆 kan⁵⁴

（一）盒（香烟）　　　盒 xo³¹

（一）条（香烟）　　　条 thiau³¹ 10 盒装称为一条

（一）根（腰带）　　　条 thiau³¹

（一）根（柱子）　　　根 kən⁴⁵

（一）个（鞭炮）　　　个 ko²¹³

（一）挂（鞭炮）　　　挂 kua²¹³

（一）颗（珠子）　　　颗 kho⁵⁴

（一）支（笛子）　　　支 tʂʅ⁴⁵

（一）桌（饭）　　　　桌 tʂo³¹

（一）口（饭）　　　　口 khəu⁵⁴

（一）封（信）　　　　封 foŋ⁴⁵

（一）幅（地图）　　　张 tʂaŋ⁴⁵

（一）本（地图）　　　本 pən⁵⁴ 成册的地图

（一）张（相片）　　　张 tʂaŋ⁴⁵

（一）副（耳环）　　　副 fu²¹³

（一）只（耳坏）　　　只 tʂʅ³¹

（一）个（筐）　　　　只 tʂʅ³¹

　　　　　　　　　　个 ko²¹³

（一）个（篮子）　　　只 tʂʅ³¹

（一）对（扑克牌）　　双 ʂuaŋ⁴⁵

（一）张（扑克牌）　　只 tʂʅ³¹

（一）副（眼镜）　　　副 fu²¹³

（一）把（秤）　　　　把 pa⁵⁴

（一）个（鼻子）　　只 tʂɿ³¹

　　　　　　　　　　个 ko²¹³

　　　　　　　　　　对 tuəi²¹³因为鼻孔是两个

（一）张（床）　　个 ko²¹³

　　　　　　　　　　张 tʂaŋ⁴⁵

（一）场（电影）　场 tʂhaŋ³¹

（一）支（胳膊）　支 tʂɿ⁴⁵

（一）首（歌）　　首 ʂəu⁵⁴

（一）首（乐曲）　首 ʂəu⁵⁴

（一）项（工作）　项 ʃiaŋ²¹³

（一）口（锅）　　个 ko²¹³

（一）项（计划）　项 ʃiaŋ²¹³

（一）只（角）　　只 tʂɿ³¹

（一）个（客人）　个 ko²¹³

（一）个（袋子）　根 kən⁴⁵

（一）个（喇叭）　支 tʂɿ⁴⁵

　　　　　　　　　　个 ko²¹³

（一）支（唢呐）　个 ko²¹³

（一）声（雷）　　声 ʂən⁴⁵

（一）条（理由）　条 thiau³¹

（一）张（帘子）　张 tʂaŋ⁴⁵

（一）条（路线）　条 thiau³¹

（一）个（轮子）　个 ko²¹³

（一）个（麻袋）　根 kən⁴⁵

（一）个（口袋）　根 kən⁴⁵

（一）个（马达）　个 ko²¹³

（一）个（馒头）　个 ko²¹³

（一）个（矛盾）　个 ko²¹³

（一）步（桥）　　步 pu²¹³

（一）幅（标语）　张 tʂaŋ⁴⁵

（一）根（肠子）　条 thiau³¹

　　　　　　　　　　根 kən⁴⁵

（一）条（虫子）　　　条 thiau³¹

（一）截（电线）　　　段 tuan²¹³

（一）卷（电线）　　　卷 tʃyɛn⁵⁴

（一）块（肥皂）　　　条 thiau³¹可分成两截（多截）的整块肥皂

　　　　　　　　　　　节 tsɛ³¹分成两截（多截）的肥皂中的一截

（一）条（沟）　　　　条 thiau³¹

（一）条（裤子）　　　条 thiau³¹

（一）条（理由）　　　条 thiau³¹

（一）条（命）　　　　条 thiau³¹

（一）个（牛头）　　　个 ko²¹³

（一）条（枪）　　　　条 thiau³¹

（一）根（舌头）　　　根 kən⁴⁵

（一）块（手绢）　　　张 t ʂaŋ⁴⁵

（一）块（头巾）　　　张 t ʂaŋ⁴⁵

（一）条（围巾）　　　条 thiau³¹

（一）条（消息）　　　条 thiau³¹

（一）颗（心）　　　　颗 kho⁵⁴

（一）根（腰带）　　　条 thiau³¹

（一）片（膏药）　　　片 phɛn²¹³

（一）块（药膏）　　　块 khuai⁵⁴

（一）堆（火）　　　　堆 tuəi⁴⁵

（一）分（成绩）　　　分 fən⁴⁵

（一）项（计划）　　　项 ʃiaŋ²¹³

（一）个（任务）　　　个 ko²¹³

（一）笔（收入）　　　笔 pi³¹

（一）个（制度）　　　个 ko²¹³

（一）盏（灯）　　　　个 ko²¹³

　　　　　　　　　　　盏 t ʂan⁵⁴

（一）张（报纸）　　　张 t ʂaŋ⁴⁵

（一）份（报纸）　　　份 fən²¹³

（一）个（表格）　　　个 ko²¹³

（一）个（布告）　　　个 ko²¹³

（一）个（烙饼）	块 khuai⁵⁴
（一）层（皮）	层 tshən³¹
（一）套（邮票）	套 thau²¹³
（一）支（枪）	杆 kan⁵⁴
	条 thiau³¹
（一）把（牙刷）	把 pa⁵⁴
（一）瓣（花）	瓣 pan²¹³ 指花瓣
（一）枝（箭）	枝 tʂʅ⁴⁵
（一）个（信箱）	个 ko²¹³
个把两个	个把两个 ko²¹³ pa⁵⁴ liaŋ⁵⁴ ko²¹³
十多个	十把多个 ʂʅ³¹ pa⁵⁴ to⁴⁵ ko²¹³
十来个	十把个 ʂʅ³¹ pa⁵⁴ ko²¹³
几十个	几十个 tʃi⁵⁴ ʂʅ³¹ ko²¹³
上百个	上百个 ʂaŋ²¹³ pɛ³¹ ko²¹³
百把个	百把来个 pɛ³¹ pa⁵⁴ lai³¹ ko²¹³
一百零几个	百十来个 pɛ³¹ ʂʅ³¹ lai³¹ ko²¹³
千把人	千把人 tshɛn⁴⁵ pa⁵⁴ zən³¹
百把人	百把人 pɛ³¹ pa⁵⁴ zən³¹
万把块钱	万把块钱 uan²¹³ pa⁵⁴ khuai⁵⁴ tshɛn³¹
万把几万	万把几万 uan²¹³ pa⁵⁴ tʃi⁵⁴ uan²¹³
里把路	里把路 li⁵⁴ pa⁵⁴ ləu²¹³
里把两里路	里把两里路 li⁵⁴ pa⁵⁴ liaŋ⁵⁴ li⁵⁴ ləu²¹³
亩把两亩	亩把两亩 məu⁵⁴ pa⁵⁴ liaŋ⁵⁴ məu⁵⁴
半小时左右	半把个钟头 pan²¹³ pa⁵⁴ ko²¹³ tʂoŋ⁴⁵ thəu³¹
十来个	十把个 ʂʅ³¹ pa⁵⁴ ko²¹³
一百来个	百把个 pɛ³¹ pa⁵⁴ ko²¹³
一千来人	千把人 tshɛn⁴⁵ pa⁵⁴ zən³¹
一万来块钱	万把块钱 uan²¹³ pa⁵⁴ khuai⁵⁴ tshɛn³¹
一里左右的路	里把路 li⁵⁴ pa⁵⁴ ləu²¹³
一两里路	里把两里路 li⁵⁴ pa⁵⁴ liaŋ⁵⁴ li⁵⁴ ləu²¹³
一两个	个把两个 ko²¹³ pa⁵⁴ liaŋ⁵⁴ ko²¹³
一两条	条把两条 thiau³¹ pa⁵⁴ liaŋ⁵⁴ thiau³¹

一两次	次把次 tsʅ²¹³pa⁵⁴tsʅ²¹³
	次把两次 tsʅ²¹³pa⁵⁴liaŋ⁵⁴tsʅ²¹³
一两回	回把回 xuəi³¹pa⁵⁴xuəi³¹
	回把两回 xuəi³¹pa⁵⁴liaŋ⁵⁴xuəi³¹
一号	一号 i³¹xau²¹³指日期，下同
二号	二号 o²¹³xau²¹³
三号	三号 san⁴⁵xau²¹³
四号	四号 sʅ²¹³xau²¹³
五号	五号 u⁵⁴xau²¹³
六号	六号 lu³¹xau²¹³
七号	七号 tshi³¹xau²¹³
八号	八号 pa³¹xau²¹³
九号	九号 tʃiəu⁵⁴xau²¹³
十号	十号 ʂʅ³¹xau²¹³
初一	初一 tshəu⁴⁵i³¹
初二	初二 tshəu⁴⁵o²¹³
初三	初三 tshəu⁴⁵san⁴⁵
初四	初四 tshəu⁴⁵sʅ²¹³
初五	初五 tshəu⁴⁵u⁵⁴
初六	初六 tshəu⁴⁵lu³¹
初七	初七 tshəu⁴⁵tshi³¹
初八	初八 tshəu⁴⁵pa³¹
初九	初九 tshəu⁴⁵tʃiəu⁵⁴
初十	初十 tshəu⁴⁵ʂʅ³¹
老大	老大 lau³⁴ta²¹³
老二	老二 lau⁵⁴o²¹³
老三	老三 lau⁵⁴san⁴⁵
老四	老四 lau⁵⁴sʅ²¹³
老五	老五 lau⁵⁴u⁵⁴
老六	老六 lau⁵⁴ləu³¹
老七	老七 lau⁵⁴tshi³¹
老八	老八 lau⁵⁴pa³¹

老九	老九 lau⁵⁴tʃiəu⁵⁴
老十	老十 lau⁵⁴ʂ̩³¹
排行最末	老满 lau⁵⁴man⁵⁴
	老幺 lau⁵⁴iau⁴⁵
	老仔 lau⁵⁴tsai⁵⁴
大哥	大哥 ta²¹³ko⁴⁵
二哥	二哥 o²¹³ko⁴⁵
一个	一个 i³¹ko²¹³
两个	两个 liaŋ⁵⁴ko²¹³
三个	三个 san⁴⁵ko²¹³
四个	四个 sɿ²¹³ko²¹³
五个	五个 u⁵⁴ko²¹³
六个	六个 ləu³¹ko²¹³
七个	七个 tshi³¹ko²¹³
八个	八个 pa³¹ko²¹³
九个	九个 tʃiəu⁵⁴ko²¹³
十个	十个 ʂ̩³¹ko²¹³
第一	第一 ti²¹³i⁴⁵
第二	第二 ti²¹³o²¹³
第三	第三 ti²¹³san⁴⁵
第四	第四 ti²¹³sɿ²¹³
第五	第五 ti²¹³u⁵⁴
第六	第六 ti²¹³ləu³¹
第七	第七 ti²¹³tshi³¹
第八	第八 ti²¹³pa³¹
第九	第九 ti²¹³tʃiəu⁵⁴
第十	第十 ti²¹³ʂ̩³¹
第一个	第一个 ti²¹³i⁴⁵ko²¹³
第二个	第二个 ti²¹³o²¹³ko²¹³
第三个	第三个 ti²¹³san⁴⁵ko²¹³
第四个	第四个 ti²¹³sɿ²¹³ko²¹³
第五个	第五个 ti²¹³u⁵⁴ko²¹³

第六个	第六个 ti²¹³ləu³¹ko²¹³
第七个	第七个 ti²¹³tshi³¹ko²¹³
第八个	第八个 ti²¹³pa³¹ko²¹³
第九个	第九个 ti²¹³tʃiəu⁵⁴ko²¹³
第十个	第十个 ti²¹³ʂ̩³¹ko²¹³
一	一 i̇³¹
二	二 o²¹³
三	三 san⁴⁵
四	四 sɿ²¹³
五	五 u⁵⁴
六	六 ləu³¹/lu³¹
七	七 tshi³¹
八	八 pa³¹
九	九 tʃiəu⁵⁴
十	十 ʂ̩³¹
十一	十一 ʂ̩³¹i̇³¹
二十	二十 o²¹³ʂ̩³¹
二十一	二十一 o²¹³ʂ̩³¹i̇³¹
三十	三十 san⁴⁵ʂ̩³¹
三十一	三十一 san⁴⁵ʂ̩³¹i̇³¹
四十	四十 sɿ²¹³ʂ̩³¹
四十一	四十一 sɿ²¹³ʂ̩³¹i̇³¹
五十	五十 u⁵⁴ʂ̩³¹
五十一	五十一 u⁵⁴ʂ̩³¹i̇³¹
六十	六十 ləu³¹ʂ̩³¹
六十一	六十一 ləu³¹ʂ̩³¹i̇³¹
七十	七十 tshi³¹ʂ̩³¹
七十一	七十一 tshi³¹ʂ̩³¹i̇³¹
八十	八十 pa³¹ʂ̩³¹
八十一	八十一 pa³¹ʂ̩³¹i̇³¹
九十	九十 tʃiəu⁵⁴ʂ̩³¹
九十一	九十一 tʃiəu⁵⁴ʂ̩³¹i̇³¹

一百	一百 i³¹ pɛ⁴⁵
一千	一千 i³¹ tshɛn⁴⁵
一百一十	一百一十 i³¹ pɛ³¹ i³¹ ʂʅ³¹
	一百一 i³¹ pɛi³¹ i³¹
一百一十个	一百一十个 i³¹ pɛ³¹ i³¹ ʂʅ³¹ ko²¹³
一百一十一	一百一十一 i³¹ pɛ³¹ i³¹ ʂʅ³¹ i³¹
一百一十二	一百一十二 i³¹ pɛ³¹ i³¹ ʂʅ³¹ o²¹³
一百二十	一百二十 i³¹ pɛ³¹ o²¹³ ʂʅ³¹
	一百二 i³¹ pɛ³¹ o²¹³
一百三十	一百三十 i³¹ pɛ³¹ san⁴⁵ ʂʅ³¹
	一百三 i³¹ pɛ³¹ san⁴⁵
一百五十	一百五十 i³¹ pɛ³¹ u⁵⁴ ʂʅ³¹
	一百五 i³¹ pɛ³¹ u⁵⁴
一百五十个	一百五十个 i³¹ pɛ³¹ u⁵⁴ ʂʅ³¹ ko²¹³
二百五十	二百五十 o²¹³ pɛ³¹ u⁵⁴ ʂʅ³¹
	两百五十 liaŋ⁵⁴ pɛ³¹ u⁵⁴ ʂʅ³¹
二百五	二百五 o²¹³ pɛ³¹ u⁵⁴ 也可戏称傻子
二百五十个	二百五十个 liaŋ⁵⁴ pɛ³¹ u⁵⁴ ʂʅ³¹ ko²¹³
三百一十	三百一十 san⁴⁵ pɛ³¹ i³¹ ʂʅ³¹
	三百一 san⁴⁵ pɛ³¹ i³¹
三百三十	三百三十 san⁴⁵ pɛ³¹ san⁴⁵ ʂʅ³¹
	三百三 san⁴⁵ pɛ³¹ san⁴⁵
三百六十	三百六十 san⁴⁵ pɛ³¹ ləu³¹ ʂʅ³¹
	三百六 san⁴⁵ pɛ³¹ ləu³¹
三百八十	三百八十 san⁴⁵ pɛ³¹ pa³¹ ʂʅ³¹
	三百八 san⁴⁵ pɛ³¹ pa³¹
一千一百	一千一百 i³¹ tshɛn⁴⁵ i³¹ pɛ³¹
	一千一 i³¹ tshɛn⁴⁵ i³¹
一千一百个	一千一百个 i³¹ tshɛn⁴⁵ i³¹ pɛ³¹ ko²¹³
一千九百	一千九百 i³¹ tshɛn⁴⁵ tʃiəu⁵⁴ pɛ³¹
	一千九 i³¹ tshɛn⁴⁵ tʃiəu⁵⁴
一千九百个	一千九百个 i³¹ tshɛn⁴⁵ tʃiəu⁵⁴ pɛ³¹ ko²¹³

三千	三千 san⁴⁵tshɛn⁴⁵
五千	五千 u⁵⁴tshɛn⁴⁵
八千	八千 pa³¹tshɛn⁴⁵
一万	一万 i˙³¹uan²¹³
一万两千	一万二千 i˙³¹uan²¹³o²¹³tshɛn⁴⁵
	一万二 i˙³¹uan²¹³o²¹³
一万两千个	一万二千个 i˙³¹uan²¹³o²¹³tshɛn⁴⁵ko²¹³
三万五千	三万五千 san⁴⁵uan²¹³u⁵⁴tshɛn⁴⁵
	三万五 san⁴⁵uan²¹³u⁵⁴
三万五千个	三万五千个 san⁴⁵uan²¹³u⁵⁴tshɛn⁴⁵ko²¹³
零	零 lin³¹
两斤	二斤 o²¹³tʃin⁴⁵
	两斤 liaŋ⁵⁴tʃin⁴⁵
二两	二两 o²¹³liaŋ⁵⁴
两钱	二钱 o²¹³tshɛn³¹
	两钱 liaŋ⁵⁴tshɛn³¹
两分	二分 o²¹³fən⁴⁵
	两分 liaŋ⁵⁴fən⁴⁵
两厘	二厘 o²¹³li³¹
	两厘 liaŋ⁵⁴li³¹
两丈	二丈 o²¹³tʂaŋ²¹³
	两丈 liaŋ⁵⁴tʂaŋ²¹³
两尺	二尺 o²¹³tʂʅ³¹
	两尺 liaŋ⁵⁴tʂʅ³¹
两寸	二寸 o²¹³tɕhon²¹³
	两寸 liaŋ⁵⁴tshən²¹³
二里	二里 o²¹³li⁵⁴
	两里 liaŋ⁵⁴li⁵⁴
两担	二担 o²¹³tan²¹³
	两担 liaŋ⁵⁴tan²¹³
两斗	二斗 o²¹³təu⁵⁴
	两斗 liaŋ⁵⁴təu⁵⁴

两升   二升 o²¹³ ʂən⁴⁵

              两升 liaŋ⁵⁴ ʂən⁴⁵

两项   二项 o²¹³ xaŋ²¹³

              两项 liaŋ⁵⁴ xaŋ²¹³

两亩   二亩 o²¹³ məu⁵⁴

              两亩 liaŋ⁵⁴ məu⁵⁴

几个   几个 tʃi⁴⁵ ko²¹³ 表疑问

              好多个 xau⁵⁴ to⁴⁵ ko²¹³

              好几个 xau⁵⁴ tʃi⁵⁴ ko²¹³

一点儿   一点 i³¹ tɛn⁵⁴

              一点点 i³¹ tɛn⁵⁴ tɛn⁵⁴ 比 "一点" 更少一些

大一点   大点 ta²¹³ tɛn⁵⁴

十多个   十多个 ʂʅ³¹ to⁴⁵ ko²¹³ 15 以上，不到 20

十来个   十把个 ʂʅ³¹ pa⁵⁴ ko²¹³ 11 个到 15 个

一百多个   一百多个 i³¹ pɛ³¹ to⁴⁵ ko²¹³

百把个   百把个 pɛ³¹ pa⁵⁴ ko²¹³

半个   半个 pan²¹³ ko²¹³

一半   一半 i³¹ pan²¹³

两半   两半 liaŋ⁵⁴ pan²¹³

一多半   多半 to⁴⁵ pan²¹³

一大半   一大半 i³¹ ta²¹³ pan²¹³

一个半   一个半 i³¹ ko²¹³ pan²¹³

一个来回   一上下 i³¹ ʂaŋ²¹³ ʃia²¹³ / i³¹ ʂaŋ²¹³ xa²¹³

              一左右 i³¹ tso⁵⁴ iəu²¹³

二十二 后加成分

—得很 tɛ³¹ xən⁵⁴

—要命（要死）iau²¹³ min²¹³ （iau²¹³ sʅ⁵⁴）

—不得了 pu³¹ tɛ³¹ liau⁵⁴

最—不过 tsuəi²¹³—pu³¹ ko²¹³ （最好不过，最肥不过）

吃头 tʃhi³¹ thəu³¹ （这种粑粑没得吃头）

喝头 xo⁴⁵ thəu³¹ （这种酒没得喝头）

看头 khan²¹³thəu³¹

苦头 khu⁵⁴thəu³¹

甜头 thɛn³¹thəu³¹

二十三　熟语

成语

一年半载	一年半载 i³¹ȵɛn³¹pan²¹³tsai⁵⁴
一清二白	一清二白 i³¹tshin⁴⁵o²¹³pɛ³¹
一清二楚	一清二楚 i³¹tshin⁴⁵o²¹³tshəu⁵⁴
一干二净	一干二净 i³¹kan⁴⁵o²¹³tsin²¹³
阴差阳错	阴差阳错 in⁴⁵tʂha⁴⁵iaŋ³¹tsho²¹³
一刀两断	一刀两断 i³¹tau⁴⁵liaŋ⁵⁴tuan²¹³
一举两得	一举两得 i³¹tʃyi⁵⁴liaŋ⁵⁴tɛ³¹
三番五次	三番五次 san⁴⁵fan⁴⁵u⁵⁴tshʅ²¹³
三番两次	三番两次 san⁴⁵fan⁴⁵liaŋ⁵⁴tshʅ²¹³
三年五载	三年五载 san⁴⁵ȵɛn³¹u⁵⁴tsai⁵⁴
	千年八载 tshɛn⁴⁵ȵɛn³¹pa³¹tsai⁵⁴
三天两头	三天两头 san⁴⁵thɛn⁴⁵liaŋ⁵⁴thəu³¹
三天两夜	三天两夜 san⁴⁵thɛn⁴⁵liaŋ⁵⁴iɛ²¹³
三长两短	三长两短 san⁴⁵tʂhaŋ³¹liaŋ⁵⁴tuan⁵⁴
三言两语	三言两语 san⁴⁵iɛn³¹liaŋ⁵⁴yi⁵⁴
三心二意	三心二意 san⁴⁵sin⁴⁵o²¹³i²¹³
	三心两意 san⁴⁵sin⁴⁵liaŋ⁵⁴i⁻²¹³
三三两两	三三两两 san⁴⁵san⁴⁵liaŋ⁵⁴liaŋ⁵⁴
不管不问	二头两不管 san⁴⁵thəu³¹liaŋ⁵⁴pu³¹kuan⁵⁴
一问三不知	三问两不知 san⁴⁵uən²¹³liaŋ⁵⁴pu³¹tʂʅ⁴⁵
三天打鱼两天晒网	三天打鱼两天晒网 san⁴⁵thɛn⁴⁵ta⁵⁴yi³¹liaŋ⁵⁴thɛn⁵⁴

ʂai²¹³uaŋ⁵⁴

四平八稳	四平八稳 sʅ²¹³phin³¹pa³¹uən⁵⁴
四通八达	四通八达 sʅ²¹³thoŋ⁴⁵pa³¹ta³¹
四面八方	四面八方 sʅ²¹³mɛn²¹³pa³¹faŋ⁴⁵
前因后果	前三后四 tshɛn³¹san⁴⁵xəu²¹³sʅ²¹³

左邻右舍　　　左邻右舍 tso⁵⁴ lin³¹ iəu²¹³ ɕ²¹³

四季发财　　　四季发财 sʅ²¹³ tʃi²¹³ fa³¹ tshai³¹

五湖四海　　　五湖四海 u⁵⁴ fu³¹ sʅ²¹³ xai⁵⁴

五花八门　　　五花八门 u⁵⁴ xua⁴⁵ pa³¹ mən³¹

五马分尸　　　五马分尸 u⁵⁴ ma⁵⁴ fən⁴⁵ ʂʅ⁴⁵

左邻右舍　　　五邻四舍 u⁵⁴ lin³¹ sʅ²¹³ ɕ²¹³

　　　　　　　团命四近 thuan³¹ min²¹³ sʅ²¹³ tʃin²¹³

七上八下　　　七上八下 tshi³¹ ʂaŋ²¹³ pa³¹ ʃia²¹³

七零八落　　　七零八落 tshi³¹ lin³¹ pa³¹ lo³¹

乱七八糟　　　乱七八糟 luan²¹³ tshi³¹ pa³¹ tsau⁴⁵

乌七八糟　　　乌七八糟 u⁴⁵ tshi³¹ pa³¹ tsau⁴⁵

东拼西凑　　　七拼八凑 tshi³¹ phin⁴⁵ pa³¹ tshəu²¹³

七手八脚　　　七手八脚 tshi³¹ ʂəu⁵⁴ pa³¹ tʃio³¹

　　　　　　　七脚八手 tshi³¹ tʃio³¹ pa³¹ ʂəu⁵⁴

七嘴八舌　　　七嘴八舌 tshi³¹ tsuəi⁵⁴ pa³¹ ɕ³¹

十全十美　　　十全十美 ʂʅ³¹ tshyɛn³¹ ʂʅ³¹ məi⁵⁴

千辛万苦　　　千辛万苦 tshɛn⁴⁵ sin⁴⁵ uan²¹³ khu⁵⁴

千真万确　　　千真万确 tshɛn⁴⁵ t ʂən⁴⁵ uan²¹³ tʃhio³¹

千军万马　　　千军万马 tshɛn⁴⁵ tʃyn⁴⁵ uan²¹³ ma⁵⁴

千千万万　　　千千万万 tshɛn⁴⁵ tshɛn⁴⁵ uan²¹³ uan²¹³

千变万化　　　千变万化 tshɛn⁴⁵ pɛn²¹³ uan²¹³ xua²¹³

千家万户　　　千家万户 tshɛn⁴⁵ tʃia⁴⁵ uan²¹³ fu²¹³

千言万语　　　千言万语 tshɛn⁴⁵ iɛn³¹ uan²¹³ yi⁵⁴

千难万险　　　千难万险 tshɛn⁴⁵ lan³¹ uan²¹³ ʃɛn⁵⁴

屈打成招　　　苦打成招 khu⁵⁴ ta⁵⁴ t ʂən³¹ t ʂau⁴⁵

坐吃山空　　　坐吃山空 tso²¹³ tʃhi³¹ ʂan⁴⁵ khoŋ⁴⁵

迫不得已　　　逼不得已 pi³¹ pu³¹ tɛ³¹ i⁵⁴

亲力亲为　　　亲力亲为 tshin⁴⁵ li³¹ tshin⁴⁵ uəi³¹

火烧眉毛　　　火烧眉毛 xo⁵⁴ ʂau⁴⁵ mi³¹ mau³¹

指桑骂槐　　　指鸡骂狗 t ʂʅ⁵⁴ tʃi⁴⁵ ma²¹³ kəu⁵⁴

　　　　　　　指桑骂槐 t ʂʅ⁵⁴ saŋ⁴⁵ ma²¹³ xuai³¹

人头马面　　　人头马面 z̢ən³¹ thəu³¹ ma⁵⁴ mɛn²¹³

古灵精怪	古灵精怪 ku⁵⁴lin³¹tsin⁴⁵kuai²¹³
人小鬼大	人小鬼大 zən³¹siau⁵⁴kuəi⁵⁴ta²¹³
称心如意	称心如意 tʂhən²¹³sin⁴⁵zu³¹i²¹³
一目了然	一目了然 i³¹mu³¹liau⁵⁴zan³¹
人高马大	牛高马大 ŋiəu³¹kau⁴⁵ma⁵⁴ta²¹³
乱七八糟	胡支八桠 fu³¹tʂ̩⁴⁵pa³¹ia⁴⁵

谚语

雪盖霜，谷满仓。syɛ⁴⁵kai²¹³ʃuaŋ⁴⁵，ku⁵⁴man⁵⁴tshaŋ⁴⁵.

霜盖雪，阳春差。（年景不好。）ʃuaŋ⁴⁵kai²¹³syɛ⁴⁵，iaŋ³¹tʂhuən⁴⁵tʂha⁴⁵.

黄狗吃屎黑狗遭殃。（替罪羊）huaŋ³¹kəu⁵⁴tʃhi³¹tʂ̩⁵⁴xɛ³¹kəu⁵⁴tsau⁴⁵iaŋ⁴⁵.

雷在边打雨在边落。（眼见为实，耳听为虚。）luəi³¹tsai²¹³pɛn⁴⁵ta⁵⁴yi⁵⁴tsai²¹³pɛn⁴⁵lo³¹.

杀鸡给鹅看。（杀鸡给猴看。）ʂa³¹tʃi⁴⁵kəi⁵⁴ŋo³¹khan²¹³.

太阳反照，晒得鬼叫。thai²¹³iaŋ³¹fan⁵⁴tʂau²¹³，ʂai²¹³tɛ³¹kuəi⁵⁴tʃiau²¹³.

先打雷，后下雨，比不上早上的大露水。sɛn⁴⁵ta⁵⁴luəi³¹，xəu²¹³ʃia²¹³yi⁵⁴，pi⁵⁴pu³¹ʂaŋ²¹³tsau⁵⁴ʂaŋ²¹³li⁰ta²¹³ləu²¹³ʂuəi⁵⁴.

猴子得瓣姜。（不好吃，不吃浪费；相当于"食之无味，弃之可惜"。）xəu³¹tsɿ⁰tɛ³¹pan²¹³tʃiaŋ⁴⁵.

屋檐水滴现窝窝。（比喻父母的潜移默化的教育作用。）u³¹iɛn³¹ʂuəi⁵⁴ti³¹ʃɛn²¹³o⁴⁵o⁴⁵⁻⁵⁴.

看起猫猫整死狗。（袖手旁观，见死不救。）khan²¹³tʃhi⁵⁴mau⁴⁵mau⁴⁵⁻⁵⁴tʂən⁵⁴sɿ⁵⁴kəu⁵⁴.

要扯屋上草，要看屋下人。（相当于"打狗还要看主人面"。）iau²¹³tʂhɛ⁵⁴u³¹ʂaŋ²¹³tshau⁵⁴，iau²¹³khan²¹³u³¹ʃia²¹³zən³¹.

狗眼看人低。kəu⁵⁴iɛn⁵⁴khan²¹³zən³¹ti⁴⁵.

芭蕉秆烧火。（意思是饭煮得太慢。）pa⁴⁵tsiau⁴⁵kan⁵⁴ʂau⁴⁵xo⁵⁴.

筛子□水。（相当于"竹篮打水一场空"。）ʂai⁴⁵tsɿ⁰tiaŋ⁴⁵ʂuəi⁵⁴.

有雨山戴帽，无雨下河罩。（预测第二天的天气。）iəu⁵⁴yi⁵⁴ʂan⁴⁵tai²¹³mau²¹³，u³¹yi⁵⁴ʃia²¹³xo³¹tʂau²¹³.

扯河闪，东扯日头西扯雨，南闪北闪涨大水。（东边打雷出太阳，西边打雷下雨，南边北边打雷下大雨。）tʂhɛ⁵⁴xo³¹ʂan⁵⁴，toŋ⁴⁵tʂhɛ⁴⁵zʅ³¹ thəu³¹ si⁴⁵ tʂʃɛ⁵⁴ yi⁵⁴，lan³¹ ʂan⁵⁴ pɛ³¹ ʂan⁵⁴ tʂaŋ²¹³ ta²¹³ ʃuəi⁵⁴.

有话当面讲，有肉当面切。（意思是：不要背后说人。）iəu⁵⁴ xua²¹³ taŋ⁴⁵ mɛn²¹³ tʃiaŋ⁵⁴，iəu⁵⁴ ʐu³¹ taŋ⁴⁵ mɛn²¹³ tshɛ³¹.

瞎猫碰到死老鼠。ʃia³¹ mau⁴⁵ phoŋ²¹³ tau²¹³ sʅ⁵⁴ lau⁵⁴ ʂuəi⁵⁴.

问告花子借米。（有借无还。）uən²¹³ kau²¹³ xua⁴⁵ tsʅ⁰ tsɛ²¹³ mi⁵⁴.

刀子嘴，豆腐心。tau⁴⁵ tsʅ⁰ tsuəi⁵⁴，təu²¹³ fu⁵⁴ sin⁴⁵.

锅里的鸭子。ko⁴⁵ li⁵⁴ li⁰ ia³¹ tsʅ⁰. 煮熟的鸭子。t ʂu⁵⁴ ʂu³¹ li⁰ ia³¹ tsʅ⁰.（相当于共同语"煮熟的鸭子"。）

二十四　干支

甲	甲 tʃia³¹
乙	乙 i³¹
丙	丙 pin⁵⁴
丁	丁 tin⁴⁵
戊	戊 u²¹³
己	己 tʃi⁵⁴
庚	庚 kən⁴⁵
辛	辛 sin⁴⁵
壬	壬 ʐən²¹³
癸	癸 kuəi²¹³
子	子 tsʅ⁵⁴
丑	丑 tʂhəu⁵⁴
寅	寅 in³¹
卯	卯 mau³¹
辰	辰 ʂən³¹
巳	巳 tsʅ²¹³
午	午 u⁵⁴
未	未 uəi²¹³
申	申 sən⁴⁵
酉	酉 iəu⁵⁴
戌	戌 si³¹
亥	亥 xai²¹³

第四章　高山汉话语法研究

本章以加尤话为例进行讨论。

本部分主要以《汉语方言语法调查手册》（黄伯荣著，广东人民出版社 2001 年版）、《汉语方言及方言调查》（詹伯慧主编，湖北教育出版社 2001 年版）为纲进行调查。

第一节　词法特点[①]

一　名词

（一）名词词缀

1. 后缀

加尤话的名词后缀较多，有"子，崽、崽崽，头，娘、娘娘，婆，手，巴，佬，鬼，家，匠，师，夫，客"等。

（1）子

后缀"子"是共同语和官话方言的一个特点，但加尤话使用范围更广。

1）"子"尾词的构词内容

第一，N（事物）＋子

加尤话中一般事物常常可加"子"缀。气候、风雨雪冰，田土农事，植物，房舍等名词，都可加"子"缀。如：冰块子（结在水面上表面较宽的冰块）、凌块子（条状的冰）、雪花子（雪花）、雪米子（米雪）、菜

---

① 本节部分内容分别以《凌云加尤高山汉话重叠式考察》《凌云加尤高山汉话的语缀》为题在《广西民族大学学报》（哲学社会科学版）2011 年第 1 期、《钦州学院学报》2011 年第 4 期发表。本书有修改。

园子（菜园）、园子（菜园）、砖窑子（砖窑）、洞子（石山区农村）、寨子（村子）、正房子（正房）、偏房子（厢房）、草房子（茅草房）、馆子（餐馆）

第二，N（物品）＋子

犁柱子（犁中部起固定作用的直木）、犁嘴子（犁嘴）、磨子（石磨）、筛子、鸡冠子（鸡冠）、车滚子（车轮）、帐子（蚊帐）、刀壳子（用来放刀的木制器具）、刀背子（刀背）、酒坛子（酒坛）、瓶塞子（瓶塞）、罐子、钳子、绳子、梳子、篦子、针鼻子（针鼻儿）、锥子、扇子、管子

第三，N（人）＋子

寡母子（寡妇）、小叔子（丈夫的弟弟）、舅母子（妻子的嫂子）、舅子（妻子的兄弟）、大舅子（妻子的大哥）、小舅子（妻子的小弟弟）、大姨子（妻子的姐姐）、小姨子（妻子的妹妹）、妹子（妹妹）、后父老子（继父）、娘老子（父母）、老哥子（自称）

第四，N（动物）＋子

骟牯子（阉过的公牛）、黄牯子（公黄牛）、驴子（驴）、兔子、鹅子（鹅）、狮子、猴子、豹子、燕子、鸽子、蚂蚁子（蚂蚁）、虫蟮子（蚯蚓）、地虱子（地鳖虫）、虱子、蜂子（蜂的总称）

第五，N（人体器官）＋子

心窝子（心窝）、鼻梁子（鼻梁）、嘴皮子（嘴皮）、眼珠子（眼睛）、皮子（皮）、脑瓜子（脑袋）、手膀子（手臂）、脚板子（脚掌）、指拇子（拇指）

第六，N（植物）＋子

麦子、荞子（荞麦）、稗子、茄子、葱叶子（葱叶）、蒜米子（蒜米）、蒜叶子（蒜叶）、竹叶子（竹叶）、笋子（竹笋）、果子（水果）、桃子、李子、梨子、柿子、橙子（柚子）、柑子（橙子）、粘草子（种子会粘衣物的草）、秧子（秧苗）、谷子（稻谷）、菜叶子（菜叶）、树子（树）

第七，N（时间名词）＋子

一阵子、一下子

2）"子"尾词的构成特点

第一，单音节＋子

A. 名 + 子

驴子、兔子、鸭子、鹅子、狮子、猴子、豹子、燕子、鸽子、虱子、蜂子（蜂的总称）、舅子（妻子的兄弟）、妹子（妹妹）、痱子、麻子、腰子（肾）、枋子（棺木）、卦子、票子、银子、镭子（钱）、火子（正燃的柴上掉下来的发红的火星）、罐子、坛子、锅子（锅）

B. 动 + 子

拐子（骗子）、眯子（小眼睛）、聋子、哑子（哑巴）、瞎子、瘫子、锉子（矮子）、拉子（口吃的人）、跛子

C. 形 + 子

辣子（辣椒）、□〔ŋaŋ²¹³〕子（呆子）、呆子

第二，双音式 + 子

A. 名 + 名 + 子

虫蟮子（蚯蚓）、草房子（茅草房）、饭桌子（饭桌）、酒瓶子（酒瓶）、酒坛子（酒坛）、笔盖子（笔套）、笔帽子（笔套）、笔杆子（笔）、笔筒子（笔筒）、水罐子、水瓶子、茶杯子、茶罐子、发夹子（发夹）、床架子（床架）、狗腿子（跑腿的人）、豆瓣子（发芽准备长叶子的豆）、瓶塞子（瓶塞）、针鼻子（针鼻儿）、夜猫子（熬夜的人）、眼珠子（眼珠）、鼻梁子（鼻梁）、拳包子（拳头）、脚棒子（小腿肚）、腿棒子（小腿肚）、脚腕子（脚腕）、衣领子（衣领）、袖口子（袖口）、鞋面子（鞋面）、鸡菌子（鸡肾）、鸡爪子（鸡爪）、舅母子（妻子的嫂子）、书壳子（书壳）、猪肚子（猪肚）、猪蹄子、马蹄子、牛蹄子、脸皮子（脸皮）、田坎子（田坎）、土坎子（土坎）、鬼影子（鬼影）、人影子、岩包子（石头）、酒桶子（嗜好喝酒的人）、菜锅子（炒锅）、锅铲子（锅铲）

B. 名 + 形 + 子

娘老子（父亲母亲合称）

C. 名 + 动 + 子

左拐子（左撇子）、火燎子（烧火时窜起的火花）、车滚子（车轮）、刀把子（刀把）

D. 动 + 名 + 子

叫□〔tʃyi⁴⁵〕子（蛐蛐）、骟牯子（阉过的公牛）、告花子（乞丐）、叫花子（乞丐）、坐月子、耍壳子（好面子）、粘草子（种子会粘衣物的

草）

E. 形 + 名 + 子

黄牯子（公黄牛）、正房子（正房）、偏房子（厢房）、烂婊子（私生活不检点的女人）、小叔子（丈夫的弟弟）、大舅子（妻子的大哥）、小舅子（妻子的小弟弟）、大姨子（妻子的姐姐）、小姨子（妻子的妹妹）、独苗子（一般指独子）、高坎子（很高的坎）、老爷子（对年老男子的尊称，常指父亲）、老哥子（自称）

F. 数 + 名 + 子

一档子（指同一类，贬义）、两口子、一家子、一寨子

G. 单音名词重叠 + 子

崽崽子（很小的小孩）、咪咪子（小的颗粒状的东西）

第三，三音式 + 子

A. 名 + 名 + 名 + 子

铺盖桶子（被套）、脑壳皮子（头皮）

B. 名 + 名 + 形 + 子

后父老子（继父）

第四，嵌入式子缀

仅有一类：名语素 + 子语素 + 名语素

酒子病（饮酒过量导致的病）

3）"子"尾词的构成作用

加尤话"子"尾用途广泛，主要是作为名词词尾，但也可以作为少数形容词、动词、数量词的词尾。"子"尾还可区别词义、改变词性，少数情况下有小称作用或其他修辞色彩。

第一，修辞作用：作表人名词后缀时多带贬义。如：

"子"尾词构词的修辞作用是中性的，对事物的形体有表小的作用，一般不带任何感情色彩，但附着于表人名词后时有一部分表人生理缺陷或个性缺陷，"子"尾词带有轻蔑、鄙视或嫌恶的色彩。如：

告花子（乞丐）、叫花子（乞丐）、拐子（骗子）、眯子（小眼睛）、聋子、哑子（哑巴）、瞎子

第二，成词作用：与名、形、动、数量语素构成新词，帮助不成词语素构成词语。如：

名 + 子：燕子、鸽子、虱子、蜂子（蜂的总称）、舅子（妻子的兄

弟）、妹子（妹妹）、痄子

动+子：拐子（骗子）、眯子（小眼睛）、聋子、哑子（哑巴）、瞎子

第三，改变词性：通过子尾而使词性改变。形容词、动词加子尾后变成名词。如：

辣子（辣椒）、眯子（小眼睛）

（2）崽、崽崽

1）"崽、崽崽"的构词内容

第一，大多构成表人的名词，一般带有"年轻、年幼"义。如：娃崽（小孩儿）、男娃崽（男孩儿）、妹崽（女孩儿）、媳妇崽（儿媳）、外侄崽（外侄子）、侄孙崽（侄孙子）、妻侄崽（妻子的侄子）、外孙崽（外孙）、满崽（最小的孩子）。

第二，个别用于植物。如：芋头崽崽（从芋头种子上长出的小芋头）。

第三，个别用于物品。如：锅崽崽（小的锅）。

2）"崽"尾词的构成特点

第一，名+崽：毛伢崽（小孩子）、娃崽（小孩儿）、男崽（男孩儿）、女娃崽（女孩儿）、妹崽（女孩儿）、媳妇崽（儿媳妇）、外侄崽（外侄子）、侄孙崽（侄孙子）、妻侄崽（妻子的侄子）、外孙崽（外孙）、满崽（最小的孩子）、兵崽（兵）、卒崽（卒）、鸡娃崽（小鸡）、芋头崽崽（从芋头种子上长出的小芋头）、锅崽崽（小锅）、牛崽崽（小牛）、马崽崽（小马）、蜂崽崽（蜂蛹）。

第二，动+崽：打工崽（打工的人）、抱养崽（抱养的孩子）、寄崽（干儿子）、随娘崽（随母亲改嫁的儿子）。

第三，形+崽：烂崽（游手好闲，行为不检的人）、大崽（大儿子、女儿）、小崽（小儿子、女儿）、肥崽（小胖子）、癫崽（行为不检点的人）。

3）"崽"尾词的构成作用

第一，修辞作用。

部分"崽"尾词含贬义，带有嫌恶或鄙视的色彩。如：癫崽（行为不检点的人）、烂崽（游手好闲，行为不检的人）、工崽（打工的人）、打工崽（打工的人）、赌崽（好赌的人）、败家崽（败家子）、野崽（私生子，用于骂人）、兵崽（兵，表示地位低）、卒崽（卒，表示地位低）、落

巴崽（最后一名）。

第二，还可以位于指物名词（不限动物）之后，一般带"小"义，且往往重叠。如：芋头崽崽（从芋头种子上长出的小芋头）、鸭崽崽（小鸭子）、土狗崽（长得与蛐蛐相似的一种昆虫）、锅崽崽（小的锅）。

（3）头

1）"头"尾词的构词内容

第一，构成表一般事物的名词。如：岩头（石头）、牛笼头（用熟皮带或麻、布绳编成的套在牛头上用来牵牛的器具）、马笼头（用熟皮带或麻、布绳编成的套在马头上用来牵马的器具）、芋头、蒜头、柱头（柱子）、码头、斧头（斧子）。

第二，构成表时间、方位的名词。如：夜里头（夜里）、前头（前面）、后头（后面）、山里头（山里面）。

第三，构成表抽象事物的名词。如：甜头、看头、搞头。

2）"头"的构词特点

"头"的构词能力远不如"子"，"头"尾词数量不多，"头"后缀也没有明显的附加意义和感情色彩。"头"一般与名语素、形语素、动语素构成新词。

第一，名+头：岩头（石头）、牛笼头（用熟皮带或麻、布绳编成的套在牛头上用来牵牛的器具）、马笼头（用熟皮带或麻、布绳编成的套在马头上用来牵马的器具）、芋头、蒜头、柱头（柱子）、码头、斧头（斧子）、骨头、手头、手杆头（手头）、心头（心里）、脚头（床尾）。

第二，形+头：甜头。

第三，动+头：看头、搞头。

（4）娘、娘娘

1）构成表女性的名词。如：寄伯娘（干伯母）、表婶娘（表婶）、表伯娘（表伯母）、舅娘（舅妈）、婶娘（婶娘）、伯娘（伯母）、后娘（继母）、满娘（最小的婶婶）、二娘（二婶）、三娘（三婶）、亲娘（岳母）、丈母娘、圆亲娘（负责新娘拜堂及送入洞房等事务的女子）。

2）构成表雌性动物的名词。如：猫娘娘（生育过的母猫）、狗娘娘（母狗）、马娘娘（母马）。

也有个别没有性别区分。如：马蜂娘娘（马蜂）。

3）构成表一般事物的名词。如：芋头娘娘（作种子的芋头）。

在语义上，表示有生命的事物时，"婆"多带贬义色彩，而"娘"则带有明显的尊重的意味。

（5）婆

构成表人的名词，一般指女性，一般带一定贬义。如：黄脸婆（妻子）、接生婆（指用传统方法给产妇助产接生的妇女，一般年纪较大）、大肚婆（孕妇）、双身婆（孕妇）、妖精婆（爱搬弄是非的人）、妖怪婆（爱搬弄是非的人）、啰嗦婆（常惹麻烦的人）。

（6）手

1）"手"的构词内容

"手"用在动词或形容词语素后构成表人的名词时，其意义是"擅长某种技能的人"。"手"尾词一般表人品。

2）"手"的构词特点

动＋手：扒手、帮手

形＋手：嫩手（新手）、新手、老手（指在某些方面富有经验的人）

数＋量＋手：三只手（小偷）

（7）巴

"巴"附着在名语素、动语素后构成新词，构词能力不强。

1）名＋巴：锅巴（锅巴）、盐巴（盐）

2）动＋巴：补巴（补丁）、落巴（落到最后）

（8）佬

一般带有贬义，大多带有轻蔑、厌恶等较强烈的感情色彩。如：劁猪佬（阉猪的人）、外乡佬（外乡人）、麻介佬（说"麻介话"的人）、乡巴佬（乡下人）。

或带有调侃的意味，如：亲家佬（亲家）。

（9）鬼

一般构成表人的名词，泛指有某种不好习性的人，多带有贬义色彩，或带有调侃的意味。如：饿牢鬼（非常贪吃的人）、酒鬼（好酒的人）、赌鬼（好赌的人）、色鬼、贪财鬼、败家鬼、讨厌鬼（令人厌烦的人）。

（10）家

附在名词后，作集合名词。如：姑娘家（姑娘）、老人家、后生家（年轻男子）、娃娃家（小孩儿）、妇人家（妇女）、娃崽家（小孩儿）、庄家。

（11）匠

意义与共同语相同，指"工匠"。如：木匠、篾匠、石匠、岩匠（石匠）、银匠、铁匠、铜匠。

（12）师

构成表人的名词，指有一定技术的人。如：车师（司机）、医师（医生）、草医师（中药医生）、厨师。

（13）夫

构成表人的名词，表"从事某种体力职业的人"。如：挑夫、轿夫。

（14）客

"客"尾词指人，构词能力很弱。如：婆婆客（妇女）、送亲客（新娘的叔婶、哥嫂）。

2. 前缀

加尤话的名词前缀不多，有"老、阿"等，其中以"老"为多。

（1）老

1）主要用于指人名词。如：老哥子（自称）、老哥（哥哥）、老弟（弟弟）、老妹（妹妹）、老爹（父亲）、老表（表亲）、老外（外侄子、外侄女）、老庚（同一年生的人所结成的类似兄弟姐妹的关系）、老同（同一年生的人所结成的类似兄弟姐妹的关系）、老油子（内行人，很专业的人）、老鸟（内行人）。

2）也可用于动物。如：老蛇（蛇）、老瓦（乌鸦）、老鹰（老鹰）。

3）还可以用于其他事物。如：老本（指原有的基础、本领或功劳）。

（2）阿

语缀"阿"的使用只是个别现象，疑是外来词。如：阿婆。

（二）名词的重叠

在共同语中，重叠式名词多为亲属称谓。如"爸爸、妈妈、哥哥、姐姐、弟弟、妹妹"等，以及少量的如"星星、猩猩、娃娃"等。与共同语相比，加尤话的名词重叠式更为丰富，重叠形式更加多样，构词能力更强。其构成形式主要有两字组式（AA 式），三字组式（AAB 式），四字组式（AABB 式）。

1. 两字组名词重叠式（AA 式）

这是加尤话极为常见的名词重叠形式，其单音节名词和名词性语素大多可以此形式重叠。

（1）亲属称谓、人物名词。如：满满（排行倒数第二的叔叔）、娃娃、崽崽（婴儿）、嬢嬢（姑姑、姑妈）、公公（丈夫的父亲）、婆婆（丈夫的母亲）、嫂嫂。

（2）事物名词。加尤话中事物名词重叠后一般泛指此类事物。与许多官话方言不同，不表示数量增加，也不带有小称意义。如：

坛坛、盘盘、罐罐、锅锅、棒棒、杆杆、虫虫、刀刀、签签（比较细而短的木条）、坡坡、坎坎、桩桩、果果、碗碗、豆豆、棍棍、叶叶、蔸蔸（植物根部）、颠颠（树梢）、铏铏（盛饭用的铁制器具）、瓢瓢、钩钩、沟沟、桶桶、筒筒、盒盒、包包、瓶瓶、盖盖、纸纸、本本（书本、作业本等成册的东西）、板板（木板）、方方（制成长方体的木料）、块块（块状的东西）、线线、树树、草草、花花、坪坪（平坦的空地）、角角（角落）、柱柱、桩桩、坳坳（山坳）、毛毛（须状的东西，包括毛发）、片片（薄块的东西）、底底

此类重叠式的意义与原语素大体一致。但少数名词性语素重叠后意义有所引申，或形成比喻意义。如：

脚脚，指液体的沉淀物。如：水缸的水放久了就会有脚脚（沉淀物）。

面面，指细粉末。如：糯米面面、麦子面面。

米米，指很小的颗粒。如：痱子米米。

球球，已成型但不饱满、营养成分不够的种子。如：黄豆球球、苞谷球球。

奶奶，指乳房。

蛋蛋，指睾丸。

个别单音节名词性语素重叠后变成专指。如：竿竿，专指钓鱼竿。

（3）儿童用语中的名词重叠式

多见于儿童口语，以及大人与儿童对话时使用，与小儿的衣着、食物、用具、器官等有关。儿童口语中使用的名词，多可如此重叠，常带亲昵、易懂色彩。如：

崩崩（围兜）、兜兜（围兜）、胯胯（大人坐下时并拢的大腿，可供儿童坐）、□□［maŋ^{45}maŋ$^{45-54}$］（饭食）、碗碗、手手、车车、伢伢（祖父）

AA式常与其他词组合构成短语，如：竹蔸蔸（竹根）、手昻昻（两

指之间的缝）、药面面（药粉）、汗斑斑（汗斑）、米糊糊（米糊）、糖块块（成片的蔗糖）、蒜秆秆（蒜苗）、树秧秧（树苗）、鸭崽崽（小鸭）、奶嘴嘴（奶嘴儿）、胎崽崽（死去的小孩，常用于骂人）、帽爪爪（帽檐）、号瓢瓢（号儿）、山包包（较小的相对独立的山）、高粱秆秆（高粱秆）、甘蔗蔸蔸（甘蔗根）、鸡脚爪爪（鸡爪）、手指节节（手指节）、芋头娘娘（作种子用的芋头）、脚趾拇尖尖（脚拇趾尖儿）。

2. 三字组名词重叠式（AAB 式）

（1）指物名词。AAB 式是偏正式结构，是由一个单音节名词性语素前加一个重叠的修饰性语素构成。B 是中心语素，AA 从形状、声音等方面起修饰限制作用，这种修饰性语素可以是名词性的，也可以是动词性的。从表义角度看，AAB 式具有强烈的形象色彩和描写作用。如：花花伞（死者亲戚做的颜色多样、形状各异的彩旗状的纸质物品，插在坟上或周围）、坡坡土（坡上的田）、台台土（坎上的田）、褂褂衣（褂子）、面面药（药粉）、眯眯眼（小眼睛）、绔绔衣（马甲）、包包脚（一端连着平地一端连着大山的小山的山脚）。

（2）指人名词。如：公公爹（公公）、婆婆妈（婆婆）、婆婆客（妇女）、崽崽子（年纪很小的孩子）。

（3）方位名词常以 AAB 形式重叠，带有"最"义。如：

高高头（最高处）、顶顶上（最顶端）、底底下（最下方）、底底脚（最底端）

3. 四字组式（AABB 式）

实际是 AA 式的连用，如"棍棍""棒棒"，本身就可以单说，本身就是重叠式，也可重叠为"棍棍棒棒"。重叠后一般指某类事物数量较多。如：汤汤水水、棍棍棒棒、盘盘碟碟、牛牛马马（泛指动物）、娃娃崽崽（指子女多）、娘娘崽崽（指一个家庭人口多，也可指动物多）、渣渣洼洼（指垃圾多）、角角旮旮（角落）。

4. ABCDD

这类重叠式数量极少，亦可视为 ABB 式的变体，不同之处仅是未重叠部分是三音节而非单音节。如：脚趾拇尖尖（脚拇趾尖）。

二　动词

（一）动词的体貌

1．进行体

加尤话表示动作正在进行，有两种方式。

（1）一般在动词前用"到"。如：

①我到打球。我正打着球。

②他到记音。他正在记音。

③我到看书。我正看着书。

④我到路上。我正在路上。

（2）也可在动词后用"到起"。如：

①走到起就碰到他了。正走着的时候就遇到他了。

②□ŋaŋ⁵⁴到起你来你没来。等着你来你却没有来。

③看到起都断电了。正看着的时候断电了。

（3）也可在动词后加"起"。如：

①看起书的时候突然下雨了。看着书的时候突然下雨了。

②打起球的时候我妈喊我回家。打着球的时候我妈妈叫我回家。

2．持续体

加尤话表示动作持续，一般用"起"。如：

①坐起吃好，还是站起吃好？坐着吃好，还是站着吃好？

②趴起睡。趴着睡。

③戴起帽子找帽子。戴着帽子找帽子。

3．完成体

（1）表示完成体，动作相对于现在已经完成，用"了"。如：

①我们上坡了。我们去干活了。

②舅舅睡着了。舅舅睡着了。

（2）表示完成体，动作相对于过去的某个时间点已经完成，用"过"。如：

①我告诉过他。我告诉过他。

②你去过北京没有？我去过北京。你去过北京吗？我去过北京。

③你看过《天龙八部》没有？我看过。你看过《天龙八部》吗？我看过。

4．短暂和尝试

用"V下"形式表示动作时间的短暂和尝试，也可通过VV式重叠、"VV＋看"式表示尝试，表示动作短暂还可以用"V一下"形式，如时间特别短暂可用"V下下"形式。

（1）用"V下""V一下"表示动作时间的短暂。如：

歇下/歇一下｜走下/走一下

（2）用"V下下"表示动作时间特别短暂。如：

歇下下｜走下下

（3）用"V下"表示尝试。如：

试下｜尝下｜听下

（4）VV式重叠，表尝试。如：

看看｜想想｜摸摸｜试试｜尝尝｜走走｜砍砍

（5）"VV+看"式，表尝试。如：

想想看｜走走看

5. 动词的生动形式

加尤话中，有些动词词根后加重叠的后缀，这些后缀有的无适当的字可写，无实在的意义，具有强烈的形象色彩。如：

词形	语音形式	意义
哭□□	khu^{31}ŋaŋ^{45}ŋaŋ^{45}	哭泣的样子
笑哈哈	siau^{213}xa^{45}xa^{45}	哈哈笑的样子
气□□	tshi^{213}toŋ^{54}toŋ^{54}	气得脸色极难看的样子
哭□□	khu^{31}a^{54}a^{54}	大哭的样子

（二）动词的否定形式

加尤话动词的否定形式可以在动词前加"不"或"没"。从所调查情况看，似乎加"没"的情况更多，加"不"应该是受共同语影响导致的。如：

没服/不服｜没论/不论｜没得读了

（三）动词的重叠形式

加尤话单音节动词可以VV式、"VV+看"式重叠，如以上所列第（一）点中第4点（4）（5）。此外，还有两种形式。

1. "V下V下"式，表示较轻微、断续的状态。如：

①电灯闪下闪下的。电灯泡有些闪。

②我脚痛下痛下的。我的脚有些痛。

③那个猫叫下叫下。那只猫偶尔叫几声。

④这个菜辣下辣下的。这个菜有点辣。

2. $V_1V_1V_2V_2$ 式。

（1）"V_1V_1 + 看看"式，表"边 V_1 边看"。如：

走走看看（边走边看）｜想想看看（边想边看）｜唱唱看看（边唱边看）

（2）$V_1V_1V_2V_2$ 式，是双音节词的重叠。如：

吃吃喝喝｜讲讲笑笑｜嘻嘻哈哈｜疯疯癫癫

三　形容词

（一）词缀

1. 后缀

加尤话形容词的词缀多为后缀，基本是双音节，且以重叠式为主，附着在单音节形容词后。

（1）单音双叠后缀（ABB 式）

单音节形容词的后缀以叠音后缀为主，构成 ABB 式，所表示的语法意义与共同语一致，都表示程度的加深。这些后缀往往带有和首字相关的附加意义，如"病快快"中的"快"；"烫□□〔ʃio³¹ ʃio³¹〕""辣□□〔ʃio³¹ ʃio³¹〕"中的〔ʃio³¹ ʃio³¹〕即模拟人遇烫、辣时嘴巴拼命出气的情状。可以进一步表达说话人的感情色彩，带有一定的附加意义。这一类重叠式中，A 是叙述的重点，BB 进一步说明 A 的状态。在描摹这些状态的时候，使用本方言的人往往会感到，只有通过这些词语才能更生动准确的传达出所要表现的意思。如：

词形	语音形式	意义
病快快	pin²¹³ ian⁴⁵ ian⁴⁵	疾病缠身导致身体状况不佳的样子
亮晶晶	lian²¹³ tsin⁴⁵ tsin⁴⁵	很亮且晃眼
甜蜜蜜	then³¹ mi³¹ mi³¹	非常甜，多指心理
烫□□	than²¹³ ʃio³¹ ʃio³¹	很烫，以致不断呵气的样子
辣□□	la³¹ ʃio³¹ ʃio³¹	很辣，以致不断呵气的样子
痴□□	tʂʅ⁴⁵ ŋan⁴⁵ ŋan⁴⁵	傻气

个别 ABB 式意义有所引申，与组合的语素本义已不相同，以致词性

发生变化。如：

光□□〔tuŋ^{54}tuŋ^{54}〕，指"去壳的玉米"，已变为名词。

（2）双音后缀（ABC 式）

部分形容词可加非叠音的后缀，构成 ABC 式，同样表示程度深。如：

词形	语音形式	意义
重□□	tʂoŋ^{213}pin^{31}paŋ^{31}	非常沉重
黑漆麻	xɛ^{31}tshi^{31}ma^{31}	黑漆漆

2. 前缀

形容词的前缀很少，一般表示程度深，包含"很"的意思。

（1）□□〔piŋ^{45}paŋ^{45}〕，包含"很"的意思。如：

□□〔piŋ^{45}paŋ^{45}〕烂臭_{非常臭}

（2）马漆巴

马漆巴黑_{黑漆漆}

（二）形容词重叠式

与共同语一样，加尤话形容词可以 AA 式、AABB 式重叠。

1. 单音节形容词以 AA 式重叠，一般表示程度深。如：

高高（的）｜红红（的）｜矮矮（的）｜黄黄（的）

也有个别"AA"式，指程度不深。如：

麻麻——天麻麻亮

2. 双音节形容词的重叠形式与共同语相同，其形式为"AABB"式。如：

大大小小

四 数量词

（一）数量词的一般情况

1. 表示"1.5"的意义时可用量词＋"半"。如：

年半_{一年半}

2. 表示"十、百、千、万"等不确定的数字时，在后面加"把"，后接量词。如：

十把个｜百把个｜千把人｜万把块钱

3. 表示少数一两次时，常常用"量词 + 把 + 量词"或"量词 + 把两 + 量词"的格式。如：

次把次｜回把回｜个把两个｜条把两条｜次把两次｜回把两回

（二）量词重叠

1. 物量词的重叠式

（1）AA 式

加尤高山汉话的物量词可以 AA 式重叠，一般表示"每一""逐一"。如：

个个_{每一个}、捆捆_{每一捆}、包包_{每一包}、袋袋_{每一袋}

这种重叠形式和共同语的量词重叠形式、语法意义、用法基本一致，可重叠的量词一般为单音节。

AA 式后都可以接受范围副词"都"的总括、修饰，表示"周遍"意义，包括"所有的""每一"。"所有的"是总而言之，"每一"是分而析之。"总而言之"与"分而析之"，都是表示无一遗漏，遍指陈述对象的全体。

（2）AAB 式

量词的这一重叠形式还可以置于名词前，构成 AAB 式，表示物体的式样。如：

片片肉_{比较小、薄的肉片}，块块肉_{比较大、厚的肉片}，块块煤_{一块一块的煤}，□□［liəu⁴⁵ liəu⁴⁵］肉_{一条一条的肉}，块块钱_{面值单位为元的钱币}，毛毛钱_{面值单位为角的钱币}，角角钱_{面值单位为角的钱币}，分分钱_{面值单位为分的钱币}

2. 动量词的重叠式

个别动量词可以重叠，强调时间极短。如：

歇下下_{休息一小会儿}

（三）加尤话名量词与共同语的差异①

马学良（2003）认为"汉藏语言词类上的一个特点是有量词"。② 丰富的量词是汉语的重要特征。加尤话量词系统与共同语有较大的一致性，其与共同语有很多形式相同的量词，其中的大部分在语义或搭配关系上基

---

① 本部分内容笔者曾以《加尤高山汉话名量词与普通话的差异》为题在《河池学院学报》2012 年第 6 期发表，本书略有修改。

② 马学良主编：《汉藏语概论》，民族出版社 2003 年第 2 版，第 8 页。

本一致，基本型量词和临时量词均是如此。前者如"本、场、串、束"等，后者如"桌、口（一口饭）、坡（一坡草）、页（一页字）"等。加尤话与共同语的度量衡单位也基本一致，自共同语进入加尤话的语词也常常借用与共同语的量词进行计量。前者如：寸、斤、米等；后者如：一条路线，"路线"是从共同语进入加尤话的名词，加尤话也以与共同语一致的"条"进行计量。

我们在此讨论的是加尤话与共同语在名量词上的差异，一是加尤话与共同语部分形式相同的量词搭配范围不一样，有的加尤话窄于共同语，部分则大于共同语；二是部分形式相同的量词，加尤话与共同语搭配范围参差；三是部分量词加尤话与共同语形同实异；四是加尤话部分量词，在共同语中，这些词或者不存在，或者不作为量词使用；五是部分量词共同语有而加尤话无。

本部分的考察主要参考《汉语方言语法调查手册》中的《常用量词和名词配合调查表》①。本部分量词释义均来自《现代汉语词典》（第6版）②，释义后我们以括号方式标出其在《现代汉语词典》（第6版）中的页码，不再专门说明。

1. 加尤话与共同语搭配范围宽窄不同的量词

（1）加尤话比共同语搭配范围窄的量词

这里所指的"窄"，统指搭配数量上的窄。有的搭配范围包括在共同语搭配范围之内；有的搭配范围在共同语搭配范围之外；还有的搭配范围虽然小于共同语，但有个别加尤话有而共同语无的搭配关系。

第一，把［pa⁵⁴］。共同语"把"作量词可与4类事物搭配：①用于有把手或能用手抓起的器具；②（~儿）用于一手抓起的数量；③用于某些抽象的事物：一把年纪；④用于手的动作：拉他一~；⑤用于动作、事情的次数。（19—20页）加尤话"把"使用范围比共同语略窄。共同语可以搭配而加尤话不能搭配的有：锁（一个锁）、椅子（一根椅子）、锥子（一根锥子）（括号内为加尤话说法）。

第二，副［fu²¹³］。共同语"副"作量词可与2类事物搭配：①用于

① 黄伯荣、孙林东、陈汝立、戚晓杰、史冠新、王晖：《汉语方言语法调查手册》，广东人民出版社2001年第1版，第61—71页。
② 中国社会科学院语言研究所词典编辑室编：《现代汉语词典》（第6版），商务出版社2012年版。

成套的东西。②用于面部表情。（410 页）加尤话搭配范围小于共同语，不少共同语可与"副"搭配的名词在加尤话中不能搭配。如：牌（一双牌）、嗓子（一条嗓子）、手套（一双手套）、手镯（一对手镯）（括号内为加尤话说法）。但有少量共同语不能与"副"搭配的名词加尤话可与之搭配。如共同语中"磨"的量词为"盘"，但加尤话可说：一副磨；加尤话还把够十人一桌使用的碗称为"一副碗"。

　　第三，只 [tʂɿ³¹]。共同语"只"作量词可与 3 类事物搭配：①用于某些成对的东西的一个：两～耳朵，两～手。②用于动物（多指飞禽走兽）：一～鸡，两～兔子。③用于某些器具：一～箱子。（1666 页）加尤话的搭配范围比共同语窄，3 类事物中，第 1、第 3 类加尤话也能搭配，但用于动物的一般不用"只"而用"个"（见下文）。当然，由于共同语的影响，动物名词与"只"搭配的现象也开始出现，如"一～鸡""一～狗"，但还不普遍。但是，加尤话还有一些共同语没有的搭配关系：一～武器，一～锣。

　　第四，口 [khəu⁵⁴]。共同语"口"作量词可与 2 类事物搭配：①用于人；②用于某些家畜或器物等。（745 页）加尤话的"口"不能用于人，用于器物的也很少，可说"一～锅"。

　　第五，团 [thuan³¹]。共同语"团"作量词用于成团的东西或抽象的事物。（1321 页）加尤话搭配范围比共同语小，不能与"火、棉花、气、线、云"等搭配，可以和"毛线"搭配。但有个别共同语没有的搭配关系：一～疤。

　　第六，家 [tʃia⁴⁵]。共同语"家"作量词用来计量家庭或企业。（620 页）加尤话搭配范围比共同语窄，共同语能搭配的"报社、饭店、工厂、旅馆、商店、书店、医院"等，加尤话都不能搭配。但加尤话也有个别共同语没有的搭配关系，如：一～亲戚、　　～风景。

　　第七，道 [tau²¹³]。共同语"道"作量词一般可与 4 类事物搭配：①用于江、河和某些长条形的东西；②用于门、墙等；③用于命令、题目等；④次。（268 页）加尤话的"道"搭配范围比共同语窄。共同语可以搭配的第 1、第 2、第 4 类名词，加尤话不能搭配，仅第 3 类中的个别名词可以与之搭配，如：一～工序、一～命令。我们认为，这种搭配关系是受共同语影响所致。共同语的"道ₗ"还可以作计量单位，相当于 10 微米。（268 页）加尤话也没有这个用法。

第八，朵［to⁵⁴］。共同语"朵"作量词用于花朵和云彩或像花和云彩的东西。（336 页）但加尤话仅用于花：一～花。

第九，门［mən³¹］。共同语"门"作量词：①用于炮；②用于功课、技术等；③用于亲戚、婚事等。（885 页）加尤话仅与以上所列第 2 类名词搭配，如：一～功课，一～技术。加尤话可与"门"搭配的名词均为晚近进入的共同语语词，由此可以判断这种搭配关系是受共同语影响所致。

第十，座［tso²¹³］。加尤话"座"的使用范围远远比共同语窄。"碑、车站、城、城市、岛、坟、工厂"等词都不与"座"搭配，与共同语搭配关系一致的仅有"矿山"等个别词。"矿山"是较晚进入加尤话的词，所以这样的搭配应该是受共同语影响而形成的。但加尤话有个别共同语没有的搭配关系，如：一～碾子。

第十一，条［thiau³¹］。共同语"条"作量词可与 3 类事物搭配：①用于细长的东西；②用于以固定数量合成的某些长条形的东西；③用于分项：三～新闻，五～办法。（1291 页）加尤话的"条"搭配范围比共同语窄，共同语能与"条"搭配的词加尤话很多不能搭配，如加尤话说"一根尾巴"，不说"一～尾巴"；说"一根腰带"，不说"一～腰带"。但加尤话有一些与共同语不同的搭配。如：一～冰（指长条的冰）、一～嗓子，一～虹，一～鞭子，一～扁担，一～筋、一～神经。

（2）加尤话比共同语搭配范围宽的量词

此处所列加尤话搭配范围比共同语宽的量词，除"个"外，其他一般均只比共同语略宽，即除了有与共同语一致的搭配关系外，还有个别共同语没有的搭配关系。

第一，个［ko²¹³］。共同语的"个"是搭配范围很宽的一个量词，一般用于没有专用量词的名词。（441 页）加尤话的"个"使用范围更宽。除了与共同语有相同的搭配关系外，共同语中有专用量词的许多名词，在加尤话中也可以与"个"搭配。大致可分为以下 4 类：①动物。如：一～牛、一～鸡、一～鸭、一～狗、一～雁、一～猫、一～鱼、一～蚊子、一～老鼠。当然，由于共同语的影响，动物名词与"只"搭配的现象已越来越普遍。②植物。如：一～草（一小捆草）。③物体。如：一～山（一座小山）、一～岩头（一块石头）、一～水井、一～锁、一～窗户、一～炮、一～马达、一～鼓、一～镜子、一～锣、一～琵琶、一～尸体、一～蹄子。④居所、建筑。如：一～旅馆、一～学校、一～医院、一～银行、一～商店、一～书店。

第二，根［kən⁴⁵］。共同语中的"根儿"用于细长的东西。（443 页）加尤话一般也用于细长的东西，但搭配范围更大。如：一～路、一～手杆（手臂）、一～脚杆（腿）、一～线、一～锥子、一～裤子、一～凳子（一般指条凳）、一～笔、一～蒜头、一～虹、一～麻袋、一～口袋；甚至可用于身形细长的动物，如：一～蛇。但共同语习惯与"根"搭配的个别语词，加尤话不能搭配，如不能说"一～筷条（筷子）"，而说"一支筷条"。

第三，块［khuai⁵⁴］。共同语用于块状或某些片状的东西。（752 页）加尤话使用范围更宽，这其中的大部分可以与共同语的"片"互换。如：一～荒山（一片荒山）、一～糖（一片成片的蔗糖）、一～纸（一张纸）、一～伤疤（一个伤疤）、一～胡子（一片胡子）、一～草（一片草）、一～土（一块地、一片地）、一～森林（一片森林）、一～云（一片云）、一～旗（一面旗）、一～泥巴（一块泥）（括号内为共同语的说法）。但共同语可与"块"搭配的个别名词，加尤话不能搭配。如可说"一个砚台"，不说"一～砚台"。

第四，排［phai³¹］。共同语用于成行列的东西。（966 页）加尤话搭配范围略大于共同语，除了可与共同语有同样的搭配关系外，还可说"一～眼泪水"。

第五，笼［loŋ³¹］。《现代汉语词典》（第 6 版）并未收录其作为量词的用法。但作为名词，共同语中的"笼"可以充当临时量词。如：一～鸡、一～鸟。加尤话也常常把它用做临时量词，可搭配的名词与共同语基本一致。但加尤话有个别与共同语不一样的搭配关系，如：一～蚊帐。因此，其搭配范围略宽于共同语。

第六，张［tʂaŋ⁴⁵］。共同语"张"作量词可与 4 类事物搭配：①用于纸、皮子等；②用于床、桌子等；③用于嘴、脸；④用于弓。（1639 页）加尤话的搭配范围比共同语大，除了共同语可以搭配的名词外，加尤话还可与其他个别词语搭配，如：一～镜子。

第七，节［tsɛ³¹］。共同语作量词时用于分段的事物或文章。（660 页）加尤话也是如此。但除此之外，加尤话还可以与"布"搭配：一～布。

第八，帮［paŋ⁴⁵］。共同语作为量词用于人，是"群、伙"的意思。加尤话使用范围比共同语宽，除了可与表人名词搭配外，还可与表物名词搭配，如：一～雁。

第九，颗［kho⁵⁴］。共同语作量词多用于颗粒状的东西。（732 页）加尤话一般也如此搭配。但加尤话还可以说"一～针"；切成小块的肉，量词也用"颗"，如：一～□［ka⁵⁴］（加尤话指"肉"）。

第十，所［so⁵⁴］。共同语作为量词时用于房屋和医院等。（1249 页）加尤话一般也如此搭配，如：一～学校、一～房子、一～医院、一～银行，但还可以说：一～楼房，一～坟。

第十一，盒［xo³¹］。共同语作量词时一般用于比较小的有盖儿的盛东西的器物。加尤话也可以这样搭配，如：一～火柴，但还可以说"一～棺材"。

第十二，绺［liəu⁴⁵］。共同语"绺儿"作量词时，线、麻、头发、胡须等许多根顺着聚在一起叫一绺。（835 页）加尤话也可以这样搭配，如：一绺胡子、一绺毛、一绺头发。但加尤话搭配范围更大，除了以上搭配外，还可以用于较窄的长条形物体，如：一～□［ka⁵⁴］（加尤话指"肉"），指两根肋骨及其中间的肉；一～布，指不太宽的布条。

第十三，股［ku⁵⁴］。共同语作量词时：①用于成条的东西。②用于气体、气味、力气等。③用于成批的人（多含贬义）。（466 页）加尤话也有这些用法。但还可以说"一～病"（一般指流行的病）。

第十四，瓣［pan²¹³］。共同语的"瓣儿"作量词时一般儿化，①物体自然地分成或破碎后分成的部分。②用于花瓣、叶片或种子、果实、球茎分开的小块儿。（39 页）加尤话的搭配范围略宽于共同语，除了与共同语一致的搭配外，还可以说"一～姜"。

（3）加尤话与共同语搭配范围参差的量词

这类量词，加尤话除了有与共同语一致的搭配外，还有加尤话可而共同语不可的搭配，也有共同语可而加尤话不可的搭配，我们把这种现象称为"搭配范围参差"。我们观察到 2 例：

第一，对［tuəi²¹³］、双［ʂuaŋ⁴⁵］。共同语的"对"与"双"意义相近：用于成对的东西。（328 页、1215 页）一般而言，共同语中"对"更多重在左右、正反、性状相对的成双的事物，如"一对矛盾、一对夫妇"；"双"重在相似性，如"一双眼睛、一双脚、一双袜子"。加尤话与

"对"或"双"搭配的名词，有的与共同语一致，如：一双眼睛、一双脚、一双腿、一双鞋、一双筷子、一对鸳鸯；有的与共同语相异，如说"一对叶肢（翅膀）"，不说"一双叶肢"；说"一对耳朵"，不说"一双耳朵"；可说"一对眉毛"，也可说"一双眉毛"；还可以说"一对鼻孔""一对肩膀"。

第二，匹［phi³¹］。共同语的"匹"作为量词有两个义项：①用于马、骡等；②用于整卷的绸布或布（五十尺、一百尺不等）。（988 页）加尤话的固有搭配中，动物名词与"个"搭配，因此说"一个马""一个骆驼"，不说"一~马""一~骆驼"。加尤话有跟共同语一致的"一~布"，也有与共同语相异的"一~山"。因此，其没有与共同语"匹"义项①一致的义项，而有与共同语义项②一致的义项，却能与共同语不能搭配的名词搭配。

2. 加尤话与共同语形同实异的量词

这一类量词在加尤话和共同语中词形相同，但在加尤话和共同语中它们搭配的范围没有交叉。

（1）步［pu²¹³］。共同语的"步"亦可作为量词，为旧制长度单位，1 步等于 5 尺。（115 页）加尤话中"步"亦可借为量词，但与共同语显然不同：一~台阶，一~梯子，一~桥。

（2）手［ʂou⁵⁴］。共同语的"手ㄦ"作量词时用于技能、本来等：他真有两手。（1195 页）加尤话中的"手"作量词时用于能一手抓握的物体。如：一~秧苗、一~旗。

（3）杆［kan⁵⁴］。共同语的"杆"做量词时用于有杆的器物：一~秤，一~枪。（422 页）加尤话与这类名词都不能搭配，但可说：一~香烟。

（4）挑［thiau⁴⁵］。共同语的"挑ㄦ"作为量词时用于成挑儿的东西：一挑儿白菜。（1290 页）加尤话则用于可挑起的成对的东西。如：一~水桶。

（5）头［thou³¹］。共同语"头"作量词：①用于动物（多指家畜）；②用于蒜。（1311 页）加尤话不作此用，如"骡子、驴、牛、牲口、蒜、象、羊、猪"等都不与"头"搭配，却可以与"报纸"搭配：一~报纸。

（6）台［thai³¹］。共同语作量词时有两种用法：①用于整场演出的戏剧、歌舞等。②用于机器、仪器等。 （1254—1255 页） 加尤话的"台"是"种玉米的地"的专用量词，如：一～土（一块地）。因加尤汉族的地以坡地为主，所以习惯称为"台"，也指分割明显的每一块地。

（7） 撮 ［tʃyi²¹³］。《现代汉语词典》（第 6 版） 对"撮"作量词的解释：①容量单位。10 撮等于一勺，1 市撮等合 1 毫升。②a. 〈方〉用于手所撮取的东西；b. 借用于极少的坏人或事物。（227 页） 这说明"用于手所撮取的东西"为方言用法而非共同语用法。与共同语不同，加尤话的"撮"不指容量，不"借用于极少的坏人或事物"，仅用于"手所撮取的东西"，有以下搭配：一～灰，一～土，一～垃圾，一～毛，一～头发。

（8） 版 ［pan⁵⁴］。共同语"版"作量词可与 2 类事物搭配：①书籍排印一次为一版；②报纸的一面叫一版。（35 页） 加尤话的"版"不与以上两类名词搭配，但却有与共同语不一样的搭配关系：一～唱片。我们认为，加尤话量词"版"并非方言固有，而是从共同语引入的，但引入后其搭配关系与共同语并不一致。

3. 加尤话有，共同语无的量词

部分量词加尤话有而共同语无。这些量词有的可以在共同语中找到可替换的对象，有的则完全找不到。

（1） □ ［loŋ⁵⁴］。用于计量植物，相当于共同语的"棵""株"。如：一～树、一～苞谷（玉米）、一～谷子、一～甘蔗、一～芋头、一～竹子等。

（2） 蔸 ［təu⁴⁵］。《现代汉语词典》 （第 6 版） 收入这个词，但注为"方"，说明其为方言词。作名词时"指某些植物的根和靠近根的茎"，作量词时"相当于'棵'或'丛'"。（315 页） 在加尤话中，"蔸"也是用于计量植物的量词，相当于共同语的"棵""株"。意义与上文"□ ［loŋ⁵⁴］"基本相当，一般可换用。如：一～树（一棵树）、一～苞谷（一株玉米）、一～谷子（一株稻谷）、一～甘蔗（一株甘蔗）、一～芋头（一株芋头）、一～竹子（一株竹子）、一～草（一棵草）等。

（3） □ ［toŋ²¹³］。可用于人、物，凡成块的独立的物体均可与之搭配，用于人时是指个子大的。如：一～岩头（一块石头）、一～人（一个人）。

（4）□［iau³¹］。相当于共同语的"堆"。如：一～土（一堆土）、一～人（一群人）、一～草（一堆草）、一～岩头（一堆石头）、一～沙（一堆沙子）、一～板皮（一堆木板）等。

（5）□［kaŋ⁴⁵］。加尤话的"□［kaŋ⁴⁵］"指较短的时间，如"等～～"，义即"稍等"。作量词时一般与"风""雨"等表示天气现象的名词搭配，与共同语"阵"意义接近，但所指时间比共同语的"阵"更短。如：一～雨、一～风。

（6）□［lo⁵⁴］。专用于香蕉：一～香蕉，指整串的香蕉。

（7）宕。一般用于下凹或多石少土的土地，牛无法耕种，纯粹靠人工耕种。如：一～土。加尤话中，"宕"也可重叠作名词"～～"，指的不深不大的洼地。

4. 加尤话无，共同语有的量词

以下搭配，加尤话原本不说，但受共同语影响，这样的搭配已被接受。在这里，我们仍把它们算作"加尤话无，共同语有"。据调查，这类量词约50个。例如：

一宗交易，一项收入/比赛/成绩/工作/技术/运动/政策/制度，一出戏，一刀纸，一汪水/血，一锭墨，一栋房子，一席话，一番话，一沓钞票，一间房子/教室/屋子，一段故事/话/文章，一墩草/稻子，一餐饭，一份饭，一方图章/砚台，一峰骆驼，一撮胡子，一声雷，一艘船，一台轿子，一摊泥/水/血，一领席子，一垄瓦，一路队伍，一缕气/丝/烟，一摞书/碗/砖，一枚钉子/邮票，一面旗/鼓/锣/镜子，一名工人，一泡尿/屎，一截电线/管子/铁丝，一具棺材/尸体，一卷书/杂志，一棵菜/草/葱/麦子/棉花，一管笔/笛子，一份报纸/饭/杂志，一尾鱼，一贴膏药，一挺机枪，一筒香烟，一丸药，一味药，一位客人，一牙西瓜/月饼，一眼井/磨，一株草/稻子/麦子/棉化/树/秧，一尊炮/塑像，一服药。

五 代词

加尤话人称代词单、复数形式与共同语一致。在此不赘。仅将与共同语不一致的指示代词、疑问代词罗列如下：

（一）指示代词

共同语	加尤话	加尤话读音
这里	这块	$t\,\textrm{ɕe}^{213}\,khuai^{54}$
那里	那块	$la^{213}\,khuai^{54}$
那群，那伙	那门子	$la^{213}\,mən^{31}\,tsʅ^{0}$

（二）疑问代词

共同语	加尤话	加尤话读音
谁	哪个	$la^{54}\,ko^{213}$
哪群，哪伙	哪门子	$la^{54}\,mən^{31}\,tsʅ^{0}$
什么	哪样	$la^{54}\,iaŋ^{213}$
什么时候	哪时	$la^{54}\,ʂʅ^{31}$
什么时候	几时	$tʃi^{54}\,ʂʅ^{31}$
多少（强调"多"）	几多	$tʃi^{54}\,to^{45}$
多少（强调"少"）	几少	$tʃi^{54}\,ʂau^{54}$
多少	几何	$tʃi^{54}\,xo^{31}$
为什么	做哪样	$tsəu^{213}\,la^{54}\,iaŋ^{213}$
怎样	□个	$laŋ^{54}\,ko^{213}$
怎么	□个	$laŋ^{54}\,ko^{213}$

六　副词

加尤话的副词与共同语副词用法大体相同，下面只讨论加尤话与共同语有差异的副词。

（一）否定副词

1. 加尤话可以"莫"为否定副词，相当于共同语的"不，不要"。如：

①你莫怪我。你不要怪我。

②准备落雨了，你莫要来。就要下雨了，你不要来。

③你莫要给他太多钱。你不要给他太多钱。

2. 加尤话常用否定副词"没曾"，相当于共同语的"还没有"。如：

①还没曾到时间。时间还没到。

②他还没曾来。他还没有来。

③这蔸树还没曾开花。这棵树还没有开花。

（二）程度副词

加尤话的程度副词大部分与共同语一致。不同的有"几"，相当于共同语的"很""十分"等。如：

①这个学校加尤老乡几多。这个学校加尤老乡很多。

②今年下雨几少。今年雨下得很少。

③我们几恨那个人。我们十分恨那个人。

（三）时间副词

时间副词与共同语不一致的主要有"立马""将将""扣到起""分分钟""赶先"等。

1. 立马，相当于共同语的"立刻""马上"。如：

①我一挂电话立马来了。我一挂电话马上来了。

②雨一停，太阳立马出来了。雨一停，太阳马上出来了。

③一点火，炮立马炸了。一点火，鞭炮马上炸了。

2. 将将，相当于共同语的"刚刚"。如：

①我将将接到电话。我刚刚接到电话。

②我们将将吃过饭。我们刚刚吃过饭。

③他们将将走。他们刚刚走。

3. 扣到起，指"量、时间刚刚好"，相当于"恰好""正好"。如：

①老师扣到起上课的时候到教室。老师恰好上课的时候到教室。

②我妈扣到起给我一百块。我妈妈正好给我一百块。

③老爸扣到起买了一斤肉。老爸恰好买了一斤肉。

4. 分分钟，相当于共同语的"随时"。如：

①你再嚣张我们分分钟收拾你。你再嚣张我们随时收拾你。

②就这点小事我分分钟做好。就这点小事我随时做好。

③如果你需要我们，我们分分钟到。如果你需要我们，我们随时到。

5. 赶先，相当于共同语"趁早"。如：

①八点钟演出，我们赶先到达会场。八点钟演出，我们趁早到达会场。

②天气预报明天下雨，我们要赶先做好防雨准备。天气预报明天下雨，我们要趁早做好防雨准备。

③想要买到好点的东西，要赶先去。想要买到好点的东西，要趁早去。

（四）范围副词

加尤话的范围副词与共同语不一致的主要有"一路""相互""光时""四到处（四到八处）"等。

1. 一路，相当于共同语的"一起"。如：

①他们一路去学校。他们一起去学校。

②你们家一路来。你们家一起来。

2. 加尤话说"相互"，不说"互相"。如：

①兄弟之间应该相互帮忙。兄弟之间应该互相帮忙。

②我和他相互学习。我和他互相学习。

3. 光时，相当于共同语的"总是，只，仅仅"等。如：

①光时吃饭，不吃菜。只吃饭，不吃菜。

②你光时开小差。你总是开小差。

4. 四到处（四到八处），相当于共同语的"到处"。如：

①元旦前街上四到处（四到八处）挂起灯笼。元旦前街上到处挂着灯笼。

②我们那块四到处（四到八处）是岩头。我们那儿到处是石头。

③我四到处（四到八处）找你。我到处找你。

（五）语气副词

加尤话语气副词与共同语不一致的有"幸好""可怕""硬""空""刁意"等。

1. 幸好，相当于共同语的"幸亏"。如：

①幸好你帮忙，不然我就惨了。幸亏你帮忙，不然我就惨了。

②今天幸好出太阳了，不然就冷死了。幸亏今天出太阳了，不然就太冷了。

③幸好你让得快，要不然车都撞到你了。幸亏你让得快，要不然车都撞到你了。

2. 可怕，相当于共同语的"可能"。如：

①还不来，可怕迟到了。还不来，可能会迟到。

②天那么黑，可怕要落雨了。天那么黑，可能要下雨了。

③再这样下去，可怕钱不够用了。再这样下去，可能钱不够用了。

3. 硬，相当于共同语的"偏"。如：

①硬是要去。偏要去。

②讲过他了，他硬是不听。已经跟他说了，他偏不听。

4. 空，相当于共同语的"白"。如：

①空跑一趟。白跑一趟。

②空到屋。白来一次。(客人推辞了主人的招待，主人表示客气常说的话。)

5. 刁意，相当于共同语的"故意，成心"。如：

①你刁意弄坏我手机了。你故意弄坏我手机。

②你刁意迟到。你故意迟到。

③你刁意怪我。你成心怪我。

七　介词

加尤话与共同语不一样的介词，主要有以下两个。如：

1. 捱，引进受事，相当于共同语的"被，叫，让"。如：

①我捱罚了。我被罚了。

②教室捱弄邋遢了。教室被弄脏了。

2. 帮，引进处置对象，相当于共同语的"把"。如：

①帮东西扛上肩。把东西扛到肩上。

②你帮钱存起好不好? 你把钱存起来好不好?

八　连词

常用的连词有"和""跟""同"等，用法与共同语同。

九　助词

（一）结构助词

加尤话结构助词最常用的是"的"，"的"在语流中读轻声。语法意义如下：

（1）用于定中之间，表示领属或修饰关系。如：

好看的花｜难吃的饭｜老的人

（2）附着在其他词后，指代所指的人或事物，相当于共同语"的"字短语。如：

看牛的｜糖心的｜走江湖的

（二）动态助词（见动词体貌）

（三）语气助词

1. 疑问语气。有"□ $[aŋ^{31}]$""□ $[maŋ^{31}]$""□ $[a^{31}]$"等。

（1）□ $[aŋ^{31}]$，如：

①你讲哪样~? 你说什么啊?

②我们去哪里～?_{我们去哪里啊?}

（2）□［maŋ^{31}］，如：

①你去不去～?_{你去不去啊?}

②走不走～?_{走不走啊?}

（3）□［a^{31}］，如：

①你讲哪样～?_{你说什么呢?}

②我们去哪里～?_{我们去哪里呢?}

2. 祈使语气。有"□［məu^{31}］"等。如：

①你给我转来快点～。_{你早点回来啊。}

②你考好点～。_{你考好点啊。}

十　叹词

加尤话有数量较多的独立使用的叹词，有"□［ŋəŋ^{31}］""□［ə^{31}］""□［m^{31}］""□［o^{31}］""□［ən^{31}］""□［xn^{54}］""□［n^{45}］"等。

（一）□［ŋəŋ^{31}］，表示同意，认可。如：

——你是加尤人吗?

—— ～。

——你会讲加尤话不?

—— ～。

（二）□［ə^{31}］，表示同意，认可。如：

——你去我家不?

—— ～。

——你姐在家不?

—— ～。

（三）□［m^{31}］，表示同意，认可。如：

——给我借本书得不?

—— ～。

——我妈回家不曾?

—— ～。

（四）□［əu^{31}］，表示肯定。如：

——今天早上我们记音可以吗?

——～。

（五）□［o³¹］，表示恍然大悟。如：

——我是你同学。

——～。

（六）□［ən³¹］，表示同意，肯定。如：

——你愿走走不？

——～。

——去河边？

——～。

（七）□［xn⁵⁴］，表示轻蔑。如：

——那个考得大学。

——～。

——是蛮好的大学。

——～。

（八）□［n⁴⁵］，表示疑问。如：

——我们有个同学结婚了。

——～？

——是娃娃亲。

——～？

十一　语言接触对高山汉话词法的影响

本部分主要根据加尤话情况进行讨论。

（一）重叠式的减少①

根据目前资料所见，加尤话与其族源地湖北恩施方言的词法特点有同
有异。

向嵘《恩施方言的重叠式初探》列举的恩施话重叠式包括：名词重
叠式两字组式（AA 式）、三字组式（ABB 式或 AAB 式）、四字组式
（AABB 式或 ABCC 式），AA 式除了儿童用语之外一般都儿化；动词重叠
式有"V 倒 V 倒"式、"V 啊 V 的"式、"V 下 V 下"式，却没有 VV 式；

---

① 本部分吕嵩崧在《凌云加尤高山汉话重叠式考察》（《广西民族大学学报》2011 年第 1
期）已做过讨论，此处仍沿用该文观点。

形容词有"A 得 A"式、"AB 得 AB"式、"ABC 得 ABC"式，及"AB 得 AB"式、"ABC 得 ABC"式的简式"A 得 AB"式、"A 得 ABC"式；物量词也有重叠形式，并且儿化，儿化后成为重叠式儿化物量词，表示小而少的物量，儿化音节读阴平。①

向嵘举的例子有：

"V 倒 V 倒"式

走倒走倒摔了一筋斗。讲倒讲倒就发脾气。说倒说倒就哭起来。水看倒看倒涨起来哒。听倒听倒就睡着哒。写倒写倒就乱写。

"V 啊 V 的"式

转啊转的找。想啊想的说。飞啊飞的跑。两个肩膀换啊换的挑。哭啊哭的喊。扯啊扯的疼。扒啊扒的问（迫不及待地问）。

"V 下 V 下"式

电灯闪下闪下的，像是要熄灭了。摇下摇下的，真舒服！你莫得下得下的（"得"念 [te]，调值为 51，意思是：你别故意显摆了）。②

罗姝芳《恩施方言中特殊的形容词重叠式》所列恩施方言的形容词重叠式有与共同语一致的 AA 式、AABB 式、A 里 AB 式和重叠词缀的 ABB 式，以及特殊形式"A 得 A"式、"AB 得 AB"式（"A 得 AB"式）。③

罗姝芳举的例子有：

狗的鼻子灵得灵。他的心贪得贪。钱存进银行就保得保险（保险得保险）。任务完成得出得出色（出色得出色）。教授的学问高得高深（高深得高深）。小女孩儿单得单纯（单纯得单纯）。他的武艺高得高超（高超得高超）。气氛缓得缓和（缓和得缓和）。她美得美丽（美丽得美丽）。她软得软弱（软弱得软弱）。情况特得特殊（特殊得特殊）。思想狭得狭隘（狭隘得狭隘）。

根据调查，加尤话重叠式中，除了名词重叠式、物量词重叠式与恩施话仍基本一致外，动词、形容词区别甚大，且名词重叠式、物量词重叠式已不儿化。动词重叠式有"V 下 V 下"式；没有"V 倒 V 倒"式、"V 啊

---

① 向嵘：《恩施方言的重叠式初探》，《科教文汇》2009 年 7 月下旬刊。

② 同上。

③ 罗姝芳：《恩施方言中特殊的形容词重叠式》，《湖北师范学院学报》（哲学社会科学版）2007 年第 6 期。

V 的"式，却多了与共同语一致的 VV 式。恩施话形容词的重叠式，加尤话大多没有，仅有与共同语一致的 AA 式和重叠词缀的 ABB 式。

例如：

动词"V 下 V 下"式：

电灯闪下闪下的。电灯泡有些闪。

我脚痛下痛下的。我的脚有些痛。

那个猫叫下叫下。那只猫偶尔叫几声。

这个菜辣下辣下的。这个菜有点辣。

动词 VV 式：

想想、走走、看看

形容词 AA 式：

红红、蓝蓝

形容词 ABB 式：

病快快 疾病缠身导致身体状况不佳的样子

亮晶晶 很亮且晃眼

甜蜜蜜 非常甜，多指心理

烫□□ [ʃio³¹ ʃio³¹] 很烫，以致不断呵气的样子

辣□□ [ʃio³¹ ʃio³¹] 很辣，以致不断呵气的样子

由此可见，加尤话的重叠式较恩施话大为简略，且名词重叠式、物量词重叠式儿化现象消失，却又增加了一些与共同语一致的形式。此现象的产生，笔者认为，原因大致如下：一是在辗转迁徙过程中，因与母体分离而出现变异。二是作为方言岛，与周边语言、汉语方言的交流中，语言形式差异太大必然会导致障碍，加尤话不得不对自己语言中与周边语言、汉语方言不一致的部分进行改造，摈弃了部分与周边语言、汉语方言差异较大的形式，致使其语法中的一些形式消失。三是受共同语影响，吸收了部分共同语的形式。如恩施话中带"很"义的"A 得 A"式，加尤话一般用与共同语一致的"A 得很"来表达。

（二）名量词的变异①

我们对加尤话的名量词做过专门的考察，我们观察到，加尤话与共同

①　本内容曾在吕嵩崧《加尤高山汉话名量词与普通话的差异》（《河池学院学报》2013 年第 6 期）中进行讨论。

语在名量词上的差异有：一是部分加尤话与共同语形式相同的量词搭配范围不一样，有的加尤话窄于共同语，部分则大于共同语；二是部分形式相同的量词，加尤话与共同语搭配范围参差；三是部分量词加尤话与共同语形同实异；四是加尤话部分量词，在共同语中，这些词或者不存在，或者不作为量词使用；五是部分量词共同语有而加尤话无。

加尤话名量词与共同语虽存在差异，但趋同的趋势已经比较明显。不少加尤话原来没有的搭配，在共同语的影响下已经出现；共同语的不少搭配，加尤话母语者已感觉比较自然。如：

加尤话称量动物，固有的量词是"个"，如：一个牛、一个马、一个骆驼、一个鸡、一个鸭、一个狗、一个雁、一个猫、一个鱼、一个蚊子、一个老鼠。现在也可用与共同语一致的量词，如：一头牛、一匹马、一匹骆驼、一只鸡、一只鸭、一只狗、一只雁、一只猫、一条鱼、一只蚊子、一只老鼠

加尤话称量"□［ka⁵⁴］"（肉），固有的量词是"坨""颗""块"，如：一坨□［ka⁵⁴］（肉）、一块□［ka⁵⁴］（肉）、一颗□［ka⁵⁴］（肉）。但现在也可使用与共同语一致的量词，如：一片肉。

有的搭配关系是从共同语引进词汇的同时带入的。如：

道，在加尤话中，原可用于三类名词：（1）用于江、河和某些长条形的东西；（2）用于门、墙等；（3）次。随着"工序""命令"等词的引入，也引进了以下的搭配关系：一道工序、一道命令。

座，加尤话"座"的使用范围远远比共同语窄，仅说"一座碾子"。随着"矿山"一词的引入，也引进了这样的搭配关系"一座矿山"。

第二节　句法特点

一　处置式

这里主要讨论加尤话中与共同语"把"字句相对应的句式，称作处置句，"把"字及其对应形式叫处置词。

（一）加尤话处置句的类型

从是否使用处置词，可以把加尤话的处置句分成两类：

1. 有处置词的处置句

根据处置词的不同，我们把加尤话处置句分为三类。

（1）帮类

①帮书放到桌子上。把书搁到桌子上。

②你帮肉挂起来。你把肉挂起来。

③帮水杯放好。把杯放好。

④你帮哪样拿起来？你把什么拿起来？

（2）拿类

①拿饭去喂鸡。把饭拿去喂鸡。

②拿词表来调查。把词表拿来调查。

③现在大家喜欢拿野菜来吃。现在大家喜欢把野菜拿来吃。

（3）把类

①你把地扫下。你把地扫一下。

②我把你扛过去。我把你背过去。

③晚上你喊妈把饭煮干点。晚上你叫妈妈把饭煮得干一些。

2. 没有处置词的处置句

这类处置句不通过表处置的介词构成介宾短语作状语。

①转脑壳过来。把脑袋转过来。

②转脸巴过来，我看不到。把脸转过来，我看不到。

③翻铺盖过来点，我盖不到。把被子翻过来点儿，我盖不到。

④开车去家里，走路太远。把车开去家里，路太远。

（二）处置式的构造

按汉语传统的分析方法，处置句的构造一般可分为三个部分：前段、中段和后段。以下分别讨论。

1. 前段

前段是处置句的主语部分。加尤话处置句的前段部分一般由名词性成分（包括名词、代词及名词性短语）充当，有时也可以非名词性的词语充当（包括动词性短语、形容词性短语和主谓短语等），与共同语基本一致。

（1）名词性成分充当的：

1）名词

①今天砌工帮砌房子的工具拿来了。今天砌工把砌房子的工具拿来了。

②砌工拿砌房子的工具来。砌工把砌房子的工具拿来。

2）代词

①你帮肉挂起来。你把肉挂起来。

②我拿野菜来煮。<small>我把野菜拿来煮。</small>

3）名词性短语

①那个老老的人帮小孩骗走了。<small>那个老老的人把小孩儿骗走了。</small>

②帮活路的人□［kuan³¹］拿工具来了。<small>帮工的人自己把工具拿来了。</small>

③伯伯和伯娘拿哪样东西喂猪？猪那么肥。<small>伯伯和伯母把什么东西用来喂猪?猪那么肥。</small>

（2）动词性成分充当的：

①每天讲东讲西帮人都弄糊涂了。<small>每天东说西说把人都弄糊涂了。</small>

②疯疯癫癫，帮我吓坏了。<small>疯癫癫的,把我吓坏了。</small>

③他一走帮妈都气哭了。<small>他一走把母亲都气哭了。</small>

④□［kuan³¹］人不懂想，拿我来出气。<small>自己不会想,把我拿来出气。</small>

（3）形容词成分充当的：

①电视那么好看帮我搞得不想睡瞌睡。<small>电视那么好看,把我弄得不愿睡觉。</small>

②饭不够多拿苕来当少午。<small>饭不够,把红薯拿来做午饭。</small>

③生水不干净拿开水喝吧。<small>生水不干净,把开水拿来喝吧。</small>

2. 中段

中段是由处置词构成的介宾短语充当状语的部分，它在句中修饰后段的谓词性词语。处置句所带的宾语为名词性成分。

①砖不够多拿岩头来顶。<small>砖不够多把石头拿来充数。</small>

②你帮他带到家来给妈看看。<small>你把他带到家里来让妈看看。</small>

3. 后段

处置句的后段是谓语中心，它一般是由动词性词语充当的。加尤话的处置式中，谓语动词一般不能是光杆动词，动词前后一般要有一些附加、连带或者附着的成分。处置句后段词语的构造较复杂。

（1）单音节动词

动词+助词，相当于"着、了"，一般要加上持续体标记和完成体标记。

①我们帮饭吃了。<small>我们把饭吃了。</small>

②你帮这些脏衣服洗了。<small>你把这些脏衣服洗了。</small>

（2）动词重叠式（VV、V—V）

①田里水多了，要帮水放放。<small>田里水多了,把水放一放。</small>

②园子杂草多了，要帮它砍砍。<small>园子里杂草多了,把它砍掉。</small>

③你拿这本书去看一看。<small>你把这本书拿去看一看。</small>

（3）动词短语

1）动词+动结式短语

①老哥帮鸭杀了。哥哥把鸭子杀了。

②这些老人拿娃娃的旧课本卷烟。这些老人把孩子的旧课本拿来卷烟。

③伯伯讲猪肥完了，要帮它拿去卖了。伯伯说猪很肥了，要把它拿去卖。

2）动词+动趋式短语

①你帮腊肉挂起来，放在地上怕老鼠吃。你把腊肉挂起来，担心放在地上被老鼠吃了。

②老师讲帮手机交上来。老师说把手机交上来。

③□〔ka⁴⁵〕婆帮□□〔ka⁵⁴ka⁵⁴〕夹下去。外婆把肉夹下去。

④帮剩菜拿去冻起。把剩菜拿去冻起来。

3）动词+介词短语

①你帮钱存在银行。你把钱存到银行。

②帮银子收到柜子里头。把银子收到柜子里。

（4）动词+得+补语

①帮饭煮得糊糊的。把饭煮得糊糊的。

②那个女人帮脸涂得鬼一样。那个女人把脸涂得像鬼一样。

③帮房子起得好好的。把房子起得好好的。

（5）动词+时量宾语

①帮生字再写一遍。把生字再写一遍。

②你不能帮土犁三遍。你不能把地犁三遍。

③我拿你车去用三天。我把你的车拿去用三天。

（三）处置句的否定式

加尤话中否定词置于处置词前。

①你莫帮猪赶出来。你不要把猪赶出来。

②他没曾帮课本拿来，捱老师骂了。他没有把课本拿来，被老师骂了。

③你莫帮水倒丢。你不要把水倒掉。

④你莫帮电视开太大声。你不要把电视开得太大声。

这种句式往往变成祈使句，表示请求、劝阻、禁止、命令等语气。

①你莫帮牛搞脱。你不要把牛弄丢了。

②莫帮鸭崽崽踩死。不要把小鸭子踩死。

（四）处置式的变异

加尤话固有的处置式标记是"帮"，上文已有讨论。我们没有能考察加尤话族源地的说法，不排除另一处置式标记"拿"有来自壮语影响的可能。

而处置式标记"把"应是来自共同语的影响。从目前观察到的现象看，其使用越来越普遍，越来越自然，说明共同语的影响越来越深。

二　比较句

比较句是对两种事物进行比较的句子。这种比较可以是等比、差比、层比、极比和递比。比较句从句型上可以是陈述句、疑问句和感叹句。从构成看，比较句由比较项（比较的对象）、比较值（比较的程度值）和比较词构成。比较项包括参照项和被比项；比较值是对事物性质、状态、行为、态度、数量的一种价值度的判断；比较词在汉语方言中所用形式各有不同，它可以是介词也可以是连词和表存现的动词。

（一）等比

等比是指相比的事物在某一方面相同。格式有：

1. A + 跟／和 + B + 一样 + VP

①这座山和那座山一样高。_{这座山和那座山一样高。}

②这里的草跟那边的草一样多。_{这里的草和那边的草一样多。}

③这头牛身上的牛蚊子跟那头牛一样多。_{这头牛身上的牛蝇跟那头牛的一样多。}

这种格式的否定式：A + 跟／和 + B + 不 + 一样 + VP

①这座山和那座山不一样高。_{这座山和那座山不一样高。}

②这里的草和那边的草不一样多。_{这里的草和那边的草不一样多。}

③这头牛身上的牛蚊子跟那头牛不一样多。_{这头牛身上的牛蝇跟那头牛的不一样多。}

2. 样 + 形容词 + 样 + 齐

他们两个样高样齐。_{他们两个一样高。}

3. 样 + 形容词 + 样 + 形容词

两个萝卜样大样小。_{两个萝卜大小一样。}

这两本书样厚样薄。_{这两本书厚薄一样。}

这两种果样香样甜。_{这两种果一样香甜。}

4. A + 跟／和 + B + 相同／同样／一样

这条鱼和那条鱼相同。_{这条鱼和那条鱼相同。}

他的衣服跟我的同样。_{他的衣服和我的一样。}

他的答案和我们的一样。_{他的答案和我们的一样。}

5. A + 有 + B + 指示代词 + VP

①这只山乌龟有那个那么大。这只山龟有那只那么大。

②这条裤子有那条那么漂亮。这条裤子跟那条一样漂亮。

③这碗粑粑汤有那碗那么好吃。这碗汤圆跟那碗一样好吃。

（二）差比

差比是两种事物比较，A 超过或不如 B。我们观察到加尤话差比句有 7 种格式。

1. A + VP + B + 数量词

①他高我一级。他比我高一级。

②他小我一岁。他比我小一岁。

③你重他三斤。你比他重三斤。

2. A + 比 + B + VP + （数量词）

①这场雨比那场大。这场雨比那场大。

②这只鸡比那只重三两。这只鸡比那只鸡重三两。

③这种包谷比那种大一点。这种玉米比那种大一点儿。

④桃果比李果贵两块。桃子比李子贵两块钱。

3. A + 当不得/比不得/比不上/不比 + B

①旱地比不得水田。旱地比不上水田。

②他学习比不得你。他学习不如你。

③瓦房当不得楼房。瓦房不如楼房。

④他们村比不上我们村。他们村比不上我们村。

⑤他人不比你。他人比不上你。

4. A + 和/跟 + B + 比不得

①我身体和你身体比不得，你身体好。我的身体比不了你，你身体好。

②现在人跟以前人比不得，现在人吃不得苦。现在的人比不上以前的人，现在的人吃不了苦。

③他脑壳比不得你。他脑子比不上你。

5. A + 没得 + B + VP

①啤酒没得土酒好喝。啤酒不如土酒好喝。

②我家没得你家有钱。我家没有你家有钱。

③望天田没得保水田好。望天田没有保水田好。

6. A + 不像 + B + 那样 + VP

①爸爸不像妈妈那样凶。爸爸不像妈妈那样凶。

②我们村不像他们村那样大。我们村不像他们村那么大。

③女娃娃不像男娃娃那样跳。女孩子不像男孩子那样调皮。

7. A + VP + 不赢 + B

①老师在字词上搭配搞不赢他姐。老师在字词搭配上比不上他姐姐。

②我跑不赢狗。我跑得没狗快。

③二叔喝酒搞不赢我爹。二叔喝酒不如我爸爸。

（三）层比

层比是指两个以上的事物一层层的相比，一层比一层程度值强/高或弱/低。

层比句的格式是：A + 比 + B + VP，C + 比 + A + 更/还要 + VP

①这村人比那村人多，那边村人比这村人还要多。这个村的人比那个村的人多，那边村的人还比这个村的人多。

②他比他爹肥，他叔比他更肥。他比他爸爸胖，他叔叔比他更胖。

③粑汤比油炸粑好吃，枕头粑比粑汤还要好吃。汤圆比油炸粑好吃，枕头粑比汤圆更好吃。

（四）极比

极比是指所有的事物都能超过或都不及。

1. A + 最 + VP

①这里苞谷最好。这里的玉米最好。

②这匹山最高。这座山最高。

2. A + 比 + B + 还要 + VP 些

①他家年猪比我家的还要大些。他家的年猪比我家的还要大些。

②这匹山比那匹山还要高些。这座山比那座山还要高些。

③我们家比他家还要山。我们家比他家处在更深的山区。

3. A + 都 + 比不得 + B + VP

①他做的菜都比不得我好。他做的菜不如我的好。

②他工作比不得我认真。他工作不如我认真。

③凌云比不得百色热。凌云不如百色热。

4. 没有 + 比 + A + 还要 + VP 的

①没有比这里天还要蓝的。没有比这儿的天更蓝的。

②没有比凌云更好在的。没有比凌云更舒服的（地方）。

（五）递比

递比用于表示程度逐渐加深或减弱。

1. 一 + 量词 + 比 + 一 + 量词 + VP

这种格式表示事物的性质、状态或程度逐渐加深。

①这头猪一天比一天瘦。_{这头猪一天比一天瘦。}

②我们村一天比一天好。_{我们村一天比一天好。}

③村里面人一年比一年少。_{村里人一年比一年少。}

2. 一 + 量词 + 不如 + 一 + 量词

①妈妈的身体一天不如一天。_{妈妈的身体一天不如一天。}

②空气一天不如一天。_{空气一天不如一天。}

三　双宾句

和共同语一样，加尤话一般采用"间接宾语 + 直接宾语"的形式。如：

①给我本书。_{给我一本书。}

②给我杯水。_{给我一杯水。}

③给你一块钱。_{给你一块钱。}

四　被动句

这里主要讨论加尤话中与共同语"被"字句相对应的句式，即被动句。

（一）加尤话的被动标记

加尤话被动标记一般不用共同语表被动的介词"被"，而一般使用"捱"。

①捱迷了。_{被迷了。}

②他捱我打了。_{他被我打了。}

③苞谷捱老鼠糟蹋了。_{玉米被老鼠糟蹋了。}

（二）加尤话被动句的句法特点

按汉语传统分析法，被动句的基本构造与处置句一样，也可以分为三个部分：前段、中段和后段。以下分别讨论。

1. 前段

被动句的前段一般由体词性词语充当，在句法结构上是句子的主语，在语义结构上是受事。

①桌子捱他搞翻了。_{桌子被他弄翻了。}

②他的电脑捱他用得烂了。他的电脑被他用坏了。

③田水捱他放了。田里的水被他放掉了。

④他捱病了。他病了。

从词类看，充当受事主语的主要是名词、代词及名词性短语。

2. 中段

由表被动的介词或由表被动的介词构成的介宾短语充当，在句法结构上是状语，在语义结构上含有或隐含施事。

中段分两种情况，一是表被动的介词，不带宾语；二是表被动施事的介词带宾语。

（1）介引施事，不带宾语

①腊肉捱吃完了。腊肉被吃完了。

②天太冷了，我不注意，捱感冒了。天太冷了，我不注意，感冒了。

③以前这里树很多，后来捱砍了。以前这儿有很多树，后来被砍掉了。

（2）被动介词所带的宾语

由被动介词构成的被动短语，在句中作状语，修饰限制后段的谓语动词，被动介词所带的宾语，一般由名词性短语充当（包括名词、代词、定中短语、并列短语等）。

①芋头娘娘捱虫子咬了。大芋头被虫子咬了。

②田水捱她放了。田里的水被她放掉了。

③水缸捱长长的虫子爬进去。水缸被长长的虫子爬进去了。

④鸡腿捱弟弟和妹妹偷吃了。鸡腿被弟弟和妹妹偷吃了。

⑤他捱狗咬了。他被狗咬了。

⑥她胆子小，走夜路捱一个影子吓着了。她胆子小，走夜路被一个影子吓着了。

3. 后段

后段是谓语中心，一般由动词性词语充当。

（1）单音节动词 + 助词

在加尤话中单音节动词不能单独充当谓语中心，必须附加助词（了、过）。

①洗脸水捱狗喝了。洗脸水被狗喝了。

②那个赌鬼以前捱他爹打过。那个赌徒以前被他父亲打过。

③我的脚杆捱折过。我的腿折过。

（2）动补短语

①我老庚胆子很小，捱我摆的鬼故事吓得哭哑哑。我老庚胆子很小，被我讲的鬼故事吓得直哭。

②那些桃果捱他咬得成一颗一颗。那些桃子被他咬成一颗一颗的。

③墙壁捱炮炸了一个洞。墙壁被鞭炮炸出了一个洞。

（3）动宾短语

①你不拿伞，捱雨淋脑壳上。你不拿伞，被雨淋脑袋上了。

②□［ka⁴⁵］婆讲娃娃吃糖，会捱糖黏住牙齿。外婆说小孩儿吃糖，会被糖粘住牙齿。

③你不听老人讲，你总会捱吃更多苦。你不听老人的话，你总会吃更多苦的。

（4）状中短语

①他捱猪老实地咬了一口。他被猪狠狠地咬了一口。

②勒巴骨捱牛猛猛地撞了一下。肋骨被牛狠狠地撞了一下。

③他赌钱捱狠狠地训了。他因为赌钱，被狠狠地训了。

（三）加尤话被动句的否定式

1. 否定词的位置

加尤话的否定词一般使用"莫""没曾"，与共同语一样，只能位于被动标记前。

①你看好，你家鸡莫捱老鹰叼走了。你看好，你家的鸡不要被老鹰叼走了。

②你家苞谷莫捱告花子偷了。你家的玉米不要让叫花子偷了。

③我没曾捱打。我没有挨打。

2. 否定式的几种格式

（1）"没得——不"

①没得哪个不捱他欺负。没有哪个不被他欺负。

②他们村的大学生没得哪个不捱录取。他们村的大学生没有哪个不被录取的。

（2）"没曾——"

①你跑出来没曾捱妈妈看见吧？你跑出来没有被妈妈看见吧？

②你栽的秧没曾捱大人取笑。你插的秧苗没有被大人笑话。

（3）"莫——"

①你乱搞乱搞，莫捱老师罚站。你老是乱来，不要被老师罚站。

②你不看好牛，莫捱□［ka⁴⁵］婆打你。你不看好牛，就会挨外婆打了。

（四）被动式的变异

如上所述，加尤话被动标记一般不用共同语表被动的介词"被"

"让",而使用"捱"。受共同语的影响,也出现了少量以"被"为被动标记的句子,如:

我老庚胆子很小,被我摆的鬼故事吓得哭哑哑。<small>我老庚胆子很小,被我讲的鬼故事吓得直哭。</small>

五 疑问句

按汉语传统的分类,疑问句一般分为四类:是非问、特指问、正反问、选择问。

(一)加尤话表达疑问的手段

表达疑问的手段主要有:语调、句末语气词、语气副词、疑问代词。共同语中疑问语调是构成疑问语气的首要的和基本的手段。疑问语调表现为上升的语调,通过这种手段来表示疑问是共同语及一些汉语方言共同的特征。加尤话表达疑问语气主要使用句末语气词、疑问代词和语气副词。

1. 句末语气词

(1)是非问:

吧,表示信疑之间

①这个矮板凳是你的吧?<small>这个矮凳子是你的吧?</small>

②吃剩的苞谷是狗咬过的吧?<small>吃剩的玉米是狗咬过的吧?</small>

③那块土是你们家的吧?<small>那块地是你们家的吧?</small>

(2)特指问:

啊(根据前音节末尾音素而产生音变)

①你喜欢哪样啊?<small>你喜欢什么啊?</small>

②你去哪里啊?<small>你去哪里啊?</small>

③明天晚上你回哪里啊?<small>明天晚上你回哪里啊?</small>

(3)正反问:

哟

①你吃不吃饭哟?<small>你吃不吃饭啊?</small>

②过年你回不回家哟?<small>过年你回不回家啊?</small>

③你走不走哟?<small>你走不走啊?</small>

啊(根据前音节末尾音素而产生音变)

①你去不去啊?<small>你去不去啊?</small>

②你想不想得起来啊?<small>你有没有想起来啊?</small>

③这个牯牛跑得快不快啊？_{这头公牛跑得快不快啊？}

呃

①喊你看书你看没看呃？_{让你看书你看了没有啊？}

②喊你打电话给妈你打没打呃？_{叫你给妈打电话你打了没有啊？}

嘛

①你到底去不去嘛？_{你到底去不去嘛？}

②这碗酒你喝不喝嘛？_{这碗酒你喝不喝嘛？}

③你肯不肯嘛？_{你答不答应嘛？}

（4）选择问：

啊

①你喜欢吃猪肉嘛还是鸡肉啊？_{你喜欢吃猪肉还是鸡肉啊？}

②你读书嘛还是放牛啊？_{你是念书还是放牛啊？}

③放假你是回家嘛还是去耍啊？_{放假时你是回家还是去玩儿啊？}

④你明天种土嘛还是看牛啊？_{明天你种地还是放牛啊？}

呢

①今天他是去赶场呢，还是在家？_{今天他是去赶集呢，还是在家？}

②你是看书呢，还是看电视？_{你是看书呢，还是看电视？}

③你是去□〔ka⁴⁵〕婆家呢，还是回□〔kuan³¹〕家？_{你是去外婆家呢，还是回自}
己家？

2. 语气副词

加尤话有时使用语气副词来构成疑问。如："未必""未必是""怕""怕是""会是"等。一般用在无疑而问的反问句中。

①你老是看我，未必是怀疑我拿了你的梳子？_{你老是看我，难道是怀疑我拿了你的梳子？}

②你那么紧张，怕是真的心里有鬼？_{你那么紧张，恐怕是真的心里有鬼？}

③这个东西，会是姐姐带来的吗？_{这个东西，会是姐姐带来的吗？}

（二）疑问句类别

1. 是非疑问句

是非问是以整个句子为疑问点，要求听话人对问句的语义内容做出肯定或否定回答的疑问句。在加尤话里，使用疑问语调和语气助词。主要有以下格式：

（1）单句 + 副词（不、没曾），这种格式最常用

①你去学校不？_{你去学校吗？}

②这本书你有不？这本书你有吗？

③你们开学没曾？你们开学了吗？

④你家的牛回来没曾？你家的牛回来没有？

⑤你到过那块没曾？你到过那里吗？

（2）是＋不是

①那个矮板凳是你的不是？那个矮凳子是你的吗？

②昨天来的两个人是你老师不是？昨天来的两个人是你的老师吗？

③上次调查的发音人是你伯伯不是？上次调查的发音人是你的伯伯吗？

（3）单句＋句末语气词

①这个矮板凳是你的吧？这个矮凳子是你的吧？

②鼎锅煮饭比电饭锅煮的香吧？鼎锅煮的饭比电饭锅煮的香吧？

2. 特指疑问句

通常的疑问代词一般用以问人，问物，问地点，问方式，问原因，问时间，问数量等，加尤话也有相应的方式。

（1）问人（哪个、哪门子）

①哪个让你这样跟老师说话？谁让你这样跟老师说话？

②你是哪门子读书人啊？你是什么样的读书人啊？

（2）问方式（□［laŋ³¹］个）

①你是□［laŋ³¹］个走回来的？你是怎么走回来的？

②这些娃娃□［laŋ³¹］个那么调皮？这些小孩儿怎么那么调皮？

（3）问原因（做哪样）

①你做哪样哭啦？你为什么哭啦？

②你每次回家都跟爹妈吵，到底想做哪样？你每次回家都跟爸爸妈妈吵，到底想做什么？

（4）问时间（哪时、几时、几何）

①你哪时有时间去我家耍？你什么时候有时间去我家玩儿？

②这次调查做到几时？这次调查做到什么时候？

③你几何才想起去我家耍？你什么时候才想起去我家玩儿？

（5）问数量（几多、几少）

①你们养的鸡有几多？好像很多。你们养的鸡有多少？好像很多。

②这个村考得大学的有几少？这个村考上大学的有多少？

3. 反复疑问句

反复问也叫正反问，是问话者就一件事情的正面和反面进行询问的一种疑问形式。

（1）动词/形容词＋不＋动词/形容词

①这个菜咸不咸？这个菜咸不咸？

②阿妈问你到底来不来？妈妈问你到底来不来？

③你妹妹明年再上学好不好？你妹妹明年再上学好不好？

（2）动宾结构

VO 不 VO 式

①你读书不读书啊？你读不读书啊？

②你骑车不骑车啊？你骑不骑车啊？

在这种基本格式的基础上，也有几种变式：

1）V 不 VO 式

①你读不读书啊？你读不读书啊？

②你骑不骑车啊？你骑不骑车啊？

2）VO 不 V 式

①你读书不读啊？你读书不读啊？

②你骑车不骑啊？你骑车不骑啊？

（3）动补结构

当动词带可能补语时，加尤话反复问句的格式有：

1）V 得 CV 不 C

①作业做得完做不完啊？作业做不做得完啊？

②你的位置坐得稳坐不稳啊？你的位置坐不坐得稳啊？

2）V 不 V 得

①这座山爬不爬得上去？这座山能不能爬上去？

②你的风信壳洗不洗得干净啊？你的头皮屑能不能洗干净啊？

③娃娃的坏牙齿拔不拔得掉啊？小孩儿的坏牙齿能不能拔得掉啊？

④这种果吃不吃得？这种果能不能吃啊？

（4）求证问

反复问句如果是表达征询对方对某事的看法或意见，可以先说自己对某事的看法或意见的句子，然后在句末用"V/A 不"或"V/A 不 V/A"的格式提问。

①我想拿一点木椫回家，可以不？我想拿一点木屑回家，可以吗？

②我借你家锅子用一下，好不？我借你家锅用一下，好吗？

③你老早就去深圳打工了，是不？你老早就去深圳打工了，是吗？

4. 选择疑问句

选择问是指提出两种或以上的情况，要求听话人从中选择一种作为回答的疑问句。

（1）是 A 还是 B？

①你家现在住在村里面还是城里面？你家现在住在村里还是城里？

②你是一年级还是二年级？你是一年级还是二年级？

③这个小娃是男还是女？这个小孩儿是男的还是女的？

（2）A，还是 B？

①你家现在住在村里面，还是城里面？你家现在住在村里，还是城里？

②你是一年级，还是二年级？你是一年级，还是二年级？

③这个小娃是男，还是女？这个小孩儿是男的，还是女的？

（3）A 嘛，还是 B？

①你在办公室嘛，还是教室？你在办公室还是教室？

②五一在家嘛，还是出去耍？五一在家还是出去玩儿？

③你吃鸡□［ka⁵⁴］嘛，还是猪□［ka⁵⁴］？你吃鸡肉还是猪肉？

（4）A 呢，还是 B？

①你在办公室呢，还是教室？你在办公室还是在教室？

②五一在家呢，还是出去耍？五一在家还是出去玩儿？

③你吃鸡□［ka⁵⁴］呢，还是猪□［ka⁵⁴］？你吃鸡肉还是猪肉？

六　状语位置

加尤话状语位置两可，可在动词前，也可在动词后。如：

你先走。/你走先。

吃先了。/先吃了。

"你先走"应该是加尤话本来的语序，"你走先"应是通过语言接触进入加尤话的语序。

根据目前资料所见，加尤话族源地湖北恩施方言的句法特点与加尤话有同有异。

杨洁（2005）罗列的否定式差比句格式有：X + 不得比 + Y + W、X + 比 + Y + 不得 + W、X + 不得比 + Y + W + Z、X + 没得 + Y + W、X + 没得 + Y 、X + 不如 + Y + W、X + 不如 + Y、X + 不得 + W + Y + 的、X + 不

得 + W + Y + Z。（为便于行文，此处沿用杨洁文的术语）而调查所见，加尤话否定式差比句仅有"A + 没得 + B + 形容词"和"A + 不比 + B + 形容词"两种形式。①

附录一　高山汉话多点字音对照表

字目 中古音 方言点		加尤	坡荷	袍里	逻沙
多	果开一平歌端	to45	to35	to45	to35
拖	果开一平歌透	tho45	tho35	tho45	tho35
他	果开一平歌透	tha45	tha35	tha45	tha35
它	果开一平歌透			tha45	tha35
驼	果开一平歌定	tho31	tho31	tho31	tho31
紽	果开一平歌定			tho31	
驮（驮起来）	果开一平歌定	tho31	tho31	tho31	tho31
舵	果开一上哿定	tho31	tho213	tho31	to24
大	果开一去箇定	ta213	ta213	ta213	ta24
驮（驮子）	果开一去箇定	tho31	tho213		tho31
挪	果开一平歌泥	lo31	lo31	lo31	lo31
哪	果开一上哿泥	la54	la52	la54	la52
那	果开一去箇泥	la213	la213	la213	la24
罗	果开一平歌来	lo31	lo31	lo31	lo31
锣	果开一平歌来	lo31	lo31	lo31	lo31
箩	果开一平歌来	lo31	lo31	lo31	lo31
萝	果开一平歌来		lo31	lo31	lo31
左	果开一上哿精	tso54	tso52	tso54	tso52
佐	果开一去箇精	tso54	tso52	tso54	tso52
做	果开一去箇精	tso213		tso213	tso24
搓	果开一平歌清	tsho45	tsho52	tsho45	tsho35
歌	果开一平歌见	ko45	ko35	ko45	ko35

---

① 杨洁：《恩施方言否定式差比句考察》，《语言研究》2005 年第 12 期。

字目	中古音	加尤	坡荷	袍里	逻沙
哥	果开一平歌见	ko45	ko35	ko45	ko35
个	果开一去箇见	ko213	ko213	ko213	ko24
可	果开一上哿溪	kho54	kho52	kho54	kho52
坷	果开一上哿溪			kho45	kho31
蛾	果开一平歌疑	ŋo31	ŋə31	ŋo31	o31
鹅	果开一平歌疑	ŋo31	o31	ŋo31	o31
俄	果开一平歌疑	ŋo31	ŋo31	ŋo31	o31
我	果开一上哿疑	ŋo54	ŋo52	ŋo54	ŋo52
饿	果开一去箇疑	ŋo213	ŋo213	o213	o24
荷（荷花）	果开一去箇晓	xo31	xo31	xo31	xo31
河	果开一平歌匣	xo31	xo31	xo31	xo31
何	果开一平歌匣	xo31	xo31	xo31	xo31
荷（薄荷）	果开一平歌匣	xo31	xo31	xo31	xo31
苛	果开一平歌匣			kho45	kho35
贺	果开一去箇匣	xo213	xo213	xo213	xo24
阿（阿胶）	果开一平歌影	o45	a52	o45	a35
阿（阿哥）	果开一平歌影	o45		a45	o35
茄	果开三平戈群	tʃhyɛ31	khɛ31	tʃyɛ31	tshyɛ31
波	果合一平戈帮	po45	po35	po45	po35
菠	果合一平戈帮	po45	po35	po45	po35
跛（跛足）	果合一上果帮	po54	pai35	po54	pai35
簸（簸米）	果合一上果帮	po54	po52	po54	po52
播	果合一去过帮			po54	po35
颇	果合一平戈滂			po54	pho35
坡	果合一平戈滂	pho45	pho35	pho45	pho35
玻	果合一平戈滂	po45	po35	po45	po35
破	果合一去过滂	pho213	pho213	pho213	pho24
婆	果合一平戈并	pho31			pho31
薄（薄荷）	果合一去过并	po31			po31

续表

字目 \ 中古音 \ 方言点	中古音	加尤	坡荷	袍里	逻沙
魔	果合一平戈明	mo31	mo35	mo45	mo35
磨（磨刀）	果合一平戈明	mo31	mo213	mo213	mo31
摩	果合一平戈明	mo45	mo31	mo45	mo35
馍	果合一平戈明	mo31	mo52	mo31	mo31
磨（石磨）	果合一去过明	mo213	mo213	mo213	mo24
朵	果合一上果端	to54	to52	to54	to52
剁	果合一去端	to213	to213	to213	to24
妥	果合一上果透	tho54	tho213	tho54	tho52
椭	果合一上果透	tho54	tho52	iəu54	tho52
唾（唾液）	果合一去过透			tho213	tho24
堕	果合一上果定				to24
垛	果合一上果定		to213		to24
惰	果合一上果定	to213	to213	to213	to24
糯	果合一去过泥	lo213	lo213	lo213	lo24
懦	果合一去过泥			lo31	lo24
骡	果合一平戈来	lo31	lo31	no213	lo31
螺	果合一平戈来	lo31	lo31	lo31	lo31
腡（手指纹）	果合一平戈来	lo31	lo31	lo31	lo31
裸（裸体）	果合一上果来	lo54	lo52	lo54	lo35
瘰（瘰疬）	果合一上果来			lo31	kho52
捋（捋起来）	果合一去过来			lo213	lo31
挫	果合一去过精			tso213	tsho24
锉	果合一去过清	tsho213	tsho213	tso213	tsho24
矬（矮）	果合一平戈从			tso54	tsho24
坐	果合一上果从	tso213	tso213	tso213	tso24
座	果合一去过从	tso213	tso213	tso213	tso24
蓑	果合一平戈心	so45	ɬo35	so45	so35
梭	果合一平戈心	so45	ɬo35	so45	so35
唆（啰唆）	果合一平戈心	so45	ɬo35	so45	so35

字目 \ 方言点 中古音		加尤	坡荷	袍里	逻沙
莎	果合一平戈心			ʃa45	sa35
锁	果合一上果心	so54	ɬo52	so54	so52
琐	果合一上果心	so45	ɬo52	so54	so52
过	果合一平戈见	ko213	ko213	ko213	ko24
锅	果合一平戈见	ko45	ko35	ko45	ko35
戈	果合一平戈见	ko45	ko35	ko45	ko31
果	果合一上果见	ko54	ko52	ko54	ko52
裹	果合一上果见	ko54	ko52	ko54	ko52
科	果合一平戈溪	kho45	kho35	kho45	kho35
窠	果合一平戈溪		kho35	kho45	kho35
棵	果合一平戈溪	kho54	kho35	kho54	kho35
蝌	果合一平戈溪			ko45	kho35
颗	果合一上果溪	kho54	kho35	kho45	kho52
课	果合一去过溪	kho213	kho213	kho213	kho24
讹	果合一平戈疑			ŋo213	o31
卧	果合一去过疑	ŋo213	ŋo213	ŋo213	o24
火	果合一上果晓	xo54	xo52	xo54	xo52
伙（伙计）	果合一上果晓	xo54	xo52	xo54	xo52
货	果合一去过晓	xo213	xo213	xo213	xo24
和（和气）	果合一平戈匣	xo31	xo31	xo31	xo31
禾	果合一平戈匣	xo31	xo31	xo31	xo31
祸	果合一上果匣	xo213	xo213	xo31	xo24
和（和面）	果合一去过匣	xo31	xo31	xo31	xo31
和（和声）	果合一去过匣	xo31		xo31	xo31
倭	果合一平戈影		o35		o35
踒（踒了脚）	果合一平戈影			uai54	
窝	果合一平戈影	o45	o35	o45	o35
涡	果合一平戈影			o45	o35
莴	果合一平戈影			o45	o35

续表

字目 \ 中古音 \ 方言点		加尤	坡荷	袍里	逻沙
涴	果合一去过影		o31	o213	o24
瘸	果合三平戈群		tʃhyɛ31	tʃhyɛ31	tʃhyɛ31
靴	果合三平戈晓			ʃyɛ213	
巴	假开二平麻帮	pa45	pa52	pa45	pa52
芭	假开二平麻帮	pa45	pa35	pa45	pa35
疤	假开二平麻帮	pa45	pa35		pa35
笆	假开二平麻帮			pa45	pa35
把（把守）	假开二上马帮	pa54	pa35	pa54	pa52
霸	假开二去祃帮	pa213	pa213	pa213	pa24
欛	假开二去祃帮	pa213	pa52	pa54	pa24
坝	假开二去祃帮	pa213		pa213	pa24
爸	假开二去祃帮	pa45	pa35	pa54	pa35
怕	假开二去祃滂	pha213	pha213	pha213	pha24
帕	假开二去祃滂	phɛ31	phɛ31	phɛ31	phɛ31
爬	假开二平麻并	pha31	pha31	pha31	pha31
琶（琵琶）	假开二平麻并	pha31	pha31	pha31	pha31
杷（枇杷）	假开二平麻并	pha31	pha31	pha31	pha31
耙	假开二去祃并	pha31	pha31	pha31	pha31
麻	假开二平麻明	ma31	ma31	ma31	ma31
痳	假开二平麻明	ma31	ma31	ma31	ma31
蟆（蛤蟆）	假开二平麻明	mo31	ma31	mo31	ma31
马	假开二上马明	ma54	ma52	ma54	ma52
码（码子）	假开二上马明	ma54	ma52	ma54	ma52
骂	假开二去祃明	ma213	ma213	ma213	ma24
拿	假开二平麻泥	la31	la31	ȵa31	la31
茶	假开二平麻澄	tʂha31	tʂha31	tʃha31	tsha31
搽	假开二平麻澄	tʂha31	tʂha31	tsha31	tsha31
楂	假开二平麻庄			tʃa45	tsa35
渣	假开二平麻庄	tʂa45	tsa35	tʃa45	tsa35

续表

字目	中古音	加尤	坡荷	袍里	逻沙
诈	假开二去祃庄	tʂa213	tʂa213	tʃa213	tsa24
榨（榨油）	假开二去祃庄	tʂa213	tʂa213	tʃa213	tsa24
叉	假开二平麻初	tʂha45	tʂha35	tʃha45	tsha35
权（枝权）	假开二去祃初	tʂha45	tʂha35	tʃha45	tsha35
差（差别）	假开二平麻初	tʂha45		tʃha45	tsha35
岔	假开二去祃初	tʂha213	tʂha35	tʃha213	tsha35
汊	假开二去祃初			tʃha213	tsha24
茬	假开二平麻崇	tʂha31	tʂha31	tsha31	tsha31
乍	假开二平麻崇	tʂa213	tsa213	tsa31	tsa24
沙	假开二平麻生	ʂa45	ʂa35	ʃa45	sa35
纱	假开二平麻生	ʂa45	ɬa35	ʃa45	sa35
洒	假开二上马生	sa54	ɬa35	sa54	sa35
厦（偏厦）	假开二去祃生	ʂua54	ʃia213	ʃua54	sua52
家（家庭）	假开二平麻见	tʃia45	tsia35	tʃia45	tʃia35
加	假开二平麻见	tʃia45	tsia35	tʃia45	tʃia35
痂	假开二平麻见	tʃia45	tsia35	tʃia45	tʃia35
嘉	假开二平麻见	tʃia45	tsia35	tʃia45	tʃia35
家（家具）	假开二平麻见	tʃia45		tʃia45	tʃia35
假（真假）	假开二上马见	tʃia54	tʃia52	tʃia54	tʃia52
贾（姓）	假开二上马见	tʃia54	tʃia52	tʃia54	tʃia52
假（放假）	假开二去祃见	tʃia54	tʃia52	tʃia54	tʃia52
架	假开二去祃见	tʃia213	tʃia213	tʃia213	tʃia24
驾	假开二去祃见	tʃia213	tsia213	tʃia213	tʃia24
嫁	假开二去祃见	tʃia213	tʃia213	tʃia213	tʃia24
稼	假开二去祃见	tʃia213	tʃia52	tʃia45	tʃia24
价	假开二去祃见	tʃia213	tʃia213	tʃia213	tʃia24
搲（捕、拿住）	假开二去祃溪			ka31	kha31
牙	假开二平麻疑	ia31	ia31	ia31	ia31
芽	假开二平麻疑	ia31	ia31	ia31	ia31

续表

字目	中古音	加尤	坡荷	袍里	逻沙
衙	假开二平麻疑	ia31	ia31	ia31	ia31
雅	假开二上马疑	ia54	ia52	ia54	ia52
砑（砑平）	假开二去祃疑			ia31	ia31
虾（鱼虾）	假开二平麻晓	ʃia45	ʃia35	ʃia45	ʃia35
哈（蛤蟆）	假开二平麻晓		xa35	xa45	xa35
吓（吓一跳）	假开二去祃晓	ʃia31	ʃia35	ʃia45	ʃia35
霞	假开二平麻匣	ʃia31	ʃia31	ʃia31	ʃia31
遐	假开二平麻匣		ʃia31	ʃia31	ʃia31
虾（虾蟆）	假开二平麻匣	ʃia45		xa45	
下（底下）	假开二上马匣	ʃia213	ʃia213	ʃia213	ʃia24
夏（姓）	假开二上马匣	ʃia213	ʃia213	ʃia213	ʃia24
厦（厦门）	假开二上马匣	ʃua54	ʃia213	ʃua54	
下（下降）	假开二去祃匣	ʃia213	ʃia213	ʃia213	ʃia24
暇	假开二去祃匣		ʃia31	ʃia31	ʃia31
鸦	假开二平麻影	ia45	ia35	ia45	ia35
丫（丫头）	假开二平麻影	ia45	ia35	ia45	ia35
桠（桠杈）	假开二平麻影	ia45	ia35	ia45	ia35
哑	假开二上马影	ŋa54	ia35	ŋa54	ŋa35
亚	假开二去祃影	ia213	ia213	ia213	ia24
姐	假开三上马精	tsɛ54	tsɛ52	tsɛ54	tʃiɛ52
借	假开三去祃精	tsɛ213	tsɛ213	tsɛ213	tsɛ24
且	假开三上马清	tshɛ54	tshɛ52	tshɛ54	tshɛ52
笡	假开三去祃清			sɛ31	
藉	假开三去祃从	tsɛ213	tsɛ213		tʃi31
些	假开三平麻心	sɛ45	ɬɛ35	si45	ʃi31
写	假开三上马心	si54	ɬɛ52	sɛ54	se52
泻	假开三去祃心	si54	ɬɛ213	sɛ213	se24
卸	假开三去祃心	sɛ213	ɬɛ213	sɛ213	se24
邪	假开三平麻邪	sɛ31	ɬɛ31	sɛ31	se31

续表

字目 方言点 中古音	加尤	坡荷	袍里	逻沙
斜 假开三平麻邪	sɛ31	ɬɛ31	sia31	se31
谢 假开三去祃邪	sɛ213	ɬɛ213	sɛ213	se24
爹 假开三平麻知	ti45	tɛ35	ti45	ti35
遮 假开三平麻章	tʂɛ45	tsɛ35	tʃɛ45	tse35
者 假开三上马章	tʂɛ54	tsɛ52	tʃɛ54	tse52
蔗 假开三去祃章	tʂɐi213	tsɛ213	tʃa213	tse24
鹧 假开三去祃章			tsɛ213	tse24
车（马车） 假开三平麻昌	tʂhɛ45	tshɛ35	tʃhɛ45	tshe35
扯 假开三上马昌	tʂhɛ54	tshɛ52	tʃhɛ54	tshe52
蛇 假开三平麻船	sɛ31	ɬɛ31	ʃɛ31	se31
射 假开三去祃船	sɛ213	ɬɛ213	sɛ213	se24
麝（麝香） 假开三去祃船	ʂɛ213	ɬɛ213	ʃɛ213	se24
奢 假开三平麻书	ʂɛ45		ʃɛ45	se35
赊 假开三平麻书	ʂɛ45	ɬɛ35	ʃɛ45	se35
舍 假开三上马书	ʂɛ54		ʃɛ213	se52
赦 假开三去祃书	ʂɛ213	ɬɛ213	ʃɛ54	se31
佘（姓） 假开三平麻禅			ʃɛ45	se35
社 假开三上马禅	ʂɛ213	ɬɛ213	ʃɛ213	se24
惹 假开三上马日	ʐɛ54	zɛ35	zɛ54	ʒe52
椰 假开三平麻以				ie35
爷 假开三平麻以	iɛ31	iɛ31	iɛ31	ie31
也（也是） 假开三上马以	iɛ54	iɛ52	iɛ54	i52
野 假开三上马以	iɛ54	iɛ52	iɛ54	ie52
夜 假开三去祃以	iɛ213	iɛ213	iɛ213	ie24
傻 假合二上马生	ʂa54	ɬa31	ʃa54	sua52
瓜 假合二平麻见	kua45	kua35	kua45	kua35
蜗 假合二平麻见	o45	o35	o45	o35
寡 假合二上马见	kua54	kua52	kua54	kua52
剐 假合二上马见	kua54	kua31	kua31	kua52

续表

字目 \ 中古音 \ 方言点	中古音	加尤	坡荷	袍里	逻沙
夸	假合二平麻溪	khua45	khua35	khua45	khua35
跨	假合二去祃溪	khua45	khua52	khua45	khua24
胯	假合二去祃溪			khua54	khua52
瓦	假合二上马疑	ua54	ua52	ua54	va52
花	假合二平麻晓	xua45	xua35	xua45	xua35
化	假合二去祃晓	xua213	xua213	xua213	xua24
华（中华）	假合二平麻匣	xua31	xua31	xua31	xua31
铧	假合二平麻匣	xua31	xua31	xua31	xua31
划（划船）	假合二平麻匣	xua31	xua31	xua31	xua31
华（华山）	假合二去祃匣	xua31	xua31	xua31	
桦（桦树）	假合二去祃匣	xua31	xua31	xua31	xua31
蛙	假合二平麻影	ua45	ua35	ua45	va35
洼	假合二平麻影	ua45	ua35	ua45	va31
补	遇合一上姥帮	pu54	pu52	pu54	pu52
谱	遇合一上姥帮	phu54	phu52	phu54	
圃	遇合一上姥帮			phu54	phu52
布（布匹）	遇合一去暮帮	pu213	pu213	pu213	pu24
布（散布）	遇合一去暮帮	pu213		pu213	pu24
铺（铺设）	遇合一平模滂	phu45	phu35		phu35
普	遇合一上姥滂	phu54	phu52	phu54	phu52
浦	遇合一上姥滂	phu54	phu52	phu54	phu52
铺（店铺）	遇合一去暮滂	phu45		phu45	phu24
怖	遇合一去暮滂	pu213	pu213	pu213	pu24
蒲	遇合一平模并	phu31	phu213	phu31	phu31
菩（菩萨）	遇合一平模并	phu31	phu31	phu31	phu31
脯	遇合一平模并	phu31	phu52	phu31	phu31
葡	遇合一平模并			phu31	phu31
部	遇合一上姥并	pu213	pu213	pu213	pu24
簿	遇合一上姥并	pu213	pu213	pu213	pu24

续表

字目 中古音 方言点		加尤	坡荷	袍里	逻沙
步	遇合一去暮并	pu213	pu213	pu213	pu24
捕	遇合一去暮并	phu54	phu52	phu54	pu52
埠（商埠）	遇合一去暮并		phu213	fu31	pu24
模（模子）	遇合一平模明	mo45	mo31	mu31	mu31
模（模范）	遇合一平模明	mo31	mo31	mu31	mo31
暮	遇合一去暮明	mu213	mu213	mu213	mu24
慕	遇合一去暮明	mu213	mu213	mu213	mu24
墓	遇合一去暮明	mu213	mu213	mu213	mu24
募	遇合一去暮明	mu213	mu213	mu213	mu24
都（都城）	遇合一平模端	təu45	tu35	tu45	tu35
都（都是）	遇合一平模端	təu45	tu35	tu45	təu35
堵	遇合一上姥端	təu54	tu52	tu54	tu52
赌	遇合一上姥端	təu54	tu52	tu54	tu52
肚（胃）	遇合一上姥端	təu54	tu213	tu54	tu24
妒	遇合一去暮端				tu24
土	遇合一上姥透	thəu54	thu52	thu54	thu52
吐（吐痰）	遇合一上姥透	thəu213	thu213	thu213	thu24
吐（呕吐）	遇合一去暮透	thəu213	thu213	thu213	thu52
兔	遇合一去暮透	thəu213	thu213	thu213	
徒	遇合一平模定	thəu31	thu31	thu31	thu31
屠	遇合一平模定	thəu31	thu31	thu31	thu31
途	遇合一平模定	thəu31	thu31	thu31	thu31
涂	遇合一平模定	thəu31	thu31	thu31	thu31
图	遇合一平模定	thəu31	thu31	thu31	thu31
杜	遇合一上姥定	təu213	thu213	tu213	tu24
肚（鱼肚）	遇合一上姥定	təu54	tu213	tu213	tu24
度	遇合一去暮定	təu213	tu213	tu213	tu24
渡	遇合一去暮定	təu213	tu213	tu213	tu24
镀	遇合一去暮定	təu213	tu213	tu213	tu24

续表

字目 / 中古音 / 方言点	中古音	加尤	坡荷	袍里	逻沙
奴	遇合一平模泥	ləu31	nu31	lu31	lu31
努	遇合一上姥泥	ləu54	lu52	lu54	lu52
怒	遇合一去暮泥	ləu213	lu213	lu213	lu24
卢	遇合一平模来			lu31	lu31
炉	遇合一平模来	ləu31	lu31	lu31	lu31
芦	遇合一平模来	ləu31	lu31	lu31	lu31
鸬（鸬鹚）	遇合一平模来	ləu31	lu31	lu31	lu31
鲁	遇合一上姥来	ləu54	lu52	lu54	lu52
橹	遇合一上姥来	ləu54	lu52	lu54	lu52
虏	遇合一上姥来	ləu54	lu52	lu54	lu52
卤	遇合一上姥来	ləu54	lu52	lu54	lu52
路	遇合一去暮来	ləu213	lu213	lu213	lu24
赂	遇合一去暮来	ləu213	lu213	lo31	lu24
露（显露）	遇合一去暮来	ləu213	lu213	lu213	lu24
露（露水）	遇合一去暮来	ləu213		lu213	ləu24
鹭（鹭鸶）	遇合一去暮来		lu31	lu213	lu24
租	遇合一平模精	tsəu45	tsu35	tsu45	tsu35
祖	遇合一上姥精	tsəu54	tsu52	tsu45	tsu52
组	遇合一上姥精	tsəu54	tsu52	tsu54	tsu52
粗	遇合一平模清	tshəu45	tshu35	tshu45	tshu35
醋	遇合一去暮清	tshəu213	tshu213	tshu213	tshu24
措（措置）	遇合一去暮清	tsho213	tsho213	tsho213	tsho24
错（错误）	遇合一去暮清	tsho213	tsho213	tsho213	tsho24
苏	遇合一平模心	səu45	su35	su45	su35
酥	遇合一平模心	səu45	su35	su45	su35
素	遇合一去暮心	səu213	su213	su213	su24
诉	遇合一去暮心	səu213	su213	su213	su24
塑（塑像）	遇合一去暮心	səu213	su213	su213	so31
嗉（鸟嗉子）	遇合一去暮心	səu213		su213	su24

字目 中古音 方言点	加尤	坡荷	袍里	逻沙
姑 遇合一平模见	ku45	ku35	ku45	ku35
孤 遇合一平模见	ku45	ku35	ku45	ku35
箍 遇合一平模见	khu45		khu45	khu35
鸪 遇合一平模见			ku45	ku35
辜 遇合一平模见			ku45	ku35
古 遇合一上姥见	ku54	ku52	ku54	ku52
估（估计） 遇合一上姥见	khu45	ku35	ku54	khu35
牯 遇合一上姥见	ku54		ku54	
股 遇合一上姥见	ku54	ku52	ku54	ku52
鼓 遇合一上姥见	ku54	ku52	ku54	ku52
故 遇合一去暮见	ku213	ku213	ku213	ku24
固 遇合一去暮见	ku213	ku213	ku213	ku24
锢（禁锢） 遇合一去暮见	ku213	ku31	ku213	ku24
雇 遇合一去暮见	ku213	ku213	ku213	ku24
顾 遇合一去暮见	ku213	ku213	ku213	ku24
枯 遇合一平模溪	khu45	ku35	ku45	khu35
苦 遇合一上姥溪	khu54	khu35	khu54	khu52
库 遇合一去暮溪	khu213	khu213	khu213	khu24
裤 遇合一去暮溪	khu213	khu213	khu213	khu24
吴 遇合一平模疑	u31	u31	u31	u31
蜈（蜈蚣） 遇合一平模疑	u31	u31	u31	u31
吾 遇合一平模疑	u31	u31	u31	u31
梧（梧桐） 遇合一平模疑	u31	u31	u31	u31
五 遇合一上姥疑	u54	u52	u54	u52
伍 遇合一上姥疑	u54	u52	u54	u52
午 遇合一上姥疑	u54	u52	u54	u52
误 遇合一去暮疑	u213	u213	u213	u24
悟 遇合一去暮疑	u213	u31	u213	u24
呼 遇合一平模晓	fu45	xu35	fu45	fu35

续表

字目 \ 方言点 \ 中古音		加尤	坡荷	袍里	逻沙
虎	遇合一上姥晓	fu54	xu52	fu54	fu52
浒	遇合一上姥晓	fu54	xu52	fu54	fu52
戽（戽水）	遇合一去暮晓			fu31	fu24
胡	遇合一平模匣	fu31	xu31	fu31	fu31
湖	遇合一平模匣	fu31	xu31	fu31	fu31
狐	遇合一平模匣	fu31	xu31	fu31	fu31
壶	遇合一平模匣	fu31	xu31	fu31	fu31
乎	遇合一平模匣	fu45	xu31	fu45	fu35
瓠（瓠瓜）	遇合一平模匣	khu31	xu31	fu31	fu31
葫	遇合一平模匣			fu31	fu31
蝴	遇合一平模匣			fu31	fu31
糊	遇合一平模匣			fu31	fu31
户	遇合一上姥匣	fu213	xu213	fu213	fu24
沪	遇合一上姥匣		xu213	lu31	fu24
互	遇合一去暮匣	fu213	xu213	u213	fu24
护	遇合一去暮匣	fu213	xu213	fu213	fu24
乌	遇合一平模影	u45	u35	u45	vu35
污	遇合一平模影	u45	u35	u45	vu35
坞	遇合一上姥影		u35	u45	vu35
女	遇合三上语泥	ȵyi54	ȵy52	lyi54	ȵyi52
庐（茅庐）	遇合三平鱼来	ləu31	lu31	lu31	lu31
驴	遇合三平鱼来	ləu31	lu31	lu31	lu31
吕	遇合三上语来	luəi54	li52	lɿ54	lɿ52
稆	遇合三上语来			luəi54	
旅	遇合三上语来	li54	li52	li54	li52
虑	遇合三去御来	li213	li213	li213	li24
滤	遇合三去御来	li213	li213	li213	li24
蛆	遇合三平鱼清	tshyi45	si35	tsu45	tʃhyi35
絮	遇合三去御心	syi213	si213	suəi213	suei24

字目 中古音 方言点		加尤	坡荷	袍里	逻沙
徐	遇合三平鱼邪	syi31	tʃhi31	syi31	ʃyi31
序	遇合三上语邪	syi213	si213	syi54	ʃi24
叙	遇合三上语邪	syi31	si213	syi54	ʃi24
绪	遇合三上语邪	syi213	si213	syi54	ʃi24
猪	遇合三平鱼知	tʂu45	tʂu35	tʃu45	tsu35
著（显著）	遇合三去御知	tʂu213	tʂu213	tʃu213	tsu24
褚（姓）	遇合三上语彻			tʃu213	tshu52
除	遇合三平鱼澄	tʂhu31	tʂhu31	tʃhu31	tshu31
储	遇合三平鱼澄	tʂhəu31	tʂhu213	tʃhu31	tshu52
苎	遇合三上语澄				tsu24
箸（筷子）	遇合三去御澄				tsu24
阻	遇合三上语庄	tsəu54	tʂu52	tsu54	tsu52
初	遇合三平鱼初	tshəu45	tʂhu35	tshu45	tshu35
楚	遇合三上语初	tshəu54	tʂhu52	tshu54	tshu52
础（柱下石）	遇合三上语初	tshəu54	tʂhu52	tshu54	tshu52
锄	遇合三平鱼崇	tshəu31	tʂhu31	tshu31	tshu31
助	遇合三去御崇	tshəu213	tʂu213	tsho213	tsu24
梳（梳头）	遇合三平鱼生	səu45	ʂu35	su45	su35
疏（疏远）	遇合三平鱼生	səu45	ʂu35	su45	su35
蔬	遇合三平鱼生	səu45	ʂu35	su45	su35
所	遇合三上语生	so54	ɬo52	so54	so52
诸	遇合三平鱼章	tʂu45	tʂu35	tʃu45	tsu35
煮	遇合三上语章	tʂu54	tʂu52	tʃu54	tsu52
处（相处）	遇合三上语昌	tʂu54	tʂu213	tʃhu213	tshu24
杵	遇合三上语昌			u213	tshu52
处（处所）	遇合三去御昌	tʂhu213	tʂhu213	tʃhu213	tshu24
书	遇合三平鱼书	ʂu45	ʂu35	ʃu45	su35
舒	遇合三平鱼书	ʂu45	ʂu35	ʃu45	su35
暑	遇合三上语书	ʂu54	ʂu52	ʃu31	su52

续表

字目 中古音 方言点		加尤	坡荷	袍里	逻沙
鼠	遇合三上语书	ʂu54	ʂu52	ʃu54	ʃyi52
黍	遇合三上语书		ʂu213	ʃu31	su52
庶	遇合三去御书	ʂu213		ʃu213	su24
恕	遇合三去御书	ʂu213	ʂu213	ʃu213	su24
署	遇合三去御禅	ʂu54	ʂu52	ʃu54	su52
薯	遇合三去御禅		ʂu31	ʃu31	su31
如	遇合三平鱼日	z̩u31	iu31	ʒu31	ʒu31
汝	遇合三上语日	z̩u54	iu52	lu54	ʒu52
居	遇合三平鱼见	tʃyi45	tʃy35	tʃyi45	tʃy35
举	遇合三上语见	tʃyi54	tʃy52	tʃyi54	tʃy52
据	遇合三去御见	tʃyi213	tʃy213	tʃyi213	tʃy24
锯（锯子）	遇合三去御见	tʃyi213	tʃy213	tʃyi213	tʃy24
墟（墟市）	遇合三平鱼溪	ʃyi45	ʃy35	ʃyi45	ʃyi35
去（来去）	遇合三去御溪	tʃhyi213	tʃhy213	khi213	tʃhi24
渠	遇合三平鱼群	tʃhyi31	tʃy213	tʃyi213	tʃhyi31
巨	遇合三上语群	tʃyi213	tʃy213	tʃyi213	tʃyi24
拒	遇合三上语群	tʃyi213	tʃy213	tʃyi213	tʃyi24
距	遇合三上语群	tʃyi213	tʃy213	tʃyi54	tʃyi24
鱼	遇合三平鱼疑	yi31	y31	yi31	vi31
渔	遇合三平鱼疑	yi31	y31	yi31	vi31
语	遇合三上语疑	yi54	y52	yi54	vi52
御	遇合三去御疑	i213	y213	yi213	vi24
虚	遇合三平鱼晓	ʃyi45	ʃy35	ʃyi45	ʃyi35
嘘	遇合三平鱼晓	ʃyi45	ʃy35	ʃyi45	ʃyi35
许	遇合三上语晓	ʃyi54	ʃy52	ʃyi54	ʃyi52
淤	遇合三平鱼影	yi31	ʔi35	yi31	i35
余（姓氏）	遇合三平鱼以	yi31	y31	yi31	yi31
馀（多余）	遇合三平鱼以		y31		yi31
与（给与）	遇合三上语以	yi54	y52	yi54	i52

续表

字目	中古音	加尤	坡荷	袍里	逻沙
誉	遇合三去御以	yi213	y213	yi213	i24
预	遇合三去御以	yi213	y213	yi213	yi24
豫	遇合三去御以	yi213	y213	yi213	yi24
夫	遇合三平虞非	fu45	fu35	fu45	fu35
肤	遇合三平虞非	fu45	fu35	fu45	fu35
府	遇合三上虞非	fu54	fu52	fu54	fu52
腑	遇合三上虞非	fu54	fu52	fu54	fu52
俯	遇合三上虞非	fu54	fu52	fu54	fu52
甫	遇合三上虞非	fu54	phu52	phu54	fu52
斧	遇合三上虞非	fu54	fu52	fu54	fu52
付	遇合三去遇非	fu213	fu213	fu213	fu24
赋	遇合三去遇非	fu213	fu213	fu213	fu24
傅	遇合三去遇非	fu213	fu213	fu213	fu24
咐	遇合三去遇非				fu24
敷	遇合三平虞敷	fu45	fu35	fu45	fu35
俘	遇合三平虞敷		fu52	fu31	fu35
孵（孵小鸡）	遇合三平虞敷	fu45	fu35	fu31	fu35
麸（麦麸子）	遇合三平虞敷	fu45	fu35	khu45	khu35
抚	遇合三上虞敷	fu54	fu31	fu54	fu52
赴	遇合三去遇敷	phu31	fu213	fu213	fu24
讣	遇合三去遇敷	phu213	pu213	phu31	fu24
符	遇合三平虞奉	fu31	fu31	fu31	fu31
扶	遇合三平虞奉	fu31	fu31	fu31	fu31
芙	遇合三平虞奉	fu31	fu31	fu31	fu31
父	遇合三上虞奉	fu213	fu213	fu213	fu24
釜	遇合三上虞奉	fu54	fu52	fu54	fu52
腐	遇合三上虞奉	fu54	fu52	fu54	fu52
辅	遇合三上虞奉	phu54	fu52	fu54	fu52
附	遇合三去遇奉	fu213	fu213	fu213	fu24

续表

字目　中古音　方言点		加尤	坡荷	袍里	逻沙
驸	遇合三去遇奉			fu213	fu24
无	遇合三平虞微	u31	ʔu31	u31	vu31
巫	遇合三平虞微	u45	ʔu35	mu213	vu35
诬	遇合三平虞微	u45	ʔu35	u45	vu35
武	遇合三上麌微	u54	ʔu52	u54	vu52
舞	遇合三上麌微	u54	ʔu52	u54	vu52
侮	遇合三上麌微	u54	ʔu52	u54	vu35
鹉	遇合三上麌微	u54	ʔu52		vu52
务	遇合三去遇微	u213	mu213	u213	vu24
雾	遇合三去遇微	u213	mu213	u213	vu24
缕	遇合三上麌来	ləu54		ləu54	luei52
屡	遇合三去遇来	luəi54	luəi52	luəi54	luei52
趋	遇合三平虞清	tshyi45	tʃhy35	tʃhyi45	tʃhyi35
取	遇合三上麌清	tshyi54	tʃhy52	tʃhyi54	tʃhyi52
娶	遇合三上麌清	tshyi54	tʃhy52	tʃyi54	tʃhyi52
趣	遇合三去遇清	tsyi213	tʃhy213	tʃyi213	tʃhyi24
聚	遇合三上麌从	tsyi213	tʃhy213	tʃyi213	tʃyi24
须（必须）	遇合三平虞心	syi45	ʃy35	ʃyi45	suei35
须（胡须）	遇合三平虞心	syi45		ʃyi45	suei35
需	遇合三平虞心	syi45	ʃy35	ʃyi45	ʃyi35
诛	遇合三平虞知	tʂʅ45	tʂʅ35	tʃu45	tsu35
蛛	遇合三平虞知	tʂʅ45	tʂʅ35	tʃu45	tsu35
株	遇合三平虞知	tʂʅ45	tʂʅ35	tʃu45	tsu35
拄	遇合三上麌知	tʂhu54	tʂʅ213	tʃhu54	tshu52
驻	遇合三去遇知	tʂʅ213	tʂʅ213	tʃu213	tsu24
注	遇合三去遇知	tʂʅ213		tʃu213	tsu24
厨	遇合三平虞澄	tʂhu31	tʂhu31	tʃhu31	tshu31
橱	遇合三平虞澄			tʃhu31	tshu31
柱	遇合三上麌澄	tʂʅ213	tʂʅ213	tʃu54	tshu24

续表

字目 中古音 方言点		加尤	坡荷	袍里	逻沙
住	遇合三去遇澄	tʂʮ213	tʂʮ213	tʃu213	tshu24
雏	遇合三平虞崇		tʂhu31		tshu31
数（动词）	遇合三上麌生	səu54	ʂʮ52	ʃu54	su52
数（名词）	遇合三去遇生	səu213	ʂʮ213	ʃu213	su24
朱	遇合三平虞章	tʂʮ45	tʂʮ35	tʃu45	tsu35
铢	遇合三平虞章				tsu35
珠	遇合三平虞章	tʂʮ45	tʂʮ35	tʃu45	tsu35
主	遇合三上麌章	tʂʮ54	tʂʮ52	tʃu54	tsu52
蛀	遇合三去遇章	tʂʮ213	tʂʮ213	tʃu45	tsu24
铸	遇合三去遇章	tʂʮ213	tʂʮ213	tau213	tsu24
枢	遇合三平虞昌	ʂʮ45		ʃu45	su35
输（输赢）	遇合三平虞书	ʂʮ45	ʂʮ35	ʃu45	su35
戍	遇合三去遇书		ʃyi31		su24
输（运输）	遇合三平虞书	ʂʮ45	ʂʮ35	ʃu45	su35
殊	遇合三平虞禅	ʂʮ45	ʂʮ31	tʃu45	su35
竖	遇合三上麌禅	ʂʮ213	ʂʮ213	ʃu213	su24
树（树立）	遇合三上麌禅		ʂʮ213	ʃu213	su24
树（树林）	遇合三去遇禅			ʃu213	su24
儒	遇合三平虞日	ʐʮu213		ʒu31	ʒu31
乳	遇合三上麌日	ʐʮu54	ʐʮu52	ʒu54	ʒuei52
拘	遇合三平虞见	tʃyi45	tʃy35	tʃyi45	tʃyi35
驹	遇合三平虞见	tʃyi45	tʃy35	tʃyi45	tʃyi35
俱	遇合三平虞见	tʃyi213	tʃy213	tʃyi213	tʃyi24
矩	遇合三上麌见	tʃyi54	tʃy52	tʃyi54	tʃyi24
句	遇合三去遇见	tʃyi213	tʃy213	tʃyi213	tʃyi24
区（区域）	遇合三平虞溪	tʃhyi45	tʃhy35	tʃhyi45	tʃhyi35
驱	遇合三平虞溪	tʃhyi45	tʃhy35	tʃhyi45	tʃhyi35
瞿	遇合三平虞群	syi31		tʃyi213	tʃhyi31
具	遇合三去遇群	tʃyi213	tʃy213	tʃyi213	tʃyi24

续表

字目 \ 方言点 中古音		加尤	坡荷	袍里	逻沙
惧	遇合三去遇群	tʃyi213	tʃy213	tʃyi213	tʃyi24
愚	遇合三平虞疑	yi31	y213	yi31	yi31
虞	遇合三平虞疑			yi31	yi31
娱	遇合三平虞疑	yi31	y31	i31	yi31
遇	遇合三去遇疑	yi213	y213	yi213	yi24
寓	遇合三去遇疑	yi213	y213	yi213	yi24
迂	遇合三平虞影	yi31	y31	yi31	yi52
于	遇合三平虞云	yi31	i52	yi31	i31
盂	遇合三平虞云			yi31	i31
雨	遇合三上虞云	yi54	yi52	yi54	vi52
宇	遇合三上虞云	yi54	yi52	yi54	vi52
禹	遇合三上虞云	yi54	yi52	yi54	vi52
羽	遇合三上虞云	yi54	yi52	yi54	vi52
芋	遇合三去遇云	yi213	yi213	yi213	vi24
榆	遇合三平虞以	yi31	yi31	yi213	vi31
逾	遇合三平虞以		yi31	yi213	vi31
愉	遇合三平虞以	yi213	yi213	yi213	vi31
愈	遇合三上虞以	yi213		yi213	vi24
喻	遇合三去遇以	yi213	yi213	yi213	vi24
裕	遇合三去遇以	yi213	yi213	yi213	vi24
贝	蟹开一去泰帮	pəi213		pəi213	pei24
沛	蟹开一去泰滂	phəi213		phəi213	phei24
戴	蟹开一去代端	tai213	tai213	tai213	tai24
带	蟹开一去泰端	tai213		tai213	tai24
胎	蟹开一平咍透	thai45	thai35	thai45	thai35
台	蟹开一平咍透	thai31	thai31	thai31	thai31
态	蟹开一去代透	thai213	thai213	thai213	thai24
贷	蟹开一去代透	tai213	tai213	tai213	tʃyi24
太	蟹开一去泰透	thai213		thai213	thai24

续表

字目 中古音 方言点		加尤	坡荷	袍里	逻沙
泰	蟹开一去泰透	thai213		thai213	thai24
台（舞台）	蟹开一平咍定	thai31		thai31	thai31
苔（舌苔）	蟹开一平咍定	thai31	thai31	thai31	thai31
苔（青苔）	蟹开一平咍定	thai31		thai31	thai31
抬	蟹开一平咍定	thai31	thai31	thai31	thai31
待	蟹开一上海定	tai213	tai213	tai213	tai24
怠	蟹开一上海定	tai213	tai213	tai213	tai24
殆	蟹开一上海定				tai24
代	蟹开一去代定	tai213	tai213	tai213	tai24
袋	蟹开一去代定	tai213	tai213	tai213	tai24
逮	蟹开一去代定			ti213	tai24
大（大夫）	蟹开一去泰定	ta213			ta24
乃	蟹开一上海泥	lai54	lai52	ȵai54	lai52
耐	蟹开一去代泥	lai213	lai213	ȵai213	lai24
奈	蟹开一去泰泥	lai213		ȵai213	lai24
来	蟹开一平咍来	lai31	lai31	lai31	lai31
赖	蟹开一去泰来	lai213		lai213	lai24
癞	蟹开一去泰来	lai213		lai213	lai24
灾	蟹开一平咍精	tsai45	tsai35	tsai45	tsai35
栽	蟹开一平咍精	tsai45	tsai35	tsai45	tsai35
宰	蟹开一上海精	tsai54	tsai52	tsai54	tsai52
载（三年五载）	蟹开一上海精	tsai54	tsai52	tsai54	tsai52
崽	蟹开一上海精			tsai45	tsai52
再	蟹开一去代精	tsai213	tsai213	tsai213	tsai24
载（载重）	蟹开一去代精	tsai54	tsai213	tsai45	tsai24
猜	蟹开一平咍清	tshai45	tshai35	tshai45	tshai35
彩	蟹开一上海清	tshai54	tshai52	tshai54	tshai52
采	蟹开一上海清	tshai54	tshai52	tshai54	tshai52
菜	蟹开一去代清	tshai213	tshai213	tshai213	tshai24

续表

字目	中古音	加尤	坡荷	袍里	逻沙
蔡	蟹开一去泰清	tshai213		tshai213	tshai24
才	蟹开一平咍从	tshai31	tshai31	tshai31	tshai31
材	蟹开一平咍从	tshai31	tshai31	tshai31	tshai31
财	蟹开一平咍从	tshai31	tshai31	tshai31	tshai31
裁	蟹开一平咍从	tshai31	tshai31	tshai31	tshai31
在	蟹开一上海从	tsai213	tsai213	tsai213	tsai24
载（满载）	蟹开一去代从	tsai54	tsai213	tsai54	tsai24
腮	蟹开一平咍心	sai45	ɬai35	sai45	sai35
鳃	蟹开一平咍心	sai45	ɬai35	sai45	sai35
赛	蟹开一去代心	ʂai213	ɬai213	sai213	sai24
该	蟹开一平咍见	kai45	kai35	kai45	kai35
改	蟹开一上海见	kai54	kai52	kai54	kai52
概	蟹开一去代见	khai213	khai213	khai213	khai24
溉	蟹开一去代见	khai213	khai213	khai213	khai24
盖	蟹开一去泰见	kai213	kai213	kai213	kai24
丐	蟹开一去泰见	kai213		kai213	kai24
开	蟹开一平咍溪	khai45	khai35	khai45	khai35
凯	蟹开一上海溪	khai54	khai52	khai54	khai52
慨（慷慨）	蟹开一去代溪	khai54	khai213	khai213	khai24
呆	蟹开一平咍疑	tai45	tai35	tai45	tai35
碍	蟹开一去代疑	ŋai213	ŋai213	ŋai213	ŋai31
艾	蟹开一去泰疑	ŋai213	ŋai213	ŋai213	ŋai24
海	蟹开一上海晓	xai54	xai52	xai54	xai52
孩	蟹开一平咍匣	xai31	xai31	xai31	xai31
亥	蟹开一上海匣	xai213	xai213	xai213	xai24
害	蟹开一去泰匣	xai213	xai213	xai213	xai24
哀	蟹开一平咍影	ŋai45	ŋai35	ŋai45	ŋai35
埃（尘埃）	蟹开一平咍影	ŋai45	ŋai35	ŋai45	ŋai35
爱	蟹开一去代影	ŋai213	ŋai213	ŋai213	ŋai24

续表

字目\方言点\中古音		加尤	坡荷	袍里	逻沙
蔼	蟹开一去泰影	ŋai54	ŋai52	ŋai54	ŋai52
拜	蟹开二去怪帮	pai213	pai213	pai213	pai24
排	蟹开二平皆并	phai31	phai31	phai31	phai31
埋	蟹开二平皆明	mai31	mai31	mai31	mai31
斋	蟹开二平皆庄	tʂai45	tsai35	tʃai45	tsai35
豺	蟹开二平皆崇	tshai31	tshai31	tʃhai31	tshai31
皆	蟹开二平皆见	kai45	kai35	kai45	kai35
阶	蟹开二平皆见	kai45	kai35	kai45	kai35
秸	蟹开二平皆见	tʃi31		tʃyi31	tʃie31
介	蟹开二去怪见	kai213	kai213	kai213	kai24
界	蟹开二去怪见	kai213	kai213	kai213	kai24
芥	蟹开二去怪见	kai213	kai213	kai213	kai24
尬	蟹开二去怪见	kai213			ka52
疥	蟹开二去怪见	kai213		kai213	kai24
届	蟹开二去怪见	kai213	kai213	kai213	kai24
戒	蟹开二去怪见	kai213	kai213	kai213	kai24
揩	蟹开二平皆溪	khai45	khai35	khai45	khai35
楷	蟹开二上骇溪	khai54	khai52	khai54	khai52
谐	蟹开二平皆匣	ʃɛ31	sɛ31/ɬɛ31		xai31
骇	蟹开二上骇匣	xɛ31	xai213	xɛ31	xɛ31
械	蟹开二去怪匣	kai213	kai213	kai213	kai24
挨（挨住）	蟹开二平皆影	ŋai45	ŋai35	ŋai45	ŋai35
摆	蟹开二上蟹帮	pai54	pai52	pai54	pai52
派	蟹开二去卦滂	phai213	phai213	phai213	phai24
牌	蟹开二平佳并	phai31	phai31	phai31	phai31
簰	蟹开二平佳并		phai31	phai31	phai31
罢	蟹开二上蟹并	pa213	pa213	pa213	pa24
稗	蟹开二去卦并	pai213	pai213	pai213	pai24
买	蟹开二上蟹明	mai54	mai52	mai54	mai52

续表

字目 中古音 方言点	加尤	坡荷	袍里	逻沙
卖　蟹开二去卦明	mai213	mai213	mai213	mai24
奶　蟹开二上蟹泥	lai54	lai35	lai54	lai52
债　蟹开二去卦庄	tʂai213	tsai213	tsai213	tsai24
钗　蟹开二平佳初	tʂhai45	tʂhai35	tʃha45	tshai35
差（出差）　蟹开二平佳初	tʂhai45	tʂhai35	tʃhai45	tshai35
柴　蟹开二平佳崇	tʂhai31	tʂhai31	tʃhai31	tshai31
筛（筛子）　蟹开二平佳生	ʂai45	ɬai35	ʃai45	sai35
晒　蟹开二去卦生	ʂai213	ɬai213	ʃai213	sai24
佳　蟹开二平佳见	tʃia45	tʃia35	tʃia45	tʃia35
街　蟹开二平佳见	kai45	kai35	kai45	kai35
解（解开）　蟹开二上蟹见	kai54	kai52	kai54	kai52
懈　蟹开二去卦见	ʃɛ213	ɬɛ213	ʃiai213	se24
解（押解）　蟹开二去卦见		kai52	kai54	se24
涯（天涯）　蟹开二平佳疑	ia31	ia31	ia31	ia31
崖（山崖）　蟹开二平佳疑	ia31	ia31	iai31	ŋai31
捱　蟹开二平佳疑	ŋai31	ŋai31		ŋai31
鞋　蟹开二平佳匣	xai31	xai31	xai31	xai31
解（姓解）　蟹开二上蟹匣				
解（了解）　蟹开二上蟹匣	kai54	kai52	kai54	kai52
蟹　蟹开二上蟹匣		ɬɛ31/sɛ31	xai54	ʃie24
矮　蟹开二上蟹影	ŋai54	ŋai52	ŋai54	ŋai52
隘　蟹开二去卦影	ŋai213	ŋai213	ŋai213	ŋai24
败　蟹开二去夬并	pai213			pai24
迈　蟹开二去夬明	mai213	mai213	mai213	mai24
寨　蟹开二去夬崇	tʂai213	tsai213	tʃai213	tsai24
蔽　蟹开三去祭帮	pi213	pi213	pi213	pi24
敝　蟹开三去祭并	pi213			pi24
弊　蟹开三去祭并	pi213	pi213	pi213	pi24
币　蟹开三去祭并	pi213	pi213	pi213	pi24

字目	中古音	加尤	坡荷	袍里	逻沙
毙	蟹开三去祭并	pi213	pi213	pi213	pi24
例	蟹开三去祭来	li213	li213	li213	li24
厉	蟹开三去祭来	li213	li213	li213	li24
励	蟹开三去祭来	li213	li213	li213	li24
滞（停滞）	蟹开三去祭澄		tsʅ213	tʃʅ213	tsʅ24
制	蟹开三去祭章	tʂʅ213	tsʅ213	tʃʅ213	tsʅ24
世	蟹开三去祭书	ʂʅ213	sʅ213	ʃʅ213	sʅ24
势	蟹开三去祭书	ʂʅ213	sʅ213	ʃʅ213	sʅ24
誓	蟹开三去祭禅	ʂʅ213	sʅ213	ʃʅ213	sʅ24
逝	蟹开三去祭禅	ʂʅ213	sʅ213	ʃʅ213	sʅ24
艺	蟹开三去祭疑	i213	i213	i213	i24
刈	蟹开三去废疑				i24
蓖（蓖麻）	蟹开四平齐帮	pin45	pi213	phi45	pi24
闭	蟹开四去霁帮	pi213	pi213	pi213	pi24
箅（箅子）	蟹开四去霁帮	pi213	pi31	pi213	pi24
批	蟹开四平齐滂	phi45	pi35	phəi45	phei35
陛（陛下）	蟹开四上荠并	pi213	pi213	pi213	pi24
迷	蟹开四平齐明	mi31	mi31	mi31	mi31
谜（猜谜）	蟹开四去霁明	mi31		mi31	mi24
米	蟹开四上荠明	mi54	mi52	mi54	mi52
低	蟹开四平齐端	ti45	ti35	ti45	ti35
堤	蟹开四平齐端	thi31	thi31	thi31	thi35
底	蟹开四上荠端	ti54	ti52	ti54	ti52
抵	蟹开四上荠端	ti54	ti52	ti54	ti52
牴	蟹开四上荠端				ti52
帝	蟹开四去霁端	ti213	ti213	ti213	ti24
蒂	蟹开四去霁端			thi213	ti24
嚏	蟹开四去霁端			ti213	thi24
梯	蟹开四平齐透	thi45	thi35	thi45	thi35

续表

字目	中古音	加尤	坡荷	袍里	逻沙
体	蟹开四上荠透	thi54	thi52	thi54	thi52
替	蟹开四去霁透	thi213	thi213	thi213	thi24
涕（鼻涕）	蟹开四去霁透	thi213	thi213	ti213	thi24
剃	蟹开四去霁透	thi213	thi213	thi213	thi24
屉	蟹开四去霁透	thi213	thi213	thi31	thi31
题	蟹开四平齐定	thi31	thi31	thi31	thi31
提	蟹开四平齐定	thi31	thi31	thi31	thi31
蹄	蟹开四平齐定	thi31	thi31	thi31	thi31
啼	蟹开四平齐定	ti31	thi31	ti31	thi31
弟	蟹开四上荠定	ti213	ti213	ti213	ti24
第	蟹开四去霁定	ti213	ti213	ti213	ti24
递	蟹开四去霁定	ti213	ti213	ti213	ti24
泥	蟹开四平齐泥	ȵi31	li31	ȵi31	ȵi31
犁	蟹开四平齐来		li31		li31
黎	蟹开四平齐来	li31	li31	li31	li31
礼	蟹开四上荠来	li54	li52	li54	li52
丽	蟹开四去霁来	li213	li213	li213	li24
隶	蟹开四去霁来	li213	ti213	ti213	li24
荔	蟹开四去霁来	li213			li24
祭	蟹开三去祭精	tsi213		tsɿ213	tʃi24
际	蟹开三去祭精	tsi213		tsɿ213	tʃi24
挤	蟹开四上荠精	tsi54	tsi52	tsɿ54	tʃi52
济	蟹开四去霁精	tsi213	tsi213	tsɿ45	tʃi24
妻	蟹开四平齐清	tshi45	tshi35	tʃhyi45	tʃhi35
凄（凄凉）	蟹开四平齐清			tʃhyi45	tʃhi35
凄（凄惨）	蟹开四平齐清			tshɿ45	tʃhi35
砌	蟹开四去霁清	tshi213	tshi213	tʃhyi213	tʃhyi24
齐	蟹开四平齐从	tshi31	tshi31	tshi31	tʃhi31
脐	蟹开四平齐从	tsi31	tshi31	tsi31	tʃi31

续表

字目 \ 中古音 \ 方言点		加尤	坡荷	袍里	逻沙
荠	蟹开四上荠从				tʃi24
剂（一剂药）	蟹开四去霁从	tsi54	tsi213	tsi45	tʃi24
西	蟹开四平齐心	si45	ɬi35	si45	ʃi35
栖	蟹开四平齐心	si45		si45	tʃhi35
犀	蟹开四平齐心	si45	ɬi35	si45	ʃi35
洗	蟹开四上荠心	si54	ɬi52	si54	si52
细	蟹开四去霁心	si213	ɬi213	ʃyi213	si24
婿	蟹开四去霁心		ʃyi213		ʃi24
鸡	蟹开四平齐见	tʃi45	tʃi35	tʃi45	tʃi35
稽	蟹开四平齐见		tsi35	tʃi45	tʃi35
计	蟹开四去霁见	tʃi213	tʃi213	tʃi213	tʃi24
继	蟹开四去霁见	tʃi213	tʃi213	tʃi213	tʃi24
系（系鞋带）	蟹开四去霁见	ʃi213		ʃi213	tʃi24
髻	蟹开四去霁见	tʃi213		tʃi31	tʃi24
溪	蟹开四平齐溪	ʃi45	ʃi35	ʃi45	ʃi35
启	蟹开四上荠溪	tʃhi54	tʃhyi52	tʃhi54	tʃhi52
契（契约）	蟹开四去霁溪	tʃhi213	tʃhyi213	tʃhi213	tʃhi24
倪	蟹开四平齐疑	ȵi31		ȵi31	ȵi31
霓	蟹开四平齐疑			ȵi31	ȵi31
奚	蟹开四平齐匣			ʃi45	ʃi35
兮	蟹开四平齐匣			ʃi45	ʃi35
系（系统）	蟹开四去霁匣	ʃi213	ʃyi213	ʃi213	ʃi24
系（联系）	蟹开四去霁匣	ʃi213		ʃi213	ʃi24
翳	蟹开四去霁影	i213		i31	i24
杯	蟹合一平灰帮	pəi45	pəi35	pəi45	pei35
辈	蟹合一去队帮	pəi213	pəi213	pəi213	pei24
背（背书包）	蟹合一去队帮			pəi45	pei35
背（后背）	蟹合一去队帮	pəi213	pəi213	pəi213	pei24
胚（胚胎）	蟹合一平灰滂	phəi45	phəi35	pəi45	phei35

续表

字目 中古音 方言点		加尤	坡荷	袍里	逻沙
坯（土坯）	蟹合一平灰滂	phəi45	phəi31	pəi45	phei35
配	蟹合一去队滂	phəi213	phəi213	phəi213	phei24
培	蟹合一平灰并	phəi31	phəi31	phəi31	phei31
陪	蟹合一平灰并	phəi31	phəi31	phəi31	phei31
赔	蟹合一平灰并	phəi31	phəi31	phəi31	phei31
裴	蟹合一平灰并	phəi31	phəi31	phəi31	phei31
倍	蟹合一上贿并	phəi213	phəi213	phəi213	phei24
佩	蟹合一去队并	phəi213	phəi213	phəi213	phei24
背（背诵）	蟹合一去队并	pəi213	pəi213	pəi213	pei24
焙（焙干）	蟹合一去队并	phəi213	phəi31	pəi213	pei24
梅	蟹合一平灰明	məi31	məi31	məi31	me31
枚	蟹合一平灰明	məi31	məi31	məi31	me31
玫	蟹合一平灰明			məi31	me31
媒	蟹合一平灰明	məi31	məi31	məi31	me31
煤	蟹合一平灰明	məi31	məi31	məi31	me31
胸（胸肉）	蟹合一平灰明			məi31	me31
莓	蟹合一平灰明			məi31	me31
每	蟹合一上贿明	məi54	məi52	məi54	mei52
妹	蟹合一去队明	məi213	məi213	məi213	mei24
昧	蟹合一去队明	məi213	məi213	məi213	mei24
堆	蟹合一平灰端	tuəi45	təi35	tuəi45	tuei35
对	蟹合一去队端	tuəi213	tuəi213	tuəi213	tuei24
碓	蟹合一去队端	tuəi213	tuəi213	tuəi213	tuei24
推	蟹合一平灰透	thuəi45	thuəi35	thuəi45	thuei35
腿	蟹合一上贿透	thuəi54	thuəi52	thuəi54	thuei52
退	蟹合一去队透	thuəi213	thuəi213	thuəi213	thuei24
颓	蟹合一平灰定			thuəi31	thuei31
队	蟹合一去队定	tuəi213	thuəi213	tuəi213	tuei24
内	蟹合一去队泥	luəi213	luəi213	luəi213	nuei24

字目 方言点 中古音		加尤	坡荷	袍里	逻沙
雷	蟹合一平灰来	luəi31	luəi31	luəi31	luei31
擂	蟹合一平灰来			luəi31	luei31
傀（傀儡）	蟹合一上贿来	luəi54	luəi52	luəi54	luei52
催	蟹合一平灰清	tshuəi45	tshuəi35	tshuəi45	tshuei35
崔	蟹合一平灰清	tshuəi45	tshuəi35	tshuəi45	tshuei35
淬	蟹合一去队清			tshuəi213	tshuei24
罪	蟹合一上贿从	tsuəi213	tsuəi213	tsuəi213	tsuei24
碎	蟹合一去队心	suəi213	suəi213	tshuəi213	suei24
盔	蟹合一平灰溪	khuəi45	xuəi35	khuəi45	khuei35
魁	蟹合一平灰溪	khuəi45	khuəi35	khuəi45	khuei31
恢	蟹合一平灰溪	xuəi45	xuəi35	xuəi45	xuei35
块	蟹合一去队溪	khuai54	khuai52	khuai54	khuai52
桅（船桅杆）	蟹合一平灰疑	uəi31	uəi31	uəi31	uei31
灰	蟹合一平灰晓	xuəi45	xuəi35	xuəi45	xuei35
贿	蟹合一上贿晓	xuəi213	xuəi213	iəu54	xuei24
悔	蟹合一上贿晓	xuəi54	xuəi52	xuəi54	xuei52
晦	蟹合一去队晓	xuəi54	xuəi213	xuəi54	xuei24
回	蟹合一平灰匣	xuəi31	xuəi31	xuəi31	xuei31
茴	蟹合一平灰匣	xuəi31	xuəi31	xuəi31	xuei31
汇	蟹合一上贿匣	xuəi213	xuəi213	xuəi213	xuei24
溃（溃脓）	蟹合一去队匣	khuəi213	khuəi213	kuəi213	khuei24
煨	蟹合一平灰影	uəi45	uəi35	uəi45	uei35
蜕	蟹合一去泰透		thuəi213	tuəi213	thuei24
兑	蟹合一去泰定	tuəi213	thuəi213	tuəi213	tuei24
最	蟹合一去泰精	tsuəi213	tsuəi213	tsyi213	tsuei24
会（会计）	蟹合一去泰见	khuai213	xuəi213	xuəi213	khuai24
刽	蟹合一去泰见	khuai213		khuai213	kuei24
桧（乔木名）	蟹合一去泰见			khuai213	xuei24
外	蟹合一去泰疑	uai213	uai213	uai213	uai24

续表

字目 中古音 方言点		加尤	坡荷	袍里	逻沙
会（会议）	蟹合一去泰匣	xuəi213	uəi213	xuəi213	xuei24
绘	蟹合一去泰匣	xuəi213	uəi213	xuəi213	xuei24
拽（拉）	蟹合二去怪崇			tʃhuai213	tsuai24
乖	蟹合二平皆见	kuai45	kuai35	kuai45	kuai35
怪	蟹合二上怪见	kuai213	kuai213	kuai213	kuai24
杯	蟹合二平皆匣	xuai31	xuai31	xuai31	xuai31
槐	蟹合二平皆匣	xuai31	xuai31	xuai31	xuai31
淮	蟹合二平皆匣	xuai31	xuai31	xuai31	xuai31
坏	蟹合二去怪匣	xuai213	xuai213	xuai213	xuai24
拐	蟹合二上蟹见	kuai54	kuai52	kuai54	kuai52
挂	蟹合二去卦见	kua213	kua213	kua213	kua24
卦	蟹合二去卦见	kua213	kua213	kua213	kua24
歪	蟹合二平佳晓	uai45	uai35	uai45	uai35
画（名词）	蟹合二去卦匣	xua213	xua213	xua213	xua24
快	蟹合二去夬溪	khuai213	khuai213	khuai213	khuai24
话	蟹合二去夬匣	xua213	xua213	xua213	xua24
脆	蟹合三去祭清	tshuəi213	tshuəi213	tshuəi213	tshuei24
岁	蟹合三去祭心	suəi213	ʂuəi213	suəi213	suei24
缀（点缀）	蟹合三去祭知	tsuəi213	tsuəi213	tsɛ31	tsuei24
赘	蟹合三去祭章	tʂuəi213		tsuəi213	tsuei24
税	蟹合三去祭书	ʂuəi213	ʂuəi213	suəi213	suei24
说（游说）	蟹合三去祭书			ʃyɛ31	so31
芮	蟹合三去祭日				ʒuei24
鳜	蟹合三去祭见				kuei24
卫	蟹合三去祭云	uəi213	uəi213	uəi213	vei24
彗	蟹合三去祭云			xuəi213	xuei24
锐	蟹合三去祭以	ȵuəi213	luəi213	ʒuəi213	ʒuei24
废	蟹合三去废非	fəi213	fəi213	fəi213	fei24
肺	蟹合三去废敷	fəi213	fəi213	fəi213	fei24

续表

字目　中古音　方言点		加尤	坡荷	袍里	逻沙
吠	蟹合三去废奉		fəi213		fei24
秽	蟹合三去废影	suəi213	xuəi213		xuei24
圭	蟹合四平齐见		kuəi35		kuei35
闺	蟹合四平齐见	kuəi45	kuəi35	kuəi45	kuei35
桂	蟹合四去霁见	kuəi213	kuəi213	kuəi213	kuei24
奎	蟹合四平溪	khuəi31	khuəi31	khuəi31	khuei31
携	蟹合四平齐匣		ʂɛ31	ʃi31	se31
畦（菜畦）	蟹合四平齐匣	khuəi31	khuəi31	khuəi31	khuei31
惠	蟹合四去霁匣	xuəi213	xuəi213／uəi213	xuəi213	xuei24
慧	蟹合四去霁匣	xuəi213	xuəi213	xuəi213	xuei24
碑	止开三平支帮	pəi45	pəi35	pəi45	pei35
卑	止开三平支帮	pəi45	pəi35	pəi45	pei35
彼	止开三上纸帮	pəi45	pəi35	pi54	pi52
臂	止开三去寘帮	pi213	pi213	pi31	pei24
披	止开三平支滂	phəi45	phi35	phəi45	phei35
譬（譬喻）	止开三去寘滂	pi54		pi31	phi24
皮	止开三平支并	phi31	phi31	phi31	phi31
疲	止开三平支并	phi31	phi31	phi31	phi31
脾	止开三平支并	phi31	phi31	phi31	phi31
被（被子）	止开三上纸并	pi213	pəi213	pi213	phi24
婢	止开三上纸并	pəi45	pəi35	pi213	phi24
被（被打）	止开三去寘并	pi213	pəi213	pi213	phi24
避	止开三去寘并	pi213	pi213	pi213	phi24
糜（粥）	止开三平支明			mi54	
弥	止开三平支明	mi31	mi31	mi31	mi31
靡	止开三上纸明			mi54	mi31
离（离别）	止开三平支来	li31	li31	li31	li31
篱	止开三平支来	li31	li31	li31	li31

续表

字目 \ 中古音 \ 方言点		加尤	坡荷	袍里	逻沙
璃（玻璃）	止开三平支来	li31	li31	li31	li31
离（离开半寸）	止开三去寘来	li31	li31	li31	li31
紫	止开三上纸精	tsɿ54	tsɿ52	tsɿ54	tsɿ52
雌	止开三平支清	tshɿ31	tshɿ31	tsɿ54	tshɿ31
此	止开三上纸清	tshɿ54	tshɿ52	tshɿ54	tshɿ52
刺	止开三去寘清	tshɿ213	tshɿ213	tshɿ213	tshɿ24
疵	止开三平支从		tshɿ35	tshɿ213	tshɿ35
斯	止开三平支心	sɿ45	ɬɿ35	sɿ45	sɿ35
厮	止开三平支心	sɿ45	ɬɿ35	sɿ45	sɿ35
撕	止开三平支心	sɿ45	ɬɿ35	sɿ45	sɿ35
玺	止开三上纸心	si54	ʃi52		si52
徙	止开三上纸心		ʃi52		si52
赐	止开三去寘心	tshɿ213	tshɿ213	tshɿ213	tshɿ24
知	止开三平支知	tʂʅ45	tsɿ35	tʃɿ45	tsɿ35
蜘	止开三平支知	tʂʅ45	tsɿ35	tʃɿ45	tsɿ35
智	止开三去寘知	tʂʅ213	tsɿ213	tʃɿ213	tsɿ24
池	止开三平支澄	tʂhʅ31	ʂʅ31	tʃhɿ31	tshɿ31
驰	止开三平支澄	tʂhʅ54	tshɿ31	tʃhɿ31	tshɿ31
踟	止开三平支澄				tsɿ31
支	止开三平支章	tʂʅ45	tsɿ35	tʃɿ45	
枝	止开三平支章	tʂʅ45	tsɿ35	tʃɿ45	tsɿ35
肢	止开三平支章	tʂʅ45	tsɿ35	tʃɿ45	tsɿ35
栀	止开三平支章	tʂʅ45	tsɿ35	tʃi45	tsɿ35
纸	止开三上纸章	tʂʅ54	tsɿ52	tʃɿ54	tsɿ52
只（只有）	止开三上纸章	tʂʅ54	tsɿ52	tʃɿ54	tshɿ31
侈	止开三上纸昌				tshɿ52
施	止开三平支书	ʂʅ45	sɿ35	tʃɿ45	sɿ35
豕	止开三上纸书				sɿ52
翅	止开三去寘书	tʂhʅ213	tshɿ213	tʃɿ213	tshɿ24

续表

字目	中古音	加尤	坡荷	袍里	逻沙
匙（钥匙）	止开三平支禅	ʂʅ31		ʃʅ31	ʃʅ31
是	止开三上纸禅	ʂʅ213	sʅ213	ʃʅ213	sʅ24
氏	止开三上纸禅	ʂʅ213	sʅ31	ʃʅ213	sʅ24
豉	止开三去寘禅	ʂʅ45	tshʅ52	ʃʅ45	sʅ24
儿	止开三平支日	o31	ə31	o31	o31
尔	止开三上纸日	o54	ə52	o54	o52
奇（奇数）	止开三平支见	tʃhi31	tʃhi31	tʃhi31	tʃi35
寄	止开三去寘见	tʃi213	tʃi213	tʃi213	tʃi24
企	止开三上纸溪	tʃhi213	tʃhi213	tʃhi213	tʃhi24
奇	止开三平支群	tʃhi31	tʃhi31	tʃhi31	tʃhi31
骑	止开三平支群	tʃhi31	tʃhi31	tʃhi31	tʃhi31
岐	止开三平支群	tʃhi31	tʃhi31		tʃhi31
歧	止开三平支群		tʃhi31	tʃhi31	tʃhi31
徛	止开三上纸群				tʃi24
技	止开三上纸群	tʂʅ213	tʃhi213	tʃʅ213	tʃi24
妓	止开三上纸群	tʂʅ45	tsʅ35	tʃʅ45	tʃi24
宜	止开三平支疑	ŋi31	ji31	ȵi31	i31
仪	止开三平支疑	ŋi31	ji213	ȵi31	i31
蚁	止开三上纸疑	ŋi54	ȵi52	ȵi54	ȵi52
谊	止开三去寘疑	ŋi31	ji31	ȵi31	i31
义	止开三去寘疑	ŋi213	ŋi213	ȵi213	i24
议	止开三去寘疑	ŋi213	ŋi213	ȵi213	
牺	止开三平支晓	ʃi45	tshi35	ʃi45	ʃi35
戏	止开三去寘晓	ʃi213	ʃi213	ʃi213	ʃi24
倚	止开三上纸影		tʃhi31	tʃi213	i52
椅	止开三上纸影	i54	i52	i54	i52
移	止开三平支以	i31	i31	i31	i31
易（难易）	止开三去寘以	i213	i213	i213	i24
悲	止开三平脂帮	pəi45	pəi35	pəi45	pei35

字目　中古音　方言点		加尤	坡荷	袍里	逻沙
鄙	止三上旨帮	pi54	pi31	phi54	pi52
比（比较）	止开三上旨帮	pi54	pi52	pi54	pi52
秕	止开三上旨帮				pi52
秘	止开三去至帮	mi213	mi31	mi213	mi24
泌	止开三去至帮	pi213	mi31	mi213	mi31
臂	止开三去至帮			phəi213	phei24
庇	止开三去至帮	pi213	pi213	pi213	pi24
痹	止开三去至帮	pi213	pi213	pi213	pi24
畀	止开三去至帮				pi24
纰	止开三平脂滂				phi31
屁	止开三去至滂	phi213	phi213	phi213	phi24
琵	止开三平脂并	phi31	phi31	phi31	phi31
枇	止开三平脂并	phi31	phi31	phi31	phi31
痞	止开三上旨并			phi31	phi52
备	止开三去至并	pi213	pəi213	pi213	pi24
鼻	止开三去至并	pi213	pi31	pi31	pi31
箄	止开三去至并	pi213	pi213	pi213	pi24
眉	止开三平脂明	mi31	mi31	mi31	mi31
楣	止开三平脂明	mi31	mi31	mi31	mei31
霉	止开三平脂明	məi31	məi31	məi31	mei31
美	止开三上旨明	məi54	məi52	məi54	mei52
媚	止开三去至明	mi31	məi31	mi31	mi31
寐	止开三去至明			məi213	mci24
地	止开三去至定	ti213	ti213	ti213	ti24
尼	止开三平脂泥	ȵi31	ȵi213	ȵi31	ȵi31
呢	止开三平脂泥			ȵi31	ȵi31
腻	止开三去至泥	ȵi213	ȵi213	i31	ȵi24
梨	止开三平脂来	li31	li31	li31	li31
蜊	止开三平脂来			li213	li24

续表

字目 \ 中古音 \ 方言点	中古音	加尤	坡荷	袍里	逻沙
履	止开三上旨来			li54	li52
利	止开三去至来	li213	li213	li213	li24
痢	止开三去至来	li213		li213	li24
资	止开三平脂精	tsɿ45	tsɿ35	tsɿ45	tsɿ35
姿	止开三平脂精	tsɿ45	tsɿ35	tsɿ45	tsɿ35
咨	止开三平脂精	tsɿ45	tsɿ35	tshɿ213	tsɿ35
姊	止开三上旨精	tsɿ54	tsɿ35	tsɿ54	tsɿ52
次	止开三去至清	tshɿ213	tshɿ213	tshɿ213	tshɿ24
瓷	止开三平脂从	tshɿ31	tshɿ31	tshɿ31	tshɿ31
糍	止开三平脂从		tshɿ31		tshɿ31
茨	止开三平脂从			tshɿ213	tshɿ31
自	止开三去至从	tsɿ213	tsi213	tsɿ213	tshɿ24
私	止开三平脂心	sɿ45	ɬɿ35	sɿ45	sɿ35
死	止开三上旨心	sɿ54	ɬɿ52	sɿ54	sɿ52
四	止开三去至心	sɿ213	ɬɿ213	sɿ213	sɿ24
肆	止开三去至心	sɿ213	ɬɿ213	sɿ213	sɿ24
致	止开三去至知	tʂʅ213	tsɿ213	tʃɿ213	tsɿ24
质	止开三去至知	tʂʅ31		tʃɿ31	tsɿ31
迟	止开三平脂澄	tʂhʅ31	tshɿ31	tʃhɿ31	tshɿ31
雉	止开三上旨澄			tʃɿ213	tsɿ52
稚	止开三去至澄	tʂʅ213	tsɿ213	tʃɿ213	tsɿ24
师	止开三平脂生	sɿ45	ɬɿ35	sɿ45	sɿ35
狮	止开三平脂生	sɿ45	ɬɿ35	sɿ45	sɿ35
蛳	止开三平脂生	sɿ45		sɿ45	sɿ35
脂	止开三平脂章	tʂʅ54	tsɿ35	tʃɿ54	tsɿ52
旨	止开三上旨章	tʂʅ54	tsɿ52	tʃɿ54	tsɿ52
指	止开三上旨章	tʂʅ54	tsɿ52	tʃɿ54	tsɿ52
至	止开三去至章	tʂʅ213	tsɿ213	tʃɿ213	tsɿ24
示	止开三去至船	ʂʅ213	sɿ213	ʃɿ213	sɿ24

续表

字目 中古音	方言点	加尤	坡荷	袍里	逻沙
尸	止开三平脂书	ʂ̩45	ɬʅ35	ʃʅ45	sʅ35
矢	止开三上旨书	ʂ̩31			sʅ52
屎	止开三上旨书	ʂ̩54	ɬʅ35	ʃʅ54	sʅ52
视	止开三去至禅	ʐ̩213	sʅ213	ʃʅ213	sʅ24
嗜	止开三去至禅		sʅ31		sʅ24
二	止开三去至日	o213	ɛ213	o213	o24
贰	止开三去至日	o213		o213	o24
饥	止开三平脂见	tʃi45	ki35	tʃi45	tʃi35
肌	止开三平脂见	tʃi45	tʃi35	tʃi45	tʃi35
几（茶几）	止开三上旨见	tʃi54	tʃi52	tʃi54	tʃi52
冀	止开三去至见				tʃi24
器	止开三去至溪	tʃhi213	tʃhi213	tʃhi213	tʃhi24
弃	止开三去至溪	ʃi213	tʃhi213	tʃhi213	tʃhi24
祁	止开三平脂群			tʃhʅ31	tʃhi31
鳍	止开三平脂群		tʃhi31	ʃi213	tʃhi31
夷	止开三平脂以	i31			i31
姨	止开三平脂以	i31	ji31	i31	i31
肆	止开三去至以		ɬʅ213	yi213	i24
你	止开三上止泥	ȵi54	ȵi52	ȵi54	ȵi52
厘	止开三平之来	li31	ȵi31	li31	li31
狸	止开三平之来	li31	li31	li31	li31
李	止开三上止来	li54	li52	li54	li52
里	止开三上止来	li54	li52	li54	li52
理	止开三上止来	li54	li52	li54	li52
鲤	止开三上止来	li54	li52	li54	li52
吏	止开三去志来	li213	li52	li213	li24
兹	止开三平之精	tshʅ54	ɬi35	tshʅ31	tsʅ35
滋	止开三平之精	tshʅ45	ɬi35	tsʅ45	tsʅ35
了	止开三上止精	tsʅ54	tsʅ35	tsʅ54	tsʅ52

续表

字目 中古音	方言点	加尤	坡荷	袍里	逻沙
梓	止开三上止精			tsʅ54	tsʅ52
慈	止开三平之从	tshʅ31	tshʅ31	tshʅ31	tshʅ31
磁	止开三平之从	tshʅ31	tshʅ31	tshʅ31	tshʅ31
鹚	止开三平之从				tshʅ31
字	止开三去志从	tsʅ213	tsʅ213	tsʅ213	tsʅ24
牸	止开三去志从	tsʅ213		tsʅ213	tsʅ24
司	止开三平之心	sʅ45	ɬʅ35	sʅ45	sʅ35
丝	止开三平之心	sʅ45	ɬʅ35	sʅ45	sʅ35
思	止开三平之心	sʅ45	ɬʅ35	sʅ45	sʅ35
伺	止开三去志心	tshʅ213	tshʅ213	sʅ45	tshʅ24
辞	止开三平之邪	tshʅ31	sʅ31	tshʅ31	tshʅ31
词	止开三平之邪	tshʅ31	tshʅ31	tshʅ31	tshʅ31
祠	止开三平之邪	tshʅ31	tshʅ213	tshʅ31	tshʅ31
似	止开三上止邪	sʅ213	ɬʅ213	sʅ213	sʅ24
祀	止开三上止邪	sʅ213	ɬʅ213	ki54	sʅ24
巳	止开三上止邪	tsʅ213	ɬʅ213	tsʅ213	sʅ24
寺	止开三去志邪	sʅ45	ɬʅ213	sʅ213	sʅ24
嗣	止开三去志邪	tshʅ213		tshʅ31	tshʅ24
饲	止开三去志邪	tshʅ213	tshʅ31	tshʅ31	tshʅ24
置	止开三去志知	tʂʅ213	tsʅ213	tʃʅ31	tsʅ24
痴	止开三之彻	tʂhʅ45	tshʅ35	tʃʅ45	tshʅ52
耻	止开三上止彻	tʂhʅ54	tshi52	tʃhʅ54	tshʅ52
持	止开三之澄	tʂhʅ31	tshʅ31	tʃhʅ31	tshʅ31
痔	止开三上止澄	tʂʅ213	tsʅ213	tʃʅ213	tsʅ31
治	止开三去志澄	tʂʅ213	tsʅ213	tʃʅ213	tsʅ24
辎	止开三平之庄				tsʅ24
滓	止开三上止庄	tsʅ54	tsʅ52	tsʅ54	tsʅ52
厕	止开三去志初	tshɛ31	tshɛ31	tshɛ31	tshe31
士	止开三上止崇	sʅ213	ɬʅ213	sʅ213	sʅ24

续表

字 目	中 古 音	加尤	坡荷	袍里	逻沙
仕	止开三上止崇	ʂʅ213	ɬʅ213	sʅ213	sʅ24
柿	止开三上止崇	ʂʅ213	ɬʅ213	sʅ213	sʅ24
俟	止开三上止崇		ɬʅ213		sʅ24
事	止开三去志崇	sʅ213	ɬʅ213	sʅ213	sʅ24
使	止开三上止生	ʂʅ54	ɬʅ52	ʃʅ54	sʅ52
史	止开三上止生	ʂʅ54	ɬʅ52	ʃʅ54	sʅ52
驶	止开三上止生	ʂʅ54	ɬʅ52	ʃʅ54	sʅ52
之	止开三平之章	tʂʅ45	tsʅ35	tʃʅ45	tsʅ35
芝	止开三平之章	tʂʅ45	tsʅ35	tʃʅ45	tsʅ35
止	止开三上止章	tʂʅ54	tsʅ52	tʃʅ54	tsʅ52
趾	止开三上止章	tʂʅ54	tsʅ52	tʃʅ54	tsʅ52
址	止开三上止章	tʂʅ54	tsʅ52	tʃʅ54	tsʅ24
志	止开三去志章	tʂʅ213	tsʅ213	tʃʅ213	tsʅ24
痣	止开三去志章	tʂʅ213	tsʅ213	tʃʅ213	tsʅ24
帜	止开三去志章			tʃʅ31	tsʅ24
嗤	止开三平之昌		tshʅ52	tʃhʅ45	tshʅ35
齿	止开三上止昌	tʂhʅ54	tshʅ52	tʃhʅ54	tshʅ52
诗	止开三平之书	ʂʅ45	ɬʅ35	ʃʅ45	sʅ35
始	止开三上止书	ʂʅ54	ɬʅ52	ʃʅ54	sʅ52
试	止开三去志书	ʂʅ213	sʅ213	ʃʅ213	sʅ24
时	止开三平之禅	ʂʅ31	sʅ31	ʃʅ31	sʅ31
市	止开三上止禅	ʂʅ213	sʅ213	ʃʅ213	sʅ24
恃	止开三上止禅	tʂhʅ213	ɬʅ31	sʅ213	sʅ24
侍	止开三去志禅	tʂhʅ213	ɬʅ31	sʅ213	sʅ24
而	止开三平之日	o31	ɛ31	o31	o31
耳	止开三上止日	o54	ɛ52	o54	o52
饵	止开三去志日	o54	ɛ52	o54	o52
基	止开三平之见	tʃi45	tʃi35	tʃi45	tʃi35
己	止开三上止见	tʃi54	tʃi52	tʃi54	tʃi52

续表

字目 中古音 方言点		加尤	坡荷	袍里	逻沙
纪	止开三上止见	tʃi54	tʃi52	tʃi54	tʃi52
记	止开三去志见	tʃi213	tʃi213	tʃi213	tʃi24
欺	止开三平之溪	tʃhi45	tʃhi35	tʃhi45	tʃhi35
起	止开三上止溪	tʃhi54	tʃhi52	tʃhi54	tʃhi52
杞	止开三上止溪	tʃhi54	tʃhi52	tʃi54	tʃhi52
其	止开三平之群	tʃhi31	tʃhi31	tʃhi31	tʃhi31
棋	止开三平之群	tʃhi31	tʃhi31	tʃhi31	tʃhi31
期	止开三平之群	tʃhi31	tʃhi31	tʃhi31	tʃhi35
旗	止开三平之群	tʃhi31	tʃhi31	tʃhi31	tʃhi31
麒	止开三平之群			tʃhi31	tʃhi31
忌	止开三去志群	tʃi213	tʃi213	tʃi213	tʃi24
疑	止开三平之疑	ŋi31	ȵi31	ŋi31	ȵi31
拟	止开三上止疑	ŋi54	ȵi52	ŋi54	ȵi52
嬉	止开三平之晓	ʃi45	si52	ʃi45	ʃi35
熙	止开三平之晓	ʃi45		si45	ʃi35
喜	止开三上止晓	ʃi54	si52	ʃi54	ʃi52
医	止开三平之影	i45	i35	i45	i35
意	止开三去志影	i213	ji213	i213	i24
矣	止开三上止云	i54		i45	i31
已	止开三上止以	i54	i52	i54	i52
以	止开三上止以	i54	ji52	i54	i52
异	止开三去志以	i213	ji213	i213	i24
几（几乎）	止开三平微见	tʃi54	tʃi52	tʃi54	tsi35
机	止开三平微见	tʃi45	tʃi35	ki45	tsi35
讥	止开三平微见	tʃi45	tʃi35	ki45	tsi35
几	止开三上尾见	tʃi54	tʃi52	tʃi54	tsi52
既	止开三去未见	tʃi213	tʃi213	ki213	tsi24
岂	止开三上尾溪	tʃhi54	tʃhi52	khi54	tshŋ52
气	止开三去未溪	tʃhi213	tʃhi213	khi213	tshŋ24

续表

字目 中古音 方言点		加尤	坡荷	袍里	逻沙
汽	止开三去未溪	tʃhi213	tʃhi213	khi213	tshʅ24
祈	止开三平微群	tʃhi31	tʃhi52	khi31	tshʅ31
沂	止开三平微疑		tʃhi31	i31	i31
希	止开三平微晓	ʃi45	si35	ʃi45	ʃi35
稀	止开三平微晓	ʃi45	si35	ʃi45	ʃi35
衣	止开三平微影	i45	i35	i45	i35
依	止开三平微影	i45	i35	i45	i35
累（积累）	止合三上纸来		luəi213		luei52
累（连累）	止合三去寘来	luəi213	luəi213	luəi213	luei24
嘴	止合三上纸精	tsuəi54	tʂuəi52		tsuei52
髓	止合三上纸心	suəi45	ʂuəi35	suəi54	suei31
随	止合三平支邪	suəi31	ʂuəi31	suəi31	suei31
揣（揣度）	止合三上纸初			tʃhuai54	tshuai52
吹	止合三平支昌	tʂhuəi45	tʂhuəi35	tʃhuəi45	tshuei35
炊	止合三平支昌	tʂhuəi45	tʂhuəi35	tʃhuəi45	tshuei35
垂	止合三平支禅	tʂhuəi31	tʂhuəi31	tʃhuəi31	tshuei31
睡	止合三去寘禅	ʂuəi213	ʂuəi213	ʃuəi213	suei24
瑞	止合三去寘禅	ʂuəi213	luəi213	ʃuəi213	suei24
蕊	止合三上纸日		luəi52		ʒuei52
规	止合三平支见	kuəi45	khuəi35	kuəi45	kuei35
诡	止合三上纸见	kuəi54	khuəi52	kuəi54	kuei52
亏	止合三平支溪	khuəi45	khuəi35	khuəi45	khuei35
窥	止合三平支溪			kuəi45	khuei35
跪	止合三上纸群	kuəi213	kuəi213	kuəi213	kuei24
危	止合三平支疑	uəi31	uəi31	uəi31	uei35
伪	止合三去寘疑	uəi213	uəi31	uəi213	uei31
麾	止合三平支晓				xuei35
毁	止合三上纸晓	xuəi54	uəi52	xuəi54	xuei52
萎	止合三平支影	uəi54		uəi54	uei52

续表

字目	方言点 中古音	加尤	坡荷	袍里	逻沙
委	止合三上纸影	uəi54	uəi52	uəi54	uei52
喂	止合三去寘影		uəi213		uei24
为（为什么）	止合三平支云	uəi213	uəi31	uəi213	uei24
为（作为）	止合三去寘云	uəi31	uəi31	uəi31	uei31
垒	止合三上旨来	luəi54	luəi52	luəi54	luei52
类	止合三去至来	luəi213	luəi213	luəi213	luei24
泪	止合三去至来	luəi213	luəi213	luəi213	luei24
醉	止合三去至精	tsuəi213	tʂuəi213	tsuəi213	tsuei24
翠	止合三去至清	tshuəi213	ʂuəi213	tshuəi213	tshuei24
虽	止合三平脂心	suəi45	ʂuəi35	syi45	suei35
绥	止合三平脂心	suəi54		syi45	suei35
荽	止合三平脂心				ʃyi35
尿	止合三平脂心	ȵiau213		ȵiau213	ȵiau24
粹	止合三去至心	suəi213	tʂhuəi213	tshuəi213	tshuei24
遂	止合三去至邪	suəi213		syi213	suei24
隧	止合三去至邪	suəi213	ʂuəi213	suəi213	suei24
穗	止合三去至邪	suəi213	ʂuəi213	xuəi213	suei24
追	止合三平脂知	tsuəi45	tʂuəi35	tsuəi45	tsuei35
槌	止合三平脂澄	tʂhuəi31		tsuəi45	tʃhuei31
锤	止合三平脂澄	tʂhuəi31	tʂhuəi31	tshuəi31	tʃhuei31
坠	止合三去至澄		tʂuəi213	tsuəi213	tʃhuei24
衰	止合三平脂生	ʂuai45	ʂuai35	ʃuai45	suai35
帅	止合三去至生	ʂuai213	ʂuai213	ʃuai213	suai24
锥	止合三平脂章	tsuəi45	tʂuəi35	tsuəi45	tʃuei35
水	止合三上旨书	ʂuəi54	ʂuəi52	ʃuəi54	suei52
谁	止合三平脂禅	ʂuəi31	ʂuəi31	syɛ31	suei31
龟	止合三平脂见	kuəi45	kuəi35	kuəi45	kuei35
轨	止合三上旨见	kuəi54	kuəi52	kuəi54	kuei52
癸	止合三上旨见	kuəi213	khuəi31	kuəi213	kuei24

续表

字目 \ 中古音 \ 方言点		加尤	坡荷	袍里	逻沙
愧	止合三去至见	khuəi213	khuəi213	khuəi213	khuei24
季	止合三去至见	tʃi213	tʃi213	tʃi213	tsi24
逵	止合三平脂群	khuəi31	khuəi31	khuəi31	khuei31
葵	止合三平脂群	khuəi31	khuəi31	kuəi31	khuei31
柜	止合三去至群	kuəi213	kuəi213	kuəi213	khuei24
位	止合三去至云	uəi213	uəi213	uəi213	uei24
维	止合三平脂以	uəi31	uəi31	uəi31	uei31
惟	止合三平脂以	uəi31	uəi31	uəi31	uei31
遗	止合三平脂以	i31	ȵi31	i31	i31
唯	止合三平脂以	uəi31	uəi31	uəi31	uei31
非	止合三平微非	fəi45	fəi35	fəi45	fei35
飞	止合三平微非	fəi45	fəi35	fəi45	fei35
匪	止合三上尾非	fəi54	fəi52	fəi54	fei52
痱	止合三去未非		fəi213		fei24
妃	止合三平微敷	fəi45	fəi35	fəi45	fei35
费	止合三去未敷	fəi213	fəi213	fəi213	fei24
肥	止合三平微奉	fəi31	fəi31	fəi31	fei31
翡	止合三去未奉	fəi45	fəi52	fəi54	fei52
微	止合三平微微	uəi31	uəi35	uəi31	vei35
尾	止合三上尾微	uəi54	uəi52	uəi54	vei52
未	止合三去未微	uəi213	uəi213	uəi213	vei24
味	止合三去未微	uəi213	uəi213	uəi213	vei24
归	止合三平微见	kuəi45	kuəi35	kuəi45	kuei35
鬼	止合三上尾见	kuəi54	kuəi52	kuəi54	kuei52
贵	止合三去未见	kuəi213	kuəi213	kuəi213	kuei24
魏	止合三去未疑	uəi213		uəi213	
挥	止合三平微晓	xuəi45	xuəi35	xuəi45	xuei35
辉	止合三平微晓	xuəi45	xuəi35	xuəi45	xuei35
徽	止合三平微晓	uəi45	uəi35		xuei35

续表

字目 / 中古音 / 方言点	中古音	加尤	坡荷	袍里	逻沙
讳	止合三去未晓	uəi45	uəi31	uəi31	xuei24
威	止合三平微影	uəi45	uəi35	uəi45	vei35
畏	止合三去未影	uəi213	uəi213	uəi213	vei24
慰	止合三去未影	uəi213	uəi213	uəi213	vei24
围	止合三平微云	uəi31	uəi31	uəi31	vei31
违	止合三平微云	uəi31	uəi31	uəi31	vei31
伟	止合三上尾云	uəi54	uəi52	uəi54	vei52
苇	止合三上尾云	uəi31	uəi31	uəi31	vei31
纬	止合三去未云	uəi31	uəi52	uəi54	vei52
胃	止合三去未云	uəi213	uəi213	uəi213	vei24
谓	止合三去未云	uəi213	uəi213	uəi213	vei24
猬	止合三去未云		uəi213	uəi213	vei24
褒	效开一平豪帮		pau35	pau54	pau35
保	效开一上皓帮	pau54	pau52	pau54	pau52
堡	效开一上皓帮	pau54	pau52	pau54	pau52
宝	效开一上皓帮	pau54	pau52	pau54	pau52
报	效开一去号帮	pau213	pau213	pau213	pau24
袍	效开一平豪并	phau31	phau31	phau31	phau31
抱	效开一上皓并	pau213	pau213	pau213	pau24
暴	效开一去号并	pau213	pau213	pau213	pau24
菢	效开一去号并	pau213	pau213	pau213	
毛	效开一平豪明	mau31	mau31	mau31	mau31
冒	效开一去号明	mau213	mau213	mau213	mau24
帽	效开一去号明	mau213	mau213	mau213	mau24
刀	效开一平豪端	tau45	tau35	tau45	tau35
叨	效开一平豪端	tau45	tau35	tau45	tau35
祷	效开一上皓端	tau213	tau52	tau213	tau52
岛	效开一上皓端	tau54	tau52	tau54	tau52
倒（打倒）	效开一上皓端	tau54	tau52	tau54	tau52

续表

字目 中古音 方言点		加尤	坡荷	袍里	逻沙
捣	效开一上皓端			tau54	tau52
到	效开一去号端	tau213	tau213	tau213	tau24
倒（倒水）	效开一去号端	tau54	tau52	tau54	tau24
滔	效开一平豪透	thau45	thau35	thau45	thau35
掏	效开一平豪透	thau45	thau35		thau35
讨	效开一上皓透	thau54	thau52	thau54	thau52
套	效开一去号透	thau213	thau213		thau24
桃	效开一平豪定	thau31	thau31	thau31	thau31
逃	效开一平豪定	thau31	thau31	thau31	thau31
淘	效开一平豪定	thau31	thau31	thau31	thau31
陶	效开一平豪定	thau31	thau31	thau31	thau31
萄	效开一平豪定	thau31	thau31	thau31	thau31
涛	效开一平豪定	thau45	thau35	thau45	thau35
道	效开一上皓定	tau213	tau213	tau213	tau24
稻	效开一上皓定	tau213	tau213	tau213	tau24
盗	效开一去号定	tau213	tau213	tau213	tau24
导	效开一去号定	tau54	tau52	tau54	tau52
悼	效开一去号定			tiau213	tau24
脑	效开一上皓泥	lau54	lau52	lau54	lau52
恼	效开一上皓泥	lau54	lau52	lau54	lau52
劳	效开一平豪来	lau31	lau31	lau31	lau31
捞	效开一平豪来	lau45	lau35	lau45	lau35
牢	效开一平豪来	lau31	lau31	lau31	lau31
唠	效开一平豪来	lau45	lau31	lau31	lau31
痨	效开一平豪来			lau31	lau31
老	效开一上皓来	lau54	lau52	lau54	lau52
姥	效开一上皓来			lau54	lau52
涝	效开一去号来	lau213	lau31	lau31	lau24
遭	效开一平豪精	tsau45	tsau35	tsau45	tsau35

续表

字目 / 中古音 / 方言点	中古音	加尤	坡荷	袍里	逻沙
糟	效开一平豪精	tsau45	tsau35	tsau45	tsau35
早	效开一上皓精	tsau54	tsau52	tsau54	tsau52
枣	效开一上皓精	tsau54	tsau52	tsau54	tsau52
蚤	效开一上皓精	tsau54	tsau52	tsau54	tsau52
澡	效开一上皓精	tsau54	tsau52	tsau54	tsau52
藻	效开一上皓精			tsau54	tsau52
躁	效开一去号精	tshau213	tsau213	tshau213	tsau24
灶	效开一去号精		tsau213	tsau213	tsau24
操	效开一平豪清	tshau45	tshau35	tshau45	tshau35
草	效开一上皓清	tshau54	tshau52	tshau54	tshau52
糙	效开一去号清	tshau213	tshau213	tshau45	tshau35
曹	效开一平豪从	tshau31	tshau31	tshau31	tshau31
槽	效开一平豪从	tshau31	tshau31	tshau31	tshau31
皂	效开一上皓从	tsau213	tsau213	tsau213	tsau24
造	效开一上皓从	tshau213	tsau213	tsau213	tsau24
骚	效开一平豪心	sau45	sau35	sau45	sau35
臊	效开一平豪心	sau45	sau35	sau45	sau35
搔	效开一平豪心			sau45	sau35
艘	效开一平豪心			səu45	səu35
嫂	效开一上皓心	sau54	sau52	sau54	sau52
扫（扫地）	效开一去号心	sau213	sau52	sau54	sau52
燥	效开一去号心			tshau213	tsau24
高	效开一平豪见	kau45	kau35	kau45	kau35
膏	效开一平豪见	kau45	kau35	kau45	kau35
篙	效开一平豪见	kau45	kau35	kau45	kau35
羔	效开一平豪见	kau45	kau35	kau45	kau35
糕	效开一平豪见	kau45	kau35	kau45	kau35
稿	效开一上皓见	kau54	kau52	kau54	kau52
告	效开一去号见	kau213	kau213	kau213	kau24

续表

字目 中古音 方言点		加尤	坡荷	袍里	逻沙
考	效开一上皓溪	khau54	khau52	khau54	khau52
烤	效开一上皓溪	khau54	khau52	khau54	khau52
拷	效开一上皓溪			khau54	khau24
靠	效开一去号溪	khau213	khau213	khau213	khau24
犒	效开一去号溪	khau45	khau213		
熬	效开一平豪疑	ŋau31	ŋau31	ŋau31	ŋau31
傲	效开一去号疑	ŋau213	ŋau213	ŋau213	ŋau24
蒿	效开一平豪晓	xau45	xau35	xau45	xau35
薅	效开一平豪晓	xau45	xau35	xau45	
好（好坏）	效开一上皓晓	xau54	xau52	xau54	xau52
好（喜好）	效开一去号晓	xau213	xau213	xau213	xau24
耗	效开一去号晓	xau213	xau213	xau213	xau24
豪	效开一平豪匣	xau31	xau31	xau31	xau31
壕	效开一平豪匣	xau31	xau31	xau31	xau31
毫	效开一平豪匣	xau31	xau31	xau31	xau31
嚎	效开一平豪匣				xau31
浩	效开一上皓匣	xau213	xau213	xau213	xau24
号（呼号）	效开一去号匣	xau213	xau213	xau31	xau24
袄	效开一上皓影	ŋau54	au213	ŋau54	ŋau52
奥	效开一去号影	ŋau213	au213	ŋau213	ŋau24
懊	效开一去号影	ŋau213	au213	ŋau213	ŋau24
包	效开二平肴帮	pau45	pau35	pau45	pau35
胞	效开二平肴帮	pau45	pau35	pau45	pau35
苞	效开二平肴帮				pau35
饱	效开二上巧帮	pau54	pau52	pau54	pau52
豹	效开二去效帮	pau213	pau213	pau213	pau24
爆	效开二去效帮	pau213	pau213	pau213	pau24
泡	效开二平肴滂	phau213	phau213	phau213	phau35
抛	效开二平肴滂	phau45	phau35	phau45	phau35

字目 中古音 方言点		加尤	坡荷	袍里	逻沙
膔	效开二平肴滂			pau45	
炮	效开二去效滂	phau213	phau213	phau213	phau24
跑	效开二平肴并	phau54	phau52	phau54	phau52
刨	效开二平肴并	pau54	phau31	phau31	phau31
鲍	效开二上巧并	pau45	pau213		phau24
茅	效开二平肴明	mau31	mau31	mau31	mau31
猫	效开二平肴明	mau45	mau35	mau45	mau35
卯	效开二上巧明	mau31	mau52	mau54	mau52
貌	效开二去效明	mau213	mau213	mau213	mau24
铙	效开二平肴泥	ʐau31		ʒau31	
挠	效开二平肴泥	ʐau31		ʒau31	ʒau31
闹	效开二去效泥	lau213	lau213	ȵau213	lau24
嘲	效开二平肴知			tʃhau31	tshau31
罩	效开二去效知	tʂau213	tsau213	tʃau213	tsau24
抓	效开二平肴庄	tʂua45	tʂua35	tʃua45	tsua35
爪	效开二上巧庄	tʂua54	tʂua35	tʃau54	tsua52
笊	效开二去效庄			tʃau54	tsua52
抄	效开二平肴初	tʂhau45	tʂhau35	tʃhau45	tshau35
钞	效开二平肴初	tʂhau45	tʂhau35	tʃhau45	tshau35
炒	效开二上巧初	tʂhau54	tʂhau52	tʃhau54	tshau52
吵	效开二上巧初	tʂhau54	tʂhau52	tʃhau54	tshau52
巢	效开二平肴崇		tʂhau31	tshau31	tshau31
梢	效开二平肴生	siau45	siau35	siau45	sau35
捎	效开二平肴生	ʂau45	ɬiau35	siau45	sau35
筲	效开二平肴生			siau45	
鞘	效开二平肴生			siau45	tʃhiau31
稍	效开二去效生	siau45	ɬiau35	siau45	sau35
潲	效开二去效生	sau213		sau213	sau24
交	效开二平肴见	tʃiau45	tʃiau35	tʃiau45	tsiau35

续表

字目 中古音 方言点		加尤	坡荷	袍里	逻沙
郊	效开二平肴见	tʃiau45	tʃiau35	tʃiau45	tsiau35
胶	效开二平肴见	tʃiau45	tʃiau35	tʃiau45	tsiau35
教	效开二平肴见	tʃiau213	tʃiau35	tʃiau45	tsiau35
茭	效开二平肴见			tʃiau45	tsiau35
绞	效开二上巧见	tʃiau54	tʃiau52	tʃiau54	tsiau52
狡	效开二上巧见	tʃiau54	tʃiau52	tʃiau54	tsiau52
铰	效开二上巧见			tʃiau54	tsiau52
搞	效开二上巧见	kau54	kau52	kau54	kau52
搅	效开二上巧见	tʃiau54	tʃiau52	tʃhio31	tsiau52
校（校对）	效开二去效见	ʃiau213	ʃiau213	ʃiau213	ʃiau24
较	效开二去效见	tʃiau213	tʃiau213	ʃiau213	tsiau24
酵	效开二去效见	ʃiau213	ʃiau213	ʃiau213	tsiau24
窖	效开二去效见		tʃiau213	ŋau213	tsiau24
觉（睡觉）	效开二去效见	tʃiau213	tʃiau213	kiau213	tsiau24
敲	效开二平肴溪	khau45	tʃhiau35	khau45	khau35
巧	效开二上巧溪	tʃhiau54	tʃhiau52	khiau54	tshiau52
咬	效开二上巧疑	ŋau54	ŋau52	ŋau54	ŋau52
孝	效开二去效晓	ʃiau213	ʃiau213	iau213	ʃiau24
肴	效开二平肴匣		iau31	ʃiau31	iau31
淆	效开二平肴匣	ʃiau31	iau31	ʃiau31	iau31
效	效开二去效匣	ʃiau213	ʃiau213	ʃiau213	ʃiau24
校（学校）	效开二去效匣	ʃiau213	ʃiau213	ʃiau213	ʃiau24
坳（山坳）	效开二平肴影	ŋau213	ŋau213	ŋau213	ɥau24
凹	效开二平肴影			ŋau213	o35
膘	效开三平宵帮		piau35		piau35
标	效开三平宵帮	phiau45	piau35	piau45	phiau35
表	效开三上小帮	piau54	piau52	piau54	piau52
飘	效开三平宵滂	phiau45	phiau35	phiau45	phiau35
漂（漂浮）	效开三平宵滂		phiau35	phiau54	phiau35

续表

字目 / 中古音 / 方言点		加尤	坡荷	袍里	逻沙
漂（漂白）	效开三去笑滂	phiau213	phiau35	phiau54	phiau24
瓢	效开三平宵并	phiau31	phiau31	phiau31	phiau31
鳔	效开三上小并		phiau35		phiau24
苗	效开三平宵明	miau31	miau31	miau31	miau31
描	效开三平宵明	miau31	miau31	miau31	miau31
藐	效开三上小明	miau54	miau52	mau213	miau52
渺	效开三上小明	miau54	miau52	miau54	miau52
秒	效开三上小明	miau54	miau52	miau54	miau52
庙	效开三去笑明	miau213	miau213	miau213	miau24
妙	效开三去笑明	miau213	miau213	miau213	miau24
燎	效开三平宵来	liau31	liau52	liau31	liau31
疗	效开三去笑来	liau31	liau31	liau31	liau31
焦	效开三平宵精	tsiau45	tʃiau35	tʃiau45	tsiau35
蕉	效开三平宵精	tsiau45	tʃiau35	tʃiau45	tsiau35
椒	效开三平宵精	tsiau45	tʃiau35	tʃiau45	tsiau35
剿	效开三上小精	tsiau54	tʃiau35	tʃiau54	tsiau52
醮	效开三去笑精	tsiau45			tsiau52
锹	效开三平宵清		tʃhiau35	tʃhiəu45	tshiau35
缲	效开三平宵清			tʃhiaŋ45	
悄	效开三上小清	tshiau45	tʃhiau35	tʃhiau45	tshiau52
俏	效开三去笑清		siau35	tʃhiau213	tshiau24
樵	效开三平宵从	tsiau45	tʃhiau35	tʃhiau31	tshiau31
瞧		tshiau31	tʃhiau31	tʃhiau31	tshiau31
消	效开三平宵心	siau45	ɬiau35	siau45	ʃiau35
宵	效开三平宵心	siau45	ɬiau35	siau45	ʃiau35
霄	效开三平宵心	siau45	ɬiau35	siau45	ʃiau35
硝	效开三平宵心	siau45	ɬiau35	siau45	ʃiau35
销	效开三平宵心	siau45	ɬiau35	siau45	ʃiau35
逍	效开三平宵心		ɬiau35	siau45	ʃiau35

续表

字目 \ 中古音 \ 方言点		加尤	坡荷	袍里	逻沙
小	效三上小心	siau54	ɬiau52	siau54	ʃiau52
笑	效开三去笑心	siau213	ɬiau213	siau213	ʃiau24
朝（今朝）	效开三平宵知	tʂau45	tsau52	tʃau45	tsau35
超	效开三平宵彻	tʂhau45	tshau35	tʃhau45	tʃhau35
朝（朝代）	效开三平宵澄	tʂhau31	tshau31	tʃhau31	tʃhau31
潮	效开三平宵澄	tʂhau31	tshau31	tʃhau31	tʃhau31
赵	效开三上小澄	tʂau213	tsau213	tʃau213	tsau24
兆	效开三上小澄	tʂau213	tsau213	tʃau213	tsau24
肇	效开三上小澄				tsau24
召	效开三去笑澄	tʂau45	tsau35	tʃau213	tsau24
昭	效开三平宵章	tʂau45	tsau35	tʃau45	tsau35
招	效开三平宵章	tʂau45	tsau35	tʃau45	tsau35
照	效开三去笑章	tʂau213	tsau213	tʃau213	tsau24
烧	效开三平宵书	ʂau45	ɬau35	ʃau45	sau35
少（多少）	效开三上小书	ʂau54	ʂau52	ʃau54	sau52
少（少年）	效开三去笑书	ʂau213	ɬau213	ʃau213	sau24
韶（韶关）	效开三平宵禅	ʂau31	tʂhau31	ʃau213	sau31
绍	效开三上小禅	ʂau213	ʂau213	ʃau213	sau24
邵	效开三去笑禅	ʂau213		ʃau213	sau24
饶	效开三平宵日	ʐau31	ʐau31	ʒau31	ʒau31
桡	效开三平宵日	ʐau31		ʒau31	
扰	效开三上小日	ʐau54	ʐau52	ʒau54	ʒau52
绕（围绕）	效开三上小日	ʐau54	ʐau52	ʒau54	ʒau52
绕（绕线）	效开三去笑日	ʐau54	ʐau52	ʒau54	ʒau24
骄	效开三平宵见	tʃiau45	tʃiau35	tʃiau45	tʃiau35
娇	效开三平宵见	tʃiau45	tʃiau35	tʃiau45	tʃiau35
矫	效开三上小见		tʃiau35	tʃiau45	tʃiau52
乔	效开三平宵群	tʃhiau31	tʃhiau31	tʃhiau31	
侨	效开三平宵群	tʃhiau31	tʃhiau31	tʃhiau31	tʃhiau31

字目 \ 中古音 \ 方言点		加尤	坡荷	袍里	逻沙
桥	效开三平宵群	tʃhiau31	tʃhiau31	tʃhiau31	tʃhiau31
荞	效开三平宵群	tʃhiau31	tʃhiau31	tʃhiau31	tʃhiau31
翘	效开三平宵群			tʃhiau213	tʃhiau24
轿	效开三去笑群	tʃiau213	tʃiau213	tʃiau213	tʃiau24
嚣	效开三平宵晓	ʃiau45	ʃiau35	ʃiau45	ʃiau35
妖	效开三平宵影	iau45	iau35	iau45	iau35
邀	效开三平宵影	iau45	iau35	iau45	iau35
腰	效开三平宵影	iau45	iau35	iau45	iau35
要（要求）	效开三平宵影	iau45	iau35	iau213	iau35
要（想要）	效开三去笑影	iau213	iau213	iau213	iau24
摇	效开三平宵以	iau31	iau31	iau31	iau31
谣	效开三平宵以	iau31	iau31	iau31	iau31
窑	效开三平宵以	iau31	iau31	iau31	iau31
姚	效开三平宵以	iau31	iau31	iau31	iau31
遥	效开三平宵以	iau31	iau52	iau31	iau31
舀	效开三上小以	iau54	iau52	iau54	iau52
耀	效开三去笑以	iau213	iau213	iau213	iau24
鹞	效开三去笑以	iau213	iau31	iau213	iau24
刁	效开四平萧端	tiau45	tiau35	tiau45	tiau35
貂	效开四平萧端	tiau45	tiau35	tiau45	tiau35
雕	效开四平萧端	tiau45	tiau35	tiau45	tiau35
鸟（屌）	效开四上篠端		ȵiau52	ȵiau54	
鸟	效开四上篠泥	ȵiau54	ȵiau52	ȵiau54	ȵiau52
钓	效开四去啸端	tiau213	tiau213	tiau213	tiau24
吊	效开四去啸端	tiau213	tiau213	tiau213	tiau24
挑	效开四平萧透	thiau45	thiau35	thiau45	thiau35
跳	效开四去啸透	thiau213	thiau213	thiau213	thiau24
粜	效开四去啸透				thiau24
条	效开四平萧定	thiau31	thiau31	thiau31	thiau31

续表

字目	中古音	方言点 加尤	坡荷	袍里	逻沙
调（调和）	效开四平萧定	thiau31	thiau31	thiau31	thiau31
掉	效开四去啸定	tiau213	tiau213	tiau213	tiau24
调（音调）	效开四去啸定	tiau213	tiau213	tiau213	tiau24
聊	效开四平萧来	liau31	liau31	liau31	liau31
辽	效开四平萧来	liau31	liau31	liau31	liau31
撩	效开四平萧来	liau31	liau35	liau31	liau31
僚	效开四平萧来			liau31	liau31
嘹	效开四平萧来			liau31	liau31
了（了结）	效开四上篠来	liau54	liau52	liau54	liau52
了	效开四上篠来	liau54	liau52	liau54	liau52
料	效开四去啸来	liau213	liau213	liau213	liau24
廖（姓）	效开四去啸来	liau213	liau213	liau213	liau24
镣	效开四去啸来			liau31	liau24
萧	效开四平萧心	siau45	ɬiau35	ʃiau45	ʃiau35
箫	效开四平萧心	siau45	ɬiau35	ʃiau45	ʃiau35
浇	效开四平萧见	tʃiau45	tʃiau35	tʃiau45	tʃiau35
缴	效开四上篠见	tʃiau54	tʃiau35	tʃiau54	tʃiau52
侥	效开四上篠见	ʃiau54	tʃiau52	ʃiau45	tʃiau52
叫	效开四去啸见	tʃiau213	tʃiau213	tʃiau213	tʃiau24
窍	效开四去啸溪	tʃhiau213	tʃhiau213	tʃhiau213	tʃhiau24
尧	效开四平萧疑	iau31		iau31	iau31
晓	效开四上篠晓	ʃiau54	ʃiau52	ʃiau54	ʃiau52
幺	效开四平萧影	iau45	iau35	ɪau45	iau35
吆（吆喝）	效开四平萧影	iau45	iau35	iau45	iau35
杳	效开四上篠影	iau54	iau35	ɲiau54	iau52
剖	流开一上厚滂	phəu54	pho213	phəu54	phəu52
某	流开一上厚明	məu54	məu52	məu54	məu52
亩	流开一上厚明	məu54	məu52	məu54	məu52
牡	流开一上厚明	mau54	mau52	mau54	mau52

续表

字目 中古音 方言点	加尤	坡荷	袍里	逻沙
母	流开一上厚明	mu54	mu52	mu54	mu52
拇	流开一上厚明	mu54	mu52	mu54	mu52
戊	流开一去候明	u213	mu213	u213	u24
茂	流开一去候明	məu213	məu213	məu213	mau24
贸	流开一去候明	məu213	məu213	məu213	mau24
兜	流开一平侯端	təu45	təu35	təu45	təu35
斗	流开一上厚端	təu54	təu52	təu54	təu52
抖	流开一上厚端	təu54	təu52	thəu54	thəu52
陡	流开一上厚端	təu54	təu52	təu54	təu52
偷	流开一平侯透	thəu45	thəu35	thəu45	thəu35
透	流开一去候透	thəu213	thəu213	thəu213	thəu24
头	流开一平侯定	thəu31	thəu31	thəu31	thəu31
投	流开一平侯定	thəu31	thəu31	thəu31	thəu31
豆	流开一去候定	təu213	təu213	təu213	təu24
逗	流开一去候定	təu213	tə213	təu213	təu24
痘	流开一去候定			təu213	təu24
楼	流开一平侯来	ləu31	ləu31	ləu31	ləu31
搂	流开一平侯来	ləu54	ləu35	ləu45	ləu35
耧	流开一平侯来		ləu35		ləu31
篓	流开一上厚来	ləu54	ləu35	ləu54	ləu52
漏	流开一去候来	ləu213	ləu213	ləu213	ləu24
陋	流开一去候来	ləu213	ləu213	ləu213	ləu24
走	流开一上厚精	tsəu54	tsəu52	tsəu54	tsəu52
奏	流开一去候精	tshəu213	tsəu213	tshəu213	tsəu24
凑	流开一去候清	tshəu213	tsəu213	tshəu213	tsəu24
嗽	流开一去候心	səu213	səu213	səu213	səu24
勾	流开一平侯见	kəu45	kəu35	kəu45	kəu35
钩	流开一平侯见	kəu45	kəu35	kəu45	kəu35
沟	流开一平侯见	kəu45	kəu35	kəu45	kəu35

续表

字目	中古音 方言点	加尤	坡荷	袍里	逻沙
狗	流开一上厚见	kəu54	kəu52	kəu54	kəu52
苟	流开一上厚见	kəu54	kəu52	kəu54	kəu52
垢	流开一上厚见			kəu213	kəu24
够	流开一去候见	kəu213	kəu213	kəu213	kəu24
构	流开一去候见	kəu213	kəu213	kəu213	kəu24
购	流开一去候见	kəu213	kəu213	kəu213	kəu24
媾	流开一去候见				kəu24
抠	流开一平侯溪	khəu45	khəu35	khəu45	khəu35
口	流开一上厚溪	khəu54	khəu52	khəu54	khəu52
叩	流开一上厚溪	khəu213	kho31	khəu213	khəu24
扣	流开一去候溪	khəu213	khəu213	khəu213	khəu24
寇	流开一去候溪	khəu213	khəu213	khəu213	khəu24
藕	流开一上厚疑	ŋəu54	ŋəu35	ŋəu54	ŋəu52
偶	流开一上厚疑	ŋəu54	əu52	ŋəu54	ŋəu52
吼	流开一上厚晓	xəu54	xoŋ52	xəu54	xəu52
侯	流开一平侯匣	xəu31	xəu31	xəu31	xəu31
喉	流开一平侯匣	xəu31	xəu31	xəu31	xəu31
猴	流开一平侯匣	xəu31	xəu31	xəu31	xəu31
瘊	流开一平侯匣				xəu31
后	流开一上厚匣	xəu213	xəu213	xəu213	xəu24
厚	流开一上厚匣	xəu213	xəu213	xəu213	xəu24
候	流开一去候匣	xəu213	xəu213	xəu213	xəu24
欧	流开一平侯影	ŋəu45	əu35	ŋəu45	ŋəu35
瓯	流开一平侯影		əu52		ŋəu35
鸥	流开一平侯影			ŋəu45	ŋəu35
呕（呕吐）	流开一上厚影	ŋəu54	əu52	ŋəu54	ŋəu52
殴	流开一上厚影	ŋəu45	əu35	ŋəu45	ŋəu35
沤（久浸水中）	流开一去候影		əu35,	ŋəu213	ŋəu52
否	流开三上有非	fəu54	fəu52	fəu54	fəu52

续表

字目 \ 中古音 \ 方言点		加尤	坡荷	袍里	逻沙
富	流开三去宥非	fu213	fu213	fu213	fu24
副	流开三去宥敷	fu213	fu213	fu213	fu24
浮	流开三平尤奉	fəu31	fəu31	fu31	fu31
妇	流开三上有奉	fu213	fu213	fu213	fu31
负	流开三上有奉	fu213	fu213	fu213	fu24
复（复兴）	流开三去宥奉	fu31		fu31	fu31
谋	流开三平尤明	məu31	məu31	məu31	məu31
矛	流开三平尤明	mau31	mau31	mau31	mau31
纽	流开三上有泥	ȵiəu54	ȵiəu52	ȵiəu54	ȵiəu52
扭	流开三上有泥	ȵiəu54	ȵiəu52	ȵiəu54	ȵiəu52
钮	流开三上有泥			ȵiəu54	ȵiəu52
流	流开三平尤来	liəu31	liəu31	liəu31	liəu31
刘	流开三平尤来	liəu31	liəu31	liəu31	liəu31
留	流开三平尤来	liəu31	liəu31	liəu31	liəu31
榴	流开三平尤来	liəu31	liəu31	liəu31	liəu31
硫	流开三平尤来	liəu31	liəu31	liəu31	liəu31
琉	流开三平尤来	liəu31	liəu31	liəu31	liəu31
柳	流开三上有来	liəu54	liəu52	liəu54	liəu52
溜	流开三去宥来	liəu45	liəu35	liəu45	liəu24
馏	流开三去宥来	liəu31	liəu35	liəu31	liəu24
揪	流开三平尤精			tsiəu45	tʃiau35
鬏	流开三平尤精		tsiəu35	tsiəu45	tʃiau35
酒	流开三上有精	tsiəu54	tsiəu52	tsiəu54	tʃiəu52
秋	流开三平尤清	tshiəu45	tshiəu35	tshiəu45	tʃhiəu35
鳅	流开三平尤清			tshiəu45	tʃhiəu35
就	流开三去宥从	tsiəu213	tsiəu213	tsiəu213	tʃiəu24
修	流开三平尤心	siəu45	ɬiəu35	siəu45	ʃiəu35
羞	流开三平尤心	siəu45	ɬiəu35	siəu45	ʃiəu35
秀	流开三去宥心	siəu213	ɬiəu213	siəu213	ʃiəu24

续表

字目 中古音	方言点	加尤	坡荷	袍里	逻沙
绣	流开三去宥心	siəu213	ɬiəu213	siəu213	ʃiəu24
宿	流开三去宥心	siəu31	ɬiəu213	su31	ʃiəu31
锈	流开三去宥心	siəu213	ɬiəu213	siəu213	ʃiəu24
囚	流开三平尤邪	tshiəu31	tʃhiəu31	tʃhiəu31	tʃhiəu31
泅	流开三平尤邪			tʃhiəu31	tʃhiəu31
袖	流开三去宥邪	siəu213	ɬiəu213	tsiəu213	ʃiəu24
肘	流开三上有知		tshəu31	tʃəu213	tsəu52
昼	流开三去宥知	tʂəu213	tsəu213	tʃəu213	tsəu24
抽	流开三平尤彻	tʂhəu45	tshəu35	tʃhəu45	tshəu35
丑	流开三上有彻	tʂhəu54	tshəu52	tʃhəu54	tshəu52
绸	流开三平尤澄	tʂhəu31	tshəu31	tʃhəu31	tshəu31
稠	流开三平尤澄	tʂhəu31	tshəu31	tʃhəu31	tshəu31
筹	流开三平尤澄	tʂhəu31	tshəu31	tʃhəu31	tshəu31
纣	流开三上有澄	tʂəu213		tʃəu213	tshəu24
宙	流开三去宥澄	tʂəu213	tsəu213	tʃəu213	tshəu24
胄	流开三去宥澄				tshəu24
邹	流开三平尤庄	səu45	tsəu35	tsəu45	tsəu35
皱	流开三去宥庄	tʂəu213	tsəu213	ȵiəu213	tsəu24
绉	流开三去宥庄	tsəu45	tsəu35	tsəu213	tsəu24
搊	流开三平尤初		tsəu213		
愁	流开三平尤崇	tʃhəu31	tshəu31	tshəu31	tshəu31
骤	流开三去宥崇	tʃyi213	tsəu213	tshəu213	tsəu24
搜	流开三平尤生	səu45		səu45	səu35
飕	流开三平尤生	səu45		səu54	səu35
馊	流开三平尤生	sɿ45	sɿ35	səu45	səu35
瘦	流开三去宥生	səu213	səu213	səu213	səu24
漱	流开三去宥生	səu213	səu213	su213	su24
周	流开三平尤章	tʂəu45	tsəu35	tʃəu45	tsəu35
舟	流开三平尤章	tʂəu45	tsəu35	tʃəu45	tsəu35

续表

字目 中古音 方言点		加尤	坡荷	袍里	逻沙
州	流开三平尤章	tʂəu45	tsəu35	tʃəu45	tsəu35
洲	流开三平尤章	tʂəu45	tsəu35	tʃəu45	tsəu35
帚	流开三上有章	tʂəu54	tsəu52	tʃəu54	tsəu52
咒	流开三去宥章	tʂəu213	tsəu213	tʃəu213	tsəu24
臭	流开三去宥昌	tʂhəu213	tshəu213	tʃhəu213	tshəu24
收	流开三平尤书	ʂəu45	ʂəu35	ʃəu45	səu35
手	流开三上有书	ʂəu54	ʂəu52	ʃəu54	səu52
首	流开三上有书	ʂəu54	ʂəu52	səu54	səu52
守	流开三上有书	ʂəu54	ʂəu52	ʃəu54	səu52
兽	流开三去宥书	ʂəu213	ʂəu213	ʃəu213	səu24
仇	流开三平尤禅	tʂhəu31	tʂhəu31	tʃhəu31	tshəu31
酬	流开三平尤禅	tʂhəu31	tʂhəu31	tʃhəu31	tshəu31
受	流开三上有禅	ʂəu213	ʂəu213	ʃəu213	səu24
寿	流开三去宥禅	ʂəu213	ʂəu213	səu213	səu24
授	流开三去宥禅	ʂəu213	ʂəu213	ʃəu213	səu24
售	流开三去宥禅	ʂəu213	ʂəu213	tʃiəu213	səu24
柔	流开三平尤日	zʐəu31	zʐəu31	ʒəu31	ʒəu31
揉	流开三平尤日	zʐəu31	ləu31	ʒəu31	ʒəu31
鸠	流开三平尤见	tʃiəu45	tsiəu35	tʃiəu45	tʃiəu35
阄	流开三平尤见	tʃiəu54	tsiəu35	tʃiəu45	tʃiəu35
纠	流开三平尤见	tʃiəu45	tsiəu35	tʃiəu45	tʃiəu35
九	流开三上有见	tʃiəu54	tsiəu52	tʃiəu54	tʃiəu52
久	流开三上有见	tʃiəu54	tsiəu52	tʃiəu45	tʃiəu52
韭	流开三上有见	tʃiəu54	tsiəu52	tsiəu54	tʃiəu52
灸	流开三上有见	tʃiəu213	tsiəu52	tʃiəu213	tʃiəu52
救	流开三去宥见	tʃiəu213	tsiəu213	tʃiəu213	tʃiəu24
究	流开三去宥见	tʃiəu213	tsiəu213	tʃiəu213	tʃiəu35
丘	流开三平尤溪	tʃhiəu45	tshiəu35	tʃhiəu45	tʃhiəu35
蚯	流开三平尤溪			tʃhiəu45	tʃhiəu35

续表

字目　中古音　方言点		加尤	坡荷	袍里	逻沙
求	流开三平尤群	tʃhiəu31	tshiəu31	tʃhiəu31	tʃhiəu31
球	流开三平尤群	tʃhiəu31	tshiəu31	thiəu31	tʃhiəu31
仇（姓氏）	流开三平尤群	tʃhiəu31	tshiəu31	tʃhəu31	tʃhiəu31
臼	流开三上有群	tʃiəu213		tsiəu213	tʃiəu24
舅	流开三上有群	tʃiəu213	tʃiəu213	tʃiəu213	tʃiəu24
旧	流开三去宥群	tʃiəu213	tʃiəu213	tʃiəu213	tʃiəu24
柩	流开三去宥群	tʃiəu213	tʃiəu213	tʃiəu213	tʃiəu24
牛	流开三平尤疑	ŋiəu31	ŋiəu31	ŋiəu31	ŋiəu31
休	流开三平尤晓	ʃiəu45	ʃiəu35	ʃiəu45	ʃiəu35
朽	流开三上有晓	ʃiəu54	ʃiəu52	ʃiəu54	ʃiəu52
嗅	流开三去宥晓	tʂhəu213	ʃiəu213		ʃiəu24
优	流开三平尤影	iəu45	iəu35	iəu45	iəu35
忧	流开三平尤影	iəu45	iəu35	iəu45	iəu35
尤	流开三平尤云	iəu31	iəu31	iəu31	iəu31
邮	流开三平尤云	iəu31	iəu31	iəu31	iəu31
有	流开三上有云	iəu54	iəu52	iəu54	iəu52
友	流开三上有云	iəu54	iəu52	iəu54	iəu52
又	流开三去宥云	iəu213	iəu213	iəu213	iəu24
右	流开三去宥云	iəu213	iəu213	iəu213	iəu24
祐	流开三去宥云		iəu213		iəu24
由	流开三平尤以	iəu31	iəu31	iəu31	iəu31
油	流开三平尤以	iəu31	iəu31	iəu31	iəu31
游	流开三平尤以	iəu31	iəu31	iəu31	iəu31
犹	流开三平尤以	iəu31	iəu31	iəu31	iəu31
悠	流开三平尤以	iəu45	iəu35	iəu45	iəu35
酉	流开三上有以	iəu54	iəu52	iəu54	iəu52
莠	流开三上有以		iəu52		iəu52
诱	流开三上有以	iəu213	iəu213	iəu213	iəu24
柚	流开三去宥以	iəu213	iəu213	iəu213	iəu24

字目 方言点 中古音		加尤	坡荷	袍里	逻沙
釉	流开三去宥以		iəu213		iəu24
彪	流开三平幽帮	phiau45	piau35	phiau45	piau35
谬	流开三去幼明	miau213	miəu213	miau213	miau24
幽	流开三平幽影	iəu45	iəu35	iəu45	iəu35
幼	流开三去幼影	iəu213	iəu213	iəu213	iəu24
耽	咸开一平覃端	tan45	tan35	tan45	tā35
答（答应）	咸开一入合端	ta31	ta31	ta31	ta31
搭	咸开一入合端	ta31	ta31	ta31	ta31
贪	咸开一平覃透	than45	than35	than45	thā35
探（试探）	咸开一去勘透	than213	than213	than213	thā24
踏	咸开一入合透	tha31	tha31	tha31	tha31
搨	咸开一入合透	tha31	tha31		tha31
潭	咸开一平覃定	than31	than31	than31	thā31
谭	咸开一平覃定	than31	than31	than31	thā31
坛	咸开一平覃定	than31		than31	thā31
沓	咸开一入合定	ta31	ta31	tha31	tha31
男	咸开一平覃泥	lan31	lan31	lan31	lā31
南	咸开一平覃泥	lan31	lan31	ȵan31	lā31
纳	咸开一入合泥	la31	la31	la31	la24
婪	咸开一上感来				
拉	咸开一入合来	la45	la35	la45	la35
簪	咸开一平覃精	tsan45	tsan35	tsan45	tsā35
参	咸开一平覃清	tshan45	tshan35	than45	tshā35
惨	咸开一上感清	tshan54	tshan52	tshan54	tshā52
蚕	咸开一平覃从	tshan31	tshan31	tshan31	tshā31
杂	咸开一入合从	tsa31	tsa31	tsa31	tsa31
卅	咸开一入合心				sā24
感	咸开一上感见	kan54	kan52	kan54	kā52
合	咸开一入合见	xo31	xo31	xo31	xo31

续表

字目 中古音 方言点		加尤	坡荷	袍里	逻沙
蛤	咸开一入合见		ko31	ko31	xa31
鸽	咸开一入合见	ko31	ko31	ko31	ko35
堪	咸开一平覃溪	khan45	khan35	khan45	khã35
龛	咸开一平覃溪	khan45	khan35		khã35
坎	咸开一上感溪	khan54	khan35	khan54	khã52
勘	咸开一去勘溪	khan45	khan35	khan45	khã35
喝（喝酒）	咸开一入合晓	xo45	xo35	xo45	xo35
含	咸开一平覃匣	xan31	xan31	xan31	xã31
函	咸开一平覃匣	xan31	xan31	xan31	xã31
撼	咸开一上感匣	xan213	xan213	xan213	xã24
憾	咸开一去勘匣	xan213	xan213	xan213	xã24
盒	咸开一入合匣	xo31	xo31	xo31	xo31
庵	咸开一平覃影	ŋan45	ŋan35	ŋan45	ŋã35
鹌	咸开一平覃影			ŋan45	ŋã35
揞（揞住）	咸开一上感影			ŋan213	ŋã52
暗	咸开一去勘影	ŋan213	ŋan213	ŋan213	ŋã24
担（担任）	咸开一平谈端	tan45	tan35	tan45	tã35
胆	咸开一上敢端	tan54	tan52	tan54	tã52
担（挑担）	咸开一去阚端	tan213	tan213	tan45	tã24
坍	咸开一平谈透		than35	than45	
毯	咸开一上敢透	than54	than52	than54	thã52
塔	咸开一入盍透	tha31	tha31	tha31	tha31
榻	咸开一入盍透	tha31	tha31	tha31	tha31
塌	咸开一入盍透	tha31	than31	tha31	tha31
潻	咸开一入盍透				tha31
遢	咸开一入盍透				tha35
谈	咸开一平谈定	than31	than31	than31	thã31
痰	咸开一平谈定	than31	than31	than31	thã31
淡	咸开一去阚定	tan213	tan213	tan213	tã24

字目 中古音	方言点	加尤	坡荷	袍里	逻沙
蓝	咸开一平谈来	lan31	lan31	lan31	lã31
篮	咸开一平谈来	lan31	lan31	lan31	lã31
览	咸开一上敢来	lan54	lan52	lan 54	lã52
揽	咸开一上敢来	lan54	lan52	lan54	lã52
榄	咸开一上敢来	lan54	lan52	lan54	lã52
滥	咸开一去阚来	lan213	lan213	lan213	lã24
缆	咸开一去阚来	lan54	lan213	lan54	lã52
腊	咸开一入盍来	la31	la31	la31	la31
蜡	咸开一入盍来	la31	la31	la31	la31
邋	咸开一入盍来			la31	la31
惭	咸开一平谈从	tshan31	tshan31	tshan31	tshã31
暂	咸开一去阚从	tsan213	tʂan213	tsan213	tshã24
鏨	咸开一去阚从			tsan213	tshã24
三	咸开一平谈心	san45	ɬan35	san45	sã35
甘	咸开一平谈见	kan45	kan35	kan45	kã35
柑	咸开一平谈见	kan45	kan35	kan45	kã35
泔	咸开一平谈见	kan45	kan35	kan45	kã35
敢	咸开一上敢见	kan54	kan52	kan54	kã52
橄（橄榄）	咸开一上敢见	kan54	kan52	kan54	kã52
磕	咸开一入盍溪	kho31	kho31	kho31	kho35
瞌	咸开一入盍溪			kho31	kho35
蚶	咸开一平谈晓		kan35		
憨	咸开一平谈晓	xan45	xan35	xan45	xã35
喊	咸开一上敢晓	xan54	xan52	xan54	xã52
酣	咸开一平谈匣	xan45	xan35	xan45	xã35
站	咸开二去陷知	tʂan213	tsan35	tʃan213	tsã24
札	咸开二入洽知	tʂa31		tʃa45	tsa31
赚	咸开二去陷澄	tʂuan213		tʃuan213	tsuã24
斩	咸开二上豏庄	tʂan54	tsan52	tʃan54	tsã52

续表

字目　　中古音　　方言点		加尤	坡荷	袍里	逻沙
蘸	咸开二去陷庄	tsan213	tsan213	tsan213	tsã24
眨	咸开二入洽庄	tsa31	tsa31	tsa31	tsa52
插	咸开二入洽初	tsha31	tʂha31	tʃha31	tsha31
谗	咸开二平咸崇		tʂhan31	tshan31	tshã31
馋	咸开二平咸崇	tshan31	tʂhan31	tshan31	tshã31
闸	咸开二入洽崇	tʂa31	tʂa31	tʃia31	tsa31
煤	咸开二入洽崇				
杉	咸开二平咸生	ʂa45	ʂa35	ʃa45	sa35
霎	咸开二入洽生				sa24
尴	咸开二平咸见	kai213			kã35
减	咸开二上豏见	tʃɛn54	tʃɛn52	kan54	kã52
碱	咸开二上豏见		tʃɛn52	tʃiɛn54	tʃiã52
夹	咸开二入洽见	tʃia31	tʃia31	tʃia31	tʃia31
袷	咸开二入洽见		tʃia31		tʃia31
恰	咸开二入洽溪	tʃhia31	tʃhia213	tʃhia31	tʃhia31
掐	咸开二入洽溪	tʃhia31	tʃhia35	kha31	kha31
癌	咸开二平咸疑			ŋan31	ŋã31
咸	咸开二平咸匣	xan31	ʃɛn31	xan31	xã31
陷	咸开二去陷匣	xan213	ʃɛn213	xan213	xã24
馅	咸开二去陷匣		ʃɛn213		
狭	咸开二入洽匣	tʃia31	ʃia31	tʃia31	tʃia31
峡	咸开二入洽匣	tʃia31	ʃia31	tʃia31	tʃia31
洽	咸开二入洽匣	tʃhia31	tʃhia213	tʃhia31	tʃhia31
搀	咸开二平衔初		tʃhan35	tʃan31	
衫	咸开二平衔生	ʂan45	tʃhan35	ʃan45	sã35
监	咸开二平衔见	tʃɛn45	tʃɛn35	tʃiɛn45	tʃiã35
鉴	咸开二去鉴见	tʃɛn213	tʃɛn213	tʃiɛn213	tʃiã24
甲	咸开二入狎见	tʃia31	tʃia31	tʃia31	tʃia31
胛	咸开二入狎见	tʃia31	tʃia31	tʃia31	tʃia31

续表

字目	中古音 方言点	加尤	坡荷	袍里	逻沙
嵌	咸开二平衔溪	tʃhɛn213	tʃhɛn213		tʃhiã24
岩	咸开二平衔疑	ŋai31	ŋan31	ŋan31	ŋai31
衔	咸开二平衔匣	ʃɛn31		xan31	ʃiã31
舰	咸开二上槛匣	tʃɛn213	tʃɛn213	tʃiɛn213	tʃiã24
匣	咸开二入狎匣	tʃia31	ʃia31	tʃia31	tʃia31
鸭	咸开二入狎影	ia31	ia31	ia31	ia31
押	咸开二入狎影	ia31	ia31	ia31	ia31
压	咸开二入狎影	ia31	ia31	ia31	ia31
贬	咸开三上琰帮	pɛn54	pɛn52	piɛn54	piã52
黏（黏米）	咸开三平盐泥		ȵɛn52		
聂（姓）	咸开三入叶泥	ȵɛ31	ȵɛ31	ȵɛ31	ȵie31
镊（镊子）	咸开三入叶泥	ȵɛ31	ȵɛ31	ȵɛ31	ȵie31
蹑（蹑脚走）	咸开三入叶泥		ȵɛ31	ȵɛ31	ȵie31
廉	咸开三平盐来	lɛn31	lɛn31	liɛn31	liã31
镰	咸开三平盐来	lɛn31	lɛn31	liɛn31	liã31
帘	咸开三平盐来	lɛn31	lɛn31	liɛn31	liã31
敛	咸开三上琰来	tʃɛn54	lɛn52	tʃiɛn54	liã52
殓	咸开三去艳来	tʃɛn54	lɛn52		liã24
猎	咸开三入叶来	lɛ31	lɛ31	lɛ31	le31
尖	咸开三平盐精	tsɛn45	tsɛn35	tsiɛn45	tʃiã35
歼	咸开三平盐精	tshɛn45	tʃhɛn31	tshiɛn45	tʃiã35
接	咸开三入叶精	tsɛ31	tsɛ31	tsɛ31	tʃie31
签	咸开三平盐清	tshɛn45	tshɛn35	tshiɛn45	tʃhiã35
妾	咸开三入叶清	tsɛ31	tshɛ31	tshiɛn213	tshe31
潜	咸开三平盐从	tshɛn54	tshɛn213	tshiɛn213	tʃhiã31
渐	咸开三上琰从	tsɛn213	tsɛn213	tsiɛn213	tʃiã24
捷	咸开三入叶从	tsɛ31	tsɛ31	tʃɛ31	tʃie31
纤	咸开三平盐心			tshiɛn45	tʃhiã35
沾	咸开三平盐知	tʂan45	tsan35	tʃan45	tsã35

续表

字目 中古音 方言点		加尤	坡荷	袍里	逻沙
瞻	咸开三平盐章	tʂan45	tsan35	tʃan45	tsã35
占	咸开三平盐章	tʃan213	tsan213	tʃan45	tsã24
褶	咸开三入叶章	tʂɛ31	tsɛ31	tʃə31	tse31
陕	咸开三上琰书	ʂan54	san52	ʃan54	sã52
闪	咸开三上琰书	ʂan54	san52	ʃan31	sã52
摄	咸开三入叶书	ʃɛ31	tshɛ31	ʃə31	se31
蟾	咸开三平盐禅		tʂhan31		tshã31
涉	咸开三入叶禅	ʃɛ31	ʂɛ213	ʃə31	se31
染	咸开三上琰日	zan54	zan52	ʒan54	ʒã52
冉	咸开三上琰日	zan54	zan52	ʒan54	ʒã52
检	咸开三上琰见	tʃɛn54	tʃɛn52	tʃiɛn54	tʃiɛ̃52
钳	咸开三平盐群	tʃhɛn31	tʃhɛn31	tʃhiɛn31	tʃhiɛ̃31
俭	咸开三上琰群	tʃɛn54	tʃɛn52	tʃiɛn54	tʃiɛ̃52
芡	咸开三上琰群				tʃhiɛ̃24
验	咸开三去艳疑	ȵɛn213	ȵɛn213	ȵiɛn213	ȵiɛ̃24
险	咸开三上琰晓	ʃɛn54	ʃɛn52	ʃiɛn54	ʃiɛ̃52
淹	咸开三平盐影	iɛn45	iɛn35	iɛn45	ŋã35
阉	咸开三平盐影	iɛn45	iɛn35	iɛn45	ŋã35
掩	咸开三上琰影	iɛn45	iɛn52	iɛn54	iɛ̃52
魇	咸开三上琰影		iɛn213		iɛ̃24
厌	咸开三去艳影	iɛn213	iɛn213	iɛn213	iɛ̃24
炎	咸开三平盐云	iɛn31	iɛn31	iɛn31	iɛ̃31
盐	咸开三平盐以	iɛn31	ɩɛn31	iɛn31	iɛ̃31
阎	咸开三平盐以	iɛn31	iɛn31	iɛn31	iɛ̃31
檐	咸开三平盐以	iɛn31	iɛn31	iɛn31	iɛ̃31
艳	咸开三去艳以	iɛn213	iɛn213	iɛn213	iɛ̃24
焰	咸开三去艳以	iɛn213	iɛn213	iɛn213	iɛ̃24
叶	咸开三入叶以	iɛ31	iɛ31	iɛ31	iɛ31
页	咸开三入叶以	iɛ31	iɛ31	iɛ31	iɛ31

续表

字目 中古音	方言点	加尤	坡荷	袍里	逻沙
剑	咸开三去酽见	tʃɛn213	tʃɛn213	tʃiɛn213	tʃiɐ̃24
劫	咸开三入业见	tʃɛ31	tʃɛ31	tʃɛ31	tʃie31
欠	咸开三去酽溪	tʃhɛn213	tʃhɛn213	tʃiɛn213	tʃhiɐ̃24
怯（畏怯）	咸开三入业溪	tʃhən213	tʃhɛ31	tʃhɛ31	tʃhio31
严	咸开三平严疑	ŋɛn31	ɳɛn31	ɳiɛn31	ɳiɐ̃31
俨（俨然）	咸开三上俨疑	ŋɛn31		ɳiɛn31	ɳiɐ̃52
酽	咸开三去酽疑				
业	咸开三入业疑	ŋɛ31	ɳɛ31	ɳɛ31	ie31
枚	咸开三平严晓				
胁	咸开三入业晓	ʃɛ31	ʃɛ31	ʃɛ31	se31
腌	咸开三入业影	iɛn45	iɛn35	iɛn45	iɐ̃35
掂	咸开四平添端	tɛn213	tɛn213	tiɛn45	tiɐ̃35
点	咸开四上忝端	tɛn54	tɛn52	tiɛn54	tiɐ̃52
店	咸开四去添端	tɛn213	tɛn213	tiɛn213	tiɐ̃24
添	咸开四平添透	thɛn45	thɛn35	thiɛn45	thiɐ̃35
舔	咸开四上忝透	thɛn31	thɛn52	thiɛn54	thiɐ̃52
帖	咸开四入帖透	thɛ31	thɛ31	thɛ31	
贴	咸开四入帖透	thɛ31	thɛ31	thɛ31	the31
甜	咸开四平添定	thɛn31	thɛn31	thiɛn31	thiɐ̃31
叠	咸开四入帖定	tɛ31	tɛ31	thɛ31	te31
碟	咸开四入帖定	tɛ31	tɛ31	tɛ31	te31
蝶	咸开四入帖定	tɛ31	tɛ31	tɛ31	te31
谍	咸开四入帖定	tɛ31	tɛ31	tɛ31	te31
鲇（鲇鱼）	咸开四平添泥			ɳiɛn31	
拈（拈起来）	咸开四平添泥		ɳɛn31	ɳiɛn45	
念	咸开四去添泥	ŋɛn213	ɳɛn213	ɳiɛn213	ɳiɐ24
兼	咸开四平添见	tʃɛn45	tʃɛn35	tʃiɛn45	tʃiɐ̃35
搛	咸开四平添见		tʃɛn35	tʃiɛn54	
挟	咸开四入帖见	tʃia31	tʃia31	ka31	

续表

字目 中古音	方言点	加尤	坡荷	袍里	逻沙
谦	咸开四平添溪	tʃhɛn45	tshɛn35	tʃhiɛn45	tʃhiã35
歉	咸开四上忝溪	tʃhɛn213	tshɛn213	tʃiɛn213	tʃhiã24
嫌	咸开四平添匣	ʃɛn31	ʃɛn31	ʃiɛn31	ʃiã31
协	咸开四入帖匣	ʃɛ31	ʃɛ31	tʃɛ31	se31/ʃe31
侠	咸开四入帖匣			ʃia31	
法	咸合三入乏非	fa31	fa31	fa31	fa31
泛	咸合三去梵敷	fan213	fan213	fan213	fã24
凡	咸合三平凡奉	fan31	fan31	fan31	fã31
帆	咸合三平凡奉	fan31	fan31	fan31	fã31
范	咸合三上范奉	fan213	fan213	fan213	fã24
犯	咸合三上范奉	fan213	fan213	fan213	fã24
乏	咸合三入乏奉	fa31	fa31	fa31	fa31
禀	深开三上寝帮	pin54	pin52	pin54	pin52
品	深开三上寝滂	phin54	phin52	phin54	phin52
赁（租赁）	深开三去沁泥		lin213	lin213	lin24
林	深开三平侵来	lin31	lin31	lin31	lin31
淋（淋湿）	深开三平侵来	lin31	lin31	lin31	lin31
临	深开三平侵来	lin31	lin31	lin31	lin31
檩	深开三上寝来	lin54	lin52		lin52
立	深开三入缉来	li31	li31	li31	li31
笠	深开三入缉来		li31	li31	li31
粒	深开三入缉来	li31	li31	li31	li31
浸	深开三去沁精	tshin213	tsin213	tshin213	tʃhin24
侵	深开三平侵清	tshin45	tshən35	tshin213	tʃhin35
寝	深开三上寝清	tshin213	tshin52	tsin54	tʃhin52
缉（缉拿）	深开三入缉清		tʃɛ31	tsi31	tʃi31
集	深开三入缉从	tsi31	tsi31	tsi31	tʃi31
辑（编辑）	深开三入缉从	tsi31	tsi31	tsi31	tʃi31
心	深开三平侵心	sin45	ɬin35	sin45	ʃin35

字目 \ 中古音 \ 方言点	中古音	加尤	坡荷	袍里	逻沙
寻	深开三平侵邪	ʃyn31	tshən31	syn31	ʃyin31
习	深开三入缉邪	si31	ɬi31	si31	ʃi31
袭	深开三入缉邪	si31	ɬi31	si31	ʃi31
碪	深开三平侵知			tʃʅn45	tsən35
沉	深开三平侵澄	tʂhən31	ʂən31	tʃhən31	tshən31
蛰（惊蛰）	深开三入缉澄	tʂʅ213	tsi213	tʃʅ213	
参（参差）	深开三平侵初	tʂhan45		tshan45	tshã35
岑	深开三平侵崇	tshən31	tshən31	tʃhin31	tshən31
森	深开三平侵生	sən45	sən35	sən45	sən35
参（人参）	深开三平侵生	tʂhan45	sən35	sən45	sən35
渗（水渗透）	深开三去沁生	tʂhan54	sən213	ʃən213	sən24
涩	深开三入缉生	sɛ31	sɛ31	sə31	se31
针	深开三平侵章	tʂən45	tsən35	tʃən45	tsən35
斟	深开三平侵章	tʂən45	tsən35	tʃən45	tsən35
枕	深开三上寝章	tʂən54	tsən52	tʃən54	tsən52
执	深开三入缉章	tʂʅ31	tsi31	tʃʅ31	tsʅ31
汁	深开三入缉章	tʃi213	tsi31	tʃʅ45	tsʅ31
葚（桑葚）	深开三上寝船	ʂən213		ʃən213	sən24
深	深开三平侵书	ʂən45	sən35	ʃən45	sən35
沈	深开三上寝书				sən52
审	深开三上寝书	ʂən54	ʂən35	ʃən54	sən52
婶	深开三上寝书	ʂən54	ʂən52	ʃən54	sən52
湿	深开三入缉书	ʂʅ31	ʂʅ31	ʃʅ31	ʃʅ31
甚	深开三上寝禅	ʂən213	ʂən213	ʃən213	ʃhən24
十	深开三入缉禅	ʂʅ31	sʅ31	ʃʅ31	ʃʅ31
什（什物）	深开三入缉禅	ʂʅ31	sʅ31	ʃʅ45	ʃən31
拾（拾起来）	深开三入缉禅	ʂʅ31	sʅ31	ʃʅ31	ʃʅ31
壬	深开三平侵日	zʐ̩ən213	zʐ̩ən213	ʒən31	ʒən31
任（姓）	深开三平侵日	zʐ̩ən213	zʐ̩ən213	ʒən213	ʒən31

续表

字　目　中　古　音　方言点		加尤	坡荷	袍里	逻沙
任（责任）	深开三去沁日	z̻ən213	z̻ən213	ʒən213	ʒən24
入	深开三入缉日	z̻u31	z̻u31	ʒu31	ʒu31
今	深开三平侵见	tʃin45	tʃin35	tʃin45	tʃin35
金	深开三平侵见	tʃin45	tsin35	tʃin45	tʃin35
禁（禁不住）	深开三平侵见	tʃin213	tʃin213	tʃin54	tʃin35
襟	深开三平侵见	tʃin45	tʃin35	tʃin45	tʃin35
锦	深开三上寝见	tʃin54	tʃin52	tʃin54	tʃin52
禁（禁止）	深开三去沁见	tʃin213	tʃin213	tʃin213	tʃin24
急	深开三入缉见	tʃi31	tʃi31	tsi31	tʃi31
级	深开三入缉见	tʃi31	tʃi31	tʃi31	tʃi31
给（交给）	深开三入缉见	kəi54		kəi54	ke52
给（供给）	深开三入缉见		tʃi213	kəi54	ke52
钦	深开三平侵溪	tʃhin45	tshin35	tʃin45	tʃhin35
撳	深开三去沁溪			tʃən54	
泣	深开三入缉溪	ti31	tshi213	tʃhi213	tʃhi31
琴	深开三平侵群	tʃhin31	tʃhin31	tʃin31	tʃhin31
禽	深开三平侵群	tʃhin31	tʃhin31	tʃhin31	tʃhin31
擒	深开三平侵群	tʃhin31	tʃhin31	tʃhin31	tʃhin31
及	深开三入缉群	tʃi31	tʃi31	tʃi31	tʃi31
吟	深开三平侵疑	in31	in31	in31	in31
吸	深开三入缉晓	ʃi31	tʃi31	tʃi31	ʃi52
音	深开三平侵影	in45	in35	in45	in35
阴	深开三平侵影	in45	ɪn35	ɪn45	in35
饮（饮酒）	深开三上寝影	in54	in52	in54	in52
荫	深开三去沁影	in45	in35	in45	in35
揖（作揖）	深开三入缉影	i31	ji35	i31	i31
淫	深开三平侵以	in31	in31	in31	in31
丹	山开一平寒端	tan45	tan35	tan45	tã35
单（单独）	山开一平寒端	tan45	tan35	tan45	tã35

续表

字目	中古音	方言点 加尤	坡荷	袍里	逻沙
掸	山开一上旱端	than31	tan213		tã52
疸	山开一上旱端			tan54	tã52
旦	山开一去翰端	tan213	tan213	tan213	tã24
滩	山开一平寒透	than45	than35	than45	thã35
摊	山开一平寒透	than45	than35	than45	thã35
瘫	山开一平寒透			than45	thã35
坦	山开一上旱透	than54	than52	than54	thã52
炭	山开一去翰透	than213	than213	than213	thã24
叹	山开一去翰透	than213	than213	than213	thã24
獭（水獭）	山开一入曷透	tha31	tha31	tha31	tha31
檀	山开一平寒定	than31	than31	than31	thã31
弹（弹琴）	山开一平寒定	than31	than31	than31	thã31
诞	山开一上旱定	tan213	tan213	tan213	thã31
但	山开一去翰定	tan213	tan213	tan213	thã24
弹（子弹）	山开一去翰定	tan213	tan213	tan213	thã24
蛋	山开一去翰定	tan213	tan213	tan213	thã24
达	山开一入曷定	ta31	ta31	ta31	ta31
难（难易）	山开一平寒泥	lan31	lan31	lan31	ȵã31
难（苦难）	山开一去翰泥	lan213	lan213	lan213	ȵã24
捺（撒捺）	山开一入曷泥	la31	la213	lai213	la31
兰	山开一平寒来	lan31	lan31	ȵan31	lã31
拦	山开一平寒来	lan31	lan31	ȵan31	lã31
栏	山开一平寒来	lan31	lan31	ȵan31	lã31
懒	山开一上旱来	lan54	lan52	ȵan54	lã52
烂	山开一去翰来	lan213	lan213	lan213	lã24
辣	山开一入曷来	la31	la31	la31	la31
赞	山开一去翰精	tsan213	tsan213	tsan213	tsã24
溃	山开一去翰精	tsɛn213	tsɛn213		
餐	山开一平寒清	tshan45	tshan35	tshan45	tshã35

续表

字目	中古音	加尤	坡荷	袍里	逻沙
灿	山开一去翰清	tshan213	tshan213	tshan213	tshã24
擦	山开一入曷清	tsha31	tsha31	tsha31	tsha31
残	山开一平寒从	tshan31	tshan31	tʃhan31	tshã31
砸	山开一入曷从			tsa31	tsa31
珊	山开一平寒心	ȵan45	san52	ʃan45	sã35
散（鞋带散了）	山开一上旱心	san54	san52	san54	sã52
伞	山开一上旱心	san54	san52	san54	sã52
散（解散）	山开一去翰心	san213	san213	san213	sã24
撒（撒手）	山开一入曷心	sa45	san213	sa54	sa35
撒（撒种）	山开一入曷心	sa45		sa54	sa52
萨	山开一入曷心	sa45	sa35	sa45	sa24
干	山开一平寒见	kan45	kan35	kan45	kã35
肝	山开一平寒见	kan45	kan35	kan45	kã35
干（干湿）	山开一平寒见	kan45	kan35	kan45	kã35
竿（竹竿）	山开一平寒见	kan54	kan35	kan45	kã35
杆	山开一平寒见	kan54	kan35	kan45	kã35
秆（稻秆）	山开一上旱见	kan54	kan52	kan54	kã52
杆（笔杆）	山开一上旱见	kan54		kan45	kã52
擀（擀面）	山开一上旱见	kan54	kan52	kan54	kã52
干（干部）	山开一去翰见	kan213	kan213	kan213	kã24
割	山开一入曷见	ko31	ko31	ko31	ko31
葛（葛麻）	山开一入曷见	ko31	ko31	ko31	ko31
葛（姓葛）	山开一入曷见	ko31		ko31	ko31
看（看守）	山开一平寒溪	khan213	khan213	khan213	khã35
刊	山开一平寒溪	khan45	khan35	khan45	khã35
侃	山开一上旱溪			khan54	khã52
看（看见）	山开一去翰溪	khan213	khan213	khan213	khã24
渴	山开一入曷溪	kho31	kho31	kho31	kho31
岸	山开一去翰疑	ŋan213	ŋan213	ŋan213	ŋã24

续表

字目 / 中古音 / 方言点	中古音	加尤	坡荷	袍里	逻沙
鼾	山开一平寒晓	xan45	xan35	xan45	xã35
罕	山开一上旱晓	xan213	xan52	xan213	xã52
汉	山开一去翰晓	xan213	xan213	xan213	xã24
喝（喝彩）	山开一入曷晓	xo45	xo35	xo45	xe31
寒	山开一平寒匣	xan31	xan31	xan31	xã31
韩	山开一平寒匣	xan31	xan31	xan31	xã31
旱	山开一上旱匣	xan213	xan213	xan213	xã24
汗	山开一去翰匣	xan213	xan213	xan213	xã24
焊	山开一去翰匣	xan213	xan213	xan213	xã24
翰	山开一去翰匣	xan31	xan213	xan213	xã24
安	山开一平寒影	ŋan45	ŋan35	an45	ŋã35
鞍	山开一平寒影	ŋan45	ŋan35	an45	ŋã35
按	山开一去翰影	ŋan213	ŋan213	an213	ŋã24
案	山开一去翰影	ŋan213	ŋan213	an213	ŋã24
扮	山开二去裥帮	phan213	phan213	pan213	pã24
八	山开二入黠帮	pa31	pa31	pa31	pa31
盼	山开二去裥滂	phan213	phan213	phan213	phã24
瓣	山开二去裥并	pan213	pan213	pan213	pã24
办	山开二去裥并	pan213	pan213	pan213	pã24
拔	山开二入黠并	pa31	pa31	pa31	pa31
绽（破绽）	山开二去裥澄	tʂan213	tiŋ213	tʃan213	tsã24
盏	山开二上产庄	tʂan54	tʂan52	tʃan54	tsã52
扎（用针扎）	山开二入黠庄	tʂa31	tʂa31	tʃa31	tsa31
扎（捆扎）	山开二入黠庄	tʂa31		tʃa31	tsa31
铲	山开二上产初	tʂhuan54	tʂhan52	tʃhan54	tshuã52
察	山开二入黠初	tʂha31	tʂha31	tʃha31	tsha31
山	山开二平山生	ʂan45	ʂan35	ʃan45	sã35
产	山开二上产生	tshan54	tʂhan52	tsan54	tshã52
杀	山开二入黠生	ʂa31	ʂa31	ʃa31	sa31

续表

字目 中古音 方言点		加尤	坡荷	袍里	逻沙
煞	山开二入黠生			ʃa31	sa31
艰	山开二平山见	tʃɛn45	tʃɛn35	tʃiɛn45	tʃiẽ35
间（中间）	山开二平山见	tʃɛn45	tʃɛn35	tʃiɛn45	tʃiẽ35
简	山开二上产见	tʃɛn54	tʃɛn52	tʃiɛn54	tʃiẽ52
柬	山开二上产见	tʃɛn54	tʃɛn52	tʃiɛn54	
拣	山开二上产见	tʃɛn54	tʃɛn52	tʃiɛn54	tʃiẽ52
间（间断）	山开二去裥见		tʃɛn35	tʃiɛn45	tʃiẽ24
眼	山开二上产疑	iɛn54	iɛn52	iɛn54	iẽ52
闲	山开二平山匣	ʃɛn31	ʃɛn31	ʃiɛn31	ʃiẽ31
限	山开二上产匣	ʃɛn213	ʃɛn213	xan213	xã24
苋（苋菜）	山开二去裥匣	tʃɛn213	ʃɛn213	tʃiɛn213	xã24
轧（被车轧）	山开二入黠影	tʃa31	tsa31	tʃa31	ia31
班	山开二平删帮	pan45	pan35	pan45	pã35
斑	山开二平删帮	pan45	pan35	pan45	pã35
颁	山开二平删帮	pan45	pan35	pan45	pã35
扳	山开二平删帮	pan45	pan35	pan45	pã35
板	山开二上潸帮	pan54	pan52	pan54	pã52
版	山开二上潸帮	pan54	pan52	pan54	pã52
攀	山开二平删滂	phan45	phan35	phan45	pã35
襻（纽襻）	山开二去谏滂			phan213	pã24
卞	山开二平删并		pan213		
蛮	山开二平删明	man31	man31	man31	mã31
慢	山开二去谏明	man213	man213	man213	mã24
栈	山开二去谏崇	tʂan31	tʂan213	tʃan213	tsã24
铡（铡刀）	山开二入鎋崇	tʂhɛ31	tʂa31	tʃa31	tsa31
删	山开二平删生	ʂuan45	ʂan35	ʃuan45	suã35
疝（疝气）	山开二去谏生	ʃɛn45	san213	ʃan213	sã24
奸（内奸）	山开二平删见	tʃɛn45	tʃɛn35	tʃiɛn45	tʃiẽ35
奸（强奸）	山开二平删见	tʃɛn45		tʃiɛn45	tʃiẽ35

字目	中古音	加尤	坡荷	袍里	逻沙
谏	山开二去谏见		tʃɛn213	tʃiɛn213	tʃiɛ̃52
涧	山开二去谏见	tʃɛn45	tʃɛn213	tʃiɛn45	tʃiɛ̃24
铜（车铜）	山开二去谏见	tʃɛn45	tʃɛn35	tʃiɛn45	tʃiɛ̃24
颜	山开二平删疑	iɛn31	iɛn31	iɛn31	iɛ̃31
雁	山开二去谏疑	iɛn213	iɛn213	iɛn213	iɛ̃24
瞎	山开二入辖晓	ʃia31	ʃia31	ʃia31	ʃia31
辖（管辖）	山开二入辖匣	ʃia31	ʃia31	ʃia31	ʃia31
晏（晚也）	山开二去谏影	ŋan213	ŋan213	ŋan213	iɛ̃24
鞭	山开三平仙帮	pɛn45	pɛn35	piɛn45	piɛ̃35
编	山开三平仙帮	pɛn45	phɛn35	piɛn45	piɛ̃35
变	山开三去线帮	pɛn213	pɛn213	piɛn213	piɛ̃24
别（区别）	山开三入薛帮	pɛ31	pə31	pɛ31	pe31
鳖	山开三入薛帮	pɛ45	pɛ35	pɛ45	pe35
瘪	山开三入薛帮			pia54	pia52
篇	山开三平仙滂	phɛn45	phɛn35	phiɛn45	phiɛ̃35
偏	山开三平仙滂	phɛn45	phɛn35	phiɛn45	phiɛ̃35
骗	山开三去线滂	phɛn213	phɛn213		phiɛ̃24
便（便宜）	山开三平仙并	phɛn31	phɛn31	phiɛn31	phiɛ̃31
辨	山开三上狝并	pɛn213	pɛn213	piɛn213	piɛ̃24
辩	山开三上狝并	pɛn213	pɛn213	piɛn213	piɛ̃24
汴	山开三去线并		pɛn213	piɛn213	piɛ̃24
便（方便）	山开三去线并	pɛn213	pɛn213	piɛn213	piɛ̃24
别（离别）	山开三入薛并	pɛ31	pə31	pɛ31	piɛ̃31
绵	山开三平仙明	mɛn31	mɛn31	miɛn31	miɛ̃31
棉	山开三平仙明	mɛn31	mɛn31	miɛn31	miɛ̃31
免	山开三上狝明	mɛn54	mɛn52	miɛn54	miɛ̃52
勉	山开三上狝明	mɛn54	mɛn52	miɛn54	miɛ̃52
娩（分娩）	山开三上狝明	uan54	mɛn52	miɛn54	miɛ̃52
缅	山开三上狝明	mɛn54	mɛn52	miɛn213	miɛ̃52

续表

字目 / 中古音 / 方言点		加尤	坡荷	袍里	逻沙
面	山开三去线明	mɛn213	mɛn213	miɛn213	miɛ̃24
灭	山开三入薛明	mɛ31	mɛ31	mɛ31	me31
碾（碾碎）	山开三上狝泥	ŋɛn54	ŋɛn52	ŋiɛn54	ŋ̲iɛ̃52
碾（水碾）	山开三去线泥	ŋɛn54		ŋiɛn54	ŋ̲iɛ̃52
连	山开三平仙来	lɛn31	lɛn31	liɛn31	liɛ̃31
联	山开三平仙来	lɛn31	lɛn31	liɛn31	liɛ̃31
鲢	山开三平仙来			liɛn31	liɛ̃31
辇	山开三上狝来			ŋiɛn54	ŋ̲iɛ̃52
列	山开三入薛来	lɛ31	lɛ31	lɛ31	le24
烈	山开三入薛来	lɛ31	lɛ31	lɛ31	le24
裂	山开三入薛来	lɛ31	lɛ31	lɛ31	le24
煎	山开三平仙精	tsɛn213	tsɛn35	tsiɛn45	tʃiɛ̃35
剪	山开三上狝精	tsɛn54	tsɛn52	tsiɛn54	tʃiɛ̃52
箭	山开三去线精	tsɛn213	tsɛn213	tsiɛn213	tʃiɛ̃24
溅	山开三去线精	tsɛn213	tsɛn213	tsan213	tʃiɛ̃24
迁	山开三平仙清	tshɛn45	tshɛn35	tshiɛn45	tʃiɛ̃35
浅	山开三上狝清	tshɛn54	tshɛn52	tshiɛn54	tʃiɛ̃52
钱	山开三平仙从	tshɛn31	tshɛn31	tshiɛn31	tʃhiɛ̃31
践	山开三上狝从	tshɛn54	tsɛn213	tshiɛn213	tʃhiɛ̃24
贱	山开三去线从	tsɛn213	tsɛn213	tsiɛn213	tʃhiɛ̃24
饯（饯行）	山开三去线从	tsɛn213	tsɛn213	tshiɛn54	tʃhiɛ̃24
仙	山开三平仙心	sɛn45	ɬɛn35	siɛn45	ʃiɛ̃35
鲜（新鲜）	山开三平仙心	sɛn45	ɬɛn35	siɛn45	ʃiɛ̃35
癣	山开三上狝心	syɛn54	ɬɛn52	syɛn54	ʃyɛ̃52
线	山开三去线心	sɛn213	ɬɛn213	siɛn213	ʃiɛ̃24
薛	山开三入薛心	syɛ31	ɬɛ52	syɛn45	ʃyɛ̃35
泄	山开三入薛心	sɛ213	ɬɛ31	ʃɛ213	ʃiɛ̃24
涎	山开三平仙邪	syɛn31		iɛn31	xã31
羡	山开三去线邪	sɛn213	ɬɛn213	ʃiɛn213	ʃiɛ̃24

续表

字目 / 中古音		加尤	坡荷	袍里	逻沙
展	山开三上狝知	tʂan54	tʂan52	tʃan54	tsã52
哲	山开三入薛知	tʂɛ31	tsɛ31	tʃɛ31	tse31
蜇	山开三入薛知	tʂɛ31	tsɛ31		tse31
彻	山开三入薛彻	tshɛ31	tshɛ31	tshə31	tshe31
撤	山开三入薛彻	tʃhɛ31	tshɛ31	tshə31	tshe31
缠	山开三平仙澄	tʂhan31	tʂhan31	tshan31	tshã31
辙	山开三入薛澄	tʃhɛ31		tʃə31	tse31
毡	山开三平仙章	tʂan45	tʂan35	tʃan45	tsã35
战	山开三去线章	tʂan213	tʂan213	tʃan213	tsã24
颤	山开三去线章	tʂan213		tʃan213	sã24
折（折叠）	山开三入薛章	tʂɛ31	tsɛ31	tʃə31	tse31
浙	山开三入薛章	tʂɛ31	tsɛ31	tʃə31	tse31
舌	山开三入薛船	ʂɛ31	sɛ31	ʃɛ31	se31
搧	山开三平仙书			ʃan213	sã35
扇	山开三去线书	ʂan213	san213	ʃan213	sã24
设	山开三入薛书	ʂɛ31	tshə31	ʃɛ31	se31
蝉	山开三平仙禅	tʂhan31	tʂhan31	tʃhan31	tshã31
禅（禅宗）	山开三平仙禅	tʂhan31	tʂhan31	tʃhan31	tshã31
善	山开三上狝禅	ʂan213	ʂan213	ʃan213	sã24
鳝	山开三上狝禅		ʂan213		sã24
单（姓氏）	山开三去线禅	ʂan213	san213		sã24
膳	山开三去线禅	ʂan213	ʂan213	ʃan213	sã24
禅（禅让）	山开三去线禅	ʂan213	ʂan213	ʃan31	sã24
折（折断）	山开三入薛禅	tʂɛ31	tsɛ31	tʃə31	tse31
然	山开三平仙日	zʐan31	zʐan31	ʒan31	ʒã31
燃	山开三平仙日	zʐan31	zʐan31	ʒan31	ʒã31
热	山开三入薛日	zʐɛ31	zʐɛ31	ʒɛ31	ʒẽ31
遣	山开三上狝溪	tʃhɛn54	tʃhɛn52	tʃhiɛn54	tʃhiẽ52
乾（乾坤）	山开三平仙群		tʃhɛn31	tʃhiɛn31	tʃhiẽ31

续表

字目\方言点\中古音	中古音	加尤	坡荷	袍里	逻沙
虔	山开三平仙群	tʃhɛn31	tʃhɛn31	tʃhiɛn213	tʃhiɛ̃31
件	山开三上狝群	tʃɛn213	tʃɛn213	tʃiɛn213	tʃiɛ̃24
杰	山开三入薛群	tʃɛ31	tʃɛ31	tʃɛ31	tʃiɛ̃31
谚	山开三去线疑	iɛn213	iɛn213	iɛn31	ȵiɛ̃24
孽	山开三入薛疑	ȵɛ31	ȵɛ31	ȵɛ31	ȵe31
蔫（食物不新鲜）	山开三平仙影	ȵɛn45		iɛn45	iɛ̃35
焉（心不在焉）	山开三平仙影	iɛn45	iɛn35	iɛn45	iɛ̃35
延	山开三平仙以	iɛn31	iɛn31	iɛn31	iɛ̃31
筵	山开三平仙以	iɛn31	iɛn31	iɛn31	iɛ̃31
演	山开三上狝以	iɛn54	iɛn52	iɛn54	iɛ̃52
衍	山开三上狝以			iɛn54	iɛ̃52
犍	山开三平元见		tʃɛn213	tʃiɛn213	
建	山开三去愿见	tʃɛn213	tʃɛn213	tʃiɛn213	tʃiɛ̃24
揭	山开三入月见	tʃɛ31	tʃɛ31	tʃɛ31	tʃe31
键	山开三上阮群	tʃɛn213	tʃɛn213	tʃiɛn213	tʃiɛ̃24
健	山开三去愿群	tʃɛn213	tʃɛn213	tʃiɛn213	tʃiɛ̃24
腱	山开三去愿群	tʃɛn213	tʃɛn213	tʃiɛn213	tʃiɛ̃24
竭	山开三入月群				tʃe31
言	山开三平元疑	iɛn31	iɛn31	iɛn31	iɛ̃31
轩	山开三平元晓	ʃyɛn45	ʃyɛn35	ʃyɛn45	ʃyɛ̃35
掀	山开三平元晓	ʃyn45	ʃyɛn35	ʃyɛn45	ʃyɛ̃35
宪	山开三去愿晓	ʃɛn213	ʃɛn213	ʃiɛn213	ʃiɛ̃24
献	山开三去愿晓	ʃɛn213	ʃɛn213	tʃiɛn213	ʃiɛ̃24
歇	山开三入月晓	ʃɛ31	ʃɛ31	ʃɛ31	ʃe31
蝎	山开三入月晓	tʃɛ31	ʃɛ31	ʃɛ31	ʃe31
蔫（花萎）	山开三平元影	iɛn45		iɛn45	iɛ̃35
堰	山开三去愿影	iɛn213	iɛn213	iɛn213	iɛ̃24
边	山开四平先帮	pɛn45	pɛn35	piɛn45	pɛ̃35
蝙	山开四平先帮	pɛn54	phɛn35	piɛn45	pɛ̃35

续表

字目	中古音	加尤	坡荷	袍里	逻沙
扁	山开四上铣帮	pɛn54	pɛn52	piɛn54	pɛ̃52
匾	山开四上铣帮	pɛn54	pɛn52	piɛn54	pɛ̃52
遍（一遍）	山开四去霰帮	pɛn213	phɛn213	phiɛn213	pɛ̃24
憋	山开四入屑帮	pɛ45	pɛ35	pɛ45	pe35
片	山开四去霰滂	phɛn213	phɛn213	phiɛn213	phɛ̃24
撇（撇开）	山开四入屑滂	phɛ31	phɛ31	phɛ31	phe35
撇（撇捺）	山开四入屑滂	phɛ31		phɛ31	phe35
辫	山开四上铣并	pɛn213	pɛn213	piɛn213	pɛ̃24
眠	山开四平先明	mɛn31	min31	miɛn31	mɛ̃31
篾	山开四入屑明	mɛ31	mɛ31	mɛ31	me31
颠	山开四平先端	tɛn45	tɛn35	tiɛn45	tɛ̃35
癫	山开四平先端			tiɛn45	tɛ̃35
典	山开四上铣端	tɛn54	tɛn52	tiɛn54	tɛ̃52
天	山开四平先透	thɛn45	thɛn35	thiɛn45	thɛ̃35
腆	山开四上铣透	thɛ54	tɛn52	tiɛn54	thɛ̃52
铁	山开四入屑透	thɛ31	thɛ31	thɛ31	thɛ̃31
田	山开四平先定	thɛn31	thɛn31	thiɛn31	thɛ̃31
填	山开四平先定	thɛn31	thɛn31	thiɛn31	thɛ̃31
电	山开四去霰定	tɛn213	tɛn213	tiɛn213	tɛ̃24
殿	山开四去霰定	tɛn213	tɛn213	tiɛn213	tɛ̃24
奠	山开四去霰定	tɛn213	tɛn213	tiɛn213	tɛ̃24
垫	山开四去霰定	tɛn213	tɛn213	tiɛn213	tɛ̃24
淀	山开四去霰定			tiɛn213	tɛ̃24
靛	山开四去霰定			tiɛn213	tɛ̃24
跌	山开四入屑定	thɛ31	tɛ31	tɛ31	te31
年	山开四平先泥	ȵɛn31	ȵɛn31	ȵiɛn31	ȵɛ̃31
捻	山开四上铣泥	ȵɛn213		ȵiɛn54	
撵	山开四上铣泥	ȵɛn54	ȵɛn52	ȵiɛn54	ȵɛ̃52
捏	山开四入屑泥	ȵɛ31	ȵɛ31	ȵɛ31	ȵe35

续表

字目 \ 中古音 \ 方言点		加尤	坡荷	袍里	逻沙
怜	山开四平先来	lɛn31	lɛn31	liɛn31	lẽ31
莲	山开四平先来	lɛn31	lɛn31	liɛn31	lẽ31
练	山开四去霰来	lɛn213	lɛn213	liɛn213	lẽ24
炼	山开四去霰来	lɛn213	lɛn213	liɛn213	lẽ24
楝	山开四去霰来	lɛn213	lɛn213	liɛn213	
笺	山开四平先精		tsɛn35	tʃhiɛn45	tʃhẽ35
荐	山开四去霰精		tsɛn213	tshiɛn45	tʃẽ24
节	山开四入屑精	tsɛ31	tsɛ31	tsɛ31	tʃe31
千	山开四平先清	tshɛn45	tshɛn35	tshiɛn45	tʃhẽ35
切（切开）	山开四入屑清	tshɛ31	tshɛ31	tshɛ31	tʃhe31
切（一切）	山开四入屑清			tshɛ31	tʃhe31
窃	山开四入屑清			tshɛ31	tʃhe31
前	山开四平先从	tshɛn31	tshɛn31	tshiɛn31	tʃhẽ31
截	山开四入屑从	tsɛ31	tsɛ31	tsɛ31	tʃe31
先	山开四平先心	sɛn45	ɬɛn35	siɛn45	ʃẽ35
屑（不屑）	山开四入屑心	siau45	sɛ31	siau45	ʃe24
楔（楔子）	山开四入屑心	tsɛ45	sɛ31	tʃhi54	ʃe35
肩	山开四平先见	tʃɛn45	tʃɛn35	tʃiɛn45	tʃẽ35
坚	山开四平先见	tʃɛn45	tʃɛn35	tʃiɛn45	tʃẽ35
茧	山开四上铣见	tʃɛn54	tʃɛn52	tʃiɛn54	tʃẽ52
趼	山开四上铣见			tʃiɛn54	tʃẽ52
筧（以竹管通水）	山开四上铣见			tʃiɛn213	tʃẽ52
见	山开四去霰见	tʃɛn213	tʃɛn213	tʃiɛn213	tʃẽ24
结（结实）	山开四入屑见		tʃɛ31	tʃɛ31	tʃe31
结（打结）	山开四入屑见	tʃɛ31	tʃɛ31	tʃɛ31	tʃe31
洁	山开四入屑见	tʃɛ31	tʃɛ31	tʃɛ31	tʃe31
桔	山开四入屑见			tʃɛ31	tʃe31
牵	山开四平先溪	tʃhɛn45	tʃhɛn35	tʃhiɛn45	tʃhẽ35
研	山开四平先疑	ȵɛn45	ȵɛn52	ȵiɛn45	ȵẽ31

字目	中古音	加尤	坡荷	袍里	逻沙
砚	山开四去霰疑	tʃɛn213	iɛn213	tʃiɛn213	ŋã24
显	山开四上铣晓	ʃɛn54	ʃɛn52	ʃiɛn54	ʃẽ52
贤	山开四平先匣	ʃɛn31	ʃɛn31	ʃiɛn31	ʃẽ31
弦	山开四平先匣	ʃɛn31	ʃɛn31	ʃiɛn31	ʃẽ31
舷	山开四平先匣			ʃiɛn31	ʃẽ31
现	山开四去霰匣	ʃɛn213	ʃɛn213	ʃiɛn213	ʃẽ24
烟	山开四平先影	iɛn45	iɛn35	iɛn45	iẽ35
燕（燕京，姓）	山开四平先影	iɛn213	iɛn213	iɛn213	iẽ24
胭	山开四平先影			iɛn45	iẽ35
燕（燕子）	山开四去霰影	iɛn213	iɛn213	iɛn213	iẽ24
咽	山开四去霰影	iɛn45	iɛn213	iɛn45	iẽ24
宴	山开四去霰影	iɛn213	iɛn213	iɛn213	iẽ24
噎（噎住了）	山开四入屑影			iɛ45	iẽ35
般	山合一平桓帮	pan45	pan35	pan45	pã35
搬	山合一平桓帮	pan45	pan35	pan45	pã35
半	山合一去换帮	pan213	pan213	pan213	pã24
绊	山合一去换帮	phan213	pan213	pan213	phã24
钵	山合一入末帮	po31	po31	po45	po31
拨	山合一入末帮	po31	po31	po31	po31
潘	山合一平桓滂	phan45	phan35	phan45	phã35
拼	山合一平桓滂	phin45	phin213		phin35
判	山合一去换滂	phan213	phan213	phan213	phã24
泼	山合一入末滂	pho31	pho35	po31	po31
盘	山合一平桓并	phan31	phan31	phan31	phã31
瘢	山合一平桓并			pan45	pã35
伴	山合一上缓并	pan213	pan213	pan213	pã24
拌	山合一上缓并	pan213	pan213	pan213	pã24
叛	山合一去换并	phan213	phan213	phan213	phã24
钹	山合一入末并	po31			po31

续表

字目 中古音 方言点		加尤	坡荷	袍里	逻沙
瞒	山合一平桓明	man31	man31	man31	mã31
馒	山合一平桓明	man213	man213	man213	mã24
满	山合一上缓明	man54	man52	man54	mã52
漫	山合一去换明	man213	man213	man213	mã24
幔	山合一去换明	man213	man213	man213	mã24
末	山合一入末明	mo31	mo31	mo31	mo31
沫	山合一入末明	mo31	mo31	mo31	mo31
抹（抹布）	山合一入末明	ma31	ma31	ma31	ma31
端	山合一平桓端	tuan45	tuon35	tuan45	tuã35
短	山合一上缓端	tuan54	tuon52	tuan54	tuã52
断（决断）	山合一去换端	tuan213	tuon213	tuan213	tuã24
锻（锻炼）	山合一去换端	tuan213	tuon213	tuan213	tuã24
脱	山合一入末透	tho31	tho31	tho31	tho31
团	山合一平桓定	thuan31	thuon31	thuan31	thuã31
断（断绝）	山合一上缓定	tuan213	tuon213	tuan213	tuã24
段	山合一去换定	tuan213	tuon213	tuan213	tuã24
缎	山合一去换定	tuan213	tuon213	tuan213	tuã24
夺	山合一入末定	to31	to31	to31	to31
暖	山合一上缓泥	luan54	luon52	luan54	luã52
鸾	山合一平桓来	luan31	luon31	luan31	luã31
卵	山合一上缓来	luan54	luon52	luan54	luã52
乱	山合一去换来	luan213	luon213	luan213	luã24
捋（捋袖）	山合一入末来			lu45	lo35
钻（动词）	山合一平桓精	tsuan45	tsuon35	tsuan45	tsuã35
纂（编纂）	山合一上缓精	tsuan213	tsuon213	tshuan213	tsuã52
攒	山合一上缓精		tsuon213		tsã52
钻（木工用具）	山合一去换精	tsuan213	tsuon213	tsuan213	tsuã24
氽	山合一平桓清				tshuã35
窜	山合一去换清	tʃhuan213	tʃhuon213	tshuan213	tshuã24

字目 / 中古音 / 方言点		加尤	坡荷	袍里	逻沙
撮（一撮米）	山合一入末清	tʃyi213	tso31	tsio31	tsho35
酸	山合一平桓心	suan45	ɬuon35	suan45	suã35
算	山合一去换心	suan213	ɬuon213	suan213	suã24
蒜	山合一去换心	suan213	ɬuon213	suan213	suã24
官	山合一平桓见	kuan45	kuon35	kuan45	kuã35
棺	山合一平桓见	kuan45	kuon35	kuan45	kuã35
观（参观）	山合一平桓见	kuan45	kuon35	kuan45	kuã35
冠（衣冠）	山合一平桓见	kuan45	kuon35	kuan213	kuã35
管	山合一上缓见	kuan54	kuon52	kuan54	kuã52
馆	山合一上缓见	kuan54	kuon52	kuan54	kuã52
贯	山合一去换见	kuan213	kuon213	kuan213	kuã24
灌	山合一去换见	kuan213	kuon213	kuan213	kuã24
罐	山合一去换见	kuan213	kuon213	kuan213	kuã24
括（包括）	山合一入末见	kua31	kho31	kua31	kuã24
宽	山合一平桓溪	khuan45	khuon35	khuan45	khuã35
款	山合一上缓溪	khuan54	khuon52	khuan54	khuã52
阔	山合一入末溪	kho31	kho31	kho31	kho31
玩	山合一去换疑	uan31	uan31	uan31	uã31
欢	山合一平桓晓	xuan45	xuan35	xuan45	xuã35
唤	山合一去换晓	xuan213	xuan213	xuan213	xuã24
焕	山合一去换晓	xuan213	xuan213	xuan213	xuã24
豁（豁然）	山合一入末晓	xo31	xo31	ko31	xo35
桓	山合一平桓匣	xuan31	xuan31		xuã31
完	山合一平桓匣	uan31	uan31	uan31	uã31
丸（肉丸）	山合一平桓匣	uan31	uan31	xuan31	uã31
缓	山合一上缓匣	xuan54	xuan52	xuan54	xuã52
皖（安徽）	山合一上缓匣	uan54	uan52	uan54	uã52
换	山合一去换匣	xuan213	xuan213	xuan213	xuã24
活	山合一入末匣	xo31	xo31	xo31	xo31

续表

字目\方言点\中古音		加尤	坡荷	袍里	逻沙
豌（豌豆）	山合一平桓影	uan45	uan35	uan45	uã35
剜	山合一平桓影		uan52		uã35
碗	山合一上缓影	uan54	uan52	uan54	uã52
惋	山合一去换影			uan54	uã52
腕	山合一去换影	uan54	uan52	uan54	uã52
鳏（鳏寡）	山合二平山见		kuan35	kuan45	kuã35
顽（顽皮）	山合二平山疑	uan31	uan31	uan31	uã31
幻	山合二去裥匣	xuan213	xuan213	xuan213	xuã24
滑	山合二入黠匣	xua31	xua31	xua31	xua31
猾（狡猾）	山合二入黠匣	xua31	xua31	xua31	xua31
挖	山合二入黠影	ua45	ua35	ua45	va35
篡	山合二去谏初	tshuan213	tʂhuan213	tʃhuan213	tshuã24
撰	山合二上潸崇	tʂuan213	tʂuan213	tʃuan213	tsuã24
闩	山合二平删生	ʂuan213	ʂuan213	ʃuan213	suã24
拴	山合二平删生	tshyɛn45	ʂuan35	ʃuan45	suã35
栓（枪栓）	山合二平删生			ʃuan45	suã35
涮（涮洗）	山合二去谏生	ʂua31	sua31	ʃua31	suã24
刷	山合二入鎋生	ʂua31	sua31	ʃua31	sua31
关	山合二平删见	kuan45	kuan35	kuan45	kuã35
惯	山合二去谏见	kuan213	kuan213	kuan213	kuã24
刮	山合二入鎋见	kua31	kua31	kua31	kua31
还（还原）	山合二平删匣	xuan31	xuan31	xuan31	xuã31
还（还是）	山合二平删匣	xuan31	xuan31	xuan31	xai31
环	山合二平删匣	xuan31	xuan31	xuan31	xuã31
患	山合二去谏匣	tʂhuan213	xuan213	xuan213	xuã24
宦	山合二去谏匣	xuan213	xuan213	xuan213	xuã24
弯	山合二平删影	uan45	uan35	uan45	uã35
湾	山合二平删影	uan45	uan35	uan45	uã35
恋	山合三去线来	lɛn213	lɛn213	liɛn213	lɛ̃24

续表

字目 \ 中古音 \ 方言点		加尤	坡荷	袍里	逻沙
劣	山合三入薛来	lɛ31	lɛ31	lɛ31	le31
全	山合三平仙从	tshyɛn31	tshyɛn31	tshyɛn31	tʃhyẽ31
泉	山合三平仙从	tshyɛn31	tshyɛn31	tshyɛn31	tʃhyẽ31
绝	山合三入薛从	tsyɛ31	tʃyɛ31	tsyɛ31	tʃyẽ31
宣	山合三平仙心	syɛn45	ʃɛn35	syɛn45	ʃyẽ35
选	山合三上狝心	syɛn54	ʃyɛn52	syɛn54	ʃyẽ52
雪	山合三入薛心	syɛ31	ʃyɛ31	syɛ31	ʃye31
旋	山合三平仙邪	syɛn31	ʃyɛn31	syɛn31	ʃyẽ31
转（运转）	山合三去线知	tʂuan54	tʂuan52	tʃuan54	tsuã52
传（流传）	山合三平仙澄	tʂhuan31	tʂhuan31	tʃhuan31	tshuã31
椽	山合三平仙澄		tʂhuan31		tshuã31
篆	山合三上狝澄	tʂuan213		tʃuan213	tsuã24
传（传记）	山合三去线澄	tʂuan213	tʂuan213	tʃuan213	tsuã24
专	山合三平仙章	tʂuan45	tʂuan35	tʃuan45	tsuã35
砖	山合三平仙章	tʂuan45	tʂuan35	tʃuan45	tsuã35
拙	山合三入薛章	tʂyɛ31	tʂo31	tʃo31	
川	山合三平仙昌	tʂhuan45	tʂhuan35	tʃhuan45	tshuã35
穿	山合三平仙昌	tʂhuan45	tʂhuan35	tʃhuan45	tshuã35
喘	山合三上狝昌	tʂhuai54	tʂhuan52	tʃhuai54	tshuã52
串	山合三去线昌	tʂhuan213	tʂhuan213	tʃuan213	tshuã24
船	山合三平仙船	tʂhuan31	tʂhuan31	tʃhuan31	tshuã31
说（说话）	山合三入薛书	ʂo31	ʂo31	ʃo31	so31
篇（盛谷具）	山合三平仙禅			ʃai45	
软	山合三上狝日	ʐuan54	ʐuan52	ʒuan54	ʒuã52
卷（卷起）	山合三上狝见	tʃyɛn54		tʃyɛn54	tʃyẽ52
眷	山合三去线见	tʃyɛn213	tʃyɛn213	tʃyɛn213	tʃyẽ24
卷（卷宗）	山合三去线见	tʃyɛn54	tʃyɛn52	tʃyɛn54	tʃyẽ52
绢	山合三去线见	tʃyɛn45	tʃyɛn213	tʃyɛn45	tʃyẽ35
圈（圆圈）	山合三平仙溪	tʃhyɛn45	tʃhyɛn35	tʃhyɛn45	tʃhyẽ35

字目 方言点 中古音		加尤	坡荷	袍里	逻沙
拳	山合三平仙群	tʃhyɛn31	tʃhyɛn31	tʃhyɛn31	tʃhyẽ31
权	山合三平仙群	tʃhyɛn31	tʃhyɛn31	tʃhyɛn31	tʃhyẽ31
颧（颧骨）	山合三平仙群		tʃhyɛn31	tʃhyɛn31	tʃhyẽ31
圈（猪圈）	山合三上狝群	tʃyɛn213	tʃɛn213	tʃyɛn213	tʃyẽ24
倦	山合三去线群	tʃyɛn213	tʃɛn213	tʃyɛn213	tʃyẽ24
圆	山合三平仙云	yɛn31	yɛn31	yɛn31	yẽ31
员	山合三平仙云	yɛn31	yɛn31	yɛn31	yẽ31
院	山合三去线云	yɛn213	yɛn213	yɛn213	yẽ24
缘	山合三平仙以	yɛn31	yɛn31	yɛn31	yẽ31
沿	山合三平仙以	yɛn31	iɛn31	yɛn31	iẽ31
铅	山合三平仙以	yɛn31	iɛn31	yɛn31	tʃhẽ35
捐	山合三平仙以	tʃyɛn45	tʃyɛn35/ tʃɛn35	tʃyɛn45	tʃyẽ35
悦	山合三入薛以	yɛ31	yɛ31	yɛ31	ye31
阅	山合三入薛以	yɛ31	yɛ31	yɛ31	ye31
反	山合三上阮非	fan54	fan52	fan54	fã52
返	山合三上阮非	fan54	fan52	fan54	fã52
贩	山合三去愿非	phan213	fan213	fan213	fã24
发	山合三入月非	fa31	fa31	fa31	fa31
烦	山合三平元奉	fan31	fan31	fan31	fã31
繁	山合三平元奉	fan31	fan31	fan31	fã31
矾	山合三平元奉	fan31	fan31		fã31
藩	山合三平元奉			ʈan54	fã31
饭	山合三去愿奉	fan213	fan213	fan213	fã24
伐	山合三入月奉	fa31	fa31	fa31	fa31
筏	山合三入月奉	fa31	fa31	fa31	fa31
罚	山合三入月奉	fa31	fa31	fa31	fa31
阀	山合三入月奉	fa31	fa31	fa31	fa31
翻	山合三平元敷	fan45	fan35	fan45	fã35

续表

字目 \ 中古音 \ 方言点	中古音	加尤	坡荷	袍里	逻沙
番	山合三平元敷	fan45	fan35	fan45	fã35
晚	山合三上阮微	uan54	uan52	uan54	uã52
挽	山合三上阮微	uan54	uan52	uan54	uã52
万	山合三去愿微	uan213	uan213	uan213	uã24
蔓（蔓延）	山合三去愿微		man213	man213	
曼	山合三去愿微	man213	man213	man213	mã24
袜	山合三入月微	ua31	ua31	ua31	uã31
厥	山合三入月见	tʃyɛ31	tʃɛ31	tʃhyɛ31	tʃye31
蕨	山合三入月见		tʃɛ31		tʃye31
劝	山合三去愿溪	tʃhyɛn213	tʃhyɛn213	tʃhyɛn213	tʃhyẽ24
券	山合三去愿溪	tʃyɛn213	tʃyɛn52	tʃyɛn213	tʃhyẽ24
元	山合三平元疑	yɛn31	yɛn31	yɛn31	yẽ31
原	山合三平元疑	yɛn31	yɛn31	yɛn31	yẽ31
源	山合三平元疑	yɛn31	yɛn31	yɛn31	yẽ31
阮	山合三上阮疑	yɛn31	yɛn52		ʒuã52
愿	山合三去愿疑	yɛn213	yɛn213	yɛn213	yẽ24
月	山合三入月疑	yɛ31	yɛ31	yɛ31	ye31
喧	山合三平元晓	ʃyɛn45	ʃyɛn35	ʃyɛn45	ʃyẽ35
楦	山合三去愿晓		ʃyɛn35		ʃyẽ35
冤	山合三平元影	yɛn45	yɛn35	yɛn45	yẽ35
鸳	山合三平元影			yɛn45	yẽ35
宛	山合三上阮影	uan213	uan52	uan54	uã52
婉	山合三上阮影			uan54	uã52
怨	山合三去愿影	yɛn213	yɛn213	yɛn213	yẽ24
哕	山合三入月影				yẽ31
袁	山合三平元云	yɛn31	yɛn31	yɛn31	yẽ31
辕	山合三平元云	yɛn31	yɛn31	yɛn31	yẽ31
园	山合三平元云	yɛn31	yɛn31	yɛn31	yẽ31
援（援救）	山合三平元云	yɛn31	yɛn31	yɛn31	yẽ31

续表

字目 中古音 方言点		加尤	坡荷	袍里	逻沙
猿	山合三平元云			yɛn31	yẽ31
远	山合三上阮云	yɛn54	yɛn52	yɛn54	yẽ52
越	山合三入月云	yɛ31	yɛ31	yɛ31	ye31
曰	山合三入月云	yɛ31	yɛ31	yɛ45	ye35
粤	山合三入月云	yɛ31	yɛ31	ə31	ye31
鹃	山合四平先见			tʃyɛn45	tʃyẽ35
决	山合四入屑见	tʃyɛ31	tʃɛ31	tʃyɛ31	tʃye31
诀	山合四入屑见	tʃyɛ31	tʃɛ31	tʃyɛ31	tʃye31
犬	山合四上铣溪	tʃhyɛ54	tʃhɛn52	tʃhyɛn54	tʃhyẽ52
缺	山合四入屑溪	tʃhyɛ45	tʃhɛ31	tʃhyɛ31	tʃhye35
血	山合四入屑晓	ʃyɛ31	ʃɛ31	ʃyɛ31	ʃye31
玄	山合四平先匣	ʃyɛn31	ʃyɛn31	ʃyɛn31	ʃyẽ31
悬	山合四平先匣	ʃyɛn31	ʃyɛn31	ʃyɛn31	ʃyẽ31
县	山合四去霰匣	ʃɛn213	ʃɛn213	ʃiɛn213	ʃyẽ24
眩	山合四去霰匣	ʃyɛn31	ʃɛn213	ʃyɛn31	ʃyẽ24
穴	山合四入屑匣	ʃyɛ31	ʃɛ31	ʃiɛn31	ʃye31
渊	山合四平先影	yɛn45	yɛn35	iɛn45	yẽ35
吞	臻开一平痕透	thən45	thən35	thən45	thən35
跟	臻开一平痕见	kən45	kən35	kən45	kən35
根	臻开一平痕见	kən45	kən35	kən45	kən35
恳	臻开一上很溪	khən54	khən52	khən54	khən52
垦	臻开一上很溪	khən54	khən52	khən54	khən52
啃	臻开一上很溪			khən54	khən52
痕	臻开一平痕匣	xən31	xən31	xən31	xən31
很	臻开一上很匣	xən54	xən52	xən54	xən52
恨	臻开一去恨匣	xən213	xən213	xən213	xən24
恩	臻开一平痕影	ŋən45	ŋən35	ŋən45	ŋən35
宾	臻开三平真帮	pin45	pin35	pin45	pin35
槟	臻开三平真帮	pin45	pin35	pin45	pin35

字目 \ 方言点 中古音	加尤	坡荷	袍里	逻沙
殡 臻开三去震帮	pin45	pin35	pin45	pin24
鬓 臻开三去震帮	pin45		pin45	pin24
笔 臻开三入质帮	pi31	pi31	pi31	pi31
毕 臻开三入质帮	pi31	pi31	pi31	pi31
必 臻开三入质帮	pi31	pi31	pi31	pi31
滗 臻开三入质帮			pi31	pi31
匹（一匹布）臻开三入质滂	phi31	phi31	phi31	phi31
贫 臻开三平真并	phin31	phin31	phin31	phin31
频（频繁）臻开三平真并	phin31	phin31	phin31	phin31
闽（闽越）臻开三平真明		min52	min54	min52
民 臻开三平真明	min31	min31	min31	min31
悯 臻开三上轸明	min54	min52	min31	min52
敏 臻开三上轸明	min54	min52	min54	min52
抿 臻开三上轸明	min54	min52	min31	min52
密 臻开三入质明	mi31	mi31	mi31	mi31
蜜 臻开三入质明	mi31	mi31	mi31	mi31
邻 臻开三平真来	lin31	lin31	lin31	lin31
鳞 臻开三平真来	lin31	lin31	lin31	lin31
燐 臻开三平真来			lin31	lin31
磷 臻开三平真来	lin31	lin31	lin31	lin31
吝 臻开三去震来	lin213	lin213	lin213	lin24
栗 臻开三入质来	li31	li31	li31	li31
津 臻开三平真精	tsin45	tsin35	tsin45	tʃin35
尽 臻开三上轸精	tsin213	tsin213	tsin213	tʃin24
进 臻开三去震精	tsin213	tsin213	tsin213	tʃin24
晋 臻开三去震精	tsin213	tsin213	tsin213	tʃin24
亲 臻开三平真清	tshin45	tshin35	tshin45	tʃhin35
亲（亲家）臻开三去震清	tshin45	tshin35	tshin213	tʃhin24
七 臻开三入质清	tshi31	tshi31	tshi31	tʃhi31

续表

字目 \ 方言点 中古音	中古音	加尤	坡荷	袍里	逻沙
漆	臻开三入质清	tshi31	tshi31	tshi31	tʃhi31
秦	臻开三平真从	tshin31	tshin31	tshin31	tʃhin31
疾	臻开三入质从	tsi31	tsi31	tsi31	tʃi31
辛	臻开三平真心	sin45	ɬin35	sin45	ʃin35
新	臻开三平真心	sin45	ɬin35	sin45	ʃin35
薪	臻开三平真心	sin45	ɬin35	sin45	ʃin35
信	臻开三去震心	sin213	ɬin213	sin213	ʃin24
讯	臻开三去震心	sin213	ɬin213	syn213	ʃin24
悉	臻开三入质心	si31	ɬi31	si31	ʃi31
膝	臻开三入质心	si31	ɬi31	si31	ʃi31
蟋	臻开三入质心			si31	ʃi31
珍	臻开三平真知	tʂ̌ən45	tsən35	tʃən45	tsən35
镇	臻开三去震知	tʂ̌ən213	tsən213	tʃən213	tsən24
趁	臻开三去震彻	tshən213	tʂ̌hən31	tʃhən31	tshən24
陈	臻开三平真澄	tʂ̌hən31	tʂ̌hən31	tʃhən31	tshən31
尘	臻开三平真澄	tʂ̌hən31	tʂ̌hən31	tʃhən31	tshən31
阵	臻开三去震澄	tʂ̌ən213	tʂ̌ən213	tʃən213	tsən24
侄	臻开三入质澄	tʂ̌ʐ̩31	tsʐ̩31	tʃʐ̩31	tsʐ̩31
秩	臻开三入质澄	tsʐ̩213	tsʐ̩213	tshʐ̩213	tsʐ̩24
衬	臻开三去震初	tshən213	tshən213	tshən213	tshən24
瑟	臻开三入栉生		ɬɛ31/sɛ31	sə31	se31
虱	臻开三入栉生	sɛ31	ɬɛ31/sɛ31	sə31	se31
真	臻开三平真章	tʂ̌ən45	tsən35	tʃən45	tsən35
诊	臻开三上轸章	tʂ̌ən54	tsən52	tʃən54	tsən52
疹	臻开三上轸章	tʂ̌ən54	tsən52	tʃən54	tsən52
振	臻开三去震章	tʂ̌ən213	tsən213	tʃən213	tsən24
震	臻开三去震章	tʂ̌ən213	tsən213	tʃən213	tsən24
神	臻开三平真船	ʂən31	sən31	ʃən31	sən31
实	臻开三入质船	ʂʐ̩31	ʂʐ̩31	ʃʐ̩31	sʐ̩31

续表

字目	中古音 方言点	加尤	坡荷	袍里	逻沙
身	臻开三平真书	ʂən45	ʂən35	ʃən45	sən35
申	臻开三平真书	ʂən45	ʂən35	ʃən45	sən35
伸	臻开三平真书	ʂən45	ʂən35	ʃən45	sən35
娠	臻开三平真书	ʂən213	ʂən35	tʃhən31	sən35
失	臻开三入质书	ʂʅ31	ʂʅ31	ʃʅ31	sʅ31
室	臻开三入质书	ʂʅ31	ʂʅ31	ʃʅ31	sʅ31
辰	臻开三平真禅	ʂən31	ʂən31	tʃhən31	sən31
晨	臻开三平真禅	ʂən31	ʂən31	tʃhən31	sən31
臣	臻开三平真禅	tʂhən31	ʂən31	tʃhən31	tshən31
肾	臻开三上轸禅	ʂən213	sən213	ʃən213	sən24
慎	臻开三去震禅	tʂhən213	sən213	tʃhən213	sən24
人	臻开三平真日	ʐən31	ʐən31	ʒən31	ʒən31
仁	臻开三平真日	ʐən31	ʐən31	ʒən31	ʒən31
忍	臻开三上轸日	ʐən54	ʐuən52	ʒən54	ʒən52
刃	臻开三去震日	ʐən213	ʐən213	ʒən54	ʒən52
认	臻开三去震日	ʐən213	ʐən213	ʒən213	ʒən24
韧	臻开三去震日	ʐən213	ʐən213	ʒən213	ʒən24
日	臻开三入质日	ʐʅ31	ʐʅ31	ʒʅ31	ʒʅ31
巾	臻开三平真见	tʃin45	tʃin35	tʃin45	tʃin35
紧	臻开三上轸见	tʃin54	tʃin52	tʃin54	tʃin52
吉	臻开三入质见	tʃi31		tʃi31	
仅	臻开三去震群	tʃin54	tʃin52	tʃin54	tʃin52
银	臻开三平真疑	in31	in31	in31	in31
衅	臻开三去震晓	ʃyn213	ʃin213	ʃin213	ʃin24
因	臻开三平真影	in45	in35	in45	in35
姻	臻开三平真影	in45	in35	in45	in35
印	臻开三去震影	in213	in213	in213	in24
乙	臻开三入质影	i31	iɛ31	iɛ31	i31
一	臻开三入质影	i31	i31	i31	i31

续表

字目 / 中古音 / 方言点		加尤	坡荷	袍里	逻沙
寅	臻开三平真以	in31	in31	in31	in31
引	臻开三上轸以	in54	in52	in54	in52
蚓	臻开三上轸以			in54	in52
逸	臻开三入质以	i213	i31	i31	i31
斤	臻开三平殷见	tʃin45	tʃin35	tʃin45	tʃin35
筋	臻开三平殷见	tʃin45	tʃin35	tʃin45	tʃin35
谨	臻开三上隐见	tʃin54	tʃin52	tʃin54	tʃin52
劲（有劲）	臻开三去焮见	tʃin213	tʃin213	tʃin213	tʃin24
讫	臻开三入迄见		tʃhi31	tʃhi31	tʃh̩24
乞	臻开三入迄溪	tʃhɛn31	tʃhi31	tʃhi31	tʃhɿ31
勤	臻开三平殷群	tʃhin31	tʃhin31	tʃhin31	tʃhin31
芹	臻开三平殷群	tʃhin31	tʃhin31	tʃhin31	tʃhin31
近	臻开三上隐群	tʃin213	tʃin213	tʃin213	tʃin24
欣	臻开三平殷晓	ʃin45	tʃhin35	ʃin45	ʃin35
殷	臻开三平殷影	in45	in35	in45	in35
隐	臻开三上隐影	in54	in52	in54	in52
奔	臻合一平魂帮	pən45	pən35	pən45	pən35
锛	臻合一平魂帮	pən45		pən45	pən35
本	臻合一上混帮	pən54	pən52	pən54	pən52
喷（喷香）	臻合一去慁滂	phən45	phən213	phən213	phən35
盆	臻合一平魂并	phən31	phən31	phən31	phən31
笨	臻合一上混并	pən213	pən213	pən213	pən24
勃	臻合一入没并	po31	po31	po31	po31
饽	臻合一入没并	po31			po31
门	臻合一平魂明	mən31	mən31	mən31	mən31
闷	臻合一去慁明	mən213	mən213	mən213	mən24
没（沉没）	臻合一入没明	mɛ31	mo31	mɛ31	me31
没（没有）	臻合一入没明	mɛ31		mɛ31	mei52
敦（敦厚）	臻合一平魂端	tən45	thən35	tuən45	tən35

续表

字目	中古音	加尤	坡荷	袍里	逻沙
墩	臻合一平魂端	tən45	thən35	tuən45	tən35
顿	臻合一去慁端	tən213	tən213	tən213	tən24
扽	臻合一去慁端			tən213	tən24
屯	臻合一平魂定	tən213	tən213	thuən31	tən24
豚	臻合一平魂定		thən31	thuən31	thən31
饨（馄饨）	臻合一平魂定	tən213		thuən45	thən35
臀	臻合一平魂定	thən31	thən31	thuən31	thən31
囤	臻合一上混定	tən213	thən31	thuən31	tən24
沌	臻合一上混定	tən213	tən213	thuən31	tən24
钝	臻合一去慁定	tən213	tən213	tən213	tən24
遁	臻合一去慁定	tən213	tən213	tuən213	tən24
突	臻合一入没定	thəu31	thu31	thu31	thu31
嫩	臻合一去慁泥	lən213	lən213	lən213	lən24
论	臻合一平魂来	lən213	lən213	lən213	lən24
仑	臻合一平魂来	lən31	lən31	lən31	lən31
论（议论）	臻合一去慁来	lən213	lən213	lən213	lən24
尊	臻合一平魂精	tsən45	tsən35	tsən45	tsən35
卒（兵卒）	臻合一入没精	tsəu31	tsu31	tsu31	tsu31
村	臻合一平魂清	tshən45	tshən31	tshən45	tshən35
忖	臻合一上混清	tshən213		tshən213	tshən52
寸	臻合一去慁清	tshən213	tshən213	tshən213	tshən24
猝（仓猝）	臻合一入没清	tshu31		tsu31	tshu31
存	臻合一平魂从	tshən31	tshən31	tshən31	tshən31
蹲	臻合一平魂从	tən45	tən35	tuən45	tən35
孙	臻合一平魂心	sən45	ɬən35/sən35	sən45	sən35
损	臻合一上混心	sən54	ɬən52/sən52	sən54	sən52
逊	臻合一去慁心	sən45		syn213	suən24
昆	臻合一平魂见	khuən45	khuən35	khuən45	khuən35
崑	臻合一平魂见		khuən35		khuən35

字目 方言点 中古音		加尤	坡荷	袍里	逻沙
滚	臻合一上混见	kuən54	kuən52	kuən54	kuən52
骨（骨头）	臻合一入没见	ku31	ku31	ku31	ku31
坤	臻合一平魂溪	khuən45	khuən35	khuən45	khuən35
捆	臻合一上混溪	khuən54	khuən52	khuən54	khuən52
困（困难）	臻合一去恩溪	khuən213	khuən213	khuən213	khuən24
窟（窟窿）	臻合一入没溪	khu45	khu35	khu45	khu31
昏（昏暗）	臻合一平魂晓		xuən35	xuən45	xuən35
昏（昏迷）	臻合一平魂晓	xuən45		xuən45	xuən35
婚	臻合一平魂晓	xuən45	xuən35	xuən45	xuən35
忽	臻合一入没晓	fu31	xu31	xu31	xu35
魂	臻合一平魂匣	xuən31	xuən31	xuən31	xuən31
馄（馄饨）	臻合一平魂匣	xuən31		xuən31	xuən31
浑（浑浊）	臻合一平魂匣	xuən31	xuən31	xuən45	xuən31
浑（浑身）	臻合一平魂匣			xuən31	xuən31
混（相混）	臻合一上混匣	xuən213	xuən213	xuən213	xuən24
温	臻合一平魂影	uən45	uən35	uən45	uən35
瘟	臻合一平魂影	uən45	uən35	uən45	uən35
稳	臻合一上混影	uən54	uən52	uən54	uən52
伦	臻合三平谆来	lən31	lən31	lən31	lən31
轮	臻合三平谆来	lən31	lən31	lən31	lən31
律	臻合三入术来	li31	li31	li31	li31
率（速率）	臻合三入术来	li31	li31	li31	li31
遵	臻合三平谆精	tsən45	tsən35	tsuən45	tsən35
俊	臻合三去稕精	tsin213	tsin213	tsyn213	tʃyn24
骏	臻合三去稕精			tsyn213	tʃyn24
卒（生卒）	臻合三入术精	tsəu31		tsu31	tsu31
荀	臻合三平谆心		ɬən31	syn31	ʃyn31
笋	臻合三上准心	sən54	ʂən52	sən54	sən52
榫	臻合三上准心	sən54	ʂən52	sən54	sən52

字目 \ 中古音 \ 方言点	中古音	加尤	坡荷	袍里	逻沙
迅	臻合三去稕心	sin213	ɬin213	syn213	ʃyn24
恤	臻合三入术心	syi31		tʃyɛ31	ʃyi52
旬	臻合三平谆邪	syn31	ɬən31	syn31	ʃyn31
循	臻合三平谆邪	syn31	ɬən31		ʃyn31
巡	臻合三平谆邪	syn31	ɬən31	syn31	ʃyn31
驯	臻合三平谆邪			syn213	ʃyn24
殉	臻合三去稕邪	syn31	ɬən31	syn31	ʃyn24
椿（椿树）	臻合三平谆彻	tʂhuən45	tʂhuən35	tʃhuən45	tʃhuən35
率（率领）	止合三去至生	ʂuai213	suai213	ʃuai213	ʃuai24
蟀	臻合三入术生	ʂuai213	suai213	ʃuai213	ʃuai24
准	臻合三上稕章	tʂuən54	tʂuən35	tʃuən54	tsuən52
春	臻合三平谆昌	tʂhuən45	tʂhuən35	tʃhuən45	tʃhuən35
蠢	臻合三上稕昌	tʂhuən54	tʂhuən52	tʃhuən54	tʃhuən52
出	臻合三入术昌	tʂhu31	tʂhu31	tʃhu31	tʃhu31
唇	臻合三平谆船	ʃən31	ʂən31	tʃhən31	tʃhən31
盾	臻合三上稕船	tən213	tən213	tən213	tən24
顺	臻合三去稕船	ʂuən213	ʂuən213	ʃuən213	suən24
术	臻合三入术船	ʂu31	ʂu31	ʃu31	su31
述	臻合三入术船	ʂu31	ʂu31	syi213	su31
舜	臻合三去稕书		ʂuən213		suən24
纯	臻合三平谆禅	ʂuən31	tʂhən31	ʃuən31	suən31
醇	臻合三平谆禅			tʃhuən31	
鹑	臻合三平谆禅				suən31
润	臻合三去稕日	ʐuən213	ʐuən213	ʒuən213	ʒuən24
闰	臻合三去稕日	ʐuən213	ʐuən213	ʒuən213	ʒuən24
均	臻合三平谆见	tʃyn45	tʃin35	tʃyn45	tʃyn35
钧	臻合三平谆见	tʃyn45	tʃin35	tʃyn45	tʃyn35
橘	臻合三入术见	tʃyi31	tʃyi31	tʃyi31	tʃyi31
窘	臻合三上稕群		tʃyŋ52	tʃyi45	tʃiõ52

续表

字目 中古音 方言点		加尤	坡荷	袍里	逻沙
菌	臻合三上准群	tʃyn213	tsin213	tʃyn213	tʃyn24
匀	臻合三平谆以	yn31	yn31	yn31	yn31
允	臻合三上准以	yn54	in52	yn54	vin52
尹	臻合三上准以	in54		yn54	in52
不	臻合三入物帮	pu31		pu31	pu31
分（分开）	臻合三平文非	fən45	fən35	fən45	fən35
吩	臻合三平文非			fən45	fən35
粉	臻合三上吻非	fən54	fən52	fən54	fən52
粪	臻合三去问非	fən213	fən213	fən213	fən24
奋	臻合三去问非	fən213	fən213	fən213	fən24
喷（喷水）	臻合三去问非	phən45		phən213	phən24
芬	臻合三平文敷	fən45	fən35	phən213	fən35
纷	臻合三平文敷	fən45	fən35	fən45	fən35
焚	臻合三平文奉	xuən31		fən31	fən31
坟	臻合三平文奉	fən31	fən31	fən31	fən31
愤	臻合三上吻奉	fən213	fən213	fən213	fən24
忿	臻合三上吻奉	fən213	fən213		fən24
份	臻合三去问奉	fən213	fən213	fən213	fən24
分（本分）	臻合三去问奉			fən213	fən24
佛	臻合三入物奉	fəu31	fəu31	fəu31	fu31
文	臻合三平文微	uən31	uən31	uən31	uən31
纹	臻合三平文微	uən31	uən31	uən31	uən31
蚊	臻合三平文微	uən31	uən31	uən31	uən31
闻	臻合三平文微	uən31	uən31	uən31	uən31
吻	臻合三上吻微	uən31	uən52	uən54	uən52
刎	臻合三上吻微		uən52	uən54	uən52
问	臻合三去问微	uən213	uən213	uən213	uən24
物	臻合三入物微	u31	xu31	u31	vu31
勿	臻合三入物微	u213	xu31	u31	vu24

字目 中古音 方言点		加尤	坡荷	袍里	逻沙
君	臻合三平文见	tʃyn45	tsin35	tʃyn45	tʃyn35
军	臻合三平文见	tʃyn45	tʃyn35	tʃyn45	tʃyn35
屈	臻合三入物溪	tʃhyi31	tʃhyi35	tʃhyi31	tʃhyi35
群	臻合三平文群	tʃhyn31	tʃhyn31	tʃhyn31	tʃhyn31
裙	臻合三平文群	tʃhyn31	tʃhyn31	tʃhyn31	tʃhyn31
郡	臻合三去问群	tʃyn31		tʃyn45	tʃyn24
掘	臻合三入物群	tʃhyɛn31	tʃɛ31	tʃyɛ31	tʃye31
倔	臻合三入物群	tʃhyi31		tʃhy31	tʃye31
熏	臻合三平文晓	ʃyn45	ʃyn35	ʃyn45	ʃyn35
勋	臻合三平文晓	ʃyn45	ʃyn35	ʃyn45	ʃyn35
薰	臻合三平文晓		ʃyn35		ʃyn35
荤	臻合三平文晓	xuən45	xuən35	xuən45	xuən35
训	臻合三去问晓	ʃyn213	ʃuən213	ʃyn213	suən24
熨	臻合三去问影			yn213	ʒuən24
酝	臻合三去问影			yn213	ʒuən24
云	臻合三平文云	yn31	yn31	yn31	yn31
耘	臻合三平文云		yn31	yn31	yn31
韵	臻合三去问云	yn213	yn213	yn213	yn24
运	臻合三去问云	yn213	yn213	yn213	yn24
晕	臻合三去问云	yn45	yn35	yn45	yn35
帮	宕开一平唐帮	paŋ45	paŋ35	paŋ45	paŋ35
榜	宕开一上荡帮	paŋ54	paŋ52	paŋ54	paŋ52
谤	宕开一去宕帮	paŋ213	paŋ52	paŋ45	paŋ24
博	宕开一入铎帮	po31	po31	po31	po31
滂	宕开一平唐滂	phaŋ31	phaŋ35	phaŋ31	phaŋ31
泊（湖泊）	宕开一入铎滂	pɛ31	po31	po31	po31
旁	宕开一平唐并	phaŋ31	phaŋ31	phaŋ31	phaŋ31
螃	宕开一平唐并	phaŋ31	phaŋ31	phaŋ31	phaŋ31
膀	宕开一平唐并			phaŋ31	phaŋ52

续表

字目 中古音 方言点		加尤	坡荷	袍里	逻沙
傍	宕开一去宕并	paŋ213	paŋ213	phaŋ31	paŋ24
薄（厚薄）	宕开一入铎并	po31	po31	po31	po31
泊（停泊）	宕开一入铎并	pɛ31	po31	po31	po31
忙	宕开一平唐明	maŋ31	maŋ31	maŋ31	maŋ31
芒	宕开一平唐明	maŋ45	maŋ31	maŋ31	maŋ31
茫	宕开一平唐明	maŋ31	maŋ31	maŋ31	maŋ31
莽	宕开一上荡明	maŋ54	maŋ52	maŋ54	maŋ52
蟒	宕开一上荡明	maŋ54	maŋ52	maŋ54	maŋ52
莫	宕开一入铎明	mo31	mo31	mo31	mo31
膜	宕开一入铎明	mo31	mo31	mo31	mo31
幕	宕开一入铎明	mu213	mu213	mu213	mu24
寞	宕开一入铎明	mo31	mo31	mo31	mo31
摸	宕开一入铎明	mo45	mo35	mo45	mo35
漠	宕开一入铎明			mo31	mo31
当（应当）	宕开一平唐端		taŋ35	taŋ45	taŋ35
裆	宕开一平唐端			taŋ45	taŋ35
党	宕开一上荡端	taŋ54	thaŋ52	taŋ54	taŋ52
档	宕开一去宕端			taŋ213	taŋ52
汤	宕开一平唐透	thaŋ45	thaŋ35	thaŋ45	thaŋ35
倘	宕开一上荡透	thaŋ54	thaŋ52	tʃhaŋ54	thaŋ52
躺	宕开一上荡透	thaŋ54	thaŋ52	thaŋ54	thaŋ52
烫	宕开一去宕透	thaŋ213	thaŋ213	thaŋ213	thaŋ24
趟	宕开一去宕透	thaŋ54	thaŋ213	thaŋ54	thaŋ24
托	宕开一入铎透	tho31		tho31	tho31
托（枪托）	宕开一入铎透	tho31	tho31	tho31	tho31
堂	宕开一平唐定	thaŋ31	thaŋ31	thaŋ31	thaŋ31
棠	宕开一平唐定	thaŋ31	thaŋ31	thaŋ31	thaŋ31
螳（螳螂）	宕开一平唐定	thaŋ31	thaŋ31	thaŋ31	thaŋ31
唐	宕开一平唐定	thaŋ31	thaŋ31	thaŋ31	thaŋ31

续表

字目 中古音 方言点		加尤	坡荷	袍里	逻沙
糖	宕开一平唐定	thaŋ31	thaŋ31	thaŋ31	thaŋ31
塘	宕开一平唐定	thaŋ31	thaŋ31	thaŋ31	thaŋ31
荡	宕开一上荡定	taŋ213	taŋ213	taŋ213	taŋ24
宕	宕开一去宕定			taŋ31	taŋ24
铎	宕开一入铎定			tho31	to31
踱	宕开一入铎定		to31	to213	tu24
囊	宕开一平唐泥	laŋ31	laŋ31	laŋ31	laŋ31
诺	宕开一入铎泥	z̩o31	lo31	ȵio31	ȵio31
郎	宕开一平唐来	laŋ31	laŋ31	laŋ31	laŋ31
廊	宕开一平唐来	laŋ31	laŋ31	laŋ31	laŋ31
狼	宕开一平唐来	laŋ31	laŋ31	laŋ31	laŋ31
螂	宕开一平唐来		laŋ31	laŋ31	laŋ31
榔	宕开一平唐来		laŋ52	laŋ31	laŋ31
朗	宕开一上荡来	laŋ54	laŋ52	laŋ54	laŋ52
浪	宕开一去宕来	laŋ213	laŋ213	laŋ213	laŋ24
落	宕开一入铎来	lo31	lo31	lo31	lo31
烙	宕开一入铎来	lo31	lo31	lo31	lo31
骆	宕开一入铎来	lo31	lo31	lo31	lo31
酪	宕开一入铎来			lo31	lo31
洛	宕开一入铎来	lo31	lo31	lo31	lo31
络	宕开一入铎来	lo31	lo31	lo31	lo31
乐（快乐）	宕开一入铎来	lo31	lo31	lo31	lo31
赃	宕开一平唐精	tsaŋ45	tsaŋ35	tsaŋ45	tsaŋ35
葬	宕开一去宕精	tsaŋ213	tsaŋ213	tsaŋ213	tsaŋ24
作	宕开一入铎精	tso31	tso31	tso31	tso31
仓	宕开一平唐清	tshaŋ45	tshaŋ35	tshaŋ45	tshaŋ35
苍	宕开一平唐清	tshaŋ45	tshaŋ35	tshaŋ45	tshaŋ35
舱	宕开一平唐清			tshaŋ45	tshaŋ35
藏（隐藏）	宕开一平唐从	tshaŋ31	tshaŋ31		tshaŋ31

续表

字目 中古音 方言点		加尤	坡荷	袍里	逻沙
藏（宝藏）	宕开一去宕从		tsaŋ213		tsaŋ24
脏	宕开一去宕从	tsaŋ213	tsaŋ213	tsaŋ213	tsaŋ24
凿	宕开一入铎从	tsho31	tso31	tsho213	tsho24
昨	宕开一入铎从	tso31	tso31	tso31	tso31
柞	宕开一入铎从	tso213	tso31	tso31	tso24
桑	宕开一平唐心	saŋ45	łaŋ35	saŋ45	saŋ35
丧（婚丧）	宕开一平唐心	saŋ45	łaŋ35	saŋ213	saŋ35
嗓	宕开一上荡心	saŋ54	łaŋ52	saŋ54	saŋ52
丧（丧失）	宕开一去宕心	saŋ213	tsəŋ213	saŋ213	saŋ24
索（绳索）	宕开一入铎心	so31	ło31	so31	so52
冈	宕开一平唐见	kaŋ45	kaŋ35	kaŋ45	kaŋ35
岗	宕开一平唐见	kaŋ45	kaŋ35	kaŋ54	kaŋ52
刚	宕开一平唐见	kaŋ45	kaŋ35	kaŋ45	kaŋ35
纲	宕开一平唐见	kaŋ45	kaŋ35	kaŋ45	kaŋ35
钢	宕开一平唐见	kaŋ45	kaŋ35	kaŋ45	kaŋ35
缸	宕开一平唐见	kaŋ45	kaŋ35	kaŋ45	kaŋ35
各	宕开一入铎见	ko31	ko31	ko31	ko31
阁	宕开一入铎见	ko31	ko31	kə31	ko31
搁	宕开一入铎见	ko31	ko31	ko31	kho24
胳（胳臂）	宕开一入铎见	ko31	ko31	kə31	ko31
康	宕开一平唐溪	khaŋ45	khaŋ35	khaŋ45	khaŋ35
糠	宕开一平唐溪	khaŋ45	khaŋ35	khaŋ45	khaŋ35
慷（慷慨）	宕开一上荡溪	khaŋ45	khaŋ35	khaŋ45	khaŋ52
抗	宕开一去宕溪	khaŋ213	khaŋ213	khaŋ213	khaŋ24
炕	宕开一去宕溪	khaŋ213	khaŋ213	khaŋ213	khaŋ24
昂	宕开一平唐疑	ŋaŋ31	ŋaŋ31	ŋaŋ31	ŋaŋ31
腭	宕开一入铎疑				ŋo31
鄂	宕开一入铎疑			ŋə31	ŋo31
郝	宕开一入铎晓	xo213	xau52	ŋə31	xau52

续表

字目 中古音 方言点		加尤	坡荷	袍里	逻沙
行（行列）	宕开一平唐匣	xaŋ31	xaŋ31	xaŋ31	xaŋ31
航	宕开一平唐匣	xaŋ31	xaŋ31	xaŋ31	xaŋ31
杭	宕开一平唐匣	xaŋ31	xaŋ31	xaŋ31	xaŋ31
鹤	宕开一入铎匣	xo31	xo31	xo213	xo31
恶（恶心）	宕开一入铎影		o31	u213	o31
恶（可恶）	宕开一入铎影	ŋo31		u213	ŋo31
娘	宕开三平阳泥	ȵiaŋ31	ȵiaŋ31	ȵiaŋ31	ȵiaŋ31
酿	宕开三去漾泥	liaŋ213	ȵiaŋ213	ȵiaŋ213	ȵiaŋ24
良	宕开三平阳来	liaŋ31	liaŋ31	liaŋ31	liaŋ31
凉	宕开三平阳来	liaŋ31	liaŋ31	liaŋ31	liaŋ31
量（量长短）	宕开三平阳来	liaŋ31	liaŋ31	liaŋ31	liaŋ24
粮	宕开三平阳来	liaŋ31	liaŋ31	liaŋ31	liaŋ31
梁	宕开三平阳来	liaŋ31	liaŋ31	liaŋ31	liaŋ31
粱	宕开三平阳来	liaŋ31	liaŋ31	liaŋ31	liaŋ31
两（两个）	宕开三上养来	liaŋ54	liaŋ52	liaŋ54	liaŋ52
两（几两几钱）	宕开三上养来	liaŋ54	liaŋ52	liaŋ54	liaŋ52
俩	宕开三上养来			liaŋ54	liaŋ52
亮	宕开三去漾来	liaŋ213	liaŋ213	liaŋ213	liaŋ24
谅	宕开三去漾来	liaŋ213	liaŋ213	liaŋ213	liaŋ24
辆	宕开三去漾来	liaŋ54	liaŋ52	liaŋ54	liaŋ52
量（数量）	宕开三去漾来	liaŋ213	liaŋ213	liaŋ213	liaŋ24
略	宕开三入药来	lo31	lo31	lio31	lo31
掠	宕开三入药来	lo31	lo31	lio31	lo31
将（将来）	宕开三平阳精	tsiaŋ45	tsiaŋ35	tsiaŋ45	tʃiaŋ35
浆	宕开三平阳精	tsiaŋ45	tsiaŋ213	tsiaŋ45	tʃiaŋ35
蒋	宕开三上养精	tsiaŋ54	tsiaŋ52	tsiaŋ54	tʃiaŋ52
奖	宕开三上养精	tsiaŋ54	tsiaŋ52	tsiaŋ54	tʃiaŋ52
桨	宕开三上养精	tsiaŋ54	tsiaŋ52	tsiaŋ45	tʃiaŋ52
酱	宕开三去漾精	tsiaŋ213	tsiaŋ52	tsiaŋ213	tʃiaŋ24

续表

字目\方言点\中古音		加尤	坡荷	袍里	逻沙
将（大将）	宕开三去漾精	tsiaŋ213	tsiaŋ213	tsiaŋ213	tʃiaŋ24
爵	宕开三入药精	tsio31	tsɛ31	tsio31	tʃio31
雀（麻雀）	宕开三入药精	tshio31	tʃhio31	tshio31	tʃhio31
枪	宕开三平阳清	tshiaŋ45	tʃhiaŋ35	tshiaŋ45	tʃiaŋ35
抢	宕开三上养清	tshiaŋ54	tʃhiaŋ52	tshiaŋ54	tʃiaŋ52
鹊（喜鹊）	宕开三入药清	tshio31	tʃhio31	tshyɛ31	tʃhio31
墙	宕开三平阳从	tshiaŋ31	tshiaŋ31	tshiaŋ31	tʃhiaŋ31
匠	宕开三去漾从	tsiaŋ213	tsiaŋ213	tsiaŋ213	tʃiaŋ24
嚼	宕开三入药从	tsiau213	tsiau213	tsiau213	tʃiau24
相（互相）	宕开三平阳心	siaŋ45	ɬiaŋ35	siaŋ45	ʃiaŋ35
箱	宕开三平阳心	siaŋ45	ɬiaŋ35	siaŋ45	ʃiaŋ35
厢	宕开三平阳心	siaŋ45	ɬiaŋ35	siaŋ45	ʃiaŋ35
湘	宕开三平阳心	siaŋ45	ɬiaŋ35	siaŋ45	ʃiaŋ35
镶	宕开三平阳心	siaŋ45	ɬiaŋ35	siaŋ45	ʃiaŋ35
想	宕开三上养心	siaŋ54	ɬiaŋ52	siaŋ54	ʃiaŋ52
相（相貌）	宕开三去漾心	siaŋ213	ɬiaŋ213	siaŋ213	ʃiaŋ24
削	宕开三入药心	sio31	ɬio31	sio31	ʃio31
详	宕开三平阳邪	tshiaŋ31	tshiaŋ31	tshiaŋ31	tʃhiaŋ31
祥	宕开三平阳邪	tshiaŋ31	tshiaŋ31	tshiaŋ31	tʃhiaŋ31
翔	宕开三平阳邪			tshiaŋ31	tʃhiaŋ31
象	宕开三上养邪	siaŋ213	ɬiaŋ213	siaŋ213	ʃiaŋ24
像	宕开三上养邪	siaŋ213	ɬiaŋ213	siaŋ213	tʃhiaŋ24
橡	宕开三上养邪	siaŋ213	ɬiaŋ213	siaŋ213	ʃiaŋ24
张	宕开三平阳知	tʂaŋ45	tsaŋ35	tʃaŋ45	tsaŋ35
长（生长）	宕开三上养知	tʂaŋ54	tsaŋ52	tʃaŋ54	tsaŋ52
涨	宕开三上养知	tʂaŋ45	tsaŋ213	tʃaŋ54	tsaŋ52
帐	宕开三去漾知	tʂaŋ213	tsaŋ213	tʃaŋ213	tsaŋ24
账	宕开三去漾知	tʂaŋ213	tsaŋ213	tʃaŋ213	tsaŋ24
胀	宕开三去漾知	tʂaŋ213	tsaŋ213	tsaŋ213	tsaŋ24

续表

字目	中古音	加尤	坡荷	袍里	逻沙
着（着凉）	宕开三入药知		tso31	tʃo31	tsau35
畅	宕开三去漾彻	tʂhuaŋ213	tʂhaŋ213	tʃhaŋ213	tshuaŋ24
长（长短）	宕开三平阳澄	tʂhaŋ31	tʂhaŋ31	tʃhaŋ31	tshaŋ31
肠	宕开三平阳澄	tʂhaŋ31	tʂhaŋ31	tʃhaŋ31	tshaŋ31
场	宕开三平阳澄	tʂhaŋ31	tʂhaŋ31	tʃhaŋ31	tshaŋ31
丈	宕开三上养澄	tʂaŋ213	tsaŋ213	tʃaŋ213	tsaŋ24
仗	宕开三上养澄	tʂaŋ213	tsaŋ213	tʃaŋ213	tsaŋ24
杖	宕开三上养澄	tʂaŋ213	tsaŋ213	tʃaŋ213	tsaŋ24
庄	宕开三平阳庄	tʂuaŋ45	tʂuaŋ35	tʃuaŋ45	tsuaŋ35
装	宕开三平阳庄	tʂuaŋ45	tʂuaŋ35	tʃuaŋ45	tsuaŋ35
妆	宕开三平阳庄			tʃuaŋ45	tsuaŋ35
壮	宕开三去漾庄	tʂuaŋ213	tʂuaŋ213	tʃuaŋ213	tsuaŋ24
疮	宕开三平阳初	tʂhuaŋ45	tshaŋ35	tshaŋ45	tshuaŋ35
闯	宕开三上养初	tʂhuaŋ54	tʂhuaŋ52	tʃhuaŋ213	tshuaŋ52
创（创伤）	宕开三去漾初		tʂhaŋ213	tʃhuaŋ213	tshuaŋ31
创（创造）	宕开三去漾初		tʂhaŋ213	tʃhuaŋ45	tshuaŋ24
床	宕开三平阳崇	tʂhuaŋ31	tʂhuaŋ31	tʃhuaŋ31	tshuaŋ31
状	宕开三去漾崇	tʂuaŋ213	tʂuaŋ213	tʃuaŋ213	tsuaŋ24
霜	宕开三平阳生	ʂuaŋ45	ʂuaŋ35	ʂuaŋ45	suaŋ35
孀	宕开三平阳生	ʂuaŋ45	ʂuaŋ35	ʃuaŋ45	suaŋ35
爽	宕开三上养生	ʂuaŋ54	ʂuaŋ52	ʃuaŋ54	suaŋ52
章	宕开三平阳章	tʂaŋ45	tʂaŋ35	tʃaŋ45	tsaŋ35
樟	宕开三平阳章	tʂaŋ45	tʂaŋ35	tʃaŋ45	tsaŋ35
掌	宕开三上养章	tʂaŋ54	tʂaŋ52	tʃaŋ54	tsaŋ52
障	宕开三去漾章	tʂaŋ213	tʂaŋ213	tʃaŋ213	tsaŋ24
瘴	宕开三去漾章	tʂaŋ45	tʂaŋ213	tʃaŋ213	tsaŋ24
酌	宕开三入药章	tʂo31	tso31	tʃo31	tso31
灼（灼热）	宕开三入药章			tʃo31	tso31
昌	宕开三平阳昌	tʂhaŋ45	tʂhaŋ35	tʃhaŋ45	tshaŋ35

续表

字目 \ 方言点 中古音	中古音	加尤	坡荷	袍里	逻沙
厂	宕开三上养昌	tʂhaŋ54	tʂhaŋ52	tʃhaŋ54	tshaŋ52
敞	宕开三上养昌			tʃhaŋ54	tshaŋ52
唱	宕开三去漾昌	tʂhaŋ213	tʂhaŋ213	tʃhaŋ213	tshaŋ24
倡	宕开三去漾昌	tʂhaŋ45	tʂhaŋ213	tʃhaŋ45	tshaŋ24
绰（绰号）	宕开三入药昌		tʂo31	tʃo31	tsho31
绰（宽绰）	宕开三入药昌	tʂo31		tʃo31	tsho31
商	宕开三平阳书	ʂaŋ45	saŋ35	ʃaŋ45	saŋ35
伤	宕开三平阳书	ʂaŋ45	saŋ35	ʃaŋ45	saŋ35
赏	宕开三上养书	ʂaŋ54	saŋ52	ʃaŋ54	saŋ52
晌	宕开三上养书	ʃiaŋ54	saŋ52	ʃaŋ54	ʃiaŋ52
饷	宕开三上养书	ʃiaŋ54	siaŋ52	ʃiaŋ54	saŋ31
常	宕开三平阳禅	ʂaŋ31	tshaŋ31	tʃhaŋ31	saŋ31
尝	宕开三平阳禅	ʂaŋ31	tshaŋ31	tʃhaŋ31	saŋ31
裳	宕开三平阳禅	ʂaŋ31	tshaŋ31	tʃhaŋ31	saŋ31
偿	宕开三平阳禅	ʂaŋ31	tshaŋ31	ʃaŋ31	saŋ31
上（上山）	宕开三上养禅	ʂaŋ213	saŋ213	saŋ213	saŋ24
尚	宕开三去漾禅	ʂaŋ213	saŋ213	ʃaŋ213	saŋ24
上（上面）	宕开三去漾禅	ʂaŋ213	saŋ213	ʃaŋ213	saŋ24
勺	宕开三入药禅	ʂo31	ɬau31	ʃau31	sau31
芍	宕开三入药禅	tʂho31		ʃau31	sau31
瓤	宕开三平阳日	ʐaŋ31	zaŋ31	ʒaŋ31	ʒaŋ31
穰	宕开三平阳日				ʒaŋ31
壤	宕开三上养日	ʐaŋ213	zaŋ52	ʒaŋ213	ʒaŋ52
攘	宕开三上养日		zaŋ52	ʒaŋ213	ʒaŋ52
嚷	宕开三上养日	ʐaŋ213	zaŋ52	ʒaŋ213	ʒaŋ52
让	宕开三去漾日	ʐaŋ213	zaŋ213	ʒaŋ213	ʒaŋ24
若	宕开三入药日	ʐo31	jo31	ʒo31	io31
弱	宕开三入药日	ʐo31	jo31	ʒo31	io31
疆	宕开三平阳见	tʃiaŋ45	tʃhiaŋ35	tʃiaŋ45	tʃiaŋ35

续表

字目	中古音 方言点	加尤	坡荷	袍里	逻沙
僵	宕开三平阳见	tʃiaŋ45	tʃhiaŋ35	tʃiaŋ45	tʃiaŋ35
姜（生姜）	宕开三平阳见			tʃiaŋ45	tʃiaŋ35
礓	宕开三平阳见			tʃiaŋ45	tʃiaŋ35
缰（缰绳）	宕开三平阳见	tʃiaŋ45	tshiaŋ35	tʃiaŋ45	tʃiaŋ35
姜（姓氏）	宕开三平阳见	tʃiaŋ45	tʃiaŋ35	tʃiaŋ45	tʃiaŋ35
脚	宕开三入药见	tʃio31	tʃio31	tʃio31	tʃio31
羌	宕开三平阳溪	tʃiaŋ45		tʃiaŋ45	tʃhiaŋ35
却	宕开三入药溪	tʃhio31	tʃhio31	tʃhyɛ31	tʃhio31
强	宕开三平阳群	tʃhiaŋ31	tʃhiaŋ31	tʃhiaŋ31	tʃhiaŋ31
仰	宕开三上养疑	iaŋ54	iaŋ52	iaŋ54	n̠iaŋ52
虐	宕开三入药疑	ŋyɛ31	io31	n̠io31	n̠io31
疟（发疟子）	宕开三入药疑	ŋyɛ31		n̠io31	n̠io31
香	宕开三平阳晓	ʃiaŋ45	ʃiaŋ35	ʃiaŋ45	ʃiaŋ35
乡	宕开三平阳晓	ʃiaŋ45	ʃiaŋ35	ʃiaŋ45	ʃiaŋ35
享	宕开三上养晓	ʃiaŋ54	ʃiaŋ52	ʃiaŋ54	ʃiaŋ52
响	宕开三上养晓	ʃiaŋ54	ʃiaŋ52	ʃiaŋ54	ʃiaŋ52
向	宕开三去漾晓	ʃiaŋ213	ʃiaŋ213	ʃiaŋ213	ʃiaŋ24
谑	宕开三入药晓			n̠io31	n̠io31
央	宕开三平阳影	iaŋ45	iaŋ35	iaŋ45	iaŋ35
秧	宕开三平阳影	iaŋ45	iaŋ35	iaŋ45	iaŋ35
殃	宕开三平阳影	iaŋ45	iaŋ35	iaŋ45	iaŋ35
鸯	宕开三平阳影			iaŋ45	iaŋ35
约	宕开三入药影	io31	io31	io31	io31
约（约重量）	宕开三入药影			io31	io31
羊	宕开三平阳以	iaŋ31	iaŋ31	iaŋ31	iaŋ31
洋	宕开三平阳以	iaŋ31	iaŋ31	iaŋ31	iaŋ31
烊（融化）	宕开三平阳以			iaŋ31	iaŋ31
杨	宕开三平阳以	iaŋ31	iaŋ31	iaŋ31	iaŋ31
阳	宕开三平阳以	iaŋ31	iaŋ31	iaŋ31	iaŋ31

续表

字目 / 方言点 / 中古音		加尤	坡荷	袍里	逻沙
扬	宕开三平阳以	iaŋ31	iaŋ31	iaŋ31	iaŋ31
炀	宕开三平阳以	iaŋ31	iaŋ31	iaŋ31	iaŋ31
养	宕开三上养以	iaŋ54	iaŋ52	iaŋ54	iaŋ52
痒	宕开三上养以	iaŋ54	iaŋ52	iaŋ54	iaŋ52
恙	宕开三去漾以			iaŋ54	iaŋ24
样	宕开三去漾以	iaŋ213	iaŋ213	iaŋ213	iaŋ24
药	宕开三入药以	io31	io31	io31	io31
钥（钥匙）	宕开三入药以	io31	io31	io31	io31
跃	宕开三入药以	io31	io31	io31	io31
光	宕合一平唐见	kuaŋ45	kuaŋ35	kuaŋ45	kuaŋ35
胱	宕合一平唐见				kuaŋ35
广	宕合一上荡见	kuaŋ54	kuaŋ52	kuaŋ45	kuaŋ52
郭	宕合一入铎见	ko31	ko31	ko31	ko31
旷	宕合一去宕溪	khuaŋ213	khuaŋ213	khuaŋ213	khuaŋ24
廓	宕合一入铎溪	ko31	kho31	ko31	kho31
扩	宕合一入铎溪	kho31	kho31		kho31
荒	宕合一平唐晓	xuaŋ45	xuaŋ35	xuaŋ45	xuaŋ35
慌	宕合一平唐晓	xuaŋ45	xuaŋ35		xuaŋ35
谎	宕合一上荡晓	xuaŋ54	xuaŋ52	xuaŋ45	xuaŋ52
恍	宕合一上荡晓			xuaŋ54	xuaŋ52
霍	宕合一入铎晓	kho31	kho31	xo213	xo31
藿（葵藿）	宕合一入铎晓	kho31	kho31	xo31	
黄	宕合一平唐匣	xuaŋ31	xuaŋ31	xuaŋ31	xuaŋ31
簧（锁簧）	宕合一平唐匣	xuaŋ31	xuaŋ31	xuaŋ31	xuaŋ31
皇	宕合一平唐匣	xuaŋ31	xuaŋ31	xuaŋ31	xuaŋ31
蝗	宕合一平唐匣	xuaŋ31	xuaŋ31	xuaŋ31	xuaŋ31
凰	宕合一平唐匣			xuaŋ31	xuaŋ31
隍	宕合一平唐匣			xuaŋ31	xuaŋ31
蟥	宕合一平唐匣			xuaŋ31	xuaŋ31

续表

字目　　中古音　　方言点		加尤	坡荷	袍里	逻沙
晃（晃眼）	宕合一上荡匣	xuaŋ54	xuaŋ52	xuaŋ54	xuaŋ52
幌	宕合一上荡匣			xuaŋ54	xuaŋ52
汪	宕合一平唐影	uaŋ45	uaŋ35	uaŋ45	vaŋ35
方	宕合三平阳非	faŋ45	faŋ35	faŋ45	faŋ35
肪	宕合三平阳非	faŋ54	faŋ52	faŋ54	faŋ52
坊	宕合三平阳非			faŋ31	faŋ52
放	宕合三去漾非	faŋ213	faŋ213	faŋ213	faŋ24
芳	宕合三平阳敷	faŋ45	faŋ35	faŋ45	faŋ35
妨	宕合三平阳敷		faŋ52	faŋ31	faŋ31
纺	宕合三上养敷	faŋ54	faŋ52	faŋ54	faŋ52
仿	宕合三上养敷	faŋ54	faŋ52	faŋ54	faŋ52
访	宕合三去漾敷	faŋ54	faŋ52	faŋ54	faŋ52
房	宕合三平阳奉	faŋ31	faŋ31	faŋ31	faŋ31
防	宕合三平阳奉	faŋ31	faŋ31	faŋ31	faŋ31
缚	宕合三入药奉	fu213		fu213	fu24
亡	宕合三平阳微	uaŋ31	uaŋ31	uaŋ31	uaŋ31
网	宕合三上养微	uaŋ54	uaŋ52	uaŋ54	uaŋ52
忘	宕合三去漾微	uaŋ31	uaŋ31	uaŋ31	uaŋ24
妄	宕合三去漾微	uaŋ213	uaŋ213	uaŋ54	uaŋ24
望	宕合三去漾微	uaŋ213	uaŋ213	uaŋ213	uaŋ24
逛	宕合三去漾见	kuaŋ213	kuaŋ213	kuaŋ213	kuaŋ24
镢	宕合三入药见		tsɛ31	tʃyɛ31	tʃye31
匡	宕合三平阳溪	khuaŋ45	khuaŋ35	khuaŋ45	khuaŋ35
筐	宕合三平阳溪	khuaŋ45	khuaŋ35	khuaŋ45	khuaŋ35
眶（眼眶）	宕合三平阳溪	khuaŋ45	khuaŋ35	khuaŋ45	khuaŋ35
框	宕合三平阳溪			khuaŋ45	khuaŋ35
狂	宕合三平阳群	khuaŋ31	khuaŋ31	khuaŋ31	khuaŋ31
况	宕合三去漾晓	khuaŋ213	khuaŋ213	khuaŋ213	khuaŋ24
枉	宕合三上养影	uaŋ54	uaŋ35	uaŋ54	uaŋ52

续表

字目	中古音	加尤	坡荷	袍里	逻沙
王	宕合三平阳云	uaŋ31	uaŋ31	uaŋ31	uaŋ31
往	宕合三上养云	uaŋ54	uaŋ52	uaŋ54	uaŋ52
旺（火旺）	宕合三去漾云	uaŋ213	uaŋ213	uaŋ213	uaŋ24
邦	江开二平江帮	paŋ45	paŋ35	paŋ45	paŋ35
剥	江开二入觉帮	po31	po31	po31	po31
驳	江开二入觉帮	po31	po31	po31	po31
胮	江开二平江滂				tʃiaŋ24
胖	江开二去绛滂	phaŋ213	phaŋ213	phaŋ213	phaŋ24
朴	江开二入觉滂	phu31	phu31	phu31	phu31
庞	江开二平江并	phaŋ31	phaŋ31	phaŋ31	phaŋ31
棒	江开二上讲并	paŋ213	paŋ213	paŋ213	paŋ24
蚌	江开二上讲并	paŋ213	paŋ213	paŋ213	paŋ24
雹	江开二入觉并	phau213	phau213	phau213	phau24
攘（用刀子攘）	江开二上讲泥				ʒaŋ52
桩	江开二平江知	tʂuaŋ45	tʂuaŋ35	tʃuaŋ45	tsuaŋ35
卓	江开二入觉知	tʂo31	tso31	tʃo31	tso31
桌	江开二入觉知	tʂo31	tso31	tʃo31	tso31
琢	江开二入觉知	tʂo31	tso31	tʃo31	tso31
啄	江开二入觉知	tʂua31	tso31	tʃo31	tso31
戳	江开二入觉彻	tʂho45	tsho35	tsho45	tsho31
撞	江开二去绛澄	tʂuaŋ213	tʂuaŋ213	tʃuaŋ213	tsuaŋ24
浊	江开二入觉澄	tʂu31	tso31	tʃo31	tso31
捉	江开二入觉庄	tʂou31	tso31	tʃo31	tso31
窗	江开二平江初	tʂhuaŋ45	tshaŋ31	tshaŋ45	tshuaŋ35
龊	江开二入觉初				tsho31
镯	江开二入觉崇	tʂu31	tso31	tʃho31	tso31
双	江开二平江生	ʂuaŋ45	ʂuaŋ35	ʃuaŋ45	suaŋ35
朔	江开二入觉生	ʂo31	ʂo31	so31	so31
江	江开二平江见	tʃiaŋ45	tʃiaŋ35	tʃiaŋ45	tʃiaŋ35

续表

字目 方言点 中古音		加尤	坡荷	袍里	逻沙
豇（豇豆）	江开二平江见		tʃiaŋ35	kaŋ45	kaŋ35
扛	江开二平江见	khaŋ31	kaŋ35	tʃiaŋ45	khaŋ31
肛	江开二平江见			kaŋ45	kaŋ35
讲	江开二上讲见	tʃiaŋ54	tʃiaŋ52	tʃiaŋ54	tʃiaŋ52
港（港口）	江开二上讲见	kaŋ54	kaŋ52	kaŋ54	kaŋ52
耩（耕地）	江开二上讲见	kən45	kən35		
降（下降）	江开二去绛见	tʃiaŋ213	tʃiaŋ213	tʃiaŋ213	tʃiaŋ24
虹（天上的虹）	江开二去绛见	kaŋ213	kaŋ213	xoŋ31	xoŋ31
觉（发觉）	江开二入觉见		tʃhio31	tʃio31	tʃiau24
角	江开二入觉见	ko31	ko31	ko31	ko31
饺	江开二入觉见		tʃiau52	tʃiau54	tʃiau52
腔	江开二平江溪	tʃhiaŋ45	tʃhiaŋ35	tʃhiaŋ45	tʃhiaŋ35
确	江开二入觉溪	tʃhio31	kho31	kho31	kho31
壳（贝壳）	江开二入觉溪	kho31	kho31	kho31	kho31
岳（山岳）	江开二入觉疑	io31		io31	
乐（音乐）	江开二入觉疑	lo31	io31	lo31	lo31
岳（姓氏）	江开二入觉疑	io31	io31	io31	io31
夯	江开二平江晓			xaŋ45	xaŋ35
降（投降）	江开二平江匣	ʃiaŋ31	siaŋ31/ ʃiaŋ31	ʃiaŋ31	ʃiaŋ31
项	江开二上讲匣	xaŋ213	xaŋ213	ʃiaŋ213	xaŋ24
巷	江开二去绛匣	xaŋ213	xaŋ213	ʃiaŋ213	xaŋ24
学	江开二入觉匣	ʃio31	sio31	ʃio31	ʃio31
握	江开二入觉影	u31	u31	u31	u31
齷	江开二入觉影			u31	o31
崩	曾开一平登帮	pən45	pən35	pən45	poŋ35
北	曾开一入德帮	pɛ31	pɛ31	pɛ31	pe31
朋	曾开一平登并	phoŋ31	phən31	phoŋ31	phoŋ31
鹏	曾开一平登并			phoŋ31	phoŋ31

续表

字目 \ 中古音 \ 方言点		加尤	坡荷	袍里	逻沙
墨	曾开一入德明	mɛ31	mɛ31	mɛ31	mo31
默	曾开一入德明	mɛ31	mɛ31	mɛ31	me31
登	曾开一平登端	tən45	tən35	tən45	tən35
灯	曾开一平登端	tən45	tən35	tən45	tən35
藤	曾开一平登定	thən31	thən31	thən31	thən31
疼	曾开一平登定	thən31	thən31	thən31	thən31
邓	曾开一去嶝定	tən213	tən213	tən213	tən24
澄	曾开一去嶝定	tʂhən31		tən213	tən24
特	曾开一入德定	thɛ31	tɛ31	thɛ31	the31
能	曾开一平登泥	lən31	lən31	ȵən31	lən31
棱	曾开一平登来				lən31
肋	曾开一入德来	lɛ31	lɛ31	lɛ31	le31
勒	曾开一入德来	lɛ31	lɛ31	lɛ31	le31
曾（姓）	曾开一平登精	tsən45	tsən35	tsən45	tsən35
增	曾开一平登精	tsən45	tsən35	tsən45	tsən35
憎	曾开一平登精	tsən45	tsən35	tsən45	tsən35
则	曾开一入德精	tshə31	tsɛ31	tsɛ31	tse31
蹭	曾开一去嶝清		tshən213	tshən45	tshən24
曾（曾经）	曾开一平登从	tshən31	tshən31	tshən31	tshən31
层	曾开一平登从	tshən31	tshən31	tshən31	tshən31
赠	曾开一去嶝从	tsən45	tsən35	tsən45	tsən24
贼	曾开一入德从	tsɛ31	tʂuɛi31	tsɛ31	tse31
僧	曾开一平登心	tsən45	tsən35	sən45	sən35
塞（塞给）	曾开一入德心		sɛ31	sɛ31	sai35
塞（阻塞）	曾开一入德心	sɛ31		sɛ31	se31
肯	曾开一上等溪	khən54	khən52	khən54	khən52
刻（时刻）	曾开一入德溪	khɛ31	khɛ31	khə31	khe31
刻（用刀刻）	曾开一入德溪	khɛ31	khɛ31	khə31	khe31
克	曾开一入德溪	khɛ31	khɛ31	khə31	khe31

续表

字目	中古音	加尤	坡荷	袍里	逻沙
黑	曾开一入德晓	xɛ31	xɛ31	xɛ31	xe31
恒	曾开一平登匣	xən31	xən31	xən31	xən31
冰	曾开三平蒸帮	pin45	pin35	pin45	pin35
逼	曾开三入职帮	pi31	pi31	pi31	pi35
凭	曾开三平蒸并	phin31	phin31	phin31	phin31
匿	曾开三入职泥		li213	ȵi213	ȵi31
陵	曾开三平蒸来	lin31	lin31	lin31	lin31
凌	曾开三平蒸来	lin31	lin31	lin31	lin31
菱	曾开三平蒸来	lin31	lin31	lin31	lin31
绫	曾开三平蒸来			lin31	lin31
力	曾开三入职来	li31	li31	li31	li31
即	曾开三入职精	tsi31	tsi31	tsi31	
鲫	曾开三入职精	tsi31		tʃi31	tʃi31
息	曾开三入职心	si31	ɬi31	si31	ʃi31
熄	曾开三入职心	si31	ɬi31	si31	ʃi31
媳	曾开三入职心	si31	ɬi31	si31	ʃi31
征(征求)	曾开三平蒸知	tʂən45		tʃən45	tshən35
惩	曾开三平蒸澄	tʂhən31	tshən31	tʃhən31	tshən31
瞪(瞪眼)	曾开三去证澄	tən45	tən35	tən45	tən35
直	曾开三入职澄	tʂʅ31	tsi31	tʃɿ31	tsɿ31
值	曾开三入职澄	tʂʅ31	tsi31	tʃɿ31	tsɿ31
侧(两侧)	曾开三入职庄	tshɛ31	tshɛ31	tshə31	tshe31
测	曾开三入职初	tshɛ31	tshɛ31	tshə31	tshe31
色	曾开三入职生	sɛ31	ɬɛ31	sə31	se31
啬(吝啬)	曾开三入职生	sɛ31	ɬɛ31	sə31	se31
蒸	曾开三平蒸章	tʂən45	tsən35		tsən35
拯(拯救)	曾开三上拯章	tʂən54	tsən52	tʃən54	tsən52
证	曾开三去证章	tʂən213	tsən213	tʃən213	tsən24
症	曾开三去证章	tʂən213	tsən213	tʃən213	tsən24

字目　　中古音　　方言点		加尤	坡荷	袍里	逻沙
织	曾开三入职章	tʂʅ31	tsi31	tʃʅ31	tsʅ31
职	曾开三入职章	tʂʅ31	tsi31	tʃʅ31	tsʅ31
称（称呼）	曾开三平蒸昌	tʂhən45	tshən35	tʃhuən45	tshən35
称（相称）	曾开三去证昌	tʂhən213	tshən213	tʃhən213	tshən24
秤（一杆秤）	曾开三去证昌	tʂhən213	tshən213	tʃhən213	tshən24
乘	曾开三平蒸船	tʂhən31	tshən31	tʃhən31	tshən31
绳	曾开三平蒸船	şuən31	suən31	ʃuən31	suən31
剩	曾开三去证船	şən213	sən213	ʃən213	sən24
食	曾开三入职船	şʅ31	sʅ31	ʃʅ31	sʅ31
蚀	曾开三入职船	şʅ31	sʅ31	ʃʅ31	sʅ31
升	曾开三平蒸书	şən45	sən35	ʃən45	sən35
胜（胜任）	曾开三平蒸书	şən213	sən213	ʃən213	sən24
胜（胜败）	曾开三去证书	şən213	sən213	ʃən213	sən24
识	曾开三入职书	şʅ31	tsʅ31	ʃʅ31	sʅ31
式	曾开三入职书	şʅ213	sʅ213	ʃʅ213	sʅ24
饰	曾开三入职书	şʅ213	sʅ213	ʃʅ213	sʅ24
承	曾开三平蒸禅	tʂhən31	tshən31	tʃhən31	tshən31
丞	曾开三平蒸禅	tʂhən31	tshən31	tʃhən31	tshən31
殖	曾开三入职禅	tʂʅ31	tsʅ31	tʃʅ31	tsʅ31
植	曾开三入职禅	tʂʅ31	tsʅ31	tʃʅ31	tsʅ31
仍	曾开三平蒸日	in31	zən35	ʒən31	ʒən31
扔	曾开三平蒸日	zən45	zən35	ʒən45	ʒən35
极	曾开三入职群	tʃi31	tsi31	tʃi31	tʃʅ31
凝	曾开三平蒸疑	ŋin31		ȵi31	lin24
兴（时兴）	曾开三平蒸晓		ɬin35	ʃin45	ʃin35
兴（高兴）	曾开三去证晓		sin213	ʃin213	ʃin24
应（应当）	曾开三平蒸影	in213	in35	in213	in35
鹰	曾开三平蒸影	in45	in35	in45	in35
应（响应）	曾开三去证影		in213	in213	in24

字目　　方言点　　中古音		加尤	坡荷	袍里	逻沙
忆	曾开三入职影	i213	ji213	i213	i24
亿	曾开三入职影	i213	ji213	i213	ȵi24
抑	曾开三入职影	i213	ji213	i213	i24
蝇	曾开三平蒸以	in54	in52	in45	in31
孕	曾开三去证以	ʐuən213	zən213/ ʐən213	yn213	ʒuən24
翼	曾开三入职以	i213	ji213	yi213	i24
国	曾合一入德见	kuɛ31	ko31	ko31	kue31
弘	曾合一平登匣	xoŋ31	xoŋ31	xoŋ31	xoŋ31
或	曾合一入德匣	xuai31	xo31	xo31	xue31
惑	曾合一入德匣	xo213	xo31	xo31	xo31
域	曾合三入职云	yi213	yi213	i31	i24
百	梗开二入陌帮	pɛ31	pə31	pə31	pe31
柏	梗开二入陌帮	pɛ31	pɛ31	pə31	pe31
伯	梗开二入陌帮	pɛ31	pɛ31	pə31	pe31
迫	梗开二入陌帮	phɛ31	phɛ31	phə31	phe31
烹	梗开二平庚滂	phən45	phən35	phən45	phən35
拍	梗开二入陌滂	phɛ31	phɛ31	phɛ31	phe31
魄	梗开二入陌滂	phɛ31	phɛ31	phə31	phe31
彭	梗开二平庚并	phən31	phən31	phən31	phoŋ31
膨（膨胀）	梗开二平庚并	phən31	phən31	phən31	phoŋ31
白	梗开二入陌并	pe31	pe31	pɛ31	pe31
帛	梗开二入陌并	pɛ31	pɛ31	po31	pe31
盲	梗开二平庚明	maŋ31	maŋ31	maŋ31	maŋ31
虻（牛虻）	梗开二平庚明		maŋ31	maŋ31	maŋ31
猛	梗开二上梗明	moŋ54	moŋ52	moŋ54	moŋ52
孟	梗开二去映明	moŋ213	moŋ213	moŋ213	moŋ24
陌（陌生）	梗开二入陌明	mo31	mɛ31	mo31	me31
打	梗开二上梗端	ta54	ta52	ta54	ta52

续表

字目\方言点\中古音		加尤	坡荷	袍里	逻沙
冷	梗开二上梗来	lən54	lən52	lən54	lən52
撑	梗开二平庚彻	tʂhən45	tshən35	tʃhən45	tshən35
掌（椅子掌儿）	梗开二去映彻			tʃhən213	tshən24
泽	梗开二入陌澄	tshɛ31	tsɛ31	tsə31	tshe31
拆（拆开）	梗开二入陌彻	tshɛ31	tshɛ31	tʃhai45	tshe31
择（择菜）	梗开二入陌澄	tshɛ31	tsɛ31	tsə31	tshe31
宅	梗开二入陌澄	tshɛ31	tsɛ31	tʃai31	tshe31
窄	梗开二入陌庄	tsɛ31	tsɛ31	tsə31	tse31
铛	梗开二平庚初			taŋ45	taŋ35
生	梗开二平庚生	sən45	ɬən35	sən45	sən35
牲	梗开二平庚生	sin213	ɬən35	sən45	sən35
笙	梗开二平庚生	sən45	ɬən35	sən45	sən35
甥	梗开二平庚生	sən45	ɬən35	sən45	sən35
省（省长）	梗开二上梗生	sən54	ɬən52	sən54	sən52
索（探索）	梗开二入陌生			so31	so52
更（更换）	梗开二平庚见		kən35	kən45	kən35
更（打更）	梗开二平庚见			kən45	kən35
粳（粳米）	梗开二平庚见	kən45	kən35	kən45	kən35
庚	梗开二平庚见	kən45	kən35	kən45	kən35
羹	梗开二平庚见	kən45	kən35	kən45	kən35
哽（哽咽）	梗开二上梗见			kən213	kən52
埂（田埂）	梗开二上梗见			kən45	kən52
梗（茎）	梗开二上梗见	kən54	kən52	kən45	kən52
更（更加）	梗开二去映见	kən213	kən213	kən213	kən24
格	梗开二入陌见	kɛ31	kɛ31	kə31	ke31
坑	梗开二平庚溪	khən45	khən35	khən45	khən35
客	梗开二入陌溪	khɛ31	kə31	khə31	khe31
硬	梗开二去映疑	ŋən213	ŋən213	ŋən213	ŋən24
额	梗开二入陌疑	ŋɛ31	ŋɛ31	ŋə31	ŋe31

字目	中古音	方言点 加尤	坡荷	袍里	逻沙
亨	梗开二平庚晓	xən45	xən35	xən45	xən35
哼	梗开二平庚晓			xən45	xən35
行（行为）	梗开二平庚匣	ʃin31	ʃin31	ʃin31	ʃin31
衡	梗开二平庚匣	xən31	xən31	xən31	xən31
杏	梗开二上梗匣	ʃin213	ʃin213	ʃin213	ʃin24
行（品行）	梗开二去映匣	ʃin31	ʃin31	ʃin31	ʃin31
绷	梗开二平耕帮			pən45	pən35
迸	梗开二去净帮		pin213	pəŋ213	pən24
棚	梗开二平耕并	phoŋ31	phoŋ31	phoŋ31	phoŋ31
萌	梗开二平耕明	moŋ31	moŋ31	məŋ31	moŋ31
氓	梗开二平耕明			maŋ31	maŋ31
麦	梗开二入麦明	mɛ31	mɛ31	mə31	me31
脉	梗开二入麦明	mɛ31	mɛ31	mə31	me31
摘	梗开二入麦知	tsɛ31	tsai35	tsə31	tse31
橙	梗开二平耕澄	tʂhən31	tʃhən31	tʃhən31	tʃhən31
争	梗开二平耕庄	tsən45	tsən35	tsən45	tsən35
筝	梗开二平耕庄	tsən45	tsən35	tsən45	tsən35
责	梗开二入麦庄	tsɛ31	tsɛ31	tsə31	tse31
策	梗开二入麦初	tshɛ31	tshɛ31	tshə31	tshe31
册	梗开二入麦初	tshɛ31	tshɛ31	tʃhə31	tshe31
栅	梗开二入麦初		tsən213	tshə31	tʃia31
耕	梗开二平耕见	kən45	kən35	kən45	kən35
耿	梗开二上耿见	kən54	kən52	kən54	kən52
革	梗开二入麦见	kɛ31	kɛ31	kə31	ke31
隔	梗开二入麦见	kɛ31	kɛ31	kə31	ke31
茎	梗开二平耕匣	tʃin54	tsin35	tʃin213	tʃin35
幸	梗开二上耿匣	ʃin213	sin213	ʃin213	ʃin24
核	梗开二入麦匣	xɛ31	xɛ31	xə31	xe31
莺	梗开二平耕影	in45	in35	in45	in35

续表

字目	方言点 中古音	加尤	坡荷	袍里	逻沙
鹦	梗开二平耕影	in45	in35	in45	in35
樱	梗开二平耕影	in45	in35	in45	ŋən35
扼	梗开二入麦影	ŋɛ31	ɛ31	ə31	ŋe31
轭	梗开二入麦影			ə31	ŋe31
兵	梗开三平庚帮	pin45	pin35	pin45	pin35
丙	梗开三上梗帮	pin54	pin52	pin54	pin52
秉	梗开三上梗帮	pin54	pin52	pin54	pin52
柄	梗开三去映帮	pin54	pin52	pin54	pin52
碧	梗开三入陌帮	pi31	pi31	pi31	pi31
平	梗开三平庚并	phin31	phin31	phin31	phin31
坪	梗开三平庚并	phin31	phin31	phin31	phin31
评	梗开三平庚并	phin31	phin31	phin31	phin31
苹	梗开三平庚并			phin31	phin31
病	梗开三去映并	pin213	pin213	pin213	pin24
鸣	梗开三平庚明	min31	min31	min31	min31
明	梗开三平庚明	min31	min31	min31	min31
盟	梗开三平庚明	moŋ31	min31	moŋ31	moŋ31
皿	梗开三上梗明	min54	min52	min54	min52
命	梗开三去映明	min213	min213	min213	min24
京	梗开三平庚见	tʃin45	tʃin35	tʃin45	tʃin35
荆	梗开三平庚见	tʃin45	tʃin35	tʃin45	tʃin35
惊	梗开三平庚见	tʃin45	tʃin35	tʃin45	tʃin35
境	梗开三上梗见	tʃin213	tʃin213	tʃin213	tʃin24
景	梗开三上梗见	tʃin54	tʃin52	tʃin54	tʃin52
警	梗开三上梗见	tʃin54	tʃin52	tʃin54	tʃin52
敬	梗开三去映见	tʃin213	tʃin213	tʃin213	tʃin24
竟	梗开三去映见	tʃin213	tʃin213	tʃin213	tʃin24
镜	梗开三去映见	tʃin213	tʃin213	tʃin213	tʃin24
卿	梗开三平庚溪	tʃhin45	tʃhin35		tʃhin35

字目 中古音 方言点		加尤	坡荷	袍里	逻沙
庆	梗开三去映溪	tʃhin213	tʃhin213	tʃhin213	tʃhin24
擎	梗开三平庚群		tʃhin31	tʃhin31	tʃhin31
鲸	梗开三平庚群	tʃin45	tsin35	tʃin45	tʃin35
竞	梗开三去映群	tʃin213	tsin213	tʃin213	tʃin24
剧	梗开三入陌群	tʃyi213	tʃyi213	tʃyi213	tsyi24
屐	梗开三入陌群	tʃi45	tʃi35		tʃi35
迎	梗开三平庚疑	in31	in31	in31	in31
逆	梗开三入陌疑	ȵi31	ȵi31/ni31	ȵi31	ȵi31
英	梗开三平庚影	in45	in35	in45	in35
影	梗开三上梗影	in54	in52	in54	in52
映	梗开三去映影	in54	in213	in54	in24
饼	梗开三上静帮	pin54	pin52	pin54	pin52
并	梗开三去劲帮	pin213	pin213	phin213	pin24
璧	梗开三入昔帮		pi31		pi24
辟	梗开三入昔帮	phi31	phi31	pi31	pi24
聘	梗开三去劲滂	phin213	phin213	phin213	phin24
僻	梗开三入昔滂	phi31	phi31	pi31	pi31
名	梗开三平清明	min31	min31	min31	min31
岭	梗开三上静来	lin54	lin52	lin54	lin52
领	梗开三上静来	lin54	lin52	lin54	lin52
令	梗开三去劲来	lin213	lin213	lin213	lin24
晶	梗开三平清精	tsin45	tsin35	tsin45	tʃin35
精	梗开三平清精	tsin45	tsin35	tsin45	tʃin35
睛	梗开三平清精	tsin45	tsin35	tsin45	tʃin35
井	梗开三上静精	tsin54	tsin52	tsin54	tʃin52
积	梗开三入昔精	tsi31	tsi31	tsi31	tʃi35
迹	梗开三入昔精	tsi31	tsi31	tsin31	tʃi31
脊	梗开三入昔精	tsi31	tsi31	tsi31	tʃi31
清	梗开三平清清	tshin45	tshin35	tshin31	tʃhin35

续表

字目 方言点 中古音		加尤	坡荷	袍里	逻沙
请	梗开三上静清	tshin54	tshin52	tshin54	tʃhin52
情	梗开三平清从	tshin31	tshin31	tshin31	tʃhin31
晴	梗开三平清从	tshin31	tshin31	tshin31	tʃhin31
静	梗开三上静从	tsin213	tsin213	tsin213	tʃin24
靖	梗开三上静从	tsin213	tsin213	tsin213	tʃin24
净	梗开三去劲从	tsin213	tsin213	tsin213	tʃin24
籍	梗开三入昔从	tsi31	tsi31	tsi31	tʃi31
藉（狼藉）	梗开三入昔从		tsi31	tsi31	tʃi31
省（反省）	梗开三上静心	sən54	ɬən52	sin54	ʃin52
性	梗开三去劲心	sin213	ɬin213	sin213	ʃin24
姓	梗开三去劲心	sin213	ɬin213	sin213	ʃin24
惜	梗开三入昔心	si31	ɬi31	si31	ʃi31
昔	梗开三入昔心	si31	ɬi31	si31	ʃi31
席	梗开三入昔邪	si31	ɬi31	si31	ʃi31
夕	梗开三入昔邪	si31	ɬi31	si31	ʃi31
贞	梗开三平清知	tʂən45	tsən35	tʃən45	tsən35
侦	梗开三平清彻	tʂən45	tsən35	tʃən45	tsən35
逞（逞能）	梗开三上静彻	tʂhən54	tshən52	tʃhən31	tshən31
呈	梗开三平清澄	tʂhən31	tshən31	tʃhən31	tshən31
程	梗开三平清澄	tʂhən31	tshən31	tʃhən31	tshən31
郑	梗开三去劲澄	tʂən213	tsən213	tʃən213	tshən24
掷	梗开三入昔澄	tʂən213		tʃən213	tsɿ24
正（正月）	梗开三平清章	tʂən45	tsən213	tʃən45	tsən35
征	梗开三平清章	tʂən45	tsən35	tʃən45	tsən35
整	梗开三上静章	tʂən54	tsən52	tʃən54	tsən52
正	梗开三去劲章	tʂən213	tsən213	tʃən213	tsən24
政	梗开三去劲章	tʂən213	tsən213	tʃən213	tsən24
只	梗开三入昔章	tʂɿ31	tsɿ31	tʃɿ31	tshɿ31
炙	梗开三入昔章	tʂɿ213	tsɿ213	tʃɿ213	tsɿ24

续表

字目	中古音	加尤	坡荷	袍里	逻沙
赤	梗开三入昔昌	tʂʅ31	tshi31	tʃhʅ31	tshʅ24
斥	梗开三入昔昌	tʂʅ31	tshʅ31	tʃhʅ31	tshʅ31
尺（工尺）	梗开三入昔昌	tʂʅ31	tshʅ31	tʃhʅ31	tshʅ31
声	梗开三平清书	sən45	sən35/ɬən35	ʃən45	sən35
圣	梗开三去劲书	sən213	sən213	ʃən213	sən24
适	梗开三入昔书	sʅ31	sʅ31	ʃʅ31	sʅ31
释	梗开三入昔书	sʅ31	sʅ31	ʃʅ31	sʅ31
成	梗开三平清禅	tʂhən31	tshən31	tʃhən31	tshən31
城	梗开三平清禅	tʂhən31	tshən31	tʃhən31	tshən31
诚	梗开三平清禅	tʂhən31	tshən31	tʃhən31	tshən31
盛（盛满了）	梗开三平清禅	sən213	sən213	tshən31	sən24
盛（兴盛）	梗开三去劲禅	sən213	sən213	ʃən213	sən24
石	梗开三入昔禅	sʅ31	sʅ31	ʃʅ31	sʅ31
硕	梗开三入昔禅			so54	so31
颈	梗开三上静见	tʃin54	tʃin52	tʃin54	tʃin52
轻（轻重）	梗开三平清溪	tʃhin45	tshin35	tʃhin45	tʃhin35
婴	梗开三平清影	in45	in35	in45	in35
缨	梗开三平清影	in45	in35	in45	in35
益	梗开三入昔影	i31	ȵi213	i31	i31
盈	梗开三平清以	in31	in31	in31	in31
赢	梗开三平清以	in31	in31	in31	in31
亦	梗开三入昔以	i213		i213	i31
译	梗开三入昔以	i31	ji31	i31	i31
易（交易）	梗开三入昔以	i213	ji31	i213	i24
液	梗开三入昔以	i31	ji31	i31	i31
腋	梗开三入昔以	i31	ji31	i31	i31
壁	梗开四入锡帮	pi31	pi31	pi31	pi31
劈	梗开四入锡滂	phi45	phi31	phi31	phi31
霹	梗开四入锡滂			phi31	phi31

续表

字目	方言点 中古音	加尤	坡荷	袍里	逻沙
瓶	梗开四平青并	phin31	phin31	phin31	phin31
屏（围屏）	梗开四平青并	phin31	phin31	phin31	phin31
萍	梗开四平青并	phin31	phin31	phin31	phin31
铭	梗开四平青明	min31	min31	min31	min31
冥	梗开四平青明			min31	min31
觅	梗开四入锡明	mi31	mi31	mi213	mi31
丁	梗开四平青端	tin45	tin35	tin45	tin35
钉（铁钉）	梗开四平青端	tin45	tin35	tin45	tin35
疔	梗开四平青端	tin45	tin35	tin45	tin35
顶	梗开四上迥端	tin54	tin52	tin54	tin52
鼎	梗开四上迥端	tin54	tin52	tin54	tin52
钉（钉住）	梗开四去径端	tin45	tin35	tin45	tin35
订（订约）	梗开四去径端	tin213	tin213	tin213	tin24
的（的确）	梗开四入锡端		ti31	ti31	ti31
的（目的）	梗开四入锡端	ti31		ti31	ti31
滴	梗开四入锡端	ti31	ti31	ti31	ti31
嫡	梗开四入锡端	ti31	ti31	ti31	ti31
听（听见）	梗开四平青透	thin213	thin213	thin45	thin24
厅	梗开四平青透	thin45	thin52	thin45	thin35
汀	梗开四平青透			thin45	thin35
听（听其自然）	梗开四去径透	thin213	thin213	thin45	thin24
踢	梗开四入锡透	thi31	thi31	thi31	thi31
剔	梗开四入锡透	thi213	thi31	thi213	thi24
惕	梗开四入锡透			thi31	thi24
亭	梗开四平青定	thin31	thin31	thin31	thin31
停	梗开四平青定	thin31	thin31	thin31	thin31
廷	梗开四平青定	thin31	thin31	thin31	thin31
庭	梗开四平青定	thin31	thin31	thin31	thin31
蜓	梗开四平青定	thin31	thin31		thin31

续表

字目	中古音	加尤	坡荷	袍里	逻沙
铤	梗开四上迥定	tin213	thin213	tin213	tin24
艇	梗开四上迥定	thin54	thin52	thin54	thin52
挺	梗开四上迥定	thin54	thin52	thin54	thin52
锭	梗开四上迥定			thin54	thiŋ52
定	梗开四去径定	tin213	thin213	tin213	tiŋ24
笛	梗开四入锡定	ti31	ti31	ti31	ti31
敌	梗开四入锡定	ti31	ti31	ti31	ti31
狄	梗开四入锡定	ti31	ti31	ti31	ti31
涤	梗开四入锡定			ti31	ti31
荻	梗开四入锡定			ti31	ti31
宁（宁可）	梗开四平青泥	lin31	lin31/nin31	lin31	liŋ31
宁（安宁）	梗开四去径泥	lin31	nin31	lin31	liŋ31
溺（溺死）	梗开四入锡泥	ȵio31	ȵi31	ȵi31	ȵi31
灵	梗开四平青来	lin31	lin31	lin31	lin31
零	梗开四平青来	lin31	lin31	lin31	lin31
铃	梗开四平青来	lin31	lin31	lin31	lin31
伶	梗开四平青来	lin31	lin31	lin31	lin31
拎	梗开四平青来		lin35	lin45	lin35
翎	梗开四平青来	lin31	lin31	lin31	lin31
龄	梗开四平青来			lin31	lin31
历	梗开四入锡来	li31	li31	li31	li31
绩	梗开四入锡精	tsi31	tsi31	tsi31	tʃi31
青	梗开四平青清	tshin45	tshin35	tshin45	tʃhin35
蜻（蜻蜓）	梗开四平青清	tshin45	tshin35	tshin45	tʃhin35
戚（姓氏）	梗开四入锡清	tshi31	tshi31	tshi31	tʃhi31
戚	梗开四入锡清	tshi31		tshi31	tʃhi31
寂	梗开四入锡从	tsi213	tsi31	tsi213	tʃhi24
星	梗开四平青心	sin45	ɬin35	sin45	ʃin35
腥	梗开四平青心	sin45	ɬin35	sin45	ʃin35

续表

字目\方言点\中古音		加尤	坡荷	袍里	逻沙
猩	梗开四平青心			sin45	ʃin35
醒	梗开四上迥心	sin54	ɬin52	sin54	ʃin52
锡	梗开四入锡心	si31	ɬi31	si31	ʃi31
析	梗开四入锡心	si31	ɬi31	si31	ʃi31
经	梗开四平青见	tʃin45	tʃin35	tʃin45	tʃin35
径	梗开四去径见	tʃin54	tʃin213	tʃin213	tʃin24
击	梗开四入锡见	tʃi31	tʃi31	tʃi31	tʃi31
激	梗开四入锡见	tʃi31	tʃi31	tʃi31	tʃi31
吃	梗开四入锡溪	tʃhi31	tʃhi31	khi31	tʃhi31
馨	梗开四平青晓	ʂən54	sən35	ʃin45	ʃin35
形	梗开四平青匣	ʃin31	in31	ʃin31	ʃin31
型	梗开四平青匣	ʃin31	in31	ʃin31	ʃin31
刑	梗开四平青匣	ʃin31	in31	ʃin31	ʃin31
矿	梗合二上梗见	khuaŋ213	khuaŋ213	khuaŋ213	khuaŋ24
横（横直）	梗合二平庚匣	xuən31	xuən31	xən31	xuən31
横（蛮横）	梗合二去映匣	xuən31	xuən31	xən31	xuən31
轰	梗合二平耕晓	xoŋ45	xoŋ35	xoŋ45	xoŋ35
掏	梗合二平耕晓	xoŋ45	xoŋ35		
宏	梗合二平耕匣	xoŋ31	xoŋ31	xoŋ31	xoŋ31
获	梗合二入麦匣	xo31	xo31	xo31	xo31
划	梗合二入麦匣	xua31		xua213	
兄	梗合三平庚晓	ʃyŋ45	ʃyŋ35	ʃioŋ45	ʃyŋ35
荣	梗合三平庚云	yŋ31	yŋ35	ioŋ31	yŋ31
莹	梗合三平庚云			in31	in31
永	梗合三上梗云	yŋ54	yŋ52	yn54	yn52
泳	梗合三去映云	yŋ54	yŋ52	ioŋ54	yn52
咏	梗合三去映云	yŋ54	yŋ52	ioŋ54	yn52
倾	梗合三平清溪	tʃhyn45	tʃhin35	khin45	tʃhin35
顷	梗合三上静溪	tʃhyn45	tʃhin35	khin54	tʃhin52

续表

字目　　中古音　　方言点		加尤	坡荷	袍里	逻沙
琼	梗合三平清群	tʃhyŋ31		khin31	tʃhin31
营	梗合三平清以	yn31	in31	in31	in31
荥	梗合三平清以	in31	in31		in31
颖	梗合三上静以	in54	in52	in54	in52
疫	梗合三入昔以	i31	ji213	i213	i24
役	梗合三入昔以	yi213	ji213	i213	i24
萤	梗合四平青匣	in31	ji31	in31	in31
迥	梗合四上迥匣		tʃyŋ52	tʃioŋ54	tʃyŋ52
卜（萝卜）	通合一入屋帮		pu213	pu213	pu31
扑	通合一入屋滂	phu31	phu35	phu31	phu31
仆（倒）	通合一入屋滂	phu31	phu31	pu31	phu31
蓬	通合一平东并	phoŋ31	foŋ31	phoŋ31	phoŋ31
篷	通合一平东并	phoŋ31	foŋ31	phoŋ31	phoŋ31
仆	通合一入屋并	phu31		phu31	phu31
曝	通合一入屋并		phu213	pau213	phu24
瀑（瀑布）	通合一入屋并	phu31	phu213	phu31	phu24
蒙	通合一平东明	moŋ31	moŋ31	moŋ31	moŋ31
懵	通合一上董明	moŋ54	moŋ52	moŋ54	moŋ52
蠓（蠓虫）	通合一上董明		moŋ31	moŋ54	moŋ52
木	通合一入屋明	mu31	mu31	mu31	mu24
东	通合一平东端	toŋ45	toŋ35	toŋ45	toŋ35
董	通合一上董端	toŋ54	toŋ52	toŋ54	toŋ52
懂	通合一上董端	toŋ54	toŋ52	toŋ54	toŋ52
冻	通合一去送端	toŋ213	toŋ213	toŋ213	toŋ24
栋	通合一去送端	toŋ213	toŋ213	toŋ213	toŋ24
通	通合一平东透	thoŋ45	thoŋ35	thoŋ45	thoŋ35
桶	通合一上董透	thoŋ54	thoŋ35	thoŋ54	thoŋ35
捅	通合一上董透	thoŋ54	thoŋ35	thoŋ54	thoŋ52
痛	通合一去送透	thoŋ213	thoŋ213	thoŋ213	thoŋ24

续表

字目	方言点 中古音	加尤	坡荷	袍里	逻沙
秃	通合一入屋透	thu45	thu31	thəu31	thu31
同	通合一平东定	thoŋ31	thoŋ31	thoŋ31	thoŋ31
铜	通合一平东定	thoŋ31	thoŋ31	thoŋ31	thoŋ31
桐	通合一平东定	thoŋ31	thoŋ31	thoŋ31	thoŋ31
筒	通合一平东定	thoŋ31	thoŋ31	thoŋ54	thoŋ31
童	通合一平东定	thoŋ31	thoŋ31	thoŋ31	thoŋ31
瞳	通合一平东定	thoŋ31	thoŋ31	thoŋ31	thoŋ31
动	通合一上董定	toŋ213	toŋ213	toŋ213	toŋ24
洞	通合一去送定	toŋ213	toŋ213	toŋ213	toŋ24
独	通合一入屋定	təu31	tu31	təu31	tu31
读	通合一入屋定	təu31	tu31	tu31	tu31
牍	通合一入屋定		tu31	təu31	tu31
犊	通合一入屋定		tu31	tu31	tu31
笼	通合一平东来	loŋ31	loŋ31	loŋ31	loŋ31
聋	通合一平东来	loŋ31	loŋ35	loŋ45	loŋ31
胧	通合一平东来			loŋ31	loŋ31
拢	通合一上董来	loŋ54	loŋ52	loŋ54	loŋ52
弄	通合一去送来	loŋ213	loŋ213	loŋ213	loŋ24
鹿	通合一入屋来	ləu31	lu31	ləu31	lu24
禄	通合一入屋来	ləu31	lu31	lu31	lu31
棕	通合一平东精			tsoŋ45	tsoŋ35
鬃（马鬃）	通合一平东精	tsoŋ45	tsoŋ35	tsoŋ45	tsoŋ35
总	通合一上董精	tsoŋ54	tsoŋ52	tsoŋ54	tsoŋ52
粽	通合一去送精		tsoŋ213	tsoŋ213	tsoŋ24
聪	通合一平东清	tshoŋ45	tshoŋ35	tshoŋ45	tshoŋ35
匆	通合一平东清		tshoŋ35		tshoŋ35
葱	通合一平东清	tshoŋ45	tshoŋ35	tshoŋ45	tshoŋ35
囱	通合一平东清		tshoŋ35	tshoŋ45	tshoŋ35
丛	通合一平东从	tshoŋ31	tshoŋ31	tshoŋ31	tshoŋ31

字目 中古音 方言点		加尤	坡荷	袍里	逻沙
族	通合一入屋从	tshəu31	tsu31	tsəu31	tsu31
送	通合一去送心	soŋ213	soŋ213/ɬoŋ213	soŋ213	soŋ24
速	通合一入屋心	səu31	su31/ɬu31	səu31	su31
公	通合一平东见	koŋ45	koŋ35	koŋ45	koŋ35
蚣	通合一平东见	koŋ45	koŋ35	koŋ45	koŋ35
工	通合一平东见	koŋ45	koŋ35	koŋ45	koŋ35
功	通合一平东见	koŋ45	koŋ35	koŋ45	koŋ35
攻（攻击）	通合一平东见	koŋ45	koŋ35	koŋ45	koŋ35
贡	通合一去送见	koŋ213	koŋ213	koŋ213	koŋ24
谷（五谷）	通合一入屋见		ku31	ku31	ku31
谷（山谷）	通合一入屋见		ku31	ku31	ku31
空（空虚）	通合一平东溪	khoŋ45	khoŋ35	khoŋ45	khoŋ35
孔	通合一上董溪	khoŋ54	khoŋ52	khoŋ54	khoŋ52
控	通合一去送溪	khoŋ213	khoŋ213	khoŋ213	khoŋ24
哭	通合一入屋溪	khu31	khu31	khu31	khu31
烘（烘干）	通合一平东晓	xoŋ45	xoŋ35	xoŋ45	xoŋ35
红	通合一平东匣	xoŋ31	xoŋ31	xoŋ31	xoŋ31
洪	通合一平东匣	xoŋ31	xoŋ31	xoŋ31	xoŋ31
鸿	通合一平东匣	xoŋ31	xoŋ31	xoŋ31	xoŋ31
汞	通合一上董匣		koŋ213	koŋ54	koŋ24
翁	通合一平东影	ŋoŋ45	oŋ35	oŋ45	voŋ35
瓮	通合一去送影		uoŋ35		ŋoŋ24
屋	通合一入屋影	u31	u31	u31	vu31
冬	通合一平冬端	toŋ45	toŋ35	toŋ45	toŋ35
笃	通合一入沃端	təu54	tu31	tu31	tu31
督	通合一入沃端	təu31	tu31	tu31	tu31
统	通合一去宋透	thoŋ54	thoŋ52	thoŋ54	thoŋ52
毒	通合一入沃定	təu31	tu31	təu31	tu31

续表

字目 中古音 方言点		加尤	坡荷	袍里	逻沙
农	通合一平冬泥	loŋ31	loŋ31	ȵioŋ31	loŋ31
脓	通合一平冬泥	loŋ31	loŋ31	ȵioŋ31	loŋ31
侬	通合一平冬泥	loŋ31	loŋ31		loŋ31
宗	通合一平冬精	tsoŋ45	tsoŋ31	tsoŋ45	tsoŋ35
综（错综）	通合一去宋精		tsoŋ31	tsoŋ45	tsoŋ35
松	通合一平冬心	soŋ45	soŋ35	soŋ45	soŋ35
宋	通合一去宋心	soŋ213	soŋ213	soŋ213	soŋ24
酷	通合一入沃溪	ku213	khu31	khu31	khu24
沃	通合一入沃影	o213	o31		o31
风	通合三平东非	foŋ45	foŋ35	foŋ45	foŋ35
枫	通合三平东非	foŋ45	foŋ35	foŋ45	foŋ35
疯	通合三平东非	foŋ45	foŋ35		foŋ35
讽	通合三去送非	foŋ54	foŋ52	foŋ54	foŋ52
福	通合三入屋非	fu31	fu31	fu31	fu31
幅	通合三入屋非	fu31	fu31	fu31	fu31
蝠（蝙蝠）	通合三入屋非	fu31	fu31	fu31	fu31
复（复杂）	通合三入屋非		fu31	fu31	fu31
腹	通合三入屋非	fu31	fu31	fu31	fu31
辐	通合三入屋非			fu31	fu31
丰	通合三平东敷	foŋ45	foŋ35	foŋ45	foŋ35
覆	通合三入屋敷		fu31	fu31	fu31
冯	通合三平东奉	foŋ31	foŋ31	foŋ31	foŋ31
凤	通合三去送奉	foŋ213	foŋ213	foŋ213	foŋ24
服	通合三入屋奉	fu31	fu31	fu31	fu31
伏	通合三入屋奉	fu31	fu31	fu31	fu31
栿	通合三入屋奉				fu31
复（复原）	通合三入屋奉	fu31		fu31	fu31
复（重复）	通合三入屋非	fu31	fu31	fu31	fu31
梦	通合三去送明	moŋ213	moŋ213	moŋ213	moŋ24

续表

字目\中古音\方言点		加尤	坡荷	袍里	逻沙
目	通合三入屋明	mu31	mu31	mu31	mu31
牧	通合三入屋明	məu31	mu31	mu31	mu31
睦	通合三入屋明				mu31
隆	通合三平东来	loŋ31	loŋ31	loŋ31	loŋ31
窿	通合三平东来			loŋ31	loŋ35
六	通合三入屋来	ləu31	lu31	ləu31	lu31
陆	通合三入屋来	ləu31	lu31	ləu31	lu31
肃	通合三入屋心	səu31	ɬu31	su31	su31
宿（一宿）	通合三入屋心	siəu31		su31	ʃiəu52
宿（宿舍）	通合三入屋心		ɬu31	su31	su24
中（当中）	通合三平东知	tʂoŋ45	tsoŋ35/tʂoŋ35	tʃoŋ45	tsoŋ35
忠	通合三平东知	tʂoŋ45	tsoŋ35/tʂoŋ35	tʃoŋ45	tsoŋ35
衷	通合三平东知			tʃoŋ45	tsoŋ35
竹	通合三入屋知	tʂu31	tsu31/tʂu31	tʃu31	tsu31
筑	通合三入屋知	tʂu31	tʂu31	tʃu31	tsu31
畜（畜牲）	通合三入屋彻	ʃiəu31	ʂu31	ʃiəu31	su31
虫	通合三平东澄	tʂhoŋ31	tʂhoŋ31	tʃhoŋ31	tshoŋ31
冲	通合三平东澄	tʂhoŋ45		tʃhoŋ45	tshoŋ35
仲	通合三去送澄	tʂoŋ213	tʂoŋ52	tʃhoŋ213	tsoŋ24
逐	通合三入屋澄	tʂu31	tʂu31	tʃu31	tsu31
轴	通合三入屋澄	tʂu31	tʂu31	tʃu31	tsu31
崇	通合三平东崇	tʂhoŋ31	tʂhoŋ31	tʃhoŋ31	tshoŋ31
缩	通合三入屋生	səu31	ʂu31	so31	su31
终	通合三平东章	tʂoŋ45	tʂoŋ35	tʃoŋ45	tsoŋ35
众	通合三去送章	tʂoŋ213	tʂoŋ213	tʃoŋ213	tsoŋ24
祝	通合三入屋章	tʂu31		tʃu31	tsu31
粥	通合三入屋章	tʂu31	tʂu31	tʃu31	tsu31
充	通合三平东昌	tʂhoŋ45	tʂhoŋ35	tʃhoŋ45	tshoŋ35
叔	通合三入屋书	ʂu31	ʂu31	ʃu31	su31

续表

字目	中古音	加尤	坡荷	袍里	逻沙
熟（煮熟）	通合三入屋禅	ʂu31	ʂu31	ʃu31	su31
淑	通合三入屋禅	ʂu31	ʂu31	ʃu31	su31
孰	通合三入屋禅			ʃu31	su31
塾	通合三入屋禅			ʃu31	su31
戎	通合三平东日		yŋ31		ʒoŋ31
绒	通合三平东日	yŋ31	yŋ31	ʒoŋ31	ʒoŋ31
肉	通合三入屋日	ʐu31	iu31	ʒu31	ʒu31
弓	通合三平东见	koŋ45	koŋ35	koŋ45	koŋ35
躬	通合三平东见	koŋ45	koŋ35	koŋ45	koŋ35
宫	通合三平东见	koŋ45	koŋ35	koŋ45	koŋ35
菊	通合三入屋见	tʃyi31	tʃyi31	tʃyi31	tsu31
鞠	通合三入屋见		tʃyi31		tsu31
曲（姓曲）	通合三入屋溪		tʃhyi31	tʃhyi31	tʃhyi31
穷	通合三平东群	tʃhyŋ31	tʃhyŋ31	tʃhioŋ31	tʃhyŋ31
郁	通合三入屋影	iəu31	yi213	yi213	iəu31
熊	通合三平东云	ʃyŋ31	ʃyŋ31	ʃioŋ31	ʃyŋ31
雄	通合三平东云	ʃyŋ31	ʃyŋ31	ʃioŋ31	ʃyŋ31
融	通合三平东以	yŋ31	yŋ31	yŋ31	yŋ31
育	通合三入屋以	iəu31	iu31	iəu31	iəu52
封	通合三平锺非	foŋ45	foŋ35	foŋ45	foŋ35
峰	通合三平锺敷	foŋ45	foŋ35	foŋ45	foŋ35
蜂	通合三平锺敷	foŋ45	foŋ35	foŋ45	foŋ35
锋	通合三平锺敷	foŋ45	foŋ35	foŋ45	foŋ35
捧	通合三上肿敷	phoŋ54	phoŋ52	phoŋ54	phoŋ52
逢	通合三平锺奉	foŋ31	foŋ31	foŋ31	foŋ31
缝（缝衣服）	通合三平锺奉	foŋ31	foŋ31	foŋ31	foŋ31
奉	通合三上肿奉	foŋ213	foŋ213	foŋ213	foŋ24
俸	通合三去用奉	foŋ213	foŋ213	foŋ213	foŋ24
缝（一条缝）	通合三去用奉	foŋ31	foŋ213	foŋ31	foŋ24

字目 方言点 中古音		加尤	坡荷	袍里	逻沙
浓	通合三平锺泥	loŋ31	loŋ31	ȵyŋ31	loŋ31
龙	通合三平锺来	loŋ31	loŋ31	loŋ31	loŋ31
陇	通合三上肿来	loŋ54	loŋ52	loŋ54	loŋ52
垄	通合三上肿来	loŋ54	loŋ52	loŋ54	loŋ52
绿	通合三入烛来	ləu31	lu31	ləu31	lu31
录	通合三入烛来	ləu31	lu31	ləu31	lu31
踪	通合三平锺精	tsoŋ45	tsoŋ35	tsoŋ45	tsoŋ35
纵（纵横）	通合三平锺精	tsoŋ213	tsoŋ213	tsoŋ213	tsoŋ24
纵（放纵）	通合三去用精	tsoŋ213	tsoŋ213	tsoŋ213	tsoŋ24
足	通合三入烛精	tsəu31	tsu31	tsəu31	tsu31
从（从容）	通合三平锺清	tshoŋ31	tshoŋ31	tshoŋ31	tshoŋ31
促	通合三入烛清	tsəu31	tshu31	tshəu31	tshu31
松	通合三平锺心	soŋ45	ɬoŋ35	soŋ45	soŋ35
怂（怂恿）	通合三上肿心	tshoŋ31	tshoŋ31	soŋ54	soŋ52
粟	通合三入烛心	siəu31		səu31	su31
诵	通合三去用邪	soŋ213	ɬoŋ213	soŋ213	soŋ24
颂	通合三去用邪	soŋ213	ɬoŋ213	soŋ213	soŋ24
讼	通合三去用邪	soŋ213	ɬoŋ213	soŋ213	soŋ24
俗	通合三入烛邪	səu31	ɬu31	səu31	su31
续	通合三入烛邪	ʃu31	tsu31	su31	su31
宠	通合三上肿彻		tshoŋ52	tshoŋ54	tshoŋ52
重（重复）	通合三平锺澄	tʂhoŋ31	tshoŋ31	tʃhoŋ31	tshoŋ31
重（轻重）	通合三上肿澄	tʂoŋ213	tsoŋ213	tʃoŋ213	tsoŋ24
钟	通合三平锺章	tʂoŋ45	tshoŋ35	tʃoŋ45	tsoŋ35
盅	通合三平锺章	tʂoŋ45	tshoŋ35	tʃoŋ45	tsoŋ35
种（种类）	通合三上肿章	tʂoŋ54	tshoŋ52	tʃoŋ54	tsoŋ52
肿	通合三上肿章	tʂoŋ54	tshoŋ52	tʃoŋ54	tsoŋ52
种（种植）	通合三去用章		tshoŋ213	tʃoŋ213	tsoŋ24
烛	通合三入烛章	tʂu31	tʂu31	tʃu31	tsu31

续表

字目 中古音 方言点	中古音	加尤	坡荷	袍里	逻沙
嘱	通合三入烛章	ʂu31	tʂu31	tʃu54	tsu31
触	通合三入烛昌	tʂhu31	tʂu31	tʃhu31	tsu31
赎	通合三入烛船	ʂu31	ʂu31	ʃu31	su31
舂	通合三平锺书	tʂhoŋ45	tʂhoŋ35	tʃhoŋ45	tshoŋ35
束	通合三入烛书	su213	ʂu213	su31	su24
蜀	通合三入烛禅		ʂu52	ʃu54	su31
属	通合三入烛禅	ʂu31	ʂu31	ʃu31	su31
茸	通合三平锺日	yŋ31	yŋ31	yŋ31	yŋ31
辱	通合三入烛日	ʐu31	iu31	ʒu31	ʒu52
褥	通合三入烛日	ʐu31	iu31		ʒu31
恭	通合三平锺见	koŋ45	koŋ35	koŋ45	koŋ35
供（供给）	通合三平锺见	koŋ213	koŋ213	koŋ213	koŋ35
龚	通合三平锺见			koŋ45	koŋ35
拱（拱桥）	通合三上肿见	koŋ54	koŋ52	koŋ54	koŋ52
巩（巩固）	通合三上肿见	khoŋ54	koŋ52	koŋ54	koŋ52
恐	通合三上肿溪	khoŋ54	khoŋ52	khoŋ54	khoŋ52
曲（曲折）	通合三入烛溪	tʃhyi31	tʃhiu31	khyi31	tshyi35
共	通合三去用群	koŋ213	koŋ213	koŋ213	koŋ24
局	通合三入烛群	tʃhyi31	tʃi31	tʃyi31	tsyi31
玉	通合三入烛疑	yi213	yi213	yi213	yi24
狱	通合三入烛疑	iəu31	iu31	yi213	yi24
胸	通合三平锺晓	ʃyŋ45	ʃyŋ35	ʃyŋ45	ʃyŋ35
匈	通合三平锺晓			ʃyŋ45	ʃyŋ35
凶（吉凶）	通合三平锺晓	ʃyŋ45	ʃyŋ35	ʃyŋ45	ʃyŋ35
旭	通合三入烛晓			ʃyi213	ʃyi24
雍	通合三平锺影		yŋ35		yŋ35
臃	通合三平锺影			yŋ45	yŋ35
拥	通合三平锺影	yŋ54	yŋ35	yŋ45	yŋ35
容	通合三平锺以	yŋ31	yŋ31	ʒoŋ31	yŋ31

续表

字目 方言点 中古音		加尤	坡荷	袍里	逻沙
蓉	通合三平锺以	yŋ31	yŋ31	ʒoŋ31	yŋ31
镕	通合三平锺以	yŋ31	yŋ31	ʒoŋ31	yŋ31
庸	通合三平锺以	yŋ31	yŋ35	yŋ45	yŋ35
溶	通合三平锺以			ʒoŋ31	yŋ31
榕	通合三平锺以			ʒoŋ31	yŋ31
熔	通合三平锺以			ʒoŋ31	yŋ31
勇	通合三上肿以	yŋ54	yŋ52	yŋ54	yŋ52
涌	通合三上肿以	yŋ54	yŋ52	yŋ54	yŋ52
恿	通合三上肿以				yŋ52
踊	通合三上肿以			yŋ54	yŋ52
用	通合三去用以	yŋ213	yŋ213	yŋ213	yŋ24
浴	通合三入烛以	iəu31	iu31	yi213	yi24
欲	通合三入烛以	iəu31	iu31	yi213	yi24

附录二　语料

一　山歌

以下山歌有的有歌名，有的没有，没有歌名的我们以首句作为其标题。

1. 太阳去了月亮来

（男）

thai²¹³ iaŋ³¹ tʃhyi²¹³ liau⁵⁴ yε³¹ liaŋ²¹³ lai³¹,

太　阳　去　了　月　亮　来，

yε³¹ liaŋ²¹³ tʂau²¹³ tau²¹³ tʃiəu⁵⁴ lεn³¹ thai³¹.

月　亮　照　到　九　莲　台。

yε³¹ liaŋ²¹³ tʂau²¹³ tau²¹³ lεn³¹ thai³¹ ʂaŋ²¹³,

月　亮　照　到　莲　台　上，

piau⁵⁴ məi²¹³ ȵi⁵⁴ io³¹ ko⁴⁵ la⁵⁴ thεn⁴⁵ lai³¹?

表　妹　你　约　哥　哪　天　来?

（女）

thai²¹³ iaŋ³¹ tʃhyi²¹³ liau⁵⁴ yɛ³¹ liaŋ²¹³ lai³¹,

太　阳　去　　了　月　亮　　来，

yɛ³¹ liaŋ²¹³ tʂau²¹³ tau²¹³ tʃiəu⁵⁴ lɛn³¹ thai³¹.

月　亮　　照　　到　九　　莲　台。

yɛ³¹ liaŋ²¹³ tʂau²¹³ tau²¹³ lɛn³¹ thai³¹ ʂaŋ²¹³,

月　亮　　照　　到　莲　台　上，

tshəu⁴⁵ i³¹ pu³¹ lai³¹ ʂɿ³¹ u⁵⁴ lai³¹.

初　一　不来　十　五　来。

演唱者：席礼茂，凌云县加尤镇。

2. 太阳出来照壁岩

（男）

thai²¹³ iaŋ³¹ tʂhu³¹ lai³¹ tʂau²¹³ pi³¹ ŋai³¹,

太　阳　　出　来　照　　壁　岩，

pi³¹ ŋai³¹ thəu³¹ ʂaŋ²¹³ kuəi²¹³ xua⁴⁵ khai⁴⁵.

壁　岩　头　　上　　桂　　花　开。

foŋ⁴⁵ pu³¹ tʂhuəi⁴⁵ lai³¹ xua⁴⁵ pu³¹ pai⁵⁴,

风　不　吹　　来　花　不　摆，

məi²¹³ pu³¹ tʂau⁴⁵ ʂəu⁵⁴ ko⁴⁵ pu³¹ lai³¹.

妹　不　招　　手　哥　不　来。

（女）

ta⁵⁴ ŋi⁵⁴ fu³¹ ʂau³¹ lan²¹³ ŋi⁵⁴ sai⁴⁵,

打　你　胡　苔　烂　你　腮，

u³¹ li⁵⁴ tʃiaŋ⁵⁴ tʂhu³¹ iəu⁵¹ li⁵¹ lai³¹.

无　理　讲　　出　　有　理　来。

ŋo⁵⁴ ʂɿ²¹³ tʂau⁴⁵ ʂəu⁵⁴ ta⁵⁴ uən³¹ tsɿ⁰,

我　是　　招　　手　打　蚊　子，

la⁵⁴ ko²¹³ tʂau⁴⁵ ʂəu⁵⁴ tʃiau²¹³ ŋi⁵⁴ lai³¹.

哪　个　　招　　手　叫　　你　来。

演唱者：席礼茂，凌云县加尤镇。

3．人不好不在

（男）

tsʅ⁵³ tsin³⁵ ʂan³⁵ saŋ²¹³ xau⁵² kuəi²¹³ tsʅ³⁵,

柴　金　山　上　好　桂　枝，

kho⁵³ ɬi³¹ ɬən³⁵ tsai²¹³ u⁵³ ɬɛ³¹ li³¹;

可　惜　生　在　五　色　泥；

ko³⁵ ɬiaŋ⁵² ua³⁵ xuəi³¹ yɛn³¹ tsoŋ³⁵ t ʂoŋ²¹³,

哥　想　挖　回　园　中　种，

khoŋ⁵² pha²¹³ xuaŋ³¹ thu⁵² ɬən³⁵ pu³¹ tʃhi⁵².

恐　怕　黄　土　生　不　起。

（女）

yɛ³¹ liaŋ²¹³ t ʂhu³¹ lai³¹ liaŋ⁵² thəu³¹ kəu³⁵,

月　亮　出　来　两　头　钩，

ta⁵² pa⁵² tsin³⁵ kəu³⁵ kua²¹³ in³¹ kəu³⁵.

打　靶　金　钩　挂　银　钩；

tsin³⁵ kəu³⁵ kua²¹³ tsai²¹³ in³¹ kəu³⁵ saŋ²¹³,

金　钩　挂　在　银　钩　上，

məi²¹³ ɬin³⁵ kua²¹³ tsai²¹³ ko³⁵ ɬin³⁵ thəu³¹.

妹　心　挂　在　哥　心　头。

（男）

ko³⁵ tsai²¹³ pɛn³¹ lai³¹ məi²¹³ tsai²¹³ pɛn³⁵,

哥　在　边　来　妹　在　边，

tɛ³¹ tʃiaŋ⁵² tɛ³¹ ɬiau²¹³ pu³¹ tɛ³¹ lɛn³¹;

得　讲　得　笑　不　得　连；

tɛ³¹ tʃiaŋ⁵² tɛ³¹ ɬiau²¹³ pu³¹ tɛ³¹ iau²¹³,

得　讲　得　笑　不　得　要，

thau³⁵ xua³⁵ tsho²¹³ tsai²¹³ li⁵² xua³⁵ yɛn³¹.

桃　花　错　在　李　花　园。

（女）

kau³⁵ liaŋ³¹ ɬiau⁵² mi⁵² ɬa⁵² ʔi³¹ phin³¹,

高　粱　小　米　撒　一　瓶，

tsɛ³¹ liau⁵²˙³¹ i˙³¹ kən³⁵ toŋ²¹³ i˙³¹ lin³¹；

折　了　一　根　动　一　林；

tʃin³⁵ z̩.ʅ³¹ xo³¹ məi²¹³ thoŋ³¹ lu²¹³ tsai²¹³，

今　日　和　妹　同　路　在，

min³¹ z̩.ʅ³¹ tsʅ³⁵ məi²¹³ liaŋ⁵² fən³⁵ ʂən³⁵．

明　日　知　妹　两　分　身。

演唱者：石于志，那坡县坡荷乡；向芬，那坡县坡荷乡。

4. 哥在高山做完工

（男）

ko⁴⁵ tsai²¹³ kau⁴⁵ ʂan⁴⁵ tso²¹³ uan³¹ koŋ⁴⁵，

哥　在　高　山　做　完　工，

məi²¹³ tsai²¹³ tʃia⁴⁵ t ʂoŋ⁴⁵ tso²¹³ tshai³¹ foŋ³¹．

妹　在　家　中　做　裁　缝。

pɛ³¹ laŋ³¹˙⁴⁵ lan²¹³ iəu⁵⁴ z̩.ən³¹ pu⁵⁴，

别　郎　衣　烂　有　人　补，

ŋo⁵⁴ laŋ³¹ i˙⁴⁵ lan²¹³ u³¹ z̩.ən³¹ foŋ³¹．

我　郎　衣　烂　无　人　缝。

（女）

ko⁴⁵ iau²¹³ foŋ³¹ i˙⁴⁵ mai⁵⁴ pu³¹ lai˙³¹，

哥　要　缝　衣　买　不　来，

pɛ³¹ thɛn⁴⁵ pu³¹ khoŋ²¹³ iɛ²¹³ uan⁵⁴ tshai³¹．

白　天　不　空　夜　晚　裁。

t ʂaŋ³¹ ma³¹ sʅ⁴⁵ sɛn²¹³ məi²¹³ təu⁴⁵ iəu⁵⁴，

长　麻　丝　线　妹　都　有，

tʃhyɛ³¹ kho⁵⁴ kaŋ⁴⁵ t ʂən⁴⁵ ko⁴⁵ tai²¹³ lai²¹³．

缺　颗　钢　针　哥　带　来。

（男）

məi²¹³˙iau²¹³ kaŋ⁴⁵ t ʂən⁴⁵ ko⁴⁵ u³¹ sɛn²¹³，

妹　要　钢　针　哥　无　线，

t ʂuan⁵⁴ xuəi³¹ tʃia⁴⁵ t ʂoŋ⁴⁵ taŋ²¹³ liaŋ³¹ thɛn³¹．

转　回　家　中　当　良　田。

ṣaŋ²¹³ thəu³¹ taŋ⁴⁵ tshoŋ³¹ yn³¹ lan³¹ tɕɥan⁵⁴,
上　头　当　丛　云　难　转，

ʃia²¹³ thəu³¹ taŋ⁴⁵ tshɛ³¹ məi²¹³ xua⁴⁵ yɛ³¹.
下　头　当　拆　妹　花　月。

（女）

kaŋ⁴⁵ tɕṣən⁴⁵ pu³¹ tʂ̩³¹ tʃi⁵⁴ to⁴⁵ tsɛn³¹,
钢　针　不　值　几　多　钱，

tʃhyɛn²¹³ ko⁴⁵ mo³¹ iau²¹³ taŋ²¹³ liaŋ³¹ thɛn³¹.
劝　哥　莫　要　当　良　田。

xo³¹ pɛ³¹ pa⁵⁴ ŋi⁵⁴ tshɛn³¹ tshi⁴⁵ taŋ²¹³,
何　别　把　你　前　妻　当，

ŋo⁵⁴ lai³¹ kən⁴⁵ ko⁴⁵ ləu³¹ ʂ̩³¹ ȵɛn³¹.
我　来　跟　哥　六　十　年。

（男）

ŋo⁵⁴ li⁰ tshɛn³¹ tshi⁴⁵ i³¹ tʂ̩⁴⁵ xua⁴⁵,
我　的　前　妻　一　枝　花，

tɕṣa³¹ ko²¹³ ṣɛ⁵⁴ tɛ³¹ taŋ²¹³ liau⁵⁴ tha⁴⁵?
咋　个　舍　得　当　了　她？

tsau⁵⁴ ṣaŋ²¹³ tʂ̩³¹ li⁰ lin³¹ lo³¹ tuan²¹³,
早　上　织　的　绫　罗　缎，

uan⁵⁴ ṣaŋ²¹³ xuəi²¹³ tʂ̩³¹ mu⁵⁴ tan⁴⁵ xua⁴⁵.
晚　上　会　织　牡　丹　花。

（女）

ṣɛ⁵⁴ pu³¹ tɛ³¹ tshɛn³¹ tshi⁴⁵ ȵi⁵⁴ mo³¹ lai³¹,
舍　不　得　前　妻　你　莫　来，

mo³¹ lai³¹ tʃhyɛ⁵⁴ xua⁴⁵ məi²¹³ yɛn³¹ tsai⁴⁵.
莫　来　扯　花　妹　园　栽。

mo³¹ lai³¹ iau³¹ xuai²¹³ u³¹ thoŋ³¹ ṣu²¹³,
莫　来　摇　坏　梧　桐　树，

u³¹ thoŋ³¹ ṣu²¹³ ʃia²¹³ foŋ²¹³ xuaŋ³¹ lai³¹.
梧　桐　树　下　凤　凰　来。

（男）

ꞵ⁵⁴ pu³¹ tɛ³¹ tshɛn³¹ tshi⁴⁵ iɛ⁵⁴ iau²¹³ lai³¹,

舍　不得　前　妻　也要　来，

ŋən²¹³ iau²¹³ tʃhyɛ⁵⁴ xua⁴⁵ məi²¹³ yɛn³¹ tsai⁴⁵.

硬　要　扯花　妹　园栽。

in⁴⁵ ko⁴⁵ t ʂan²¹³ tsai²¹³ u³¹ thoŋ³¹ ʂu²¹³,

鹦哥　站在　梧桐　树，

ku⁴⁵ tha⁴⁵ foŋ²¹³ xuaŋ³¹ pu³¹ kan⁵⁴ lai³¹.

估她　凤　凰　不敢　来。

演唱者：石于志，生于 1965 年，那坡县坡荷乡；向芬，生于 1977
年，那坡县坡荷乡。

5. 龟箩斗篷圆又圆

（男）

kuəi⁴⁵ lo³¹ təu⁵⁴ phoŋ³¹ yɛn³¹ iəu²¹³ yɛn³¹,

龟　箩斗　篷　圆又　圆，

uən²¹³ məi²¹³ mai²¹³ t ʂhu³¹ to⁴⁵ ʂau⁵⁴ tshɛn³¹?

问　妹　卖　出　多少　钱？

uən²¹³ məi²¹³ mai²¹³ t ʂhu³¹ to⁴⁵ ʂau⁵⁴ tʃia²¹³?

问　妹　卖　出　多少　价？

məi²¹³ tai²¹³ təu⁵⁴ phoŋ³¹ ko⁴⁵ khai⁴⁵ tshɛn³¹.

妹　戴　斗　篷　哥　开　钱。

（女）

kuəi⁴⁵ lo³¹ təu⁵⁴ phoŋ³¹ yɛn³¹ iəu²¹³ yɛn³¹,

龟　箩斗　篷　圆又　圆，

kuan⁵⁴ ŋo⁵⁴ mai²¹³ t ʂhu³¹ to⁴⁵ ʂau⁵⁴ tshɛn³¹,

管　我　卖　出　多少　钱，

kuan⁵⁴ ŋo⁵⁴ mai²¹³ t ʂhu³¹ to⁴⁵ ʂau⁵⁴ tʃia²¹³,

管　我　卖　出　多少　价，

məi²¹³ tai²¹³ təu⁵⁴ phoŋ³¹ ko⁴⁵ khai⁴⁵ tshɛn³¹.

妹　戴　斗　篷　哥　开　钱。

（男）

məi^{213} tʃiaŋ^{54} pu^{31} lɛn^{31} tsiəu^{213} pu^{31} lɛn^{31}，

妹　讲　不　连　就　不　连，

thuəi^{213} ŋo^{54} pan^{54} tʂʅ^{54} thuəi^{213} ŋo^{54} tshɛn^{31}，

退　我　扳　指　退　我　钱，

thuəi^{213} ŋo^{54} pan^{54} tʂʅ^{54} pɛ^{31} tʂhu^{213} tʂau^{54}，

退　我　扳　指　别　处　找，

thuəi^{213} ŋo^{54} in^{31} tshɛn^{31} pɛ^{31} tʂhu^{213} lɛn^{31}.

退　我　银　钱　别　处　连。

（女）

la^{213} mo^{45} phu^{31} sa^{45} ŋo^{54} li^{0} thɛn^{45}，

那　么　菩　萨　我　的　天，

la^{54} ʂʅ^{31} tɛ^{31} ȵi^{213} pan^{213} uən^{31} tshɛn^{31}？

哪　时　得　你　半　文　钱？

taŋ^{45} tʂhu^{45} tɛ^{31} ȵi^{54} san^{45} tʂhʅ^{31} pu^{213}，

当　初　得　你　三　尺　布，

ʐu^{31} tʃin^{45} xai^{31} tsai^{213} tʂən^{54} thəu^{31} pɛn^{45}.

如　今　还　在　枕　头　边。

演唱者：石于志，生于 1965 年，那坡县坡荷乡；向芬，生于 1977 年，那坡县坡荷乡。

6. 清布帕子绿交边

tshin^{45} pu^{213} phɛ^{31} tsʅ^{54} lu^{31} tʃiau^{45} pɛn^{45}，

清　布　帕　子　绿　交　边，

iaŋ^{31} tʃhio^{31} tʃiau^{213} tau^{213} lu^{31} yɛ^{31} thɛn^{45}，

阳　雀　叫　到　六　月　天，

iaŋ^{31} tʃhio^{31} tʃiau^{213} tau^{213} lu^{31} yɛ^{31} tʂuan^{54}，

阳　雀　叫　到　六　月　转，

tʃiau^{213} ko^{45} iəu^{31} tau^{213} la^{54} i^{31} thɛn^{45}.

叫　哥　游　到　哪　一　天。

ʂəu⁵⁴la³¹tʂhai³¹tau⁴⁵man⁵⁴ʂan⁴⁵phau⁵⁴,
手 拿 柴 刀 满 山 跑,
pu³¹tʃɛn²¹³xau⁵⁴tʂhai³¹pu³¹ʃia²¹³tau⁴⁵,
不 见 好 柴 不 下 刀,
kan⁴⁵tʂhai³¹lo³¹ti²¹³məi²¹³pu³¹tʃɛn⁵⁴,
干 柴 落 地 妹 不 捡,
toŋ⁴⁵lai³¹iəu²¹³ʂo³¹u³¹tʂhai³¹ɬau⁴⁵.
冬 来 又 说 无 柴 烧。

ko⁴⁵uəi³¹məi²¹³lai³¹məi²¹³uəi³¹ko⁴⁵,
哥 为 妹 来 妹 为 哥,
ȵiau⁵⁴uəi³¹tshin⁴⁵ʂan⁴⁵y³¹uəi³¹xo³¹,
鸟 为 青 山 鱼 为 河,
ȵiau⁵⁴uəi³¹tshin⁴⁵ʂan⁴⁵ɬɻ̍⁵⁴tsai²¹³lin³¹,
鸟 为 青 山 死 在 林,
y³¹uəi³¹tshin⁴⁵ʂuəi⁵⁴ɬɻ̍⁵⁴tsai²¹³xo³¹.
鱼 为 清 水 死 在 河。

ɬiaŋ⁵⁴ʂuəi⁵⁴pu³¹tɛ³¹ʂuəi⁵⁴saŋ²¹³thɛn³¹,
想 水 不 得 水 上 田,
ɬiaŋ⁵⁴məi²¹³pu³¹tɛ³¹məi²¹³lai³¹lɛn³¹,
想 妹 不 得 妹 来 连,
pu³¹tɛ³¹xo³¹məi²¹³thoŋ³¹tsia⁴⁵tsai²¹³,
不 得 和 妹 同 家 在,
ʂuaŋ⁴⁵ʂəu⁵⁴phɛ³¹ʃyŋ⁴⁵ko⁴⁵ɬɻ̍⁵⁴tɛn⁴⁵.
双 手 拍 胸 哥 死 先。

koŋ²¹³xo³¹pu³¹iu³¹koŋ²¹³thiau³¹kəu⁴⁵,
共 河 不 如 共 条 沟,
koŋ²¹³kəu⁴⁵pu³¹iu³¹koŋ²¹³mən³¹ləu³¹,
共 沟 不 如 共 门 楼,

tʃi⁵⁴ sɿ³¹ xo³¹ məi²¹³ thoŋ³¹ tsia⁴⁵ tsai²¹³ ,
几　时　和　妹　同　家　在，
i⁴⁵ fu³¹ thoŋ³¹ tsai²¹³ xuan³¹ thoŋ³¹ iəu³¹ .
衣　服　同　在　还　同　游。

mai⁵⁴ ma⁵⁴ iau²¹³ mai⁵⁴ ɬɿ²¹³ tʃio³¹ kao⁴⁵ ,
买　马　要　买　四　脚　高，
tʃhi³¹ tsai²¹³ ma⁵⁴ saŋ²¹³ tʃhy²¹³ khan²¹³ tʃiau⁴⁵ ,
骑　在　马　上　去　看　交，
tsəu⁵⁴ tau²¹³ tʃiau⁴⁵ tʂhaŋ³¹ tʃiau⁴⁵ pu³¹ tsai²¹³ ,
走　到　交　场　交　不　在，
ʐən³¹ lo³¹ uəi⁴⁵ foŋ⁴⁵ ma⁵⁴ lo³¹ piau⁴⁵ .
人　落　威　风　马　落　膘。

ta²¹³ xai⁵⁴ tɛn⁵⁴ təŋ⁴⁵ pu³¹ pha²¹³ foŋ⁴⁵ ,
大　海　点　灯　不　怕　风，
məi²¹³ tshai³¹ saŋ²¹³ ʂan⁴⁵ khan⁵⁴ y³¹ kan⁴⁵ ,
妹　才　上　山　砍　鱼　杆，
ʂu⁴⁵ tɛ³¹ təu³¹ lai³¹ kai⁴⁵ iəu²¹³ san⁵⁴ ,
梳　得　头　来　街　又　散，
laŋ²¹³① liau⁵⁴ y⁵⁴ ʂuəi⁵⁴ thɛn³¹ iəu²¹³ kan⁴⁵ .
□　了　雨　水　田　又　干。

ko⁴⁵ tsai²¹³ toŋ⁴⁵ lai³¹ məi²¹³ tsai²¹³ ɬi⁴⁵ ,
哥　在　东　来　妹　在　西，
saŋ³¹ xan³¹ ku³¹ thəu³¹ məi²¹³ pu³¹ tsɿ⁴⁵ ,
伤　寒　骨　头　妹　不　知，
iɛn⁵⁴ tsin⁴⁵ uaŋ²¹³ tʂhuan⁴⁵ pu³¹ tʃɛn²¹³ məi²¹³ ,
眼　睛　望　穿　不　见　妹，

_____

① 晾。

tən⁵⁴ məi²¹³ tau²¹³ lai³¹ ko⁴⁵ tshən³¹ li³¹.
等　妹　到　来　哥　成　泥。

taŋ⁴⁵ tʂhu⁴⁵ xo³¹ məi²¹³ koŋ²¹³ loŋ³¹ tʃi⁴⁵,
当　初　和　妹　共　笼　鸡，
koŋ²¹³ loŋ³¹ ȵɛn⁵⁴ lai³¹ koŋ²¹³ loŋ³¹ thi³¹,
共　笼　碾　来　共　笼　提，
foŋ⁴⁵ tʂhuəi⁵⁴ y⁵⁴ ta⁵⁴ tʃi⁴⁵ loŋ³¹ lan²¹³,
风　吹　雨　打　鸡　笼　烂，
kɛ³¹ tɛ³¹ ko⁴⁵ toŋ⁴⁵ məi²¹³ tsai²¹³ ɬi⁴⁵.
隔　得　哥　东　妹　在　西。
演唱者：张明德，那坡县坡荷乡。

7. 山歌好唱难起头

ʂan⁴⁵ ko⁴⁵ xau⁵⁴ tʂhaŋ²¹³ lan³¹ tʃhi⁵⁴ thəu³¹,
山　歌　好　唱　难　起　头，
mu³¹ tsiaŋ²¹³ lan³¹ tʃhi⁵⁴ tʂuan⁵⁴ ko³¹ ləu³¹.
木　匠　难　起　转　角　楼。
ŋan³¹ tsiaŋ²¹³ lan³¹ ta⁵⁴ ŋan³¹ ɬɿ⁴⁵ tsɿ⁵⁴,
岩　匠　难　打　岩　狮　子，
in³¹ tsiaŋ²¹³ lan³¹ ta⁵⁴ kuən⁵⁴ ɬiəu²¹³ tshiəu³¹.
银　匠　难　打　滚　绣　球。

ʂan⁴⁵ kʊ⁴⁵ xau⁵⁴ tʂhaŋ²¹³ khəu⁵⁴ lan³¹ khai⁴⁵,
山　歌　好　唱　口　难　开，
lin³¹ tshin³¹ xau⁵⁴ tʃhi³¹ ʂu²¹³ lan³¹ tsai⁴⁵.
林　檎　好　吃　树　难　栽。
pɛ³¹ mi⁵⁴ xau⁵⁴ tʃhi³¹ thɛn³¹ lan³¹ pan²¹³,
白　米　好　吃　田　难　办，
ɬɛn⁴⁵ y³¹ hau⁵⁴ tʃhi³¹ uaŋ⁵⁴ lan³¹ khai⁴⁵.
鲜　鱼　好　吃　网　难　开。

xua⁴⁵ yɛn³¹ xau⁵⁴ ȵɯa⁵⁴ lu²¹³ lan³¹ lai³¹.

（花　园　好　耍　路　难　来。）

演唱者：张明德，那坡县坡荷乡。

8. 为民国家好多多

uəi³¹ min³¹ ko³¹ tsia⁴⁵ xau⁵⁴ to⁴⁵ to⁴⁵,

为　民　国　家　好　多　多，

thuəi²¹³ kən⁴⁵ xuan³¹ lin³¹ tʂoŋ²¹³ pa³¹ ko³¹.

退　　耕　还　林　种　八　角。

ɬan⁴⁵ ȵɛn³¹ liaŋ⁵⁴ ȵɛn³¹ tsaŋ⁵⁴ ta²¹³ liau⁵⁴,

三　　年　两　年　长　大　了，

tʃin⁴⁵ tsi²¹³ fa³¹ tʂan⁵⁴ iɛ⁵⁴ pu³¹ tsho²¹³.

经　济　发　展　也　不　错。

uəi³¹ min³¹ ko³¹ tsia⁴⁵ to⁴⁵ tsau²¹³ ku²¹³,

为　民　国　家　多　照　顾，

thuəi²¹³ kən⁴⁵ xuan³¹ lin³¹ tʂoŋ²¹³ ŋan⁴⁵ ʂu²¹³.

退　　耕　还　林　种　桉　树。

ɬŋ²¹³ ȵɛn³¹ u⁵⁴ ȵɛn³¹ tsaŋ⁵⁴ ta²¹³ liau⁵⁴,

四　　年　五　年　长　大　了，

tiau²¹³ tʂhu³¹ məi⁵⁴ ko³¹ tʃhi⁵⁴ faŋ³¹ u³¹.

调　出　美　国　起　房　屋。

uəi³¹ min³¹ ko³¹ tsia⁴⁵ to⁴⁵ tsau²¹³ ku²¹³,

为　民　国　家　多　照　顾，

thuəi²¹³ kən⁴⁵ xuan³¹ lin³¹ tʂoŋ²¹³ ʂa⁴⁵ mu³¹.

退　　耕　还　林　种　杉　木。

sŋ²¹³ ȵɛn³¹ pa³¹ ȵɛn³¹ tsaŋ⁵⁴ ta²¹³ liau⁵⁴,

十　　年　八　年　长　大　了，

tiau²¹³ tʂhu³¹ məi⁵⁴ ko³¹ tso²¹³ tin⁵⁴ mu³¹.

调　出　美　国　做　顶　木。

演唱者：张明德，高中文化，那坡县坡荷乡。

9. 出门三步就唱歌

tʂhu³¹ mən³¹ ɬan⁴⁵ pu²¹³ tsiəu²¹³ tʂhaŋ²¹³ ko⁴⁵,

出　门　三　步　就　唱　歌,

z̩ən³¹ z̩ən³¹ tʃiaŋ⁵⁴ məi²¹³ foŋ⁴⁵ liəu³¹ to⁴⁵.

人　人　讲　妹　风　流　多。

tsu⁵⁴ fən³¹ tsaŋ²¹³ tsai²¹³ foŋ⁴⁵ liəu³¹ ti²¹³,

祖　坟　葬　在　风　流　地,

foŋ⁴⁵ tʂhuəi⁴⁵ xua⁴⁵ s̩ʅ²¹³ lai²¹³ pu³¹ xo³¹.

风　吹　花　树　耐　不　活。

演唱者：张明德，那坡县坡荷乡。

二　民间故事
1. 饿死老公菜

ŋo²¹³ sʅ⁵⁴ lau⁵⁴ koŋ⁴⁵ tshai²¹³ sʅ²¹³ i³¹ tʂoŋ⁵⁴ iɛ⁵⁴ tshai²¹³, tha⁴⁵ kan⁵⁴ ta²¹³ tsʅ⁵⁴ mu⁵⁴

饿　死　老　公　菜　是　一　种　野　菜,　它　秆　大　指　拇

la²¹³ mo⁴⁵ ta²¹³, li⁵⁴ mɛn²¹³ sʅ²¹³ khoŋ⁴⁵ li⁰. la²¹³ sʅ³¹ mi⁵⁴ sau⁵⁴, tsʅ⁵⁴ ʃi⁴⁵ fan²¹³, mi⁵⁴

那　么　大,　里　面　是　空　的。那　时　米　少,　煮　稀　饭,　米

təu⁴⁵ tshyɛn³¹ pu²¹³ tsuan⁴⁵ tau²¹³ kan⁴⁵ kan⁴⁵⁻ li⁵⁴ mɛn²¹³ tʃhyi²¹³, tha⁴⁵ kəi⁵⁴ lau⁵⁴ koŋ⁴⁵

都　全　部　钻　到　秆　秆　里　面　去,　她　给　老　公

tʃhi³¹ iɛ³¹ iɛ³¹, tha⁴⁵ tʃiəu²¹³ tʃhi³¹ kan⁴⁵ kan⁴⁵⁻⁵⁴, mi⁵⁴ təu⁴⁵ tshyɛn³¹ pu²¹³ tau²¹³ khoŋ⁴⁵

吃　叶　叶,　她　就　吃　秆　秆,　米　都　全　部　到　空

thoŋ³¹ li⁵⁴ mɛn²¹³ tʃhyi²¹³ la⁰. tʃhi³¹ lai³¹ tʃhi³¹ tʃhyi²¹³, lau⁵⁴ koŋ⁴⁵ tʃiəu²¹³ ŋo²¹³ sʅ⁵⁴

筒　里　面　去　了。吃　来　吃　去,　老　公　就　饿　死

la⁰. so⁵⁴ i⁵⁴ xan⁵⁴ tso²¹³ "ŋo²¹³ sʅ⁵⁴ lau⁵⁴ koŋ⁴³ tshai²¹³".

了。所　以　喊　作　"饿　死　老　公　菜"。

讲述者：席礼茂，凌云县加尤镇。

2. 孝敬老人的故事

i⁵⁴ tshɛn³¹ iəu⁵⁴ ko²¹³, tha⁴⁵ sʅ²¹³ i⁴⁵ ko²¹³ tsai⁵⁴, tha⁴⁵ iəu²¹³ tʂhən³¹ sən⁴⁵ i³¹ ko²¹³

以　前　有　个,　他　是　一　个　仔,　他　又　成　生　一　个

tsai⁵⁴. tha⁴⁵ lau⁵⁴ ti⁴⁵ pin²¹³ sʅ⁵⁴ i⁵⁴ xəu²¹³, tha⁴⁵ tʃiəu²¹³ pu³¹ t ʂau⁵⁴ ʐən³¹, kuan³¹①

　　　他　老爹　病　死　以　后，　他　就　不　找　人，　□

pəi⁴⁵, la³¹ pəi²¹³ təu⁴⁵ tsuən⁵⁴ pəi²¹³ la³¹ ʂaŋ²¹³ ʂan⁴⁵ tʃhyi²¹³ ʂuai⁵⁴. ʂuai⁵⁴ i⁵⁴ xəu²¹³

背，　拿背　篼　准　备　拿　上　山　去　甩。甩　以　后

tha⁴⁵ tsʅ²¹³ tʃi⁵⁴ li⁰ ua³¹ ua³¹ iɛ⁵⁴ pu³¹ ta²¹³, xai³¹ siau⁵⁴, kən⁴⁵ tha⁴⁵ i⁵⁴ tʃhi⁵⁴ tʃhyi²¹³.

他　自　己　的　娃娃　也　不　大，　还　小，　跟　他　一起　去。

tʃɛn²¹³ paŋ⁴⁵ tha⁴⁵ a⁴⁵ koŋ⁴⁵ ʂuai⁵⁴ tsai²¹³ ʂan⁴⁵ ʂaŋ²¹³, lɛn³¹ pəi²¹³ təu⁴⁵ tha⁴⁵ təu⁴⁵ pu³¹

见　帮　他　阿公　甩　在　山　上，　连　背　篼　他　都　不

iau²¹³ la⁰, tha⁴⁵ ko²¹³ tsai⁵⁴, sən⁴⁵ tsʅ⁰ tʃiaŋ⁵⁴ li⁵⁴, ȵi⁵⁴ pəi²¹³ təu⁴⁵ pu³¹ la³¹ xuəi³¹

要　了，他　个　仔，　孙　子　讲　呢，　你　背　篼　不　拿　回

tʃhyi²¹³, i⁵⁴ xəu²¹³ ŋo⁵⁴ iəu²¹³ la³¹ la⁵⁴ iaŋ²¹³ pəi⁴⁵ ȵi⁵⁴? tha⁴⁵ lau⁵⁴ ti⁴⁵ thin²¹³ liau⁵⁴ ua³¹

去，　以　后　我　又　拿　哪　样　背　你？他　老爹　听　了　娃

ua³¹ tʃiaŋ⁵⁴ tʃɛ⁵⁴ ko²¹³ xua²¹³，"ʂʅ⁵⁴ pu³¹ tɛ³¹ la⁰, pu³¹ iau²¹³ t ʂɛ²¹³ iaŋ²¹³ tso²¹³"．

娃　讲　这　个　话，　"使　不　得　了，　不　要　这　样　做"．

tha⁴⁵ iəu²¹³ tshai³¹ t ʂau⁵⁴ ʐən³¹ tʃhyi²¹³ moŋ⁴⁵．② tha⁴⁵ ko²¹³ ua³¹ tsai⁵⁴ ŋən²¹³ ʂʅ²¹³ t ʂɛ²¹³

他　又　才　找　人　去　□。　他　个　娃仔　硬　是　这

iaŋ²¹³ tʃiaŋ⁵⁴, tha⁴⁵ tshai³¹ khau⁵⁴ li²¹³ t ʂɛ²¹³ ko²¹³ tso²¹³ pu³¹ tɛ³¹ a⁰!

样　讲，　他　才　考　虑　这　个　做　不　得啊!

　　　讲述者：席礼茂，凌云县加尤镇。

3. "高山汉"的来历

ŋo⁵⁴ mən³¹ ʂʅ²¹³ tshoŋ³¹ fu³¹ pɛ³¹ tau²¹³ fu³¹ lan³¹, ʐan³¹ xəu²¹³ tau²¹³ kuaŋ⁵⁴ si⁴⁵.

　我　们　是　从　湖　北　到　湖　南，　然　后　到　广　西。

tshoŋ³¹ ʂən⁵⁴ mə⁴⁵ lɛn³¹ tai²¹³ lai³¹ tʃi²¹³ pu³¹ tshin⁴⁵ tsəu⁵⁴, tshəu³¹ phu⁵⁴ ʂaŋ²¹³ iəu⁵⁴.

　从　什　么　年　代　来　记　不　清　楚，　族　谱　上　有。

ŋo⁵⁴ mən³¹ xo³¹ ʂaŋ²¹³ san⁴⁵ toŋ³¹ xa⁴⁵, ŋo⁵⁴ mən³¹ t ʂɛ²¹³ li³¹ ʂʅ²¹³ i⁴⁵ ko²¹³ tsəu⁵⁴ koŋ⁴⁵,

　我　们　和　上　伞　东　哈，　我　们　这　里　是　一　个　祖　公，

---

① 自己；独自。
② 埋起来。

toŋ⁴⁵ xa⁴⁵⁻³¹ko²¹³, tshɛn⁴⁵ tsəu⁵⁴li⁰ ʂ̩³¹xəu²¹³ ʂ̩²¹³ thiau⁴⁵lai³¹li⁰, i⁻³¹thəu³¹⁻³¹ko²¹³.
东　哈　一个，　迁　走　的时　候　是　挑　来　的，一头　一个。

la²¹³ ʂ̩³¹xəu²¹³ ŋo⁵⁴mən³¹xan²¹³ tshəu⁵⁴lai³¹tau²¹³kuaŋ⁵⁴si⁴⁵, xo³¹pɛn⁴⁵pu³¹tau²¹³
那时　候　我　们　汉　族　来　到　广　西，河边　不　到

ŋo⁵⁴mən³¹t ʂan²¹³, thɛn³¹pa²¹³iɛ⁵⁴pu³¹tau²¹³ŋo⁵⁴mən³¹, tsai²¹³ʂan⁴⁵ʂaŋ²¹³tsɛ²¹³
我　们　占，　田　坝　也　不　到　我　们，　在　山　上　借

xo⁵⁴t ʂuaŋ²¹³tshəu³¹təu⁴⁵pu³¹kəi⁵⁴, ŋo⁵⁴mən³¹tsʂ²¹³t ʃi⁵⁴yŋ²¹³xo⁵⁴lɛn³¹. "kau⁴⁵
火　壮　族　都　不　给，　我　们　自　己　用　火　镰。"高

ʂan⁴⁵xan²¹³"，"kau⁴⁵ʂan⁴⁵xan²¹³" tsiəu²¹³ʂ̩²¹³tshoŋ³¹t ʂɛ²¹³li⁵⁴t ʃhi⁵⁴. tshoŋ³¹fu³¹
山　汉"，　"高　山　汉"　就　是　从　这　里　起。　从　湖

pɛ³¹、yn³¹lan³¹、kuəi²¹³t ʂəu⁴⁵、sʂ²¹³t ʂhuan²¹³təu⁴⁵iəu⁵⁴. ŋo⁵⁴mən³¹loŋ⁵⁴xuai³¹
北、　云　南、　贵　州、　四　川　都　有。　我　们　陇　槐

iəu⁵⁴li⁰ ʂ̩²¹³tshoŋ³¹yn³¹lan³¹、sʂ²¹³t ʂhuan⁴⁵ti²¹³t ʂən²¹³li⁰lai³¹tau²¹³t ʂɛ²¹³li⁵⁴li⁰
有　的　是　从　云　南、　四　　川　地　震　的　来　到　这　里　的

lau⁵⁴tshɛn³¹pəi²¹³。
老　前　辈。

　　讲述者：席礼茂，凌云县加尤镇。

4. 香兰木的故事（二十四位祖天菩萨的故事）

ŋo⁵⁴mən³¹xan²¹³tshəu³¹iəu⁵⁴o²¹³ ʂ̩³¹sʂ²¹³uəi²¹³tsəu⁵⁴thɛn⁴⁵phu³¹sa⁴⁵, ʂ̩³¹
　我　们　汉　族　有　二　十　四　位　祖　天　菩萨，　实

tsi²¹³t ʂ²¹³o²¹³ ʂ̩³¹sʂ²¹³ko²¹³ ʐən³¹təu⁴⁵ ʂ̩²¹³ta²¹³t ʃhiaŋ³¹tau²¹³. toŋ⁴⁵thɛn⁴⁵la⁰,
际　这　二　十　四　个　人　都　是　大　强　盗。　冬　天　啦，

ʐən³¹t ʃia⁴⁵ʂa²¹³ŋɛn³¹t ʂ̩⁴⁵, tha⁴⁵təu⁴⁵məi²¹³tɛ³¹t ʂ̩⁴⁵, məi²¹³ŋɛn³¹t ʂ̩⁴⁵ʂa³¹, kan⁵⁴
人　家　杀　年　猪，　他　都　没　得　猪，　没　年　猪　杀，　赶

t ʃin⁵⁴phoŋ²¹³tau²¹³i⁻⁴⁵t ʃhi⁵⁴tsuən⁵⁴pəi²¹³t ʃhyi²¹³thəu⁴⁵. tsai²¹³la²¹³li⁵⁴⁻³¹ko²¹³təu³¹
紧　碰　到　一　起　准　备　去　偷。　在　那　里　一　个　独

toŋ²¹³tsʂ⁰, məi²¹³tɛ³¹ʐən³¹fu²¹³, lən⁵⁴lau⁵⁴xo⁵⁴, la³¹ko²¹³lan²¹³mu³¹, tha⁴⁵t ʃɛn⁵⁴
峒　子，　没　得　人　户，　冷　老　火，　拿　个　烂　木，　他　捡

li⁰tshyɛn³¹pu²¹³ʃiaŋ⁴⁵lan³¹mu³¹, ʂau⁴⁵xo⁵⁴khau⁵⁴. la²¹³ko²¹³iɛn⁴⁵tsʂ⁰ʃyɛn⁴⁵tau²¹³
的　全　部　香　兰　木，　烧　火　烤。　那　个　烟　子　熏　到

lan³¹thɛn⁴⁵mən³¹, tʂʅ³¹tsɛ³¹tʃin⁴⁵toŋ²¹³yi²¹³ti²¹³, yi²¹³ti²¹³tsiəu²¹³phai²¹³thai²¹³pɛ³¹
南　天　门，　直　接　惊　动　玉　帝，玉　帝　就　派　太　白

tʃin⁴⁵ʃin⁴⁵sia²¹³fan³¹lai³¹khan²¹³. khan²¹³tau²¹³li⁰ʂʅ o²¹³ʂʅ³¹sʅ²¹³ko²¹³ʐən³¹
金　星　下　凡　来　看。　看　到　的　是　二　十　四　个　人

tsai²¹³ʂau⁴⁵i˙³¹ta²¹³tuəi⁴⁵xo⁵⁴, khau⁵⁴xo⁵⁴, tsiəu²¹³ʂʅ²¹³la²¹³ku⁵⁴iɛn⁴⁵tsʅ⁰tʂhoŋ⁴⁵
在　烧　一　大　堆　火，　烤　火，　就　是　那　股　烟　子　冲

ʂaŋ²¹³thɛn⁴⁵. thai²¹³pɛ³¹tʃin⁴⁵ʃin⁴⁵xuəi³¹tʃhyi²¹³i˙⁵⁴xəu²¹³, yi²¹³ti²¹³tsiəu²¹³foŋ⁴⁵
上　天。　太　白　金　星　回　去　以　后，　玉　帝　就　封

uəi³¹o²¹³ʂʅ³¹sʅ²¹³ko²¹³tsəu⁵⁴thɛn⁴⁵phu³¹sa⁴⁵.
为　二　十　四　个　祖　天　菩　萨。

　　讲述者：席礼茂，凌云县加尤镇。

5. 地名的故事

i˙⁵⁴tshɛn³¹mo³¹xo³¹①, ŋo⁵⁴mən³¹ua³¹ua³¹tʃia⁴⁵təu⁴⁵pu³¹ta²¹³si⁵⁴xuan⁴⁵tʃiaŋ⁵⁴,
以　前　□□，　我　们　娃　娃　家　都　不　大　喜　欢　讲，

tʃhi³¹kuai²¹³ŋo⁵⁴mən³¹tʂʅ²¹³li⁰ti²¹³faŋ⁴⁵iəu⁵⁴la²¹³mo⁴⁵i˙³¹tʂoŋ⁵⁴lan⁴⁵thin²¹³li⁰min³¹
奇　怪　我　们　住　的　地　方　有　那　么　一　种　难　听　的　名

tsʅ²¹³tʃiau²¹³ "ma⁵⁴ŋiau²¹³ʂuəi⁵⁴". xəu²¹³lai³¹lɛ³³, iəu⁵⁴i˙³¹ko²¹³, la²¹³ko²¹³pəi²¹³
字　叫　"马　尿　水"。　后　来　咧，　有　一　个，　那　个　辈

fən²¹³ʂʅ²¹³ŋo⁵⁴pa⁴⁵i˙³¹pəi²¹³li³¹, ŋo⁵⁴xan⁵⁴ʂu³¹, tan²¹³ʂʅ²¹³lɛ³³, tha⁴⁵ŋɛn³¹tʃi⁵⁴
分　是　我　爸　一　辈　的，　我　喊　叔，　但　是　咧，　他　年　纪

kən⁴⁵ŋo⁵⁴tʂha⁴⁵pu³¹to⁴⁵. tha⁴⁵tsiəu²¹³uən²¹³la⁰, uən²¹³ta²¹³ʐən³¹: "uəi²¹³la⁵⁴
跟　我　差　不　多。　他　就　问　了，　问　大　人：　"为　哪

iaŋ²¹³ŋo⁵⁴mən³¹tsɣ²¹³li⁵⁴pu³¹xan⁵⁴ 'si³¹tʃia⁴⁵tʂai²¹³' a⁰, 'si³¹tʃia⁴⁵tshən⁴⁵' a⁰,
样　我　们　这　里　不　喊　'席　家　寨'　啊，'席　家　村'　啊，

pu³¹xau⁵⁴thin²¹³i˙³¹tɛn⁵⁴a⁰?" ŋo⁵⁴li⁰thai²¹³koŋ⁴⁵a⁰, tha⁴⁵ʂʅ²¹³i˙³¹ko²¹³pi⁵⁴tʃiau²¹³
不　好　听　一　点　啊？"我　的　太　公　啊，他　是　一　个　比　较

ʃɛn³¹li⁰lau⁵⁴ʐən³¹tʃia⁴⁵, tɛ⁴⁵khoŋ²¹³a⁰, tha⁴⁵tsiəu²¹³tʃiaŋ⁵⁴la⁰: ŋo⁵⁴mən³¹tsɣ²¹³
闲　的　老　人　家，　得　空　啊，他　就　讲　了：我　们　这

---

①　语气词。

li⁵⁴ t ʂən⁴⁵ li⁰ min³¹ tsʅ²¹³ xan⁵⁴ tʃiau²¹³ "ŋai³¹ tʃio³¹ tən²¹³". tan²¹³ ʂʅ²¹³ ˌi⁵⁴ tshɛn³¹ tsəu⁵⁴

里　真　的　名　字　喊　叫　"岩　脚　屯"。但　是　以　前　走

ləu²¹³ li⁰ ma³¹ xo³¹①, kan⁵⁴ t ʂhaŋ³¹ ʂʅ²¹³ tsəu⁵⁴ ləu²¹³, məi²¹³ tɛ³¹ tso²¹³ t ʂhɛ⁴⁵, z̩an³¹

路　的　□□，　赶　场　是　走　路，　没　得　坐　车，　然

xəu²¹³ t ʂu²¹³ tau²¹³ yɛn⁵⁴ tɛn⁵⁴ li⁰ naŋ³¹ t ʂaŋ³¹ li⁰② z̩ən³¹, tha⁴⁵ mən³¹ kan⁵⁴ t ʂhaŋ³¹ ko²¹³

后　住　到　远　点　的　□　□　的　人，　他　们　赶　场　过

ŋo⁵⁴ mən³¹ t ʂɛ²¹³ li⁵⁴, z̩an³¹ xəu²¹³ tha⁴⁵ mən³¹ iɛ⁵⁴ pu³¹ toŋ⁵⁴ ŋo⁵⁴ mən³¹ t ʂɛ²¹³ li⁵⁴ xan⁵⁴

我　们　这　里，　然　后　他　们　也　不　懂　我　们　这　里　喊

la⁵⁴ iaŋ²¹³ o³¹, tan²¹³ ʂʅ²¹³ tha⁴⁵ mən³¹ məi⁵⁴ tshʅ²¹³ tʃin⁴⁵ ko²¹³ ŋo⁵⁴ mən³¹ t ʂɛ²¹³ li⁵⁴ li⁰

哪　样　哦，　但　是　他　们　每　次　经　过　我　们　这　里　的

ʂʅ³¹ xəu²¹³ a⁰, xuəi³¹ xuəi³¹ təu⁵⁴ khan²¹³ tau²¹³ liaŋ⁵⁴ ko²¹³ ʃiau⁵⁴ ua³¹ ua³¹, tso²¹³ tau²¹³

时　候　啊，　回　回　都　看　到　两　个　小　娃　娃，　坐　到

tʃia⁴⁵ phaŋ³¹ pɛn⁴⁵ uan⁴⁵ uan⁴⁵ li⁵⁴ khu¹ a⁰, z̩an³¹ xəu²¹³, la²¹³ si⁴⁵ z̩ən³¹ təu⁴⁵ kuan³¹③

家　旁　边　弯　弯　里　哭　啊，　然　后，　那　些　人　都　□

paŋ⁴⁵ tʃhi⁵⁴ ko²¹³ min³¹ tsʅ²¹³ tʃiau²¹³ "ma⁵⁴ ʂuəi⁵⁴ uan⁴⁵". in⁴⁵ uəi²¹³ ŋo⁵⁴ mən³¹ t ʂɛ²¹³

帮　起　个　名　字　叫　"马　水　弯"。　因　为　我　们　这

khuai⁵⁴ li⁰ xan²¹³ tshəu³¹ xan⁵⁴ i⁴⁵ ko²¹³ z̩ən³¹ khu¹ a⁰, tha⁴⁵ tsiəu³¹ xan⁵⁴ tʃiaŋ⁵⁴ ʂʅ²¹³

块　的　汉　族　喊　一　个　人　哭　啊，　他　就　喊　讲　是

"liəu³¹ mau⁴⁵ niau²¹³" a⁰, "liəu³¹ ma⁵⁴ niau²¹³" a⁰ t ʂʅ⁴⁵ luəi²¹³ li⁰. xəu²¹³ lai³¹

"流　猫　尿"　啊，　"流　马　尿"　啊　之　类　的。　后　来

tsiəu²¹³ xan⁵⁴ "ma⁵⁴ niau²¹³ ʂuəi⁵⁴", tsiəu²¹³ xan⁵⁴ t ʂhu³¹ min³¹ la⁰. z̩an³¹ xəu²¹³

就　喊　"马　尿　水"，　就　喊　出　名　了。　然　后

z̩ən³¹ tʃia⁴⁵ tsiəu²¹³ pu³¹ xan⁵⁴ ŋo⁵⁴ mən³¹ t ʂɛ²¹³ li⁵⁴ "ŋai³¹ tʃio³¹ o²¹³ siau⁵⁴ tuəi²¹³" la⁰,

人　家　就　不　喊　我　们　这　里　"岩　脚　二　小　队"　了，

təu⁴⁵ xan⁵⁴ "ma⁵⁴ niau²¹³ ʂuəi⁵⁴", so⁵⁴ i⁵⁴ ŋo⁵⁴ mən³¹ t ʂɛ²¹³ li⁵⁴ ʃən²¹³ tsai²¹³ təu⁴⁵ xan⁵⁴

都　喊　"马　尿　水"，　所　以　我　们　这　里　现　在　都　喊

"ma⁵⁴ ʂuəi⁵⁴ tsəu⁵⁴" lɛ³³, tsiəu²¹³ ʂʅ²¹³ t ʂɛ²¹³ iaŋ²¹³ lo⁵⁴. t ʂɛ²¹³ ko²¹³ ku²¹³ sʅ²¹³ ˌi³¹

"马　水　组"　咧，　就　是　这　样　咯。　这　个　故　事　一

---

① 语气词。

② 地名。

③ 自己；独自。

tʂʅ³¹ liəu³¹ tʂhuan³¹, tan²¹³ ʂʅ²¹³ tʃyi²¹³ thi²¹³ ʂʅ²¹³ ʂən⁵⁴ mo⁴⁵ ȵɛn³¹ tai²¹³, ŋo⁵⁴ lau⁵⁴
直　流　传，　但　是　具　体　是　什　么　年　代，　我　老

thai²¹³ iɛ³¹ pu³¹ toŋ⁵⁴, so⁵⁴ i⁵⁴ lɛ³³, ŋo⁵⁴ mən³¹ təu⁴⁵ pu³¹ toŋ⁵⁴.
太　爷　不　懂，　所　以　咧，　我　们　都　不　懂。

讲述者：席秋兰，凌云县加尤镇。

三　讲述

我们家生活困难的原因

ŋo⁵⁴ mən³¹ tʃia⁴⁵ i³¹ tʂʅ³¹ tau²¹³ ʃən²¹³ tsai²¹³ sən⁴⁵ xo³¹ ʂuəi⁵⁴ phin³¹ a⁰, təu⁴⁵ pi⁵⁴
我　们　家　一　直　到　现　在　生　活　水　平　啊，　都　比

pe³¹ tʃia⁴⁵ tʂha⁵⁴ tɛn⁵⁴, yɛn³¹ in⁴⁵ ʂʅ²¹³ ŋo⁵⁴ mən³¹ tʃia⁴⁵ ŋo⁵⁴ pa⁴⁵ la⁴⁵ pəi²¹³ ʃyŋ⁴⁵ ti²¹³
别　家　差　点，　原　因　是　我　们　家　我　爸　那　辈　兄　弟

tsɛ⁵⁴ məi²¹³ to⁴⁵, o³¹ tshɛ⁵⁴ ŋo⁵⁴ ia³¹ tha⁴⁵ mən³¹ ʂʅ²¹³ kua⁵⁴ pɛn⁵⁴ tsai⁵⁴, tsiəu²¹³ ʂʅ²¹³
姐　妹　多，　而　且　我　伢　他　们　是　寡　边　崽，　就　是

ŋo⁵⁴ pho³¹ a⁰, ŋo⁵⁴ ia³¹ xai³¹ siau⁵⁴ siau⁵⁴ li⁰ ʃʅ⁰ xəu²¹³ tsiəu²¹³ sʅ⁵⁴ la⁰. ʐan³¹ xəu²¹³,
我　婆　啊，　我　伢　还　小　小　的　时　候　就　死　了。　然　后，

ŋo⁵⁴ thin²¹³ tʃiaŋ⁵⁴ a⁰, tʃiaŋ⁵⁴ ŋo⁵⁴ pho³¹ sʅ⁴⁵ li⁰ ʂʅ³¹ xəu²¹³ nɛ³³, ŋo⁵⁴ ia³¹ xai³¹ pu³¹ toŋ⁵⁴
我　听　讲　啊，　讲　我　婆　死　的　时　候　哩，　我　伢　还　不　懂

sʅ²¹³, tan²¹³ ʂʅ²¹³ tha⁴⁵ i³¹⁵⁴ tʃin⁴⁵ toŋ⁵⁴ tɛ³¹ paŋ⁴⁵ tʃia⁴⁵ li⁵⁴ tso²¹³ xo³¹ ləu²¹³ lə²². tha⁴⁵
事，　但　是　他　已　经　懂　得　帮　家　里　做　活　路　嘞。　他

tʃhyi²¹³ la²¹³ pɛn⁴⁵ la²¹³ phi³¹ ʂan⁴⁵, tʃiau²¹³ "tsau⁵⁴ ʂu³¹ pau⁵⁴", tha⁴⁵ tsai²¹³ la²¹³ li⁵⁴
去　那　边　那　匹　山，　叫　"枣　熟　堡"，　他　在　那　里

khan²¹³ ȵiəu³¹, ta²¹³ ʐən³¹ tau²¹³ la²¹³ li⁵⁴ xan⁵⁴ tha⁴⁵ tʃiaŋ⁵⁴ "ma⁴⁵ tsəu⁵⁴ la⁰", tha⁴⁵
看　牛，　大　人　到　那　里　喊　他　讲　"妈　走　了"，　他

təu⁴⁵ pu³¹ toŋ⁵⁴ tɛ³¹ tʃiaŋ⁵⁴ ʂʅ²¹³ ma⁴⁵ i⁵⁴ tʃin⁴⁵ sʅ⁵⁴ la⁰. tau²¹³ ŋo⁵⁴ pho³¹ i⁵⁴ tʃin⁴⁵ mai³¹
都　不　懂　得　讲　是　妈　已　经　死　了。　到　我　婆　已　经　埋

ʃia²¹³ tʃhyi²¹³ tɛ³¹ xau⁵⁴ tʃi⁵⁴ thɛn⁴⁵ la⁰, tha⁴⁵ mən³¹ tshai³¹ kan⁵⁴ tʃhio³¹ tau²¹³ ma⁴⁵ tʂɛ²¹³
下　去　得　好　几　天　了，　他　们　才　感　觉　到　妈　这

xuəi³¹ məi²¹³ xuəi³¹ tʃia⁴⁵ lə⁵⁴ pə⁵⁴①, tha⁴⁵ xai³¹ i⁵⁴ uəi³¹ ʂʅ²¹³ ŋo⁵⁴ pho³¹ ʂʅ²¹³ tʃhyi²¹³ tso²¹³
回　没　回　家　□　□，　他　还　以　为　是　我　婆　是　去　做

_____

① 语气词。

xo³¹ləu²¹³la⁰. tan²¹³ ʂ̩²¹³ tʂ̩ən⁴⁵li⁰ ʂ̩²¹³ yɛ³¹lai³¹yɛ³¹tʃiəu⁵⁴, xau⁵⁴tʃi⁵⁴thɛn⁴⁵, təu⁴⁵
活 路 了。但 是 真 的 是 越 来 越 久， 好 几 天， 都

məi²¹³ŋo⁵⁴pho³¹tɕuan⁵⁴lai³¹, ʐən³¹tʃia⁴⁵tshai³¹paŋ⁴⁵tha⁴⁵tʃiaŋ⁵⁴ma⁴⁵ʂ̩²¹³mai³¹
没 我 婆 转 来， 人 家 才 帮 他 讲 妈 是 埋

tau²¹³u³¹iɛn³¹ko³¹ko³¹la²¹³li⁵⁴, tha⁴⁵mən³¹tshai³¹toŋ⁵⁴tɛ³¹. tha⁴⁵mən³¹sin⁴⁵li⁵⁴
到 屋 檐 角 角 那 里， 他 们 才 懂 得。 他 们 心 里

mɛn²¹³xən⁵⁴lan³¹ko²¹³, ma⁴⁵tsoŋ⁵⁴pu³¹xuəi³¹lai³¹la⁰, tʂɤ²¹³xuəi³¹. la²¹³ʂ̩²¹³ŋo⁵⁴
面 很 难 过， 妈 总 不 回 来 了， 这 回。 那 时 我

pho³¹sʐ⁵⁴li⁰ ʂ̩³¹xəu²¹³tshai³¹san⁴⁵ʂ̩³¹to⁴⁵suəi³¹, iɛ⁵⁴ʂ̩²¹³in⁴⁵uəi²¹³sən⁴⁵ŋo⁵⁴
婆 死 的 时 候 才 三 十 多 岁， 也 是 因 为 生 我

ɳiaŋ⁴⁵kho⁵⁴lən³¹ʂ̩²¹³la²¹³tʂ̩əŋ⁵⁴lan³¹tʂan⁵⁴a⁰, tau²¹³yɛ²¹³tsʐ⁰thəu³¹sʐ⁵⁴li⁰. so⁵⁴
嬢 可 能 是 那 种 难 产 啊， 到 月 子 头 死 的。所

i⁵⁴xəu²¹³lai³¹ŋo⁵⁴ɳiaŋ⁴⁵nɛ³³, kaŋ⁴⁵kaŋ⁴⁵tʂ̩u³¹sən⁴⁵, məi²¹³tɛ³¹xo⁴⁵lai²¹³a⁰, ŋo⁵⁴
以 后 来 我 嬢 哩， 刚 刚 出 生， 没 得 喝 奶 啊， 我

koŋ⁴⁵pəi⁴⁵tʃhi⁵⁴ŋo⁵⁴ɳiaŋ⁴⁵tʃhyi²¹³tʂ̩au⁵⁴ʐən³¹tʃia⁴⁵la²¹³tʂ̩əŋ⁵⁴tai²¹³ʃiau⁵⁴ua³¹ua³¹
公 背 起 我 嬢 去 找 人 家 那 种 带 小 娃 娃

li⁰fu²¹³ɳyi⁵⁴, xan⁵⁴paŋ⁴⁵uəi²¹³lai⁵⁴a⁰, tan²¹³ʂ̩²¹³nɛ³³, tʃia⁴⁵li³¹thəu³¹xai³¹iəu⁵⁴
的 妇 女， 喊 帮 喂 奶 啊， 但 是 哩， 家 里 头 还 有

sʐ²¹³ko²¹³ʃiau⁵⁴ua³¹ua³¹iau³¹tʂ̩au²¹³ku²¹³, ʐan³¹xəu²¹³məi²¹³tɛ³¹pan²¹³fa³¹la⁰,
四 个 小 娃 娃 要 照 顾， 然 后 没 得 办 法 了，

tsiəu²¹³paŋ⁴⁵ŋo⁵⁴la²¹³ko²¹³kaŋ⁴⁵kaŋ⁴⁵tʂ̩u³¹sən⁴⁵li⁰ʃiau⁵⁴ɳiaŋ⁴⁵soŋ²¹³kəi⁵⁴pɛ³¹
就 帮 我 那 个 刚 刚 出 生 的 小 嬢 送 给 别

ko²¹³iaŋ⁵⁴la⁰. iɛ⁵⁴ʂ̩²¹³pu³¹xau⁵⁴iaŋ⁵⁴, la²¹³ʂ̩³¹xəu²¹³sən⁴⁵xo³¹thiau³¹tʃɛn²¹³iɛ⁵⁴
个 养 了。 也 是 不 好 养， 那 时 候 生 活 条 件 也

tʂ̩ha⁴⁵, xəu²¹³lai³¹iɛ⁵⁴məi²¹³iaŋ⁵⁴tɛ³¹xau⁵⁴tʃi⁵⁴thɛn⁴⁵, ŋo⁵⁴la²¹³ko²¹³ʃiau⁵⁴ɳiaŋ⁴⁵
差， 后 来 也 没 养 得 好 几 天， 我 那 个 小 嬢

iɛ⁵⁴pu³¹tsai²¹³la⁰. ŋo⁵⁴koŋ⁴⁵iɛ⁵⁴tʃhio³¹tɛ³¹tʃhio³¹ʂ̩³¹xən⁵⁴lan³¹ko²¹³, tan²¹³ʂ̩²¹³
也 不 在 了。我 公 也 觉 得 确 实 很 难 过， 但 是

tha⁴⁵iɛ⁵⁴ʂ̩²¹³uəi²¹³liau⁵⁴iaŋ⁵⁴tʃia⁴⁵ma²¹³, ʐan³¹xəu²¹³tsiəu²¹³fəi⁵⁴ʂ̩aŋ³¹li⁰sin⁴⁵
他 也 是 为 了 养 家 嘛， 然 后 就 非 常 的 辛

khu⁵⁴, sin⁴⁵khu⁵⁴i³¹tuan²¹³ʂ̩³¹tʃɛn⁴⁵məi²¹³tɛ³¹pan²¹³fa³¹a⁰, xai³¹iau²¹³iaŋ⁵⁴la²¹³
苦， 辛 苦 一 段 时 间 没 得 办 法 啊， 还 要 养 那

mo⁴⁵tʃi⁵⁴ko²¹³siau⁵⁴siau⁵⁴li⁰, so⁴⁵i⁴⁵lɛ³³, ʐən³¹tʃia⁴⁵tʃia⁴⁵iəu⁵⁴fan²¹³tʃi³¹, ŋo⁵⁴
么 几 个 小 小 的, 所 以 咧, 人 家 家 有 饭 吃, 我

mən³¹tʃia³¹kho⁵⁴lən³¹lɛn³¹ʃi⁴⁵fan²¹³təu⁴⁵məi²¹³tɛ³¹o³¹. o³¹tshɛ⁵⁴xəu²¹³lai³¹fən⁴⁵
们 家 可 能 连 稀 饭 都 没 得 哦。 而 且 后 来 分

thəu⁵⁴ti²¹³ʂau⁵⁴, fən⁴⁵ʃia²¹³fu²¹³li⁰ʂ̩³¹xəu²¹³a⁰, ŋo⁵⁴koŋ⁴⁵iɛ⁵⁴lau⁵⁴ʂ̩³¹, tha⁴⁵
土 地 少, 分 下 户 的 时 候 啊, 我 公 也 老 实, 他

ʂ̩²¹³uəi²¹³liau⁵⁴tʃiaŋ⁵⁴ko²¹³liau⁵⁴la²¹³mo⁴⁵to⁴⁵ȵɛn³¹li⁰khu⁵⁴ʐ̩³¹tsʅ⁰, tha⁴⁵tsiəu²¹³
是 为 了 讲 过 了 那 么 多 年 的 苦 日 子, 他 就

tʃhio³¹tɛ³¹fən⁴⁵thəu⁵⁴ti²¹³la²¹³ko²¹³ʂ̩³¹xəu²¹³lɛ³³, iau²¹³khuan⁴⁵i³¹tɛn⁵⁴, iau²¹³
觉 得 分 土 地 那 个 时 候 咧, 要 宽 一 点, 要

la²¹³si⁴⁵khuan⁴⁵i³¹tɛn⁵⁴li⁰, tan²¹³ʂ̩²¹³la²¹³si⁴⁵tau⁴⁵ʂ̩²¹³pho⁴⁵pho⁴⁵thəu⁵⁴, məi²¹³
那 些 宽 一 点 的, 但 是 那 些 都 是 坡 坡 土, 没

tɛ³¹thai³¹thai³¹thəu⁵⁴la²¹³si⁴⁵tʂhan⁵⁴liaŋ²¹³kau⁴⁵, la²¹³ko²¹³ʂ̩³¹xəu²¹³iəu²¹³məi²¹³
得 台 台 土 那 些 产 量 高, 那 个 时 候 又 没

tɛ³¹fəi³¹liau²¹³, tʂoŋ²¹³ʃia²¹³tʃhyi²¹³iəu⁵⁴li⁰kən⁴⁵pən⁵⁴təu⁴⁵ʂ̩²¹³pɛ³¹tʂoŋ²¹³li⁰,
得 肥 料, 种 下 去 有 的 根 本 都 是 白 种 的,

məi²¹³tɛ³¹ʂəu⁴⁵tʂən³¹. xəu²¹³lai³¹fan⁵⁴tʂən²¹³i³¹tʂ̩³¹tau²¹³ŋo⁵⁴iəu⁵⁴tʃi²¹³i²¹³li³¹li⁰.
没 得 收 成。 后 来 反 正 一 直 到 我 有 记 忆 力 的

ʂ̩³¹xəu²¹³, ŋo⁵⁴mən³¹tʃia³¹təu⁴⁵xai³¹ʂau⁵⁴fan²¹³tʃhi³¹, liaŋ³¹ʂ̩³¹pu³¹to⁴⁵a⁰.
时 候, 我 们 家 都 还 少 饭 吃, 粮 食 不 多 啊。

kho⁵⁴lən³¹tau²¹³liau⁵⁴tʃiəu⁵⁴tʃi⁵⁴ȵɛn³¹li⁰ʂ̩³¹xəu²¹³, ʃiau⁵⁴khaŋ⁴⁵sən⁴⁵xo³¹khəu⁵⁴
可 能 到 了 九 几 年 的 时 候, 小 康 生 活 口

xau²¹³i⁵⁴tʃin⁵⁴xən⁵⁴ʃiaŋ⁵⁴li⁰ʂ̩³¹xəu²¹³, ŋo⁵⁴mən³¹tʃia⁴⁵tshai³¹kaŋ⁴⁵kaŋ⁴⁵kəu²¹³
号 已 经 很 响 的 时 候, 我 们 家 才 刚 刚 够

tʃhi³¹fan²¹³ə³¹. ŋo⁵⁴koŋ⁴⁵ʂ̩²¹³xən⁵⁴ʂan²¹³liaŋ³¹li⁰i³¹ko²¹³ʐən³¹, suəi⁴⁵ʐan³¹la²¹³
吃 饭 呃。 我 公 是 很 善 良 的 一 个 人, 虽 然 那

si⁴⁵liaŋ³¹ʂ̩³¹pu³¹kəu²¹³tʃhi³¹pu³¹kuan⁵⁴a⁰. tha⁴⁵iəu⁵⁴i³¹tshʅ²¹³tha⁴⁵tʃin⁴⁵ko²¹³iəu⁵⁴
些 粮 食 不 够 吃 不 管 啊。他 有 一 次 他 经 过 有

ko²¹³ti²¹³faŋ⁴⁵li⁰ʂ̩³¹xəu²¹³, tha⁴⁵phoŋ²¹³tau²¹³i³¹ko²¹³ŋai³¹ʂuai⁵⁴li⁰ʃiau⁵⁴ua³¹ua³¹.
个 地 方 的 时 候, 他 碰 到 一 个 掭 甩 的 小 娃 娃。

tha⁴⁵tʃɛn³¹tʂuan⁵⁴lai³¹la⁰, tha⁴⁵tʃɛn²¹³kho⁵⁴lɛn³¹a⁰, tha⁴⁵təu⁴⁵tʃɛn³¹tʂuan⁵⁴lai³¹,
他 捡 转 来 了,他 见 可 怜 啊,他 都 捡 转 来,

tan²¹³ ʂ̩²¹³ tha⁴⁵ iɛ⁵⁴ kuan³¹ sin⁵⁴ khu⁵⁴ a⁰, o³¹ tshɛ⁵⁴ tha⁴⁵ iəu²¹³ ʂ̩²¹³ i³¹ ko²¹³ lan³¹ li⁰,

但　是　他　也　□①　辛　苦　啊，而　且　他　又　是　一　个　男　的，

iaŋ⁵⁴˙³¹ ko²¹³ tsai⁵⁴ tsai⁵⁴ tsʅ⁰, iaŋ⁵⁴˙³¹ ko²¹³ lai⁵⁴ ua³¹ ua³¹ pu³¹ faŋ⁴⁵ pɛn²¹³, so⁵⁴˙⁵⁴ ŋo⁵⁴

养　一　个　崽　崽　子，养　一　个　奶　娃　娃　不　方　便，　所　以　我

ma⁴⁵ təu⁴⁵ tʃiaŋ⁵⁴ paŋ⁴⁵ tha⁴⁵ iaŋ⁵⁴ lo³¹. xəu²¹³ lai³¹ nɛ³³, fan⁵⁴ t ʂən²¹³ ŋo⁵⁴ mən³¹ tʃia⁴⁵

妈　都　讲　帮　他　养　咯。后　来　哩，反　正　我　们　家

suəi⁴⁵ z̩an³¹ xən⁵⁴ khuən²¹³ lan³¹, tan²¹³ ʂ̩²¹³ ŋo⁵⁴ koŋ⁴⁵ tha⁴⁵ iɛ⁵⁴ sin⁴⁵ khu⁵⁴ o³¹, tən⁵⁴

虽　然　很　困　难，但　是　我　公　他　也　辛　苦　哦，等

ŋo⁵⁴ ləu³¹ ŋɛn³¹ tʃi³¹ li⁰ ʂ̩³¹ xəu²¹³ tha⁴⁵ tsiəu²¹³ pu³¹ tsai²¹³ la⁰.

我　六　年　级　的　时　候　他　就　不　在　了。

　　讲述者：席秋兰，凌云县加尤镇。

---

　　①　自己；独自。

参考文献

1. 地方志等

［1］ 凌云县志编纂委员会：《凌云县志》，广西人民出版社 2007 年版。

［2］ 乐业县志编纂委员会：《乐业县志》，广西人民出版社 2002 年版。

［3］ 田阳县志编纂委员会：《田阳县志》，广西人民出版社 1999 年版。

［4］ 田林县地方志编制委员会：《田林县志》，广西人民出版社 1996 年版。

［5］ 广西那坡县志编纂委员会：《那坡县志》，广西人民出版社 2002 年版。

［6］ 凤山县志编纂委员会：《凤山县志》，广西人民出版社 2008 年版。

［7］ 曹志耘：《汉语方言地图集》，商务印书馆 2008 年版。

［8］ 刘村汉：《柳州方言词典》，江苏教育出版社 1995 年版。

［9］ 罗竹风主编，汉语大词典编纂处编纂：《汉语大词典》，汉语大词典出版社 1996 年版。

［10］ 广西壮族自治区地方志编纂委员会编：《广西通志·少数民族语言志》，广西人民出版社 2000 年版。

［11］ 广西壮族自治区地方志编纂委员会：《广西通志·汉语方言志》，广西人民出版社 1998 年版。

［12］ 中国社会科学院语言研究所词典编辑室编：《现代汉语词典》（第 5 版），商务印书馆 2008 年版。

［13］ 中国社会科学院、澳大利亚人文科学院：《中国语言地图集》，香港朗文（远东）有限公司 1990 年版。

2. 专著

[1] 陈小燕:《多族群语言的接触与交融——贺州本地话研究》,民族出版社 2007 年版。

[2] 戴庆厦:《汉语与少数民族语言关系概论》,中央民族学院出版社 1992 年版。

[3] 耿振生主编:《近代官话语音研究》,语文出版社 2007 年版。

[4] 黄伯荣:《汉语方言语法调查手册》,广东人民出版社 2001 年版。

[5] 黄尚军:《成都方言词汇》,巴蜀书社 2006 年版。

[6] 蓝庆元:《壮汉同源词借词研究》,中央民族大学出版社 2005 年版。

[7] 卢小群:《湘语语法研究》,中央民族大学出版社 2007 年版。

[8] 潘悟云:《汉语历史音韵学》,上海教育出版社 2000 年版。

[9] 潘悟云:《著名中年语言学家自选集·潘悟云卷》,安徽教育出版社 2002 年版。

[10] 钱曾怡:《汉语官话方言研究》,齐鲁书社 2010 年版。

[11] 唐作藩:《汉语语音史教程》,北京大学出版社 2011 年版。

[12] 王力:《汉语史稿》,中华书局 2004 年版。

[13] 吴福祥:《著名中年语言学家自选集·吴福祥卷》,上海教育出版社 2011 年版。

[14] 吴和培、罗志发、黄家信:《族群岛:浪平高山汉探秘》,广西民族出版社 1999 年版。

[15] 谢建猷:《广西汉语方言研究》,广西人民出版社 2007 年版。

[16] 袁家骅:《袁家骅文选》,北京大学出版社 2010 年版。

[17] 袁家骅等:《汉语方言概要》(第二版),语文出版社 2000 年版。

[18] 游汝杰:《著名中年语言学家自选集:游汝杰卷》,安徽教育出版社 2003 年版。

[19] 詹伯慧等:《汉语方言及方言调查》,湖北教育出版社 1991 年版。

[20] 张均如、梁敏等:《壮语方言研究》,四川民族出版社 1999 年版。

[21] 郑贻青:《靖西壮语研究》,中国社会科学院民族学与人类学研究所,1996 年。

[22] 中国社会科学院语言研究所:《方言调查字表》,商务印书馆 2004 年版。

［23］赵元任等：《湖北方言调查报告》，商务印书馆 1948 年版。

3. 论文

［1］陈辉霞：《从"老公""老婆"的称谓看词义的演变》，《阅读与写作》2007 年第 4 期。

［2］甘天龙：《广西田林方言名词性重叠形式初探》，《广西教育学院学报》1999 年第 3 期。

［3］甘天龙：《桂西高山汉族情歌的自然美》，《广西右江民族师专学报》2000 年第 4 期。

［4］黄革：《田林平塘词汇》，《百色学院学报》2008 年第 4 期。

［5］黄家信：《论浪平高山汉族的谚语和谜语》，《广西右江民族师专学报》1998 年第 4 期。

［6］李蓝：《西南官话的分区（稿）》，《方言》2008 年第 4 期。

［7］罗姝芳：《恩施方言中特殊的形容词重叠式》，《湖北师范学院学报》（哲学社会科学版）2007 年第 6 期。

［8］罗姝芳：《土家语与恩施州方言中鼻韵母弱化或脱落现象》，《边疆经济与文化》2008 年第 10 期。

［9］罗姝芳：《恩施地区汉语方言中的土家族词语》，《边疆经济与文化》2007 年第 8 期。

［10］陆森焱：《壮语影响在那坡官话中的体现》，《百色学院学报》2013 年第 1 期。

［11］陆森焱：《武鸣县城官话同音字汇》，《百色学院学报》2013 年第 5 期。

［12］陆森焱：《壮语影响在那坡官话中的体现》，《百色学院学报》2013 年第 1 期。

［13］吕嵩崧：《凌云加尤高山汉话音系》，《广西师范学院学报》2011 年第 2 期。

［14］吕嵩崧：《凌云加尤高山汉话声母系统与共同语、中古音声母系统对应关系》，《百色学院学报》2010 年第 1 期。

［15］吕嵩崧：《凌云加尤高山汉话韵母、声调与中古音的比较》，《河池学院学报》2010 年第 6 期。

［16］吕嵩崧：《加尤高山汉话与普通话语音比较》，《百色学院学报》

2011 年第 1 期。

[17] 吕嵩崧：《加尤高山汉话词汇与普通话词汇比较》，《广西民族师范学院》2011 年第 2 期。

[18] 吕嵩崧：《凌云加尤高山汉话的语缀》，《钦州学院学报》2011 年第 4 期。

[19] 吕嵩崧：《凌云加尤高山汉话重叠式考察》，《广西民族大学学报》（哲学社会科学版）2011 年第 1 期。

[20] 吕嵩崧：《多语环境下加尤高山汉话字音所受的影响》，《贺州学院学报》2012 年第 3 期。

[21] 吕嵩崧：《加尤高山汉话名量词与普通话的差异》，《河池学院学报》2012 年第 6 期。

[22] 吕嵩崧：《语言接触对广西那坡县坡荷高山汉话韵母和声母的影响》，《文山学院学报》2015 年第 5 期。

[23] 吕嵩崧：《语言接触在坡荷高山汉话中词汇中的体现》，《百色学院学报》2016 年第 1 期。

[24] 彭茹、黄彩庆：《田阳县那坡镇粤语音系》，《百色学院学报》2014 年第 5 期。

[25] 向嵘：《恩施方言的重叠式初探》，《科教文汇》2007 年（9 月下旬刊）。

[26] 杨洁：《恩施方言否定式差比句考察》，《语言研究》2005 年第 12 期。

[27] 杨阳：《"老公、老婆"称谓探微》，《现代语文》2008 年第 9 期。

[28] 喻莲、李芳：《恩施方言部分词语本字考》，《法制与社会》2008 年（6 月上）。

[29] 韦树关：《古帮、端、心母在广西汉语方言中的特殊音读》，《广西民族学院学报》2002 年第 1 期。

[30] 吴福祥：《语义复制的两种模式》，《民族语文》2013 年第 4 期。

[31] 吴福祥：《语言接触与语义复制——关于接触引发的语义演变》，《苏州大学学报》2014 年第 1 期。

[32] 郑作广：《百色蔗园话语音特点》，《右江民族师专学报》1994 年第 1—2 期。

[33] 张良斌：《恩施方言的声母系统》，《湖北教育学院学报》2007 年第

9 期。

［34］仲方方：《古今夫妻称谓探微》，《科技信息》2011 年第 16 期。

4. 学位论文

［1］闭艳艳：《鹿寨官话、平乐官话与柳州官话、桂林官话的亲疏关系》，
广西大学硕士学位论文，2006 年。

［2］陆淼焱：《武鸣县城官话调查报告》，广西大学硕士学位论文，
2012 年。

［3］梁艳芝：《一个西南官话方言岛——浪平高山汉话研究》，广西大学
硕士学位论文，2006 年。

［4］杨彧：《桂柳官话音韵层次研究》，苏州大学硕士学位论文，2009 年。

后 记

　　本书是笔者主持的教育部人文社会科学研究青年基金项目"多语环境下的桂西'高山汉话'研究"（11YJC740073）的成果。同时也是广西人文社会科学发展研究中心"桂滇黔越结合地区语言资源特色研究团队"，2012年广西高校优势特色重点学科"语言学及应用语言学"的研究成果。

　　书稿终于要付梓了，忍不住长出了一口气，但忐忑还是那么强烈，因为她是那么粗糙，那么不成熟，离老师、同学、友人们的期望是那么远。

　　书稿中的一部分，已经以单篇论文的形式发表，收入书稿时又做了一些修改。

　　书稿付梓之际，与书稿有关的各种细节又不免浮现在眼前，清晰如昨。

　　2008年秋天，陈小燕师领着一众同学到百色帮我核音，在我窄窄的办公室里，大家围着席礼茂大哥，一边记音，一边讨论他的语音特点。

　　2008年的最后一天，我到了凌云县城，这个以千年土司古府和白毫茶著称的地方，寒冷的天气使得街道略显冷清。我和我的学生坐在暖烘烘的茶庄里，不断有闻讯而来的素昧平生的"高山汉"的汉子，他们热情的邀我前往他们乡下的老家吃年猪。

　　2009年的第一天，从凌云县城前往岩脚村，送我前往的是我的学生，也是"高山汉"的滕德顺，他开着他崭新的轿车，在崎岖的山道上，嶙峋的石头多次刮了车的底盘，他却毫不吝惜。第二次，送我的是我那个热爱朗诵的学生陆威，他雪白的轿车经受了和滕德顺的车一样的命运。

　　深山里的岩脚村，入夜更为寒冷。每一天，主人都把烧得旺旺的火盆推到我面前，对着炉火他们耐心地回答我各种各样在他们看来有些奇怪的问题。

　　调查结束的当晚，主人杀了鸡，炖上腊肉，叫来了亲戚兄弟。主人的满弟在外已经与人豪饮，带着寒风匆匆赶来。他倒了满满一杯桂林三花，举杯敬我，我打趣地说："碰了就干吧。"他一仰脖子，咕咚咕咚一口喝个底朝天。那晚，我抱着词表和满满的醉意沉沉地进入了梦乡。

第二次到岩脚村，是 2009 年的五一。那一天，我的学生席秋兰，背着背篓，领着我爬上屋后的山，我们爬过土坎，踏过"望天田"；我拿着纸和笔，记录我们见到的每一种植物。不认识的，席秋兰就摘下枝叶，放到背篓里，带回家问父亲母亲，以及见多识广的邻居。

忘不了那一夜的岩脚村，天空没有星星，也没有月亮，那是纯纯粹粹彻彻底底的黑，只感觉到思想在默默地跳动。

我当然也忘不了岩脚村那株歪着脖子的黄皮果树；屋前随意生长着的制作蘸水的酸酸的野果；石窝里恣意生长的可凉拌生吃的野菜。席秋兰领着我和彩庆、黄革一道采摘，虽然黄革有着一双比谁都近视的眼睛。

我当然也没法忘记调查坡荷高山汉话时那坡县城边上滴翠的感驮岩，洞中流出的清清的水旁是几千年前先人的居所。那时，音标和小虫的鸣叫、水流的潺潺共鸣。

书稿即将付梓，但当中的不足是显而易见的。首先是因为能力的不足。虽完成硕士学业后，继续攻读博士，有幸忝列潘悟云、吴福祥二位恩师门墙，但天生愚钝，未能领悟潘师、吴师的渊博与深邃。而他们竟不嫌弃我的浅陋，在百忙之中仍欣然为我作序，给我鼓励，给我动力。

其次，多年行政、教学与科研同时进行，分割了我许多的精力。而且，读博之后，我研究的重点已转往别的领域。

作为本书主干的加尤高山汉话的调查与研究，是在攻读硕士学位的时候就开始，在硕士时候的导师陈小燕师的直接指导下开展的。本书的完成，还得益于当时丁红杰、刘环、刘艳平等一众学友，黄革、黄彩庆、许振华、李德军、许原彬、郝鹏飞等友人以及待我亲如兄长的许挺正大哥的大力帮助。

当然，此书还要献给许许多多的人，献给父亲的病榻、母亲的白发、妻子的期许、儿子的鼓励……

这确乎是我一份粗糙而浅陋的答卷，但它代表了我的坚持，它定会激励我，低头前进，不断向前！

吕嵩崧

2015 年 12 月